suhrkamp taschenbuch
wissenschaft 291

Am Anfang jeder Theoriebildung in der Soziologie steht die Praxis. Für kaum einen anderen gilt dies mehr als für Pierre Bourdieu, dessen soziologische Forschung und Begriffsbildung auf unvergleichliche Weise von den alltäglichen Lebensvollzügen ausging und stets an ihnen Maß nahm. Exemplarisch zu studieren ist dieses Vorgehen an seinem berühmten Buch *Entwurf einer Theorie der Praxis.* Nicht die theoretische Intuition steht hier am Anfang, sondern drei meisterhafte ethnologische Studien über die kabylische Gesellschaft und deren Vorstellungen und Praktiken von Ehre, Verwandtschaft und Austausch, an die sich der eigentliche *Entwurf* anschließt. Hier glänzt Bourdieu nicht nur als Soziologe, sondern auch als Wissenschaftstheoretiker und Kulturphilosoph, der die Bedingungen von Zivilisation im Spannungsfeld von Theorie und Praxis erkundet.

Pierre Bourdieu (1930-2002) hatte zuletzt einen Lehrstuhl für Soziologie am Collège de France inne. Im Suhrkamp Verlag erschienen zuletzt: *Manet. Eine symbolische Revolution* (2015) und *Über den Staat. Vorlesungen am Collège de France 1989-1992*.

Pierre Bourdieu

Entwurf einer Theorie der Praxis

auf der ethnologischen Grundlage der kabylischen Gesellschaft

Übersetzt von Cordula Pialoux und Bernd Schwibs

Suhrkamp

Titel der Originalausgabe:
Esquisse d'une théorie de la pratique,
précédé de trois études d'ethnologie kabyle.

Der Text des zweiten Teils
wurde für die englische und deutsche Ausgabe
erheblich umformuliert und erweitert.
Übersetzt von Cordula Pialoux
(Erster Teil) und Bernd Schwibs (Zweiter Teil).

Bibliografische Information der Deutschen Nationalbibliothek
Die Deutsche Nationalbibliothek verzeichnet diese Publikation in der
Deutschen Nationalbibliografie; detaillierte bibliografische Daten sind
im Internet über http://dnb.d-nb.de abrufbar.

6. Auflage 2021

Erste Auflage 1979
suhrkamp taschenbuch wissenschaft 291

Druck und Bindung: C. H. Beck, Nördlingen
Printed in Germany
Umschlag nach Entwürfen von
Willy Fleckhaus und Rolf Staudt
ISBN 978-3-518-27891-8

Inhalt

Erster Teil:
Drei Studien kabylischer Ethnologie 9

1. Kapitel:
Ehre und Ehrgefühl 11
2. Kapitel:
Das Haus oder die verkehrte Welt 48
3. Kapitel:
Die Verwandtschaft als Vorstellung und Wille 66

Zweiter Teil:
Entwurf einer Theorie der Praxis 137

1. Kapitel:
Struktur, Habitus, Praxis 139
2. Kapitel:
Die Illusion der Regel 203
3. Kapitel:
Die praktische Logik 228
4. Kapitel:
Doxa, Orthodoxie, Heterodoxie 318
5. Kapitel:
Symbolisches Kapital und Herrschaftsformen 335
Anhang:
Ökonomische Praxis und Zeitdispositionen 378

Anmerkungen 388

Für Abdelmalek Sayad
Addu dusa'dhi, ataghedh disa'dh-is

Das erste Kapitel des ersten Teils erschien unter dem Titel »The Sentiment of Honour in Kabyle Society« in *Honour and Shame*, Hrsg. J. Peristiany, London 1965, S. 191–241; das zweite Kapitel erschien unter dem Titel »La maison kabyle ou le monde renversé« in *Echanges et communications. Mélanges offerts à C. Lévi-Strauss à l'occasion de son 60e anniversaire.* Paris–Den Haag 1970, S. 739–758; das dritte Kapitel, in Zusammenarbeit mit Abdelmalek Sayad geschrieben, erschien unter dem Titel »Stratégie et rituel dans le mariage kabyle« in *Mediterranean Family Structures*, Hrsg. J. Peristiany, Cambridge 1972.
Dem zweiten Teil, der für die französische Ausgabe 1972 geschrieben wurde, liegen Aufzeichnungen aus den Jahren 1960 bis 1965 zugrunde.

ERSTER TEIL
Drei Studien kabylischer Ethnologie

SENS (*sanss'; san* jusqu'au XIXe s.). *n. m.* (XIe s. ROL.; empr. lat. *sensus,* »action, manière de sentir; sentiment; pensée; signification«).

3° *Par anal.* »Faculté de connaître d'une manière immédiate et intuitive (comme celle que paraissent manifester les sensations proprement dites)« LALANDE. *Le sens de l'orientation, de l'équilibre* (Cf. Raccrocher, cit. 7). *Le goût* (bon goût), *le plus subtil des sens* (Cf. Malpropre, cit. 3). *Le sens de Dieu* (Cf. Concept, cit. 2), *du sacré, du merveilleux* (Cf. Garder, cit. 47). *Le sens des réalités, de la réalité* (Cf. Enfoncer, cit. 41), *de l'efficacité* (Cf. Discipliner, cit. 3), *le sens pratique, le sens politique* (cit. 16), *national* (Cf. Aliénation, cit. 1). *Sens des responsabilités* (Cf. *aussi* Fuite, cit. 7), *des hiérarchies* (Cf. Heurter, cit. 18), *des affaires.* V. **Instinct, notion.** *Sens artistique* (Cf. Amenuisement, cit.), *esthétique* (cit. 10); *sens du beau* (Cf. Prosaïque, cit. 3). *Avoir le sens du comique* (cit. 7), *du ridicule* (Cf. Humour, cit. 5), *de l'humour. Perdre le sens de la mesure* (Cf. Hyperbole, cit. 2). – *Sens interne ou intime.* V. **Conscience** (I). *Sens moral** (cit. 1). V. **Conscience** (II).

ERSTES KAPITEL

Ehre und Ehrgefühl

> When we discuss the levels of descriptive and explanatory adequacy, questions immediately arise concerning the firmness of the data in terms of which success is to be judged (. . .). For example, (. . .) one might ask how we can establish that the two are sentences of different types, or that »John's eagerness to please . . .« is wellformed, while »John's easiness to please . . .« is not, and so on. There is no very satisfying answer to this question; data of this sort are simply what constitute the subject matter for linguistic theory. We neglect such data at the cost of destroying the subject.
>
> Noam Chomsky, *Current Issues in Linguistic Theory*.

N . . . hatte immer genug zu essen gehabt, er hatte die anderen für sich arbeiten lassen und, als verfüge er über ein Herrenrecht, von allem, was die anderen auf den Feldern und in den Häusern besaßen, immer das Beste genossen; obwohl es abwärts mit ihm gegangen war, glaubte er, tun und lassen zu können, was er wollte, alles fordern zu dürfen, allein das Wort zu haben, und wenn ihm jemand Widerstand leistete, so beschimpfte oder schlug er ihn sogar. Sicherlich wurde er deshalb für einen *amahbul* gehalten. *Amahbul* – das ist der schamlose und freche Mensch, der die Grenzen des Anstands – der allein gute Beziehungen verbürgt – überschreitet, der eine willkürlich angeeignete Gewalt zu Taten mißbraucht, die im Gegensatz zu dem stehen, was die Lebenskunst lehrt. Man geht diesen *imahbal* (Plural von *amahbul*) aus dem Wege, weil man eine Auseinandersetzung mit ihnen lieber vermeidet, weil die Schande ihnen nichts anhaben kann, weil derjenige, der sich mit ihnen einließe, auf alle Fälle verlieren würde, auch wenn er das Recht auf seiner Seite hätte.

Dieser Mann hatte in seinem Garten eine Mauer wieder aufzubauen. Sein Nachbar hatte eine Stützmauer. Der Mann riß die Mauer des Nachbarn ein und trug die Steine zu sich herüber. Dieser Akt der Willkür richtete sich jedoch diesmal nicht gegen einen Schwächeren; das »Opfer« war durchaus in der Lage, sich zu verteidigen. Es handelte sich um einen jungen, starken Mann, der viele Brüder und Verwandte hatte und aus einer großen und mächtigen Familie stammte. Wenn er also die Herausforderung nicht annahm, so ganz offensichtlich nicht deshalb, weil er Angst hatte. Daher konnte die öffentliche Meinung in dieser Ausschreitung keine wirkliche Herausforderung sehen, die die Ehre verletzt hätte. Ganz im Gegenteil: die Öffentlichkeit und der Geschädigte gaben sich den Anschein, die Sache zu ignorieren, denn es ist in der Tat absurd, mit einem *amahbul* in Streit zu geraten; sagt man nicht: »dem *amahbul* geh aus dem Wege«?

Gleichwohl ging der Geschädigte zu dem Bruder des Schuldigen. Dieser gab dem Kläger recht, fragte sich aber, wie er den *amahbul* zur Vernunft bringen sollte. Er gab seinem Gegenüber zu verstehen, daß dieser besser an Ort und Stelle, und mit der gleichen Heftigkeit, hätte reagieren sollen, und fügte hinzu: »Für wen hält er sich eigentlich, dieser Nichtsnutz?« Da aber änderte sein Besucher plötzlich seine Haltung und empörte sich: »Oh! Si M., für wen hältst du mich? Glaubst du, ich wäre bereit, mit Si N. um ein paar Steine zu streiten? Ich habe dich aufgesucht, weil ich weiß, du bist weise und mit dir kann ich reden, du wirst mich verstehen, aber ich bin doch nicht gekommen, um zu verlangen, daß man mir meine Steine bezahlt (an dieser Stelle schwor er bei allen Heiligen, daß er nie und nimmer eine solche Entschädigung annehmen würde). Denn was Si N. getan hat, kann nur ein *amahbul* tun, und ich werde mich doch nicht selbst in Schande werfen (*adhbahadlagh ruḥiw*[2]) mit einem *amahbul*. Ich wollte nur bemerkt haben, daß man mit solchen Methoden bestimmt kein statthaftes, gerechtes Haus (*akham naṣaḥ*) baut.« Und ganz am Ende des Gesprächs fügte er hinzu: »Wer einen *amahbul* auf seiner Seite hat, der nehme ihn sich als erster vor, bevor es die anderen tun«; anders gesagt: »Es ist nicht recht, daß du dich vor mir nicht mit deinem Bruder solidarisierst, was natürlich nicht heißt, daß du dich in meiner Abwesenheit nicht an ihn heranmachen und ihm ins Gewissen reden sollst, worum ich dich ausdrücklich bitte«[3] (*Aghbala*). Um die Subtilität dieser Diskussion ganz zu erfassen, muß man wissen, daß sich hier zwei Männer gegenüberstanden, von denen einer die Dialektik von Herausforderung und Erwiderung der Herausforderung bis zur Vollkommenheit beherrschte, während der andere lange Zeit außerhalb von Kabylien gelebt und dadurch den Geist der Tradition verloren hatte: Er sah in dem Zwischenfall nichts anderes als einen bloßen Diebstahl, dessentwegen er seinen Bruder im Namen der Gerechtigkeit und des gesunden Menschenverstands desavouieren konnte, ohne dabei die Regeln der Familiensolidarität zu verletzen; seine Überlegungen wurden nur von materiellen Interessen geleitet: die Mauer kostet soundsoviel, diese Person muß dafür entschädigt werden. Und sein Gesprächspartner war erstaunt, wie ein so gebildeter Mann sich derart über seine wirklichen Absichten hatte täuschen können.

In einem Jahr hatte sich ein Bauer in einem anderen Dorf von seinem Pächter bestehlen lassen. Das war zwar schon oft passiert, in jenem Jahr aber hatte der Pächter es zu weit getrieben. Nachdem man mit Vorwürfen und Drohungen nichts erreicht hatte, kam die Sache vor die Versammlung. Die Tatsachen waren allen bekannt, Beweise zu erbringen war überflüssig, und da seine Sache ihm aussichtslos erschien, war der Pächter bald soweit, um Vergebung zu bitten, wie es die Tradition will, nicht ohne vorher alle möglichen Argumente zu seiner Verteidigung angeführt zu haben: daß er dieses Land seit sehr langer Zeit bearbeite, daß er es wie sein Eigentum betrachte, daß der abwesende Besitzer die Ernte gar nicht nötig habe, daß er ihm, um ihm zu Gefallen zu sein, seine eigenen Feigen gebe, die von besserer Qualität seien, sich allerdings in bezug auf die Quantität dann wieder entschädige, daß er arm sei, der Grundbesitzer dagegen reich, und reich, »um den Armen zu geben«, usw. – lauter Argumente, die dem Grundbesitzer schmeicheln sollten. Er sprach dann die Formel »Gott vergebe mir«, die üblicherweise der Debatte ein (definitives) Ende setzt. Aber er fügte hinzu:

»Wenn ich recht gehandelt habe, sei Gott gelobt (um so besser),
Wenn ich gefehlt habe, vergebe mir Gott«.

Der Grundbesitzer empörte sich über diese Formel, obwohl sie völlig legitim und auch am Platze war, erinnert sie doch daran, daß ein Mann, selbst wenn er öffentlich Abbitte tut, nicht völlig im Unrecht sein kann, jedenfalls nicht selbst alles Unrecht auf sich nehmen kann, also immer ein wenig recht hat, wie auch der andere immer ein wenig unrecht hat –: Er verlangte ein einfaches »Gott vergebe mir«, eine bedingungslose Unterwerfung. Der andere aber rief die Anwesenden als Zeugen an: »Oh Geschöpfe, Freunde der Heiligen! Wie? Ich lobe Gott, und dieser Mann wirft es mir vor!« Und er wiederholte dieselbe Formel zwei oder dreimal, und jedesmal erniedrigte er sich mehr und nahm eine immer bescheidenere Haltung an. Angesichts dessen aber empörte sich der Grundbesitzer immer mehr, so daß am Ende das ganze Dorf ihn tadeln mußte, so leid es allen tat, da man diesem gebildeten Mann und »Fremden« im Dorf allen Respekt zollte. Nachdem sich die Gemüter beruhigt hatten, bedauerte der Grundbesitzer seine Härte; auf den Rat seiner Frau hin, die besser über die Sitten und Gebräuche informiert war, suchte er den *imam* des Dorfes sowie einige ältere Verwandte auf, um sich für sein Verhalten zu entschuldigen; er gab an, daß er ein Opfer des *elbahadla* (Substantiv zu *bahdel*, vgl. Anm. 2) gewesen sei, was jeder verstanden hatte.

Anderswo hatte sich die Spannung zwischen den beiden »Parteien« (*ṣuf*) durch einen Zwischenfall aufs Höchste gesteigert. Eine der »Parteien«, der Auseinandersetzungen überdrüssig, sandte einen ganzen Botschafterzug zu einem angesehenen Mann der Gegen»partei«, bestehend aus mehreren Marabut des Dorfes (*douar*) und benachbarter Dörfer, dem *imam* des Dorfes, allen *ṭulba* (Plural von *ṭaleb*) einer *thim'amarth* (religiöse Schule) der Nachbarschaft, im ganzen mehr als vierzig Personen, denen sie Unterkunft, Nahrung und Transport bezahlte. Für alle Leute des Ortes handelte es sich um ein Ritual, außer für den, an den sich die Delegation richtete, einen wenig mit den Sitten vertrauten, entwurzelten Kabylen. Der Brauch schreibt vor, daß man, nachdem man die Verhandlungspartner auf die Stirn geküßt hat, allen ihren Angeboten zustimmt und um Frieden bittet, was einen nicht daran hindert, die Feindseligkeiten unter irgendeinem Vorwand später wieder aufzunehmen, wogegen niemand etwas hat. Die Notabeln verkünden zuerst das Ziel ihres Auftrags: »Die Ath ... wollen um Vergebung bitten«. Es ist üblich, daß sie sich zunächst nicht mit der Partei, für die sie sich einsetzen, solidarisch erklären. Dann sprechen mit Würde diejenigen, die »im Interesse aller, vor allem aber der Ärmsten des Dorfes« um Vergebung bitten: »Sie sind es, die unter unserer Zwietracht leiden; sie wissen nicht, wo sie hingehen sollen, seht nur, wie mitleiderregend sie sind ... (lauter Gründe, die helfen sollen, das Gesicht zu wahren). Wir wollen Frieden schließen und das Vergangene vergessen.« Demjenigen, den man in dieser Weise bittet, steht es an zu zögern, Einwände geltend zu machen; auch kann sich, in stillschweigendem Einverständnis aller Beteiligten, ein Teil seiner Partei hart zeigen, während der andere, um nichts endgültig zu zerbrechen, weit mehr Verständnis zeigt. Mitten in der Diskussion greifen dann die Vermittler ein: Sie belasten die Partei, die um Frieden ersucht wird, weisen ihr auch nach, daß sie in manchen

Punkten unrecht hat, um das Gleichgewicht wieder herzustellen und um den um Frieden Bittenden eine völlige Erniedrigung (*elbahadla*) zu ersparen. Denn allein schon die Tatsache, einige Marabut um ihre Vermittlung gebeten, sie gespeist und schließlich begleitet zu haben, ist ein in sich ausreichendes Zugeständnis; weiter kann man in dem Streben nach Ergebenheit nicht gehen. Außerdem stehen die Vermittler durch ihre Funktion natürlich über den Streitenden, und ihr Ansehen zwingt auch dem Gegner seine Zustimmung ab. Sie können es sich also erlauben, den, der sich zu lange bitten läßt, ein wenig zurechtzuweisen: »Sicherlich sind sie im Unrecht, aber du, Si X, hast dir auch dieses und jenes zuschulden kommen lassen, dieses und jenes hättest du nicht tun dürfen, und heute mußt du ihnen verzeihen; übrigens verzeiht ihr euch ja gegenseitig, und wir versprechen, den Frieden, den ihr schließt, feierlich zu bestätigen, usw.« Ihre Weisheit gestattet es den Notabeln, in dieser Weise Schuld und Recht gegeneinander abzuwägen. Aber in unserem Falle konnte der, an den man sich wandte, sich mit solchen diplomatischen Subtilitäten offensichtlich nicht abfinden, da er ja die Spielregeln nicht kannte. Er wollte dauernd alles klarstellen und argumentierte in Form des »entweder – oder«: »Wie? Ihr kommt, um mich zu bitten? Dann sind doch die anderen im Unrecht; die müßt ihr also verurteilen, anstatt mir Vorwürfe zu machen. Aber natürlich kann es auch sein, daß ihr hier zu ihrer Verteidigung sprecht, weil sie euch gespeist und bezahlt haben.« Das war natürlich die schwerste Beleidigung, die man dem Areopag zufügen konnte; seit Menschengedenken geschah es in Kabylien zum ersten Mal, daß es einer Abordnung von so ehrwürdigen Persönlichkeiten nicht gelang, die Einigung beider Parteien zu erreichen, und der hartnäckige Verweigerer konnte mit der schlimmsten aller Verfluchungen rechnen.

Die Dialektik von Herausforderung und Erwiderung der Herausforderung

Man könnte noch viele ähnliche Fälle aufzählen; aber die Analyse dieser drei Erzählungen erlaubt es schon, die Regeln für das Spiel von Herausforderung und Erwiderung der Herausforderung (défi et riposte) deutlich werden zu lassen. Damit es zu einer Herausforderung kommt, muß der, der sie ausspricht, seinen Gegner für würdig erachten, sich herausfordern zu lassen, d. h. fähig zu sein, die Herausforderung anzunehmen – kurz, er muß ihn als einen an Ehre ebenbürtigen Partner anerkennen. Jemanden herausfordern heißt, ihm seine Eigenschaft als Mann zuerkennen, und darin besteht die Vorbedingung eines jeden Austauschs und der Ehrenherausforderung, insofern sie das erste Moment eines Austauschs darstellt; das heißt weiterhin, ihm die Würde des Ehrenmannes zuerkennen, da ja die Herausforderung ihrer Natur nach eine Erwiderung fordert und sich also an einen Mann wendet, der das Spiel der Ehre zu spielen und gut zu spielen weiß; das setzt zunächst einmal voraus, daß er die Spielregeln kennt, und des weiteren, daß er die nötigen Tugenden besitzt, um sie respektieren zu können. Das Gefühl der Ebenbürtigkeit in der Ehre, das durchaus mit faktischen Ungleichheiten koexistieren kann, liegt einer großen Anzahl von Verhaltensweisen und Bräuchen zugrunde und manifestiert sich besonders darin, daß man jeglichem Angebertum großen Widerstand entgegensetzt: »Ich habe schließlich *auch* einen Schnurrbart«, pflegt man zu sagen.[4] Der Angeber wird auf der Stelle zur Ordnung gerufen. »Nur der Müllhaufen«, sagt man, »bläht sich auf«. »Sein Kopf reicht auch nur bis zur Chechia (Kopfbedeckung).« »Der Schwarze ist schwarz: man hat ihn obendrein noch tätowiert!« »Er will wie ein Rebhuhn gehen – dabei hat er den Gang des Huhns vergessen!« Im Dorfe Tizi Hibel, in Großkabylien, hatte eine reiche Familie für die Ihren eine Grabstätte im europäischen Stil – mit Gitter, Grabstein und Inschrift – bauen lassen, damit aber die Regel mißachtet, die für alle Gräber Namenlosigkeit und Gleichförmigkeit vorschreibt. Am nächsten Tag waren Gitter und Grabsteine verschwunden.

Aus dem Prinzip, daß jeder den anderen als ihm an Ehre ebenbürtig anerkennt, folgt als erstes Korollar: die Herausforderung gereicht dem Herausgeforderten zur Ehre. »Der Mann, der keine Feinde hat, ist ein Esel«, sagen die Kabylen, wobei der Akzent nicht auf die Dummheit, sondern auf die Passivität des Esels gelegt wird. Das Schlimmste ist, unbemerkt zu bleiben: jemanden nicht grüßen heißt ihn wie ein Ding, ein Tier oder eine Frau behandeln. Die Herausforderung dagegen ist »ein Höhepunkt im Leben dessen, an den sie sich richtet« (*El Kalaa*). Sie gibt einem Gelegenheit, seine Existenz als Mann voll zu erleben, seine Eigenschaft als Mann (*thirugza*) den anderen und sich selbst zu beweisen. »Der vollkommene Mann« (*argaz alkamel*) muß immer in höchster Alarmbereitschaft stehen, bereit, die geringste Herausforderung anzunehmen. Er ist der Hüter der Ehre (*amḥajar*), derjenige, der über seine eigene Ehre und über die Ehre seiner Gruppe wacht.

Ein zweites Korollar des Hauptprinzips ist: wer einen Mann herausfordert, der unfähig ist, die Herausforderung anzunehmen, d. h. den begonnenen Austausch fortzusetzen, der entehrt sich selbst. So droht *elbahadla,* die einem anderen öffentlich, vor den anderen zugefügte äußerste Erniedrigung, immer auf den zurückzufallen, der sie verursacht hat, d. h. auf den *amahbul*, der die Spielregeln der Ehre nicht zu respektieren weiß: selbst der, der *elbahadla* verdient, hat eine Ehre (*nif* und *ḥurma*); darum fällt *elbahadla* von einem gewissen Grad an auf den zurück, der sie dem anderen zufügt. Deshalb hütet man sich im allgemeinen, *elbahadla* auf jemanden zu werfen, und zieht es vor, daß er sich selbst durch sein Verhalten mit Schande bedeckt. Und in diesem Fall ist die Entehrung unwiderruflich. Man sagt: *ibahdal imanis* oder *itsbahdil simanis* (*Aghbala*). Daraus folgt, daß derjenige, der sich in günstiger Stellung befindet, seinen Vorteil nicht zu weit treiben darf und eine gewisse Mäßigung in seinen Anschuldigungen üben muß: »Es ist besser, er entblößt sich selbst, als daß ich ihn entkleide«, sagt das Sprichwort (*Djemâa-Saharidj*). Sein Gegner kann seinerseits immer versuchen, die Situation umzukehren, indem er ihn dazu treibt, die erlaubten Grenzen zu überschreiten, selbst aber öffentlich Abbitte tut, und zwar, wie wir in der zweiten Erzählung gesehen haben, um die öffentliche Meinung für sich zu gewinnen, die dann nicht anders kann, als die Maßlosigkeit des Anklägers zu mißbilligen.

Das dritte Korollar steht in Reziprozität zum vorhergehenden: Eine Herausforderung (oder eine Beleidigung) verdient nur dann, angenommen zu werden, wenn sie von einem an Ehre ebenbürtigen Mann ausgesprochen wird – anders gesagt: damit es zu einer Herausforderung kommt, muß der, gegen den sie sich richtet, seinen Gegner für würdig erachten, ihn herauszufordern. Kommt die Herausforderung von einem Mann, der weniger Ehre besitzt, so fällt sie auf den Anmaßenden zurück. »Der kluge und kundige Mann, *amaḥdhuq*, gibt sich nicht mit *amahbul* ab.« Die kabylische Weisheit lehrt: »Nimm dem *amaḥdhuq* und gib dem *amahbul*« (*Azerou n-chmini*). *Elbahadla* würde auch auf den weisen Mann zurückfallen, wenn er sich darauf einließe, die unsinnige Herausforderung eines *amahbul* anzunehmen; indem er dagegen auf keinerlei Weise reagiert, läßt er *amahbul* das ganze Gewicht seiner Willkürtaten allein tragen. Ebenso würde die Unehre auch auf den zurückfallen, der sich in einer unwürdigen Rache die Hände schmutzig macht; so kann man es erklären, daß die Kabylen manchmal für eine Rachetat Mörder dingten (*amekri*, Plural *imekryen*, wörtlich: der, dessen Dienste man mietet). Die Natur der Erwiderung also ist es, die der Herausforderung (oder Beleidigung) ihren Sinn und sogar ihre Eigenschaft als Herausforderung oder Beleidigung, im Gegensatz zur bloßen Aggression, gibt.

Die Kabylen verhielten sich den Schwarzen gegenüber in einer Weise, die unsere Ausführungen sehr gut illustriert. Wer auf die Beschimpfungen eines Schwarzen geantwortet oder sich mit ihm geschlagen hätte, hätte sich selbst entehrt, da der Schwarze ein Mann niedrigeren Standes und ohne Ehre war.[5] Nach einer volkstümlichen Überlieferung aus dem Djurdjura geschah es einmal im Verlauf eines Stammeskrieges, daß einer der Stämme seinen Gegnern schwarze Kämpfer entgegenschickte, worauf die gegnerische Partei natürlich die Waffen streckte. Aber die Besiegten bewahrten ihre Ehre, während die Sieger sich durch ihren Sieg selbst entehrten. Man sagt manchmal auch, daß es früher genügte, sich mit einer Familie von Schwarzen zu verbinden, um der Blutrache (*thamgarṭ*, Pl. *thimagraṭ*) zu entgehen. Aber dieses Verhalten war derart ehrenrührig, daß niemand einen so hohen Preis bezahlen wollte, um sein Leben zu retten. Gleichwohl erzählt eine lokale Überlieferung, daß die Fleischer aus Ighil oder Mechedal, die Negerfamilie Ath Chabane, einen Kabylen zum Vorfahren hatten, der Fleischer geworden sei, um der Blutrache zu entgehen, und dessen Nachkommen dann nur noch Schwarze hätten heiraten können (*Ait Hichem*).

Die Spielregeln der Ehre galten auch für die Kämpfe. Jede Person war aus Solidarität dazu verpflichtet, den Verwandten gegen den Nichtverwandten, den Verbündeten gegen den Mann aus einer anderen »Partei« (*ṣuf*), den Dorfbewohner, selbst wenn er einer gegnerischen Partei angehörte, gegen den Fremden, das Mitglied des Stammes gegen das Mitglied eines anderen Stammes zu schützen. Aber ein Kampf von mehreren gegen einen wurde von der Ehre untersagt und mit dem Verlust der Ehre bestraft; so dachte man sich tausend Vorwände und künstliche Argumente aus, um den Streit wieder aufzufrischen und ihn zu der eigenen Sache machen zu können. Die geringsten Streitigkeiten drohten daher immer, sich auszuweiten. Die Kriege zwischen den »Parteien«, jenen politischen und kriegerischen Ligen, die in Aktion traten, sowie die Ehre aller in der Ehre eines einzigen angegriffen wurde, nahmen die Form eines geordneten Wettkampfs an, der, weit davon entfernt, die gesellschaftliche Ordnung zu bedrohen, im Gegenteil zu ihrer Aufrechterhaltung beitrug, indem er dem Wettkampfgeist, dem Ehrgefühl, dem *nif*[6] Gelegenheit gab, sich zu manifestieren, allerdings in vorgeschriebenen und institutionalisierten Formen. Das gleiche galt für Kriege zwischen verschiedenen Stämmen. Der Kampf nahm bisweilen die Form eines regelrechten Rituals an: man beschimpfte sich, schlug sich, und dann kamen die Vermittler, die den Kampf beendeten. Während des Kampfes feuerten die Frauen ihre Männer mit Schreien und Gesängen an, die die Ehre und die Macht der Familie priesen. Man suchte den Gegner nicht zu töten oder völlig niederzuwerfen, es ging darum, öffentlich zu zeigen, daß man die Oberhand hatte, und meistens zeigte man das durch einen symbolischen Akt: In Großkabylien war der Kampf zu Ende, heißt es, wenn eins der beiden Lager den Hauptbalken (*thigejdith*) und eine Steinplatte aus der *thajma'th* des Gegners in seinen Besitz gebracht hatte. Manchmal ging die Sache schlecht aus: sei es, daß ein unglücklich geführter Schlag den Tod eines Kämpfers herbeiführte, sei es, daß die stärkere »Partei« der anderen androhte, in ihre Häuser einzudringen, d. h. in die letzte Zufluchtsstätte der Ehre. Dann erst ergriffen die Belagerten ihr Gewehr, was übrigens meist ausreichte, um den Kampf zu beenden. Die Vermittler, Marabut und Weisen des Stammes forderten die Angreifer auf, sich zurückzuziehen, und diese zogen unter dem Schutz des gegebenen Wortes, der *la'naya*[7], ab. Niemand hätte daran gedacht, ihnen Schaden zuzufügen; das hätte bedeutet, *la'naya* zu brechen, was ein äußerst ehrenrühriges Vergehen gewesen wäre *(Djemâa-Saharidj)*. Ein Greis von den Ath Mangellat (Großkabylien) berichtet, daß große Schlachten in den Stammeskämpfen selten waren und nur stattfinden konnten, nachdem die Alten sich beratschlagt und den Tag der Aktion sowie das Angriffsziel für jedes Dorf festgelegt hatten. Jeder kämpfte für sich, aber man rief sich Ratschläge und Ermutigungen zu. Von den umliegenden Dörfern aus schaute man zu und kommentierte den Wagemut und das Geschick der Kämpfer. Wenn die stärkere Partei Stellungen besetzt hatte, von denen aus sie den Gegner vernichtend schlagen konnte, oder sich eines handgreiflichen Siegessymbols bemächtigt hatte, hörte der Kampf auf, und beide Stämme gingen nach Hause. Manchmal machte man auch Gefangene; da diese unter dem Schutz (*la'naya*) dessen standen, der sie gefangengenommen hatte, wurden sie im allgemeinen gut behandelt. Am Ende des Konflikts schickte man sie mit einer neuen *gandura* (Gewand) bekleidet nach Hause, wodurch man zeigen wollte, daß ein Toter mit seinem Leichenhemd nach Hause zurückkam. Der Kriegszustand (*elfetna*) konnte mehrere Jahre dauern; die Feindseligkeit war, zumindest latent, immer spürbar; der besiegte Stamm wartete nur auf seine Revanche und ergriff die erstbeste Gelegenheit, um die Herden und Hirten des Feindes zu rauben; bei jedem kleinsten Zwischenfall, am allwöchentlichen Markttag z. B., entfachte sich der Kampf aufs neue.[8] In einer solchen Atmosphäre war es also äußerst schwierig, zwischen Kriegs- und Friedenszustand zu unterscheiden. Von der Ehre besiegelt und verbürgt, beendete eine Waffenruhe zwischen Dörfern und Stämmen, ein Schutzpakt zwischen Familien jedoch jedesmal nur provisorisch den Krieg, jenes ernsteste Spiel, das die Ehre je erfand. Konnte das ökonomische Interesse eine Gelegenheit zum Krieg bieten und von ihm profitieren, so glich der Kampf eher einem institutionalisierten und wohlgeregelten Wettkampf als einem wirklichen Krieg, in dem man alle verfügbaren Mittel einsetzt, um einen völligen Sieg davonzutragen. Als Beispiel dafür sei dieser von einem alten Kabylen wiedergegebene Dialog angeführt: »Eines Tages sagt einer zu Mohand Ouqasi: ›Kommst du mit in den Krieg?‹ – ›Was macht man denn dort?‹ – ›Nun, wenn man einen Rumi (muselmanische Bezeichnung für den Christen und, allgemeiner, für den Europäer) sieht, schickt man ihm eine Kugel rüber.‹ – ›Einfach so?‹ – ›Ja, wie denn sonst?‹ – ›Ich dachte, man müßte zuerst diskutieren und dann sich beschimpfen und erst dann sich schlagen!‹ – ›Nichts von alledem! Er schießt auf uns, und wir schießen auf ihn. Das ist alles ... Na, wie ist es, kommst du mit?‹ – ›Nein ... Ich kann doch nicht auf andere Leute schießen, wenn ich gar nicht zornig auf sie bin!‹«[9]

Aber das Ehrgefühl fand durchaus noch andere Möglichkeiten, um sich zu manifestieren: Es entfachte z. B. die Rivalität zwischen verschiedenen Dörfern, die um die höchste und schönste Moschee, um die am schönsten angelegten und am besten vor Blicken geschützten Brunnen, um die prächtigsten Feste, die saubersten Straßen usw. wetteiferten. Alle möglichen rituellen und institutionalisierten Wettkämpfe waren auch Anlaß für Ehrenspiele, wie das Scheibenschießen, das bei allen freudigen Ereignissen (Geburt eines Knaben, Beschneidung, Hochzeit) stattfand. Bei einer Hochzeit gehörte es dazu, daß der aus Männern und Frauen bestehende Zug, der die

Braut aus dem Nachbardorf oder -stamm abholen sollte, zunächst einmal auf die Probe gestellt wurde: zuerst die Frauen, zwei bis sechs »Botschafterinnen«, die für ihr Talent bekannt waren, dann die Männer, acht bis zwanzig gute Schützen. Die »Botschafterinnen« hatten mit den Frauen der Familie oder des Dorfes einen poetischen Wettstreit auszutragen, in dem sie natürlich das letzte Wort behalten mußten; die Familie der Braut durfte die Art und die Umstände der Prüfung wählen: z. B. Rätsel oder Dichtwettbewerbe. Die Männer maßen ihr Geschick beim Wettschießen: An dem Morgen, an dem der Zug wieder nach Hause zurückkehrte, und während die Frauen die Braut zurechtmachten und der Brautvater allgemein beglückwünscht wurde, mußten die Männer frische Eier (manchmal auch flache Steine) zerschießen, die in ziemlich großer Entfernung in eine Böschung oder einen Baumstamm gesteckt waren; wurden sie besiegt, so zog die Ehrengarde des Bräutigams mit Schande bedeckt davon, nachdem sie zu ihrer Erniedrigung unter dem Packsattel eines Esels hatte durchkriechen und ein Bußgeld zahlen müssen. Diese Spiele hatten auch eine rituelle Funktion, wovon der strenge Formalismus ihres Ablaufs sowie die bei dieser Gelegenheit vollzogenen magischen Handlungen zeugen.[10]

Stellt jede Beleidigung eine Herausforderung dar, so muß, wie wir noch sehen werden, eine Herausforderung nicht unbedingt Beleidigung oder Affront sein. In der Tat kann der Ehrenwettkampf eine Logik aufweisen, die der des Spiels oder der Wette, d. h. einer ritualisierten und institutionalisierten Logik, eng verwandt ist. Auf das Spiel gesetzt wird dabei das Ehrgefühl, der *nif*, der Wille, den anderen in einem Kampf von Mann zu Mann zu übertreffen. Die Theorie dieser Spiele definiert den guten Spieler als den, der immer voraussetzt, daß sein Gegner die beste Strategie entdecken wird, und der sich in seinem Spiel danach richtet; ebenso ist es im Spiel der Ehre, wo sowohl die Herausforderung als auch deren Erwiderung implizit voraussetzen, daß jeder Antagonist die gleiche Bereitschaft hat, das Spiel zu spielen und seine Regeln zu befolgen, und von seinem Gegner das gleiche erwartet.

Die Herausforderung im eigentlichen Sinne und ebenso die Beleidigung haben die gleiche Voraussetzung wie das Schenken, nämlich die gewählte Entscheidung, ein bestimmtes Spiel nach gewissen Regeln zu spielen. Das Geschenk ist eine Herausforderung, die demjenigen, an den es gerichtet ist, Ehre macht, sein Ehrgefühl (*nif*) dabei aber auf die Probe stellt; daraus folgt, daß derjenige, der ein zu großes Geschenk macht und dadurch die Möglichkeit eines Gegengeschenks ausschließt, sich ebenso entehrt wie der, der einen Mann beleidigt, der unfähig ist, die Herausforderung zu erwidern. Will man die Spielregel einhalten, so muß man in beiden Fällen dem anderen die Gelegenheit zur Erwiderung lassen, d. h. die Herausforderung muß vernünftig sein. Gleichzeitig aber stellen Geschenk oder Herausforderung eine Provokation dar und provozieren eine Erwiderung: »Es hat ihn beschämt«, sagen, wie Marcy berichtet, die marokkanischen Berber von dem Geschenk in Form einer Herausforderung (*tawsa*), das große Anlässe unterstreichen sollte. Derjenige, der das Geschenk erhalten oder die Beleidigung erlitten hat, wird dadurch in den Mechanismus des Austauschs hineingezogen, und was immer er macht, sein Verhalten stellt stets eine Erwiderung (und sei es auch eine fehlende Erwiderung) auf die Provokation dar, die in dem ursprünglichen Akt des Schenkens oder des Herausforderns liegt.[11] Er hat die Wahl, den Austausch weiterzuführen oder abzubrechen (vgl. Schema unten). Gehorcht er seinem Ehrgefühl und wählt den Austausch, so ist seine Entscheidung identisch mit der ursprünglichen Entscheidung seines Gegners; er ist bereit, das Spiel mitzuspielen, das nun bis ins Unendliche weitergehen kann[12]: die Reaktion auf die Herausforderung ist ja an sich schon eine neue Herausforderung. So erzählt man, daß früher die

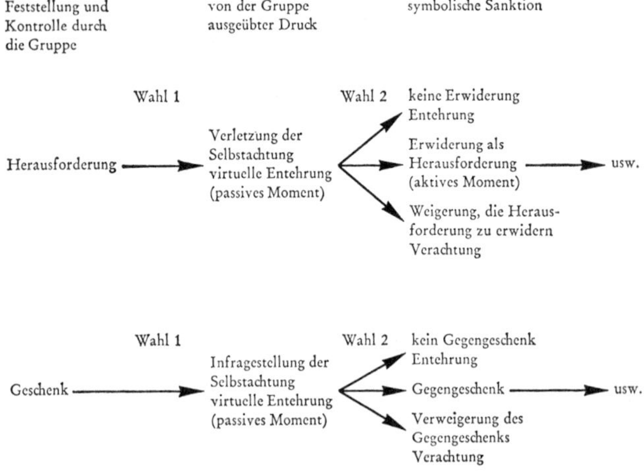

ganze Familie, kaum daß die Rache vollzogen war, durch Freudenfeste das Ende der Unehre, *thuqdha an-tsasa,* begrüßte, zugleich aus Erleichterung darüber, daß einem die Beleidigung nicht mehr wie eine Krankheit »auf der Leber lag«, und aus Befriedigung darüber, den Wunsch nach Rache gestillt zu haben. Die Männer gaben Gewehrschüsse ab, die Frauen stießen ihr charakteristisches »Ju-Ju«-Geschrei aus, wodurch verkündet wurde, daß die Rache vollzogen sei; so konnte alle Welt sehen, wie eine ehrenhafte Familie ihr Ansehen unverzüglich wieder herzustellen weiß, und die feindliche Familie wurde über den Grund ihres Unglücks nicht im Zweifel gelassen. Was nützt die Rache, wenn sie anonym bleibt *(Djemâa-Saharidj)*?
Entscheidet man sich für die andere Seite der Alternative, so kann diese Entscheidung verschiedene und sogar gegensätzliche Bedeutungen annehmen. Der Beleidiger kann durch seine physische Kraft, durch sein Prestige oder durch das Gewicht und die Autorität der Gruppe, der er angehört, dem Beleidigten überlegen, ebenbürtig oder unterlegen sein. Die Logik der Ehre setzt zwar die Anerkennung einer idealen Gleichheit an Ehre voraus, das volkstümliche Bewußtsein jedoch kennt die faktischen Ungleichheiten sehr wohl: Dem, der ausruft: »Ich habe auch einen Schnurrbart!«, antwortet das Sprichwort: »Die Barthaare des Hasen sind nicht so lang wie die des Löwen ...« Es entwickelt sich also eine unendlich subtile spontane Kasuistik, die es jetzt zu analysieren gilt. Nehmen wir zuerst den Fall an, wo der Beleidigte zumindest theoretisch die Mittel zur Erwiderung der Hausforderung hat. Erweist er sich unfähig, die Herausforderung anzunehmen (bei der es sich um ein Geschenk oder eine Beleidigung handeln kann), weicht er aus Furchtsamkeit oder Schwäche der Herausforderung aus und verzichtet auf die Möglichkeit einer Erwiderung, so entscheidet er damit gewissermaßen, sich selbst zu entehren, und diese Entehrung ist dann unwiderruflich (*ibahdal imanis* oder *simanis*). Er gibt sich geschlagen in einem Spiel, das er trotz allem hätte spielen müssen. Das Ausbleiben einer Antwort kann jedoch auch die Verweigerung einer Antwort ausdrücken: Derjenige, an den die Beleidigung gerichtet ist, weigert sich, sie als solche anzuerkennen, und läßt sie durch seine Verachtung (die er dadurch manifestieren kann, daß er die Rache gedungenen Mördern überläßt) auf ihren Urheber zurückfallen, der dadurch entehrt wird.[13] Das gleiche gilt für das Schenken: derjenige, an den sich das Geschenk richtet, kann deutlich

machen, daß er den weiteren Austausch ablehnt, entweder indem er das Geschenk zurückweist, oder indem er auf der Stelle oder nach einer bestimmten Frist ein dem Geschenk völlig identisches Gegengeschenk macht. Auch in diesem Fall ist der Austausch damit zu Ende. In dieser Logik kann allein das Überbieten des anderen, die Herausforderung als Antwort auf die Herausforderung, ausdrükken, daß man bereit ist, das Spiel nach der Regel »Herausforderung als Erwiderung der Herausforderung«, die beide immer wieder erneuert werden, zu spielen.

Nehmen wir jetzt den Fall an, wo der Beleidiger indiskutabel stärker ist als der Beleidigte. Der Ehrenkodex und die öffentliche Meinung, die darüber wacht, daß er respektiert wird, fordern von dem Beleidigten nur, daß er das Spiel mitspielt: Allein der, der sich der Herausforderung nicht stellt, ist zu verurteilen. Im übrigen braucht der Beleidigte nicht über seinen Beleidiger zu triumphieren, um in den Augen der Öffentlichkeit rehabilitiert zu werden; der Besiegte, der seine Pflicht getan hat, verdient keinen Tadel, denn mag er dem Gesetz des Kampfes nach besiegt worden sein – nach dem Gesetz der Ehre ist er der Sieger. Mehr noch, *elbahadla* fällt auf den Beleidiger zurück, der obendrein noch als Sieger aus der Konfrontation hervorgegangen ist, also seine Überlegenheit doppelt mißbraucht hat. Der Beleidigte kann *elbahadla* auch auf seinen Beleidiger zurückfallen lassen, ohne die Herausforderung zu erwidern. Er braucht nur eine sehr demütige Haltung einzunehmen, die, indem sie seine Schwäche betont, die Beleidigung als willkürlichen, maßlosen, zu weit gehenden Akt erscheinen läßt. Er erinnert damit, mehr unbewußt als bewußt, an das zweite Korollar des Prinzips der Ebenbürtigkeit in der Ehre: Wer einen Mann herausfordert, der unfähig ist, die Herausforderung anzunehmen, der entehrt sich selbst.[14] Diese Strategie ist natürlich nur unter der Bedingung zulässig, daß in den Augen der Gruppe kein Zweifel an der Disparität zwischen den beiden Antagonisten besteht; sie wird normalerweise von den Personen angewendet, die von der Gesellschaft als schwach anerkannt werden, von den Klienten (*yadh itsumuthen*, diejenigen, die sich auf jemanden stützen) oder den Mitgliedern einer kleinen Familie *(iṭaʿfanen*, die Mageren, Schwachen) (*Aghbala*).

Nehmen wir schließlich den Fall an, wo der Beleidiger dem Beleidigten unterlegen ist. Dieser kann natürlich die Herausforderung erwidern und damit das dritte Korollar des Prinzips der Ebenbürtigkeit in der Ehre außer acht lassen; mißbraucht er aber seinen

Vorteil, so setzt er sich der Gefahr aus, selbst die Unehre zu ernten, die sonst auf den leichtsinnigen und unbedachten Beleidiger, diese verachtete *(amaḥqur)* und anmaßende Person, zurückgefallen wäre. Daher ist es ratsamer für ihn, in keiner Weise auf die Herausforderung zu reagieren und zu tun, was man auf französisch »le coup du mépris« (den Verächtlichen spielen) nennen würde.[15] Er soll, sagt man, den anderen »bellen lassen, bis er müde wird« und »sich weigern, mit ihm zu rivalisieren«. Da das Ausbleiben einer Erwiderung nicht seiner Feigheit oder Schwäche zugeschrieben werden kann, fällt die Unehre auf den anmaßenden Beleidiger zurück.

Man könnte jeden dieser Fälle, die hier untersucht wurden, durch eine ganze Reihe von Beobachtungen oder Berichten illustrieren; das hindert aber nicht daran, daß sich für gewöhnlich die Unterschiede nie so klar voneinander abheben, so daß jeder vor der als Richter und Komplize zugleich fungierenden öffentlichen Meinung die Ambiguität seines Verhaltens spielen lassen kann: Ob eine Herausforderung aus Furcht oder zum Zeichen der Verachtung unbeantwortet bleibt – der Abstand zwischen den beiden Motiven ist oft nur gering, und Furchtsamkeit kann sich immer hinter der Maske der Verachtung verstecken. Aber jeder Kabyle ist ein Meister der Kasuistik, und das Tribunal der öffentlichen Meinung ist da, um im Einzelfall zu entscheiden.

Die treibende Kraft der Ehrendialektik ist also der *nif*, der für die Wahl der Reaktion auf die Herausforderung ausschlaggebend ist. Tatsächlich aber – abgesehen davon, daß die kulturelle Tradition dem Einzelnen keinerlei Möglichkeit läßt, den Ehrenkodex zu umgehen – wirkt sich gerade im Moment dieser Wahl der Druck der Gruppe am stärksten aus: zuerst der Druck der Familienmitglieder, die bereit sind, seine Stelle einzunehmen, falls er versagen sollte, denn wie der Landbesitz ist die Ehre ungeteilt, und die Schande des einen fällt auch auf alle anderen; dann der Druck der Clan- oder Dorfgemeinschaft, die ohne Zögern Feigheit oder Nachsicht verurteilt. Wenn ein Mann gezwungen ist, eine Beleidigung zu rächen, vermeiden es alle um ihn herum sorgfältig, ihn daran zu erinnern. Aber jeder beobachtet ihn und versucht, seine Absichten zu erraten. Eine unbehagliche Stimmung lastet auf seiner Familie bis zu dem Tag, an dem er vor dem Familienrat, der von ihm oder von dem Ältesten einberufen wurde, seine Absichten darlegt. Meist bietet man ihm Hilfe an, entweder in Form von Geld, um einen »Mörder zu dingen«, oder indem man ihn begleiten will, wenn er sich unbedingt mit eigener Hand rächen will. Es ist üblich, daß er diese Hilfe zurückweist und nur darum bittet, daß ein anderer, falls er daran scheitert, an seiner Stelle die Rache fortsetzt. Denn die Ehre fordert, daß alle Mitglieder der Familie, wenn es sein muß, wie die Finger einer Hand, nacheinander, je nach dem Verwandtschaftsgrad, die Erfüllung der Rache übernehmen. Wenn der Beleidigte weniger Entschlossenheit zeigt und, ohne öffentlich auf die Rache zu verzichten, deren Ausführung immer wieder hinausschiebt, werden die Familienmitglieder schließlich ungeduldig; die weisesten unter ihnen beraten sich, und einer von ihnen muß den Säumigen an seine Pflicht erinnern, ihn förmlich auffordern und mahnen, sich nun zu rächen. Wo dieser »Ordnungsruf« wirkungslos bleibt, geht man zur Drohung über: Ein anderer werde die Rache an seiner Stelle ausüben, und er verliere dann in den Augen der Leute seine Ehre, werde aber von der feindlichen Familie darum nicht weniger für verantwortlich gehalten, also seinerseits auch von der *thamgart* (Blutrache) bedroht. Der Betreffende versteht dann, daß er sich den Konsequenzen sowohl seiner Feigheit als auch der Rache aussetzt, und muß sich wohl oder übel (»à reculons«, d. h. rückwärtsgehend) fügen oder aber das Exil wählen[16] *(Ait Hichem)*.

Das Gefühl der Ehre wird vor den anderen gelebt. Der *nif* ist vor allem das, was einen dazu treibt, um jeden Preis ein gewisses Bild von sich selbst, das für die anderen bestimmt ist, zu verteidigen. Der ehrbewußte Mann (*argaz el'ali*) muß unablässig auf der Hut sein; er muß aufpassen, was er sagt, denn »das Wort ist wie eine Gewehrkugel: es kehrt nicht zurück«, und seine Verantwortung ist um so größer, als ja jede seiner Taten und jedes seiner Worte für seine ganze Gruppe verbindlich sind. »Die Tiere bindet man an den Pfoten, die Männer binden sich durch ihre Zunge.« Der ehrvergessene Mann dagegen ist der, von dem man sagt: »*ithatsu*«, »er pflegt zu vergessen«. Er vergißt sein Wort (*awal*), d. h. seine Verbindlichkeiten, seine Ehrenschulden, seine Pflichten. »Ein Mann von den Ilmayen sagte eines Tages, er wünschte, daß sein Hals so lang wäre wie der eines Kamels: dann hätten seine Worte einen so langen Weg vom Herzen bis zur Zunge, daß er genügend Zeit hätte, sie sich gründlich zu überlegen.« Damit wird die Bedeutung ausgesprochen, die man dem gegebenen Wort und dem Treueschwur beimißt. »Der Mann, der vergißt«, sagt das Sprichwort, »ist kein Mann.« Er vergißt und vergißt sich selbst (*ithatsu imanis*); man sagt auch: »Er ißt seinen Schnurrbart auf«; er vergißt seine Vorfahren, die Achtung, die er ihnen schuldet, und die Achtung, die er sich selber schuldet, um ihrer würdig zu sein (*Les Issers*). Der Mann ohne Selbstachtung (*mabla el'ardh, mabla laḥya, mabla erya, mabla elhachma*) ist der, der sein innerstes Ich mit all seinen Affekten und Schwächen nach außen durchscheinen läßt. Der weise Mann dagegen ist der, der ein Geheimnis zu wahren versteht, der in jedem Augenblick Vorsicht und Verschwiegenheit walten läßt (*amesrur, amaḥaruz nessar*, der, der eifersüchtig das Geheimnis wahrt). Eine ständige Selbstkontrolle ist nötig, um jenes fundamentale Gebot der gesellschaftlichen Moral zu befolgen, das darin besteht, jedes Auffallen zu vermeiden, die innerste Persönlichkeit in ihrer Einmaligkeit und Besonderheit so weit wie irgend möglich unter dem Schleier des Schamgefühls und der Zurückhaltung verschwinden zu lassen. »Nur der Teufel (*Chiṭan*) sagt ›ich‹«; »nur der Teufel beginnt mit sich selbst«; »die Versammlung (*thajma'th*) ist die Versammlung; nur der Jude ist allein«. In all diesen Sprichwörtern kommt der gleiche Imperativ zum Ausdruck, nämlich der, der die Negierung des inneren Ich verlangt und der sowohl in der Selbstverleugnung als Voraussetzung für Solidarität und gegenseitige Hilfe als auch in Zurückhaltung und Schamgefühl, wie sie der Anstand fordert, seine Verwirklichung findet. Im Gegensatz zu dem, der seiner selbst nicht gewachsen ist und Ungeduld oder Zorn offen zeigt, ohne Sinn und Verstand daherredet oder unüberlegt lacht, in Überstürzung oder maßlose Aufregung verfällt, sich beeilt, ohne nachzudenken, tobt, schreit, brüllt (*elḥamaq*) – kurz, im Gegensatz zu dem, der sich zu jeder Gemütsbewegung hinreißen läßt, sich selber nicht treu bleibt, es an Würde, Vornehmheit und Schamgefühl fehlen läßt, die alle drei in dem einen Wort *elḥachma* enthalten sind, definiert sich der Ehrenmann hauptsächlich dadurch, daß er sich selber treu ist und darauf Wert legt, einem gewissen Idealbild von sich selbst würdig zu sein. Ausgeglichen, vorsichtig, zurückhaltend in seiner Sprache, wägt er stets das Für und Wider einer Sache ab (*amiyaz* im Gegensatz zu *aferfer*, der leichte Mann, oder zu *acheṭṭah*, der, der tanzt); er steht klar und offen für sein Wort ein und weicht seiner Verantwortung nicht mit einem »vielleicht« oder »wer weiß?« aus, denn diese Antwort ziemt den Frauen, und nur den Frauen. Er ist der, der sein Wort hält und sich selber Wort hält, von dem man sagt: »ein Mann, ein Wort« (*argaz, d'wawal*) (*El Kalaa*). Das Ehrgefühl ist das Fundament einer Moral, in der der Einzelne sich immer unter dem Blick der anderen begreift, wo der Einzelne die anderen braucht, um zu existieren, weil das Bild, das er sich von sich selbst macht, ununterscheidbar ist von dem Bild von sich, das ihm von den anderen zurückgeworfen wird. »Der Mensch [ist Mensch] durch die Menschen; [nur] Gott [ist Gott] durch sich selbst«, sagt das Sprichwort (*Argaz sirgazen, Rabbi imanis*). Der Ehrenmann (*a ardhi*) ist zugleich der tugendhafte Mann und der Mann von gutem Ruf. Die Achtbarkeit als Gegenstück zur Schande ist hauptsächlich durch ihre gesellschaftliche Dimension definiert, muß also vor aller Augen erobert und verteidigt werden; Kühnheit und Großzügigkeit (*elḥanna*) sind die höchsten Werte, das Übel dagegen, das ist Furchtsamkeit, Schwäche, die Tatsache, eine Beleidigung hinzunehmen, ohne Genugtuung dafür zu fordern.

Es ist also hauptsächlich der Druck der öffentlichen Meinung, der der Dynamik des Ehrenaustauschs zugrunde liegt. Wer auf die Rache verzichtet, hört für die anderen auf zu existieren. Darum hat auch der am wenigsten beherzte (*ul*, »das Herz«) Mann immer noch genug *ḥachma* (Scham, Schamgefühl), um sich zu rächen. Bezeichnend ist die Art, wie die Unehre formuliert wird: »Wie soll ich nur den Leuten gegenübertreten (*qabel*)?«, »Ich kann nicht mehr den Mund vor den Leuten aufmachen«, »Die Erde will mich nicht verschlingen«, »Meine Kleider sind mir vom Leibe geglitten«. Die Furcht vor dem Tadel der Gruppe und vor der Schande (*el'ar, laḥya, el'ib ula yer medden*), d. h. dem negativen Gegenstück zum Ehrgefühl, ist so stark, daß sie auch den an Ehrgefühl ärmsten Mann dazu bringt, sich notgedrungen den Forderungen der Ehre zu unterwerfen.[17] In einer Gruppe, wo jeder über jeden Bescheid weiß, wie das im kabylischen Dorf der Fall ist, übt die öffentliche Meinung ihre Kontrolle in jedem Augenblick aus: »Wer sagt, daß die Felder leer (verlassen) sind, der ist selber leer an Verstand.« Eingeschlossen in diesen Mikrokosmos, wo jeder jeden kennt, unwiderruflich dazu verurteilt, mit den anderen, unter dem Blick der anderen zu leben, empfindet der Einzelne eine tiefe Angst vor dem »Wort der Leute« (*wal medden*), das »schwer, grausam und unerbittlich« ist (*Les Issers*). Die allmächtige öffentliche Meinung ist es, die über Realität und Schweregrad einer Beleidigung befindet; sie ist es, die als souveräne Instanz Genugtuung verlangt: Der Dieb, der in ein bewohntes Haus eindringt, setzt sich im Gegensatz zu dem, der draußen Getreide oder Tiere stiehlt, der Blutrache aus, und zwar deshalb, weil die Leute sofort unterstellen könnten, die Ehre der Frauen sei nicht geachtet worden. Dadurch also, daß man alles, was das Verhalten der anderen betrifft, mit faszinierter Aufmerksamkeit verfolgt, gleichzeitig aber von der Angst vor ihrem Urteil verfolgt wird, wird jeder Versuch, sich von den Forderungen der Ehre zu befreien, undenkbar und verachtungswürdig.

Da jeder Austausch eine mehr oder weniger verschleierte Herausforderung in sich trägt, ist die Logik von Herausforderung und Erwiderung der Herausforderung nur die äußerste Grenze, zu der jede Kommunikationshandlung, ganz besonders der Austausch von Geschenken, hintendiert.[18] Aber die Versuchung, den anderen herauszufordern und das letzte Wort haben zu wollen, findet ihr Gegengewicht in der Notwendigkeit, mit den anderen zu kommunizieren. Den anderen gar zu sehr auf die Probe zu stellen bringt das Risiko mit sich, den Austausch dadurch zu unterbrechen. Die Kommunikation vollzieht sich also in dem Kompromiß zwischen Vertrag und Konflikt. Der großzügige Austausch hat immer die Tendenz, in ein gegenseitiges Überbieten an Großzügigkeit auszuarten; das großzügigste Geschenk ist zugleich auch das, das seinen Empfänger am sichersten in Unehre stürzt, indem es jede Möglichkeit eines Gegengeschenks ausschließt. So gibt die *tawsa*, das Geschenk, das die Gäste bei großen Familienfesten überreichen und über das öffentlich gesprochen wird, häufig Anlaß dazu, einander an Ehre übertreffen zu wollen, und es kommt vor, daß eine Familie sich ruiniert, um die anderen an Großzügigkeit überbieten zu können. Um das zu verhindern, einigt man sich manchmal auf einen maximalen Wert der Geschenke. Bei einer Hochzeit oder einer Beschneidung legen die Familien ebenfalls ihre Ehre darein, das Fest so prächtig wie möglich zu gestalten, selbst wenn sie sich dabei ruinieren, und zwar ganz besonders in dem Fall, wo man seine Tochter außerhalb des Dorfes verheiratet. Dieser Wetteifer ist sogar unter den Gliedern ein und derselben Familie spürbar, z. B. zwischen den Frauen (Schwägerinnen, Mutter) bei der Hochzeit eines Mädchens. Mir wurde berichtet, daß 1938 ein Mann aus dem Stamm der Ath-Waglis bei der ersten Niederkunft seiner Tochter mehr als 3000 Francs an Geschenken ausgegeben hat: 1400 Eier, 15 Hühner, für 300 Francs Hammelfleisch, 20 kg Pökelfleisch, 20 kg Fett, Öl, Kaffee, Grieß, 25 Kleidungsstücke usw. Ein anderer Mann aus demselben Stamm hat, um seiner Tochter ebenfalls bei ihrer ersten Niederkunft Ehre zu machen, das einzige

Feld verkauft, das ihm noch verblieben war. Trotzdem ist man sich im allgemeinen darin einig, das »Ehrgefühl des Teufels«, *nif nechiṭan*, oder das unvernünftige Ehrgefühl, *thihuzzith*, zu verurteilen, das dazu führt, sich bei jeder Kleinigkeit gekränkt oder angegriffen zu fühlen, seine Ehre für Lappalien aufs Spiel zu setzen und ohne Sinn für Maß und Grenzen den anderen überbieten zu wollen. »Niemand setzt sich der Schande aus«, sagt man, »wenn er dabei verlieren soll«, d. h. wenn er sich weigert, sich allein der Eitelkeit wegen zu ruinieren (*urits-sathḥi ḥad galmadharas*). Aber wenn auch der Austausch, weil er das Ehrgefühl aufs Spiel setzt, immer die Virtualität eines Konflikts in sich trägt, so bewahrt doch der Ehrenkonflikt immer noch seinen Charakter des Austauschs, was dadurch bezeugt wird, daß man sehr klar zwischen dem Fremden und dem Feind unterscheidet. Dadurch, daß das Ehrgefühl dem Willen, den anderen zu beherrschen, gern den Vortritt läßt vor dem Willen, mit ihm in Kommunikation zu bleiben, schließt es immer das Risiko eines Abbruchs der Beziehungen in sich; gleichzeitig aber treibt das Ehrgefühl auch wieder dazu, den Austausch fortzusetzen, denn es gilt ja, das letzte Wort zu behalten.

Wenn die Beleidigung nicht unbedingt Entehrung bedeutet, so deshalb, weil sie die Möglichkeit einer Erwiderung offenläßt, die durch die Tat der Beleidigung selbst anerkannt und dem anderen zugesprochen wird. Aber die Unehre, die im Stadium des Virtuellen bleibt, solange die Möglichkeit zu einer Erwiderung besteht, wird mehr und mehr zur Realität, je länger die Rache auf sich warten läßt. Daher fordert die Ehre, den Abstand zwischen Beleidigung und Vergeltung so kurz wie möglich zu halten. Eine große Familie hat in der Tat Arme genug, und auch genügend Mut, um sich nicht mit einer langen Wartezeit abzufinden; bekannt für ihren *nif*, für ihre Empfindlichkeit in Ehrensachen und ihre Entschlossenheit, ist sie sogar vor Beleidigungen geschützt, denn durch die Drohung, die sie unaufhörlich auf ihren eventuellen Angreifern lasten läßt, erscheint sie den anderen fähig, auf eine Beleidigung zu reagieren, ohne auch nur eine Sekunde zu verlieren. Um die Achtung auszudrücken, die man vor einer guten Familie empfindet, sagt man, daß sie »bei offener Tür schlafen kann« oder daß »ihre Frauen allein, mit einer goldenen Krone auf dem Kopf spazieren gehen können, ohne daß jemand daran dächte, sie anzugreifen«. Der Ehrenmann, der, von dem man sagt, daß er seine »Rolle als Mann« (*thirugza*) erfüllt, ist immer auf der Hut; dadurch ist er auch vor dem unerwartetsten Angriff sicher, und »selbst wenn er nicht zu Hause ist, ist jemand in seinem Haus« (*El Kalaa*). Aber ganz so einfach liegen die Dinge wiederum nicht. So wird berichtet, daß Djeha, eine legendäre Gestalt, auf die Frage, wann er seinen Vater gerächt habe, zur Antwort gab: »nach hundert Jahren«. Und man erzählt auch die Geschichte vom Löwen, der immer gemessenen Schritts einhergeht: »Ich weiß nicht, wo meine Beute ist«, sagt er. »Ist sie vor mir, so werde ich sie eines Tages schon fangen; ist sie hinter mir, so wird sie mich schon einholen.« Obwohl jede Ehrenangelegenheit, wenn sie von außen und als *fait accompli*, d. h. vom Standpunkt des fremden Beobachters aus betrachtet wird, wie eine geregelte und absolut notwendige Folge von unerläßlichen Handlungen erscheint und darum wie ein *Ritual* beschrieben werden kann, bleibt doch die Tatsache, daß jedes ihrer Momente, deren Notwendigkeit sich *post festum* enthüllt, in objektivem Sinne Resultat einer Wahl und Ausdruck einer Strategie ist. Was man das Ehrgefühl nennt, ist nichts anderes als die kultivierte Disposition, der *Habitus*, der jedes Individuum in die Lage versetzt, von einer kleinen Anzahl implizit vorhandener Prinzipien aus alle die Verhaltensformen, und nur diese, zu erzeugen, die den Regeln der Logik von Herausforderung und Erwiderung der Herausforderung entsprechen, und zwar dank eines solchen Erfindungsreichtums, wie ihn der stereotype Ablauf eines Rituals keineswegs erfordern würde. Mit anderen Worten: Wenn man auch für jede Wahl zumindest retrospektiv eine Erklärung geben kann, so bedeutet das jedoch nicht, daß jede Verhaltensform voll und ganz voraussehbar wäre, so wie bei einem Ritus die einzelnen Handlungen sich in die völlig stereotypen Sequenzen einfügen müssen. Dies gilt ebenso für den Beobachter wie für die Individuen selbst, die in der relativen Unvorhersehbarkeit der möglichen Erwiderungen Gelegenheit finden, ihre Strategien ins Werk zu setzen. Aber sogar in den am stärksten ritualisierten Austauschbeziehungen, wo alle Handlungsmomente und deren Ablauf völlig im voraus festgelegt sind, kann eine Konfrontation zwischen verschiedenen Strategien durchaus zulässig sein, und zwar in dem Maße, wie die Individuen über das *Intervall* zwischen den obligaten Momenten selbst verfügen, also auf den Gegner einwirken können, indem sie gegebenenfalls das Tempo des Austauschs zu ihren Gunsten modulieren. Es wurde schon gezeigt, daß die Tatsache, ein Geschenk auf der Stelle zu erwidern, d. h. das Intervall zwischen Geschenk und Gegengeschenk abzuschaffen, darauf hinausläuft, den Austausch abzubrechen. Ebenso muß man die Lehre ernstnehmen, die in der Parabel vom Löwen und der von Djeha enthalten ist: die perfekte Beherrschung der *Modelle dafür, wie man die Modelle befolgt*, die die gesellschaftliche Vorbildlichkeit ausmacht, manifestiert sich in dem Spiel mit der Zeit, das den ritualisierten Austausch in eine Konfrontation zwischen verschiedenen Strategien verwandelt. Bei einer Heirat z. B. muß das Familienoberhaupt, bei dem man um die Hand des Mädchens anhält, dann auf der Stelle antworten, wenn er die Heirat ablehnt; beabsichtigt er, den Antrag anzunehmen, so zögert er seine Antwort fast immer hinaus; dadurch versetzt er sich in die Lage, so lange wie möglich den konjunkturellen Vorteil zu perpetuieren (den ihm seine Stellung als »umworbene Partei« verschafft), der oft gleichzeitig mit einer strukturellen Unterlegenheit auftritt (da die umworbene Familie oft von niedrigerem Rang ist als die werbende) und der sich konkret in dem anfänglichen, aber progressiv auf die andere Seite umschlagenden Mißverhältnis in den zwischen beiden Familien ausgetauschten Geschenken äußert. Ebenso kann der gewiegte Stratege ein Kapital von ihm zugefügten Provokationen oder vorläufig eingestellten Konflikten und den Möglichkeiten zur Rache, zur Erwiderung oder zu neuen Konflikten, die dieses Kapital enthält, in ein Machtmittel verwandeln, indem er sich die Initiative vorbehält, die Feindseligkeiten wieder aufzunehmen oder sogar zu beenden.

Ehrgefühl und Ehre: nif und ḥurma

Sind auch gewisse Familien und gewisse Personen vor der Beleidigung als einem beabsichtigten Angriff auf die Ehre geschützt, so ist doch niemand vor einem unbeabsichtigten Angriff auf seine Ehre sicher. Die einfache Herausforderung, die sich an das Ehrgefühl richtet (*thirzi nennif*, jemanden herausfordern; *sennif*, beim *nif*: Ich fordere dich heraus!) ist jedoch keine Beleidigung, die die Ehre antastet (*thuksa nesser, thuksa laqdhar* oder *thirzi laqdhar,* jemandem die Achtung wegnehmen oder zerbrechen, *thirzi el ḥurma,* jemanden in Schande werfen). So macht man sich über den Neureichen lustig, der die Spielregeln der Ehre nicht kennt und als Antwort auf eine Verletzung der *ḥurma* seinen Gegner zu einem Wettrennen herausfordern oder mit ihm wetten will, wer die meisten

Tausend-Francs-Scheine vor sich auf dem Boden ausbreiten kann. Das zeigt nämlich, daß hier zwei völlig getrennte Systeme miteinander verwechselt werden, nämlich das System der Herausforderung einerseits und das der Beleidigung andererseits, in dem die heiligsten Werte aufs Spiel gesetzt werden und das nach den fundamentalsten Kategorien der Kultur aufgebaut ist, denen, die die Ordnung des mythisch-rituellen Systems ausmachen.
Die Ehre, das, wodurch die Gruppe nach außen hin verwundbar ist, steht dem Ehrgefühl gegenüber, d. h. dem, wodurch die Gruppe auf die Beleidigung reagieren kann. Man macht einen sehr scharfen Unterschied zwischen dem *nif*, dem Ehrgefühl, und der *ḥurma*, der Ehre und all dem, was *ḥaram*, d. h. verboten ist, kurz, dem Sakralen. Was also die Gruppe am meisten gefährdet, ist das, was ihr heiligster Besitz ist. Während die Herausforderung nur das Ehrgefühl angreift, ist die Beleidigung eine Übertretung der Gebote, ein Frevel. Daher schließt die Verletzung der *ḥurma* jegliches Arrange-

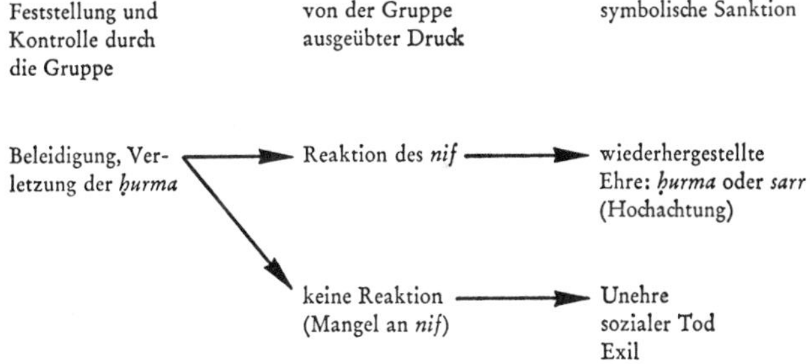

ment oder Ausweichen aus. Im allgemeinen wies man früher empört die *diya* zurück, d. h. die Entschädigungssumme, die die Familie des Mörders der Familie des Opfers zahlt. Von dem, der sie annimmt, sagt man: »Er war bereit, das Blut seines Bruders zu essen; er denkt nur an seinen Bauch!« (*Ain Aghbel*). Die *diya* wird nur dann angenommen, wenn es sich um Angelegenheiten handelt, bei denen die *ḥurma* nicht betroffen ist. Weiterhin unterscheidet sich der Mechanismus von Beleidigung und Rache von der Dialektik von Herausforderung und deren Erwiderung durch die unerbittliche Strenge, mit der er sich den Individuen aufdrängt. Die öffentliche Meinung, Zeuge und Richter zugleich, entscheidet als höchste Instanz über die Schwere der Beleidigung und die ihr angemessene Rache. Im Falle einer Verletzung der *ḥurma*, und sei sie auch indirekt oder aus Versehen begangen worden[19], ist der Druck der öffentlichen Meinung so stark, daß eine andere Lösung als die Rache völlig ausgeschlossen ist; übt einer sie nicht aus, so gibt es für den Feigling, der nicht genug *nif* hat, nur die Unehre oder das Exil. Läßt sich die *ḥurma* als etwas Verlierbares, Zerbrechliches definieren (*thuksa elḥurma, thirzi elḥurma*, die *ḥurma* wegnehmen oder zerbrechen), kurz, als virtuelle Entehrung, so erlaubt der *nif*, ohne jedoch die *ḥurma* vor jeglicher Verletzung zu sichern, ihre Integrität wieder herzustellen. Die Integrität der *ḥurma* ist also Funktion der Integrität des *nif*; allein die überempfindliche und aktive Wachsamkeit des *Ehrgefühls* (*nif*) kann Garant für die Integrität der *Ehre (ḥurma)* sein – die durch ihre Natur als Sakrales der sakrilegischen Beleidigung ausgesetzt ist – und zugleich das *Ansehen* und die *Achtbarkeit* garantieren, die die Gesellschaft dem gewährt, der genug Ehrgefühl besitzt, um seine Ehre vor Beleidigungen sicherzustellen.

Die Ehre im Sinne von Achtung wird *sar* genannt: *essar*, das heißt Geheimnis, Ansehen, Ausstrahlung, »Glorie« eines Menschen. Man sagt von ihm, daß »*essar* ihm folgt und von ihm ausstrahlt« oder daß er »von dem Schutzwall des *essar*« (*zarb nessar*) geschützt wird: *essar* bewahrt den, der es besitzt, vor der Herausforderung und lähmt den eventuellen Angreifer durch seinen geheimnisvollen Einfluß, durch die Furcht (*alhiba*), die es verbreitet. Jemandem Schande bereiten heißt, »ihm das *essar* wegnehmen« (man sagt auch: »ihm *laḥya*, den Respekt, wegnehmen«): *essar,* dieses »gewisse Etwas«, das den Ehrenmann ausmacht, ist ebenso empfindlich und verletzlich wie unwägbar. »Der Burnus des *essar*«, sagen die Kabylen, »ist nicht festgemacht, er liegt nur ganz leicht auf den Schultern«[20] (*Azerou n-chmini*).

Die *ḥurma* im Sinne von »heilig« (*ḥaram*), der *nif*, die *ḥurma* im Sinne von Achtbarkeit sind untrennbar voneinander. Je verwundbarer also eine Familie ist, desto mehr *nif* braucht sie, um ihre heiligen Werte zu verteidigen, und desto größer ist dann das Verdienst und die Achtung, die die öffentliche Meinung ihr zuerkennt. Von hier aus kann man auch verstehen, daß Armut ganz und gar nicht im Widerspruch zur Achtbarkeit steht oder diese ausschließt, sondern im Gegenteil das Verdienst dessen, der besonders stark der Gefahr der Beleidigung ausgesetzt ist und sich trotz allem Respekt zu verschaffen weiß, nur noch vergrößert.[21] Umgekehrt hat das

Ehrgefühl nur für den eine Bedeutung und Funktion, für den es heilige Dinge gibt, d. h. Dinge, die es verdienen, verteidigt zu werden. Ein Mensch, der dieses Sakrale nicht hätte, brauchte eigentlich gar kein Ehrgefühl, weil er in gewisser Hinsicht unverwundbar wäre.[22] Kurz gesagt: Existiert das Sakrale (*ḥurma-ḥaram*) nur durch das Ehrgefühl (*nif*), von dem es verteidigt wird, so findet das Gefühl für Ehre seine Daseinsberechtigung erst in dem Gefühl für das Sakrale.
Wie läßt sich das Sakrale (*ḥurma-ḥaram*), das die Ehre verteidigen und schützen soll, definieren? Die Antwort darauf gibt das kabylische Sprichwort: »Das Haus, die Frau, die Gewehre.« Die Polarität der Geschlechter, die in dieser Gesellschaft mit patrilinearer Filiation so stark akzentuiert ist, kommt in der Aufteilung des Vorstellungs- und Wertsystems in zwei komplementäre und zugleich antagonistische Prinzipien zum Ausdruck.[23] *Haram* (genau: Tabu), das ist hauptsächlich das linke Sakrale, d. h. das Drinnen und, genauer, die weibliche Welt, die Welt des Geheimnisses, der geschlossene Raum des Hauses im Gegensatz zu Draußen, zu der offenen Welt des Versammlungsplatzes (*thajma'th*), die den Männern vorbehalten ist. Das rechte Sakrale, das sind hauptsächlich »die Gewehre«, d. h. die Gruppe der Agnaten, der »Söhne des väterlichen Onkels«, die Gruppe derjenigen, deren Tod bis aufs Blut gerächt werden muß, und all derer, die die Blutrache ausführen müssen. Das Gewehr ist die symbolische Verkörperung des *nif* der agnatischen Gruppe, wobei der *nif* als das verstanden wird, was herausgefordert werden kann und es der Gruppe erlaubt, die Herausforderung anzunehmen.[24] Es besteht also ein Gegensatz zwischen der Passivität der *ḥurma*, weiblicher Natur, und der aktiven Reizbarkeit des *nif*, männlicher Natur. Identifiziert sich die *ḥurma* mit dem linken Sakralen, d. h. hauptsächlich mit dem Weiblichen, so ist der *nif* die virile Tugend *par excellence*.
Aber der Gegensatz zwischen dem rechten Sakralen und dem linken Sakralen – wie der zwischen *ḥaram* und *nif* – schließt die Komplementarität zwischen beiden keineswegs aus; die Achtung vor dem rechten Sakralen, vor dem Namen und Ruf der agnatischen Familie ist es ja, die dazu treibt, jede Beleidigung gegen das linke Sakrale zu erwidern. Die *ḥurma* ist nicht nur das, was einem teuer und kostbar ist, was geschätzt und gehegt wird (*el'azz*), sondern darüber hinaus das, was kostbarer ist als alles, woran man hängt: der sakrale Wert hebt sich von dem affektiven Wert ab. Die

Pflicht, das Sakrale zu verteidigen, drängt sich dem Einzelnen auf wie ein kategorischer Imperativ, gleichgültig, ob es sich um das rechte Sakrale handelt, z. B. um ein männliches Mitglied der Gruppe, oder um das linke Sakrale, d. h. um die Frau, jenes schwache, unreine und unheilvolle Wesen. Der Ehrenmann führt die Rache durch und tilgt den ihm zugefügten Affront, ohne sich von seinen Gefühlen beeinflussen zu lassen, und erhält dafür die volle Billigung der Gruppe. So wird die Haltung jenes Vaters, eines gewissen Sidi Cherif, Oberhaupt der großen Marabutfamilie der 'Amrawa, der seine schuldige Tochter getötet hatte, gerühmt und als beispielhaft ausgegeben, und man sagt noch heute: »Er hat *nif* wie Sidi Cherif.« Die Achtung vor dem rechten Sakralen, d. h. der agnatischen Ehre, gibt den Anstoß dazu, die Beleidigung zu rächen, die das linke Sakrale, den schwachen, verwundbaren Teil der Gruppe, angetastet hat.

Der *nif* ist also Treue gegenüber der agnatischen Ehre, der *ḥurma* im Sinne von Achtbarkeit und Hochachtung, dem Namen der Vorfahren und dem Ruf, der mit ihm verbunden ist, der Sippe, die rein und unbefleckt bleiben und vor Beleidigung und Mesalliancen geschützt werden muß. Der *nif* ist die Kardinaltugend, das Fundament des gesamten patrilinearen Systems und bedeutet hauptsächlich die Achtung gegenüber der Sippe, derer man sich würdig erweisen will. Je tapferer und tugendhafter die Vorfahren waren, desto mehr ist man berechtigt, stolz auf sie zu sein, desto stärker ist man infolgedessen verpflichtet, es in Sachen der Ehre sehr genau zu nehmen, um ihnen an Wert und Tugend gleichzukommen. Infolgedessen verleiht die Geburt, so bedeutend sie auch sein mag, dem Einzelnen nicht unbedingt seinen Adel; dieser kann auch durch Tugend und Verdienst erworben werden. Die Ehrbarkeit und Reinheit der Sippe bringen eher Pflichten als Vorrechte mit sich. Für diejenigen, die einen Namen haben, für die Leute von guter Abstammung (*ath la'radh*) gibt es keine Entschuldigung.

Der Gegensatz zwischen *ḥaram* und *nif*, dem rechten Sakralen und dem linken Sakralen, kommt in verschiedenen proportionalen Gegensätzen zum Ausdruck: Gegensatz zwischen der Frau, auf der unheilvolle und unreine, zerstörende und zu fürchtende Kräfte lasten, und dem Mann, dem wohltuende, befruchtende und schützende Tugenden verliehen wurden; Gegensatz zwischen der Magie, die ausschließlich Sache der Frauen ist und vor den Männern geheimgehalten wird, und der Religion, die im wesentlichen männlich ist; Gegensatz zwischen der weiblichen Sexualität, die als Schuld und Schande gelebt wird, und der Virilität als Symbol für Kraft und Prestige.[25] Der Gegensatz zwischen drinnen und draußen als Modus des Gegensatzes zwischen dem rechten und dem linken Sakralen kommt konkret in der scharfen Unterscheidung zum Ausdruck, die zwischen dem weiblichen Raum, dem Haus und seinem Garten, d. h. dem Ort des *ḥaram* überhaupt[26] als einem abgeschlossenen, geheimnisvollen, vor Eindringlingen und Blicken geschützten Raum einerseits und dem männlichen Raum, der *thajma'th*, dem Ort der Versammlung, der Moschee, dem Café, den Feldern oder dem Markt andererseits[27] gemacht wird. Auf der einen Seite das Geheimnis der Intimität, die durch das Schamgefühl verschleiert wird, auf der anderen Seite der offene Raum der gesellschaftlichen Beziehungen, des politischen und religiösen Lebens; auf der einen Seite die Sinne und das Gefühlsleben, auf der anderen Seite die Beziehungen von Mann zu Mann, der Dialog, die Austauschbeziehungen. Während in der städtischen Welt, wo männlicher und weiblicher Raum sich überlagern, der Schutz der Intimität durch den Schleier und das Gebot strenger Zurückgezogenheit garantiert wird, sind diese beiden Räume im kabylischen Dorf, wo das Tragen des Schleiers der Tradition nach nicht bekannt ist[28], sehr deutlich voneinander getrennt. Der Weg, der zum Brunnen führt, weicht dem Bereich der Männer aus: Meist hat jeder Clan (*thakharrubth* oder *adhrum*) seinen eigenen Brunnen, der in seinem Viertel oder im Bereich seines Viertels liegt, so daß die Frauen dorthin gehen können, ohne daß sie von einem nicht zu ihrer Gruppe gehörenden Mann gesehen werden könnten[29] (*Ait Hichem*); wenn das nicht der Fall ist, wird die Funktion, die sonst dem räumlichen Gegensatz zufällt, einem zeitlichen Rhythmus übertragen, und die Frauen gehen zu bestimmten Zeiten an den Brunnen, bei Einbruch der Nacht z. B., wobei es für einen Mann verpönt ist, sie heimlich zu beobachten. Der Brunnen ist für die Frauen, was die *thajma'th* für die Männer bedeutet: dort werden Nachrichten ausgetauscht, dort wird miteinander geschwatzt, und zwar hauptsächlich über alle intimen Angelegenheiten, von denen die Männer untereinander niemals sprechen würden, ohne sich zu entehren, von denen sie also durch ihre Frauen erfahren. Der Platz des Mannes ist draußen, auf den Feldern oder in der Versammlung, unter Männern; schon der kleine Knabe muß das lernen. Wer tagsüber zu oft oder zu lange zu Hause bleibt, macht sich verdächtig.

Der achtbare Mann muß sich zeigen, sich ständig dem Blick der anderen stellen, ihnen gegenübertreten (*qabel*). Daher kann man auch verstehen, daß die Frauen, um anzudeuten, daß der Mann nicht viel von dem weiß, was im Hause vor sich geht, zu sagen pflegen: »Oh du armer, unglücklicher Mann, den ganzen Tag auf dem Felde wie das Maultier auf der Weide!« (*Ait Hichem*). Den gesamten Bereich der Intimität zu verschleiern, ist oberstes Gebot: interne Streitigkeiten, Mißerfolge, Mängel dürfen in keinem Fall vor einem Fremden ausgebreitet werden. Es gibt ebenso viele ineinandergefügte Gruppen wie konzentrische Geheimnisbereiche: das Haus ist der innerste Geheimnisbereich innerhalb des engeren oder weiteren Clans; dieser ist seinerseits der Geheimnisbereich innerhalb des Dorfes, das wiederum eine Geheimniszone gegenüber den anderen Dörfern bildet. Diese Logik läßt es natürlich erscheinen, daß die Moral der Frau als Mittelpunkt der abgeschlossenen Welt hauptsächlich aus negativen Imperativen besteht: »Dein Grab ist dein Haus«, sagt das Gebot. »Die Frau muß ihrem Mann die Treue halten; ihr Haushalt muß ordentlich geführt sein; sie muß für eine gute Erziehung ihrer Kinder sorgen. Vor allem aber muß sie das Geheimnis der Familienintimität wahren; niemals darf sie ihren Mann herabsetzen oder beschämen (selbst wenn sie allen Grund dazu und alle Beweise dafür hat), weder im engsten Kreis noch vor Fremden; er wäre dadurch gezwungen, sie zu verstoßen. Sie muß Zufriedenheit zeigen, selbst wenn z. B. ihr Mann mit leeren Händen vom Markt zurückkommt, weil er zu arm ist, um etwas zu kaufen; sie darf sich nicht in die Gespräche der Männer einmischen. Sie muß ihrem Mann Vertrauen schenken, sich davor hüten, an ihm zu zweifeln oder Vorwürfe gegen ihn zu suchen« (*El Kalaa*). Kurz, da die Frau immer »die Tochter von X« oder »die Frau von X« ist, ist ihre Ehre nichts anderes als die Ehre der agnatischen Gruppe, der sie angehört. Daher muß sie dafür sorgen, das Ansehen und den Ruf der Gruppe durch ihr Verhalten in keiner Weise zu schmälern.[30] Sie ist die Hüterin des *essar*.

ḤURMA – ḤARAM	NIF
DAS LINKE SAKRALE	DAS RECHTE SAKRALE
weiblich, Feminität	männlich, Virilität
die über unheilvolle und unreine Kräfte verfügende Frau	der über wohltuende und schützende Kräfte verfügende Mann
links, krumm	rechts, gerade
Verwundbarkeit	Schutz
Nacktheit	Bekleidung, Schutzwall
DRINNEN	DRAUSSEN
Bereich der Frauen:	Bereich der Männer:
Haus, Garten	Versammlung, Moschee, Bäder
Welt des intimen Lebens, abgeschlossen und geheim:	offene Welt des öffentlichen Lebens, der sozialen und politischen Tätigkeiten:
Nahrung, Sexualität	Austauschbeziehungen
NATUR	KULTUR
FEUCHT, WASSER	TROCKEN, FEUER
usw.	usw.

Der Mann muß seinerseits vor allem das Geheimnis seines Hauses und seiner Intimität schützen und verschleiern. Die Intimität, das ist an erster Stelle die Gattin, die man niemals bei ihrem Namen, geschweige denn bei ihrem Vornamen nennt, sondern immer mit Hilfe von Umschreibungen, wie: »Die Tochter von X«, »die Mutter meiner Kinder« oder »mein Haus«. Innerhalb des Hauses wendet der Mann sich in Gegenwart anderer nie ausdrücklich an sie; er ruft sie durch ein Zeichen, ein Brummen oder aber bei dem Namen ihrer ältesten Tochter und äußert in keiner Weise seine Zuneigung, vor allem dann nicht, wenn sein eigener Vater oder sein ältester Bruder anwesend sind. Den Namen seiner Frau öffentlich auszusprechen würde eine Entehrung bedeuten: Es wird oft erzählt, daß die Männer, die ein neugeborenes Kind beim Standesamt anmelden wollten, sich hartnäckig weigerten, den Namen ihrer Gattin anzugeben; ebenso nannten kleine Schuljungen zwar bereitwillig den Namen ihres Vaters, aber nur mit großem Widerwillen den Namen ihrer Mutter; sicherlich fürchteten sie, sich dadurch Beschimpfungen auszusetzen (jemanden beim Namen seiner Mutter nennen heißt, ihn als Bastard bezeichnen) oder einem Zauber anheimzufallen (bekanntlich wird bei magischen Handlungen der Name der Mutter gebraucht). Der Anstand verbietet es, einem Mann gegenüber seine Frau oder seine Schwester zu erwähnen, weil die Frau zu den Dingen gehört, derer man sich schämt (die Araber sagen *lamra'ara*, »die Frau ist die Schande«), von denen man nicht spricht, ohne sich zu entschuldigen oder *ḥachak*, »mit Verlaub«, hinzuzufügen. Aber auch darum, weil die Frau für den Mann von allen Dingen das heiligste ist, wie die üblichen Ausdrücke, die in Schwüren gebraucht werden, es bezeugen: »Meine Frau möge mir unerlaubt sein« *(thaḥram ethmaṭṭuthiw)* oder: »mein Haus möge mir untersagt werden« *(iḥram ukhamiw)*, wenn ich dies oder jenes nicht tue!

Zu der Intimität gehört alles, was zur Natur gehört, der Körper und alle organischen Funktionen, das Ich und alle seine Gefühle und Affekte: die Ehre gebietet, alle diese Dinge zu verschleiern. Jegliche Anspielung darauf, besonders auf das eigene Sexualleben, ist nicht nur untersagt, sondern so gut wie undenkbar. Mehrere Tage lang vor und nach seiner Heirat flüchtet der junge Mann sich in völlige Abgeschiedenheit, um nicht mit seinem Vater zusammensein zu müssen, was für beide unerträglich peinlich wäre. Ebenso schnürt das junge Mädchen, sowie es in die Pubertät gekommen ist, ihre Brust eng in ein geknöpftes und gefüttertes Mieder ein; außerdem hält sie in Gegenwart ihres Vaters und ihrer älteren Brüder die Arme über der Brust gekreuzt[31] (*Azerou n-Chmini*). Ein Mann könnte gar nicht mit seinem Vater oder seinem ältesten Bruder über ein junges Mädchen oder eine Frau, die nicht zur Familie gehört, sprechen; daher bittet der Vater einen Verwandten oder einen Freund um ihre Vermittlung, wenn er die Heiratspläne für seinen Sohn mit diesem erörtern will. Man vermeidet es, in ein Café einzutreten, wo man seinen Vater oder seinen ältesten Bruder vorfindet (und umgekehrt), und natürlich vermeidet man erst recht, in ihrer Gegenwart einem jener wandernden Sänger zuzuhören, die schlüpfrige Gedichte vortragen.

Ebenso darf man nicht vom Essen sprechen. Man wünscht dem anderen nicht guten Appetit, man wünscht ihm nur, satt zu werden. Die Höflichkeit verlangt, daß der Gastgeber seinen Gast immer wieder auffordert, sich zu bedienen, während dieser so diskret wie möglich essen muß. Auf der Straße essen ist unanständig und schamlos. Will man auf dem Markt zu Mittag essen, so zieht man sich in eine Ecke zurück. Wenn man Fleisch mit nach Hause bringt, versteckt man es in einer Tasche oder unter dem Burnus. In bezug auf die Mahlzeit selber wird der Akzent nicht darauf gelegt, daß man sich ernährt, sondern daß man gemeinsam ißt, daß man Brot und Salz, die Symbole des Bündnisses, miteinander teilt. Ein äußerstes Schamgefühl waltet auch im Ausdruck der Gefühle, und immer, sogar innerhalb der engsten Familie, zwischen Mann und Frau, zwischen Eltern und Kindern, ist man darin äußerst zurückhaltend und reserviert. Die *ḥachma* (oder auch *laḥya)*, das Schamgefühl, das alle Beziehungen, sogar die der engsten Familie, beherrscht, bedeutet hauptsächlich Schutz des *ḥaram*, des Sakralen und des Geheimnisses (*essar*). Wer von sich spricht, benimmt sich ungehörig oder angeberisch; er ist unfähig, sich der Anonymität der Gruppe unterzuordnen, d. h. das wichtigste Gebot des Anstands zu befolgen, das darin besteht, die Höflichkeitsform »wir« oder eine unpersönliche Form zu benutzen und nur durch den Kontext zu verstehen zu geben, daß es sich um einen selbst handelt.

Andere Korrelate der fundamentalen Gegensätze sind diejenigen Prinzipien, die die Arbeitsteilung der Geschlechter, genauer gesagt, die Aufteilung der als ehrenhaft und unehrenhaft angesehenen Verhaltensformen zwischen Männern und Frauen bestimmen. Im allgemeinen gelten für den Mann alle die Arbeiten als entehrend, die die mythisch-rituelle Einteilung der Lebewesen, Dinge und Handlungen der Frau zuschreibt. Die Berber des Chenoua dürfen in Gegenwart nicht zur Familie gehörender Personen keine Eier oder Hühner berühren. Sie dürfen sie auch nicht auf den Markt tragen, um sie zu verkaufen, denn das ist Sache der Kinder oder Frauen. Einen Achenwi zu fragen, ob er Eier zu verkaufen hat, würde eine Beleidigung darstellen. Die Männer dürfen zwar Hühner schlachten und Eier essen, aber nur innerhalb ihrer Familie.[32] Die gleichen Sitten findet man in mehr oder weniger abgeänderter Form auch in Kabylien vor. Ebenso darf die Frau auf einem Maultier reiten, das ihr Mann am Zügel hält; auf einem Esel reiten bedeutet dagegen Schande. Die Mädchen, die ihre Familie entehrt hatten, wurden manchmal öffentlich auf einem Esel durch das Dorf geführt. Ein anderes Beispiel: für einen Mann ist es entehrend, Dung zu transportieren, denn das ist Aufgabe der Frauen. Ebenso gehört es zur Arbeit der Frauen, das Wasser in Tonkrügen sowie das Brennholz heranzuschaffen. Alle diese Imperative der Ehrenmoral, die völlig arbiträr erscheinen, wenn man sie einzeln betrachtet, erweisen sich im Gegenteil als notwendig, wenn man sie wieder in das Gesamtgefüge des mythisch-rituellen Systems einsetzt, dessen fundamentaler Gegensatz zwischen dem Männlichen und dem Weiblichen in den Gegensatzpaaren: rechtes Sakrales – linkes Sakrales; drinnen – draußen; Wasser – Feuer; feucht – trocken besondere Ausdrucksweisen findet.

Das gleiche Wertsystem beherrscht auch die ganze Primärerziehung. Sobald der Knabe einen Namen trägt, wird er als verantwortlicher Vertreter der Gruppe betrachtet und muß sich auch selbst als solcher betrachten. Mir wurde berichtet, daß in einem Dorf in Großkabylien ein etwa zehnjähriger Junge als letzter männlicher Sproß der Familie an allen Begräbnissen, auch in entfernten Dörfern, teilnahm und bei allen Zeremonien mitten unter den Erwachsenen saß (*Tizi Hibel*). Das ganze Verhalten der Erwachsenen, alle Zeremonien und alle Initiations- und Übergangsriten zielen darauf ab, den Knaben auf seine Eigenschaft als Mann, zugleich aber auch auf die damit verbundenen Verantwortungen und Pflichten hinzuweisen. Die kindlichen Handlungen werden schon sehr früh nach den Kriterien des Ehrenideals eingeschätzt. Die Erziehung des Vaters oder des väterlichen Onkels zielt darauf ab, in dem Kind den *nif* und alle zum *nif* gehörenden virilen Tugenden zu entwickeln: Kampfgeist, Kühnheit, Kraft, Ausdauer. Bei dieser Erziehung, die von Männern gegeben wird und Männer heranbilden soll, wird der Akzent auf die väterliche Linie gelegt, auf die Werte, die von den männlichen Vorfahren überkommen sind und die jedes männliche Mitglied der Gruppe garantieren und verteidigen muß.

Zweifellos könnte man feststellen, daß die gleichen mythisch-rituellen Kategorien wenn nicht der Logik der matrimonialen Tauschbeziehungen, so doch zumindest der Idealvorstellung, die sich die Individuen von ihnen machen, zugrunde liegen. Man versteht besser, warum die Mädchen so jung verheiratet werden, wenn man daran denkt, daß die von Natur aus schlechte Frau so früh wie möglich unter den wohltuenden Schutz des Mannes gestellt werden muß. »Die Schande«, sagt man, »ist das junge Mädchen« (*al'ar thaqchichth*), und der Schwiegersohn wird *seṭṭar la'yub*, »Schleier der Schande«, genannt. Die algerischen Araber nennen die Frauen manchmal »Satanskühe« oder »Netze des Dämons«, wodurch ausgedrückt wird, daß ihnen die Initiative des Bösen zukommt: »Selbst noch die geradeste, ›rechteste‹«, sagt das Sprichwort, »ist krumm wie eine Sichel.« Wie ein junger Trieb, der nach links wächst, kann die Frau nicht »recht«, nicht gerade sein, sondern nur durch den wohltuenden Schutz des Mannes geradegerichtet werden.[33] Ohne daß hier die objektive Logik der matrimonialen Tauschbeziehungen erfaßt werden sollte, kann man doch anmerken, daß die Normen, die sie bestimmen, und die Rationalisierungen, die meist zur Rechtfertigung ihrer »idealen« Form, d. h. der Heirat mit der parallelen Kusine, gebraucht werden, in einer Sprache formuliert sind, die nach mythisch-rituellen Kategorien strukturiert ist. So wird die Sorge um die Reinheit des Blutes und die Unbeflecktheit der Familienehre am häufigsten als Grund angegeben, um die Heirat mit der parallelen Kusine zu rechtfertigen. Von dem jungen Mann, der seine parallele Kusine geheiratet hat, sagt man: »Er hat sie beschützt«, er hat so gehandelt, daß das Geheimnis der Familienintimität gewahrt geblieben ist. Wer innerhalb seiner eigenen Familie heiratet, kann sicher sein, so wird oft gesagt, daß seine Frau alles tut, um die Ehre ihres Mannes zu bewahren, daß sie familiäre Konflikte geheimhält und sich nicht bei ihren Eltern beklagt. »Eine Frau, die fremd in deiner Familie ist, wird dich verachten. Sie wird ihre Familie für edler halten als deine. Deine Kusine dagegen, die den gleichen väterlichen Großvater hat wie du, wird nichts Schlechtes über deine Ahnen sagen« (*Ain Aghbel*). Die Heirat mit einer Fremden wird gefürchtet, als handle es sich um einen Eindringling, denn sie schlägt eine Bresche in den Schutzwall, mit dem sich die Familienintimität umgibt: »Es ist besser«, sagt man, »seinen *nif* zu schützen, als ihn den anderen auszuliefern.«

Das Ethos der Ehre

Das Wertsystem der Ehre wird eher »praktiziert« als gedacht, und die Grammatik der Ehre kann den Handlungen Form geben, ohne selbst formuliert werden zu müssen. Wenn die Kabylen z. B. spontan diese oder jene Verhaltensform als entehrend oder lächerlich erfassen, sind sie in der gleichen Situation wie jemand, der einen Sprachfehler verbessert, ohne aber das syntaktische System, das dabei mißachtet wurde, zu beherrschen. Dadurch, daß die Normen in dem Kategoriensystem der mythischen Wahrnehmung der Welt wurzeln, ist es äußerst schwer und vielleicht sogar unnütz, zwischen dem direkt und klar vom Bewußtsein erfaßten Bereich und dem tief im Unbewußten verborgenen Bereich unterscheiden zu wollen. Ein Beispiel dafür: Der Ehrenmann ist der, der den anderen gegenübertritt (*qabel*), der sich ihrem Blick stellt und ihnen ins Gesicht blickt; *qabel* heißt auch, einen Gast empfangen und gut empfangen, ihm Ehre erweisen. Aus dem gleichen Stamm leitet man bisweilen durch eine immerhin bezeichnende Volksetymologie das Wort *laqbayel* (maskulin Plural) ab, das die Kabylen bezeichnet.[34] *Thaqbaylith*, Femininum des Substantivs *aqbayli*, »ein Kabyle«, bezeichnet die kabylische Frau, die kabylische Sprache und, wenn man so sagen darf, die Quidditát des Kabylen, das, was den Kabylen zum Kabylen macht, das, was er nicht aufgeben könnte, ohne gleichzeitig aufzuhören, Kabyle zu sein, d. h. die kabylische Ehre, den kabylischen Stolz. *Qabel* heißt aber auch, sich dem Osten (*elqibla*) und der Zukunft (*qabel*) zuwenden. In dem mythisch-rituellen System der Kabylen besteht eine Homologbeziehung zwischen dem Osten und dem Oben, dem Zukünftigen, dem Tag, dem Männlichen, dem Guten, dem Rechten, dem Trockenen usw., zugleich aber eine Gegensatzbeziehung, die dem Osten den Westen und damit das Niedrige, das Vergangene, die Nacht, das Weibliche, das Böse, das Linke, das Feuchte usw. gegenüberstellt. Alle Informanten geben spontan als wichtigste Eigenschaft des Ehrenmannes die Tatsache an, daß er den anderen gegenübertritt (*qabel*); daraus geht hervor, daß die expliziten Verhaltensnormen mit den tief unter der Oberfläche bleibenden Prinzipien des mythisch-rituellen Systems zusammentreffen und sich mit ihnen decken.

Das Ethos der Ehre widersetzt sich schon seinem Prinzip nach einer universalen und formalen Moral, die allen Menschen ein gleiches Maß an Würde und demzufolge die gleichen Rechte und Pflichten zuspricht. So sind die für die Männer verbindlichen Regeln anders als die, die für die Frauen gelten, und die Pflichten den Männern gegenüber unterscheiden sich von den Pflichten, die man den Frauen gegenüber hat; vor allem aber können die Gebote der Ehre, die jedesmal direkt auf den Einzelfall angewendet werden und je nach der Situation verschieden sind, in gar keinem Fall universale Gültigkeit erhalten. Ein und derselbe Ehrenkodex diktiert Verhaltensformen, die je nach dem gesellschaftlichen Feld völlig entgegengesetzt sein können: einerseits die Regeln, die den Beziehungen zwischen Verwandten zugrunde liegen und, im weiteren Sinne, allen gesellschaftlichen Beziehungen, die sich nach dem Modell der Verwandtschaftsbeziehungen richten (»Hilf den Deinen, egal, ob sie recht oder unrecht haben«), andererseits die Regeln, die für die Beziehungen mit Fremden gelten. Diese Dualität in den Einstellungen ergibt sich logischerweise aus dem oben aufgestellten fundamentalen Prinzip, das den Einzelnen zu einem von der Ehre diktierten Verhalten nur denjenigen gegenüber verpflichtet, die dessen würdig sind. Wenn die Imperative der Gruppe ge- und beachtet werden, so deshalb, weil sie auf der Selbstachtung, d. h. auf dem Ehrgefühl des Einzelnen fußen. Anders als ein Tribunal im Sinne eines Organs, das eigens dazu geschaffen wäre, gemäß einem System rationaler und expliziter juristischer Normen Entscheidungen zu fällen, ist die Clan- oder Dorfversammlung in Wirklichkeit eher ein Schlichtungsausschuß oder sogar ein Familienrat. Die kollektive Meinung ist Gesetz, Tribunal und vollstreckende Instanz zugleich. Die *thaj'math*, in der alle Familien vertreten sind, verkörpert die öffentliche Meinung, deren Gefühle und Werte sie empfindet und ausdrückt und von der sie ihre ganze moralische Macht erhält. Die am meisten gefürchtete Strafe ist die Ächtung oder die Verbannung: Die davon Betroffenen werden von der kollektiven (rituellen) Fleischverteilung, der Versammlung und allen kollektiven Tätigkeiten ausgeschlossen – kurz, zu einer Art von symbolischem Tod verurteilt. Der *qanun*, eine Sammlung der jedem Dorf eigenen Gebräuche, besteht hauptsächlich aus der Aufzählung von einzelnen Vergehen und deren Bestrafung. So enthält z. B. der *qanun* von Agouni-n-Tesellent, einem Dorf der Ath Akbil, im ganzen 249 Artikel: davon sind 219 »repressive« Gesetze (im Durkheimschen Sinne), d. h. 88 %, gegenüber 25 »restitutiven« Gesetzen, d. h. 10 %, und nur 5 Artikel betreffen die Grundlagen des politischen Systems. Die Regel des Gebrauchsrechts erwächst aus einer Rechtsprechung, die direkt auf den Einzelnen angewendet wird, und nicht aus der Anwendung einer universalen Regel auf den Einzelnen; sie besteht, bevor sie formuliert wird. Denn die Justiz beruht nicht auf einem formalen, rationalen und expliziten Kodex, sondern auf dem »Sinn« für Ehre und Gerechtigkeit. Das Wichtigste bleibt implizit, da es unbestritten und unbestreitbar ist; das Wichtigste, d. h. die Gesamtheit der Werte und Prinzipien, die die Gruppe durch ihre Existenz selbst bestätigt und die der Rechtsprechung in der Praxis zugrunde liegen. »Was die Ehre verteidigt«, sagte Montesquieu, »wird besser verteidigt, wenn die Gesetze es nicht verteidigen, und was sie vorschreibt, wird noch stärker gefordert, wenn die Gesetze es nicht fordern.«

Ebenso werden auch die ökonomischen Beziehungen nicht als solche erfaßt und konstituiert, d. h. als Beziehungen, die von dem Gesetz des Interesses geprägt werden, sondern sie bleiben immer wie unter dem Schleier der von Prestige und Ehre geprägten Beziehungen verborgen. Es ist, als ob diese Gesellschaft sich weigerte, sich der ökonomischen Realität zu stellen, sie als eine Realität zu erfassen, die anderen Gesetzen unterliegt als denen, die für die Familienbeziehungen gelten. Daher erklärt sich auch die strukturelle Ambiguität jeder Austauschbeziehung: Man spielt immer auf zwei Ebenen zugleich, der des Interesses, die uneingestanden bleibt, und der der Ehre, die proklamiert wird. Und ist die Logik des Schenkens nicht eine Form, den rechnerischen Charakter des Interesses zu überwinden oder zu verschleiern? Wenn das Schenken, wie der Kredit, auch die Pflicht nach sich zieht, mehr zu schenken bzw. zurückzugeben, so bleibt diese Ehrenverpflichtung, so zwingend sie sein mag, doch unausgesprochen und geheim. Zielt nicht der großzügige Austausch, da das Gegengeschenk immer in einem gewissen *zeitlichen Abstand* gemacht wird, im Gegensatz zu dem von der Devise »Gibst du mir, so geb ich dir« beherrschten Austausch darauf ab, die vom Interesse diktierte Transaktion, die nicht wagt, sich in dem Augenblick des Austauschs als solche zu enthüllen, zu verschleiern, indem er sie im zeitlichen Nacheinander entfaltet und an die Stelle einer kontinuierlichen Reihe von Geschenken und Gegengeschenken eine diskontinuierliche Reihe von Geschenken setzt, die scheinbar unerwidert bleiben? Oder, falls dieses Beispiel nicht genügen sollte: Es ist üblich, daß der Verkäufer bei Abschluß eines größeren Geschäfts, z. B. beim Verkauf eines Ochsen, dem Käufer einen Teil der Summe, die er gerade bekommen hat, ostentativ zurückgibt, »damit dieser Fleisch für seine Kinder kaufen kann«. Und der Vater der Braut handelte ebenso, wenn er, meist nach erbittertem »Feilschen«, das Wittum erhielt (*Ait Hichem*): Je größer der zurückgegebene Teil war, desto mehr Ehre erwarb man sich, als wollte man dadurch, daß man die Transaktion durch eine großzügige Geste krönt, das Feilschen in einen Ehrenaustausch verwandeln; und dieser Handel konnte wiederum nur darum so offen als erbittertes Feilschen erscheinen, weil das Streben nach dem größtmöglichen materiellen Profit sich dabei unter dem Mantel des Ehrenwettstreits, d. h. dem Streben nach dem größtmöglichen symbolischen Profit verbarg.[36]

Paris, Januar 1960

DAS VOKABULAR DER EHRE

EHRE			UNEHRE			DAS SAKRALE
EHRGEFÜHL	EHRE	ACHTBARKEIT	ENTEHRUNG (AKTION)	UNEHRE (ZUSTAND)	VERBRECHEN GEGEN DIE EHRE	
nif *if* *anzaren* *thirzi nennif*	*elʿardh* *laḥya* *riya* *elḥa[illegible]hma* *ame[illegible]rur* (adj.) *ama[illegible]ruz nessar* *elʿal[illegible]*	*essar* *nur* *thaqbaylith* *thizugza* *thirujla* *chiʿa*	*bahdel* *ʿayer* *achuwah* *ḥachchem* *afdhaḥ* Substantive der Aktion: *abahdel* *elbahadla* *aḥachchem* *thuksa nessar* *thuksa laqdhar* *thirzi laqdhar* *thirzi el ḥurma*	*ḥachma* *thibhadlith* *thimʿayrith* *chuha* *elfadhḥa* *itswaʿayer* (adj.) *inaḥ cham*	*elʿar* *alʿib* *elkhazzwa* *tikhzi* *laḥram*	*elḥurma* *elḥaram*

ZWEITES KAPITEL

Das Haus oder die verkehrte Welt[1]

»Der Mann ist die Lampe, die draußen leuchtet, die Frau ist die Lampe, die drinnen scheint.«

Das Innere des kabylischen Hauses weist die Form eines Rechtecks auf, das eine kleine, durchbrochene, halbhohe Wand in zwei Teile teilt, von denen der kleinere ein Drittel der Länge ausmacht: der größere, dessen Boden um ca. 50 cm aufgeschüttet und mit einem Belag aus schwarzem Ton und Kuhmist bedeckt ist, den die Frauen mit einem flachen Stein blankreiben, wird nur von den Menschen bewohnt, während der schmalere, mit Fliesen bedeckte Teil für die Tiere bestimmt ist. Eine zweiteilige Tür führt zu beiden Räumen. Auf dem Trennmäuerchen stehen an einem Ende die kleinen irdenen Krüge oder die Körbe aus Alfagras, in denen man die zum sofortigen Gebrauch bestimmten Lebensmittel – Feigen, Mehl, Hülsenfrüchte – aufbewahrt, und an dem anderen, zur Tür hin, sind die Wasserkrüge aufgereiht. Über dem Stall befindet sich ein Hängeboden, wo neben Geräten aller Art Stroh und Heu für die Tiere aufgespeichert sind und wo meistens, besonders im Winter, die Frauen und Kinder schlafen.[2] An der Giebelwand, auch »obere Wand« (oder, genauer gesagt, »Seite«) oder »Wand des *kanun*« genannt, ist ein gemauerter Aufbau errichtet, der, mit ausgesparten Nischen und Löchern versehen, dazu dient, Küchengeräte (Kelle, Kessel, flache Pfanne und andere irdene, vom Feuer geschwärzte Gegenstände) aufzubewahren, und der auf beiden Seiten von großen, mit Korn gefüllten Krügen eingerahmt ist; davor befindet sich die Feuerstelle, eine runde, in der Mitte einige Zentimeter tiefe Mulde, um die herum drei große Steine zum Abstellen der Kochgeräte im Dreieck angeordnet sind.[3]

Vor der Wand, die der Tür gegenüber ist und die meist den gleichen Namen trägt wie die hofseitige Außenwand, d. h. *tasga*[4] oder auch »Wand des Webstuhls« oder »Wand des Gegenüber« (man befindet sich ihr gegenüber, wenn man ins Haus tritt), steht der Webstuhl. Die entgegengesetzte Wand, d. h. die der Tür, heißt »Wand der Dunkelheit«, »Wand des Schlafes«, »Wand des Mädchens«,

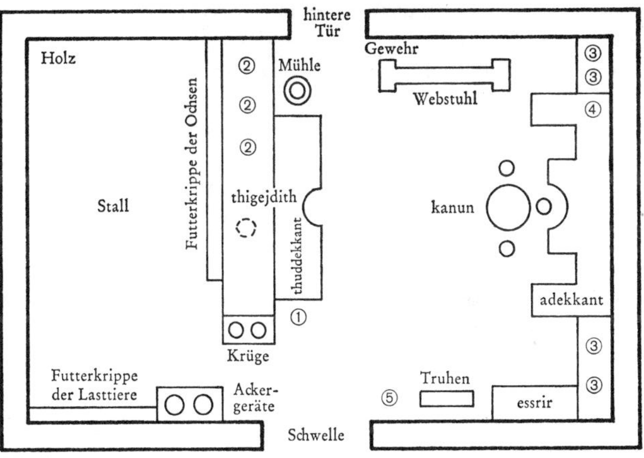

1. Netz für Grünfutter
2. Krüge für Hülsenfrüchte und Feigen
3. Krüge für das Korn
4. Lampe, Geschirr, Sieb
5. großer Krug für den Wasservorrat

»Wand des Grabes«[5]; an sie lehnt sich eine Bank, deren Breite eine Schlafmatte aufnehmen kann; unter ihr finden das Kälbchen oder das Festschaf, mitunter auch das Holz oder der Wasserkrug, ihren Platz. Kleider, Matten und Decken hängen tagsüber an einem Pflock oder einem Querbalken aus Holz an der »Wand der Dunkelheit« oder liegen unter der Trennbank. Zwischen der »Wand des *kanun*« und dem Stall besteht also ein Gegensatz wie zwischen oben und unten (*adaynin,* Stall, kommt aus dem Wortstamm *ada,* unten), die »Wand des Webstuhls« und die »Wand der Tür« stehen einander gegenüber wie Licht und Finsternis: Man könnte versucht sein, diesen Gegensätzen eine rein technische Erklärung zu unterlegen, denn natürlich ist die »Wand des Webstuhls« die hellste, sie liegt doch der Tür gegenüber, die nach Osten hinausgeht, während andererseits der Stall im Verhältnis zu den anderen Teilen des Hauses tatsächlich tiefer liegt (das kabylische Haus wird meist lotrecht zur Höhenschichtlinie gebaut, um das Abfließen von Jauche und Abwässern zu erleichtern); zahlreiche Anzeichen lassen jedoch darauf schließen, daß diese Gegensätze zugleich den Brennpunkt paralleler Gegensatzgruppen bilden, die niemals allein auf technische Anforderungen und funktionelle Notwendigkeiten zurückzuführen sind.[6]

Der untere, dunkle und nächtliche Teil des Hauses, Ort der feuchten, grünen, rohen Gegenstände – Wasserkrüge auf den Bänken zu beiden Seiten des Stalleingangs oder an der »Wand der Dunkelheit«, Holz, Grünfutter –, Ort der »natürlichen« Lebewesen – Ochsen, Kühe, Esel, Maultiere –, der natürlichen Tätigkeiten – des Schlafes, des Beischlafs, der Niederkunft, Ort auch des Todes –, steht, wie die Natur zur Kultur, im Gegensatz zu dem oberen, lichten, edlen Teil, Ort der Menschen und insbesondere des Gastes, des Feuers und der vom Feuer geschaffenen Gegenstände, der Lampe, der Küchengeräte und des Gewehrs – Symbol des männlichen Ehrgefühls *(ennif)*, das die weibliche Ehre (*ḥurma*) beschützt –, des Webstuhls – Symbol jeglichen Schutzes –, Ort auch der beiden eigentlichen kulturellen Tätigkeiten, die im Innenraum des Hauses ausgeübt werden: Kochen und Weben. Diese Gegensatzbeziehungen manifestieren sich durch ein ganzes Gefüge konvergierender Zeichen hindurch und finden in diesen Zeichen ihre Grundlage, geben ihnen aber zugleich ihren vollen Sinn. So läßt man den zu ehrenden Gast vor dem Webstuhl Platz nehmen, wobei das Verb *qabel*, »den Gast ehren«, auch »gegenüberstehen«, »dem Osten zugewandt sein« bedeutet.[7] Wenn man schlecht empfangen worden ist, pflegt man zu sagen: »Er hat mich vor seine ›Wand der Dunkelheit‹ gesetzt wie in ein Grab.« Die »Wand der Dunkelheit« wird auch »Wand des Kranken« genannt, und der Ausdruck »die Wand hüten« bedeutet »krank sein« und, im weiteren Sinne, »müßiggehen«: dort nämlich schlägt man, besonders im Winter, das Lager für den Kranken auf. Der Zusammenhang zwischen dem dunklen Teil des Hauses und dem Tod offenbart sich auch durch die Tatsache, daß man gerade am Stalleingang die Totenwäsche vornimmt.[8] Man pflegt zu sagen, daß der ganz aus Holz bestehende Hängeboden vom Stall getragen wird wie der Leichnam von den Totenträgern, wobei *tha'richth* zugleich den Hängeboden und die Totenbahre bezeichnet. Es wird hiermit klar, daß man einem Gast nicht ohne ihn zu beleidigen zumuten kann, auf dem Hängeboden zu schlafen, steht dieser doch im gleichen Gegensatz zur »Wand des Webstuhls« wie die »Wand des Grabes«.

Vor die »Wand des Webstuhls«, der Tür gegenüber, ins volle Tageslicht, setzt man auch die junge Braut am Tage ihrer Hochzeit, oder, besser gesagt, man »stellt sie aus« wie jene bemalten Teller, die an dieser Wand hängen. Die Funktion magischen Schutzes, die dem Webstuhl zukommt, wird deutlich, wenn man weiß, daß die Nabelschnur des kleinen Mädchens hinter dem Webstuhl eingegraben wird und daß man das junge Mädchen, um seine Jungfräulichkeit zu schützen, durch die Kettfäden des Webstuhls schlüpfen läßt, und zwar von der Tür zur »Wand des Webstuhls« hin.[9] Tatsächlich läßt sich das ganze Leben des Mädchens – vom Standpunkt seiner männlichen Verwandten aus gesehen – gewissermaßen in den verschiedenen Stellungen zusammenfassen, die sie nacheinander symbolisch zum Webstuhl einnimmt, jenem Symbol des männlichen Schutzes[10]: Vor ihrer Heirat befindet sie sich hinter dem Webstuhl, in seinem Schatten, unter seinem Schutz, wie sie unter dem Schutz des Vaters und der Brüder steht; an ihrem Hochzeitstag sitzt sie vor dem Webstuhl, mit dem Rücken zu ihm, im vollen Tageslicht; später setzt sie sich dann zum Weben hinter den Webstuhl mit dem Rücken zur »Wand des Lichtes«: nicht von ungefähr wird der Schwiegersohn der »Schleier der Schande« genannt. Das Ehrgefühl des Mannes stellt ja den einzigen Schutz für die weibliche Ehre dar, oder besser den einzigen »Schutzwall« gegen die Schande, die jede Frau als potentielle Bedrohung in sich trägt (»Die Schande ist das junge Mädchen«).[11]

Der Gegensatz zwischen dem unteren, dunklen Teil und dem oberen Teil entspricht auch dem zwischen männlich und weiblich: abgesehen davon, daß die Arbeitsteilung zwischen den Geschlechtern (die auf dem gleichen Teilungsprinzip beruht wie die Gliederung des Raumes) der Frau die Verantwortung für die meisten dem dunklen Teil des Hauses zugeordneten Dinge überträgt, das Wasser-, Holz- oder Misttragen z. B., reproduziert der Gegensatz zwischen oben und unten im Innern des häuslichen Raumes denjenigen, der sich zwischen drinnen und draußen, zwischen weiblichem Raum – dem Haus und seinem Garten, dem Ort des *ḥaram*, des Sakralen und Verbotenen – und männlichem Raum aufstellen läßt.[12] Der untere Teil des Hauses ist der Ort des intimsten Geheimnisses innerhalb der Welt des Intimen, d. h. alles dessen, was zur Sexualität und Zeugung gehört. Tagsüber, wo sich jede Art von – ausschließlich weiblicher – Betätigung um die Feuerstelle herum abspielt, ist der untere Teil so gut wie leer, nachts dagegen ist er voll, voll von Menschen, voll auch von Tieren, da ja die Ochsen im Unterschied zu den Maultieren und Eseln niemals die Nacht über draußen bleiben, und niemals (wenn man so sagen darf) ist er so voll wie in der

Regenzeit, wenn die Männer drinnen schlafen und die Ochsen im Stall gefüttert werden. Hier läßt sich besonders direkt die Beziehung aufzeigen, die die Fruchtbarkeit der Menschen und des Feldes mit dem dunklen Teil des Hauses verbindet, und sie scheint uns ein besonders deutliches Beispiel für die Entsprechung zwischen der Fruchtbarkeit und dem Dunklen, dem Vollen (oder Schwellenden) und dem Feuchten, die wir im gesamten mythisch-rituellen System wiederfinden. So wird das zum Verzehr bestimmte Korn, wie wir gesehen haben, in den großen Tonkrügen an der Giebelwand, zu beiden Seiten der Feuerstelle aufbewahrt – das zur Aussaat bestimmte Korn dagegen im dunklen Teil, in Hammelbälgen oder Truhen am Fuße der »Wand der Dunkelheit«, oder aber in hölzernen Truhen, die unter die Bank neben der halbhohen Trennwand geschoben werden, dort wo die Frau, normalerweise unten am Eingang des Stalles schlafend, ihren Gatten nachts aufsucht. Man muß wissen, daß Geburt immer Wiedergeburt des Ahnen bedeutet, wobei sich der Lebenskreis (den man besser *Generationszyklus* nennen sollte) nach jeder dritten Generation in sich schließt (diese Behauptung kann an dieser Stelle nicht bewiesen werden), um zu verstehen, daß der dunkle Teil des Hauses gleichzeitig und widerspruchslos Ort des Todes und Ort der Zeugung oder der Geburt als Auferstehung sein kann.[13]

Mehr noch: eben in der Mitte der Trennwand, genau zwischen dem »Haus der Menschen« und dem »Haus der Tiere« befindet sich der Mittelpfeiler, der den Hauptbalken und den ganzen Dachstuhl des Hauses trägt. Nun wird der Hauptbalken, der die Giebel miteinander verbindet und seinen Schutz von dem männlichen Teil des Hauses auf den weiblichen ausdehnt (*asalas alemmas* ist ein männlicher Begriff), ausdrücklich mit dem Hausherrn identifiziert, während der Mittelpfeiler, ein sich nach oben hin gabelnder Baumstamm (*thigejdith* ist ein weiblicher Begriff), auf dem der Hauptbalken ruht, mit der Gattin gleichgesetzt wird (die Beni Khellili nennen ihn *Mas'uda*, d. i. ein weiblicher Vorname, der »die Glückliche« bedeutet), das Ineinanderruhen der beiden verkörpert die Paarung (die auf den Wandmalereien, wie die Vereinigung von Balken und Pfeiler, durch zwei übereinanderliegende Gabeln dargestellt wird).[14] Der Hauptbalken, der das Dach trägt, wird mit dem Beschützer der Familienehre gleichgesetzt; oft ehrt man ihn mit Opfergaben, und um ihn windet sich, in Höhe der Feuerstelle, die Schlange, die »Hüterin« des Hauses: Sie ist das Symbol der männlichen Zeugungskraft ebenso wie das des Todes, auf den die Auferstehung folgt, und man findet sie mitunter (in der Gegend von Collo z. B.) auf den von den Frauen getöpferten irdenen Krügen, die das Saatkorn enthalten. Man sagt auch, daß die Schlange bisweilen ins Haus hinabsteigt, in den Schoß der Unfruchtbaren, die sie Mutter nennt, oder daß sie sich um den Mittelpfeiler windet und sich jedesmal, wenn die Mutter ihr Kind gestillt hat, um eine Windung verlängert.[15] In Darna, so berichtet René Maunier, befestigt die unfruchtbare Frau ihren Gürtel an dem Hauptbalken; an den Hauptbalken hängt man auch die Vorhaut des beschnittenen Knaben und den Schilfhalm, der zur Beschneidung gedient hat; wenn man diesen Balken knarren hört, sagt man eilig: »Möge es zum Guten gereichen«, denn solch ein Knarren sagt den Tod des Familienoberhauptes voraus. Bei der Geburt eines Knaben spricht man den Wunsch aus, »er möge der Hauptbalken des Hauses werden«, und wenn er sein erstes rituelles Fasten beendet hat, nimmt er die erste Mahlzeit auf dem Dach, d. h. auf dem Hauptbalken ein (damit er auch Balken tragen könne, sagt man).

Zahlreiche Rätsel und Sprichwörter setzen ausdrücklich die Frau mit dem Mittelpfeiler gleich: »Die Frau ist der Mittelpfeiler.« Der jungen Braut sagt man: »Gott mache dich zum festen Pfeiler in der Mitte des Hauses.« Ein Rätsel sagt: »Sie steht und hat doch keine Füße.« Nach oben geöffnet und nicht auf den Füßen stehend, ist diese Gabel die weibliche Natur, fruchtbar oder, besser gesagt, der Befruchtung geöffnet.[16] Gegen diesen Mittelpfeiler werden die mit Korn gefüllten Hammelbälge (*hiji*) gelehnt, hier wird auch die Ehe vollzogen.[17] So faßt die Vereinigung von *asalas* und *thigejdith*, ihren befruchtenden Schutz auf jede menschliche Ehe ausdehnend, die Symbolik des Hauses in sich und ist gewissermaßen die Ur-Hochzeit, die Hochzeit der Ahnen, die wiederum, wie das Pflügen, die Hochzeit zwischen Himmel und Erde ist. »Die Frau ist das Fundament, der Mann der Hauptbalken«, sagt ein anderes Sprichwort. *Asalas*, den ein Rätsel als »in der Erde geboren und im Himmel begraben« definiert, befruchtet *thigejdith*, die in die Erde gepflanzt ist, in den Ort der Ahnen also, der Herren über die Fruchtbarkeit, und die sich dem Himmel öffnet.[18]

So ist der Raum des Hauses nach einem Gefüge homologer Gegensätze aufgebaut: Feuer : Wasser : : gekocht : roh : : oben : unten : : Licht : Schatten : : Tag : Nacht : : männlich : weiblich : : *nif* : *ḥurma* : : befruchtend : zur Befruchtung bereit : : Kultur : Natur.

Tatsächlich aber bestehen dieselben Gegensätze zwischen dem Haus als Ganzem und der übrigen Welt. Betrachtet man es in seiner Beziehung zur Außenwelt, der eigentlich männlichen Welt des öffentlichen Lebens und Ackerbaus, so ist das Haus als Lebensbereich der Frauen, als Welt des Intimen und des Geheimen, *ḥaram*, d. h. zugleich heilig und verboten für jeden Mann, der nicht zu ihr gehört (daher kommt der in den Eidesleistungen gebrauchte Ausdruck »Meine Frau – oder mein Haus – möge mir untersagt werden – *ḥaram* –, wenn ...). Als Ort des linken Sakralen, der *ḥurma*, an die alle mit dem dunklen Teil des Hauses verbundenen Eigenschaften geknüpft sind, steht das Haus unter der Obhut des männlichen Ehrgefühls (*nif*), wie der dunkle Teil des Hauses unter dem Schutz des Hauptbalkens steht. Jede Verletzung des sakralen Raumes nimmt infolgedessen die soziale Bedeutung eines Frevels an. So wird der Diebstahl in einem bewohnten Haus in dem überlieferten Rechtskodex als ein schweres Vergehen behandelt, bedeutet er doch eine Beleidigung für den *nif* des Familienoberhauptes und eine Verletzung der *ḥurma* des Hauses, und daher der ganzen Gemeinschaft.[19]

Die Behauptung, daß die Frau im Hause eingeschlossen sei, ist nur dann begründet, wenn man zugleich feststellt, daß der Mann, wenigstens tagsüber, vom Hause ausgeschlossen ist.[20] Gleich nach Sonnenaufgang muß er sich im Sommer auf dem Feld oder im Versammlungshaus aufhalten und im Winter, wenn nicht auf dem Feld, so in der Versammlung oder auf den Bänken im Schutze des Vordachs, das über der Eingangstür des Hofes angebracht ist. Selbst nachts, wenigstens während der Trockenzeit, schlafen die Männer, sowie die Knaben vom Tag ihrer Beschneidung an, im Freien, entweder neben den Mahlsteinen auf der Tenne, bei Esel und Maultier, die an den Füßen zusammengebunden sind, oder auf dem Lattenboden, wo die Feigen trocknen, oder aber mitten auf dem Feld und seltener in der *thajma'th*.[21] Wer tagsüber zu oft und zu lange zu Hause bleibt, macht sich verdächtig oder lächerlich: er ist »der Mann im Hause«, wie man den Störenfried nennt, der unter den Frauen bleibt und »zu Hause brütet wie die Glucke im Nest«. Der Mann, der auf sich hält, muß sich zeigen, sich ständig dem Blick der anderen stellen, ihnen die Stirn bieten, ihnen gegenübertreten (*qabel*). Er ist Mann unter Männern (*argaz yer irgazen*).[22] Daher auch kommt allen »Ehrenspielen« große Bedeutung zu, d. h. den Handlungen, bei denen die Ehre im Spiel ist und die gewissermaßen eine theatralische Leistung darstellen, ausgeführt vor den anderen, den Zuschauern, die als Kenner mit dem Text und allen Formen der Gestik vertraut sind und die kleinsten Varianten ein- oder abzuschätzen wissen. Man versteht, daß alle biologischen Betätigungen: Essen, Schlaf, Zeugung, aus dem eigentlich kulturellen Kreis verbannt und in die Geborgenheit des Intimen und der Naturgeheimnisse zurückverwiesen werden, d. h. in das Haus[23], in die Welt der Frau, die als Verwalterin der Natur vom öffentlichen Leben ausgeschlossen ist. Im Gegensatz zu der draußen ausgeführten Arbeit des Mannes ist die Arbeit der Frau dazu bestimmt, dunkel und verborgen zu bleiben (»Gott versteckt ihre Arbeit«, heißt es): »Drinnen ist sie ohne Rast, sie tummelt sich wie die Fliege in der Molke; draußen (droben) aber ist nichts von ihrer Arbeit zu sehen.« Zwei sehr ähnliche Sprichwörter definieren die Lage der Frau, für die es keinen anderen Aufenthaltsort geben kann als das überirdische Grab des Hauses und das unterirdische Haus des Grabes: »Dein Haus ist dein Grab«; »Die Frau hat nur zwei Wohnstätten: das Haus und das Grab«.

Der Gegensatz zwischen dem Haus und der Männerversammlung, zwischen Privatleben und öffentlichem Leben oder, wenn man so will, zwischen dem vollen Tageslicht und dem Geheimnis der Nacht deckt sich sehr genau mit dem Gegensatz zwischen dem unteren, dunklen und nächtlichen Teil des Hauses und dem oberen, edlen und lichten Teil.[24] Der Gegensatz, der sich zwischen der Außenwelt und dem Haus aufstellen läßt, erhält seine volle Bedeutung erst dann, wenn man sich klarmacht, daß eins der Glieder dieser Beziehung, nämlich das Haus, selbst noch nach denselben Prinzipien geteilt ist, die es zu dem anderen Glied in Gegensatz stellen. Es ist also zugleich richtig und falsch, wenn man sagt, daß die Außenwelt zu dem Haus den gleichen Gegensatz bildet wie männlich zu weiblich, Tag zu Nacht, Feuer zu Wasser usw., da ja das zweite Glied dieser Gegensatzpaare sich jedesmal in sich selbst und sein Gegenteil aufteilt.[25]

Kurz, der augenfälligste Gegensatz: männlich (oder Tag, Feuer usw.) / weiblich (oder Nacht, Wasser usw.) kann leicht den Gegensatz: männlich / [weiblich-männlich / weiblich-weiblich] verdecken, und damit auch die Homologie männlich / weiblich : : weiblich-männlich / weiblich-weiblich. Hieraus ersieht man, daß der erste Gegensatz nichts anderes ist als eine Transformation des zweiten, die einen Wechsel des Bezugssystems voraussetzt; demzufolge be-

trachtet man nicht mehr den Gegensatz: weiblich-weiblich / weiblich-männlich, sondern stellt ihn als Ganzes in Gegensatz zu einem dritten Glied: weiblich-männlich / weiblich-weiblich → weiblich (= weiblich-männlich + weiblich-weiblich) / männlich.
Als Mikrokosmos, der nach denselben Gegensätzen und denselben Homologien aufgebaut ist wie die, die für das ganze Universum gelten, unterhält das Haus eine Homologbeziehung mit dem übrigen Universum; aber von einem anderen Standpunkt aus gesehen steht die Welt des Hauses als Ganzes zu der übrigen Welt in einer Gegensatzbeziehung, deren Prinzipien eben jene sind, die sowohl den Innenraum des Hauses als auch die übrige Welt und überhaupt alle Lebensbereiche gliedern. So beruht der Gegensatz zwischen der Welt des weiblichen Lebens und der Welt des öffentlichen Lebens der Männer auf denselben Prinzipien wie die beiden Gegensatzsysteme, die er einander gegenüberstellt. Die Anwendung auf einander entgegengesetzte Bereiche dieses *principium divisionis*, das ja gerade ihren Gegensatz bildet, stellt folgerichtig die sparsamste Lösung dar, und sie garantiert gleichzeitig auch eine größere Kohärenz des Systems, ohne dagegen ein Verschwimmen dieser Bereiche nach sich zu ziehen. Eine Struktur wie diese: a : b : : b1 : b2 ist zweifellos eine der einfachsten und zugleich machtvollsten, derer sich ein mythisch-rituelles System bedienen kann, da sie ja nicht entgegensetzen kann, ohne gleichzeitig zu einen, wobei sie in eine einzige Ordnung eine unbegrenzte Anzahl bekannter Größen zu integrieren imstande ist, und zwar durch die einfache, unendlich wiederholbare Anwendung des gleichen Teilungsprinzips. Daraus folgt weiterhin, daß jeder der beiden Teile des Hauses (und damit auch alle Gegenstände, die sich darin befinden, und alle Betätigungen, die darin ausgeführt werden) in gewissem Sinne auf zwei Ebenen eingestuft wird, und zwar erstens als weiblich, insofern er an der Welt des Hauses teilhat, und zweitens als weiblich oder männlich, je nachdem, ob er dem einen oder dem anderen Teilungsbereich dieser Welt angehört. Wenn zum Beispiel das Sprichwort sagt: »Der Mann ist die Lampe, die draußen leuchtet, die Frau ist die Lampe, die drinnen scheint«, so muß man verstehen, daß der Mann das wahre Licht, das Licht des Tages ist, die Frau aber das Licht der Dunkelheit, die dunkle Helle; und andererseits, daß die Frau sich zu dem Mond verhält wie der Mann zur Sonne. Ebenso stellt die Frau durch die Be- und Verarbeitung der Wolle den segensvollen Schutz des Gewebes her, dessen Weiß ein Symbol des Glücks ist[26]; gegen

Osten aufgestellt wie der Pflug, der eine entsprechende Rolle einnimmt, ist der Webstuhl, als *das* Werkzeug der weiblichen Betätigung schlechthin, gleichzeitig der Osten des Innenraums, trägt also innerhalb des Haussystems einen männlichen Wert, nämlich als Symbol des Schutzes. Ebenso ist auch die Feuerstelle Nabel des Hauses (dieses wird wiederum mit dem Schoße der Mutter identifiziert), wo die Glut, das heimliche, versteckte, weibliche Feuer schwelt, der Bereich der Frau, die mit gänzlicher Verfügungsgewalt über alles, was die Küche und die Verwaltung der Vorräte angeht, ausgestattet ist[27]; neben der Feuerstelle nimmt sie auch ihre Mahlzeiten ein, während der Mann, nach draußen gewendet, in der Mitte des Raums oder im Hof ißt. Dennoch ziehen die Feuerstelle und die sie begrenzenden Steine in allen Riten, an denen sie beteiligt sind, ihre magische Wirksamkeit – vor dem bösen Blick oder vor Krankheit zu schützen, schönes Wetter herbeizuführen – aus ihrer Zugehörigkeit zu dem Bereich des Feuers, des Trockenen und der Sonnenwärme.[28] Das Haus selbst besitzt eine zweifache Bedeutung: es unterhält zwar zur öffentlichen Welt denselben Gegensatz wie die Natur zur Kultur, doch ist es unter einem anderen Blickwinkel gesehen auch Kultur; sagt man nicht vom Schakal, der die wilde Natur verkörpert, daß er kein Haus baue?

Das Haus und, im weiteren Sinne, das Dorf[29], das volle Land (*la'mmara* oder *thamurth i'amaran*), das bewohnte Dorfgebiet, stehen in gewisser Hinsicht in Gegensatz zu den menschenleeren Feldern, dem *lakhla*, d. h. dem leeren und unfruchtbaren Raum; so glaubten, berichtet Maunier, die Einwohner von Taddertel-Djeddid, daß eine Familie Gefahr läuft auszusterben, wenn sie sich außerhalb des Dorfgebietes niederläßt; diesen Glauben findet man andernorts wieder, und nur der Garten, auch wenn er weit vom Haus entfernt ist (*thabḥirth*), der Obstgarten (*thamazirth*) und das Gestell, auf dem die Feigen trocknen (*ṭarḥa*), bilden eine Ausnahme als Orte, die gewissermaßen am Dorf und an dessen Fruchtbarkeit teilhaben. Dieser Gegensatz jedoch schließt die Entsprechung zwischen Fruchtbarkeit der Menschen und Fruchtbarkeit des Ackers nicht aus, stammen doch beide aus der Vereinigung des männlichen Prinzips mit dem weiblichen, des Sonnenfeuers mit der Feuchtigkeit der Erde. Diese Entsprechung ist es dann auch, die den meisten Fruchtbarkeitsriten für die Menschen und für die Erde zugrunde liegt: Sie gilt zunächst für die Küche, die streng den Gegensätzen, auf denen das Agrarjahr beruht, und damit dem Rhythmus des

Agrarkalenders gehorcht, aber auch für die Erneuerungsriten für die Feuerstelle und die Steine (*iniyen*), die den Übergang von der Trockenzeit zur Regenzeit oder den Jahreswechsel begleiten, und, noch allgemeiner gesprochen, für alle Riten, die innerhalb des Hauses ausgeführt werden, wobei das Haus eine Art Miniaturbild des Topokosmos darstellt: Wenn die Frauen an den eigentlichen Agrarriten beteiligt sind, so ist es wiederum die Entsprechung zwischen Fruchtbarkeit des Bodens und menschlicher Fruchtbarkeit, als Modell der Fruchtbarkeit überhaupt, die ihre rituellen Handlungen begründet und ihnen ihre magische Wirksamkeit verleiht. Unzählig sind die im Hause ausgeführten Riten, die nur den Schein des häuslichen Ritus tragen, in denen tatsächlich aber beides, Fruchtbarkeit des Feldes und Fruchtbarkeit des Hauses, unlöslich miteinander verbunden ist. So muß das Haus voll sein, damit das Feld voll werde, und die Frau trägt zum Gedeihen des Feldes bei, indem sie unter anderem die Güter, die der Mann produziert, anhäuft, spart und aufbewahrt und damit gewissermaßen alles Gut, was nur ins Haus hineingeht, darin festhält. »Der Mann«, sagt man, »ist wie die Rinne, die Frau ist wie das Becken«, er schafft herbei, sie hält und bewahrt. Der Mann ist »der Haken, an dem die Körbe hängen«, der Versorger, wie der Käfer, die Spinne oder die Biene. Was der Mann herbeigeschafft hat, ordnet, schützt und spart die Frau. Die Frau sagt: »Verwalte dein Gut wie ein brennendes Scheit. Heute ist ein Tag, aber denk an morgen, denk an das Grab; Gott vergibt dem, der übrigläßt, aber nicht dem, der alles aufzehrt.« So sagt man auch: »Besser eine sparsame Frau als ein Ochsengespann beim Pflügen.« Wie das »volle Land« sich von dem »leeren Raum« (*lakhla*) abhebt, so hebt sich »die Fülle des Hauses« (*la'mmara ukham*), d. h. meist die sparende und anhäufende »Alte«, von der »Leere des Hauses« (*lakhla ukham*), d. h. meist von der Schwiegertochter ab.[30] Im Sommer muß die Haustür den ganzen Tag offenbleiben, damit das befruchtende Licht der Sonne und mit ihm das Gedeihen eindringen kann. Die geschlossene Tür bedeutet Hungersnot und Unfruchtbarkeit; sich auf die Schwelle setzen bedeutet, dem Glück und der Fülle den Weg versperren. Will man jemandem Glück und Wohlstand wünschen, so sagt man: »Möge deine Tür offen bleiben«, oder: »Möge dein Haus offenstehen wie eine Moschee.« Von dem reichen und freigebigen Mann sagt man: »Sein Haus ist wie eine Moschee, es steht allen, Armen und Reichen, offen, es ist aus Fladen und Couscous, es ist voll« (*tha'mmar*); Freigebigkeit ist Ausdruck des Wohlstands, sichert aber gleichzeitig den Wohlstand.[31] Den meisten technischen und rituellen Tätigkeiten, die in den Bereich der Frau gehören, liegt objektiv das Ziel zugrunde, aus dem Haus das Sammelbecken für den Wohlstand zu machen, der ihm von außen zufällt (nach dem Beispiel von *thigejdith*, die sich *asalas alemmas* wie eine Gabel öffnet), oder es zum Schoße zu machen, der, der Erde gleich, den Samen empfängt, den das männliche Element in ihn senkt – umgekehrt aber dem Wirken aller zentrifugalen Kräfte entgegenzuarbeiten, die das Haus um den ihm anvertrauten Schatz bringen könnten. So ist es z. B. verboten, am Tag der Geburt eines Kindes oder eines Kälbchens oder auch in den ersten Tagen der Feldbestellung jemandem Feuer zu geben[32]; am Ende des Korndreschens läßt man nichts aus dem Hause, und die Frau holt alle ausgeliehenen Gegenstände wieder zurück; nach dem Kalben darf drei Tage lang keine Milch aus dem Haus; die Braut darf vor dem siebenten Tag nach der Hochzeit die Schwelle nicht überschreiten; die Wöchnerin darf vor dem vierzigsten Tag nach der Entbindung das Haus nicht verlassen; der Säugling darf vor Aïd Seghir (Fest, das das Ende der Fastenzeit feiert) nicht nach draußen; die Handmühle darf nicht verliehen werden, und sie leerstehen lassen heißt, das Haus mit Hungersnot bedrohen; ein Gewebe darf nicht aus dem Haus, bevor es fertig ist; so wie man während der ersten vier Tage der Feldbestellung kein Feuer leihen darf, darf man auch nicht fegen, weil das einen Akt des Ausstoßens bedeuten würde; der »Ausgang« des Toten wird »erleichtert«, damit er nicht den Wohlstand mit sich davontrage[33]; der »erste Ausgang«, z. B. der der Kuh vier Tage nach dem Kalben oder der der Molke, werden von Opferhandlungen begleitet.[34] Die »Leere« kann durch einen Akt des Ausstoßens hervorgerufen werden; sie kann aber auch mit gewissen Gegenständen ins Haus eindringen, so z. B. mit dem Pflug, der zur Zeit der Feldbestellung abends nicht ins Haus zurückgebracht werden darf, oder mit den Schuhen des Pflügenden *(arkassen)*, Gegenständen also, zu denen eine Assoziation mit *lakhla*, dem leeren Raum, besteht, oder auch mit gewissen Personen, wie alten Weibern, weil diese Trägerinnen der Unfruchtbarkeit sind (*lakhla*); ihretwegen mußte so manches Haus verkauft werden oder wurde von Dieben heimgesucht. Dagegen zielen viele rituelle Handlungen darauf ab, das Haus zu »füllen«: so wirft man z. B. bei der Grundsteinlegung, nachdem man das Blut eines Tieres auf den ersten Stein gegossen hat, auch die Scherben einer Hochzeitslampe darauf (deren Form den Akt der Paarung darstellt und die in den meisten Fruchtbarkeitsriten eine Rolle spielt), oder man setzt die Braut bei ihrem ersten Eintritt in das Haus auf einen mit Korn gefüllten Schafsbalg. Jeder erste Eintritt in das Haus bedeutet eine Bedrohung für die Fülle des Innenraums, die durch die Riten der Schwellenüberschreitung, sühnend und vorbeugend zugleich, gebannt werden soll: Ein neues Ochsengespann wird von der Hausherrin (*thamgarth ukham*), d. h., wie wir gesehen haben, der »Fülle des Hauses« (*la'mmara ukham*) in Empfang genommen, indem sie ein Schaffell auf der Schwelle ausbreitet, auf das die Handmühle gestellt und das Mehl (*alamsir*, auch »Tür der Nahrungsmittel«, *bab errazq*) gestreut wird. Die meisten Fruchtbarkeitsriten, die auf den Stall und damit auch auf das Haus gerichtet sind (»Ein Haus ohne Kuh«, sagt man, »ist ein leeres Haus«) sollen magisch die strukturelle Beziehung verstärken, die die Milch, das Grün (*azegzaw*, das auch das Rohe, *thizegzawth*, bedeutet – *azegzaw* wörtlich: »grün-blau-grau«), das Gras, den Frühling, die Kindheit der Natur- und Menschenwelt miteinander verbindet: am Tage der Frühjahrs-Tagundnachtgleiche, zu Beginn der warmen Jahreszeit (*azal*, d. i. der erste Tag, an dem die Herde wegen der Mittagshitze vormittags nach Hause zurückkehrt), pflückt der junge Hirt – den sein Alter und seine Funktion zweifach am Wachstum des Felds und des Viehs teilhaben lassen – einen Strauß »von allem, was der Wind auf dem Feld durchweht« (mit Ausnahme des Oleanders, der meist zu prophylaktischen Zwecken und in den Austreibungsriten verwendet wird, und der Scilla, die die Grenze zwischen zwei Feldern bildet), und dieser Strauß wird an der oberen Türschwelle aufgehängt; oder man gräbt ein Leinensäckchen mit Kümmel, Benzoe und Indigo an der Schwelle des Stalles ein mit den Worten: »O Grün (*azegzaw*), mach, daß die Butter nicht alle werde!« An das Butterfaß hängt man frischgepflückte Pflanzen an, mit denen man auch die Behälter für die Milch einreibt.[35] Der Eintritt der jungen Braut ist mehr als alle anderen folgenschwer für die Fruchtbarkeit und die Fülle des Hauses: noch auf dem Maultier sitzend, das sie von dem Haus ihres Vaters hergeführt hat, werden ihr Wasser, Weizenkörner, Feigen, Nüsse, harte Eier oder Fettgebackenes gereicht, d. h. lauter Dinge (die örtlich variieren können), die meist mit der Fruchtbarkeit der Frau und der Erde verbunden sind, und die Braut wirft diese Dinge zum Hause hin, damit die Fruchtbarkeit und Fülle, die sie ja dem

Haus zutragen soll, ihrer Ankunft gewissermaßen vorausgehen.[36] Sie überschreitet die Schwelle auf dem Rücken eines Verwandten des Bräutigams oder mitunter, nach Maunier, auf dem Rücken eines Schwarzen (jedenfalls nie auf dem Rücken des Bräutigams), und dieser hält dadurch, daß er sich zwischen sie und die Schwelle stellt, die bösen Mächte von ihr ab, die ihre Fruchtbarkeit bedrohen könnten, denn die Schwelle, als Berührungspunkt der entgegengesetzen Welten, ist der Sitz eben dieser bösen Mächte: eine Frau darf sich mit ihrem Kind auf dem Arm nie auf die Schwelle setzen; das kleine Kind und die Jungvermählte dürfen sie nicht zu oft überschreiten. Die Frau, durch die die Fruchtbarkeit ins Haus kommt, trägt also ihrerseits zur Fruchtbarkeit der Agrarwelt bei; der Welt des Innen verhaftet, wirkt sie auch auf das Außen ein, und zwar, indem sie die Fülle im Inneren garantiert und, als Hüterin der Schwelle, jenen einseitigen Austausch überwacht, den allein eine magische Logik zu erfassen vermag und durch den jeder Teil des Universums vom anderen nur das Volle zu empfangen gewillt ist, ihm aber nur das Leere bietet.[37]
Das eine oder das andere der beiden Gegensatzgefüge, die das Haus entweder in seiner inneren Strukturierung oder in seinem Verhältnis zur Außenwelt definieren, rückt in den Vordergrund, je nachdem, ob man das Haus vom männlichen oder vom weiblichen Standpunkt aus betrachtet; ist das Haus für den Mann weniger ein Ort, den man betritt, als vielmehr ein Ort, den man verläßt, so kann die Frau diesen beiden Bewegungen und den damit zusammenhängenden, verschiedenen Definitionen des Hauses nur die umgekehrte Bedeutung und Wichtigkeit zumessen, da ja die Bewegung nach außen für sie hauptsächlich einen Akt des Ausstoßens bedeutet, während die Bewegung nach innen, d. h. von der Schwelle zur Feuerstelle hin, ihr als die ihr spezifische zugehört. Nirgends wird die Bedeutung der Bewegung nach außen so klar wie in dem Ritus, den die Mutter am siebenten Tag nach der Geburt vollzieht, »damit ihr Sohn mutig werde«: die Schwelle überschreitend, tritt sie mit dem rechten Fuß auf den Kamm zum Wollekrempeln und simuliert einen Kampf mit dem ersten Knaben, der ihr begegnet. Der Ausgang ist die eigentlich männliche Bewegung, die den Mann den anderen Männern, aber auch den Gefahren und Prüfungen entgegenführt, vor denen er bestehen muß als ein Mann, der, wenn es um die Ehre geht, so unnachgiebig und rauh sein muß wie die Zinken des Krempelkamms.[38] Hinaustreten oder,

genauer gesagt, öffnen, eröffnen (*fatah*) ist gleichbedeutend mit »am Morgen aller Dinge stehen« (*sebah*). Der Mann, der auf sich hält, muß bei Tagesanbruch das Haus verlassen, ist doch der Morgen der »Tag des Tages« und das morgendliche Verlassen des Hauses eine Geburt; daher erklärt sich auch die große Bedeutung der Dinge oder Menschen, die einem unterwegs begegnen und die das Schicksal für den ganzen Tag voraussagen, so daß es bei unheilvollen Begegnungen (Schmied[39], Frau mit einem leeren Hammelbalg, Geschrei oder Zank, mißgestaltetes Wesen) besser ist, »seinen Morgen noch einmal zu begehen« oder seinen Ausgang zu wiederholen. Jetzt versteht man auch, welche Bedeutung der Ausrichtung des Hauses zukommt: Die Fassade des Hauptgebäudes, in dem das Familienoberhaupt wohnt und in dem ein Stall untergebracht ist, ist fast immer nach Osten ausgerichtet, und der Haupteingang – im Gegensatz zu der engen und niedrigen Hoftür an der Hinterseite des Hauses, die den Frauen vorbehalten ist – wird gewöhnlich »Tür des Ostens« (*thabburth thacherqith*) oder »Tür der Straße«, obere Tür, große Tür genannt.[40] Da die Dörfer alle die gleiche Ausrichtung aufweisen und der Stall jeweils den unteren Teil des Hauses einnimmt, befindet sich folgerichtig der obere Teil des Hauses mit der Feuerstelle im Norden, der Stall im Süden und die »Wand des Webstuhls« im Westen. Man bewegt sich also, um in das Haus einzutreten, von Osten nach Westen und schlägt, um es zu verlassen, die umgekehrte Richtung ein, d. h. *die* Richtung überhaupt: nach Osten, nach oben, zum Licht, zum Guten. Der Landmann stellt seine Ochsen gegen Osten auf, um sie an- und auszuspannen, er pflügt zuerst von Westen nach Osten; ebenso arbeiten die Schnitter mit dem Blick nach der *qibla*, und der zum Opfer bestimmte Ochse wird nach Osten hin geschlachtet. Unzählig sind die Handlungen, bei denen diese Hauptrichtung respektiert wird: alle diejenigen nämlich, bei denen es um die Fruchtbarkeit und das Wohlergehen der Gruppe geht.[41] Man braucht nur darauf hinzuweisen, daß das Verb *qabel* nicht nur bedeutet, dem anderen ehrenhaft zu begegnen, ihm die Stirn zu bieten, ihn würdig zu empfangen, sondern auch, dem Osten (*lqibla*) und der Zukunft (*qabel*) zugewandt zu sein.

Kommt man jetzt zur inneren Anordnung des Hauses zurück, so stellt man fest, daß seine Ausrichtung der des äußeren Raumes genau entgegengesetzt ist, so als wäre sie das Ergebnis einer halben Drehung um die Vorderfront des Hauses oder um die Schwelle als angenommene Achse. Die Wand des Webstuhls, der man gegenübersteht, sobald man die Schwelle überschritten hat, und die direkt von der Morgensonne beleuchtet wird, ist das Licht von innen (wie die Frau die Lampe ist, die drinnen scheint), d. h. der Osten des Inneren und so symmetrisch zum äußeren Osten, von dem er seine Helligkeit borgt.[42] Die innere und dunkle Seite der Vorderfront stellt den Westen des Hauses dar, Ort des Schlafes, den man hinter sich läßt, wenn man sich von der Tür aus dem *kanun* nähert, wobei die Tür symbolisch der »Jahrestür«, der Eröffnung der Regenzeit und des Agrarjahres, entspricht. Ebenso erhalten die beiden Giebelwände, die Wand des Stalls und die Wand der Feuerstelle, zwei entgegengesetzte Bedeutungen, je nach dem Standort, von dem aus man sie betrachtet: dem äußeren Norden entspricht der Süden (der Sommer) des Inneren, d. h. die Seite des Hauses, die man vor sich und zu seiner Rechten hat, wenn man dem Webstuhl gegenüber ins Haus tritt; dem äußeren Süden entspricht der Norden (der Winter) des Inneren, d. h. der Stall, den man hinter sich und zu seiner Linken hat, wenn man von der Tür auf die Feuerstelle zugeht.[43] Die Einteilung des Hauses in einen dunklen Teil (West- und Nordseite) und einen lichtvollen Teil (Ost- und Südseite) entspricht der Einteilung des Jahres in Regenzeit und Trockenzeit. Kurz, jeder Außenseite der Hauswände (*essur*) entspricht eine Gegend des Innenraums (die Kabylen bezeichnen diese mit dem Wort *tharkunt*, das bedeutet grosso modo »die Seite«), die in dem System der inneren Gegensätze eine zugleich symmetrische und umgekehrte Bedeutung besitzt; jeder der beiden Räume kann also als die Klasse der Bewegungen definiert werden, denen gemeinsam ist, ein und dieselbe Verschiebung, d. h. eine halbe Drehung gegenüber dem anderen Raum zu vollziehen, wobei die Schwelle die Rotationsachse bildet.[44] Das Gewicht und den symbolischen Wert der Schwelle in diesem System kann man nur dann völlig verstehen, wenn man sich klarmacht, daß ihre Funktion als magische Grenze darauf beruht, daß sie der Ort einer logischen Verkehrung ist und daß sie als zwangsläufiger Durchgangs- und Treffpunkt zwischen den beiden Räumen, die sich durch Körperbewegungen und gesellschaftlich bestimmte Fortbewegung der Individuen[45] innerhalb dieser Räume definieren lassen, logischerweise der Ort ist, wo die Welt sich in ihr Gegenteil verkehrt.[46]

So hat jedes Universum seinen Osten, und daher können die beiden

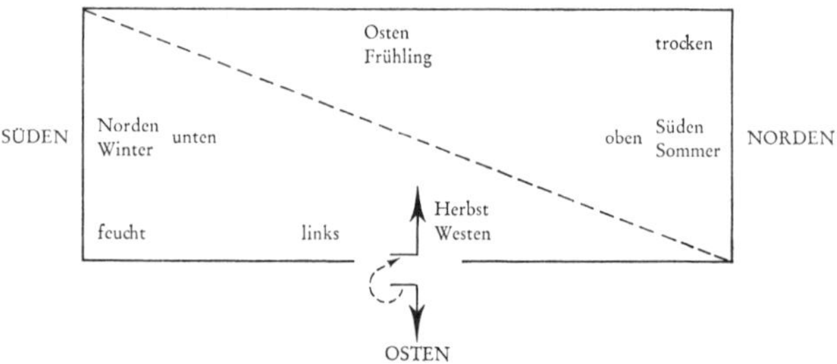

Bewegungen, die im magischen Bereich am bedeutungs- und folgenschwersten erscheinen, nämlich einerseits die Bewegung von der Schwelle zur Feuerstelle hin – deren Bestimmung es ist, die Fülle ins Haus zu bringen, und deren Ausführung und rituelle Überwachung der Frau zukommt – und andererseits die Bewegung von der Schwelle zur Außenwelt hin – die durch ihren Einweihungs- und Eröffnungscharakter alles Künftige in sich birgt, insbesondere die Zukunft der Agrararbeit –, in der günstigen Richtung vollzogen werden, nämlich von Westen nach Osten.[47] Die doppelte Ausrichtung des häuslichen Raumes ermöglicht es, mit dem rechten Fuß zugleich hinein- und hinauszugehen (im eigentlichen und übertragenen Sinne) und damit den magischen Gewinn gänzlich zu erhalten, der mit diesem Ritus verbunden ist, ohne jemals die Beziehung zu zerstören, die zwischen rechts und dem Oberen, dem Licht und dem Guten besteht. Die halbe Drehung des Raumes um die Schwelle garantiert also die größtmögliche Steigerung des magischen Gewinns, da die zentripedale und zentrifugale Bewegung sich in einem Raum vollziehen, den man dank seiner Anordnung dem Lichte zugewendet betritt und auch verläßt.[48]

Diese beiden Räume, die in zugleich symmetrischem und umgekehrtem Verhältnis zueinander stehen, sind nicht beliebig auswechselbar, sondern einer dem anderen untergeordnet; so ist der Innenraum nichts anderes als eben das umgekehrte, das Spiegel-Bild des männlichen Raumes.[49] Nicht zufällig ist allein die Ausrichtung der Tür nach Osten vorgeschrieben, während die innere Strukturierung des Raums von den Individuen niemals bewußt erfaßt wird, geschweige denn beabsichtigt ist.[50] Das Haus, dessen Ausrichtung vorab von außen her bestimmt ist, d. h. vom Standpunkt der Männer aus und, wenn man so sagen darf, von den Männern und für die Männer, erweist sich so ursprünglich als der Ort, den die Männer beim Ausgehen hinter sich lassen. »Das Haus blüht und gedeiht durch die Frau; doch von außen schmückt es der Mann.« Das Haus ist ein Reich innerhalb eines Reiches, bleibt jedoch immer untergeordnet, denn mag es auch alle Eigenschaften und alle Beziehungen aufweisen, die die archetypische Welt definieren, es bleibt eine »verkehrte Welt«, ein Spiegelbild.[51] »Der Mann ist die Lampe, die draußen leuchtet, die Frau ist die Lampe, die drinnen scheint.« Der Anschein von Symmetrie darf nicht irreführen: die Lampe des Tages wird nur scheinbar in bezug auf die Lampe der Nacht definiert; in Wirklichkeit aber bleibt das nächtliche Licht als weibliches Männliches dem Tageslicht, d. h. der Lampe des Tages, dem Tag des Tages, zu- und untergeordnet. »Der Mann vertraut auf Gott; die Frau erwartet alles vom Manne«,»die Frau«, sagt man auch, »ist krumm wie eine Sichel«; selbst noch die geradeste, sozusagen »rechteste« dieser krummen, »linken« Kreaturen ist immer bloß »gerade gerichtet«. Die verheiratete Frau findet zwar auch ihren Osten, nämlich im Inneren des Hauses ihres Mannes, aber er ist in Wirklichkeit die Umkehrung eines Westens; sagt man nicht: »Das junge Mädchen ist der Westen«? Die Vorrangstellung der Bewegung nach außen hin, durch die der Mann sich als Mann behauptet, indem er dem Haus den Rücken kehrt, um den Männern gegenüberzutreten und so seine Schritte gegen den »Osten der Welt« zu lenken, ist nichts anderes als eine kategorische Absage an die Natur, den Ursprung und Ausgangspunkt jener Bewegung, die sich unweigerlich von ihr entfernen muß.

Paris, 1963–1964

DRITTES KAPITEL

Die Verwandtschaft als Vorstellung und Wille

> In den ersten Frühlingstagen spielen die Knaben *Qochra.* Mit einem am Ende gekrümmten Stock bewaffnet, bilden sie einen Kreis um eine Korkkugel und losen zuerst einmal aus, wer die Kugel bekommt und deren »Vater« ist: dieser stellt sich neben die Kugel, »seine Tochter«, die er verteidigen muß, indem er mit allen Mitteln verhindert, daß sie aus dem Kreis, dem »Haus«, hinausrollt. Die anderen Spieler aber versuchen gerade, mit ihren Stöcken die Kugel aus dem Kreis zu stoßen. Wenn die »Tochter« einen Spieler berührt oder wenn es dem »Vater« gelingt, mit den Worten: »Das ist deine Tochter«, einen Spieler mit seinem Stock zu berühren, wird dieser Spieler seinerseits der »Vater« der Kugel und befreit den ersten Spieler aus seiner Rolle. Am geschicktesten ist der, der die verirrte »Tochter« erobert und sie zur »Frau« nimmt. Gelingt es dem »Vater« nicht, seine »Tochter« ins »Haus« zurückzuholen, so heißt es, er sei alt geworden, und man macht sich über seine Schwäche lustig und singt: »Er ist so alt geworden, er ist so alt geworden, er ist nach Beni Kelleb gestiegen, er hat einen ganzen Fladen aufgegessen und dazu eine Flasche Molke getrunken.« Es kommt auch vor, daß man dem Verlierer die Kugel unters Hemd steckt und er dann aussieht wie ein Mädchen, dem jemand ein Kind gemacht hat. Manchmal kommen dem erniedrigten »Vater« sogar die Tränen.
>
> Rituelles Spiel aus Ain Aghbel

Die Heirat mit der parallelen patrilinearen Kusine (*bent'amm*, die Tochter des Bruders des Vaters)[1] kann nur denjenigen »wie eine Art Skandal«[2] erscheinen, um mit Claude Lévi-Strauss zu sprechen, deren Geist nach den Denkkategorien strukturiert ist, die diese Heirat aus der Fassung bringt. Ein solcher legitimer Quasi-Inzest trotzt ebenso den Theorien der Unifiliationsgruppen wie der Theorie der exogamen Heirat *(théorie de l'alliance de mariage)*;

denn indem er an den Begriff der *Exogamie* rührt, die ja der Reproduktion getrennter Linien zugrunde liegt und die Permanenz und die Identifizierung der Geschlechterfolgen ermöglicht, stellt er den Begriff der Unifilation in Frage (*unilineal descent*), d. h. die Möglichkeit, die Stellung einer Person von der Stellung seiner Vorfahren entweder väterlicherseits oder mütterlicherseits aus zu definieren, und erschüttert auch die Theorie von der Heirat als Austausch einer Frau gegen eine andere, die auf dem Inzesttabu, also auf dem Gebot des Austauschs, beruht. Während die Regel der Exogamie säuberlich zwischen den Gruppen der Verschwägerten und denen der Blutsverwandten unterscheidet, die per definitionem nicht zusammenfallen können, und dadurch die Abstammungslinie deutlich macht, da ja Macht, Vorrechte und Pflichten entweder in der mütterlichen oder in der väterlichen Linie weitergegeben werden, bewirkt die Endogamie eine Verwischung zwischen beiden Linien. So könnte es im Grenzfall eines tatsächlich auf der Heirat mit der parallelen Kusine beruhenden Systems dazu kommen, daß ein und dieselbe Person ihre Abstammung von dem Großvater väterlicherseits sowohl über ihren Vater wie über ihre Mutter herleitet. Andererseits aber würde sich eine Gruppe durch die Wahl, die parallele Kusine, die Quasi-Schwester, in der Sippe zu behalten, gleichzeitig darum bringen, Frauen von außen aufzunehmen und damit Bündnisse zu schließen. Ist es ausreichend, in diesem Heiratstypus die Ausnahme (oder völlige »Abirrung«) zu sehen, die die Regel bestätigt, oder die Wahrnehmungskategorien, die ihn aufgespürt haben, so anzuordnen, daß er darin einen Platz, und damit auch einen Namen, finden kann? Oder muß man nicht vielmehr die Denkkategorien radikal in Zweifel ziehen, die dieses *Undenkbare* hervorbringen?

Das Dementi, das die arabische und berberische Tradition den heute verfügbaren Theorien entgegensetzen, hat wenigstens das Verdienst, den »Regionalcharakter«, im geographischen wie auch im epistemologischen Sinne des Wortes, hervorzuheben, der – wie Louis Dumont nachweist – der Theorie der Unifiliationsgruppen und der Theorie der exogamen Heirat auch dann anhaftet, wenn sie sich den Anstrich allgemeingültiger Theorien geben.[3] Zwar ist es selbstverständlich, daß die Kritik gewisser Grundideen dieser Theorien, zu der die besonderen Eigenschaften einer Kulturtradition ermutigen oder sogar zwingen, ebensowenig Anspruch auf Allgemeingültigkeit erheben kann; sie kann jedoch auf dem Wege zu einer von jeglichem – im geographischen wie epistemologischen Sinne – Regionalcharakter befreiten Theorie weiterhelfen, indem sie die allgemeingültigen Fragen formuliert, die die Eigentümlichkeiten gewisser Forschungsgegenstände mit besonderem Nachdruck aufwerfen: Reicht es, um ein Beispiel zu nennen, aus zu bemerken, daß der Gebrauch des Begriffs »Heiratspräferenz«, durchaus legitim im Falle einer aus exogamen Gruppen gebildeten und streng zwischen parallelen und gekreuzten Verwandten unterscheidenden Gesellschaft, sich im Fall einer Gesellschaft ohne exogame Gruppen nicht mehr rechtfertigen läßt; oder muß diese Ausnahme nicht Anlaß dazu geben, nicht nur den Begriff der Vorschrift oder der Präferenz selber, sondern sogar die beiden Schlüsselbegriffe, nämlich den der genealogisch definierten Gruppe als Einheit, deren soziale Identität ebenso unveränderlich und eindeutig wäre wie die Kriterien ihrer Abgrenzung, und die jedem ihrer Glieder eine ebenfalls deutlich unterschiedene, ein für allemal festgelegte soziale Identität verliehe, und den der *Regel* und der *von Regeln beherrschten Verhaltensweise*, und zwar im doppelten Sinne von (objektiv) regelmäßig und durch die Befolgung von Regeln bestimmt, in Frage zu stellen?

Die Tatsache, daß die Rede von Vorschrift und Regel im Fall der patrilinearen Heirat unangemessen ist, fällt derart auf, daß man sich zwangsläufig die Frage stellt, die Rodney Needham über die – vielleicht nie erfüllten – Gültigkeitsbedingungen einer solchen Rede formuliert hat, die nichts anderes ist als die des Rechts.[4] Befragt man sich aber über den epistemologischen Status von so gebräuchlichen und allgemeingültigen Konzepten wie dem der Regel, der Vorschrift oder der Präferenz, so rührt man unweigerlich auch an die *Theorie der Praxis*, die sie implizit voraussetzen; denn kann man, und sei es nur implizit, die »Algebra der Verwandtschaft«, um mit Malinowski zu sprechen, für eine Theorie der Verwandtschaftspraktiken und der »praktischen« Verwandtschaft ausgeben, ohne stillschweigend zu postulieren, daß es eine deduktive Beziehung zwischen den Verwandtschaftsbenennungen und den »Verwandtschaftshaltungen« gibt? Kann man weiterhin dieser Beziehung eine anthropologische Bedeutung zumessen, ohne zu postulieren, daß die geregelten und regelmäßigen Beziehungen zwischen Verwandten das Produkt einer Befolgung von Regeln sind, die, obwohl man sie dank eines letzten Durkheimschen Skrupels eher als »jural« denn als »juristisch« oder »legal« bezeichnet, angeblich die Praxis genau wie Rechtsregeln beherrschen?[5] Kann man schließlich die genealogische Definition der Gruppen zum einzigen Prinzip der Zergliederung gesellschaftlicher Einheiten und der Zuordnung der Individuen zu diesen Gruppen machen, ohne implizit zu postulieren, daß die Individuen in jeder Beziehung und ein für allemal durch ihre Zugehörigkeit zur Gruppe definiert sind und daß, um es kurz zu sagen, die Individuen und ihre Interessen eher von einer Gruppe – *der* Gruppe – definiert werden, als daß die Individuen ihren Interessen gemäß *Gruppen* definieren?

Verwandtschaftsrepräsentation und Repräsentationsverwandtschaft

Alle Theorien von der Heirat mit der parallelen Kusine, besonders die jüngeren Datums, so Fredrik Barth[6] und Robert Murphy und Leonard Kasdan[7], stimmen darin überein, daß sie *Funktionen* ins Spiel bringen, die die strukturalistische Theorie nicht kennt oder aber ausklammert, wobei es sich um ökonomische Funktionen wie die Bewahrung des Patrimoniums innerhalb der Linie oder um politische Funktionen wie die Verstärkung der Sippenintegration handeln kann. Und was bliebe ihnen auch anderes übrig, wenn sie nicht einen Heiratstypus, der die Tausch- und Bündnisfunktion offensichtlich nicht erfüllt, die der Heirat mit der Kreuzkusine gemeinhin zugesprochen wird, schlicht als absurd erklären wollen? So nahm die Mehrzahl der älteren Forscher die Erklärung der Eingeborenen auf, die endogame Heirat habe die Funktion, das Eigentum innerhalb der Familie zu bewahren[8], wobei sie mit Recht die Verbindung zwischen Heirat und Erbfolgesitten unterstrichen. Dagegen wenden Murphy und Kasdan sehr richtig ein, das koranische Recht, das der Frau die Hälfte des Erbteils eines Knaben zuteilt, werde nur selten eingehalten und die Familie könne in jedem Fall mit dem von angeheirateten Frauen in die Familie gebrachten Erbe rechnen. Barth betont seinerseits nachdrücklich, daß die endogame Heirat »entscheidend dazu beiträgt«, die engste Sippeneinheit zu verstärken und sie zu einer festen Gruppe im Parteienkampf zu machen. Murphy wirft Barth vor, die Institution Heirat »durch die von den handelnden Individuen bewußt verfolgten Ziele« zu erklären, genauer gesagt, durch das Interesse, das das Sippenoberhaupt daran habe, seine an virtuellen Segmentierungspunkten der

Linien sich befindenden Neffen an sich zu binden, und führt diesen Heiratstypus auf seine »strukturale Funktion« zurück, nämlich die, »zur äußersten Spaltung der agnatischen Linien und, durch seinen endogamen Charakter, zur Isolierung und Abkapselung der Linien beizutragen«. Claude Lévi-Strauss hat völlig recht, wenn er sagt, die beiden einander entgegengesetzten Positionen liefen letztlich auf das gleiche hinaus: Indem Barth aus diesem Heiratstypus ein Mittel macht, um die Einheit der Linie zu verstärken und ihre Neigung zur Zersplitterung in Grenzen zu halten, und indem Murphy in dieser Heirat das Prinzip einer Suche nach Integration in immer weitere Einheiten sieht, die letzten Endes alle Araber umfassen könnten und auf der Berufung auf einen gemeinsamen Ursprung fußen, sind sich beide Theorien darüber einig, daß die Heirat mit der parallelen Kusine aus der reinen Logik des matrimonialen Tausches heraus nicht erklärt werden kann und notwendigerweise auf externe, ökonomische oder politische Funktionen verweist.

Jean Cuisenier zieht schließlich nur die Konsequenzen aus dieser Feststellung, wenn er versucht, die schon von allen Beobachtern bemerkte Diskrepanz zwischen dem »Modell« und den verschiedenen Praxisformen[9] sowie die externen Funktionen, zumindest ökonomischer Art, des matrimonialen Tausches darzulegen; seine Konstruktion nähert sich der Realität der Praxis so weit, wie das in den Grenzen des strukturalistischen Objektivismus und der Praxistheorie, die dieser impliziert, überhaupt der Fall sein kann.

»Das Eingeborenendenken selbst bildet den Ansatzpunkt für ein explizierendes Modell: In seiner Darstellung der in einer Gruppe geschlossenen Ehebündnisse geht es von einem fundamentalen Gegensatz zwischen zwei Brüdern aus, von denen der erste eine Ehe mit endogamem Charakter schließen muß, um den Zusammenhalt der Gruppe zu garantieren, und der zweite eine Ehe mit exogamem Charakter, um der Gruppe Bündnisse zu verschaffen. Diesen Gegensatz zwischen den beiden Brüdern findet man auf allen Ebenen der agnatischen Gruppe; in der dem arabischen Denken vertrauten Sprache der Genealogie drückt er eine Alternative aus, die man nach dem Schema einer ›Teilordnung‹ darstellen kann, in der der Zahlenwert von *a* und *b* $^1/_3$ bzw. $^2/_3$ beträgt. Ist *a* die Wahl der Endogamie und *b* die Wahl der Exogamie, und verfolgt man die Verzweigung des dichotomen Stammbaums von der Wurzel an, so ist die Wahl *a* auf der oberflächlichsten Ebene der genealogischen Kreise die Wahl der parallelen Kusine (ein Drittel der Fälle) [...]. Dieses äußerst einfache Modell [...] liefert eine Hypothese, die das regelmäßige Auftreten der Endogamie in agnatischer Linie ebenso wie das der anderen typischen

Formen der tatsächlichen Heiratspraxis bei den Völkern arabisch-islamischer Kultur erklären könnte.«[10]

Man könnte versucht sein, diesem Modell zugute zu halten, daß es sich wie die Übertragung einer der Vorstellungen, die die Individuen selbst von ihren Heiratsstrategien haben, auf die objektive und kollektive Ebene gibt und sich bemüht, die statistischen Gegebenheiten in seine Erklärung miteinzubeziehen, im Gegensatz zu den traditionellen Theorien der »Präferenzheirat«, die sich mit der Feststellung begnügen, daß zwischen der »Norm« (oder »Regel«) und der Praxis Divergenzen bestehen, die untergeordneten Faktoren, z. B. demographischen, zugeschrieben werden[11]; dadurch aber würde man sich durch den Schein wissenschaftlicher Strenge täuschen lassen, den die Verbindung von Empirismus und Formalismus letzten Endes mühelos hervorruft: Die ostentative Verschwendung an äußeren Zeichen von »Wissenschaftlichkeit« wie obskuren Diagrammen und dunklen Berechnungen können tatsächlich nur die eine Funktion haben, zu verschleiern, was bei der Konstruktion des Forschungsgegenstandes und der Aufstellung der Tatsachen alles eingespart wurde. Wenn man bemerkt, daß es genügt hätte, das Spiel der genealogischen Schrift, das jegliche Heirat innerhalb der Linie[12] mit der Heirat mit der parallelen Kusine gleichzusetzen gestattet, mehr oder weniger weit zu treiben, um auf der einen oder anderen Seite von jenem unverhofft glücklichen Prozentsatz (36 % = 1/3?) abzuweichen, der, gepaart mit ein paar Eingeborenenzitaten, einem »theoretischen Modell« das Leben schenkt, so braucht man nicht erst die epistemologische Kritik zu bemühen, um klarzumachen, daß das Modell nur deshalb den Tatsachen so vollkommen angepaßt ist, weil es auf sie zugeschnitten wurde, d. h. weil es ad hoc erfunden wurde, um einem statistischen Artefakt Rechnung zu tragen, und nicht von einer Theorie der der Produktion von Praxis und Praktiken zugrunde liegenden Prinzipien ausgehend erarbeitet wurde.[13] Es gibt, sagte Leibniz, für die Kurve eines jeden Gesichts eine Gleichung. Und so wie die Dinge heute liegen, wird immer ein Mathematiker zu finden sein, der beweist, daß zwei Kusinen, die einer dritten parallel sind, auch untereinander parallel sind ...

Jedoch, die der logischen Folgerichtigkeit entbehrenden Resultate jener der Form nach logischen Absicht, die Genealogien einer statistischen Analyse zu unterziehen, haben zumindest eine Tugend, nämlich die, die grundlegenden Eigenschaften der Genealogie aufzudecken, die als Werkzeug der Analyse nie selbst zum Gegenstand der Analyse genommen wird. Von vornherein fällt einem auf, daß es doch etwas seltsam ist, Endogamiequoten berechnen zu wollen in einem Fall, wo, wie hier, der Begriff »*endogame Gruppe*« selbst, d. h. die Basis der Berechnung, in Frage steht.[14] Muß man sich mit Einteilungen begnügen, die abstrakt, *auf dem Papier*, vorgenommen werden, d. h. aufgrund von Genealogien, die so weit reichen wie das Gedächtnis der Gruppe, das in seiner Struktur und seiner Reichweite wiederum von den *Funktionen* abhängt, die die Gruppe denen überträgt, die sie im Gedächtnis bewahrt oder vergißt? E. L. Peters[15] sieht in dem Schema der Geschlechterfolge eine ideologische Vorstellung, auf die die Beduinen zurückgreifen, um sich ein »unmittelbares Verständnis« für ihre gegenwärtigen Beziehungen untereinander zu verschaffen, und er bemerkt, daß dieses Schema die tatsächlichen Machtverhältnisse zwischen genealogisch gleichwertigen Segmenten unbeachtet läßt, die Frauen vergißt und die grundlegenden ökologischen, demographischen und politischen Faktoren wie einfache »Zufallserscheinungen« behandelt. Und tatsächlich weisen selbst die sehr genau überprüften Genealogien die systematischen Lücken auf, die typisch für das kollektive Gedächtnis sind.[16] Oder ist es richtig, die Einteilungen zu übernehmen, die die Individuen selbst vornehmen, aber nicht unbedingt nach genealogischen Kriterien? Das bringt einen jedoch nur zu der Feststellung, daß die Wahrscheinlichkeit, mit der eine Person eine gesellschaftlich der Heirat mit der Tochter seines *'amm* gleichzusetzende Heirat schließt, von der Größe der (praktisch mobilisierbaren) Gebrauchsverwandtschaft (und damit auch der Zahl der potentiellen Partner) sowie von der Stärke des auf sie ausgeübten Drucks und der Dringlichkeit, die sie dazu veranlassen oder gar zwingen kann, sich innerhalb der Linie zu verheiraten, abhängt. Wenn das Prinzip des ungeteilten Eigentums gebrochen ist und nichts mehr an die genealogische Beziehung erinnert oder sie pflegt, kann es durchaus vorkommen, daß die Tochter des Bruders des Vaters im praktisch erfaßten gesellschaftlichen Raum einem nicht näher steht als irgendeine andere patrilineare (oder gar matrilineare) Kusine; andererseits kann eine im genealogischen Raum entfernter stehende Kusine praktisch die Rolle einer *bent'amm* einnehmen, wenn Vetter und Kusine zu demselben, eng zusammengeschlossenen, in völliger Ungeteiltheit unter der Führung eines Alten lebenden »Haus« gehören. Und wenn die Informanten mit großem Nachdruck wiederholen, daß heute viel weniger innerhalb der Linie geheiratet wird als früher, so unterliegen sie vielleicht ganz einfach einer Täuschung, die durch den Verfall der großen ungeteilten Familien hervorgerufen wird.

Es reicht also auch nicht aus, vorsichtig von dem Begriff der Präferenzheirat mit der parallelen Kusine zu dem Begriff der »Sippenendogamie« überzugehen und damit in ebenso vagen wie vornehmen Formulierungen den Problemen aus dem Wege zu gehen, die der Begriff der Endogamie stellt, genauer gesagt denen, die das allzu vertraute Konzept der *Gruppe* beinhaltet. Man kann zuerst die Frage stellen, was dabei impliziert wird, wenn eine Gruppe einzig und allein durch die genealogische Beziehung zwischen den einzelnen Gliedern der Gruppe definiert wird, d. h. wenn – implizit – die Verwandtschaft als notwendige und ausreichende Bedingung für die Einheit einer Gruppe angesehen wird. Man könnte leicht versucht sein, das Problem dadurch abzutun, daß man beide Positionen einander entgegensetzt, nämlich einerseits diejenigen, die zumindest implizit postulieren, daß das System der Verwandtschafts*benennungen*, das zur Benennung und Zuordnung der Individuen und ihrer Beziehungen zueinander dient, tatsächlich die Praxis diktiert oder, anders gesprochen, die Strukturen und strukturellen Mechanismen ausdrückt, die die Praxis effektiv beherrschen können, und andererseits diejenigen, die als Reaktion gegen diese Form von *Idealismus* in dem Benennungssystem und, allgemeiner, in den genealogischen Vorstellungen nichts anderes sehen als ein System, in dem gesellschaftliche Strukturen rationalisiert werden, die jedoch auf ganz anderen Prinzipien beruhen. Am besten weist man vielleicht diese Alternative zurück, um sich zu fragen, ob die Verwandtschaftsstrukturen nicht gerade als Mittel zur Kenntnis und zum Aufbau der gesellschaftlichen Welt eine politische Funktion besitzen (in dem gleichen Sinn wie die Religion und jede andere Ideologie). Ohne Zweifel gibt die Sprache der Verwandtschaft Aufschluß über die Prinzipien, nach denen die Repräsentation der gesellschaftlichen Welt strukturiert ist, und dadurch über eins der fundamentalen Prinzipien jeder gesellschaftlichen Praxis: Was sind die Anrede- und Bezugsformeln anderes als *Verwandtschaftskategorien*, im etymologischen Sinne von kollektiven und öffentlichen Imputationen (*katègoreisthai* bedeutet ursprünglich »öffentlich anklagen«, »jemanden vor allen einer Sache bezichtigen«), die von der Gruppe als selbstverständlich und notwendig anerkannt und bezeugt werden? Die »Worte des Stammes« sind Worte der Ordnung, Anordnungen in Befehlsform, wenn sie auch im Indikativ gesprochen werden, da sie ja nichts anderes als die Weltordnung schlechthin ausdrücken. Sagt man von einem Menschen: »Das ist ein Mensch«, so wird damit weit mehr und anderes ausgesagt als seine bloße Zugehörigkeit zum menschlichen Geschlecht, und alle Aussagen »dies ist das« sind petitiones principii, wenn sie unter dem Schein, das Seiende auszusagen, dazu beitragen, das Sein, das sie aussagen, werden zu lassen. Um die konstituierende Macht der Verwandtschaftsbenennungen zu ermessen, die als kognitiv-praktische Bezeichnungen eine ganze Welt von Geboten und Verboten in sich tragen, braucht man nur daran zu denken, wieviel in einem Ausdruck wie »Das ist deine Schwester« liegt, der, *Indikativ und Imperativ zugleich*, die einzige praktische Formulierung des Inzesttabus ist. Zwar gibt es sicherlich keine gesellschaftliche Beziehung ohne eine nach den Verwandtschaftskategorien strukturierte Repräsentation der gesellschaftlichen Welt; es wäre jedoch naiv zu glauben, daß die gesellschaftliche Praxis, und sei es in den Beziehungen zwischen Verwandten, implizit in ihrer genealogischen Definiton enthalten wäre. Das genealogische Schema der Verwandtschaftsbeziehungen, das der Ethnologe aufstellt, reproduziert nur die *offizielle* Darstellung der Gesellschaftsstrukturen, die durch die Anwendung des *in bestimmter Hinsicht*, d. h. in bestimmten Situationen und für bestimmte Funktionen *herrschenden* Strukturierungsprinzips zustande kommt und öffentlich proklamiert wird, im Gegensatz zu den privaten, bestimmten Fraktionen eigenen Darstellungen.

Sobald man explizit die Frage nach den *Funktionen* der Verwandtschaftsbeziehungen stellt oder, direkter, nach dem Nutzen der Verwandtschaftsbeziehungen – eine Frage, die die Verwandtschaftstheoretiker wohlweislich als geklärt ansehen, vielleicht, weil sie die Sprache des Interesses ins Spiel bringen würde, während man lieber die dezentere Sprache der Regel spricht –, stellt man zwangsläufig fest, daß der sozusagen genealogische Gebrauch der Verwandtschaft offiziellen Situationen vorbehalten ist, in denen er die Funktion erfüllt, die gesellschaftliche Welt zu ordnen und diese Ordnung zu legitimieren; dadurch hebt er sich gegen andere Arten von praktischem Gebrauch der Verwandtschaftsbeziehungen ab, die wiederum ein besonderer Fall innerhalb der Verwendung von *Beziehungen* überhaupt sind (Beziehungen, von denen man sagt, daß man sie *hat* und *pflegt*). Am Beispiel der Heirat kann man besonders gut beobachten, was in der Praxis die offizielle Verwandtschaft von der Gebrauchsverwandtschaft trennt: Die offizielle Verwandtschaft ist ein unveränderliches Ganzes, ein für allemal durch die protokollarischen Normen der Genealogie festgesetzt; die Grenzen und Definitionen der Gebrauchsverwandtschaft dagegen sind ebenso zahlreich und wechselnd wie die Personen, die sie gebrauchen, und die Anlässe, bei denen sie gebraucht wird. Die Gebrauchsverwandtschaft stiftet die Heiraten; die offizielle Verwandtschaft feiert die Hochzeiten. Bei gewöhnlichen Heiraten werden die Kontakte, die dem offiziellen Antrag (*akḫtab*) vorausgehen, und die Verhandlungen, die das Licht der Öffentlichkeit scheuen und die die offizielle Ideologie lieber ignoriert, z. B. über die ökonomischen Bedingungen der Heirat, die Stellung der Frau im Hause ihres Mannes oder das Verhältnis zur Mutter des Mannes, solchen Personen überlassen, die am wenigsten dazu geeignet sind, die Gruppe zu vertreten und zu binden, die man infolgedessen jederzeit desavouieren kann, so z. B. einer alten Frau, die diese geheimen Verhandlungen meist »berufsmäßig« führt, oft einer Hebamme oder auf alle Fälle einer Frau, die für gewöhnlich von Dorf zu Dorf zieht. Bei schwierigen Verhandlungen zwischen entfernten Gruppen wird die Erklärung der Heiratsabsichten von einem bekannten und angesehenen Mann übernommen, der einer Einheit angehört, die von der werbenden Gruppe weit genug entfernt und verschieden ist, um als *neutral* zu erscheinen und im Einverständnis mit einem anderen Mann verhandeln zu können, der in der umworbenen Gruppe die gleiche Stellung einnimmt (und zwar eher mit ihr befreundet oder verschwägert als verwandt ist); der mit den Verhandlungen Beauftragte vermeidet jedoch, ausdrücklich hierfür Schritte zu unternehmen, und nutzt lieber eine passende Gelegenheit, um einen Vertreter aus der »Gruppe des Mädchens« zu treffen und ihm die Absichten der an der Heirat interessierten Familie zu eröffnen. Wenn offiziell um die Hand des Mädchens angehalten wird, so von dem, der von allen für die Heirat Verantwortlichen die geringste Verantwortung trägt, d. h. von dem ältesten Bruder und nicht vom Vater, vom Onkel väterlicherseits und nicht vom Großvater usw., der, vor allem wenn er jung ist, von einem Verwandten aus einem anderen Familienzweig begleitet wird. In der Vermittlungsphase, *aḥallal*, wird die Bewerbung von immer näher mit dem Bräutigam verwandten und immer einflußreicheren Männern vorgebracht (das sind z. B. zunächst der älteste Bruder und der mütterliche Onkel, dann der väterliche Onkel und einer der Notabeln der Gruppe; in der nächsten Phase werden diese von mehreren angesehenen Männern der Gruppe und des Dorfes sowie von dem *taleb* begleitet, und später schließen sich ihnen noch die Marabut des Dorfes an, schließlich dann der Vater, begleitet von den Persönlichkeiten benachbarter Dörfer und sogar des Nachbarstammes usw.), deren Verhandlungspartner auf der Seite der Braut genealogisch und räumlich immer weiter von ihr entfernt sind. Am Ende sind es die einflußreichsten und entferntesten Verwandten des Mädchens, die sich im Auftrag der nächsten und angesehensten Verwandten des jungen Mannes auf deren Bitte hin bei den Eltern des Mädchens für den jungen Mann einsetzen. Die Annahme des Heiratsantrags wird schließlich vor einer möglichst großen Anzahl von Männern verkündet und dann dem bedeutendsten Verwandten des jungen Mannes von dem bedeutendsten Verwandten des jungen Mädchens – und zwar von dem, den man um Unterstützung des Antrags gebeten hatte – feierlich mitgeteilt. In dem Maße, wie die Verhandlungen fortschreiten, kann die usuelle Verwandtschaft der offiziellen Verwandtschaft Platz machen, da ja unter dem Gesichtspunkt der *Nützlichkeit* die Verwandtschaftshierarchie ungefähr das genaue Gegenteil von dem darstellt, was sie unter dem Gesichtspunkt der genealogischen Legitimität ist: zunächst deshalb, weil es nicht im Interesse der Beteiligten liegt, von vornherein Verwandte in die Verhandlungen »hineinzuziehen«, die durch ihre genealogische und gesellschaftliche Stellung ihre Mandanten zu fest binden würden – dies besonders im Fall einer konjunkturbedingten Unterlegenheit, die oft mit einer strukturellen Überlegenheit verbunden ist (der Mann heiratet eher »von oben nach unten«); weiterhin deshalb, weil man nicht ohne weiteres von jemandem verlangen kann, die Rolle des Bittstellers anzunehmen und sich damit einer abschlägigen Antwort auszusetzen, geschweige denn, sich in für beide Parteien wenig rühmliche, oft peinliche, manchmal sogar entehrende Verhandlungen einzulassen (wie der *thaj'alts* genannte Brauch, der darin besteht, durch eine Geldsumme gewisse Verwandte des umworbenen Mädchens so weit zu bringen, daß sie sich bei den für die Zustimmung Verantwortlichen für den Bewerber einsetzen); schließlich deshalb, weil man in der *nützlichen* Phase der Verhandlungen, in der eine maximale Wirksamkeit angestrebt wird, lieber Persönlichkeiten auswählt, die für ihr Geschick oder ihre besondere Autorität der betreffenden Familie gegenüber bekannt sind oder für ihre guten Beziehungen zu einer für die Angelegenheit entscheidenden Person. Es versteht sich von selbst, daß sich diejenigen, die die Heirat tatsächlich »gemacht« haben, in der offiziellen Phase mit dem Platz begnügen müssen, der ihnen nicht ihrer Nützlichkeit nach, sondern ihrer genealogischen Stellung nach zukommt; sie haben also nur die »Nebenrollen« (*les utilités*) zu spielen und müssen die Hauptrollen anderen überlassen. Schematisch gesehen verhält sich also die Repräsentationsverwandtschaft zur usuellen Verwandtschaft wie das Offizielle zum Nicht-Offiziellen (das vom Offiziösen bis hin zum Anstößigen alles einschließt); wie das Kollektive zum Einzelnen (d. i. das am wenigsten Kollektive); wie das Öffentliche, das in magischem oder quasi-juristischem Formalismus ausdrücklich kodifiziert ist, zum Privaten, das unausgesprochen, ja versteckt bleibt; wie das Rituelle, als subjektlose, von beliebig auswechselbaren, da von der Gruppe beauftragten Individuen ausführbare Praxis, zur Strategie, deren Ziel die Befriedigung praktischer Interessen des Einzelnen oder einer Gruppe ist. Die abstrakten Einheiten, die durch einfache theoretische Einteilung zustandekommen, wie hier die Unifiliationslinie (oder in anderen Fällen die Altersklassen), und die für alle Funktionen – aber für keine besonders – verfügbar sind, finden ihre praktische Entsprechung nur in dem *offiziellsten* Gebrauch der Verwandtschaft: Die Vorstellungsverwandtschaft ist nichts anderes als die Vorstellung, die die Gruppe sich von sich selber macht, und die quasi theatralische Vorstellung, die sie sich von sich selbst gibt, indem sie der Vorstellung, die sie von sich selbst hat, gemäß handelt. Im Gegensatz dazu existieren die Gebrauchsgruppen nur durch und für die besonderen Funktionen, für die sie *tatsächlich mobilisiert* werden, und wenn sie danach noch weiterbestehen, so nur deshalb, weil sie eben durch ihre Benutzung und durch eine regelrechte Pflege (zu der auch die matrimonialen Tauschbeziehungen gehören, die durch sie ja ermöglicht werden) in Gang gehalten werden, und weil sie auf Dispositionen (Habitus) und Interessen beruhen, die der Gruppe gemeinsam sind, wie z. B. der Ungeteiltheit des materiellen und symbolischen Erbgutes.

Nützlichkeit, Konformität und Nützlichkeit der Konformität

Die Verwandtschaftsbeziehungen als etwas behandeln, was man

macht und woraus man etwas macht, das heißt nicht nur, wie man den geltenden Taxonomien nach glauben könnte, eine »strukturalistische« Interpretation durch eine »funktionalistische« ersetzen; das bedeutet ebenso, daß man im Namen einer Theorie der Praxis als Praxis die implizite Theorie der Praxis in Frage stellt, die die ethnologische Tradition dazu führt, die Verwandtschaftsbeziehungen »in der Form eines Objekts oder einer Anschauung«, wie Marx sagt, zu erfassen und nicht als Praxisformen, von denen sie unter Berufung auf zwangsläufig praktische Funktionen produziert, reproduziert oder benutzt werden.[17] Was für die Filiationsbeziehungen gilt, gilt um so mehr für die Affinitätsbeziehungen; denn nur wenn man diese Beziehungen *post festum* als *vollendete Tatsache* verzeichnet, wie der Ethnologe eine Genealogie registriert, nur dann kann man vergessen, daß sie das Produkt (bewußter oder unbewußter) Strategien sind, die auf Befriedigung materieller und symbolischer Interessen abzielen und in ihrer Art von einem bestimmten Typus ökonomischer und gesellschaftlicher Bedingungen geprägt sind. Wenn man sich nur an die vollendeten Tatsachen, an bereits vollzogene Strategien hält (wenn nicht an die von der Eingeborenenideologie als exemplarisch betrachteten, wie die Heirat mit der patrilinearen parallelen Kusine) und dabei nichts anderes zur Verfügung hat als genealogische Angaben (d. h. die Verwandtschaftsbeziehung zwischen den Ehegatten), so muß man zwangsläufig die Theorie der Praxis unbewußt wieder aufnehmen, die sich einem aufdrängt, sobald man aus dem fertigen Produkt das Prinzip seiner Produktion, aus dem *opus operatum* den *modus operandi* freilegen will. Durch einen Fehlschluß, der jedem »Diskurs über die Methode« zugrunde liegt, tut man, als wäre der zurückgelegte Weg im voraus, vorsätzlich abgesteckt und vorgezeichnet, als wäre das mit Regeln versehene Produkt nach Regeln produziert worden (wobei Akademismus und Methodologie eigentlich nur die Konsequenzen aus dieser logischen Inkonsequenz ziehen, wenn sie die Produktion von Regeln abhängig machen wollen, die sie erst nachträglich aus dem Produkt hergeleitet haben).

Die Vergabe der Vornamen von einer Generation auf die andere mit ihren Konflikten und Konkurrenzen läßt ganz besonders deutlich die praktischen und politischen Funktionen der Vornamen als genealogischer *markers* hervortreten: Die Inbesitznahme dieser Indizes der genealogischen Stellung (X Sohn von Y, Sohn von Z), die zugleich *Embleme* sind und als solche das ganze in der Linie angesammelte symbolische Kapital versinnbildlichen, bedeutet, sich gewissermaßen eines *Titels* zu bemächtigen, der seinem Träger Vorrechte über das Patrimonium der Gruppe verschafft. *Thaymats*, der Stand der Kräfte- und Autoritätsverhältnisse zwischen gleichzeitig lebenden Verwandten, bestimmt das Werden von *thadjadith*, der Geschichte der Gruppe; aber eine solche symbolische Projizierung der Kräfteverhältnisse zwischen in Konkurrenz stehenden Individuen und Gruppen verstärkt diese Kräfteverhältnisse noch, indem sie den Herrschenden das Recht gibt, in das kollektive Gedächtnis diejenige Version der Vergangenheit einzuschreiben, die am besten ihre gegenwärtigen Interessen legitimiert. Einem Neugeborenen den Namen eines bedeutenden Vorfahren geben, ist nicht nur ein Akt der Sohnesliebe, sondern soll das Kind gewissermaßen dazu vorherbestimmen, den namenverleihenden Vorfahren »wieder aufleben« zu lassen (*isakrad djedi-s*, er hat seinen Großvater »auferstehen« lassen), d. h. in seinen Pflichten und Gewalten seine Nachfolge anzutreten. Infolgedessen werden die ruhmvollen Vornamen, ebenso wie der wertvollste Boden, zum Gegenstand einer geregelten Konkurrenz, und das »Recht«, sich den begehrtesten Vornamen anzueignen – den, der ununterbrochen die genealogische Beziehung mit dem großen Vorfahren proklamiert, dessen Andenken von der Gruppe und außerhalb der Gruppe bewahrt wird –, wird nach einer bestimmten Ordnung vergeben, entsprechend der, die die Ehrenpflichten bei einem Racheakt oder die Ansprüche auf einen Teil des Erbguts bei einem Landverkauf regelt. Da der Vorname in direkter patrilinearer Linie vererbt wird, darf also der Vater seinem Kind den Namen des eigenen *'amm* oder des eigenen Bruders (*'amm* des Kindes) dann nicht geben, wenn diese bereits verheiratete Söhne hinterlassen haben, die den Namen ihres Vaters einem ihrer Söhne oder Enkel geben könnten.[18] Wie überall darf man sich hier durch die Sprache der Norm und Pflicht (»er muß«, »er darf nicht« usw.), die durch ihre Kürze bequemer ist, nicht täuschen lassen; so ist es z. B. vorgekommen, daß ein jüngerer Bruder ein günstiges Kräfteverhältnis in der Sippe ausnutzte, um seinem Sohn den Namen eines angesehenen älteren Bruders zu geben, der bei seinem Tod noch sehr kleine Kinder hinterlassen hatte; diese wiederum setzten später ihre Ehre darein, den bewußten Vornamen »zurückzuerobern«, sogar auf die Gefahr von Namensverwechslungen hin, da sie sich als die legitimen Verwalter dieses Namens betrachteten. Besonders auffällig ist diese Konkurrenzsituation, wenn mehrere Brüder den Vornamen ihres Vaters für ihre Kinder reservieren wollen: Zwar muß man im allgemeinen dafür sorgen, einen Namen nicht verwaisen und die hinterlassene Lücke nicht fortbestehen zu lassen, und gibt deshalb den Namen dem ersten Knaben, der nach dem Tod des Namensträgers geboren wird. Aber der älteste Bruder kann die Vergabe des Namens auch aufschieben und ihn einem seiner Enkel geben, anstatt ihn dem Sohn eines seiner jüngeren Brüder zu überlassen, wobei der Name dann eine Generationsstufe überspringt. Umgekehrt kann es aber auch vorkommen, daß ein Name, wenn keine männlichen Nachkommen vorhanden sind, der Gefahr ausgesetzt ist, keinen Nachfolger zu finden; in diesem Fall fällt die Verpflichtung, ihn »wiederaufleben« zu lassen, zuerst den kollateralen Verwandten zu und dann, im weiteren Sinne, der ganzen Gruppe, die dadurch öffentlich bezeugt, daß ihr Zusammenhalt und ihr Kapital an Männern sie befähigen, die Namen aller direkten Vorfahren wieder aufzunehmen und darüber hinaus auch die anderswo entstandenen Lücken auszufüllen (die Heirat mit der Tochter des *'amm* dient u. a. dazu, den Namen des *'amm*, wenn dieser ohne männliche Nachkommen stirbt, durch die Tochter vor dem Aussterben zu bewahren).

Der Ethnologe kann ganz besonders schlecht den Unterschied zwischen offizieller und usueller Verwandtschaft erfassen: Er selbst hat ja mit der Verwandtschaft, es sei denn zu kognitiven Zwecken, nichts zu tun (jedenfalls nicht mit der Verwandtschaft der anderen, die er, wie man so schön sagt, zum Gegenstand seiner Forschung nimmt, d. h. als Objekt betrachtet) und ist bereit, die offiziellen Aussagen für bare Münze zu nehmen, die die Informanten ihm so lange anbieten, wie sie sich als Sprachrohr der Gruppe fühlen, damit beauftragt, offiziell für die Gruppe und über sie zu sprechen. An legalistischem Formalismus gibt der Ethnologe dem Informanten nichts nach; und wenn der Beobachter sich zum Genealogen macht, so hat er keinerlei Grund zu vermuten, daß er sich die *offizielle Definition* der gesellschaftlichen Realität vorschreiben läßt, die als solche alle anderen Definitionen beherrscht oder verdrängt. Die Tatsache, daß mehrere Ethnologengenerationen sich vergebens abgemüht haben, die Existenz der »Präferenzheirat« mit der parallelen Kusine zu bestätigen oder zu dementieren, ist das beste Beispiel dafür. Gibt man dem Problem eine ausschließlich genealogische Formulierung, wie es die Informanten unablässig tun, indem sie die Heirat mit der *bent'amm* zitieren, so ist das Spiel bereits gemacht oder, genauer gesagt, sind die Grenzen des Spiels schon abgesteckt: Alle Lösungen des gestellten Problems werden angenommen, vorausgesetzt, daß sie in der Sprache der Genealogie formuliert sind ... Der Ethnologe könnte dieses Verhältnis stillschweigenden Einvernehmens mit der offiziellen Ideologie seiner Informanten (die ihrerseits meist ihrer »Kompetenz« wegen von der Gruppe »bevollmächtigte« Wortführer sind, d. h. in diesem Fall *Männer*, und Männer von *Alter* und *Einfluß*) nur dann lösen und mit all den Voraussetzungen brechen, die allein schon in der Tatsache liegen, ein Diagramm der Filiations-, Verschwägerungs- und Verschwisterungsbeziehungen aufzustellen – was man eben Genealogie nennt –, wenn er dieser sehr besonderen Art von Verwandtschaftsgebrauch einen Platz innerhalb der verschiedenen anderen Gebrauchsmöglichkeiten einräumt: Wenn er die Verwandtschaftsterminologie der Eingeborenen als ein abgeschlossenes und zusammenhängendes System rein logischer Beziehungen behandelt, die ein für allemal, wie durch Konstruktion in einer Kulturtradition und durch die implizite Axiomatik einer solchen Kulturtradition, festgelegt sind, untersagt er sich damit, die verschiedenen praktischen Funktionen der Verwandtschaftsbezeichnungen und -beziehungen wahrzunehmen, die er unwissentlich ausklammert; zugleich untersagt er sich, den epistemologischen Status einer Praxis zu erfassen, die, wie seine eigene, die Neutralisierung der praktischen Funktionen jener Bezeichnungen und Beziehungen voraussetzt und sanktioniert. Ohne sich darüber klar zu sein, was der Ethnologe macht, wenn er einen Stammbaum aufstellt, d. h. ein räumliches Schema, das *uno intuito* erfaßt und von einem beliebigen Punkt aus in alle Richtungen hin abgelesen werden kann und das imstande ist, dem vollständigen Netz der Verwandtschaftsbeziehungen durch mehrere Generationen hindurch eine Existenzform zu geben, die eben den theoretischen Objekten eigen ist: *tota simul*, total in Gleichzeitigkeit existierend, so kann man die Praxis *als Praxis*, d. h. in diesem Fall den gesellschaftlichen Gebrauch, den die Individuen praktisch von ihren Verwandtschaftsbeziehungen machen, überhaupt nicht verstehen.[19] So erfüllt die genealogische Berechnung, derer sich die Individuen (mit oder ohne Hilfe von Fachleuten) bei offiziellen Anlässen bedienen, um den Verwandtschafts»grad« zwischen zwei Personen bis zum gemeinsamen Vorfahren hin festzustellen oder um eine »Vorrangs«ordnung aufzustellen, direkt praktische Funktionen, ganz zu schweigen von der ideologischen Funktion, die schon in der Tatsache enthalten ist, daß man Beziehungen als ausschließlich genealogische Filiations- oder Verschwägerungsbeziehungen ausgibt, die genauso gut anders (z. B. als Verschwisterungsbeziehungen) gedeutet werden könnten und die in jedem Fall *auch* auf anderen Grundlagen, z. B. ökonomischen oder politischen, beruhen; dieses Verfahren wird immer dann bemüht, wenn es gilt, in vergangenen, rückwirkend nur zu diesem Zweck rekonstruierten Beziehungen die Daseinsberechtigung für gegenwärtige Beziehungen zu suchen, die in Wirklichkeit ganz anderen Prinzipien unterliegen. Andererseits verhalten sich die logischen Beziehungen, die der Ethnologe aufstellt, zu den Gebrauchsbeziehungen, d. h. den (im doppelten Sinne des Wortes) »praktischen« Beziehungen – sie werden fortlaufend praktiziert und, wie man sagt, unterhalten und gepflegt – wie der geometrische Raum einer Landkarte als imaginäre Darstellung aller theoretisch möglichen Straßen und Wegstrecken zu dem Netz der tatsächlich instand gehaltenen, begangenen, gebahnten und darum leicht einzuschlagenden Wege. Werden die offiziellen Beziehungen nicht ständig instand gehalten, auch dann, wenn sie nicht ständig benutzt werden, so können sie leicht zu dem werden, was sie für den Genealogen schon sind, nämlich theoretische Beziehungen, verödete Landstraßen auf einer veralteten Karte; so gesehen, sind die wichtigsten Tauschbeziehungen nicht die, die durch ihren ostentativen und außerordentlichen Charakter die Aufmerksamkeit der Ethnologen auf sich ziehen und die, da sie der Logik der Herausforderung unterstehen, das Risiko des Abbruchs der Beziehungen in sich tragen, sondern die, die unbemerkt bleiben, jene kleinen Geschenke z. B., die alle möglichen Gelegenheiten des gewöhnlichen Lebens begleiten und die *Beständigkeit* der Gebrauchsbeziehungen garantieren. Kurz, die logischen Verwandtschaftsbeziehungen, denen die strukturalistische Tradition eine fast vollständige Unabhängigkeit von wirtschaftlichen Faktoren und, korrelativ dazu, eine fast vollkommene innere Kohärenz zuschreibt, bestehen praktisch nur durch und für den offiziellen und offiziösen Gebrauch, den die Individuen davon machen; diese sind um so mehr darum bemüht, sie instand zu halten und sie intensiv – und damit, durch die wiederholte Benutzung, auch immer leichter – zu benutzen, als sie aktuell oder virtuell unentbehrliche Funktionen erfüllen oder, eindeutiger gesagt, lebenswichtige (materielle oder symbolische) *Interessen* befriedigen oder befriedigen können.

Im Gegensatz zu den Beziehungen ohne Geschichte, wie sie den gelehrten und halbgelehrten Genealogen geläufig sind, erhalten die usuellen Beziehungen ihre Definition durch die Geschichte, deren Produkt sie sind, und zwar sowohl die Geschichte des ökonomischen und symbolischen Austauschs, den die usuellen Beziehungen gestatten und durch den sie reproduziert werden, als auch die Geschichte der Gelegenheiten, bei denen sie in Aktion treten: besonders bei Mord-, Landverkaufs- und Heiratsfällen. Will man nicht Gefahr laufen, willkürliche Einteilungen vorzunehmen und dabei abstrakt, einzig und allein nach genealogischen Kriterien vorzugehen, so muß man sich also außer dem genealogischen Wissen eine vollständige Kenntnis von dem Stand der Transaktionen zwischen allen von der genealogischen Seite her erfaßten Personen verschaffen, d. h. sich die ganze Geschichte der materiellen und symbolischen Tauschhandlungen aneignen, die ja das Fundament der unvermeidbaren Solidarität bilden, in Unehre wie in Ehre, im Reichtum wie im Elend. Als Beispiel sei eine *akham* La'la genannte Gruppe genannt, die gesamte Nachkommenschaft von La'la (V) ben Mohand Said (IV) ben Messaoud (III) ben Abbas (II) ben Djoudi (I) Nath Eldjoudi von den Ait-Messaoud. Alles trägt dazu bei, die von der genealogischen Deutung angebotene Vorstellung von der Sippe aufzudrängen: Die Äußerungen der Individuen selbst, die sich mit Vorliebe auf die »Blutsgemeinschaft« zwischen allen Gliedern von *akham* La'la berufen, die Bezeichnungen, die die direkte (A Sohn von B) oder entfernte (Y Sohn von X ... *n* La'la) Abstammung kennzeichnen, die bewußt genea-logische Symbolik der Vornamensvergabe, die es ermöglicht, die Kontinuität der Linie zu behaupten, indem sie den Vater, Großvater oder Onkel – und damit auch ihre Macht – in einem dazu ausersehenen Nachfolger reproduzieren (in unserem Beispiel nimmt Amara La'la – XI^1 – den Namen seines Urgroßvaters Amara n La'la – VI^3 – wieder auf; Mohand Ameziane La'la – IX^2 – nimmt den Namen seines Urgroßonkels – VI^1 – auf, der ohne Nachkommen starb; Larbi La'la – VIII^4 – den seines Onkels – VII^3 –; Salah La'la – VIII^1 – den seines Großvaters – VI^2 –). Aber ganz so einfach liegen die Dinge nicht, und die scheinbaren Bestätigungen, die der Ethnologe im ideologischen Gebrauch der Verwandtschaft finden kann, können durchaus nicht über die Zeichen hinwegtäuschen, durch die die Gruppe zu verstehen gibt, daß nicht die ganze Nachkommenschaft von La'la wie die Glieder ein und derselben Familie behandelt wird: So kommt es vor, daß Verwandte und Nichtverwandte den Bezug auf den entferntesten und angesehensten Vorfahren aufgeben, nicht nur, um jeden Einzelnen mit größerer Genauigkeit zu identifizieren, sondern auch, um die ideologische Mystifizierung, die von dem genealogischen »Annexions«streben bewirkt wird, in einem genau entgegengesetzten Effekt zu zerstören, und sie appellieren dann eher an die genealogische Beziehung, die jedem Einzelnen eigen ist und ihn von allen anderen unterscheidet: So z. B. wird La'la La'la – VIII³ –, zur Zeit Oberhaupt der größeren der beiden von La'la abstammenden Familien, La'la Amara genannt (mit Bezug auf seinen Großvater, da sein Vater Larbi früh gestorben ist), oder Akli – VII⁴ – wird als Akli n Amara bezeichnet. Das gilt selbst dann, wenn der Landbesitz ungeteilt geblieben ist; so kann man durchaus sagen: »Dieses Land gehört dem Haus X«, während die Männer als »Söhne von Y und Z« bezeichnet werden. Die Individuen richten sich in ihrer Praxis nach der praktischen Kenntnis der nützlichen Einteilungen, und sie benutzen die genealogische Vorstellung als Mittel zur Legitimierung der gesellschaftlichen Ordnung; der Theoretiker dagegen behandelt die genealogische Repräsentation als theoretisches Modell der gesellschaftlichen Realität, da er die nicht genealogischen Einigungs- und Teilungsprinzipien nicht kennt, die allein die ökonomische und soziale Geschichte der Gruppe ihm erschließen könnte. In diesem Fall hat sich die genealogische Einheit, auf die sich die Individuen, besonders in einer so offiziellen Beziehung wie der zum Ethnologen, berufen können, in Wirklichkeit in zwei »Häuser« gespalten: das von Akli n Amara (VII⁴) und das von La'la (VIII³), nach dem Namen des jeweiligen Oberhauptes; diese Spaltung erfolgte nach einer Krise, die man strukturell nennen kann, da sie zu Lebzeiten des letzten Sohnes von La'la (VI³) ausbrach, bei der Gewaltenübertragung von einer Generation auf die andere: Amara n La'la (VI³) übergab die Gewalt, die er über die gesamte Sippe besaß, seinem Enkel La'la (VIII³), der nicht zufällig schon den Namen des Ahnen trug, und schloß damit Akli n Amara (VII⁴) von der Nachfolge aus, obwohl dieser durch sein Alter (er ist der älteste aller männlichen Nachkommen La'las) und seine verwandtschaftliche Stellung zu dem damaligen Oberhaupt (er ist der Sohn von Amara) zum rechtmäßigen Erben bestimmt zu sein schien. La'la n Amara, den man den »Sohn seines Großvaters« nennt (im Gegensatz zu Akli, der nur der »Sohn seines Vaters« ist),

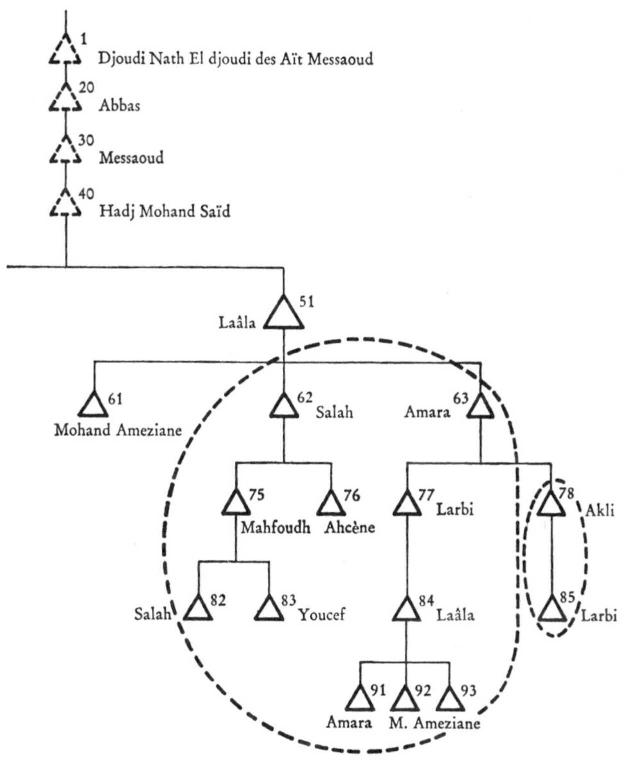

hat von diesem nicht nur das Privileg erhalten, seine Nachfolge anzutreten, wovon der Name nur das auffälligste Zeichen ist, sondern wurde darüber hinaus in die Verantwortungen des »Hausoberhauptes« (*aqaruy ukham*) besonders eingeweiht: Von Kind auf wurde er von der Feldarbeit befreit und durfte an dem teilnehmen, was man die »Außenpolitik« der Familie nennen könnte, d. h. an ihrem Außenhandel, um die Mechanismen der Marktwirtschaft zu beherrschen; ebenso wurde er an den Entscheidungen beteiligt, die die Beziehungen zu anderen Gruppen betrafen, und hat dabei, besonders sprachlich und rhetorisch, die Kompetenz erworben, die den »Mann der Versammlungen« (*argaz ladjma*ʿ) auszeichnet, und die mit dieser Rolle verbundene Autorität. In dem Maße, wie das symbolische Kapital und besonders die Kenntnis der politischen und ökonomischen Spielregeln für den Zugang zur politischen Macht, zumindest innerhalb der Linie, ausschlaggebend sind, stellt die differentielle Vergabe dieses Kapitals, die hier wie überall weitaus schwieriger zu kontrollieren ist als die des ökonomischen Kapitals, eins der Mittel dar, um die mit der genealogischen Rangordnung verbundenen Rechte zu umgehen.

Dieser doch äußerst einfache Fall illustriert den grundsätzlich problematischen Charakter der Beziehung zwischen offiziellen und usuellen Beziehungen, zwischen den offiziellen, öffentlichen Einheiten und den usuellen Einheiten, die in Ausnahmefällen zusammenfallen können. Von Endogamie sprechen und, in der löblichen Absicht, wissenschaftliche Strenge walten zu lassen, sogar Endogamiequoten berechnen wollen, bedeutet, so zu tun, als gäbe es eine rein genealogische Definition der Sippe, während doch jeder männliche Erwachsene an jedem beliebigen Ort des Stammbaums einen virtuellen Segmentierungspunkt darstellt, der, wenn eine bestimmte gesellschaftliche Situation es erfordert, tatsächlich aktualisiert werden kann. Je weiter man den Ausgangspunkt in der Zeit und im genealogischen *Raum* zurückverlegt – und nichts hindert einen daran, in diesem abstrakten Raum bis ins Unendliche zurückzugehen –, je weiter man also die *Grenzen* der Sippe zurückverlegt, desto größer wird die *Assimilationsfähigkeit* der genealogischen Ideologie, wenn auch auf Kosten ihres *Unterscheidungsvermögens*, das seinerseits größer wird, je näher man den gemeinsamen Ursprung ansetzt; so folgt der Gebrauch des Ausdrucks *ath* (die Nachkommen von ...) einer relativistischen oder besser stellungsbedingten Logik, die der sehr ähnlich sieht, die nach Evans-Pritchard den unterschiedlichen Gebrauch des Wortes *cieng* charakterisiert: Ein und dieselbe Person kann sich, je nach der Assimilations- und Unterscheidungs*funktion* des Namens, Mitglied der Ath Abba (das Haus, *akham*) oder der Ath Isa'd *(thakharrubth)* oder der Ath Ousseb'a *(adhrum)* oder der Ath Yahia *('arch)* nennen. Der unumschränkte Relativismus, der den Individuen gestatten würde, ihre eigene gesellschaftliche Identität oder die ihrer Gegner oder Partner, die sie in die Gruppe aufnehmen oder im Gegenteil ausschließen wollen, bis ins Grenzenlose zu manipulieren, indem sie die Grenzen der Klasse manipulieren, zu der diese und jene gehören, hätte wenigstens das Verdienst, mit dem naiven Realismus der-

jenigen zu brechen, die eine Gruppe nicht anders charakterisieren können denn als eine durch direkt sichtbare Grenzen definierte Anzahl von Menschen. Wenn man jedoch in der genealogischen Logik befangen bleibt, kann man leicht an der Tatsache vorbeigehen, daß die Struktur einer Gruppe (und damit die gesellschaftliche Identität ihrer Mitglieder) von der Funktion abhängt, die ihrer Zusammensetzung und ihrer Organisation zugrunde liegt. Das vergessen auch die, die der genealogischen Abstraktion zu entgehen versuchen, indem sie die Unifiliationslinie *(descent line)*, die man mit Louis Dumont lieber »diagrammatische Linie« nennen sollte, da sie ja nur in den Diagrammen existiert, der lokalen Linie *(local line)* oder lokalen diagrammatischen Linie *(local descent group)* entgegensetzen als Teilgruppe einer größeren Unifiliationseinheit, die der gemeinsame Wohnort dazu berechtigt, als Gruppe kollektiv zu handeln.[20]
Man fällt dem Realismus aber auch dann zum Opfer, wenn man die Tatsache übersieht, daß die verschiedenen Auswirkungen der räumlichen Entfernung von der Funktion abhängen, die eine gesellschaftliche Beziehung erfüllen soll; so kann man zwar annehmen, daß die potentielle Nützlichkeit eines Partners mit zunehmender Entfernung geringer wird; diese Annahme trifft jedoch immer dann nicht mehr zu, wenn – wie im Falle der Prestigeheirat – der symbolische Gewinn um so größer wird, je weiter voneinander entfernt sich die Personen befinden, die diese Beziehung aufnehmen; ebenso trägt der gemeinsame Wohnsitz zwar zur Einheit der Gruppe bei, eine gemeinsame Aufgabe jedoch kann die Gruppe genauso gut zusammenschließen und die räumliche Entfernung verringern. Kurz, obwohl man zwar theoretisch der Ansicht sein kann, daß es ebenso viele mögliche Gruppen wie zu erfüllende Funktionen gibt, so kann man sich doch nicht (wir haben das am Fall der Heirat gezeigt) an jeden beliebigen bei jeder beliebigen Gelegenheit wenden, ebensowenig wie man seine Dienste nicht jedem beliebigen zu jedem beliebigen Zweck anbietet. Daher kann man, um jeglichen Relativismus zu vermeiden, den Grundsatz aufstellen, daß die Konstanten im Felde der potentiell nützlichen Partner – nützlich im Sinne von tatsächlich benutzbar, da räumlich nah, und nutzbringend, da gesellschaftlich einflußreich – es bewirken, daß jede Gruppe von Individuen durch eine unablässige »Instandhaltungsarbeit« ein privilegiertes Netz von Gebrauchsbeziehungen aufrechtzuerhalten bestrebt ist, das nicht nur

die gesamten »instand gehaltenen« genealogischen Beziehungen (hier Gebrauchs- oder usuelle Verwandtschaft genannt) umfaßt, sondern auch alle nicht genealogischen Beziehungen, die für die gewöhnlichen Bedürfnisse des Lebens herangezogen werden können (hier Gebrauchs- oder usuelle Beziehungen genannt).[21]
Es kann zwar vorkommen, daß die offizielle Gesamtheit der Individuen, die durch dieselbe Beziehung zu demselben, auf derselben (beliebigen) Stufe des Stammbaums stehenden Vorfahren definiert werden können, eine usuelle Gruppe bildet; aber doch nur deshalb, weil sich in diesem Fall die genealogischen Einteilungen mit auf anderen Grundlagen beruhenden Einheiten: ökologischen (Nachbarschaft), ökonomischen (Ungeteiltheit) und politischen decken und überdecken. Ist der *deskriptive* Wert des genealogischen Kriteriums auch desto größer, je näher man die gemeinsame Herkunft rückt und je mehr man die soziale Einheit einschränkt, so bedeutet das doch noch lange nicht, daß seine *Einigungskraft* im gleichen Maße wächst: Wie wir später noch sehen werden, ist die genealogisch engste Beziehung – die zwischen Brüdern – auch die, in der die stärksten Spannungen herrschen, und nur eine ununterbrochene »Ausgleichsarbeit« vermag es, die Interessengemeinschaft aufrechtzuerhalten. Kurz, die bloße genealogische Beziehung reicht niemals aus, um aus sich heraus die Beziehung zwischen den Personen, die sie verbindet, vollständig zu bestimmen, und sie erhält nur dann einen solchen prädizierenden Wert, wenn sie mit der Interessengemeinschaft verbunden ist, die durch den gemeinsamen Besitz eines materiellen oder symbolischen Erbguts zustande kommt, wobei das Eigentum, aber auch die Gefährdung von außen von allen geteilt werden. Das Ausmaß der usuellen Verwandtschaft, die gleichsam die Schnittmenge zwischen den offiziellen Verwandtschaftsbeziehungen und den usuellen Beziehungen darstellt, hängt davon ab, inwieweit es den Gliedern der offiziellen Einheit gelingt, die Spannungen zu meistern, die durch die Interessenkonkurrenz innerhalb dieses ungeteilten Produktions- und Verbrauchsunternehmens hervorgerufen werden, und inwieweit sie imstande sind, praktische Beziehungen zu unterhalten, die der offiziellen Vorstellung jeder Gruppe, die sich als einheitliche Gruppe versteht, gemäß sind (d. h. inwieweit es gelingt, »sich seinen Bruder zum Freund zu machen«, um einen dem kollektiven Bewußtsein sehr vertrauten Gegensatz aufzunehmen), also inwieweit sie sich die Vorteile, die jede praktische Beziehung verschafft, und dazu den

symbolischen Gewinn, den die gesellschaftliche Billigung der mit der offiziellen Vorstellung übereinstimmenden Praxis garantiert, gleichzeitig aneignen können.

Es handelt sich hier um die Dialektik zwischen Offiziellem und Usuellem, die zweifellos allen sozialen Interaktionen letztlich zugrunde liegt. Das Zusammenfallen von Gebrauchscharakter und offiziellem Charakter stellt in der Tat nichts anderes dar als einen besonderen Stand der Beziehungen zwischen jenen beiden Aspekten jeglicher sozialen Interaktion, wenn auch einen privilegierten Stand, da dieses Zusammenfallen, wie schon gezeigt wurde, zugleich und kumulativ aus der Nützlichkeit Profit und aus der Konformität Gewinn zu ziehen erlaubt; so kann man es verstehen, daß unter den Strategien zweiter Ordnung, die zugleich mit den anderen Strategien in Aktion treten (und diese verschleiern), eine der häufigsten darin besteht, diese Koinzidenz vorzutäuschen. Die Ethnologen hätten sicherlich weniger naiv von Regel und Vorschrift gesprochen, d. h. in der Sprache, in der die Individuen von ihrer Praxis sprechen, wenn ihnen die Idee gekommen wäre, daß der objektive Sinn der Praxis auf symbolischer Ebene manipuliert werden kann; diese Manipulationen erlauben es, sich »vorschriftsmäßig« zu verhalten, verraten aber auch, daß die Praxis nicht von der Vorschrift bestimmt wird ...[22] Die Ethnologie gewönne zweifellos dabei, wenn sie für ihre Praxis die Regel beherzigen würde, daß man eine Regel nur insofern befolgt (wenn sie als solche besteht), als man bedeutend mehr Interesse daran hat, sie zu befolgen, als sie außer acht zu lassen. Aber auch wenn sich die Ethnologen zu dem radikalsten Materialismus bekennen, sind sie nur allzu bereit, sich durch die sorgfältig unterhaltene Zweideutigkeit täuschen zu lassen, durch die jede Gruppe ihr spiritualistisches Ehrgefühl behauptet und auf die sie ihre Einheit ideologisch begründet, indem sie sich selber und den anderen die tatsächlich ihre Praxis beherrschenden Faktoren zu verschleiern sucht, oder besser gesagt, indem sie zu verschleiern sucht, daß ihre Praxis von Determinismen und besonders von materiellen und symbolischen *Interessen* bestimmt wird: Von *Regel und Vorschrift* sprechen heißt, glauben und anderen glaubhaft machen, daß man kein anderes Gesetz kennt als das, was man sich selbst vorgeschrieben hat; das heißt, sich und den anderen von seinen Beweggründen die ehrenvollste Vorstellung geben, die nämlich, die dem am nächsten kommt, was sich die Gruppe unter ehrenhaften Beweggründen vorstellt: geeignet, offiziell dargestellt und öffentlich vorgestellt zu werden.

Jedoch sind die Strategien, die darauf abzielen, eine *vorschriftsmäßige Praxis* zu schaffen, selbst nur ein Sonderfall in einer ganzen Klasse von *Offizialisierungsstrategien*, deren Ziel es ist, »egoistische«, private, individuelle Beweggründe und Interessen (diese immer relativ bleibenden Begriffe können nur in der Beziehung zwischen einer Einheit und der umfassenderen Einheit höheren Ranges definiert werden) in uneigennützige, kollektive, öffentlich vertretbare, kurzum legitime Beweggründe und Interessen zu verwandeln. In einer Gesellschaft, die keine konstituierten politischen Instanzen mit de facto alleinigem Verfügungsrecht über legitime Gewalt besitzt, setzt eine eigentlich politische Aktion, die sich durch den Offizialisierungseffekt durchführen läßt, immer die *Kompetenz* (im Sinne von: *einer öffentlichen Autorität kollektiv zuerkannte Befähigung*) voraus, die unerläßlich ist, um die Definition der Lage so zu manipulieren, daß sie sich der offiziellen Definition annähert, und somit die breiteste Gruppe für die Aktion zu gewinnen – die entgegengesetzte Strategie dagegen kann gerade darauf abzielen, die gleiche Situation auf eine rein private Angelegenheit zu reduzieren.[23] Besitzt man das notwendige Kapital an Autorität, um seine eigene Definition der Lage durchzusetzen, insbesondere in Krisenfällen, wo das Urteil der Gruppe schwankend ist, so ist man in der Lage, sowohl die ganze Gruppe zu mobilisieren, indem man einem privaten Zwischenfall förmlichen und offiziellen Charakter gibt und ihn so zur Sache der ganzen Gruppe macht (z. B. wenn man die an eine einzelne Frau gerichtete Beleidigung als eine die *ḥurma* der ganzen Gruppe antastende Verletzung darstellt), als auch die Gruppe auszuschalten, indem man den direkt betroffenen Einzelnen (oder die Gruppe) desavouiert und ihn dadurch in den Stand einer einfachen Privatperson verweist, so daß er als unverständig (griech. *idiôtès*, kabylisch *amahbul*) erscheinen muß, weil er seine privaten Beweggründe durchsetzen wollte. In Wirklichkeit verlangen die Gruppen weitaus weniger, als der legalistische Formalismus vermuten läßt, aber weitaus mehr, als die »Spielverderber« ihnen zugestehen wollen. Zwischen dem *Verantwortungsvollen*, der dazu vorherbestimmt ist, die Stellung des von der Gruppe bevollmächtigten Wortführers einzunehmen, weil seine Praxis, in jeder Hinsicht vorbildlich, unmittelbar der offiziellen Vorschrift konform ist, da sie das Produkt eines vorschriftsmäßigen Habitus ist, und dem *Verantwortungslosen*, der sich nicht damit begnügt, die Spielregeln zu mißachten, sondern auch deren Legitimität öffentlich anficht und sich anmaßt, seine eigenen Regeln durchzusetzen, räumen sie dem »*Übertreter guten Willens*« einen Platz ein, der, indem er sich an Vorschrift und Regel anpaßt, obwohl er sie weder befolgen noch zurückweisen kann, ihnen aber wenigstens den Anschein oder die Absicht der Konformität zugesteht, d. h. sie *anerkennt*, zu ihrer rein offiziellen Existenz beiträgt. Es versteht sich von selbst, daß die Dialektik zwischen Offiziellem und Usuellem in der Politik einen besonders geeigneten Schauplatz findet: in der Tat können die Individuen, die um die politische Macht kämpfen, in ihren Bestrebungen, die Delegation der Gruppe auf sich zu ziehen und sie so allen Konkurrenten zu entreißen, einander nur rituelle Strategien und strategische Riten, als Produkte der symbolischen Kollektivierung von Privatinteressen und der symbolischen Inbesitznahme von offiziellen Interessen, entgegensetzen.

Jedoch darf man über dem Kampf um das Monopol der legitimen Anwendung der Gewalt (d. h. in einer Gesellschaft ohne ökonomische Akkumulation, der Kampf um die Akkumulation des symbolischen Kapitals als eines kollektiv anerkannten *Kredits*), in dessen Mittelpunkt der Gegensatz zwischen kollektiver und privater Raison, zwischen dem von der Gruppe bevollmächtigten und ihre Achtung genießenden Verantwortungsvollen und dem Verantwortungslosen ohne Achtung, den zwangsläufig unterirdischen Gegensatz zwischen offiziell und offiziös nicht vergessen. Die Struktur des Systems der kollektiven Denkkategorien setzt als Axiom, daß eine Konkurrenz um die offizielle Macht nur zwischen Männern stattfinden kann, während für die Frauen nur die Konkurrenz um eine per definitionem *offiziös* oder sogar geheim und verborgen bleibende Macht in Frage kommt. In der Tat findet man im politischen Bereich die gleiche Arbeitsteilung wieder, die auch für die Religion gilt und den Männern die öffentliche, feierliche, kollektive Religion überträgt, den Frauen dagegen die heimliche und geheime, private Magie. In diesem Konkurrenzkampf verfügen die Männer über alle offiziellen Mittel, angefangen bei den mythisch-rituellen Repräsentationen und den Verwandtschaftsrepräsentationen, die den Gegensatz zwischen Offiziellem und Privatem auf den Gegensatz zwischen draußen und drinnen, also zwischen männlich und weiblich reduzieren und so eine systematische hierarchische Ordnung aufstellen, die die weibliche Praxis, und was aus ihr hervorgeht, zu einer schamvollen, geheimen und bestenfalls offiziösen Existenz verurteilt: Sogar wenn die Frauen die tatsächliche Macht besitzen, was zumindest in Heiratsangelegenheiten der Fall ist, können sie sie nur dann voll ausüben, wenn sie den Männern den Schein der Macht, ihre offiziellen Zeichen überlassen und sich mit der offiziösen Macht der »grauen Eminenz« begnügen, einer *beherrschten Macht* also, die sich sowohl von der offiziellen Macht unterscheidet als auch von der subversiven Weigerung des »Spielverderbers«, insofern sie einerseits nur im Auftrag einer offiziellen Autorität, gleichsam nur per procura ausgeübt werden kann, andererseits aber noch der Autorität dient, derer sie sich bedient.

Die wahre Stellung und Bedeutung der Verwandtschaftsbeziehungen, die als Strukturierungsprinzipien der gesellschaftlichen Welt immer eine politische Funktion erfüllen, läßt sich nirgends besser wahrnehmen als in dem unterschiedlichen Gebrauch, den Männer und Frauen von dem gleichen Feld genealogischer Beziehungen machen können, und ganz besonders in den unterschiedlichen »Lesarten« von genealogisch vieldeutigen Verwandtschaftsbeziehungen (die man relativ häufig findet, da ja das Heirats»feld« relativ eingeschränkt ist).[24] Die offizielle Lesart drängt sich dem Ethnologen auf, wenn er – wozu ihn die Informanten natürlich ermutigen – der Heirat zwischen parallelen Vettern und Kusinen die Beziehung gleichstellt, die z. B. patrilineare Vettern und Kusinen zweiten Grades miteinander verbindet, wenn einer der beiden selbst aus der Ehe mit einer parallelen Kusine hervorgegangen ist, und mehr noch, wenn beide aus Ehen solchen Typs stammen (wie es z. B. bei einem Frauentausch zwischen den Söhnen zweier Brüder der Fall ist, wo einer die Schwester des anderen heiratet: *labdil* oder arabisch *ras-b-ras*, Kopf um Kopf). Die männliche, d. h. herrschende Lesart, die sich mit besonderem Nachdruck überall dort aufdrängt, wo es sich um öffentliche, offizielle Situationen »von Mann zu Mann« handelt, kurz, um alle Ehrenbeziehungen »von Ehrenmann zu Ehrenmann«, privilegiert immer den vornehmsten Aspekt – den, der öffentlich proklamiert werden kann – einer vielgestaltigen Beziehung, indem sie das Beziehungsfeld der betreffenden Personen durch ihre patrilinearen Vorfahren definiert und, weitergehend, durch die patrilinearen Vorfahren, die mehreren Personen gemein sind. Den anderen möglichen Weg, den, der

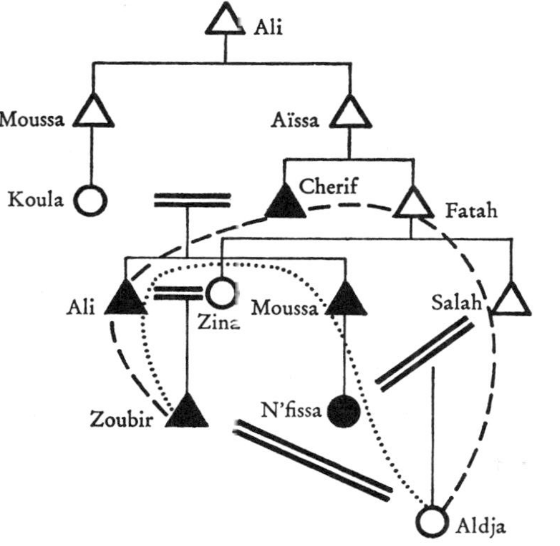
Ali
Moussa
Aïssa
Koula
Cherif
Fatah
Ali
Zina
Moussa
Salah
Zoubir
N'fissa
Aldja

Fall 1

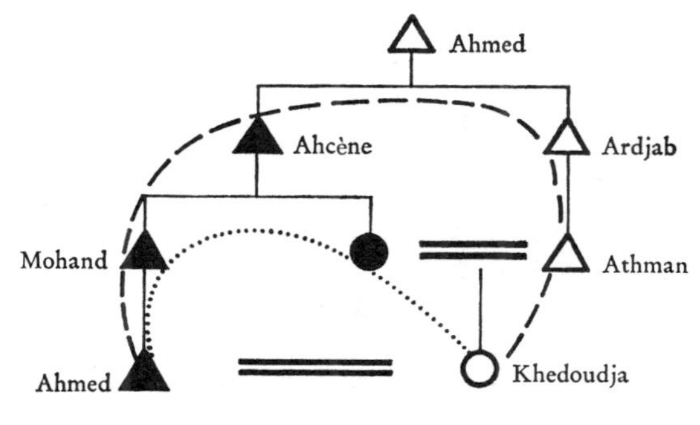
Ahmed
Ahcène
Ardjab
Mohand
Athman
Ahmed
Khedoudja

Fall 2

manchmal direkter, oft praktisch leichter begehbar wäre, läßt sie im Bereich des Ungedachten, verdrängt sie ins Undenkbare, d. h. ins Unnennbare: den Weg über die Frauen. So hat, vom Standpunkt der genealogischen »Schicklichkeit« aus gesehen, Zoubir in Aldja die Tochter des Sohns des Bruders des Vaters, oder aber die Tochter der Tochter des Bruders seines Vaters geheiratet und nicht die Tochter des Bruders seiner Mutter, auch wenn, wie es hier der Fall ist, eben diese Beziehung der Heirat zugrunde liegt (Fall I); oder, um einen anderen Fall aus der gleichen Genealogie zu zitieren, die genealogische »Schicklichkeit« sieht in Khedoudja die Tochter des Sohns des Bruders des Vaters des Vaters ihres Mannes Ahmed, anstatt sie als eine Kreuzkusine (Tochter der Schwester des Vaters) zu betrachten, was sie doch genauso gut ist (Fall II). Die nicht-»orthodoxe« Lesart, die den von dem offiziellen Diskurs ausgeschlossenen Beziehungen durch die Frauen den Vorrang gibt, ist privaten Angelegenheiten vorbehalten oder sogar der Magie, die, genau wie die Beleidigung, den ihrem unheilvollen Zauber ausgesetzten Mann als »Sohn seiner Mutter« und nicht als »Sohn seines Vaters« bezeichnet; eine Verwandtschaftsbeziehung über die Frauen kann wohl von Männern und sogar vor Männern erfaßt und ausgesprochen werden, aber nie bei öffentlichen Anlässen, sondern nur im engsten häuslichen Kreis; abgesehen von den Fällen, wo die Sprache der Frauenverwandtschaft sich als ganz selbstverständlich aufdrängt, nämlich da, wo Frauen über die Verwandtschaftsbeziehungen einer Frau zu anderen Frauen sprechen, kann sie auch im engsten Familienkreis gebraucht werden, in den Gesprächen einer Frau mit ihrem Vater und ihren Brüdern oder mit ihrem Mann, ihren Söhnen und sogar mit dem Bruder ihres Mannes, wodurch die enge Verbindung der Gesprächspartner zueinander und zugleich die zumindest symbolische Zugehörigkeit des derart Genannten zu diesem engsten Kreis betont wird. Letzten Endes ist der Ethnologe wohl der einzige, der sich der »reinen«, uneigennützigen Erforschung aller theoretisch möglichen Strecken zwischen zwei Punkten im genealogischen Raum widmet: In der Praxis hängt die Wahl des einen oder anderen Weges, des »männlichen« oder des »weiblichen«, der die Heirat zu der einen oder zu der anderen Linie hinlenkt, von dem Kräfteverhältnis innerhalb der häuslichen Gemeinschaft ab und zielt darauf ab, dasjenige Kräfteverhältnis, das schließlich für die Heirat ausschlaggebend war, zu legitimieren und dadurch zu verstärken.

Nichts ist schwieriger zu definieren als die Stellung, die die Heirat mit der parallelen Kusine einnimmt, und die Ethnologen wären voll und ganz berechtigt, mit den verschiedenen Bedeutungen des Wortes »Regel« zu spielen, wenn sie sich darüber klar wären, daß sie, indem sie anscheinend die Theorie der Eingeborenenpraxis aufstellen, in Wirklichkeit nichts anderes tun als eines der vollkommensten Produkte der Dialektik zwischen Offiziellem und Usuellem ganz einfach zu reproduzieren: Stellt die Heirat mit der parallelen Kusine das praktisch so gut wie nie verwirklichte Ideal der perfekten Heirat dar oder eine ethische Norm (in diesem Fall eine Ehrenpflicht), die jedem heiratsfähigen Individuum vorgeschrieben ist, deren Mißachtung aber (im Falle höherer Gewalt z. B.) nicht unvorstellbar ist, oder aber eine Norm, die unbedingt verpflichtend ist, aber nur unter bestimmten Bedingungen, oder ist sie nichts anderes als ein in gewissen Situationen vorteilhafter »Coup«? In Wirklichkeit ist sie alles das zugleich und wird so zu einem privilegierten Manipulationsgegenstand. Die offiziellen Strategien, die darauf abzielen, eben die Strategien und Interessen zu verschleiern, die sie verfolgen, während sie sich dem Anschein nach an die Regel halten, beruhen im Falle der Heirat auf der Doppeldeutigkeit einer Praxis, die objektiv eine zweifache Lesart zuläßt: die genealogische, die immer in den Vordergrund gerückt wird, und die ökonomisch-politische, die erst gar nicht in den Hintergrund gerückt zu werden braucht – für den Ethnologen jedenfalls nicht –, da sie ja eine gründliche Kenntnis der Austauschbeziehungen zwischen den betreffenden Gruppen als notwendig voraussetzt. Die ideologische Falle aber hat einen doppelten Boden, und das Entmystifizierungsstreben fällt hier wie überall, um im Bilde zu bleiben, in die selbstgegrabene Grube der Mystifikation, wenn es sich von seinem Eifer hinreißen läßt: Nimmt man die Äußerungen der Eingeborenen allzu ernst, so läuft man Gefahr, einen bloßen ideologischen Schleier für die die Praxis bestimmende Norm oder Regel auszugeben; steht man ihnen allzu mißtrauisch gegenüber, so läuft man Gefahr, die gesellschaftliche Funktion der von der Gesellschaft vorgesehenen und geförderten Lüge zu übersehen, die für die Individuen eins der Mittel darstellt, um die Auswirkungen der von der Notwendigkeit diktierten Strategien zu »korrigieren«, allein durch die Gewandtheit, die ihnen die perfekte Beherrschung der symbolischen Strategien verleiht.[25]

Ohne Zweifel verdankt die Heirat mit der parallelen Kusine ihren hervorragenden Platz in dem Diskurs der Eingeborenen und folglich auch in dem Diskurs des Ethnologen der Tatsache, daß sie am vollkommensten der mythisch-rituellen Vorstellung von der Arbeitsteilung unter den Geschlechtern entspricht und insbesondere der spezifischen Funktion von Mann und Frau in den Beziehungen zwischen den Gruppen. Und zwar zunächst deshalb, weil sie am radikalsten die Weigerung ausdrückt, die Verschwägerungsbeziehung als solche anzuerkennen, d. h. wenn diese sich nicht als bloße *Verdoppelung* der Filiationsbeziehung ausgibt: Mit Vorliebe wird die spezifische Wirkung der Heirat mit der parallelen Kusine gepriesen, die darin besteht, daß die aus ihr hervorgegangenen Kinder (»ihre Abstammung ist ungemischt, ihr Blut ist rein«, *maḥd*) ihre Abstammung von demselben Vorfahren sowohl über den Vater als auch über die Mutter herleiten (»Wo er verwurzelt war, hat er seine mütterlichen Onkel gefunden« – *ichathel, ikhawel* – oder auf arabisch: »Sein mütterlicher Onkel ist sein väterlicher Onkel« – *khalu'ammu*). Andererseits braucht man nur daran zu denken, daß der Mann (theoretisch) die Freiheit hat, seine Gattin zu verstoßen, daß die exogame Frau sich quasi in der Situation einer Fremden befindet, solange sie keinen männlichen Nachkommen geboren hat (und manchmal selbst dann noch), und endlich an den ambivalenten Charakter der Beziehung zwischen Neffen und mütterlichem Onkel (*khal*): »Wer keine Feinde hat, der warte nur auf den Sohn seiner Schwester« (nämlich denjenigen, der jederzeit, unter Mißachtung der Ehre, seinen Anteil am Erbe seiner Mutter beanspruchen kann). Gleichwohl wird die Weigerung, die Verschwägerungsbeziehung anzuerkennen (»Die Frau eint nicht und trennt nicht«, *thamaṭṭuth ur thazeddi ur theferreq*), durch die mythische Repräsentation der Frau verstärkt, wenn nicht begründet, wonach Unreinheit und Schande eben durch die Frau in die Sippe einzudringen drohen. Von der Frau ist nichts völlig Gutes zu erwarten; sie vermag nur das *Übel* oder das *kleinere Übel* mit sich zu bringen, und ihre Bosheit wird nur durch ihre Schwäche ausgeglichen (»Gott weiß, was er an dem Esel geschaffen hat; er hat ihm keine Hörner gegeben«). Das kleinere Übel, das Gute im Übel empfängt die Frau immer durch den Mann, durch seine korrigierende und schützende Hand. Das bedeutet, daß die Frau immer nur so viel gilt wie die Männer ihrer Linie. Das bedeutet weiterhin, daß die beste – oder am wenigsten schlechte – Frau diejenige ist, die von den Männern der Linie abstammt, nämlich die parallele patrilineare Kusine, die männlichste aller Frauen, die in der Gestalt der dem *Kopf* ihres Vaters Zeus entsprungenen Athene, jenem unmöglichen Produkt einer typisch patriarchalischen Vorstellungswelt, ihre äußerste Steigerung findet. »Heirate die Tochter deines *'amm*: Kaut sie dich auch, so wird sie dich doch nicht verschlucken.« Die parallele patrilineare Kusine steht als kultivierte, »geradegerichtete« Frau der parallelen matrilinearen Kusine, d. h. der natürlichen, »krummen«, unheilbringenden und unreinen Frau, gegenüber wie das *Weiblich-Männliche* dem *Weiblich-Weiblichen*; dieses Gegensatzpaar besitzt also die gleiche Struktur (a : b :: b1 : b2), die auch dem mythischen Raum des Hauses oder dem Agrarkalender zugrunde liegt. Von hier aus wird klar, daß man eine Frau, die sich nicht durch einen männlichen Vorfahren an die Linie angliedern und so der parallelen Kusine gleichstellen läßt, lieber ganz als Fremde, als »Tochter von X« betrachtet. (Um auszudrücken, daß keinerlei genealogische Beziehung vorhanden ist, sagt man: »Was bist du denn für mich? Noch nicht einmal der Sohn der Tochter der Schwester meiner Mutter«, *mis illis khalti.*)[26] Weiterhin wird klar, daß die Heirat mit der Tochter des Bruders des Vaters bei weitem die ist, die den meisten Segen von der Gruppe erhält und ihr am besten Glück und Segen zu verschaffen vermag. So gab man ihr die Rolle eines Eröffnungsritus zu Beginn der Heiratssaison, vergleichbar dem entsprechenden Ritus zu Beginn der Feldarbeiten, dessen Durchführung in jedem Dorf einer für ihre Tugend und »baraka« bekannten Familie zukam, mit der in beiden Fällen identischen Funktion, die Gefahr zu bannen, die die unvermeidlich frevelhafte Berührung des Männlichen mit dem Weiblichen, des Feuers mit dem Wasser, der Pflugschar mit der Furche in sich birgt.[27]

Dadurch, daß Kategorien des mythischen Denkens in die Verwandtschaftsbeziehungen hineinprojiziert werden, entstehen Gegensätze, die relativ irreal wären, entsprächen nicht die Spaltungen, die sie nach sich ziehen, einer fundamentalen Spaltung der Hauspolitik: Den Interessen der Mutter, die ihre Stellung im Hause ihres Mannes zu verstärken sucht, indem sie eine »weiblich-weibliche« Frau aus ihrer eigenen Linie in die Familie einführt, stehen die Interessen des Vaters gegenüber, der, indem er als Mann mit seinen männlichen Verwandten, seinem eigenen Bruder oder einem anderen Verwandten väterlicherseits, die Heirat seines Sohnes abschließt, die agnatische Einheit und gleichzeitig auch seine Stellung in der häuslichen Einheit verstärkt; je nachdem, ob die in die Linie eingeführte Frau (*thislith*) mit dem Vater ihres Mannes – und zwar entweder durch ihren Vater und, allgemeiner gesehen, durch einen Mann, oder aber durch ihre Mutter – oder mit der Mutter ihres Mannes verwandt ist, verfügt sie über ein sehr unterschiedliches Gewicht in dem Machtverhältnis zu der Mutter ihres Mannes (*thamgarth*), wobei dieses Verhältnis natürlich auch von der genealogischen Beziehung der *thamgarth* zu den Männern der Linie (z. B. zu dem Vater ihres Gatten) beeinflußt wird. So befindet sich die parallele patrilineare Kusine von vornherein in einer starken Position, wenn sie einer in der Linie fremden »Alten« gegenübersteht; dagegen kann die Stellung der »Alten« in ihrem Verhältnis zu *thislith*, indirekt aber auch zu ihrem eigenen Mann, erheblich stärker werden, wenn *thislith* die Tochter ihrer eigenen Schwester oder, mehr noch, ihres eigenen Bruders ist. Da der Vater und die Mutter in gewisser Hinsicht strukturell gegensätzliche Interessen vertreten, kommt es bei der Heirat des Sohns zu einem Konflikt zwischen ihnen, der zwangsläufig versteckt bleiben muß, da ja die Frau keine offizielle Strategie haben darf: Der Vater ist vor allem an der Heirat innerhalb der Linie interessiert, die die mythische Vorstellung, d. h. die ideologische Legitimierung der männlichen Herrschaft, als die beste ausgibt; die Mutter ihrerseits lenkt ihre heimlichen Schritte eher auf ihre eigene Linie, und der Vater wird dann zu passender Zeit aufgefordert, die Ergebnisse ihrer Verhandlungen offiziell zu sanktionieren. Die Frauen würden sicherlich nicht soviel Einfallsreichtum und Mühe in der Erforschung aller Heiratsmöglichkeiten aufwenden, die ihnen die Arbeitsteilung zwischen den Geschlechtern zumindest bis zu dem Zeitpunkt überläßt, wo der offizielle Dialog zwischen Männern ansetzt, wenn die Heirat ihrer Söhne nicht eine Gefahr der Unterhöhlung ihrer Macht in sich schlösse und dadurch eine Krise in der häuslichen Wirtschaft herbeiführen könnte, die dazu führte, daß man mehr verbraucht (*lakhla ukham*, die Leere des Hauses) als spart (*la'mara ukham*, die Fülle des Hauses), und die letzten Endes auf den Bruch der Ungeteiltheit hinauslaufen würde. Die Interessen des »Alten« (*amghar*) und der »Alten« (*thamgarth*) sind übrigens nicht unbedingt antagonistisch: Da *amghar* sich sehr wohl des Vorteils bewußt ist, den er durch die Wahl einer jungen, *thamgarth* völlig ergebenen Braut (*thislith*) hat (wobei natürlich *thamgarth* selbst der Linie treu ergeben ist), ist er klug genug, *thamgarth* zu gestatten, in ihrer eigenen Linie ein fügsames Mädchen auszusuchen; mehr noch, da die Gesamtstruktur der praktischen Beziehungen zwischen Verwandten in jeder einzelnen Beziehung mitspielt, kann er absichtlich die Tochter seiner eigenen Schwester (patrilineare Kreuzkusine) für seinen Sohn auswählen oder sogar »unter der Hand« seine Frau dazu bewegen, den Sohn mit der Tochter ihres Bruders (matrilineare Kreuzkusine) zu verheiraten, anstatt die Tochter eines seiner Brüder (patrilineare parallele Kusine) für seinen Sohn zu nehmen und damit die Macht dieses schon (durch sein Alter oder sein Prestige) mächtigen Bruders noch zu verstärken.

Die Heirat mit der parallelen Kusine kann manchmal notwendig sein, ohne daß es sich um eine von der genealogischen Vorschrift diktierte Notwendigkeit handelt. In der Praxis ist diese ideale Heirat oft genug eine *Zwangswahl*, die man als ideale Wahl auszugeben bemüht ist, um so aus der Not eine Tugend zu machen. Die »Theorie« der Eingeborenen, die eifrig von denen wieder aufgenommen wird, die in ihrem legalistischen Formalismus jedem Individuum eine Art »Vorkaufsrecht« auf seine parallele Kusine zuschreiben, ist zweifellos nichts weiter als ein anderer Ausdruck der Ideologie der Männlichkeit, die dem Mann die Überlegenheit und daher die Initiative in allen Beziehungen zwischen den Geschlechtern, besonders in der Ehe, zuerkennt. Man braucht nur an die wirklichen Situationen in der Praxis heranzugehen, um festzustellen, daß die Heirat mit der parallelen Kusine oft viel mehr eine Pflicht als ein Recht bedeutet: »Es ist nicht Sitte, die Tochter des *'amm* dem zu verweigern, der um sie wirbt. Aber es schadet der Ehre der Familie, wenn ein Mädchen allzu lange auf einen Mann warten muß. Wartet sie allzu lange, muß ihr Vetter seine Pflicht erfüllen, wie es das Sprichwort will« (Ait Hichem). »Man muß die Tochter des väterlichen Onkels heiraten, auch wenn sie im Stich gelassen wurde« (Ain Aghbel). Und zahlreiche Sprichwörter sagen das gleiche: »Folge dem Weg, auch wenn er abbiegt. Heirate die Tochter deines *'amm*, auch wenn keiner sie will (wenn sie ›brachliegt‹).« Oder Variationen dazu: »Geh den Weg, auch wenn er Umwege macht; nimm die Tochter deines *'amm*, auch wenn keiner sie will.« »Die Tochter des *'amm*, auch wenn sie im Stich gelassen wurde, (ist) der Weg des Friedens (der sichere Weg), auch wenn er Umwege macht.« Wie aus der Metapher hervorgeht (der *krumme* Weg im Gegensatz zur *geraden* Straße), wird die Heirat mit der parallelen Kusine meist als ein auferlegtes Opfer empfunden (ebenso wie die Heirat mit der Witwe des Bruders), das man tunlichst in freigewählten Gehorsam gegenüber einer Ehrenpflicht verwandelt: »Wenn du die Tochter deines *'amm* nicht heiratest, wer wird sie dann heiraten? Du wirst sie zur Frau nehmen, ob du nun willst oder nicht.« »Und wenn sie auch häßlich und ein Nichts wäre, ihr väterlicher Onkel muß sie für seinen Sohn nehmen; holt er eine Fremde für seinen Sohn und läßt die Tochter seines Bruders, so spotten die Leute über ihn und sagen: ›Er hat eine Fremde geholt und die Tochter seines Bruders im Stich gelassen‹.« Und in der Tat erhält die Heirat mit der parallelen Kusine in der Praxis ihre ideale Bedeutung und Funktion, die der offizielle Diskurs ihr beimißt, nur in den Familien, deren Zusammenhalt stark genug ist, um noch dessen Verstärkung zu wünschen; sie wird nur dann zur unabweisbaren Notwendigkeit, wenn es sich um »höhere Gewalt« handelt: Ein Beispiel dafür ist die Tochter des *amengur*, dessen, der »versagt« hat, weil er keinen männlichen Erben hinterläßt. In diesem Fall ist die Heirat mit der parallelen Kusine von Pflicht und Interesse gleichermaßen geboten, da der Bruder des *amengur* ja ohnehin nicht nur das Haus und Land des »Versagers« erben wird, sondern auch die Verpflichtungen den Töchtern des *amengur* gegenüber (besonders, wenn sie verwitwet sind oder verstoßen werden), andererseits aber auch, weil diese Heirat das einzige Mittel ist, die Gefahr abzuwenden, der die Ehre der Gruppe, vielleicht auch ihr Erbgut, durch die Heirat mit einem Fremden (*awrith*) ausgesetzt wäre. Die Heirat zwischen Vetter und Kusine ist auch dann dringend geboten, wenn es ein »spätes Mädchen« zu verheiraten gilt. »Wer eine Tochter hat und sie nicht verheiratet, der muß die Schmach dafür auf sich nehmen.« »Weh dem, dessen Tochter heranwächst und keinen Mann findet, es wäre ihm besser, daß er stürbe« (Ain Aghbel). Anhand solcher Äußerungen, die in allen Gesprächen über die Heirat zwischen Vetter und Kusine mit fast zwanghafter Häufigheit wiederkehren, kann man sehen, daß auch hier die Pflicht des Bruders des Vaters und seines Sohnes – die Ehre, und die Schande also auch, sind ungeteiltes Eigentum – mit ihren Interessen zusammenfällt. Das heißt, daß man nicht einmal in Grenzfällen, wo die Wahl der parallelen Kusine unbedingt geboten ist, die ethische oder juristische Regel zu bemühen braucht, um einer Praxis gerecht zu werden, die nichts anderes ist als das Produkt von Strategien, deren bewußtes oder unbewußtes Ziel die Befriedigung einer bestimmten Art von materiellen oder symbolischen Interessen ist. Die Moral der Ehre ist nichts anderes als die Moral der Interessen der Gesellschaftsformationen, der Gruppen oder Klassen, deren gemeinsames Erbgut dem symbolischen Kapital einen wichtigen Platz einräumt; es zeugt wirklich von völliger Ahnungslosigkeit hinsichtlich dessen, welchen furchtbaren und nachhaltigen Verlust es für eine Gruppe bedeutet, die Ehre ihrer Frauen verletzt zu sehen, wenn man das Prinzip der Handlungen, die eine Beleidigung verhindern, verheimlichen oder vergelten sollen, auf die Befolgung ethischer oder juristischer Regeln zurückführt.

Sogar in den äußersten Fällen, wo die fundamentalsten Prinzipien der Praxis überschritten zu werden drohen, drängt sich die strategische Bestimmung der Lage und der angemessenen Erwiderung der Herausforderung nie mit der absoluten Notwendigkeit eines ethischen Imperativs auf. Es reicht schon, daß eine durch eine adäquate Praxistheorie gelenkte Fragestellung die Struktur des Verhältnisses zwischen Ethnologen und Informanten bricht, das die Informanten dazu veranlaßt, den hypothetischen Imperativen der Strategie die Form von kategorischen Imperativen der Moral zu geben und von *Regeln* und »*Coups*« zu berichten, als wolle man einem Laien die Anfangsgründe eines Spiels beibringen, – und schon kommen Ausflüchte und Kniffe zum Vorschein, die nicht weniger institutionalisiert sind als die entsprechenden »Regeln«: »Einige fliehen, um einer erzwungenen Heirat zu entgehen, manchmal mit dem mehr oder weniger offenen Einverständnis der Eltern, die dann die Heirat zurückweisen (oder ihr Versprechen zurücknehmen) können, ohne gegen die Prinzipien zu verstoßen: ›Siehst du, unser Sohn ist fortgelaufen. Wir können doch nicht unseren Sohn verlieren, um unseren Bruder zu behalten‹ (oder: ›Lieber ihn – den Bruder, dem man verpflichtet ist – als meinen Sohn‹).«

Heiraten, die ihren genealogischen Kriterien nach identisch aussehen, können ganz verschiedene, wenn nicht entgegengesetzte Bedeutungen und Funktionen haben, je nach den Strategien, in die sie sich einfügen und die man allein durch eine Rekonstituierung des vollständigen Systems der Beziehungen zwischen den beiden durch die Heirat verschwägerten Gruppen und des Standes dieser Beziehungen zu einem bestimmten Zeitpunkt erfassen kann. Sobald man darauf verzichtet, sich an die schon vollzogenen Heiraten zu halten, die der Genealoge aufzählt und einordnet, um seine Aufmerksamkeit den bewußten und unbewußten Strategien und den objektiven Bedingungen, die sie möglich und notwendig gemacht haben, d. h. den von ihnen erfüllten individuellen und kollektiven Funktionen, zuzuwenden, so kann man nicht umhin festzustellen, daß zwei Heiraten mit der parallelen Kusine sehr wohl nicht die geringste Ähnlichkeit miteinander aufweisen können; dies hängt z. B. davon ab, ob diese Heiraten zu Lebzeiten des gemeinsamen Großvaters väterlicherseits und eventuell durch ihn geschlossen wurden (mit Zustimmung der beiden Väter oder »über ihre Köpfe hinweg«) oder im Gegenteil durch direktes Einvernehmen der beiden Brüder; ob sie, in letzterem Fall, geschlossen wurden, als die zukünftigen Gatten noch Kinder oder, im Gegenteil, als sie schon im heiratsfähigen Alter waren (ganz zu schweigen von dem Fall, wo das Mädchen das heiratsfähige Alter schon überschritten hat); ob die beiden Brüder getrennt leben und arbeiten oder ob sie die völlige Ungeteiltheit der Bewirtschaftung von Land, Vieh und anderen Gütern und der häuslichen Wirtschaft (»gemeinsamer Kochtopf«) aufrechterhalten haben, ganz zu schweigen von dem Fall, wo nur der Schein der Ungeteiltheit gewahrt wird; ob der ältere Bruder (*dadda*) seine Tochter dem jüngeren gibt oder, umgekehrt, dessen Tochter nimmt, wobei der Altersunterschied und vor allem der Geburtsrang mit Unterschieden im gesellschaftlichen Rang und Ansehen verbunden sein können; ob der Bruder, der seine Tochter gibt, einen männlichen Erben hat oder *amengur* ist; ob beide Brüder zur Zeit der Eheschließung am Leben sind oder nur einer von beiden und, genauer gesagt, ob der Überlebende der Vater des Knaben, also von Rechts wegen der Beschützer des Mädchens ist, das er für seinen Sohn nimmt (besonders, wenn sie keinen erwachsenen Bruder hat), oder ob im Gegenteil der Vater des Mädchens der Überlebende ist, der dann seine Vorrangstellung ausnutzen kann, um sich den Schwiegersohn gewissermaßen »einzufangen«. Und als sollte die Vieldeutigkeit dieser Heirat, die allein die selbstgefällige Blindheit für die Imponderabilien der fremden Lebenskunst als klar und eindeutig ausgibt, noch verstärkt werden, kommt es nicht selten vor, daß die Pflicht, sich als »Schleier der Schande« aufzuopfern und das »problematische«, vom Schicksal stiefmütterlich behandelte Mädchen zu beschützen, einem Mann aus dem ärmsten Zweig der Linie zufällt, wobei es dann natürlich leicht, aber auch vorteilhaft ist, den Eifer zu loben, mit dem er der Tochter seines *'amm* gegenüber seine Ehrenpflicht erfüllt oder sogar sein Recht als männliches Mitglied der Linie ausübt.[28]

Die Informanten erinnern durch ihre Widersprüche und Inkohärenzen selbst immer wieder daran, daß sich eine Heirat nie völlig durch genealogische Termini definieren läßt und daß sie verschiedene, ja entgegengesetzte Bedeutungen und Funktionen annehmen kann, je nachdem, wie die Umstände sind, die sie bedingen; weiterhin, daß die Heirat mit der parallelen Kusine die schlechteste oder die beste aller Heiraten sein kann, je nachdem, ob sie als Wahl- oder als Zwangsheirat aufgefaßt wird, d. h. in erster Linie je nach der Stellung, die die Familien jeweils in der gesellschaftlichen Struktur einnehmen. Sie kann die beste aller Heiraten sein (»Die Tochter des *'amm* heiraten ist süß wie Honig im Munde«), und nicht nur von einem mythischen Gesichtspunkt aus, sondern auch im Bereich des praktischen Gewinns, da sie ja wirtschaftlich und gesellschaftlich gesehen die am wenigsten kostspielige – Verhandlungen, Transaktionen, materieller und symbolischer Aufwand werden auf ein Mindestmaß reduziert – und zugleich sicherste Heirat ist; um die nahe Heirat der entfernten entgegenzusetzen, benutzt man genau die gleichen Ausdrücke wie für die Gegenüberstellung von bäuerlichem Warenaustausch und Transaktionen auf dem Markt[29]; sie kann aber ebenso die schlimmste aller Verbindungen sein (»Die Heirat der ›väterlichen Onkel‹ – *azwaj el la'mum* – ist meinem Herzen so bitter; ich bitte dich, o mein Gott, bewahre mich vor diesem Unglück!«[30]) und zugleich die, die am wenigsten Prestige beweist, wenn sie als Lösung erscheint, mit der man sich wohl oder übel abfinden muß (»Freunde sind gekommen, die dir überlegen sind, und du bleibst stehen, du, der du schwarz bist«), d. h. immer dann, wenn sie sich als das einzige Mittel erweist, um das Aussterben einer Linie zu verhindern oder bedrohte Familienbeziehungen aufrechtzuerhalten, oder wenn die betreffenden Familien arm an Männern oder an Land sind. Kurz, die scheinbare Inkohärenz in dem Diskurs der Informanten, in denen ein überheblicher Objektivismus nichts als ein fundamentales Charakteristikum der Vorstellung sehen würde, die jedes Individuum von seiner eigenen Praxis hat, weist in Wirklichkeit auf die funktionale Zweideutigkeit einer *genealogisch* (d. h. ideologisch) *eindeutigen Heirat* hin, zugleich aber auf die Manipulation der objektiven Bedeutung von Praxis und deren Produkt, die durch die Koppelung von Zweideutigkeit und Eindeutigkeit zugelassen, ja gefördert wird.

Einziges Opfer dieser Manipulationen ist zweifellos der Ethnologe, denn indem er alle Heiraten mit der patrilinearen parallelen Kusine (und die, die ihnen gleichgestellt werden) in ein und dieselbe Kategorie einordnet, ohne Rücksicht auf die verschiedenen Funktionen, die sie für die Individuen oder Gruppen, die diese Heirat schließen, haben können, stellt er verschiedene Formen der Praxis einfach gleich, die sich doch in allen Aspekten, von denen das genealogische Modell absieht, voneinander unterscheiden können. Ein Beispiel soll genügen, um andeutungsweise die ökonomischen und symbolischen Ungleichheiten aufzuzeigen, die sich hinter der genealogischen Beziehung zwischen klassifikatorischen parallelen Vettern und Kusinen (Tochter des Sohns des Bruders des Vaters des Vaters) verbergen können, und um die eigentlich *politischen* Strategien an den Tag zu legen, die hinter der Legitimität dieser Beziehung stekken. Beide Gatten gehören zu dem »Haus des Belaid«, d. h. zur Nachkommenschaft des Belaid n Ahmed u Belaid (V1), einer großen, in Ungeteiltheit lebenden Familie, die sowohl ihrem Umfang wie ihrem wirtschaftlichen Kapital nach zu den größten Familien des Dorfes zählt.[31] Da ja das Prinzip der Ungeteiltheit immer nur Verneinung und Ablehnung des Teilungsprinzips ist, werden die Ungleichheiten in den »Kapitaleinlagen« und den virtuellen Erbanteilen der verschiedenen Familienzweige stark empfunden; so ist der Zweig der Nachkommen von Ahmed, aus dem der junge Mann stammt, weit reicher an Männern als der Zweig Youcefs, aus dem das Mädchen stammt, aber dieser ist entsprechend reicher an Landbesitz: Im Falle einer Erbteilung bekämen die drei Söhne von Amar (VII2) ein Zwölftel des gemeinsamen Erbguts (d. h. theoretisch 1/36 für jeden von ihnen), während auf der gleichen genealogischen Stufe Youcef ein Drittel erben würde. Mit dem Reichtum an Männern, die als Reproduktionskraft einen noch vermehrten Reichtum versprechen können, hängt folgerichtig eine ganze Reihe von Vorteilen zusammen, vorausgesetzt, daß man dieses Kapital richtig zu verwerten weiß: Der wichtigste Vorteil ist der, in der Führung der inneren und äußeren Angelegenheiten des Hauses die maßgebende Rolle zu spielen; »Das Haus der Männer«, sagt man, »ist dem Haus der Ochsen überlegen« (*akham irgazen if akham izgaren*). Die Vorrangstellung dieser Linie wird daran erkennbar, daß sie klug und fähig genug war, die Namen der Vorfahren wieder aufzunehmen, d. h. abgesehen von Ahmed und Belaid, die von einer Generation zur anderen abwechseln, den Namen des ältesten, etwas in Vergessenheit geratenen Vorfahren Amar (VII2). Man sieht also, daß die politische Macht sich auf andere Prinzipien als den ökonomischen Reichtum stützen kann, auf den Reichtum an

Männern oder auf jene besondere Art von Kapital, die in der perfekten Beherrschung der politischen Strategien besteht: in eben dieser Linie ist es z. B. der dritte Bruder (VI3), der die Gruppe in allen großen auswärtigen Begegnungen, Konflikten oder Feierlichkeiten vertritt, während der Älteste (VI1) die Rolle des »Weisen« spielt, der durch seine Vermittlung und seinen Rat die innere Einheit der Gruppe garantiert. Das Oberhaupt des dritten Zweiges (VII5) wird völlig von der Machtausübung ausgeschlossen, und zwar nicht so sehr wegen des Altersunterschiedes zu seinen Onkeln (die Söhne von Ahmed -VI1- werden an den Entscheidungen beteiligt, obwohl sie viel jünger sind als er), sondern vielmehr, weil er sich selbst von dem Konkurrenzkampf der Männer, von allen außergewöhnlichen Beteiligungen und in gewisser Hinsicht sogar von der Landarbeit ausgeschlossen hat; es scheint, als habe die Tatsache, als einziger Sohn und noch dazu ohne Vater aufgewachsen zu sein (dieser starb kurz vor seiner Geburt), als »Witwensohn«, wie man sagt, als die einzige Hoffnung der Linie, von einer ganzen Schar von Frauen (Mutter, Tanten usw.) gehätschelt und getätschelt, den Spielen und Beschäftigungen der anderen Kinder entzogen, um in die Schule zu gehen, ihn geradewegs dazu veranlagt und veranlaßt, sein Leben lang eine Außenseiterstellung einzunehmen: Nachdem er eine Zeitlang in der Armee gedient und dann als Landarbeiter im Ausland gearbeitet hat, nützt er bei seiner Rückkehr ins Dorf die vorteilhafte Stellung aus, die ihm der Besitz eines im Hinblick auf die kleine Anzahl der zu ernährenden Personen beträchtlichen Erbanteils verschafft, um sich darauf zu beschränken, Beaufsichtigungs-, Garten- und Wartungsarbeiten (der Mühlen, der Gärten und der Feigengestelle) zu übernehmen, die Arbeiten also, die am wenigsten Initiative und Verantwortung erfordern, kurz, die unmännlichsten aller männlichen Arbeiten. Diese Tatsachen muß man neben anderen berücksichtigen, um die innen- und außenpolitische Funktion der Heirat zwischen Belaid (VIII5), dem jüngsten Sohn von Amar (VII2), und seiner Kusine Yamina, der Tochter von Youcef (VII5) zu verstehen. Durch diese Heirat, die die tatsächlichen Führer Ahmed und Ahcène geschlossen haben, wie gewöhnlich ohne Youcef zu Rate zu ziehen und ohne den vergeblichen Protest seiner Frau gegen eine so ungünstige Ehe zu beachten, verstärkt die herrschende Linie der Familie ihre Stellung, indem sie ihre Bande mit der an Land reichen Linie enger knüpft, ohne dabei aber ihr äußeres Prestige aufs Spiel zu setzen, da ja die

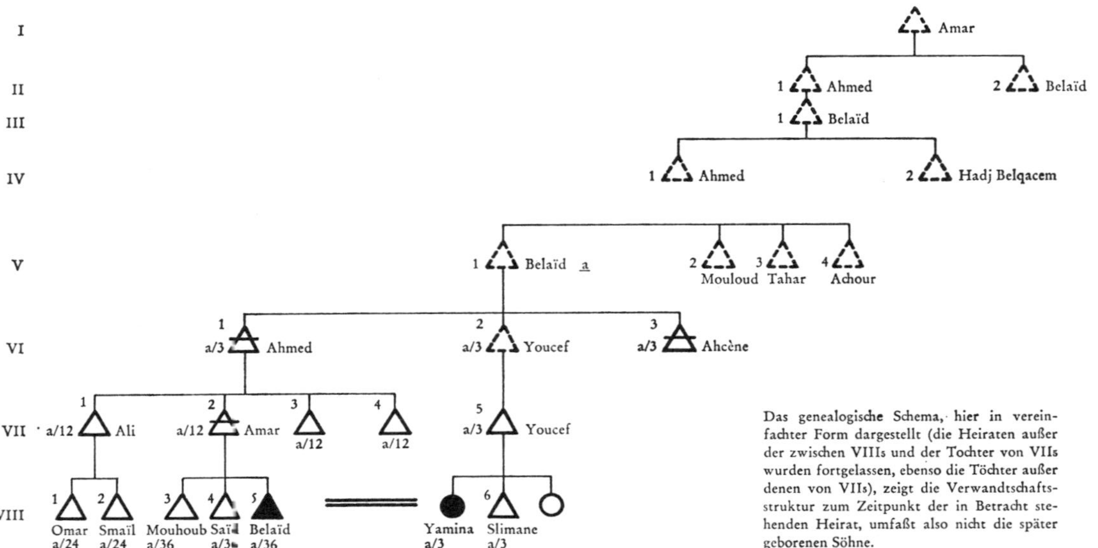

Das genealogische Schema, hier in vereinfachter Form dargestellt (die Heiraten außer der zwischen VIIIs und der Tochter von VIIs wurden fortgelassen, ebenso die Töchter außer denen von VIIs), zeigt die Verwandtschaftsstruktur zum Zeitpunkt der in Betracht stehenden Heirat, umfaßt also nicht die später geborenen Söhne.

Struktur der Machtverhältnisse innerhalb des Hauses nie nach außen hin bekannt wird und noch der Ärmste aller zur Sippe Gehörenden an ihrer Ausstrahlung teilhat. So läßt sich die vollständige Wahrheit dieser Heirat nur in ihrer doppelten Wahrheit erfassen, die eine Art doppeltes Bewußtsein voraussetzt, das der Gruppe erlaubt, sich mit der offiziellen Wahrheit zu begnügen, die sie selbst und für sich selbst vorgibt: Das offizielle Bild einer Heirat zwischen parallelen Vettern und Kusinen aus einer bedeutenden Familie, der daran gelegen ist, ihren Zusammenhalt durch eine wohlgelungene Ehe zu demonstrieren, um diesen Zusammenhalt noch zu verstärken und gleichzeitig ihren Willen zu bezeugen, an der heiligsten aller Traditionen festzuhalten, existiert neben der Kenntnis der objektiven Wahrheit einer Ehe, die nichts anderes ist als die Bestätigung des gezwungenermaßen geschlossenen *Bündnisses** zweier sozialer Einheiten, die einander im negativen Sinne, »in guten und in schlechten Zeiten«, d. h. im genealogischen Sinne, so stark verbunden sind, daß sie gezwungen sind, ihre sich ergänzenden Reichtümer auf diese Art zusammenzulegen; beide Wahrheiten koexistieren, ohne je in Widerspruch zueinander zu geraten, sogar in den Augen der Personen, die der Gruppe fremd gegenüberstehen, die aber in dieser Welt, wo jeder über jeden Bescheid weiß, immer informiert genug sind, um sich nie durch die ihnen gebotenen Repräsentationen täuschen zu lassen. Man könnte eine Unzahl von Beispielen anführen, wo die Gruppe wie hier das doppelte Spiel der kollektiven Doppelzüngigkeit spielt. In einem anderen Fall z. B. gibt man als einstimmig gepriesene Heirat mit der parallelen Kusine eine Verbindung aus, die von dem Oberhaupt der herrschenden Fraktion (Mhamed) zwischen einem jungen Mann (Abderrezaq) aus einem armen Zweig und einer relativ entfernten Verwandten (Tochter des Sohns des Sohns des Bruders des Vaters des Vaters) geschlossen wurde; da der Vater des Mädchens, das aus einem anderen armen Zweig der Familie stammt, vor ihrer Heirat ohne männliche Nachkommen gestorben ist, steht sie unter dem Schutz der herrschenden Fraktion, und diese ist damit moralisch verpflichtet, ihr einen Mann zu suchen: Indem sie den armen Ver-

**Alliance* bedeutet auf franz. »Verschwägerung«, d. h. genealogische Verbindung durch Heirat, *und* »Bündnis« im politischen Sinne (*allié* dementsprechend: »angeheirateter« Verwandter *und* Verbündeter); Bourdieu bedient sich der Doppelbedeutung des Wortes, um hinter der genealogischen Beziehung die politische Beziehung bzw. Strategie aufzuzeigen und zu definieren. (Anm. d. Übers.)

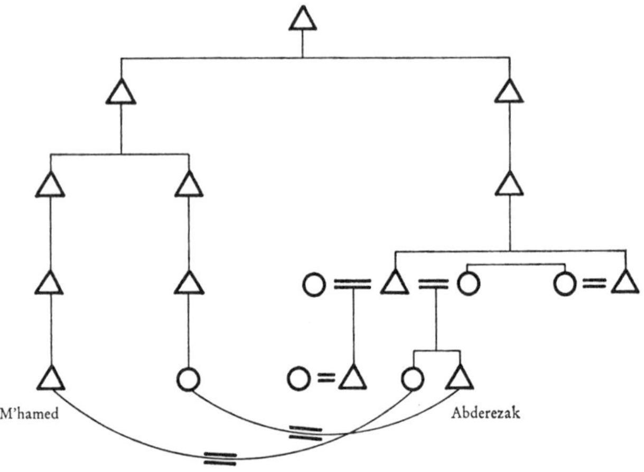

wandten dazu auffordert, er solle den schon lange ihr gegenüber bestehenden Verpflichtungen nachkommen, rettet die herrschende Linie ihre Ehre unter dem geringsten Aufwand, denn sie erspart es einem ihrer eigenen Männer, sich »aufopfern« zu müssen, und sie spart auch den Preis einer exogamen Heirat ein, gleichzeitig bindet sie einen Mann an sich, der von seiner verwitweten, unter dem Schutz des Bruders ihres Mannes stehenden Mutter aufgezogen worden ist, dem zentrifugalen Einfluß der mütterlichen Familie aber immer noch stark ausgesetzt ist, zumal sein ältester Bruder eine Frau aus der gleichen Familie geheiratet hat. Man versteht, daß angesichts solcher Meisterwerke in der Kunst, Interessen und Verpflichtungen hinter Ausdrücken zu verhüllen, die die spontane Hermeneutik auf weniger wirkliche, dafür aber leichter eingestehbare Beweggründe hin ablenken, solche der Pflicht und der Moral, das Urteil der Gruppe schwankend wird.

Nirgendwo ist die objektive Bedeutung einer Heirat derart ausgeprägt, daß kein Platz mehr für die symbolische Verkleidung übrigbliebe. So trifft man z. B. die Heirat des *mechrut* (»der, der unter Bedingung steht«), bei der ein Mann ohne männliche Nachkommen seine Tochter einem »Erben« (*awrith*) zur Frau gibt, unter der Bedingung, daß dieser unter sein Dach zieht, nur in Märchen oder ethnographischen Büchern an, in Form eines »Schwiegersohnkaufs« – der Schwiegersohn wird wegen seiner Produktions- und Reproduktionskraft angeworben –, den allein eine mechanistische Anwendung der Prinzipien der kabylischen Weltsicht als solchen anzusehen vermag.[32] Und die Leute, die, in welcher Gegend auch immer, davon sprechen, sagen mit Recht, daß dieser Heiratstyp bei ihnen unbekannt und nur in anderen Gegenden anzutreffen sei; in der Tat kann die aufmerksamste Untersuchung der Genealogien und Familiengeschichten keinen einzigen Fall entdecken, der der Definition der Eingeborenen ganz und gar entspräche (»Ich gebe dir meine Tochter, dafür kommst du in mein Haus«). Hingegen kann man mit ebensoviel Recht behaupten, daß es keine Familie gibt, die nicht mindestens einen *awrith* hätte, dieser *awrith* aber wird hinter dem offiziellen Bild des »Partners« oder »Adoptivsohns« versteckt: Ist nicht das Wort *awrith*, »Erbe«, letzten Endes ein offizieller Euphemismus, um dem einen Namen geben zu können, für den es keinen anständigen Namen gibt, d. h. für den, der in dem Haus, das ihn aufnimmt, nichts anderes ist als der »Mann seiner Frau«? Es versteht sich von selbst, daß der mit den Sitten vertraute Ehrenmann in seiner eigenen Gruppe auf wohlwollendes Einverständnis trifft, wenn er als eine Adoption auszugeben sich bemüht, was in Wahrheit eine Verbindung ist, die in der zynischen Form des Vertrags das Gegenstück zu allen ehrbaren Formen der Heirat darstellt und die als solche ebenso der Ehre des *awrith* abträglich ist (»Er spielt die Rolle der Braut«, sagt man) wie der Ehre der Eltern schadet, die genug Interesse daran haben, einen Schwiegersohn aufzutreiben, um ihre Tochter diesem »Knecht ohne Lohn« zu geben. Und was könnte die Gruppe anderes tun, als sich eifrig an dem Spiel der allzu zweckdienlichen Lügen zu beteiligen, um nicht zugeben zu müssen, daß sie kein ehrenhaftes Mittel finden konnte, um dem *amengur* diesen äußersten Schritt zu ersparen, der den »Bankrott« seiner Familie wiedergutmachen soll. Aber die Genealogien weisen auch Fälle auf, bei denen ein solches stillschweigendes Einverständnis kaum begreiflich ist. So findet man z. B. in der sozialen Geschichte einer sehr angesehenen Linie eine ganze Reihe von Fällen, wo Schwiegersöhne »eingefangen« werden, die als *mechrut* weder betrachtet noch ausgegeben werden, obwohl ihre Eingliederung in die Familie nicht von der Notwendigkeit diktiert ist, sondern – was eigentlich ein verstärktes Gefühl der Entrüstung auslösen müßte – von der fast systematischen Bemühung, ihr Kapital an Männern zu vergrößern. Zweifellos trug im Falle des ersten Schwiegersohns seine Eigenschaft als Marabut dazu bei, daß er als »Adoptivsohn« anerkannt wurde, und das, obwohl er sich selbst in die Lage des *awrith* gebracht hatte, indem er in das Haus seiner Frau bzw. deren Familie gezogen war (dies zeigt den Einfluß, den diese auf ihn hatte), nachdem er einige Monate lang bei seiner eigenen Familie gelebt hatte (wozu man ihn gezwungen hatte, um nach außen hin den Schein zu wahren). Trotzdem aber wendete man verschiedene Kunstgriffe an, um das Problem zu lösen, das durch seine Gegenwart im Hause entstand: Zuerst betraute man ihn mit der Arbeit des Müllers, wodurch er vom Hause ferngehalten wurde; wie man in solchen Fällen zu tun pflegt, brachte man ihm das Essen auf die Mühle (Sommermühle und Wintermühle), so daß er das Haus nur als Fremder betrat. Dann wurde er von den Führern der Linie diskret aufgefordert, sich auswärts eine Arbeit zu suchen, was insofern eine geschickte Lösung war, als sie zugleich erlaubte, den Gewinn seiner Arbeit einzustecken und die peinliche Situation zu beenden, die durch seine Gegenwart im Hause seiner Frau entstanden war. Und wenn der Sohn eben dieser Frau aus zweiter Ehe (nach dem Tod ihres ersten Mannes hatte sie wieder geheiratet), den sie nach dem Tod ihres zweiten Mannes in ihre Sippe zurückgebracht hatte, ebensowenig als *awrith* erscheint, als seine Onkel mütterlicherseits ihn mit einem verwaisten – und unter ihrem Schutz stehenden – Mädchen verheiraten, so nur deshalb, weil sie diesen »Quasi-Sohn« (der sie übrigens immer noch *khal* und nicht *dadda* nennt und der, nach dem Dorf seines Vaters, immer noch Ahmed u Agouni genannt wird) »wie ihren Sohn« erzogen und ihm eine »Quasi-Tochter« zur Frau gegeben, damit also hinreichend bewiesen haben, wie sehr sie mit der offiziellen Vorstellung vom *awrith* als »Erben« und »Adoptivsohn« übereinstimmen, um dann auch seine Anerkennung durch die Gruppe durchzusetzen. Die Strategien zweiter Ordnung, die alle darauf abzielen, usuelle Beziehungen in offizielle Beziehungen umzuwandeln, also den Eindruck zu erwecken, als würden sich bestimmte Praktiken, die in Wirklichkeit ganz anderen Prinzipien unterliegen, von der genealogischen Definition ableiten, erreichen also darüber hinaus noch einen anderen, nicht vorhergesehenen Zweck: sie geben nämlich eine Repräsentation der Praxis, die wie dazu geschaffen ist, die Repräsentation zu bestätigen, die der strukturalistische Ethnologe sich von der Praxis macht.

Eine Eheschließung erfolgt also bei weitem nicht nach einer festgelegten Regel, die unter allen Mitgliedern der offiziellen Verwandtschaft den jeweiligen Ehepartner verbindlich bestimmen würde, sondern sie hängt im Gegenteil direkt von dem Stand der Beziehungen innerhalb der usuellen Verwandtschaft ab, den Beziehungen in männlicher Linie (die von den Männern beansprucht werden können) oder in weiblicher Linie (die von den Frauen beansprucht werden können), und von dem Stand der Machtverhältnisse innerhalb des »Hauses« (d. h. zwischen den Linien, die durch Heirat in der vorhergehenden Generation vereinigt wurden), die über die Pflege dieses oder jenes Beziehungsfeldes entscheiden.

Nimmt man an, daß eine der wichtigsten Funktionen der Heirat darin besteht, die gesellschaftlichen Beziehungen, deren Produkt sie ist, zu reproduzieren, so versteht man sofort, daß die verschiedenen Heiratstypen – und zwar kann man diese sowohl nach objektiven Kriterien der durch die Heirat vereinigten Gruppen (ihre Stellung in der gesellschaftlichen Hierarchie, ihre räumliche Entfernung voneinander usw.) unterscheiden, als auch nach der Art der Zeremonie selbst, besonders nach deren Maß an förmlicher Feierlichkeit – in ihren Charakteristika sehr genau den verschiedenen Formen gesellschaftlicher Beziehungen entsprechen, durch welche die jeweilige Heirat ermöglicht wurde und die die Heirat jeweils zu reproduzieren strebt. Die offizielle Verwandtschaft, öffentlich zitiert und gesellschaftlich anerkannt, macht die offiziellen Heiraten möglich und notwendig, denn sie findet hier ihre einzige Gelegenheit, praktisch als Gruppe aufzutreten und dadurch ihren Zusammenhalt zu behaupten, der allerdings ebenso förmlich und künstlich ist wie die Gelegenheiten, bei denen er zelebriert wird. Die Gebrauchsverwandtschaft dagegen, die alltäglich gepflegt und beansprucht wird, ist der Boden, auf dem die gewöhnlichen Heiraten zustande kommen, diejenigen, die schon durch ihre Häufigkeit in den Bereich des Bedeutungslos-Irrelevanten, Alltäglich-Banalen verwiesen werden; diese Gebrauchsbeziehungen können unmöglich von allein fortbestehen, es sei denn in der etwas irrealen und künstlichen Weise der offiziellen Beziehungen, sie müssen daher ständig benutzt und dadurch zu weiterem Gebrauch lebendig erhalten werden. Und es ist durchaus logisch, daß eine Gruppe einen desto größeren Teil ihrer Arbeit an der Reproduktion der gesellschaftlichen Beziehungen auf die Reproduktion der offiziellen Beziehungen verwendet, je höher sie in der gesellschaftlichen Hierarchie steht, je reicher sie damit an offiziellen Beziehungen ist; im Gegensatz dazu können sich die ärmsten Gruppen, die »armen Verwandten«, kaum sehr viele Feierlichkeiten leisten und begnügen sich mit den gewöhnlichen Heiraten, die die Gebrauchsverwandtschaft denen bietet, die arm an offiziellen Verwandten sind.

Von den Mängeln, die der spontanen Ethnologie der Informanten unwillkürlich anhaften, ist der irreführendste zweifellos der, daß sie den außergewöhnlichen Heiraten, die sich von den gewöhnlichen in positivem oder negativem Sinne abheben, einen unverhältnismäßig großen Platz einräumt. Abgesehen von den Raritäten, die dem Ethnologen oft von wohlmeinenden Informanten angeboten werden, wie z. B. der Tauschehe (*abdal*, besteht darin, daß zwei Männer untereinander ihre Schwestern »austauschen«), der Ergänzungsehe (*thirni*, zwei Brüder heiraten zwei Schwestern, die zweite ergänzt die erste, oder der Sohn heiratet die Schwester oder sogar die Tochter der zweiten Frau seines Vaters) oder der Leviratsehe, die ein Sonderfall der »Entschädigungsehe« ist (*thiririth*, von *err*, zurück-, wiedergeben oder zurück-, wieder-, übernehmen), weisen die Eingeborenen in ihren Aussagen auf die Extremfälle hin: die Heirat mit der parallelen Kusine, vom mythischen Standpunkt aus die vollendetste, und die Heirat zwischen zwei angesehenen Personen verschiedener Stämme oder Clans, vom politischen Standpunkt aus die vollendetste.[33] Diesen offiziellen Repräsentationen zum Trotz, die die ethnographische Tradition noch fördert, indem sie einzig und allein die auffallenden Fälle beschreibt, nämlich die, die zur Entfaltung des – um mit Weber zu sprechen – außer-gewöhnlichsten Zeremoniells Anlaß geben, kann man anhand von Statistiken und genauer Beobachtung feststellen, daß die große Mehrheit der Heiraten in allen von der Untersuchung erfaßten Gruppen zur Kategorie der gewöhnlichen Heiraten gehört, die meist auf die Initiative der Frauen hin zustande kommen, im Bereich der usuellen Verwandtschaft oder der usuellen Beziehungen, die diese Heiraten ermöglichen und durch sie verstärkt werden.[34] Die Ehen, die in diesem Bereich und zwischen Familien geschlossen werden, die schon lange und häufig, gleichsam auf längst gebahnten und durch Generationen hindurch ständig instand

		Heiraten innerhalb der *ungeteilten* Familie	gewöhnliche Heiraten innerhalb			Außergewöhnl. Heiraten
			der praktischen Verwandtschaft	der nahen praktischen Beziehungen	der entfernten prakt. Beziehungen (angebahnte Beziehungen)	
Erkundungsphase	1 – *Aqalab*	—	—	—	+	—
	2 – *Anqadh*	—	—	—	—	+
Verhandlungsphase	3 – *Assiwaṭ wawal*	—	—	—	+	—
	4 – *Akhṭab*	—	+	++	+++	++++
	5 – *Ahallal*	—	—	+	++	+++
	6 – *Aqbal*	—	+	+	+	++
Verlöbnisphase	7 – *Asarus af thislith*	—	—	—	+	+++
	8 – *Elḥaq n'thislith*	—	—	+	++	+++
	9 – *Amlak thislith*	○	○	+	++	+++
	10 – *Ahayi*	+	+	++	+++	++++
	11 *Aghrum*	+	+	++	+++	++++
die Hochzeit selbst	12 – *Aquffi*	—	—	+	++	+++
	13 – *Awran*	—	—	+	++	+++
	14 – *Imensi*	+	+	+	++	+++
	15 – *Aṭbal*	—	+	+	+	++
	16 – *El barudh*	+	+	+	++	+++
	17 – *El ghart*	—	—	+	++	+++
	18 – *A'arut*	+	+	++	+++	++++
	19 – *Achachchi*	+	+	++	+++	++++
	20 – *El khir*	+	+	++	+++	++++
	21 – *Lahdiyath*	—	—	+	++	++++

HEIRATSTYPEN UND FORM DER HOCHZEITSFEIER

Die Übersichtstafel auf S. 113 ordnet jeder der matrimonialen Strategien die für sie relevanten Charakteristika der Hochzeitszeremonie zu; dabei darf aber nicht vergessen werden, daß die Strategien der zweiten Ordnung prizipiell darauf abzielen, der Hochzeitsfeier eines bestimmten Heiratstyps zumindest einige der Charakteristika zu geben, die eigentlich einem höher gestellten und daher feierlicheren Heiratstyp vorbehalten sind.

1. *Aqalab:* Die Brautsuche
   Ausschließlich eine Angelegenheit der Frauen (es sei denn, es handle sich um eine zu strategischen Zwecken fingierte Suche).

2. *Anqadh:* Die Brautprüfung
   Die »Prüfung« der Braut, die einer der Familie nahestehenden Alten obliegt, wird dann durchgeführt, wenn man nichts von der Familie weiß oder wenn man sich nicht indirekt über sie informieren kann. Bietet man der »Prüferin« zu trinken an und nimmt sie das Angebot an, so kann man schon darin ein Zeichen dafür sehen, daß die Frauen der geplanten Heirat wohlwollend gegenüberstehen.

3. *Assiwaṭ wawal:* Die »Absichtserklärung«
   Man kann in dem Schritt, der unternommen wird, um »das Wort hinzutragen«, den Anfang der Verhandlungen bei entfernten Heiraten sehen. Wird die Antwort nicht auf der Stelle gegeben, so kann sie nicht mehr negativ sein, ohne eine Beleidigung darzustellen. Abgesehen von diesen Fällen ist dieser erste Akt schon ein kaum noch verschleierter Antrag.

4. *Akhṭab:* Der offizielle Antrag
   In der praktischen Verwandtschaft in Form einer sehr diskreten, kaum merkbaren Anspielung, manchmal in scherzhaftem Ton; ausdrücklich und direkt von dem für die Heirat Verantwortlichen selbst ausgesprochen, was den Raum der praktischen Beziehungen betrifft; im Fall der außergewöhnlichen Heiraten gehen ihm lange, geheimgehaltene Verhandlungen voraus.

5. *Aḥallal:* Das Eingreifen der Mittler *(inattafen)*
   Außerhalb der Verwandtschaft muß mit Ehrenbezeigungen und Aufmerksamkeiten »bezahlt« werden (und zwar von Mittlern, die zunehmend höher in der Rangordnung der genealogischen Beziehungen und der allgemeinen Achtung stehen).

6. *Aqbal:* Die Zusage
   Sie ist desto feierlicher, je länger sie auf sich warten läßt.

7. *Asarus af thislith:* Das Verlöbnis der Braut
Diese Zeremonie findet nur dann statt, wenn keine Verwandtschaftsbeziehungen vorliegen und wenn die Hochzeit verschoben werden muß; bei den außergewöhnlichen Heiraten wird sie zu einer Art »kleiner Hochzeit«.

8. *Elḥaq n'thislith:* Der »Anteil« der Braut (die Brautgabe)
In den Beziehungen zwischen entfernten Gruppen ist dieses Geschenk obligatorisch, feierlich (in eigenem Interesse und auch wegen der großen jährlichen Feste, bei denen man an die Braut *denken* muß) und kostspielig; bescheiden, dafür aber häufiger im Bereich der praktischen Beziehungen (Ring, Gürtel usw.), wo es sich kaum von den vielen Geschenken unterscheidet, die die Frauen für gewöhnlich austauschen (vor allem Nahrungsmittel).

9. *Amlak thislith:* Die »versprochene« Braut
Zeitspanne von der Zusage bis zur Hochzeitsfeier. Bei entfernten Heiraten zieht die Familie der Braut diese Zeit so lange wie irgend möglich hin, um dadurch den Vorteil, den sie gegenüber der anderen Familie hat, möglichst lange zu perpetuieren.

10. *Ahayi:* Die Vorbereitungen
Weniger wichtig in gewöhnlichen Heiraten; es handelt sich hier um weibliche Feierlichkeiten und Riten mit Versöhnungscharakter (wie zur ersten Feldbestellung: Gericht aus Korn und dicken Bohnen: die Ankunft der Aussteuer und des Opfertiers werden gefeiert); sie verkünden zum ersten Mal offiziell die Heirat innerhalb des »Hauses« oder der nahen Verwandtschaft.

11. *Aghrum:* Der »Fladen«
Mahlzeit, zu der die Gruppe der Verwandten die Familie des jungen Mannes einlädt, mit all den Personen, die am Hochzeitszug teilnehmen sollen *(iqafafen).*

12. *Aquffi:* Der Hochzeitszug
Der Zug, der die Braut abholt, ist desto länger und besteht aus desto bedeutenderen Männern, je außergewöhnlicher die Heirat ist.

13. *Awran:* Die Geschenke (»das Mehl«)
Bei den großen Hochzeiten führt eine Abordnung der »Alten vom Mehl« (*imgharen wuren*), deren Teilnehmer, besonders die Frauen, sorgfältig ausgewählt wurden, mit viel Gepränge ein Maultier von dannen, das gut sichtbar alle Geschenke auf dem Rücken trägt.

14. *Imensi:* Das Abendessen
Essen, bei dem sich beide Gruppen vollzählig treffen und das

Wittum* austauschen. Bei den gewöhnlichen Heiraten eine einfache Begegnung zwischen Verwandten und Nahestehenden, Austausch eines relativ kleinen, wenn nicht symbolischen Wittums (bei einer Heirat in der ungeteilten Familie). Bei den Prestigeheiraten dagegen ist *imensi* ein regelrechter Ehrenwettstreit, und das Wittum kann sich auf eine sehr hohe Summe belaufen.

15. *Aṭbal:* Die bezahlten Musikanten
Die größte Feierlichkeit, die es bei einer Hochzeit geben kann; aber ausgeschlossen oder streng verurteilt im Fall einer Heirat zwischen zwei verwandten Familien.

16. *Elbarudh:* Das Schießpulver, die Gewehrschüsse
Sehr verbreitete Sitte, auch dann, wenn es keinen Hochzeitszug gibt.

17. *Elghart:* Das Scheibenschießen
In den Begegnungen mit fremden Gruppen ist es eine regelrechte Ehrensache, die Scheibe zu treffen, die wie eine Herausforderung auf dem Weg des männlichen Hochzeitszuges aufgestellt wurde. Bei den gewöhnlichen Heiraten wird *elghart* ein bloßes Spiel zwischen Verwandten und Freunden.

18. *Aʿarut:* Die Einladungen

19. *Achachchi:* Die Verteilung der »Teller«
Bei den gewöhnlichen Heiraten auf die Verwandtschaft beschränkt.

20. *Elkhir:* Die Geldgeschenke
(die man der Braut und dem Bräutigam überreicht)

21. *Lahdhiyath:* Die Geschenke
(für die Frauen der Familie der Braut)

Die Rolle, die die Frauen bei den Feierlichkeiten spielen (*urar*, Gesänge und Tänze, mit denen sie die Braut feiern, das Auftragen von Henna und die verschiedenen Vorbereitungen der Braut in ihrem Haus, das Auftragen von Henna im Haus des Bräutigams) ist im großen und ganzen die gleiche, egal ob es sich um eine sehr feierliche Hochzeit handelt oder nicht.

* Franz. *douaire:* Geldsumme (»Brautgabe«), die dem Vater der Braut von der Familie des Bräutigams überreicht wurde und die ursprünglich der materiellen Sicherstellung der Frau im Fall der Verstoßung oder beim Tode ihres Gatten dienen sollte. (Anm. d. Übers.)

gehaltenen Wegen miteinander verkehren, sind eben die, über die es ebensowenig zu sagen gibt wie über alles, was schon immer so gewesen ist, und sie scheinen keine andere Funktion zu erfüllen, abgesehen von der biologischen Reproduktion, als die Reproduktion der gesellschaftlichen Beziehungen, durch die sie zustande kommen.[35] Diese Heiraten, die im allgemeinen ohne Zeremonie gefeiert werden, verhalten sich zu den außergewöhnlichen Heiraten, die von den Männern zwischen verschiedenen Dörfern oder Stämmen oder einfach außerhalb der Gebrauchsverwandtschaft geschlossen werden und darum immer in aller Form besiegelt werden, wie die Tauschhandlungen des gewöhnlichen Lebens, die kleinen Geschenke (*thuntichin*), die die Frauen untereinander austauschen und die »die Freundschaftsbande enger knüpfen«, zu dem außer-gewöhnlichen Austausch von Geschenken bei außer-gewöhnlichen Anlässen, Geschenken mit feierlichem Charakter, die in aller Form proklamiert werden (*lkhir*) und zu denen die Vorstellungsverwandtschaft verpflichtet ist. Die außergewöhnlichen Heiraten und die Heirat mit der parallelen Kusine haben einen gemeinsamen Punkt (dadurch und nur dadurch[36] unterscheidet sich letztere von den gewöhnlichen Heiraten): beide kommen ohne die Frauen zustande, während die gewöhnlichen Heiraten so gut wie immer ihre Mitwirkung voraussetzen. Im Gegensatz zu der Heirat, die unter Brüdern oder unter den Männern der Sippe, mit Zustimmung des Patriarchen, beschlossen wird, versteht sich die entfernte Heirat offiziell als politisch: Sie wird außerhalb des Feldes der usuellen Beziehungen geschlossen und mit Zeremonien gefeiert, die umfangreiche Gruppen mobilisieren, läßt sich also nicht anders rechtfertigen als durch politische Zwecke, wie man im Extremfall jener Heiraten sehen kann, die einen Friedensschluß oder ein Bündnis zwischen den Oberhäuptern zweier Stämme besiegeln sollen.[37] Allgemeiner könnte man diesen Heiratstyp als Heirat des Marktes definieren; auf dem Markt nämlich als neutralem Ort, von dem die Frauen ausgeschlossen sind, treffen sich die Clans, Linien und Stämme, ist jeder hellhörig für alles, was passiert. Und es ist kein Zufall, daß dieser Heiratstyp von dem Ausrufer (*berraḥ*) öffentlich »aufgeboten« wird, im Gegensatz zu den anderen Heiraten, bei denen sich nur die Verwandten treffen und die darum jede offizielle Einladung ausschließen. Bei einer solchen Heirat wird die Frau als politisches Werkzeug, als eine Art Pfand oder »Tauschwährung« behandelt, aus der man symbolischen Profit ziehen kann.

Als Anlaß dazu, das symbolische Kapital öffentlich und offiziell, also durchaus legitimerweise, zur Schau zu stellen, sozusagen eine *Vorstellung* von der Verwandtschaft zu geben und dadurch dieses Kapital – gegen beträchtliche (materielle) Kosten – zu vermehren, erstrebt eine solche Heirat auf jeder Stufe ihrer Verwirklichung eine Akkumulation des symbolischen Kapitals.[38] So wird z. B. die Heirat mit einem Fremden, der isoliert von seiner Familie lebt und in das Dorf geflüchtet ist, sehr geringschätzig betrachtet; die Heirat mit einem Fremden dagegen, der in der Ferne wohnt, verschafft Prestige, weil sie von der Ausstrahlungskraft der Sippe zeugt; ebenso dürfen und können politische Heiraten nicht zweimal hintereinander vorkommen (im Gegensatz zu den gewöhnlichen Heiraten, die die gebahnten »Wege« immer wieder einschlagen), weil eine solche Heirat an Wert verlöre, wenn sie gewöhnlich, also banal würde. In diesem Sinne hat die politische Heirat auch grundlegend männlichen Charakter und wird oft Anlaß zum Streit zwischen den Eltern der Braut, da die Mutter sich wenig für den symbolischen Profit interessiert, den eine solche Heirat einbringen kann, und dafür den Nachteilen größere Bedeutung beimißt, da ihre Tochter in die Situation einer Fremden versetzt wird (*thaghribth*, die in das Exil, in den Westen verschlagen wurde).[39] In dem Maße, in dem die politische Heirat durch die Vermittlung der direkt betroffenen Familien oder Linien große Gruppen, Clans oder Stämme miteinander in Verbindung setzt, ist sie durch und durch offiziell, und alles in ihrer Hochzeitsfeier ist streng befolgter Ritus und magisches Stereotyp, sicherlich deshalb, weil hier allzuviel auf dem Spiel steht, weil die Gefahren eines Bruchs in den Beziehungen so zahlreich und groß sind, daß man sich nicht auf das improvisierte und doch wohlgeregelte Zusammenspiel der verschiedenen Habitusformen verlassen kann und sich bei jeder Aktion streng an das Abspielen der Partitur halten muß.

Der Gegensatz zwischen sehr naher und sehr entfernter Heirat läßt einen anderen Gegensatz im Dunkeln, der jedoch zu dem zweideutigen Charakter der Heirat mit der parallelen Kusine beiträgt. Die entferntesten Heiraten sind frei von jeglicher Zweideutigkeit, da es – bis vor kurzer Zeit jedenfalls – ausgeschlossen war, sich aus negativen Gründen (z. B. weil man in der Nähe keinen passenden Ehepartner fand) »in die Ferne« zu verheiraten; wie alle nahen Heiraten kann aber die Heirat mit der parallelen Kusine, die als einzige der gewöhnlichen Heiraten als positiv und offiziell *gekenn-*

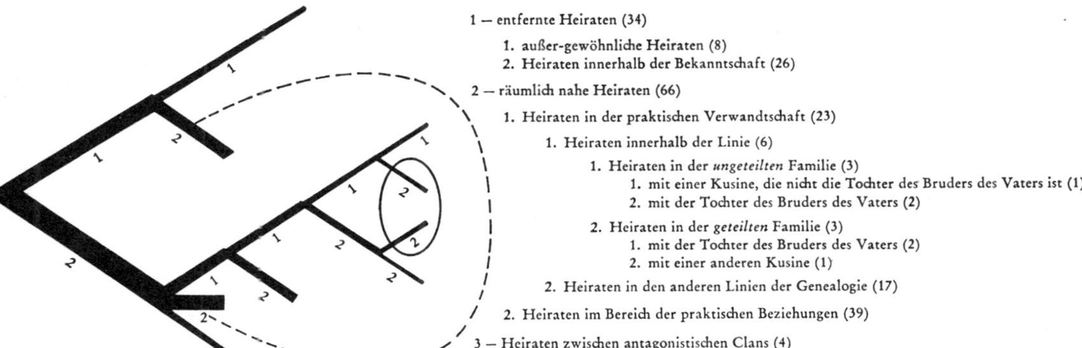

1 – entfernte Heiraten (34)

1. außer-gewöhnliche Heiraten (8)
2. Heiraten innerhalb der Bekanntschaft (26)

2 – räumlich nahe Heiraten (66)

1. Heiraten in der praktischen Verwandtschaft (23)
    1. Heiraten innerhalb der Linie (6)
        1. Heiraten in der *ungeteilten* Familie (3)
            1. mit einer Kusine, die nicht die Tochter des Bruders des Vaters ist (1)
            2. mit der Tochter des Bruders des Vaters (2)
        2. Heiraten in der *geteilten* Familie (3)
            1. mit der Tochter des Bruders des Vaters (2)
            2. mit einer anderen Kusine (1)
    2. Heiraten in den anderen Linien der Genealogie (17)
2. Heiraten im Bereich der praktischen Beziehungen (39)

3 – Heiraten zwischen antagonistischen Clans (4)

In diesem, die verschiedenen Heiratsformen darstellenden Schema entspricht die Strichstärke dem jeweiligen Prozentsatz der Heiraten (z. B. 1.2. Heiraten innerhalb der Bekanntschaft 26 %, siehe in Klammern stehende Zahlen der Schemaerläuterung).

Die durchgezogene Linie bezeichnet das Feld der Heiraten mit der parallelen Kusine (um klar herauszustellen, daß sie relativ wenig ins Gewicht fällt), die gestrichelte Linie gibt das Feld aller gewöhnlichen Heiraten an.

zeichnet ist, entgegengesetzte Bedeutungen annehmen, je nachdem, ob es sich um eine Wahl- oder Zwangsheirat handelt. Trifft man diesen Heiratstypus mitunter in Fällen an, in denen sich die Heirat durch positive und elektive Merkmale auszeichnet, so findet man ihn ebenso in den ärmsten Sippen sowie in den ärmsten Zweigen der herrschenden Sippen (den Klienten), die durch diese weitaus sparsamste Heirat die Gruppe auf dem bequemsten Weg (und sei es nur, um dadurch Mesalliancen zu verhindern) von der Verpflichtung entheben, zwei auf dem Heiratsmarkt besonders benachteiligte Mitglieder zu verheiraten. Da sie die objektive Wirkung hat, den Zusammenhalt der minimalen Einheit und, korrelativ dazu, den Unterschied zu den anderen Einheiten zu verstärken, wird sie hauptsächlich von Gruppen gewählt, die sich dadurch hervorheben, daß sie ihre negative Integrierung, d. h. ihre *Distinktion* behaupten. Vielleicht ist sie durch ihre funktionale Zweideutigkeit dazu bestimmt, die Rolle der vorteilhaften Armeleuteheirat zu spielen: Das würde erklären, warum sie vor allem von den Gruppen gewählt wird, die, etwa in der Art des ruinierten Adligen, der nur noch auf symbolischem Boden standesgemäß auftreten kann, durch einen übertriebenen Rigorismus ihre Distinktion zu behaupten suchen, auch wenn dies eine Art doppelter Negation nach sich zieht; so befindet sich z. B. eine Linie von ihrer Ursprungsgruppe getrennt, ist aber darum bemüht, ihre Originalität zu wahren, oder eine Familie will die distinguierenden Züge ihrer Linie durch ein Übermaß an Rigorismus behaupten (was fast immer in Marabutgruppen für eine bestimmte Familie zutrifft), oder ein Clan ist bestrebt, sich von dem gegnerischen Clan durch noch strengeres Einhalten der Traditionen abzuheben (wie es für die Ait Madhi in Ait Hichem der Fall ist) usw. Insofern sie als die heiligste Heirat und, unter gewissen Bedingungen, als die »distinguierteste« angesehen werden kann, ist sie unter den außer-gewöhnlichen die am wenigsten kostspielige: Man kann sie sich ohne großen Aufwand an Zeremonien leisten, braucht sich nicht in komplizierte Verhandlungen zu stürzen und hat kein allzu großes Wittum aufzubringen; diese Heirat stellt also das gelungenste Mittel dar, aus der Not eine Tugend zu machen, sich vorschriftsmäßig, d. h. im Einklang mit der Regel zu verhalten, nichts zu tun, um den Eindruck zu trüben, daß hier die Regel der Aktion zugrunde liegt.

Jede Heirat jedoch, welche Form sie auch annehmen mag, erhält ihren Sinn erst im Vergleich zur Gesamtheit aller ebenfalls möglichen Heiraten (konkreter gesagt: zum Feld der potentiellen Ehepartner); mit anderen Worten: Jede Heirat hat ihren Stellenwert auf einer kontinuierlichen Ebene, die von der Heirat mit der parallelen Kusine bis zur Heirat zwischen Gliedern verschiedener Stämme, d. h. der risikoreichsten, aber auch prestigevollsten, reicht, läßt sich also notwendigerweise nach zwei Gesichtspunkten charakterisieren, nämlich, inwieweit sie den Gruppenzusammenhalt verstärkt und inwieweit sie die Familienbündnisse erweitert. Diese beiden Heiratstypen markieren die beiden maximalen Intensitätspunkte jener Werte, die jede Heirat maximal anstrebt: einerseits den Zusammenhalt der engsten Familieneinheit und die damit verbundene Sicherheit, andererseits Bündnis und Prestige, d. h. die Öffnung nach außen, zu den fremden Gruppen. Die Alternative zwischen Spaltung und Fusion, zwischen drinnen und draußen, zwischen gemeinschaftlicher Teilung der gemeinsamen Güter (*mutualité*) und dem Austausch verschiedener, aber gleichwertiger Güter (*réciprocité*), zwischen Sicherheit und Abenteuer stellt sich zwangsläufig vor jeder Heirat; so garantiert die Heirat mit der parallelen Kusine zwar der engsten Familieneinheit ein Höchstmaß an Zusammenhalt, andererseits aber tut sie nichts anderes, als die Filiationsbeziehung zu verdoppeln, d. h. sie ein zweites Mal, als Verschwägerungsbeziehung, herzustellen, sie verschwendet also durch diese Art pleonastische Wiederholung die durch eine Heirat gegebene Möglichkeit, neue Bündnisse zu schließen; im Gegensatz dazu kann die entfernte Heirat prestigevolle Bündnisse nur dadurch einbringen, daß sie den Sippenzusammenhalt und die Beziehung zwischen Brüdern, und damit das Fundament der agnatischen Einheit, aufopfert. Das wird von den Eingeborenen immer wieder, wie eine fixe Idee, zur Sprache gebracht. Die zentripedale Bewegung, d. h. die Glorifikation des Drinnen, der Sicherheit, der Autarkie, der Reinheit des Blutes, der agnatischen Solidarität, verlangt immer – allein schon, um sich von ihr abzuheben – nach der zentrifugalen Bewegung, der Verherrlichung des Prestigebündnisses. Hinter der Fassade des kategorischen Imperativs verbirgt sich stets ein genaues Kalkulieren von Maximum und Minimum, um herauszufinden, welche Bündnischancen man maximal wahrnehmen kann, ohne dabei den Zusammenhalt unter Brüdern zu gefährden oder zu schwächen. Das geht schon aus der Syntax des Eingeborenendiskurses hervor, wenn diese jedesmal die Idee der *Präferenz* ausdrückt: »Es ist besser, sein *Ehrgefühl* zu verstecken, als es den anderen zu enthüllen.« »Ich will *adhrum* (die Sippe) nicht *aghrum* (dem Fladen) aufopfern.« »Das Drinnen ist besser als das Draußen.« »Die erste Tollheit (Kühnheit, Wagnis): die Tochter des *'amm* anderen Männern zu geben; die zweite: mit leeren Händen auf den Markt zu gehen; die dritte: mit den Löwen auf dem Gipfel der Berge in Wettstreit zu treten.« Das letzte Sprichwort ist am bedeutungsvollsten: Die entfernte Heirat scheinbar völlig verdammend, erkennt es ausdrücklich die Logik an, die diese Heirat als heldische, mutige Tat, als Prestigegewinn charakterisiert. Man braucht schon ein tolles Ansehen und Tollkühnheit, um sich ohne Geld auf den Markt zu wagen und doch etwas einkaufen zu wollen, einen ebenso tollen Mut braucht man aber auch, um sich den mutigen Fremden, den Löwen, zu stellen, denen, wie die alten Sagen erzählen, die legendären Stadtgründer die Frauen entreißen mußten.

Heiratsstrategien und gesellschaftliche Reproduktion

Die Charakteristika einer Heirat, insbesondere die Stelle, die sie jeweils auf der kontinuierlichen Linie zwischen der politischen Heirat und der Heirat mit der parallelen Kusine einnimmt, hängen davon ab, welches Ziel – als Integral aller mit der Heirat verbundenen Zielsetzungen – die Strategie der Gruppe durch diese Heirat anstrebt und welche Mittel die verschiedenen an der Heirat Beteiligten dieser Strategie zur Verfügung stellen können; genauer gesagt: Da die Zielsetzungen selbst eng von den verfügbaren Mitteln abhängen, muß die Analyse der vor den verschiedenen Heiraten unternommenen Schritte auf die Analyse der Bedingungen verweisen, die zu erfüllen waren, um diese Heiraten möglich, d. h. denkbar und realisierbar zu machen. Wie bei einem Kartenspiel, dessen Ergebnis einerseits von den gegebenen Karten abhängt (deren Wert wiederum von den Spielregeln, die für die betreffende gesellschaftliche Gruppe gelten, festgesetzt wird), andererseits aber auch von dem Geschick der Spieler, so hängen auch bei den Heiratsstrategien deren Logik und Wirksamkeit einerseits von dem materiellen und symbolischen Kapital der Familie ab, d. h. von ihrem Reichtum an Produktionsmitteln und an Männern – wobei diese zugleich als Produktions- und als Reproduktionskraft, als politische und dadurch auch als symbolische Kraft gelten – und andererseits von der Kompetenz der für die Heiratsstrategien Verantwortlichen, von ihrem Geschick, den größtmöglichen Profit aus einer vorteilhaften Anlage dieses Kapitals zu ziehen, d. h. von der praktischen Beherrschung der implizit in einer bestimmten Produktionsweise enthaltenen ökonomischen Axiomatik (im weitesten Sinne verstanden), die die Produktion der von der Gruppe als »vernünftig« betrachteten und von den objektiven Gesetzen des Marktes (der materiellen *und* symbolischen Güter) in positivem Sinne sanktionierten Praxisformen und Praktiken bedingt. Die kollektive Strategie, die zu diesem oder jenem »Coup« führt (im Falle einer Heirat oder in jedem anderen Bereich der Praxis), ist nichts anderes als das Produkt einer Kombination der von allen Beteiligten verfolgten Strategien, und das Gewicht, das deren jeweilige Interessen dabei erhalten, entspricht der Stellung, die sie zu dem betreffenden Zeitpunkt in der Struktur des häuslichen Kräfteverhältnisses einnehmen. So ist es bemerkenswert, daß die Heiratsverhandlungen tatsächlich Sache der ganzen Gruppe sind, wobei jeder zu seiner Zeit seine Rolle spielt und dadurch zum Gelingen oder Mißlingen des Vorhabens beitragen kann: Die ersten Kontakte, die nur offiziösen Charakter haben und jederzeit widerrufen werden können, werden von den Frauen aufgenommen, die dadurch die Aufnahme halboffizieller, diesmal von Männern geführter Verhandlungen ermöglichen, ohne daß diese in erniedrigender Weise abgewiesen werden können; dann schickt die Gruppe die für die Repräsentationsverwandtschaft am repräsentativsten erscheinenden Persönlichkeiten aus, damit sie als ausdrücklich von der Gruppe eingesetzte und *bevollmächtigte* Vertreter und Wortführer vermittelnd in die Verhandlungen eingreifen, zugleich aber auch mit Glanz demonstrieren, was für einflußreiche Männer diese Familie einzusetzen imstande ist, wie reich sie also an symbolischem Kapital ist. Letzten Endes aber greift die gesamte Gruppe in die Entscheidung ein, indem die Heiratspläne selber, die Berichte darüber, wie die Vorschläge der Abgesandten aufgenommen wurden, und die Frage, in welche Richtung die zukünftigen Verhandlungen gelenkt werden sollen, von der ganzen Gruppe leidenschaftlich diskutiert werden. Nebenbei sei vermerkt (und dies dürfte die Ethnologen interessieren, die sich mit einer rein genealogischen Definition einer Heirat voll und ganz zufrieden geben), daß sich hinter der quasi theatralischen Vorstellung, die die Repräsentationsverwandtschaft bei einer Heirat gibt, eine regelrechte systematische Untersuchung verbirgt, die beide Gruppen vornehmen, um über alle charakteristischen Variablen der beiden Ehegatten auf dem laufenden zu sein (Alter und vor allem

Altersunterschied, vorherige Familiensituation und eventuell frühere Ehen, Geburtsrang, theoretisches und praktisches Verwandtschaftsverhältnis zu dem Oberhaupt der Familie usw.), aber auch, um über das ganze Feld der für ihre Gruppe wichtigen Charakteristika Bescheid zu wissen: über die ökonomische und soziale Geschichte der sich durch die Heirat verbindenden Familien und der weiteren Gruppen, denen diese angehören, über das symbolische Patrimonium der Familien, vor allem ihr Kapital an Ehre und an Ehrenmännern, über das Bündnisnetz, mit dem die Familien im Notfall rechnen können, sowie über die Gruppen, denen sie traditionellerweise feindlich gegenüberstehen, über die Stellung der Familie innerhalb ihrer Linie – besonders wichtig, denn eine Familie, die ihre angesehenen Verwandten besonders zur Schau stellt, kann in Wirklichkeit eine untergeordnete Stellung in einer bedeutenden Gruppe einnehmen – und über den Stand der Beziehungen, die die Familie zu den anderen Familien ihrer Linie unterhält, d. h. den Grad des Familienzusammenhalts (Ungeteiltheit usw.), über die Struktur des Kräfte- und Machtverhältnisses innerhalb des häuslichen Bereichs (und, insbesondere wenn eine Tochter verheiratet werden soll, innerhalb des weiblichen Kreises) usw.

Die Praxis einer Gesellschaftsformation, die nach einfacher Reproduktion alles dessen ausgerichtet ist, was ihr zugrunde liegt, d. h. nach der biologischen Reproduktion der Gruppe und der Produktion der für ihr Überleben und ihre Reproduktion notwendigen Güter, aber auch – unlöslich damit verbunden – nach der Reproduktion der Struktur der gesellschaftlichen und ideologischen Bedingungen, in denen und durch die sich die Produktionstätigkeit vollzieht und legitimiert, kann als das Produkt der (bewußten oder unbewußten) Strategien definiert werden, durch welche die Individuen oder Gruppen ihre an den Besitz eines materiellen und symbolischen Patrimoniums gebundenen materiellen und symbolischen Interessen zu befriedigen streben, wobei sie gleichzeitig die Reproduktion dieses Patrimoniums und dadurch der Sozialstruktur garantieren wollen. Genauer gesagt: das Prinzip, das den Strategien der verschiedenen Kategorien von Individuen zugrunde liegt – ihre Interessen können innerhalb der Familieneinheit einander entgegengesetzt sein, wie z. B. bei Gelegenheit einer Heirat –, wird jeweils von den Interessensystemen bestimmt, die ihnen von der Natur und dem Wert des Patrimoniums, über das sie verfügen, objektiv zugewiesen werden, d. h. von dem System der eine bestimmte

Produktionsweise konstituierenden Prinzipien, die die Fruchtbarkeit, die Filiation, den Wohnort, die Erbfolge und die Heirat regeln und die, da sie dieselbe Funktion, nämlich die biologische und soziale Reproduktion der Gruppe, zu erfüllen beitragen, objektiv aufeinander abgestimmt sind.[40]

In einer Wirtschaftsform, die sich durch relativ gleichmäßige Verteilung der Produktionsmittel (meist ungeteiltes Eigentum der Linie) und durch Schwäche und Stabilität der Produktivkräfte auszeichnet, was eine größere Surplusproduktion und -akkumulation ausschließt und damit verhindert, daß sich deutlich sichtbare ökonomische Unterschiede herausbilden (obwohl man in der geforderten Ableistung von Arbeit, wie sie z. B. in Form der zu gegenseitiger Hilfe geleisteten »freiwilligen Fronarbeiten« – »corvées-entraide« – existiert, eine verschleierte Form des Verkaufs der Arbeitskraft sehen kann), hat der Familienbetrieb für den Unterhalt und die Reproduktion der Familie zu sorgen und nicht nur für die Produktion von Werten.[41] In einem solchen Kontext bedeutete ein Reichtum an Männern sicherlich eine zusätzliche Last, wenn man in ihnen von einem rein ökonomischen Standpunkt aus nicht nur »Arme«, sondern auch »Bäuche« sehen würde (und das um so mehr, als Kabylien von jeher fluktuierende Gruppen mittelloser Arbeitskräfte gekannt hat, die in den Hauptzeiten der Feldarbeit als Arbeitstrupps von Dorf zu Dorf zogen). Tatsächlich läßt sich die Valorisierung der Männer als »Gewehre«, d. h. nicht nur als Arbeitskraft, sondern auch als kriegerische Macht, zweifellos durch die politische Unsicherheit erklären, die sich selbst perpetuiert, indem sie die Dispositionen erzeugt, die eine prompte Erwiderung im Falle eines Krieges, einer Schlägerei, eines Diebstahls oder eines Racheakts (*reqba*) erfordert: Der Boden erhält seinen Wert nur durch die Männer, die ihn bearbeiten, aber auch verteidigen. Wenn das Patrimonium der Linie, dessen Symbol der Name ist, sich nicht nur durch den Besitz des Bodens und des Hauses, d. h. kostbarer, aber darum auch gefährdeter Güter, definieren läßt, sondern auch durch den Besitz der Mittel zu deren Verteidigung, d. h. den Besitz an Männern, so deshalb, weil sowohl der Boden als auch die Frauen nie auf den Stand eines einfachen Produktions- oder Reproduktionsinstruments, geschweige denn auf den Stand einer Ware oder eines »Eigentums« reduziert werden: Ein Angriff gegen den Boden, das Haus oder die Frauen ist ein Angriff gegen ihren Herrn, gegen dessen *nif*, d. h. gegen sein *Sein*, wie die Gruppe es definiert, und nicht nur gegen seine Habe. Ein veräußertes Stück Land, eine Vergewaltigung oder ein ungerächter Mord sind nur verschiedene Formen ein und derselben Beleidigung, und alle erfordern die gleiche prompte Erwiderung des verletzten Ehrgefühls; so wie man einen Mord »zurückkauft«, d. h. vergilt, aber dadurch, daß man ihn auf symbolischer Ebene noch »überbietet«, indem man nach Möglichkeit die dem Mörder am nächsten stehende Person oder die für seine Gruppe repräsentativste Persönlichkeit zum Ziel des Gegenschlags wählt, so muß man auch *um jeden Preis* ein Land, das von altersher der Sippe gehört hatte, selbst wenn es nicht sehr fruchtbar ist, »zurückkaufen«, um diese gegen das Ehrgefühl der Gruppe gerichtete ständige Herausforderung zu tilgen[42]; ebenso wie in der Logik der Herausforderung, egal ob es sich um den Herausforderer oder den Herausgeforderten handelt, der zugleich technisch und symbolisch beste Boden derjenige ist, der eins der festesten Bestandteile des Patrimoniums bildet, so ist auch der Mann, in dem man die Gruppe am förmlichsten, d. h. am grausamsten treffen kann, zugleich derjenige, der sie am besten repräsentiert.

Da die Männer eine politische und symbolische Kraft darstellen, die die Bedingung für den Schutz und die Vermehrung des Erbguts, für den Schutz gegen gewaltsame Übergriffe gegen die Gruppe, zugleich aber auch für die Durchsetzung ihrer politischen Vorherrschaft und die Befriedigung ihrer Interessen ist, und da die Macht der Gruppe als einzige Bedrohung – von der Unfruchtbarkeit der Frauen abgesehen – die Zwietracht unter den Männern und damit die Zersplitterung des materiellen und symbolischen Erbguts zu befürchten hat, tragen die Fruchtbarkeitsstrategien, die darauf abzielen, so viele Männer wie möglich und – durch frühzeitige Heirat – so schnell wie möglich zu »produzieren«, und die Erziehungsstrategien, die die Individuen zu begeisterten Anhängern und Verteidigern ihrer Sippe und der mit der Ehre verbundenen Werte machen sollen (wobei dieses pädagogische Ziel der ideologisch verklärte Ausdruck des objektiven Verhältnisses zwischen den Individuen und einem äußerst gefährdeten und ständig bedrohten materiellen und symbolischen Patrimonium ist), dazu bei, den Zusammenhalt der Linie zu verstärken und eventuelle aggressive Verhaltensformen nach außen hin abzulenken: »Das Land ist Kupfer (*neḥas*), die Arme sind Silber.« Gerade die Zweideutigkeit dieses Sprichworts – *neḥas* bedeutet außerdem »Eifersucht« – weist auf das Prinzip des Widerspruchs hin, der dadurch entsteht, daß die

Erbfolgesitte die Männer an den Boden *bindet*. Obwohl die Erbfolgestrategien also objektiv die gleichen Ziele verfolgen wie die anderen, indem sie die größtmögliche Anzahl von Männern an das Patrimonium zu binden streben, ihnen Erbgleichheit garantieren und die Einheit des Patrimoniums durch Enterbung der Frauen wahren, bringen sie einen unvermeidlichen Widerspruch mit sich, und zwar nicht nur dadurch, daß sie im Fall einer gleichmäßigen Aufteilung unter zahlreichen Erben das Land der Ahnen mit völliger Zerstückelung bedrohen, sondern auch dadurch, daß sie in das Zentrum des Systems das Prinzip eines Wettkampfs um die Macht über die Wirtschaft und Politik der Familie einführen: Konkurrenz und Konflikt zwischen dem Vater und den Söhnen, die diese Art der Machtübergabe dazu verurteilt, jeglicher Verantwortung beraubt zu bleiben, solange der Patriarch noch lebt (zahlreiche Heiraten mit der parallelen Kusine werden von dem »Alten« geschlossen, ohne daß die Väter auch nur gefragt würden); Konkurrenz und Konflikt ebenso unter den Brüdern oder Vettern, die spätestens, wenn sie selber Väter werden, unweigerlich antagonistische Interessen verfolgen müssen.[43] Die Strategien der Agnaten werden von dem Gegensatz zwischen symbolischem und materiellem Gewinn beherrscht; wird der symbolische Gewinn durch die politische Einheit und die sie erst garantierende ökonomische Ungeteiltheit erzielt, so entsteht der materielle Gewinn im Gegenteil aus dem Bruch von Einheit und Ungeteiltheit; dieser wird immer wieder von dem kalkulierenden Geist hervorgehoben, der besonders bei den Frauen offen zum Ausdruck kommen kann (bei den Männern wird er verdrängt), da sie strukturell dazu veranlagt sind, dem symbolischen, durch die politische Einheit erzielten Gewinn wenig Bedeutung beizumessen und die eigentlich ökonomischen Praxisformen und Praktiken vorzuziehen.[44] Die symbolischen und politischen Interessen, die auf Einheit des Grundbesitzes, auf Ausdehnung der Bündnisse und auf materielle symbolische Stärke der agnatischen Gruppe sowie auf Ehre und Prestige bedacht sind, jene Werte, die *akham amoqrane*, das »große Haus« ausmachen, treten also für die Verstärkung des Gruppenzusammenhalts ein; im Gegensatz dazu drängen die (im engeren Sinne) *ökonomischen* Interessen und besonders die, die den Konsum betreffen, zum Bruch der Ungeteiltheit; das wird schon dadurch deutlich, daß der Bruch der Ungeteiltheit immer häufiger vorkommt, je mehr sich der Geldverkehr und, korrelativ dazu, ein gewisser kalkulierender Geist durchsetzt.[45]

Sogar in dem Fall, wo das Familienoberhaupt lange im voraus für seine Nachfolge gesorgt hat, indem es die Ansprüche eines jeden geschickt zu manipulieren und jeden der Brüder auf sein »Fach«, das ihm in der Teilung der Hausarbeit zukommen soll, hinzulenken wußte, ist der Machtkampf um die erste Stellung in der Familie so gut wie unvermeidlich, und dieser Konkurrenzkampf kann sich, besonders dort, wo der älteste Bruder nicht ausdrücklich zum Oberhaupt des Hauses ernannt worden ist, nur unter der Bedingung in die sublimere Form des Ehrenwettstreits verwandeln, daß sich die Männer einer ständigen Selbstkontrolle sowie einer Kontrolle von seiten der Gruppe unterziehen; aber die Kohäsionskräfte, die auf der Ungeteiltheit des Grundbesitzes und auf dem Zusammenhalt der Familie fußen – Institutionen, die sich gegenseitig verstärken –, stoßen immer wieder auf Spaltungskräfte wie die »Eifersucht«, die durch eine unterschiedliche Beteiligung der einen und anderen an der Produktion und am Konsum geweckt wird (»Die Arbeit des Tüchtigen wird von dem verzehrt, der sich an die Wand lehnt«).[46] Im allgemeinen fällt die maßgebende Rolle auf politischem und auf ökonomischem Gebiet, d. h. in der Verteilung der Arbeit, in der Kontrolle der Ausgaben und in der Verwaltung des Erbguts, de facto oder de jure einem Mann allein zu, und diese Autorität berechtigt ihn zu dem alleinigen Anspruch auf den symbolischen Profit, den alle öffentlichen Schritte ihm verschaffen: Marktgang, Anwesenheit bei Clanversammlungen oder außergewöhnlichen Treffen der Stammesnotabeln, Einladungen, die für gewöhnlich an den gerichtet werden, der als der Verantwortlichste und Repräsentativste des Hauses gilt, usw.; ganz zu schweigen davon, daß diese Aufgaben den für sie Verantwortlichen von den alltäglichen Arbeiten befreien, denen nämlich, die keinen Aufschub dulden, die also am unedelsten sind.

Objektiv gesehen sind die Brüder für böse, wenn nicht für gute Zeiten miteinander verbunden, subjektiv jedoch ist ihr Verhältnis bis in die gegenseitige Solidarität hinein gespalten: »Mein Bruder«, sagt ein Informant, »würde meine Ehre verteidigen, wenn mein Ehrgefühl versagen sollte; er würde mich vor Schande retten, mich aber dabei beschämen und vor den anderen bloßstellen.« »Mein Bruder«, sagt ein anderer mit den Worten eines seiner Bekannten, »das ist der, der nach meinem Tod meine Frau heiraten dürfte und dafür gelobt würde.« Die Homogenität in der Produktionsweise der verschiedenen Habitusformen (d. h. der materiellen Lebensbedingungen und der pädagogischen Aktion) ruft eine Homogenisierung der Dispositionen und Interessen hervor, die weit davon entfernt ist, die Konkurrenz aufzuheben, sondern sie in manchen Fällen erst entstehen läßt; die Individuen als Produkt derselben Produktionsbedingungen neigen demzufolge dazu, dieselben Güter anzuerkennen und sich anzueignen, deren Seltenheitswert durch eben diese Konkurrenz bedingt ist. Als monopolistischer Zusammenschluß, der sich nach Max Weber durch die exklusive Aneignung einer bestimmten Art von Gütern (Grund und Boden, Namen usw.) auszeichnet, wird die Familieneinheit zum Schauplatz eines Konkurrenzkampfes um dieses Kapital oder, besser, um die Macht über dieses Kapital. Es ist bezeichnend, daß der überlieferte Rechtskodex, der sich sonst nur ausnahmsweise mit häuslichen Angelegenheiten befaßt, ausdrücklich die Ungeteiltheit (*thidukli bukham* oder *zeddi*) befürwortet: »Die Leute, die im Familienzusammenschluß wohnen, zahlen keine Geldstrafe, wenn sie einander schlagen. Trennen sie sich aber, so müssen sie zahlen wie die anderen.«[47]

Einerseits Eckpfeiler der Familienstruktur, ist jedoch die Beziehung zwischen Brüdern andererseits auch deren schwächste Stelle, auf deren Unterstützung und Verstärkung eine ganze Reihe von Mechanismen abzielen, angefangen bei der Heirat mit der parallelen Kusine als ideologischer – sich in gewissen Fällen in die Praxis umsetzender – Auflösung des dieser Reproduktionsweise eigenen Widerspruchs. Alles deutet darauf hin, daß diese Gesellschaftsformation sich dazu gezwungen sah, sich diese von den meisten Gesellschaften als inzestuös abgelehnte Möglichkeit offiziell zu gestatten, um die Spannung, die ihr zentral innewohnt, ideologisch zu lösen. Die Verherrlichung der Heirat mit der *ben'amm* hätte man sicher besser verstanden, wenn man berücksichtigt hätte, daß *ben'amm* letzten Endes »Feind« oder zumindest »naher Feind« heißt und daß die Feindschaft als *thaben'ammts*, »die der Kinder des väterlichen Onkels« bezeichnet wird. Tatsächlich finden die ideologischen Kohäsionskräfte ihren Wirkungspunkt in der Person des Ältesten, *djedd*, dessen Autorität auf dem Enterbungsrecht und dem Recht, eventuell ein Familienmitglied zu verfluchen, vor allem aber auf den von allen anerkannten und von *thadjadith* symbolisierten Werten beruht; seine Autorität vermag das Gleichgewicht zwischen den Brüdern aber nur dadurch zu erhalten, daß er unter ihnen (und ihren Frauen) die strengste Gleichheit in der Arbeit (die Frauen wechseln sich z. B. in der Hausarbeit, dem Essenkochen und Wassertragen usw. ab) und im Konsum walten läßt. Solange diese Autorität als positiver Kohäsionsfaktor zum Zusammenhalt der Gruppe beiträgt – mit dem Tod des Vaters kann sie plötzlich schwinden, wenn seine Söhne zwar im Mannesalter sind, aber keiner von ihnen über die notwendige, auf Altersunterschied oder anderen Prinzipien beruhende Autorität verfügt –, verlegt sich die Spannung in den Beziehungen zwischen Brüdern auf die Beziehung zwischen Vater und Söhnen. Diesen Gegensatz zwischen einem autoritären und positiven Integrationsprinzip (das auf *djedd* oder *thadjadith* beruht) und einer egalitären Konkurrenz- und Wettkampfbeziehung zwischen Gliedern der gleichen Generation trifft man auf allen Stufen der gesellschaftlichen Struktur an: Die relative, äußerst variable Stärke der Einigungs- und Spaltungskräfte hängt grundsätzlich, und zwar für die Familieneinheit ebenso wie für größere Einheiten wie Clans oder Stämme, von dem Verhältnis zwischen der Gruppe und den fremden Gruppen ab, wobei die Unsicherheit ein negatives Kohäsionsprinzip ist, das dem Mangel an positiven Einigungsfaktoren abhelfen kann.[48] »Ich hasse meinen Bruder, aber ich hasse den, der ihn haßt.« Die negative, zwangsläufige Solidarität, die dadurch entsteht, daß jede Gefährdung des Patrimoniums jeden einzelnen betrifft und trifft, und die immer dann verstärkt wird, wenn eine solche Gefährdung eintritt, beruht letzten Endes auf dem gleichen Prinzip wie die Tendenz zur Spaltung, dem sie zunächst entgegenarbeitet, nämlich dem der Konkurrenz zwischen den Agnaten, so daß von der ungeteilten Familie an bis hin zu den weitesten politischen Einheiten der Zusammenhalt der Gruppe zwar immer wieder von der mythischen und genealogischen Ideologie angepriesen wird, tatsächlich aber kaum länger anhält als das Kräfteverhältnis, das die persönlichen Interessen zu bändigen imstande ist. »Trennt sie, damit der Haß sie nicht trennt«, oder: »Die Trennung trennt auch die Gründe zum Haß.«

Damit wurden die Prinzipien dargelegt, die die Interessensysteme der verschiedenen Kategorien von Individuen bestimmen, die in jene familiären Kräfteverhältnisse verwickelt sind, die schließlich für die Heiratsstrategie der Gruppe ausschlaggebend sind; es genügt jetzt, den Satz aufzustellen, daß die Individuen zum Funktionieren des Systems desto lieber beitragen, je vollkommener das System zur Verwirklichung ihrer Interessen beiträgt, um die grundlegenden Prinzipien der Strategien zu verstehen, die im Falle einer Heirat aufeinanderstoßen.[49] Zwar ist es zutreffend, daß die

Heirat eine der wichtigsten Gelegenheiten ist, um das durch einen starken Familienzusammenhalt erworbene Kapital an Autorität und das durch ein weitreichendes Bündnisnetz (*nesba*) geschaffene Kapital an Prestige zu bewahren, zu vermehren oder (durch Mesalliancen) zu vermindern; das ändert aber nichts an der Tatsache, daß sich die persönlichen Interessen der an der Eheschließung beteiligten Mitglieder der Familieneinheit längst nicht alle in dem gleichen Maße mit den kollektiven Interessen der Linie decken.[50] Die Erbfolgesitten, die die Frau von der Erbfolge ausschließen; die mythische Weltsicht, die ihr nur eine verminderte Existenz zugesteht und ihr nie die uneingeschränkte Beteiligung an dem symbolischen Kapital der Linie ihres Mannes gestattet; die Arbeitsteilung, die die Rolle der Frau auf die häuslichen Arbeiten beschränkt, dem Mann aber die Repräsentationsfunktionen überläßt – alles das trägt dazu bei, die Interessen der Männer mit den materiellen und vor allem den symbolischen Interessen der Sippe zu identifizieren, und diese Identifizierung ist desto vollständiger, je größer die Autorität ist, über die sie innerhalb der Agnatengruppe verfügen. Und tatsächlich bezeugen die »Männerheiraten« (wie die Heirat mit der parallelen Kusine und die politische Heirat) unmißverständlich, daß die Interessen der Männer sich unmittelbarer mit den offiziellen Interessen der Sippe decken und daß ihre Strategien unmittelbarer darauf ausgerichtet sind, den Zusammenhalt der Familieneinheit und das Bündnisnetz der Familie zu verstärken, in beiden Fällen also, das symbolische Kapital der Linie zu vermehren.[51] Andererseits ist es sicher kein Zufall, wenn die von Frauen geschlossenen Heiraten zur Klasse der gewöhnlichen Heiraten gehören oder, besser gesagt, wenn man ihnen nur für Heiraten ohne Probleme und ohne Zeremonie die Verantwortung überläßt.[52] Da sie von der Repräsentationsverwandtschaft ausgeschlossen sind, sind sie auf die Gebrauchsverwandtschaft und auf den nützlichen Gebrauch der Verwandtschaft angewiesen und wenden bei der Suche nach einer vorteilhaften Heirat für ihren Sohn oder ihre Tochter viel mehr ökonomischen Realismus (im engeren Sinne des Wortes) auf als die Männer.[53] Die männlichen und weiblichen Interessen gehen zweifellos dann am weitesten auseinander, wenn es darum geht, eine Tochter zu verheiraten: Einerseits schenkt die Mutter der »Familienraison« viel weniger Beachtung als der Vater, der darum eher dazu neigt, seine Tochter als *Instrument* zur Verstärkung der Gruppenintegration oder als symbolische »Tauschwährung« zu behandeln, um prestigevolle Bündnisse mit fremden Gruppen zu schließen; darüber hinaus aber strebt die Mutter danach, ihre Stellung in der häuslichen Einheit zu verstärken, indem sie ihre Tochter in ihrer eigenen Linie zu verheiraten und damit die Tauschbeziehungen zwischen beiden Gruppen zu intensivieren sucht. Die Heirat eines Sohns stellt die Mutter und Hausherrin vor allem vor die Frage, wie sie ihre Herrschaft über die häusliche Wirtschaft bewahren kann, und ihr persönliches Interesse entspricht dem der Sippe nur im negativen Sinn, d. h. in dem Maße, in dem sie den von der Sippe vorgezeichneten Weg geht und die Schwiegertochter dort auswählt, woher sie selber kommt, vor allem aber in dem Maße, in dem ein Konflikt zwischen den Frauen aufgrund einer schlechten Brautwahl letztlich die Einheit der agnatischen Gruppe gefährden könnte.

Das Interesse der Männer, das offiziell immer, in Wirklichkeit zumindest tendenziell dominierend ist, setzt sich desto vollständiger durch, je stärker der Zusammenhalt der agnatischen Gruppe ist (indirekt wird darauf hingewiesen, wenn man unter den Argumenten, die für die Ungeteiltheit sprechen, die Tatsache erwähnt, daß sie eine bessere Bewachung der Frauen ermöglicht); dazu kommt, daß die Linie des Vaters im Vergleich zu der der Mutter gesellschaftlich zumindest in gleicher Rangordnung stehen muß. Man könnte fast sagen, daß bei jedem Heiratsplan die ganze matrimoniale Geschichte der Gruppe für die internen Verhandlungen und Unternehmungen ins Gewicht fällt: Das Interesse der Linie, d. h. das Interesse der Männer, untersagt es im allgemeinen, einen Mann in eine untergeordnete Stellung zu versetzen, indem man ihn mit einem gesellschaftlich weit über ihm stehenden Mädchen verheiratet (der Mann, sagt man, kann seine Frau erhöhen, aber nicht umgekehrt; man gibt seine Tochter einem Mann höheren oder gleichen Standes – man nimmt die Tochter eines Mannes von niedrigerem Stand); es kann sich also um so besser durchsetzen, als der für die Heirat (zumindest offiziell) Verantwortliche selbst nicht über seinen Stand hinaus verheiratet ist.[54] Die Struktur der objektiven Beziehungen zwischen den für die Entscheidung verantwortlichen Verwandten in ihrer Funktion als Mann oder Frau oder als Mitglied dieser oder jener Linie trägt also dazu bei, die Struktur der Beziehung zwischen den durch die geplante Heirat verbundenen Linien zu definieren.[55] Oder richtiger gesagt: Die entscheidende Beziehung – nämlich die Beziehung zwischen der

Linie der zu verheiratenden Person und der des möglichen Partners – wird immer durch die Struktur der familiären Machtverhältnisse vermittelt. Um die multidimensionale und multifunktionale Beziehung zwischen den beiden Gruppen, die sich ja keineswegs auf die bloße Verwandtschaftsbeziehung reduzieren läßt, vollständig zu erfassen, reicht es nicht aus, die räumliche und die ökonomische und soziale Entfernung zu messen, die sich zwischen den Gruppen zum Zeitpunkt der Heirat auf der Ebene des ökonomischen, aber auch des symbolischen Kapitals bildet (Zahl der Männer und der Ehrenmänner, mehr oder weniger große Familienintegration usw.),[56] sondern man muß auch berücksichtigen, wie der Stand der materiellen und symbolischen Tauschbeziehungen zwischen den beiden Gruppen zum gegebenen Zeitpunkt ist, welche offiziellen und außergewöhnlichen, von den Männern herbeigeführten oder zumindest besiegelten Austauschaktionen in der Geschichte ihrer Beziehungen zu verbuchen sind wie z. B. die Heiraten; aber auch die offiziösen und gewöhnlichen Austauschbeziehungen müssen dazu gerechnet werden, die nämlich, die ständig von den Frauen – in stillschweigendem Einvernehmen mit den Männern oder auch ohne deren Wissen – durchgeführt werden und durch deren Vermittlung die objektiven Beziehungen vorbereitet und verwirklicht werden, die dann zu einer Verbindung der beiden Gruppen führen können.

Die strukturellen Charakteristika, die den Wert der Produkte einer Linie auf dem Markt des matrimonialen Tausches generisch bestimmen, werden natürlich durch zweitrangige Charakteristika – Familienstand des zu Verheiratenden, sein Alter usw. – spezifiziert. So sind die Heiratsstrategien der Gruppe und die dann eventuell geschlossene Heirat von Grund auf verschieden, je nachdem, ob der zu verheiratende Mann ledig und »im heiratsfähigen Alter« ist oder ob er dieses Alter schon überschritten hat, ob er ein schon verheirateter Mann ist, der zu der ersten noch eine zweite Frau sucht, oder ob er als Witwer oder Geschiedener wieder heiraten will (wobei es wiederum darauf ankommt, ob er Kinder aus erster Ehe hat oder nicht).[57] Für eine Tochter gilt grundsätzlich das gleiche, doch wird ihr *Wert* unvergleichlich stärker durch vorherige Heiraten *herabgesetzt*[58] (da die Jungfräulichkeit eines der wichtigsten Kriterien ist, und obwohl für einen Mann der Ruf, »seine Frauen zu verstoßen«, mindestens ebenso abträglich ist wie für die Frau der Ruf, »eine zu verstoßende Frau« zu sein).[59] Noch eine andere Tatsache gilt es zu berücksichtigen, entgegen der Auffassung, jede Heirat sei eine in sich abgeschlossene Einheit, nämlich die, daß die Heirat (im aktiven Sinne von »Verheiratung«, die darin besteht, die Individuen auf dem Heiratsmarkt »abzusetzen«) eines jeden aus der gleichen Familieneinheit stammenden Kindes (d. h. der Kinder desselben Vaters bzw. der Enkelkinder desselben Großvaters) von der Heirat aller anderen Kinder abhängt und infolgedessen verschieden ausfallen muß, je nachdem, welche *Stellung* jedes der Kinder innerhalb der durch ihre Anzahl und ihr Geschlecht strukturierten besonderen *Konfiguration* aller heiratsfähigen Kinder einnimmt. So ist für einen Mann z. B. die Situation desto günstiger, je enger seine verwandtschaftliche Beziehung zu der für Heiratsfragen zuständigen Autoritätsperson ist (dabei kann es sich um die Beziehung zwischen Sohn und Vater, zwischen jüngstem und ältestem Bruder und sogar um die zwischen entfernten Vettern handeln). Darüber hinaus trägt alles dazu bei, den Ältesten gegenüber seinen jüngeren Brüdern zu bevorteilen, und das, obwohl ihm offiziell keine besonderen Vorrechte zuerkannt werden: Man legt Wert darauf, ihn als ersten und so günstig wie möglich, d. h. eher mit einer fremden Gruppe, zu verheiraten, während die jüngeren Brüder eher für die *Produktion* als für den *Austausch* auf dem Markt oder in der Versammlung, d. h. eher für die Feldarbeit als für die »Außenpolitik« des Hauses bestimmt sind. Jedoch ist die Situation des Ältesten wiederum sehr verschieden, je nachdem, ob er der Älteste mehrerer Söhne oder der einzige Sohn oder der älteste Bruder mehrerer Töchter ist und als solcher alle Hoffnungen der Familie in sich trägt.[60] Eine Familie mit vielen Töchtern, vor allem, wenn diese schlecht »beschützt« sind (d. h. keine oder nur wenige Brüder haben) und dadurch nicht sehr hoch eingeschätzt werden, da sie nur wenige Verbündete einbringen können und jeder Gefahr ausgeliefert sind, befindet sich in einer ungünstigen Stellung und sieht sich gezwungen, bei den Familien, die ihre Töchter nehmen, Schulden zu machen; eine Familie, die viele Söhne besitzt, verfügt dagegen über einen sehr großen Handlungsspielraum: Sie hat die Wahl, jeden der Söhne jeweils der Konjunktur nach verschieden zu verheiraten; durch einen Sohn z. B. ihre Bündnisse zu erweitern, durch einen anderen die Familienintegration zu verstärken, ja sogar einen nur mit Töchtern versehenen Vetter verpflichtend an sich zu binden, indem sie ihm für einen dritten Sohn eine seiner Töchter abnimmt.[61] In diesem Fall kann sich die Geschicklichkeit des für die Heirat Verantwortlichen unbeschränkt entfalten und zwei so unvereinbare Ziele wie die Verstärkung der Sippenintegration und die Erweiterung ihrer Bündnisse fast spielerisch vereinbaren. Derjenige aber, der nur Töchter oder zu viele Töchter hat, ist zwangsläufig auf *negative* Strategien angewiesen, und seine Geschicklichkeit muß sich darauf beschränken, den »Absatzmarkt« für seine Töchter so geschickt wie möglich zu erweitern, indem er die Beziehung zwischen dem Feld der potentiellen Partner und dem Feld der potentiellen Konkurrenten zu manipulieren versteht, die Nähe und die Ferne, den Antrag des nahen Bewerbers und den des Fremden gegeneinander auszuspielen weiß (um ihn ohne Beleidigung abzuschlagen, oder auch nur, um Zeit zu gewinnen) und sich damit die Möglichkeit zu lassen, die beste Wahl zu treffen, d. h. den edelsten Bewerber auszuwählen.

Es ist sicher deutlich geworden, wie künstlich die Unterscheidung zwischen Mitteln und Zielen der kollektiven Heiratsstrategien eigentlich ist: Objektiv auf die Verstärkung oder Vergrößerung des Zusammenhalts ausgerichtet – aber in dem Maße, in dem gleichzeitig die Ausdehnung der Bündnisse beibehalten werden kann (oder *umgekehrt*, je nachdem, auf welche Richtung der Hauptakzent gelegt wird) –, hängen diese Strategien zugleich allem Anschein nach in ihrer Logik und ihrer Wirksamkeit von dem materiellen und symbolischen Kapital der betreffenden gesellschaftlichen Einheit ab, d. h. nicht nur von dem Wert ihres materiellen Erbguts, sondern auch von dem Wert des symbolischen Erbguts, der seinerseits von dem Umfang und dem Zusammenhalt der agnatischen Gruppe abhängt (sichtbar u. a. an der Ungeteiltheit in Produktion und Konsum der materiellen Güter) sowie von dem Bündniskapital, über das die Gruppe verfügt, und natürlich hängen beide Formen des symbolischen Kapitals von der gesamten matrimonialen Geschichte der Linie ab. Daraus folgt, daß jede Heirat *die Tendenz hat*, die Bedingungen zu reproduzieren, unter denen sie entstanden ist.[62] Objektiv auf die Erhaltung oder Vermehrung des von einer mehr oder weniger umfangreichen Gruppe gemeinschaftlich besessenen materiellen und symbolischen Kapitals ausgerichtet, gehören die Heiratsstrategien zu dem System der Reproduktionsstrategien, die als Summe aller der Strategien zu verstehen sind, durch die Individuen oder Gruppen objektiv danach streben, die mit einer bestimmten Produktionsweise verbundenen Produktionsverhältnisse zu reproduzieren, indem sie alles tun, um ihre Stellung in der Sozialstruktur zu reproduzieren oder zu verbessern.[63] Wir sind hier weit entfernt von jener reinen, da so unendlich beschränkten Welt der »Heiratsregeln« und der »Elementarstrukturen der Verwandtschaft«. Nachdem nun das System der Prinzipien definiert wurde, von denen aus die Individuen eine geregelte und regelmäßige Heiratspraxis produzieren und die Heiratspraxis anderer Individuen praktisch erfassen, könnte man anhand einer statistischen Untersuchung der dem Gegenstand dienlichen Informationen das Gewicht der strukturellen oder individuellen Variablen bestimmen, die diesen Prinzipien objektiv zuzuordnen sind. Vor allem aber ist dies wichtig: Die Praxis der Individuen wird verständlich, wenn man das System derjenigen Prinzipien – und der Gesetze, nach denen sie kombiniert werden können – aufstellen kann (man könnte auch von dem System der Variablen und Operatoren sprechen), die die Individuen immer dann in die Praxis umsetzen, wenn sie spontan und unmittelbar die Personen ausmachen, die bei einer gegebenen Konjunktur des Heiratsmarktes sozio-logisch zueinander passen könnten; oder genauer gesagt: wenn sie z. B. für einen bestimmten Mann alle die Frauen nennen, die ihm innerhalb der praktischen Verwandtschaft sozusagen *versprochen* sind, und die, die ihm im äußersten Fall noch *gestattet* werden können; dies geschieht auf so eindeutige und unbestreitbare Weise, daß jegliche Abweichung von der als die wahrscheinlichste vorgezeichneten Kurve – in einen fremden Stamm einheiraten z. B. – von der betreffenden Familie, aber auch von der ganzen Gruppe als Herausforderung empfunden wird.

ZWEITER TEIL
Entwurf einer Theorie der Praxis

»Der Hauptmangel alles bisherigen Materialismus (den Feuerbachschen mit eingerechnet) ist, daß der Gegenstand, die Wirklichkeit, Sinnlichkeit, nur unter der Form des *Objekts oder der Anschauung* gefaßt wird; nicht aber als *sinnlich menschliche Tätigkeit, Praxis*; nicht subjektiv. Daher die *tätige* Seite abstrakt im Gegensatz zu dem Materialismus – der natürlich die wirkliche, sinnliche Tätigkeit als solche nicht kennt – entwickelt.«

Karl Marx, *Thesen über Feuerbach*

ERSTES KAPITEL

Struktur, Habitus, Praxis

Da wir nicht verkennen, daß jedes epistemologische Feld, das um ein Gefüge paralleler Gegensatzpaare organisiert ist, jegliche Infragestellung des Objektivismus zunächst zwangsläufig als eine Rehabilitierung des Subjektivismus erscheinen lassen wird, zögern wir bereits, allein die zur Aufdeckung der gängigen Vorstellungen doch unabdingbare Analyse der anthropologischen und soziologischen Grundlagen des objektivistischen Irrtums in Angriff zu nehmen – handele es sich dabei um die Situation des Fremden, Außenstehenden wie beim Ethnologen, um die des Betrachters wie beim Kunsthistoriker oder, allgemein, um die intellektuelle Voraussetzung schlechthin, die, jenseits der Zwänge und Notwendigkeiten der Praxis, die Bedingung der Möglichkeit eines gelehrten Verhältnisses zu einem Gegenstand vorgibt: Und in der Tat setzen wir uns auf diese Weise der Gefahr aus, Lesarten zu provozieren, die entweder gemäß dem überlieferten Platonischen Gegensatz von Trennung (*chorismos*) und Teilhabe (*methexis*) der objektivistischen Strenge die magischen Tugenden der »teilnehmenden Beobachtung« entgegenhalten, oder die darin zu verstehen wähnen, daß die einzige Weise, die Praxis zu verstehen, die Praxis selbst sei – womit sie freilich den Gegensatz zwischen zwei *Theorien* der Praxis auf das, je nach dem Ende, an dem man es ergreift, wahlweise aristokratische oder populistische Paar von Theorie und Praxis reduzieren.

Zwar ist der Hinweis zutreffend, daß die Theorie der Praxis, die als Bedingung einer strengen Wissenschaft von den Praxisformen und praktischen Handlungen erscheint, nicht weniger theoretisch – mithin theoretisch und praktisch von der Praxis getrennt – ist als jene Theorie der Praxis, die implizit in die objektivistischen Modelle eingeht; doch ist damit noch nicht die Frage hinfällig, inwieweit die gesellschaftlichen Voraussetzungen, die *faktisch* gegeben sein müssen, damit eine besondere Kategorie von Individuen zur Ausübung einer theoretischen Tätigkeit bereitgehalten werden kann, nicht per se die unbewußte Übernahme eines bestimmten Typs einer Theorie der Praxis begünstigen. Die bekannten Analysen A. Comtes weiterführend – wonach, gegenüber den Proletariern, den »unmittelbar Ausführenden«, die »unmittelbar handgemein mit der Natur« und derart für den positiven Geist prädisponiert sind, die Bourgeois dagegen »vor allem mit der Gesellschaft zu tun haben«[1] –, wäre zu vermuten, daß die Erfahrung einer sozialen Welt, auf die man in quasi-magischer Weise, kraft Zeichen – Wörter oder Geld –, d. h. vermittels der Arbeit anderer einwirken kann, allein keineswegs schon dazu befähigt, diese soziale Welt als Raum der *Notwendigkeit* zu begreifen; vielmehr, daß diese Erfahrung eine starke Affinität zu der Theorie des Handelns aufweisen dürfte, worin dieses als mechanische Ausübung eines mechanischen Modells oder als reiner Akt einer freien Entscheidung gedacht wird, je nachdem, ob man dabei eher an sich oder an die »anderen« denkt. Eine eingehendere Untersuchung der sozialen Stellung der Intellektuellen würde im übrigen kenntlich machen, daß diese Mitglieder einer beherrschten Fraktion der herrschenden Klasse prädisponiert sind, die Rolle von, wie Virginia Woolf sagte, *middle-brows*, d. h. von Mittlern zwischen den Gruppen und Klassen zu übernehmen: Abgesandte oder Mandatsträger, die *für* die anderen, d. h. zu deren Gunsten, aber auch *an deren Stelle* sprechen, werden sie, zumeist guten Glaubens, dazu verleitet, ebenso die zu täuschen, von denen sie sprechen, wie die, zu denen sie sprechen; jene unter ihnen schließlich, die selbst aus den beherrschten Klassen aufgestiegen sind, die Überläufer und Parvenus also, können nur deshalb sprechen, weil sie den wortlosen Platz derer verlassen haben, deren Wort sie ergreifen, indem sie in der Rede ihren Platz einnehmen und auf diese Weise dazu gebracht werden, im Austausch gegen Anerkennung und Erkenntlichkeit das Kapital an Information, das sie mit sich genommen haben, abzuliefern.[2] Kurzum, es galt wenigstens daran zu erinnern, daß das Privileg, das jeder theoretischen Tätigkeit insoweit zugrunde liegt, als diese einen epistemologischen, aber auch sozialen Bruch voraussetzt, niemals angemessen subtil diese Tätigkeit beherrschen kann, außer wenn es, da es als solches nicht erscheint, zu einer impliziten Theorie der Praxis führt, die mit dem Vergessen der gesellschaftlichen Bedingungen der Möglichkeit von Theorie Hand in Hand geht.

Die besondere Beziehung, die der Ethnologe mit seinem Gegenstand unterhält, schließt in dem Maße auch die Möglichkeit einer theoretischen Verzerrung ein, wie ihn seine Stellung als Dechiffreur und Interpret zu einer hermeneutischen Repräsentation der gesellschaftlichen Praxisformen neigen läßt, die dazu verführt, alle gesellschaftlichen Beziehungen auf solche der Kommunikation und alle Interaktionen auf symbolische Tauschbeziehungen zu reduzieren. Charles Bally hat zu bedenken gegeben, daß linguistische Forschungen, je nachdem, ob sie sich der Muttersprache oder fremden Sprachen zuwenden, unterschiedliche Wege einschlagen, und im weiteren den Hang zum *Intellektualismus* hervorgehoben, der darin impliziert ist, Sprache vom Standpunkt des hörenden statt des sprechenden Subjekts, d. h. als Decodierungsinstrument statt als »Handlungs- und Ausdrucksmittel« verstehen zu wollen: »der Hörer steht auf der Seite der Sprache, mittels der Sprache interpretiert er das Gesagte«.[3] Zweifellos kommt auch der Begeisterung für die Tugenden der Distanz, die die Exteriorität erzeugt, die Funktion zu, die objektive Situation des Ethnologen – des »unparteiischen Beobachters«, wie Husserl formuliert –, die ihn dazu verführt, jede Realität und jede Praxis, einschließlich seiner eigenen, wie ein Schauspiel zu erfassen, in eine epistemologische Entscheidung zu verwandeln.

Solange er die Beschränkungen ignoriert, die seiner Perspektive auf den Gegenstand innewohnen, verurteilt sich der Ethnologe dazu, seinerseits unbewußt jene Repräsentation des Handelns wiederaufzugreifen, die sich einem Handlungssubjekt oder einer Gruppe immer aufdrängt, wenn dieses (oder diese), ohne praktische Beherrschung einer hochgradig valorisierten Kompetenz, sich mit deren explizitem und zumindest halb-formalisiertem Ersatz in Form eines *Repertoires an Regeln* oder mit dem begnügen muß, was die Soziologen im günstigsten Fall unter dem Begriff der »Rolle« fassen, d. h. mit dem einem bestimmten »Gebrauch« entsprechenden vorbestimmten Programm aus Diskursen und Handlungen.[4] Es ist bezeichnend, daß man die »Kultur« zuweilen wie eine Landkarte beschreibt: ein Vergleich, der sich am Vorgehen eines Fremden ausrichtet, der, da ihm die praktische Beherrschung fehlt, die allein der Einheimische aufweist, mittels eines Modells aller möglichen Wegstrecken das ihm zur Orientierung Fehlende sich hinzudenkt: Der Abstand zwischen diesem virtuellen und abstrakten, weil jeder privilegierten Orientierung und jeden privilegierten Zentrums ermangelnden Raum – ähnlich den Genealogien mit ihrem *Ego*, das nicht minder irreal ist als der Ursprung in einem cartesianischen Raum – und dem praktischen Raum der wirklich durchmessenen Strecken oder, besser, des im Zuge des Gehens sich realisierenden Streckenverlaufs läßt sich an der Schwierigkeit ablesen, auf die wir, uns vertraute Wege auf einer Karte oder einem Plan suchend, so lange stoßen müssen, wie es uns nicht gelungen ist, die Achsen des virtuellen Feldes mit jenem, wie Poincaré sagte, »System von unabänderlich an unseren Körper gebundenen Achsen, das wir allenthalben mit uns herumtragen« und das den praktischen Raum, Rechts wie Links, Oben und Unten, Vorn und Hinten strukturiert, zur Deckung zu bringen. Für die Anthropologie heißt das nicht nur, mit der Erfahrung der Einheimischen und deren Repräsentation dieser Erfahrung zu brechen; sie muß in einem zweiten Einschnitt auch die der Stellung des fremden Beobachters inhärenten Voraussetzungen in Frage stellen, da dieser, vorgängig darauf bedacht, die Praktiken zu *interpretieren*, dazu neigt, am Gegenstand den Grundlagen seiner eigenen Beziehung zu ihm die größte Wichtigkeit beizumessen. Davon zeugt das Privileg, das er den Kommunikations- und Erkenntnisfunktionen gleichermaßen im Bereich der Sprache, des Mythos oder der Heirat einräumt. Erkenntnis hängt nicht nur, wie der elementare Relativismus lehrt, von dem besonderen Standpunkt ab, den ein »nach Raum und Zeit festgelegter« Beobachter gegenüber dem Gegenstand einnimmt, sondern auch davon, daß er als Betrachter, der gegenüber dem Handeln einen Standpunkt einnimmt, der sich zurückzieht, um es zu beobachten, um es aus der Entfernung und von oben in Augenschein zu nehmen, die praktische Tätigkeit *zum Gegenstand der Beobachtung und der Analyse* macht. So haben die Architekten lange gebraucht, um zu merken, daß der perspektivische Aufriß ihrer Pläne und Skizzen sie dazu verleitete, Städte für eine Art göttlichen Zuschauer zu entwerfen statt für die Menschen, die darin zu wohnen haben: Der absolute Standpunkt einer standpunktlosen Wissenschaft ähnelt darin dem eines Leibnizschen Gottes, der, einem General gleich, der die militärisch der Regel unterworfenen Aktionen seiner Untergebenen im vorhinein beherrscht, in actu jene Essenz besitzt, die Adam und Cäsar sich allererst in der Zeit aneignen müssen. Stets schließt der Objektivismus einen virtuellen Essentialismus ein.

In der Analyse fremder Gruppen oder Klassen lassen sich Formen, sich des Ethnozentrismus zu enthalten, ausmachen, die möglicherweise ebensosehr Formen sind, Abstand zu wahren und die in jedem Fall aus der Not eine Tugend machen, indem sie ein faktisches Ausgeschlossensein in eine methodische Entscheidung umwandeln. Gewiß würde man auf diese Weise, sofern es einem gelänge, soziale

Praktiken der gleichen Klasse, die man praktisch beherrscht, auch theoretisch zu meistern, sich weniger der Gefahr aussetzen, den nur zum Schein ritualisiertesten Ehren- oder Gabentausch in verdinglichte oder verdinglichende Modelle zu pressen. Nichts ist besser als etwa die »obligatorische Konversation« dazu angetan, gerade bei dem, der sie von außen betrachtet, die Illusion einer mechanischen Notwendigkeit zu nähren, muß jene doch, um in Gang zu bleiben, fortwährend die Beziehung zwischen den Gesprächsteilnehmern wieder erzeugen – und zuweilen gänzlich neu stiften –, indem sie diese sich entfernen läßt und wieder nahebringt, sie zwingt, in gleichermaßen ehrlicher wie vergeblicher Überzeugung gemeinsame wie auseinanderstrebende Punkte zu suchen, sie abwechselnd unterliegen wie triumphieren läßt und Auseinandersetzungen hervorruft, die, obgleich gespielt, immer auf der Kippe stehen, in Ernst abzugleiten und die dann sofort durch Kompromisse oder durch den Rekurs auf das sichere Terrain gemeinsamer Überzeugungen geregelt werden müssen. Nun können wir freilich, indem wir den Standpunkt wechseln, dieses Ineinandergreifen von Gesten und Worten auch – wie Marx in den *Thesen über Feuerbach* ziemlich unvorsichtig formulierte – »subjektiv« fassen oder, besser, von einer der Praxis adäquaten Theorie ausgehen, die die Praxis *als Praxis* konstituiert – im Gegensatz ebenso zu den impliziten oder expliziten Theorien, die sie als *Objekt* behandeln, wie zu jenen, die sie auf eine *gelebte Erfahrung* reduzieren, die durch reflektive Zuwendung erfaßbar sein soll –: Die nicht nachlassende Wachsamkeit, die erforderlich ist, damit wir vom Spiel »getragen« werden, ohne vom Spiel jenseits des Spiels »davongetragen« zu werden, wie es geschieht, wenn der simulierte Kampf die Kombattanten beherrscht, zeugt davon, daß solche offensichtlich zwanghaften und zwangsläufigen Verhaltensweisen auf dem nämlichen Prinzip beruhen wie jene, die, besser mit dem gleicherweise trügerischen Schein freier Improvisation versehen, wie der *Bluff* oder die *Verführung*, mit allen Äquivokationen, mit allen Doppeldeutigkeiten und unterschwelligen Bedeutungen der körperlichen und verbalen Symbolik spielen, um derart zweideutige, folglich beim geringsten Anzeichen von Rückzug und Ablehnung widerrufbare Verhaltensweisen zu erzeugen und so in fortwährend zwischen Spiel und Ernst, Überschwang und Distanz, Bereitwilligkeit und Gleichgültigkeit schwankende Intentionen einen Faktor der Unsicherheit einzuführen. Ein solcher Perspektivenwechsel genügt, um wahrzunehmen, daß man von al-

len wirklich beobachteten (oder potentiell beobachtbaren) Ehrverhaltensweisen, die durch ihre unausschöpfbare Mannigfaltigkeit wie quasi-mechanische Notwendigkeit gleichermaßen beeindrucken, sehr wohl Rechenschaft ablegen kann, ohne hierfür aufwendige »mechanische« Modelle entwickeln zu müssen, die doch gegenüber der regelhaften Improvisierung des Ehrenmannes bestenfalls das sein könnten, was gegenüber der Lebenskunst ein Lehrbuch des savoir-vivre oder gegenüber musikalischer Erfindungsgabe eine Harmonielehre ist. Um alle die von den Nötigungen des Daseins geforderten Verhaltensweisen der Ehre hervorzubringen, ist es nicht notwendig, jene Art von, wie Jakobsen[5] sagte, »Zettelkasten vorgefertigter Vorstellungen« zu besitzen, der es erlauben soll, das jeder Situation angemessene Verhalten zu »wählen«; dazu genügt die praktische Beherrschung des *Prinzips der Isotomie,* das besagt, daß jeder Mann, insoweit er sich der Klasse der Ehrenmänner zurechnet und sich demgemäß verhält, indem er beispielsweise eine Herausforderung vorbringt, implizit damit geltend macht, ebenfalls als solcher behandelt werden, folglich eine Antwort erhalten zu wollen: In der Tat läßt sich diesem Prinzip entnehmen, daß das Ausbleiben einer Antwort ebenso die Ehre des Herausforderers beeinträchtigen kann, dann nämlich, wenn dies Ausbleiben unzweideutig als aus Verachtung geborene Verweigerung jeder Antwort sichtbar wird, wie die Ehre des Herausgeforderten, der, sofern er zu schwach war, um zu antworten, sich damit außerhalb der Klasse der Ehrenmänner gestellt hat, der er durch die erhaltene Herausforderung implizit zugerechnet worden war.
Die Sprache der Regel und des Modells, die annehmbar scheinen mag, wenn es sich um fremde Praxisformen handelt, erträgt demgegenüber nicht die leiseste konkrete Evokation der praktischen Beherrschung der Symbolik sozialer Interaktionen, wie Takt, Fingerspitzengefühl, auf Ehre gegründete Lebensart oder Ehrgefühl, die doch in den alltäglichsten Soziabilitätsspielen vorausgesetzt wird und die sich durch die Anwendung einer spontanen Semiologie, d.h. eines Corpus kodifizierter Vorschriften, Anleitungen und Weisungen, gleichsam verdoppeln kann.

Das beste Beispiel einer solchen Entschlüsselungsarbeit, die, indem sie es gestattet, die anderen innerhalb der Hierarchien von Alter, Reichtum, Macht und Bildung einzuordnen, die Individuen ohne deren Bewußtsein auf den Tauschtypus hin ausrichtet, der in Form wie Inhalt der objektiven Beziehung zwischen den Interagierenden am besten angepaßt ist, geben

Situationen wie der Bilingualismus ab, wo die Sprecher je nach Lage, Gegenstand der Unterhaltung und sozialem Status des Gesprächsteilnehmers (und darin ihrem Grad an Bildung und Zweisprachigkeit, usw.) – und auf vollkommen unbewußte Weise – eine der beiden zur Verfügung stehenden Sprachen ergreifen. Im vorliegenden Fall, einem Dorf, wo gleichzeitig Französisch und Béarnisch gesprochen wird, lassen sich starke statistisch ausmachbare Korrelationen zwischen verwendeter Sprache und solchen Eigenschaften wie Geschlecht, Alter, Wohnsitz (ob in einem Dorf oder einem Weiler) und Beruf (oder Ausbildungsniveau) der Sprecher feststellen. In einer Gruppe, deren Mitglieder sich gegenseitig kennen, ist es müßig, soziale Indizes entschlüsseln zu wollen, um seine eigene Form des Ausdrucks den jeweiligen Gesprächsteilnehmern, deren soziale Chrakteristika man ja kennt, anzupassen. Die Vermutung ist nicht von der Hand zu weisen, daß der gesamte Inhalt der Kommunikation (und nicht bloß die benutzte Sprache) durch die Beziehungsstruktur der Sprecher unbewußt verändert wird. Wie jeder schon erfahren hat, ist der Zwang der gesellschaftlich bestimmten objektiven Situation, in der kommuniziert wird, derart prägend, daß bestimmte Umstände gleichsam nach einer ganzen Sprache, zumindest jedoch nach einer bestimmten Art von Scherzen, einem besonderen Ton oder gar einem spezifischen Akzent verlangen, die bei anderen Gelegenheiten, trotz aller Beschwörungsversuche, nicht zum Tragen kommen. Zum Beispiel ist bekannt, welche Schwierigkeiten es bereitet, Höhepunkte eines Abenteuers, das in einem spezifischen sozialen Kontext erlebt wurde, in davon unterschiedenen Situationen wiederaufleben zu lassen. Sehr gut dokumentiert Charles Bally, wie der ganze Inhalt einer Kommunikation, die Natur der Sprache wie aller verwendeten Ausdrucksformen (Gang, Körperhaltung, Mimik usw.) durch den fortwährenden Bezug auf die Struktur der sozialen Beziehung zwischen den Individuen, die jene verwirklichen, und, noch genauer, auf die Struktur ihrer jeweiligen Positionen innerhalb der Hierarchien von Alter, Macht, Prestige und Bildung affiziert werden: »Wenn ich mit jemandem oder über jemanden spreche, kann ich nicht umhin, mir die besonderen (vertrauten, korrekten, aufgezwungenen, offiziellen) Beziehungen vorzustellen, die zwischen dieser Person und mir bestehen; unwillkürlich denke ich nicht nur an die Wirkung, die sie auf mich ausüben mag; ich stelle mir auch ihr Alter, Geschlecht, ihren Rang, das Sozialmilieu, dem sie angehört, vor. Alle diese Überlegungen können die Wahl meiner Ausdrucksformen beeinträchtigen und mich dazu bringen, das zu vermeiden, was sie ärgern und kränken, sie sich von mir abwenden lassen könnte. Wenn es vonnöten ist, wird die Sprache zurückhaltend, vorsichtig; dann schwächt sie ab und beschönigt, gleitet, statt hervorzutreten« (Ch. Bally, loc. cit. S. 21).

Dieses praktische Erkennen, das darauf beruht, fortwährend die nur flüchtig wahrgenommenen Hinweise zu entschlüsseln, die sich auf die Aufnahme der schon vollzogenen Handlungen beziehen, vollzieht unaufhörlich die Kontrollen und Korrekturen, die die Anpassung der Praktiken und Expressionen an die Erwartungen und Reaktionen der anderen Handlungssubjekte zu gewährleisten bestimmt sind. Dabei entspricht die Funktionsweise dieser Erkenntnis dem Mechanismus der Selbststeuerung, dessen Aufgabe es ist, abhängig von übermittelten Informationen hinsichtlich der Aufnahme ausgesendeter Signale und der von ihnen erzeugten Wirkungen jeweils neu die Handlungsorientierungen zu definieren. Daran wird kenntlich, daß das typisch hermeneutische Paradigma des Austauschs von Worten zweifellos weniger angemessen ist als das des Schlagabtauschs, das G. H. Mead zur Anwendung brachte[6]: Im Kampf zwischen Hunden, ganz ähnlich wie in der Balgerei von Kindern oder beim Boxkampf, ruft jede Geste eine Reaktion hervor, wird jede Körperhaltung des Gegners wie ein gewichtiges Zeichen einer Bedeutung behandelt, die es in ihrem Entstehen zu erfassen gilt, um derart im Ansatz des Schlages oder des Ausweichens das darin Eingeschlossene, den zukünftigen Schlag oder die zukünftige Täuschung nämlich, zu erraten. Und beim Boxen wie im Gespräch, beim Austausch von Ehrbezeugungen wie in den matrimonialen Transaktionen setzt die Täuschung selbst einen Gegner voraus, der in der Lage ist, ausgehend von einer kaum eingesetzten Bewegung, deren Gegenbewegung folglich noch antizipiert werden kann, der Replik zuvorzukommen. Der Beobachter, der vergessen sollte, was seine Position als solche alles impliziert, wird dazu verführt, neben anderem auch zu vergessen, daß der in eine solche Partie Eingebundene nur unter Strafe, für sein Zaudern praktisch zahlen zu müssen, den Vollzug der Geste abwarten darf, um sie dann aufzuschlüsseln; daß man, wie Austin formuliert, »(can) do things with words«, d. h., daß man die *Handlungen* und nicht allein die Gedanken anderer *formen* kann, und schließlich, daß der Sinn einer Information, die niemals – es sei denn für den Gelehrten oder den Ästheten – in sich selbst ihre Bestimmung findet, definitiv nichts anderes ist als die Gesamtheit der Handlungen, die sie auslöst.

Die drei Modi theoretischer Erkenntnis

Die soziale Welt kann zum Gegenstand dreier Modi theoretischer

Erkenntnis werden, deren jeder eine Gesamtheit zumeist verschwiegener anthropologischer Thesen impliziert, die, wiewohl de jure sich nicht gegenseitig ausschließend, doch nur dies eine gemeinsam haben, zum praktischen Erkenntnismodus in Gegensatz zu stehen. Die Erkenntnisweise, die wir die *phänomenologische* nennen wollen (oder, wenn man in Begriffen gegenwärtig existierender Schulen sprechen möchte: die »interaktionistische« oder »ethnomethodologische«), expliziert die Wahrheit der primären Erfahrung mit der sozialen Welt, d. h. das *Vertrautheits*verhältnis zur vertrauten Umgebung. Sie begreift die soziale Welt als eine natürliche und selbstverständlich vorgegebene Welt, sie reflektiert ihrer Definition nach nicht auf sich selbst und schließt im weiteren die Frage nach den Bedingungen ihrer eigenen Möglichkeit aus. Die hier *objektivistisch* genannte Erkenntnisweise (wovon die strukturalistische Hermeneutik nur einen Sonderfall bildet) erstellt die – gewöhnlich ökonomischen oder linguistischen – objektiven Beziehungen, die die verschiedenen Praxisformen und deren Repräsentationen, d. h. im besonderen die praktische und stillschweigende primäre Erfahrung der vertrauten Welt, strukturieren – freilich um den Preis des Bruchs mit dieser primären Erfahrung, folglich mit den stillschweigend übernommenen Voraussetzungen, die der sozialen Welt ihren evidenten und natürlichen Charakter verleihen: In der Tat vermag die objektivistische Erkenntnis sowohl die objektiven Strukturen der gesellschaftlichen Welt wie die objektive Wahrheit der primären Erfahrung, der eine *explizite* Kenntnis dieser Strukturen mangelt, nur unter der Bedingung zu erstellen, daß sie jene Frage stellt, die die *doxische* Erfahrung der sozialen Welt per definitionem ausschließt: die nach den (besonderen) Bedingungen der Möglichkeit dieser Erfahrung selbst. Gegenstand der Erkenntnisweise schließlich, die wir *praxeologische* nennen wollen, ist nicht allein das von der objektivistischen Erkenntnisweise entworfene System der objektiven Relationen, sondern des weiteren die *dialektischen* Beziehungen zwischen diesen objektiven Strukturen und den strukturierten *Dispositionen*, die diese zu aktualisieren und zu reproduzieren trachten; ist mit anderen Worten der doppelte Prozeß der Interiorisierung der Exteriorität und der Exteriorisierung der Interiorität. Diese Erkenntnisweise setzt den Bruch mit der objektivistischen Erkenntnis, setzt die Frage nach den Bedingungen der Möglichkeit und darin nach den Grenzen des objektiven und objektivierten Standpunkts vor-

aus, der, statt aus den verschiedenen Praxisformen das generative Prinzip zu entwickeln, indem er sich auf deren Wirkungen selbst einläßt, sie nur von außen, als faits accomplis, erfaßt.
Kann die praxeologische Erkenntnisweise als einfache und bloße Rückkehr zur phänomenologischen Erkenntnis erscheinen, und kann die Kritik am Objektivismus, die sie impliziert, sich der Gefahr aussetzen, mit derjenigen Kritik verwechselt zu werden, die auch der naive Humanismus im Namen der gelebten Erfahrung und der Rechte der Subjektivität an den Objektivismus richtet, so deshalb, weil sie aus einer *doppelten theoretischen Übertragung* resultiert: Sie führt neuerlich eine Umwälzung der Problematik aus, die die objektive Wissenschaft der sozialen Welt, verstanden als System objektiver und vom Bewußtsein und Willen der Individuen unabhängiger Relationen, dergestalt geschaffen hat, daß sie selbst die Fragen formulierte, die die primäre Erfahrung und die phänomenologische Analyse derselben immer schon ausschließen. Wie die objektivistische Erfahrung die Frage nach den Bedingungen der Möglichkeit primärer Erfahrung stellt und darin aufdeckt, wie diese sich grundlegend durch das Fehlen einer derartigen Frage definiert, so stellt wiederum die praxeologische Erkenntnis die objektivistische auf ihre Füße, indem nun sie nach den – theoretischen und gesellschaftlichen – Bedingungen der Möglichkeit auch dieser Frage selbst fragt und an den Tag bringt, daß sich die objektivistische Erkenntnisweise gleichermaßen und grundlegend durch den Ausschluß dieser Frage definiert: In dem Maße ihrer Herausbildung gegenüber der primären Erfahrung, dieser praktischen Auffassung der sozialen Welt, wird die objektivistische Erkenntnisweise auch von der Konstruktion einer Theorie der praktischen Erkenntnis der sozialen Welt abgebracht, deren Fehlen sie doch, zumal negativ, dadurch aufzeigt, daß sie gegen die impliziten Voraussetzungen praktischer Erkenntnis der sozialen Welt deren theoretische Erkenntnis hervorbringt. Die praxeologische Erkenntnis annulliert nicht die Ergebnisse des objektiven Wissens, sondern bewahrt und überschreitet sie, indem sie integriert, was diese Erkenntnis ausschließen mußte, um allererst jene zu erhalten.[7]

Die eingeborene Erfahrung der vertrauten Welt objektiv zu erforschen, ist keine neue Form, sich den Mysterien der Subjektivität anheimzugeben, sondern stellt ein Mittel dar, die Grenzen einer jeden objektiven Forschung auszumachen. Dabei können wir lernen, daß der rituellen Alternative zwischen Objektivismus und Subjektivismus, in die sich die Wissenschaften vom Menschen bislang noch haben einschließen lassen, nur unter der Voraussetzung zu entgehen ist, daß man sich über die Produktions- und Funktionsweise der praktischen Beherrschung verständigt, die eine objektiv intelligible Praxis sowie eine objektiv verzauberte Erfahrung dieser Praxis ermöglicht; genauer, unter der Voraussetzung, daß alle Verfahren wissenschaftlicher Praxis einer *Theorie* der Praxis und der primären Erfahrung der Praxis, die nichts mit deren phänomenologischer Restitution zu tun hat, sowie, damit unauflöslich verbunden, einer Theorie der theoretischen und gesellschaftlichen Bedingungen möglicher objektiver Auffassung – sowie der Grenzen dieser Erkenntnisform – untergeordnet werden. Die praxeologische Erkenntnis unterscheidet sich von der phänomenologischen, deren erworbene Kenntnisse sie im übrigen in sich aufnimmt, in einem wesentlichen Punkt: Sie unterstellt zunächst, wie der Objektivismus, daß das Objekt der Wissenschaft gegen die Evidenz des Alltagswissens mittels eines Konstruktionsverfahrens erobert sein will, das, damit unauflöslich verbunden, einen *Bruch* mit allen »präkonstruierten« Repräsentationen, wie vorgängig erstellten Klassifikationen und offiziellen Definitionen, darstellt.[8] Dies läuft selbstredend darauf hinaus, die Theorie der Theorie zurückzuweisen, die die Konstruktionen der Sozialwissenschaft reduziert auf »Konstruktionen zweiten Grades, d. h. Konstruktionen von Konstruktionen jener Handelnden im Sozialfeld«, wie es Schütz tut[9], oder auf *accounts* von *accounts*, die die Individuen hervorbringen und mittels derer sie den Sinn ihrer Welt hervorbringen, wie es Garfinkel tut.[10] Gewiß kann man sich zum Ziel setzen, einen *account* des *account* zu bilden, aber doch nur unter der Voraussetzung, das, was einen Beitrag der vorwissenschaftlichen Repräsentation der sozialen Welt zur Wissenschaft darstellt, nicht schon als Wissenschaft von dieser sozialen Welt auszugeben. Tatsächlich ist selbst damit noch zuviel konzediert, insofern eine Wissenschaft von den Repräsentationen des Alltagswissens, die geltend macht, sich nicht auf bloße Deskription zu beschränken, die Wissenschaft von den Strukturen, die über die verschiedenen Praxisformen wie die sie begleitenden Repräsentationen gleichermaßen gebieten, zur Voraussetzung hat – übrigens das hauptsächliche Hindernis für den Aufbau einer solchen Wissenschaft.[11] Kurz, der Versuch, die Sozialwissenschaft auf die bloße Aufdeckung objektiver Strukturen einzuengen, darf mit Recht zurückgewiesen werden, wenn dabei nicht aus den Augen verloren wird, daß die Wahrheit der Erfahrungen gleichwohl doch in den Strukturen liegt, die diese determinieren. Die Konstruktion objektiver Strukturen (Preiskurven, Chancen des Zugangs zu höheren Bildungsinstitutionen, Gesetze des Heiratsmarktes) gestattet faktisch erst, das Problem der Mechanismen anzugehen, durch welche die Beziehungen zwischen den Strukturen und den Praktiken oder den mit ihnen einhergehenden Repräsentationen gestiftet werden – und keineswegs die zur determinierenden Ursache stilisierten und als »Grund« oder »Motiv« behandelten gedanklichen Gegenstände. In der Tat reduziert der Interaktionismus, indem seine Analyse nur berücksichtigt, was in der Praxis und in den Repräsentationen der Logik der symbolischen Interaktionen und, noch spezifischer, *der* Repräsentation geschuldet ist, die sich die Handlungssubjekte qua Antizipation oder Erfahrung von der Handlung der anderen, denen sie unmittelbar konfrontiert sind, machen können, die Beziehungen zwischen Positionen innerhalb objektiver Strukturen auf intersubjektive Beziehungen der die Positionen einnehmenden Individuen: Indem der Interaktionismus auf diese Weise stillschweigend all das ausschließt, was die Interaktionen und deren Repräsentationen in den Individuen diesen Strukturen schulden, übernimmt er implizit die Spontantheorie des Handelns, die das Handlungssubjekt und dessen Repräsentationen zum letzten Prinzip all der Strategien erhebt, die die soziale Welt hervorzubringen und zu verändern in der Lage sind (was letztlich darauf hinausläuft, die kleinbürgerliche Sicht gesellschaftlicher Beziehungen als etwas, was man macht und was man sich macht, auf das Niveau einer Theorie der sozialen Welt zu erheben).

Wie die Ethnomethodologie zu postulieren, daß die Wissenschaft nur eine Konzeptualisierung der gemeinsamen Erfahrung, der Alltagserfahrung, sein kann, die selbst wiederum auf dem Sprachvermögen, d. h. auf der Alltagssprache aufbaut, heißt zudem, die Wissenschaft von der Gesellschaft einer *Bestandsaufnahme des krud Gegebenen*, kurz, der herrschenden Ordnung, gleichzustellen. Es ist, noch einmal gesagt, legitim, einen *account der accounts* erstellen zu wollen – freilich nur, wenn man sich auch klar und deutlich der Funktion bewußt ist, die in der Praxis einem jeden *account* zugewiesen wird: Das der Alltagssprache zugeschriebene konstitutive Vermögen liegt nicht in ihr selbst begründet, sondern in der Gruppe, die sie autorisiert und die ihr allererst Autorität verleiht; erst die offizielle Sprache, als autorisierte Sprache und Sprache der Autorität, macht statthaft und setzt ein, was jene aussagt, und definiert auf diese Weise stillschweigend die Grenzen zwischen dem Denkbaren und dem Undenkbaren, womit sie ihren Teil zur Aufrechterhaltung der symbolischen wie der sozialen Ordnung, von der sie ihre Autorität erhält, beiträgt. Eine solche Sprache schlicht zu registrieren, ohne die Funktionen, die sie erfüllt, und die gesellschaftlichen Bedingungen ihrer Wirksamkeit miteinzubeziehen, bedeutet nichts anderes, als eine Konstruktion gesellschaftlicher Wirklichkeit wissenschaftlich werden zu lassen und darin zu legitimieren, die niemals nur eine rein intime und persönliche Erfahrung darstellt, sondern eine Repräsentation wiedergibt, die vollständig mit den Interessen einer spezifischen Gruppe in Übereinstimmung steht. Weiterreichend noch, was von jeglicher phänomenologischen Analyse der »Generalthesis der Wirklichkeit in natürlicher Einstellung«, die der »Urerfahrung« der Sozialwelt konstitutiv ist, fundamental ausgeschlossen wird, ist die Frage nach den gesellschaftlichen und ökonomischen Bedingungen dieses *Glaubens*, der darin besteht, »die Wirklichkeit so zu nehmen, wie sie sich gibt«, und den die »Reduktion« späterhin als »These« oder, exakter, als Epoché der Epoché zur Erscheinung bringen wird, d. h. als Aussetzen des Zweifels hinsichtlich der Möglichkeit, daß die Welt der natürlichen Einstellung auch anders sein könnte. Da die Phänomenologie es daran fehlen läßt, die Frage nach den Voraussetzungen – folglich den Grenzen der Geltung – jener Erfahrung zu stellen, die sie explizit macht, verallgemeinert sie schließlich nur eine spezifische Erfahrung von sozialer Welt, die an einen bestimmten Typ ökonomischer und gesellschaftlicher Bedingungen gebunden ist, dessen paradigmatische Ausprägung in den Gesellschaftsformationen zur Darstellung kommt, die in einfache Reproduktionszyklen eingeschlossen sind.[13] In den Klassengesellschaften freilich, in denen die Definition des Wirklichen zum Einsatz eines offenen oder verdeckten Kampfes zwischen den Klassen gerät, stellt die Grenzziehung zwischen einerseits dem Feld der Meinung, d. h. dem, was ausdrücklich in Frage gestellt wird – sowohl die heterodoxe wie die orthodoxe Meinung setzen die Frage, folglich die Möglichkeit und Legitimität einer anderen, von einer anderen Gruppe verteidigten Antwort voraus –, und andererseits dem Feld der *Doxa*, dem, was außer Frage steht und was jedes Individuum aus der bloßen Tatsache heraus, daß es in Einklang mit dem sozial Schicklichen handelt, dem gegenwärtigen Stand der Dinge zuschreibt, selbst schon einen fundamentalen Einsatz in jener Form des politischen Kampfes zwischen den Klassen dar, der um die Einsetzung herrschender Klassifikationssysteme geführt wird: Darin werden die beherrschten Klassen vom Interesse geleitet, die Schranken der *Doxa* zurückzuversetzen und den Willkürcharakter des *Selbstverständlichen* bloßzustellen; während die herrschenden Klassen daran interessiert sind, die Integrität der Doxa zu wahren oder, sollte dies mißlingen, deren zwangsläufig unvollkommenen Ersatz in Form einer Orthodoxie zu restaurieren. Es wird einsehbar, welchen Beitrag eine so verstandene Analyse der naiven Erfahrung sozialer Welt zu einer *Soziologie des Wissens*, die zugleich eine Soziologie der Politik ist, zu leisten imstande wäre, indem sie die gnoseologischen Mechanismen aufdeckte, die der Aufrechterhaltung der herrschenden Ordnung dienen.

An dieser Stelle gilt es, einen Augenblick auf dem Terrain des Objektivismus schlechthin, dem der Saussureschen Linguistik und der Semiologie, innezuhalten. Wenn Saussure die Sprache als autonomen und auf seine konkreten Aktualisierungen, d. h. die Äußerungen, die sie ermöglicht, irreduziblen Gegenstand begründet; oder wenn Panofsky zur Geltung bringt, daß das, was er, in Anlehnung an Alois Riegl, *Kunstwollen* nennt – womit in etwa der *objektive Sinn* eines Werkes gemeint ist[14] –, sich ebensowenig auf den »Willen« des Künstlers wie den »Willen« einer Epoche noch auf das Erlebnis, das das Werk im Betrachter auslöst, reduzieren läßt, dann vollziehen beide: der eine in bezug auf jenes ausgezeichnete Verhalten, wie es das Sprechen darstellt, der andere in bezug auf jene besonderen Produkte des Handelns, wie es Kunstwerke sind, die spezifische Operation, mittels derer eine jede objektivistische Wissenschaft sich konstituiert, indem sie ein System objektiver Beziehungen konstituiert, das auf die unterschiedlichen Praxisformen und Praktiken, in denen es sich dokumentiert und in Aktion tritt, ebensowenig zurückzuführen ist wie auf die Intentionen der Subjekte und deren Bewußtsein von seinen Zwängen und seiner Logik. Wie Saussure ans Licht bringt, daß das wirkliche Medium der Kommunikation zwischen zwei Subjekten nicht die Rede als die in ihrer sinnlichen Materialität betrachtete unmittelbare Gegebenheit, vielmehr die Sprache als Struktur objektiver Relationen ist, die gleichermaßen das Hervorbringen der Rede wie deren Entschlüsselung möglich macht, so zeigt auch Panofsky, daß die ikonologische Interpretation die sinnlichen Eigenschaften des Kunstwerks, einschließlich der affektiven Erlebnisse, die es auslöst, wie einfache »kulturelle Symptome« behandelt, deren voller Sinn sich allein einer Lektüre erschließt, die den kulturellen Code, den der Schaffende seinem Werk mitgab, selbst noch in sich trägt.

Das unmittelbare »Verstehen« setzt ein unbewußtes Verfahren der Entschlüsselung voraus, dem nur dort voller Erfolg beschieden ist, wo die Kompetenz beider: desjenigen, der sie in seiner Handlung oder seinem Werk verwirklicht, und desjenigen, der sie in seiner Wahrnehmung dieses Handelns oder dieses Werkes objektiv einsetzt, zur Deckung kommt; mit anderen Worten dann, wenn die Verschlüsselung als Transformation eines Sinns in eine Praxis oder in ein Werk mit dem symmetrischen Verfahren der Entschlüsselung zusammenfällt. Möglich und wirklich vollzogen wird das Verstehen, dieser Akt der Entschlüsselung, der sich als solcher verkennt, nur dort, wo der historisch geschaffene und fortbestehende Schlüssel, der den – unbewußten – Entschlüsselungsakt möglich macht, unmittelbar und vollständig vom wahrnehmenden Individuum (in Form kultivierter Disposition) beherrscht wird und im weiteren mit dem Schlüssel verschmilzt, der (in seiner Eigenschaft als kultivierte Disposition) das Hervorbringen des wahrgenommenen Verhaltens oder Werkes einst ermöglicht hat. In allen anderen Fällen ist dagegen partielles oder gar totales Mißverständnis die Regel, führt die Illusion unmittelbaren Verstehens zu illusionärem Verstehen, nämlich dem des Ethnozentrismus als Irrtum in bezug auf den Schlüssel: Kurz, noch die »verständigste« Deutung begibt sich, speist sie sich nur aus einem naiven Glauben an die Identität der Menschheit und verfügt sie über kein weiteres Hilfsmittel als die, einem Ausdruck Husserls zufolge, »intentionale Einfühlung in den Anderen«, in die Gefahr, nur eine besonders musterhafte Form des Ethnozentrismus abzugeben.

Von der Linguistik in theoretischer Hinsicht abhängig, haben die strukturalistischen Ethnologen nicht selten innerhalb ihrer Praxis jenes *epistemologische Unbewußte* eingesetzt, das sich dem Vergessen der Akte verdankt, kraft derer sich die Linguistik allererst konstituierte: Als Erben eines intellektuellen Gutes, das sie selbst nicht gebildet haben und dessen Produktionsbedingungen sie zuweilen nicht zu reproduzieren vermögen, haben sie sich allzuoft mit wortwörtlichen Übersetzungen einer von der Ordnung der Gründe, der sie ihren Sinn verdankt, abgetrennten Terminologie begnügt und sich derart eine epistemologische Reflexion auf die Geltungsbedingungen und die Grenzen einer Transposition des Saussureschen Konstrukts erspart. Es ist zum Beispiel bezeichnend, daß – mit Ausnahme von Sapir, der dank seiner zweifachen Ausbildung als Linguist und Ethnologe das notwendige Rüstzeug an die Hand bekam, um die Frage nach dem Verhältnis von Kultur und Sprache zu stellen – kein Anthropologe den Versuch unternahm, die umfassenden Implikationen der Homologie zwischen den beiden Gegensatzpaaren (die fast als einziger Leslie White explizit formuliert): zwischen Sprachsystem und Sprechen einerseits und Kultur und Verhalten oder Werk andrerseits, ans Licht zu ziehen. Postuliert die objektivistische Analyse, daß unmittelbare Kommunikation dann und nur dann möglich ist, wenn die beteiligten Handlungssubjekte derart aufeinander abgestimmt sind, daß sie einem gleichen Zeichen (Rede, Praktik oder Werk) die jeweils gleiche Bedeutung, dem gleichen Sinn und der gleichen Bedeutung das jeweils gleiche Zeichen zuordnen, oder in anderen Worten, daß sie sich in ihren Ver- und Entschlüsselungsverfahren, d. h. in ihrer Praxis und in ihren Deutungen auf das gleiche System konstanter Relationen beziehen, die zudem vom Willen und vom Bewußtsein der Einzelnen unabhängig und auf ihre *Ausübung* im Rahmen der Praxis oder der Werke (Code oder Schlüssel) nicht reduzierbar sind: postuliert die objektivistische Analyse also solches, so widerspricht sie im strengen und eigentlichen Sinne nicht der phänomenologischen Analyse der Primärerfahrung von sozialer Welt und des unmittelbaren Verstehens der Reden und Akte des Anderen: Sie bestimmt nur deren Geltungsbereich, indem sie die spezifischen Bedingungen festlegt, unter denen jene phänomenologische Analyse allererst möglich ist – wovon diese freilich absieht. Wenn, um Husserl zu zitieren, die Wissenschaften vom Menschen zwangsläufig »Wissenschaften einer konsequent doppelseitigen Thematik, einer die Theorie des wissenschaftlichen Gebietes konsequent mit einer Theorie der Erkenntnis dieser Theorie verbindenden« sind[15], wenn, anders gesagt, die epistemologische Reflexion auf die Bedingungen möglicher anthropologischer Wissenschaft ein integraler Bestandteil dieser Wissenschaft selbst ist, so deshalb, weil eine Wissenschaft, deren Gegenstand: Sprache oder Kultur, sie selbst erst möglich macht, sich nicht konstituieren kann, ohne zugleich auch die Bedingungen ihrer Möglichkeit zu konstituieren; so freilich auch, weil die Erkenntnis der Bedingungen der Wissenschaften, d. h. der Verfahren, dank derer die Wissenschaft einen Ritus oder Mythos oder eine Sprache symbolisch beherrscht, die Erkenntnis des Primärverstehens als Wirken der gleichen Verfahren – freilich einem anderen Modus gemäß – im absoluten Unbewußten der allgemeinen und besonderen Bedingungen, denen sie ihre Besonderheit verdankt, impliziert.

Indessen genügt es, einmal mehr die theoretischen Verfahren zu prüfen, mittels derer Saussure die Linguistik als Wissenschaft derart konstituiert, daß er die Sprache als autonomes, von seinen Aktualisierungen im Sprechen unterschiedenes Objekt entwirft, um die Voraussetzungen offenzulegen, die in einen jeden Erkenntnismodus eingehen, bei dem die Praktiken und Werke als symbolische Tatsachen, die es zu *entschlüsseln* gilt, und allgemeiner, mehr als fertige Werke denn als Praxisformen behandelt werden. Obgleich das Vorhandensein toter Sprachen oder eines Mutismus als die Möglichkeit, das Sprechen zu verlieren und zugleich die Sprache zu bewahren, geltend gemacht werden kann, und obwohl der Sprachfehler die Sprache als objektive Norm des Sprechens erscheinen läßt – wäre es anders, modifizierte jeder Sprachfehler die Sprache und es gäbe somit keine Sprachfehler mehr –, tritt doch sowohl vom individuellen wie vom kollektiven Gesichtspunkt aus gesehen das Sprechen als Bedingung der Sprache hervor, nicht zuletzt aufgrund der Tatsache, daß die Sprache nicht jenseits des Sprechens begriffen werden kann, das Erlernen der Sprache sich durch das Sprechen vollzieht und dieses sich auch am Ursprung der Innovationen und Transformationen der Sprache befindet. Freilich kommt den beiden angeführten Prozessen nur chronologische Priorität zu; wird der Bereich der individuellen oder kollektiven *Geschichte* verlassen, was die objektivistische Hermeneutik tut, um die *logischen Bedingungen* der Entschlüsselung einer Klärung zu unterziehen, dann kehrt sich die Beziehung um: dann wird, in ihrer Eigenschaft als Vermittelndes, die Sprache zur Voraussetzung der *Intelligibilität* des Sprechens, die, insoweit sie die Identität der von den Sprechern vollzogenen Assoziationen zwischen den Lauten und den Begriffen/Vorstellungen gewährleistet, die wechselseitige Verständigung sichert. Damit ist gesagt, daß innerhalb der logischen Ordnung der Intelligibilität das Sprechen Produkt der Sprache ist.[16] Daraus ist der Schluß zu ziehen, daß die Saussuresche Linguistik, da vom strikt intellektualistischen Gesichtspunkt, dem der Entschlüsselung, aus konstruiert, die *Struktur* der Zeichen, d. h. die zwischen ihnen herrschenden Relationen, privilegiert – auf Kosten ihrer *praktischen Funktionen*, die sich keinesfalls, wie es der Strukturalismus stillschweigend unterstellt, auf Kommunikations- und Erkenntnisfunktionen reduzieren lassen: Noch die dem Anschein nach streng auf Funktionen der Kommunikation um der Kommunikation willen (phatische Funktion) oder der Kommunikation um der Kenntnis und Erkenntnis willen bezogenen Praktiken, wie Feste und Zeremonien, rituelle Austauschbeziehungen oder, auf einer anderen Ebene, die Zirkulation wissenschaftlicher Informationen, sind stets auch in mehr oder weniger offener Form auf politische und ökonomische Funktionen hin ausgerichtet. Die Saussuresche Konstruktion erlaubt nur so weit die strukturellen Eigenschaften der Botschaft als solche, d. h. als System zu konstituieren, als sie sich einen jeweiligen unpersönlichen und austauschbaren, also beliebigen Sender und Empfänger vorgibt und dabei von den funktionellen Eigenschaften abstrahiert, die eine jede Botschaft der spezifischen Verwendung innerhalb einer besonderen, *sozial strukturierten Interaktion* verdankt. In der Tat ist mannigfach bekannt, daß die symbolischen Interaktionen in einer Gruppe nicht allein von der Struktur der Interaktionsgruppe abhängen, in der jene sich vollziehen – was die Sozialpsychologie sehr gut beobachtet hat[17] –, sondern auch von sozialen Strukturen, in die die Interagierenden eingebunden sind (etwa die Struktur der Klassenverhältnisse): So ist es wahrscheinlich, daß ein Maß für symbolische Tauschbeziehungen, das im Anschluß an Chapple und Coon eine Unterscheidung zu treffen erlaubte zwischen denen, die nur aussenden, denen, die nur antworten, und endlich denen, die auf die Emissionen der ersten Gruppe antworten und im Hinblick auf die zweite Gruppe aussenden[18], am Ende die Abhängigkeit der Struktur der symbolischen Kräfteverhältnisse von der Struktur der politischen Kräfteverhältnisse sowohl auf der Ebene des Sozialsystems insgesamt wie auf der spezifischen einer je gegebenen Gruppe zum Vorschein bringen würde. Das Modell reiner und vollständiger Konkurrenz ist hier wie anderswo gleichermaßen irreal: Auch der Markt für symbolische Güter weist seine Monopole und Herrschaftsstrukturen auf.

Kurz, sobald von der Struktur der Sprache auf die Funktionen, die sie erfüllt, d. h. auf die Verwendungen, die die Individuen real von ihr machen, übergegangen wird, zeigt sich deutlich, daß die bloße Kenntnis des *Codes* allein die praktisch vollzogenen Interaktionen nur mangelhaft zu beherrschen gestattet; tatsächlich hängt, wie Luis Prieto beobachtet hat, die Bedeutung eines linguistischen Elements zumindest ebenso von außer- wie innerlinguistischen Faktoren ab, d. h. vom *Kontext* und von der Situation, in denen es zur Anwendung kommt: Alles hat den Anschein, als ob aus der Klasse der Signifikate, die abstrakt einer Phonie entsprechen, der Empfänger jenes »auswählte«, das ihm mit den von ihm spezifisch wahrgenommenen Umständen kompatibel erscheint.[19] Womit gesagt ist, daß die Rezeption – aber zweifellos auch die Emission – zu einem wesentlichen Teil von der objektiven Struktur der Beziehungen zwischen den objektiven Positionen innerhalb der sozialen Struktur der Interagierenden abhängt (etwa Beziehungen der Konkurrenz oder eines objektiven Antagonismus, Macht- und Autoritätsbeziehungen usw.), von einer Struktur also, die die Form der unter spezifischen Umständen beobachteten Interaktionen vorschreibt (etwa die Korrelation, die sich Moskovici zufolge zwischen der Menge an verbalen Äußerungen und dem soziometrischen Rang einstellt).

Die Linguisten und Anthropologen freilich, die sich auf den »Kontext« oder die »Situation« berufen, um gleichsam zu berichtigen, was ihnen am strukturalistischen Modell zu irreal und zu abstrakt erscheint, lassen sich wiederum von der Logik des theoretischen Modells einfangen, das sie doch, mit vollem Recht, zu überwinden trachten. So bleibt die »situational analysis« genannte Methode[20], die darin besteht, »(to) observe people in a variety of social situations«, um »the way, in which individuals are able to exercise choices within the limits of a specified social structure« zu bestimmen[21], anscheinend noch jener Alternative zwischen Regel und Ausnahme verhaftet, die Leach, auf den sich doch die Anhänger der »situational analysis« so bereitwillig stützen, in aller Deutlichkeit zum Ausdruck bringt: »I postulate that structural systems in which all avenues of social action are narrowly institutionalized are impossible. In all viable systems, there must be an area where the individual is free to make choices so as to manipulate the system to his advantage.«[22] Indem man sich die Alternativen zwischen Modell und Situation, Struktur und individuellen Variationen vorgeben läßt, Alternativen, die doch allesamt Ausprägungen des Gegensatzes von Modell und Ausübung darstellen, verurteilt man sich dazu, nur das Gegenteil der strukturalistischen Abstraktion, die die Variationen in der Struktur aufgehen läßt, indem sie diese nur als Varianten begreift, vollziehen zu können: Der Versuch, »(to) integrate variations, exceptions and accidents into descriptions of regularities« und zu zeigen, »how individuals in a particular structure handle the choices with which they are faced – as individuals are in all societies«[23], läßt die Theorie auf ein prä-strukturalistisches Stadium des Individuums und seiner Entscheidungen zurückfallen und gerade das Prinzip des strukturalistischen Irrtums verfehlen.[24]

Tatsächlich wird das Ungenügen jener Theorie der Praxis, auf die der linguistische – und auch ethnologische – Strukturalismus eingeschworen ist, schon hinlänglich durch deren Unvermögen deutlich, theoretisch all das zu integrieren, was Saussure zufolge aus der Ausübung hervorgeht, wobei es nachzutragen gilt, daß diesem Unvermögen die Unfähigkeit zugrundeliegt, Sprechen und, umfassender, Praxis schlechthin anders denn als Ausübung zu begreifen[25]: Wohl entwirft der Objektivismus eine Theorie der als Ausübung begriffenen Praxis, freilich nur als ein negatives Nebenprodukt oder, wenn man so sagen will, als ein sogleich beiseite gelegtes Abfallprodukt seiner Konstruktion von Systemen objektiver Relationen. Demgemäß trennt Saussure, der innerhalb der Fakten des menschlichen Sprechvermögens das »Gebiet der Sprache« abstecken und ein »genau umschriebenes Objekt«, »ein Objekt, das man gesondert erforschen kann«, das seiner »Natur nach in sich gleichartig« ist, ausmachen will, den »physischen Teil der Kommunikation« ab, d. h. das Sprechen als präkonstruiertes Objekt, das der Konstruktion der Sprache hinderlich wäre, isoliert schließlich innerhalb des »Kreislaufs des Sprechens« die von ihm so benannte »*ausübende Seite*«, nämlich das Sprechen als konstruiertes Objekt, das durch die Aktualisierung einer bestimmten Bedeutung im Rahmen einer besonderen Lautkombination definiert wird, und eliminiert am Ende diese Seite, indem er geltend macht, daß »die Ausübung niemals durch die Masse (geschieht), immer individuell (ist)«. Auf diese Weise findet sich ein und derselbe Begriff, das Sprechen, kraft der theoretischen Konstruktion *aufgespalten* zum einen in ein der unmittelbaren Beobachtung zugängliches *präkonstruiertes Gegebenes*, gegenüber dem sich gerade das theoretische Konstruktionsverfahren vollzogen hatte, und zum anderen in ein *konstruiertes Objekt*, jenes negative Produkt des Verfahrens, das die Sprache als solche konstituiert, oder besser, das die beiden Objekte hervorbringt, indem es die Oppositionsbeziehung, worin und wodurch sie definiert werden, allererst schafft. Es wäre ein Leichtes zu zeigen, daß die Konstruktion des Begriffs der Kultur (im Sinne der Kulturanthropologie) oder der Sozialstruktur (im Sinne Radcliffe-Browns und der Sozialanthropologie) gleichermaßen die Konstruktion eines Begriffs der Verhaltensweise (conduite) als Ausübung impliziert, die den primären Begriff der Verhaltensweise als einfaches, auf seine unmittelbar sichtbaren Dimensionen reduziertes Verhalten (comportement) verdoppelt. Die extreme Verwirrung in den Debatten über das Verhältnis von »Kultur« (oder Sozialstruktur) und Verhaltensweise läßt sich zumeist darauf zurückführen, daß die konstruierte Bedeutung der Verhaltensweise und die Theorie der Praxis, die jene einschließt, im Diskurs ebenso der Verteidiger wie der Gegner der Kulturanthropologie ein gleichsam verborgenes Dasein führen: In der Tat wissen selbst hartnäckigste Gegner des Begriffs der »Kultur« wie Radcliffe-Brown dem Realismus des Intelligiblen, bei dem die Kultur zu einer mit autonomer Existenz versehenen transzendenten Realität gerät, die selbst noch in ihrer Geschichte ihr immanenten Gesetzen gehorcht, nichts besseres als schlicht einen naiven Realismus entgegenzusetzen.[26] Damit wird der Objektivismus gegen die allein entscheidende Infragestellung, die sich auf seine Theorie der Praxis zu richten hätte, diese Basis aller seiner metaphysischen Irrtümer hinsichtlich des »Orts der Kultur«, der Existenzweise der »Struktur« oder der unbewußten Finalität der Geschichte der Systeme, nicht zu sprechen vom allzu berühmten »Kollektivbewußtsein«, gerade durch diesen der Theorie inhärenten Zustand geschützt.[27]

Kurz, der Objektivismus ist, da er die Praxis nicht anders denn negativ, d. h. als *Ausübung/Ausführung* zu entwerfen vermag, dazu verdammt, entweder die Frage nach dem Erzeugungsprinzip der Regelmäßigkeiten gänzlich fallen zu lassen und sich mit deren Bestandsaufnahme zu begnügen, oder aber verdinglichte Abstraktionen dank eines Fehlschlusses hervorzubringen, der darin besteht, die von der Wissenschaft konstruierten Objekte wie »Kultur«, »Struktur«, »soziale Klassen«, »Produktionsweisen« usw. wie autonome Realitäten zu behandeln, denen gesellschaftliche Wirksamkeit eignet und die in der Lage sind, zu handeln als verantwortliche Subjekte historischer Aktionen oder als Macht, die fähig ist, auf die Praxis Zwang auszuüben. Wohl gebührt der Annahme des Unbewußten zumindest das Verdienst, die gröbsten Formen des Ideenrealismus zu beseitigen, faktisch aber weist sie die Tendenz auf, die durch die Unbestimmtheiten der Theorie der Praxis, die die »strukturale Anthropologie« zumal qua Unterlassung übernimmt, erzeugten Widersprüche zu verdecken – wenn sie nicht sogar gestattet, unter der scheinbar säkularisierten Form einer strukturierten Struktur ohne strukturierendes Prinzip die alten Entelechien der sozialen Metaphysik zu restaurieren. Will man nicht so weit gehen und mit Durkheim postulieren, daß keine der Regeln, die sich den Subjekten aufdrängen, »vollkommen in den Anwendungen aufgeht, die die Einzelnen von ihr machen, da sie ja vorhanden sein können, ohne wirklich angewendet zu werden«[28], will man diesen Regeln nicht die transzendente und beständige Existenz zuerkennen, die er allen kollektiven »Wirklichkeiten« zuschreibt, so wird man den gröbsten Naivitäten des legalistischen Formalismus, der die Praktiken und Praxisformen für das Resultat der gehorsamen Befolgung von Normen hält, nur entgehen können, wenn man mit der Polysemie des Wortes *Regel* spielt: Am häufigsten im Sinne ausdrücklich festgelegter und explizit anerkannter sozialer *Norm* gleich dem moralischen oder juristischen Gesetz, zuweilen auch im Sinne eines *theoretischen Modells*, einer von der Wissenschaft erarbeiteten Konstruktion zur Erklärung der Praxisformen verwendet, kommt der Begriff manchmal auch, freilich nur in Ausnahmefällen, im Sinne eines der Praxis immanenten *Schemas* (oder Prinzips) zur Anwendung, das eher implizit als unbewußt zu bezeichnen ist aus dem einfachen Grunde, daß es sich innerhalb der Praxis der Handlungssubjekte in praktischem Zustand und nicht in deren Bewußtsein vorfindet.

Um sich von der Richtigkeit des gerade Ausgeführten zu überzeugen, genügt es, jenen Abschnitt des Vorwortes zur zweiten Auflage der *Structures élémentaires de la parenté* nochmals zu lesen, der der Unterscheidung zwischen »Präferenzsystemen« und »präskriptiven Systemen« gewidmet ist, und wo doch vermutet werden darf, daß Begriffe wie Norm, Modell oder Regel Gegenstand einer besonders gewissenhaften Anwendung sind:

»Reziprok dazu kann ein System, das die Heirat mit der Tochter des Bruders der Mutter *empfiehlt,* präskriptiv auch dann genannt werden, wenn die *Regel* selten beobachtet wird: es sagt, was getan werden *muß*. Die Frage, bis zu welchem Punkt und in welchem Ausmaß die Mitglieder einer jeweiligen Gesellschaft die *Norm* respektieren, ist höchst interessant, freilich unterschieden von jener nach der Position, die dieser Gesellschaft innerhalb einer Typologie einzuräumen ist. Denn es genügt, gemäß der Wahrscheinlichkeit anzunehmen, daß das *Bewußtsein* von der *Regel* die Entscheidungen ein ganz klein wenig in die präskriptive Richtung hinlenkt und daß der Prozentsatz der *orthodoxen* Heiraten höher ist als der, den man feststellen würde, vollzögen sich die Heiratsverbindungen per Zufall, um auszumachen, was matrilateraler *Operator* genannt werden kann, der, innerhalb einer gegebenen Gesellschaft am Werk, eine Art Führungsrolle spielt: bestimmte Heiratsverbindungen schlagen wenigstens den Weg ein, den er ihnen vorzeichnet, und das reicht aus, um dem genealogischen Raum einen spezifischen Kurvenverlauf aufzuprägen. Gewiß werden hier mehrere lokale Kurven bestehen und keineswegs nur eine allein; gewiß werden diese Kurven in den meisten Fällen auf Ansätze beschränkt bleiben und zu geschlossenen Kreisläufen sich nur selten und ausnahmsweise formieren. Doch werden die hier und da auftretenden *Struktur*ansätze genügen, um aus dem System eine probabilistische Version jener strengeren Systeme zu machen, deren *Begriff* rein *theoretisch* ist und worin die Heiraten streng konform der *Regel* wären, *die zu formulieren der gesellschaftlichen Gruppe beliebt.*«[29]

Der in diesem Abschnitt wie im gesamten Vorwort vorherrschende Ton ist der der Norm, wohingegen die *Strukturale Anthropologie* in der Sprache des *Modells*, oder, wenn man es vorzieht, in der Sprache der *Struktur* gehalten ist. Nicht daß diese Worte hier gänzlich fehlten; immerhin evoziert die mathematisch-physikalische Metaphorik, die den zentralen Passus organisiert (»Operator«, »bestimmte Heiratsverbindungen schlagen den Weg ein, den er ihnen vorzeichnet«, der »Kurvenverlauf« des »genealogischen Raumes«, »Struktur«), weiterhin die Logik des theoretischen Modells und die zugleich propagierte wie zurückgewiesene Äquivalenz von *Modell* und *Norm*: »Ein Präferenzsystem ist präskriptiv, auf der Ebene des Modells betrachtet, ein präskriptives System kann, auf der Ebene der Realität betrachtet, nur präferentiell sein.«[30] Den freilich, dem noch jene Texte der *Strukturalen Anthropologie* zum Verhältnis von Sprache und Verwandtschaft (»die ›Verwandtschaftssysteme‹ werden wie die ›phonologischen Systeme‹ durch den Geist auf der Stufe des unbewußten Denkens gebildet«[31]) sowie die gebieterische Klarheit im Gedächtnis haften, mit der dort die »kulturellen Normen« und alle die von den Eingeborenen hervorgebrachten »Rationalisierungen« und »sekundären Schöpfungen« zugunsten der »unbewußten Strukturen« verworfen wurden – ganz abgesehen von den Texten, in denen sich die Universalität der ursprünglichen Exogamieregel behauptete –, werden die an dieser Stelle gegenüber dem »Bewußtsein von der Regel« eingegangene Konzession und die gegenüber jenen strengen Systemen, deren »Begriff rein theoretisch ist«, gekennzeichnete Distanz überraschen, nicht minder als der folgende Passus aus demselben Vorwort: »Nichtsdestoweniger gewinnt die empirische Wirklichkeit der sogenannten präskriptiven Systeme ihre Bedeutung nur darin, daß sie auf ein vor den Ethnologen *von den Eingeborenen selbst geschaffenes theoretisches Modell* bezogen wird«[32], oder auch dieser Text:

»Jene, die sie praktizieren, *wissen sehr wohl,* daß der Sinn solcher Systeme sich nicht auf die tautologische Behauptung reduziert, daß jede Gruppe ihre Frauen von ›Gebern‹ erhält und ihre Töchter an ›Nehmer‹ abtritt. Sie sind sich gleichermaßen *bewußt,* daß die Heirat mit der unilateralen Kreuzkusine die einfachste Illustration der *Regel*, die angemessenste Formel zur Sicherung ihres Fortbestandes darstellt, wohingegen die Heirat mit der patrilateralen Kreuzkusine sie unwiderruflich verletzen würde.«[33]

An dieser Stelle ist es unumgänglich, an einen Text Wittgensteins zu erinnern, in dem dieser, gleichsam spielend, alle die Fragen zusammenträgt, die von der strukturalen Anthropologie und sicher allgemein von einem jeden Intellektualismus aufgeworfen werden, der die von der Wissenschaft begründete Wahrheit in eine Praxis überträgt, die gerade eine die Einführung dieser Wahrheit ermöglichende Situation ausschließt[34]:

»Was nenne ich ›die Regel, nach der er vorgeht‹? – Die Hypothese, die seinen Gebrauch der Worte, den wir beobachten, zufriedenstellend beschreibt; oder die Regel, die er beim Gebrauch der Zeichen nachschlägt; oder, die er uns zur Antwort gibt, wenn wir ihn nach seiner Regel fragen? – Wie aber, wenn die Beobachtung keine Regel klar erkennen läßt, und die Frage keine zu Tage fördert? – Denn er gab mir zwar auf meine

Frage, was er unter ›N‹ verstehe, eine Erklärung, war aber bereit, diese Erklärung zu widerrufen und abzuändern. – Wie soll ich also die Regel bestimmen, nach der er spielt? Er weiß sie selbst nicht. – Oder richtiger: Was soll der Ausdruck ›Regel, nach welcher er vorgeht‹ hier noch besagen?«[35]

Aus der *Regelmäßigkeit*, d. h. aus dem, was sich mit einer gewissen, statistisch meßbaren *Häufigkeit* einstellt, das Ergebnis entweder eines bewußt erlassenen und bewußt respektierten *Reglements* (was voraussetzte, dessen Genesis wie Wirksamkeit zu erklären) oder einer unbewußten *Regulierung* seitens einer mysteriösen zelebralen und/oder sozialen Mechanik zu machen, hieße vom Modell der Realität zur Realität des Modells überzugehen:

»Sehen wir uns den Unterschied an zwischen ›der Zug hat *regelmäßig* zwei Minuten Verspätung‹ und ›*der Regel gemäß* hat der Zug zwei Minuten Verspätung‹: (...) im letzten Fall wird suggeriert, daß das Faktum, daß der Zug zwei Minuten Verspätung hat, einem berechnenden Verhalten oder einem Plan entspreche (...). Die Regeln, aber nicht Regelmäßigkeiten verweisen auf Pläne oder auf ein berechnendes Verhalten (...). Behaupten, daß es in der natürlichen Sprache Regeln geben müsse, läuft auf die Behauptung hinaus, daß Straßen rot sein müssen, weil sie auf einer Karte roten Linien entsprechen.«[36]

Quine nun gibt die Mittel an die Hand, die in diesem Text eingebundene Unterscheidung kenntlich zu machen:

»Imagine two systems of English grammar: one an old fashioned system that draws heavily on the Latin grammarians, and the other a streamlined formulation due to Jespersen. Imagine that the two systems are *extensionally equivalent*, in this sense: they determine, recursively, the same indefinite set of well-formed English sentences. In Denmark the boys in one school learn English by the one system, and those in another school learn it by the other. In the end the boys all sound alike. Both systems of rules *fit* the behaviour of all the boys, but each system *guides* the behaviour of only half the boys. Both systems *fit* the behaviour also of all us native speakers of English; this is what makes both systems correct. But neither system guides us native speaker of English; no rules do, except for some intrusions of inessential schoolwork. My distinction between fitting and guiding is, you see, the obvious and flat-fooded one. Fitting is a matter of true description; guiding is a matter of cause and effect. Behaviour *fits* a rule whenever it conforms to it; whenever the rule truely describes the behaviour. But the behaviour is not *guided* by the rule unless the behaver knows the rule and can state it. This behaver *observes* the rule.«[37]

Ausgehend von dieser Unterscheidung erörtert Quine die bei

Chomsky aufzuweisende Tendenz, »an intermediate condition between mere fitting and full guidance«, d. h. »(an) implicit guidance« anzuerkennen, wenn er »English speech as in some sense rule-*guided* not only in the case of the Danish school-boys, but also in our own case, however unprepared we be to state the rules« ansieht. Quine zieht daraus den Schluß, daß »the notion of implicit or unconscious conformity to a rule« übernommen werden kann, »when this is merely a question of fitting«. In der Tat müßte allen Propositionen des soziologischen Diskurses ein Zeichen voranstehen, das folgendermaßen zu lesen wäre: »Alles geschieht so, als ob ...« und das, nach dem Vorbild der Quantoren in der Logik funktionierend, fortgesetzt an den epistemologischen Status der von der objektiven Wissenschaft konstruierten Begriffe erinnerte. Tatsächlich trägt alles zur Verdinglichung der Begriffe bei, angefangen bei der Logik der normalen Sprache, die dazu neigt, vom Substantiv auf die Substanz zu schließen, oder den Begriffen das Vermögen zuzuerkennen, in der Geschichte so zu wirken wie in den Sätzen des historischen Diskurses die Worte, die sie bezeichnen, d. h. als historische Subjekte. Wie von Wittgenstein vermerkt, ist es ausreichend, vom Adverb »unbewußt« (»ich habe unbewußt Zahnschmerzen« – in der deutschen Ausgabe: »wir (haben) Zahnschmerzen, (wissen) es aber nicht«, A.d.Ü.) zum Substantiv »Unbewußtes« (oder zu einem bestimmten Gebrauch des Adjektivs »unbewußt«, wie in »Ich habe unbewußte Zahnschmerzen«) überzugehen, um Wunderwerke an metaphysischer Tiefe zu vollbringen.[38] Ebenso klar auf der Hand liegen die theoretischen (und politischen) Effekte, die die *Personifizierung von Kollektiven* hervorrufen kann (in Phrasen wie »die Bourgeoisie wähnt, daß ...« oder »die Arbeiterklasse akzeptiert nicht, daß ...«), die ebenso sicher wie die Durkheimschen Glaubensbekenntnisse dazu führen, die Existenz eines »Kollektivbewußtseins«, eines Gruppen- oder Klassenbewußtseins zu postulieren: Indem Gruppen oder Institutionen Dispositionen zugeschrieben werden, die sich, selbst wenn sie das Resultat kollektiver Bedingungen sein mögen, wie das Bewußtwerden von Klasseninteressen, allein im individuellen Bewußtsein bilden können, dispensiert man sich von der Analyse dieser Bedingungen und im besonderen auch jener, die den objektiven wie subjektiven Homogenitätsgrad der jeweiligen Gruppe und den Bewußtseinsstand ihrer Mitglieder determinieren.

Als besonders interessante Variante der gerade beschriebenen besteht der dem legalistischen Formalismus, dieser Abart von sozialem Artifizialismus, unterliegende Fehlschluß darin, implizit in das Bewußtsein der singulären Handlungssubjekte die theoretische Kenntnis zu verlagern, die doch nur gegen diese Erfahrung hervorgebracht werden kann, oder, in anderen Worten, dem zur Erklärung der Praxisformen entwickelten theoretischen Modell den Wert und den Status einer anthropologischen Deskription zu verleihen. Die Theorie des Handelns als einer einfachen *Ausübung* des Modells (in seiner zweifachen Bedeutung als Norm und wissenschaftliche Konstruktion) stellt nur ein Beispiel unter anderen für jene imaginäre Anthropologie dar, die der Objektivismus erschafft, wenn er, in Marx' Worten »die Sache der Logik« für die »Logik der Sache« ausgebend, die objektive Bedeutung der Praxisformen und Werke zum subjektiven Zweck des Handelns der Produzenten dieser Praxisformen, Praktiken und Werke erhebt, mitsamt seinem unmöglichen *homo oeconomicus*, der seine Entscheidungen dem rationalen Kalkül unterwirft, seinen Akteuren, die bloße Rollen ausführen oder Modellen gemäß handeln, oder endlich seinen Phoneme auswählenden Hörern.

Die Dialektik von objektiven und einverleibten Strukturen

Folglich erheischt der methodische Objektivismus, der als Mittel des Bruchs mit der Primärerfahrung sowie der Konstruktion objektiver Relationen ein notwendiges Moment einer jeden Forschung darstellt, seine eigene Überschreitung. Um dem *Strukturrealismus* zu entgehen, der die Systeme objektiver Relationen derart hypostasiert, daß er sie in jenseits der Geschichte des Individuums oder der Geschichte der Gruppe angesiedelte präkonstruierte Totalitäten verwandelt, gilt es und genügt es auch, vom *opus operatum* zum *modus operandi*, von der statistischen Regelmäßigkeit oder algebraischen Struktur zum Erzeugungsprinzip dieser observierten Ordnung überzugehen und die Theorie der Praxis oder, genauer gesagt, die Theorie des Erzeugungsmodus der Praxisformen zu entwerfen, die die Bedingung der Konstruktion einer experimentellen Wissenschaft *von der Dialektik zwischen Interiorität und Exteriorität*, d. h. *zwischen der Interiorisierung der Exteriorität und der Exteriorisierung der Interiorität* bildet: Die für einen spezifischen Typus von Umgebung konstitutiven Strukturen (etwa die eine Klasse

charakterisierenden materiellen Existenzbedingungen), die empirisch unter der Form von mit einer sozial strukturierten Umgebung verbundenen Regelmäßigkeiten gefaßt werden können, erzeugen *Habitusformen*, d. h. Systeme dauerhafter *Dispositionen*[39], strukturierte Strukturen, die geeignet sind, als strukturierende Strukturen zu wirken, mit anderen Worten: als Erzeugungs- und Strukturierungsprinzip von Praxisformen und Repräsentationen, die objektiv »geregelt« und »regelmäßig« sein können, ohne im geringsten das Resultat einer gehorsamen Erfüllung von Regeln zu sein; die objektiv ihrem Zweck angepaßt sein können, ohne das bewußte Anvisieren der Ziele und Zwecke und die explizite Beherrschung der zu ihrem Erreichen notwendigen Operationen vorauszusetzen, und die, dies alles gesetzt, kollektiv abgestimmt sein können, ohne das Werk der planenden Tätigkeit eines »Dirigenten« zu sein.
Selbst wenn sie durch die Zukunft, d. h. die expliziten und explizit gesetzten Ziele eines Projekts oder Planes determiniert zu sein scheinen, werden die Praxisformen und Praktiken, die der Habitus – als Erzeugungsprinzip von Strategien, die es ermöglichen, unvorhergesehenen und fortwährend neuartigen Situationen entgegenzutreten – hervorbringt, doch durch die implizite Vorwegnahme ihrer Folgen, nämlich durch die vergangenen Bedingungen der Produktion ihres Erzeugungsprinzips derart determiniert, daß sie stets die Tendenz aufweisen, die objektiven Bedingungen, deren Produkt sie in letzter Analyse sind, zu reproduzieren. So spielt sich in der Interaktion zwischen zwei den gleichen Habitus aufweisenden Individuen oder Gruppen von Individuen (sagen wir A und B) alles so ab, als ob die Aktionen eines jeden (es sei a_1 für A) sich im Hinblick auf die Reaktionen organisierten, die von einem jeden mit dem gleichen Habitus versehenen Individuum gefordert sind (es sei b_1 die Reaktion von B auf a_1), so daß sie objektiv die Antizipation der Reaktion implizieren, die jene Reaktionen nach sich ziehen (a_2 als Reaktion auf b_1). Freilich wäre nichts naiver, als jene teleologische Beschreibung, wonach jede Aktion (a_1) zum Ziel hätte, die Reaktion auf die Reaktion, die sie hervorruft, zu ermöglichen (a_2 als Reaktion auf b_1), für bare Münze zu nehmen. Der Habitus liegt vielmehr einer Aneinanderkettung von »coups« zugrunde, die objektiv wie Strategien organisiert sind, ohne in irgendeiner Weise das Resultat einer wirklichen strategischen Absicht darzustellen (was z. B. ja voraussetzte, daß sie als eine Strategie unter anderen möglichen erfaßbar wären).

Zwar ist keineswegs von der Hand zu weisen, daß die »Antworten« des Habitus mit einem strategischen Kalkül einhergehen, das darauf abzielt, auf quasi-bewußte Weise die Operation zu realisieren, die der Habitus auf andere Weise vollzieht, nämlich eine Einschätzung der Handlungsmöglichkeiten, was die Umwandlung der vergangenen Wirkung in eine vorweggenommene Zukunft voraussetzt; doch steht nicht minder außer Frage, daß sie sich zunächst auf ein Feld unmittelbar im Gegenwärtigen eingeschriebener objektiver Möglichkeiten: Dinge, die getan oder unterlassen, die gesagt oder verschwiegen werden müssen, folglich auf ein *Zukünftiges* hin definieren, das, im Gegensatz zur Zukunft als einer durch den reinen Entwurf einer »negativen Freiheit« projizierten »absoluten Möglichkeit« im Sinne Hegels, sich mit einer Dringlichkeit und einem Existenzanspruch anmeldet, woraus jede Überlegung verbannt ist. Die symbolischen, d. h. konventionellen und konditionellen Stimulierungen, die allein unter der Bedingung wirken, daß sie auf Handlungssubjekte treffen, die dazu konditioniert sind, sie wahrzunehmen, drängen sich dann ihrer Tendenz nach bedingungslos und zwangsläufig auf, wenn das Einprägen des Willkürlichen das Willkürliche des Einprägens und der eingeprägten Bedeutungen außer Kraft setzt: Die Welt des Dinglichen, der schon verwirklichten Ziele und Zwecke, der, in Husserls Worten, mit einem »beständigen teleologischen Charakter« ausgestatteten Dinge, wie die Werkzeuge es sind, der einzuhaltenden Verläufe und gänzlich vorgezeichneten Wegstrecken, der verdinglichten Werte: diese Welt, die der Praxis, vermag in der Tat eine nur bedingte Freiheit zu gewähren – *liberet si liceret* –, ziemlich ähnlich der einer Magnetnadel, die, wie Leibniz es sich vorstellte, daran Spaß fände, sich nach Norden zu richten. Wenn gewöhnlich eine sehr starke Korrelation zwischen den wissenschaftlich konstruierten *objektiven Wahrscheinlichkeiten* (etwa den Chancen des Zugangs zum höheren Ausbildungssektor, des Museumsbesuchs usw.) und den *subjektiven Aspirationen* (den »Motivationen«) beobachtbar ist, so nicht deshalb, weil die Individuen bewußt ihre Aspirationen der exakten Einschätzung ihrer Erfolgsaussichten anpaßten, etwa einem Spieler gleich, der sein Spiel von einer umfassenden Kenntnis seiner Gewinnchancen abhängig machte, und wie man es doch implizit unterstellt, wenn man, das »alles geschieht so, als ob ...« vergessend, so *tut, als ob* die Spieltheorie oder die Wahrscheinlichkeitsrechnung – die eine wie die andere *gegen* die spontane Einstellung geschaffen – anthropologische Beschreibungen der Praxis darstellten. Die Tendenz des Objektivismus vollkommen umkehrend, sollte man vielmehr in den Regeln der wissenschaftlichen Konstruktion von Wahrscheinlichkeiten und Strategien nicht etwa ein anthropologisches Modell der Praxis suchen, sondern eine *negative Deskription* der impliziten Regeln einer *spontanen Statistik*, die jene notwendig einschließen, weil sie explizit gegen diese impliziten Regeln (etwa den Hang, Primärerfahrungen zu privilegieren) entwickelt werden. Im Unterschied zur Berechnung von Wahrscheinlichkeiten, die die Wissenschaft methodisch, auf der Basis kontrollierter Experimente und ausgehend von Gegebenheiten, die nach präzisen Regeln erhoben wurden, vollzieht, bringt demgegenüber die subjektive Einschätzung von Erfolgsaussichten einer bestimmten Handlung im Rahmen vorgegebener Umstände ein ganzes Corpus halb-formalisierter Weisheiten ins Spiel, z. B. sprichwörtliche Redewendungen, Gemeinplätze, ethische Vorschriften (»das ist nichts für uns«) und, tiefer, die unbewußten Prinzipien des *Ethos*, dieser allgemeinen und versetzbaren Disposition, die, als Ergebnis einer umfassenden, von einem bestimmten Typ von Regelmäßigkeiten beherrschten Lehrzeit, die »vernünftigen« wie »unvernünftigen« (die »Verrücktheiten«) Verhaltensweisen eines jeden diesen Regelmäßigkeiten unterworfenen Individuums bestimmt.[40] »Kaum wissen wir von der Unmöglichkeit, das Begehren zu befriedigen, als es auch schon verschwindet«, heißt es in Humes *Treatise of Human Nature*, und ähnlich Marx in den Pariser Manuskripten: »Ich, wenn ich kein Geld zum Reisen habe, habe kein *Bedürfnis*, d. h. kein wirkliches und sich verwirklichendes Bedürfnis zum Reisen. Ich, wenn ich *Beruf* zum Studieren, aber kein Geld dazu habe, habe *keinen* Beruf zum Studieren, d. h. keinen *wirksamen*, keinen *wahren* Beruf.« Die Praktiken und Handlungen können objektiv den objektiven Chancen angepaßt sein – und *alles kann sich so abspielen, als ob* die Wahrscheinlichkeit *a posteriori* oder *ex post*, die durch eine vergangene Erfahrung bekannt ist, die Wahrscheinlichkeit *a priori* oder *ex ante*, die subjektiv mit ihr übereinstimmt, erzwingen würde –, ohne daß doch die Handlungssubjekte das geringste Kalkül angestellt oder auch nur, mehr oder minder bewußt, eine Einschätzung der Erfolgsaussichten vorgenommen haben müssen. Deshalb, weil die von den objektiven Bedingungen (die die Wissenschaft über statistische Regelmäßigkeiten sowie objektiv einer Gruppe oder Klasse zuschreibbare Wahrscheinlichkeiten erfaßt) dauerhaft eingeprägten

Dispositionen gleichermaßen Aspirationen wie Praxisformen erzeugen, die mit jenen objektiven Bedingungen in Einklang stehen und gleichsam vorgängig deren objektiven Erfordernissen und Anforderungen angepaßt sind, werden die unwahrscheinlichsten Ereignisse ausgeschlossen, sei es vor aller Prüfung im Sinne eines *Undenkbaren*, sei es um den Preis einer *doppelten Verneinung*, deren Tendenz es ist, aus der Not eine Tugend zu machen, d. h. das Verworfene zu verwerfen und dem Unausweichlichen den Segen zu erteilen. Die Erzeugungsbedingungen des *Ethos*, *dieser zur Tugend erhobenen Notwendigkeit*, bilden selbst die Ursache dafür, daß die Antizipationen, die jener hervorruft, dahin tendieren, die restriktive Forderung zu ignorieren, die gerade die Geltung eines jeden Wahrscheinlichkeitskalküls begründet, daß nämlich die Bedingungen des Experiments nicht verändert werden dürfen: Im Unterschied zu gelehrten Einschätzungen, die sich entsprechend den rigorosen Regeln des Kalküls berichtigen, messen die praktischen Einschätzungen den Primärerfahrungen deshalb so übermäßige Bedeutung zu, weil es die eigentümlichen Strukturen eines bestimmten Typs von Existenzbedingungen sind, die die Strukturen der Habitusformen, die ihrerseits der Wahrnehmung und Einschätzung einer jeden späteren Erfahrung zugrunde liegen, hervorbringen, und zwar kraft ökonomischer und sozialer Zwänge, die sich im relativ autonomen Bereich der Familie auswirken, genauer: über und vermittelt durch die Manifestationen dieser externen Zwänge im eigentlichen Bereich der Familie (etwa Verbote, Sorgen, moralische Unterweisungen, Konflikte, Geschmäcker usw.). Auf diese Weise unterliegen die Handlungen, aufgrund des Hysteresiseffektes, der in der Konstitutionslogik eines jeden Habitus angelegt ist, stets der Gefahr negativer Sanktionen, d. h. einer »negativen sekundären Verstärkung« in dem Fall, wo die Umgebung, der sie real entgegentreten, allzu sehr von jener abweicht, an die sie objektiv angepaßt wurden. Nach dieser Logik wird verständlich, daß Generationskonflikte keineswegs etwa durch natürliche Eigenschaften geschiedene Altersklassen, vielmehr unterschiedliche Habitusformen aufeinanderprallen lassen, die gemäß unterschiedlichen generativen Modi erzeugt wurden, d. h. durch Existenzbedingungen, die, indem sie differente Bestimmungen des Unmöglichen und Möglichen, des Wahrscheinlichen und Gewissen aufnötigen, den einen spezifische Handlungen und Aspirationen als natürlich oder vernünftig zu erfahren aufgeben, die die anderen als undenkbar oder skandalös empfinden – und umgekehrt.

Das heißt mit anderen Worten, daß wir alle die Theorien aufzugeben haben, die explizit oder implizit die Praxis zu einer mechanischen, durch die vorhergehenden Bedingungen unmittelbar determinierten Reaktionsform stempeln, worein zugleich die Unterstellung eingeht, daß jene auf das mechanische Funktionieren vorgängig aufgestellter Apparaturen wie »Modelle«, »Normen« oder »Rollen« zu reduzieren seien – Apparaturen, die im übrigen, wie die zufälligen Konfigurationen der sie extern auslösenden Stimuli, in unendlicher Vielzahl vorausgesetzt werden dürfen und sich dem zugleich grandiosen wie verzweifelten, weil zum Scheitern verurteilten Unternehmen jenes Ethnologen anbieten, der, im Zeitraum von 20 Minuten, in denen er die Tätigkeit seiner Frau in der Küche beobachtete, mit wahrhaft positivistischem Mut und Eifer 480 elementare Verhaltensweisen registrierte.[41] Freilich impliziert die Verwerfung der mechanistischen Theorien keineswegs, daß nun, wieder einmal der eingespielten Alternative zwischen Objektivismus und Subjektivismus anheimfallend, einem schöpferischen freien Willen das Wort geredet wird, dem die ungebundene und willkürliche Macht zukommen soll, im Nu die Bedeutung einer Situation derart hervorzubringen, daß die Ziele, die nach Veränderung jener Bedeutung streben, projiziert werden, oder daß die objektiven Intentionen und die konstituierten Bedeutungen der menschlichen Handlungen und Werke auf bewußte und überlegte Absichten der Handelnden reduziert werden. Gegenüber einer in ihrer punktuellen Unmittelbarkeit betrachteten Situation ist die Praxis notwendig und relativ-autonom in einem, insoweit sie das Produkt der dialektischen Beziehung zwischen einer Situation und einem als System dauerhafter und versetzbarer Dispositionen begriffenen *Habitus* darstellt, der, alle vergangenen Erfahrungen integrierend, wie eine *Handlungs-, Wahrnehmungs- und Denkmatrix* funktioniert und der dank der analogischen Übertragung von Schemata, die Probleme gleicher Form zu lösen gestatten, und dank der von jenen Resultaten selbst dialektisch geschaffenen Korrekturen der erhaltenen Resultate, es ermöglicht, unendlich differenzierte Aufgaben zu erfüllen.

Was gemeinhin *Metapher* genannt wird, stellt nur ein Resultat unter anderen jener *Übertragungen von Schemata* dar, die durch Anwendung praktischer Wahrnehmungs- und Handlungsschemata auf neuartige Bereiche neue Bedeutungen hervorbringen: Indem sie auf die Beziehungen zur natürlichen Welt fortwährend Schemata zur Anwendung bringt, die den Beziehungen zwischen Menschen angemessen sind, nimmt die Magie unablässig solche Übertragungen derart vor, daß sie gleiche Klassifikationsschemata einer Klasse von Dingen (etwa des menschlichen Körpers) auf solche einer andersartigen Klasse (des Hauses oder der natürlichen Welt) überträgt. Auf diese Weise findet sich ein vollkommen strukturierter Geist in einen *Kreislauf von Metaphern* eingebunden, die sich wechselseitig unendlich reflektieren – und die Illusion der Objektivität, die der vollständigen Übereinstimmung der durch die Applikation der gleichen Kategorien erstellten Konstruktionen entspringt, wird, ebenso wie der entsprechende Glaube, durch die Tatsache verstärkt, daß das solchermaßen gebildete objektive Universum Objekte (Instrumente, Gebäude, Monumente etc.) enthält, die sich realen Objektivierungsverfahren verdanken, welche sich in ihrem Vollzug von den gleichen Kategorien leiten lassen, mit denen auch jene Objekte erfaßt werden. Die Einverleibung von Objektivität ist demzufolge zugleich Verinnerlichung kollektiver Schemata wie Integration in die Gruppe, da das, was verinnerlicht wird, das Produkt der Entäußerung einer ähnlich strukturierten Subjektivität darstellt. Die Kontinuität der Generationen stellt sich praktisch über die Dialektik der Entäußerung der Innerlichkeit wie der Verinnerlichung der Äußerlichkeit her, eine Dialektik also, die zum Teil selbst das Produkt der Objektivierung der Innerlichkeit vergangener Generationen bildet.[42]

Der Habitus, dieses durch geregelte Improvisationen dauerhaft begründete Erzeugungsprinzip – *principium importans ordinam ad actum*, wie die Scholastiker formulierten –, bringt Praxisformen und Praktiken hervor, die in dem Maße, wie sie dahin tendieren, die den objektiven Produktionsbedingungen ihres Erzeugungsprinzips immanenten Regelmäßigkeiten zu reproduzieren – wobei sie sich freilich ebenso den innerhalb einer gegebenen Situation als objektive Potentialitäten eingeschriebenen Erfordernissen und Zwängen anpassen –, sich weder aus den punktuell als Summe der Stimuli, die jene Praxisformen hervorgerufen zu haben scheinen, definierten objektiven Bedingungen noch aus den Bedingungen unmittelbar deduzieren lassen, die das dauerhafte Prinzip ihrer Produktion geschaffen haben; aus dem folgt, daß jene Praxisformen nur derart erklärt werden können, daß die objektive *Struktur*, die die sozialen Bedingungen der Produktion des Habitus, der sie erzeugt hat, definiert, in Beziehung gesetzt wird zu den Anwendungsbedingungen dieses Habitus, d. h. zu der jeweiligen *Konjunktur*, die, außer bei radikalen Umbrüchen, einen partikularen Zustand dieser Struktur repräsentiert. Vermag der Habitus als Operator zu funktionieren, der den Bezug der beiden Relationssysteme in der und durch die Hervorbringung der Praxis praktisch herstellt, so weil er zu Natur gewordene Geschichte ist, die als solche negiert weil als zweite Natur realisiert wird: In der Tat gibt das »Unbewußte« niemals etwas anderes wieder als das Vergessen der Geschichte, das die Geschichte selbst vollzieht, indem sie die objektiven Strukturen, die sie erschafft, in jenen Quasi-Naturen, als welche die Habitusformen zu verstehen sind, verkörpert.

»In jedem von uns steckt, entsprechend wechselnden Proportionen, der Mensch von gestern; er sogar ist es, der, durch die Macht der Dinge, in uns vorherrscht, ist das Gegenwärtige doch nur ein Geringes gegenüber jener langen Vergangenheit, in deren Verlauf wir Gestalt gewannen und aus der heraus wir kommen. Allein, wir spüren diesen Menschen der Vergangenheit nicht, da er tief in uns Wurzeln gefaßt hat; er bildet den unbewußten Teil unserer selbst. Dessentwegen wird man auch dazu verleitet, ebensowenig von ihm wie von seinen legitimen Ansprüchen Rechenschaft abzulegen. Demgegenüber besitzen wir ein lebhaftes Gespür für die rezentesten Erwerbungen der Zivilisation, die, weil rezent, noch nicht die Zeit hatten, sich im Unbewußten zu organisieren.«[43]

Das Vergessen der Genesis, einer der paradoxen Effekte gerade der Geschichte, wird aber auch durch die objektivistische Auffassung ermutigt (wenn nicht sogar impliziert), die, das Ergebnis der Geschichte als *opus operatum* begreifend und sich gleichsam vor den *fait accompli* stellend, sich einzig und allein auf die Mysterien der prästabilierten Harmonie oder die Wunder der bewußten Abstimmung berufen kann, um darin von dem Rechenschaft abzulegen, was, rein synchron begriffen, als *objektiver Sinn* in Erscheinung tritt, mag es sich dabei um die innere Kohärenz von Werken oder Institutionen, wie Mythen, Riten oder Rechtssätzen, oder auch um die objektive Übereinstimmung handeln, die die in Einklang stehenden oder selbst konfligierenden Praktiken und Praxisformen der Mitglieder ein und derselben Gruppe oder Klasse ebenso manifestieren wie – soweit sie die Gemeinsamkeit des Verfügbaren implizieren – zur Voraussetzung haben. Faktisch stellen die Fehlschlüsse des Objektivismus die Folge der fehlenden Analyse des doppelten Prozesses der Interiorisierung und Exteriorisierung dar, oder präziser, der Produktion der objektiv aufeinander abgestimmten Habitusformen, mit der darin implizierten Fähigkeit und Tendenz, selbst objektiv übereinstimmende Praxisformen und Werke hervorzubringen.

Deshalb, weil gleiche Existenzbedingungen zur Schaffung von Systemen (zumindest partiell) ähnlicher Dispositionen tendieren, liegt die daraus entspringende Homogenität der Habitusformen auch der objektiven Übereinstimmung der Praxisformen und Werke zugrunde, denen nun obliegt, ihnen die *Regelmäßigkeit* und zugleich die *Objektivität* zu verleihen, die ihre spezifische »Rationalität« ausmachen und dank derer sie als *evident* oder *selbstverständlich*, das heißt als unmittelbar intelligibel und voraussehbar von allen den und nur den Individuen erlebt werden können, die das System der objektiv in ihrem Wirksamwerden implizierten Handlungs- und Interpretationsschemata praktisch zu beherrschen in der Lage sind (also von den Mitglieder derselben Gruppe oder Klasse, Schöpfungen objektiv identischer Bedingungen, die simultan einen *Universalisierungs- wie Partikularisierungseffekt* herbeizuführen haben, indem sie die Mitglieder einer Gruppe zu einer Einheit nur werden lassen, indem sie sie von allen anderen unterscheiden). Solange daher das wirkliche Prinzip dieses von keinem Taktstock diktierten Zusammenspiels verkannt wird, das doch den Praxisformen und Praktiken einer Gruppe oder Klasse gleichermaßen Regelmäßigkeit, Einheit und Systematik verleiht, und dies selbst bei Fehlen einer jeden spontanen oder von individuellen Projekten aufgezwungenen Organisation, gibt man sich allerdings einem naiven Artifizialismus hin, der kein anderes vereinheitlichendes Prinzip der gewöhnlichen oder außergewöhnlichen Aktionen einer Gruppe oder Klasse anerkennt als die bewußte und überlegte Absprache des Komplotts: Derart vermögen einige, mit nichts weiter als ihren mondänen Eindrücken, die Einheit der herrschenden Klasse zu bestreiten und sich noch im Glauben zu wiegen, auf den Grund des Problems gestoßen zu sein, wenn sie wetten, daß die Anhänger der dagegenstehenden These den empirischen Beweis dafür, daß die Mitglieder der führenden Klasse eine durch die explizite Abstimmung absichtlich aufgezwungene explizite *Politik* verfolgen, schwerlich antreten könnten; so können wieder andere, die dieser naiven Vorstellung kollektiven Handelns zumindest in aller Klarheit und systematisch Form geben, die archetypische Frage der Bewußtseinsphilosophie auf die Ebene der Gruppe übertragen und die Bewußtwerdung gleichsam zum revolutionären cogito stilisieren, das allein imstande sein soll, derart der Klasse Existenz zu verleihen, daß es sie als »Klasse für sich« konstituiert.

Auf die rituelle Frage, die der endlosen Debatte zwischen Objektivismus und Subjektivismus zugrunde liegt – und die paradigmatisch so lautet: »Ist sie schön, weil ich sie liebe, oder liebe ich sie, weil sie so schön ist?« – schlägt Sartre nun eine ultra-subjektivistische Antwort vor; die revolutionäre Bewußtwerdung zum Resultat einer gleichsam imaginären Variation erhebend, schreibt er ihr die Macht zu, den Sinn des Gegenwärtigen derart zu erzeugen, daß es die revolutionäre Zukunft, die diesen negiert, erzeugt: »Denn hier muß man die allgemeine Ansicht umkehren und sich darüber klarwerden, daß nicht die Härte einer Situation oder die von ihr auferlegten Leiden Anlässe dafür sind, daß man sich einen anderen Sachverhalt ausdenkt, bei dem es aller Welt besser ginge; im Gegenteil – von dem Tage an, an welchem man sich einen anderen Sachverhalt ausdenken kann, fällt ein neues Licht auf unsere Mühsale und Leiden und *entscheiden* wir, daß sie unerträglich sind.«[44] Es genügt die Frage nach den *ökonomischen und gesellschaftlichen Bedingungen der Bewußtwerdung über die ökonomischen und gesellschaftlichen Bedingungen* zu ignorieren oder zurückzuweisen, um schon der revolutionären Aktion einen absoluten Akt der Sinnschenkung, eine »Erfindung« oder Konversion zugrunde zu legen.[45] Wenn die Welt der Aktion nichts weiter als dieses Universum austauschbarer Möglichkeiten ist, das vollkommen von den Verfügungen des es hervorbringenden Bewußtseins abhängig, folglich bar jeder Objektivität ist, wenn jene Welt ergreifend ist, weil das Subjekt sich als ergriffenes wählt, wenn sie revoltierend ist, weil es die Revolte wählt, dann sind die Gefühle, Leidenschaften und Aktionen nichts als Spiele und Doppelspiele der Unwahrhaftigkeit und des Geistes der Ernsthaftigkeit, traurige Farcen, in denen man schlechter Darsteller und gutes Publikum in einem ist: »Es ist kein Zufall, daß der Materialismus ernsthaft ist, und es ist kein Zufall, daß er immer und überall die auserwählte Doktrin des Revolutionärs bildet. Denn auch die Revolutionäre sind ernsthaft. Sie erkennen sich selbst von der Welt her, die sie erdrückt ... Der Ernsthafte gehört der Welt an und kann nicht mehr zu sich selbst Zuflucht nehmen; er erwägt nicht einmal mehr die Möglichkeit, *aus* der Welt zu gehen ... er ist *unwahrhaftig.*«[46] Das gleiche Unvermögen, das »Ernste« anders als in der verwerflichen Form des »Geistes der Ernsthaftigkeit« anzugehen, läßt sich auch in der Analyse der Emotionen ausmachen, die, bedeutsam genug, durch *Das Imaginäre* von den minder radikal subjektivistischen Beschreibungen des *Esquisse d'une théorie phénoménologique des émotions* geschieden ist: »Aber was bestimmt mich dazu, den magischen oder den technischen Aspekt der Welt zu wählen? Das kann nicht die Welt selbst sein – die, um sich zu offenbaren, darauf wartet, entdeckt zu werden. Also muß das Fürsich bei seinem Sich-entwerfen wählen, das zu sein, durch das die Welt sich als magische bzw. als rationale enthüllt, d. h. es muß sich, als freier Entwurf seiner selbst, das magische oder das rationale Denken zulegen. Für beide ist es *verantwortlich*; denn beides kann nur sein, wenn es gewählt wurde. Das erwählte Dasein erscheint also als die freie Grundlegung seiner Gemütsbewegungen, wie auch seiner Wollungen. Meine Furcht *ist* frei und bekundet meine Freiheit.«[47] Eine solche Theorie des Handelns mußte unausweichlich zu jenem verzweifelten Projekt einer transzendentalen Genesis der Gesellschaft wie der Geschichte führen (man dürfte die *Kritik der dialektischen Vernunft* wiedererkannt haben), das Durkheim anzuzeigen scheint, wenn er in den *Regeln der soziologischen Methode* schreibt: »Und weil diese imaginäre Welt dem Verstande keinen anderen Widerstand bietet, überläßt er sich ohne Halt schrankenlosen Ambitionen und hält es für möglich, allein mit seinen Kräften die Welt nach Belieben zu konstruieren oder reformieren zu können.«[48] Obgleich dieser Analyse der Anthropologie Sartres die – zahlreichen, vor allem in den frühen und späten Schriften auffindbaren – Texte entgegengehalten werden können, in denen er z. B. die »passiven Synthesen« eines Universums schon konstituierter Bedeutungen anerkennt oder die Prinzipien selbst seiner Philosophie ausdrücklich zurückweist, wie in jener Passage aus *Das Sein und das Nichts* (l. c. S. 591), wo er sich von der instantaneistischen Philosophie Descartes' abzusetzen trachtet, oder schließlich wie in jenem Satz aus der *Kritik der dialektischen Vernunft,* worin er das Studium von »Aktionen ohne Handelnden, Produktionen ohne Produzenten, Totalisierungen ohne Totalisierende, Gegen-Finalitäten und teuflische Zirkularitäten« ankündigt (l. c. S. 79), so bleibt doch nicht minder wahr, daß Sartre geradezu mit körperlichem Widerwillen »jene gallertartigen und von einem überindividuellen Bewußtsein mehr oder weniger unbestimmt heimgesuchten Realitäten« zurückstößt, »die ein erbärmlicher Organizismus immer noch, entgegen aller Wahrscheinlichkeit, in diesem harten, komplexen, aber von der passiven Aktivität durchschnittenen Feld finden will, in dem es *viele* individuelle Organismen und anorganische materielle Realitäten gibt«.[49] Die »objektive« Soziologie sieht sich dergestalt der überaus suspekten, weil essentialistischen Aufgabe überantwortet, »die Sozialität der Trägheit« zu untersuchen, das heißt beispielsweise die auf ihre *Trägheit,* also ihre Ohnmacht reduzierte Klasse, die Klasse-als-Ding, die »viskose« und an ihrem Sein, d. h. ihrem »Gewesen-sein« klebende Klasse: »Aber die Klassenserialität macht aus dem Individuum (was es selbst und die Klasse auch sei) ein Wesen, das als ein vermenschlichtes Ding bestimmt ist ... So entsteht also die andere Form der Klasse, d. h. die in einer Praxis totalisierende Gruppe, mitten in der passiven Form und als deren *Negation.*«[50] In der Tat stellt die gesellschaftliche Welt, Ort jener »unechten« Kompromisse zwischen dem Ding und dem Sinn, die den »objektiven Sinn« als zum Ding gemachten Sinn bestimmen, eine wirkliche Herausforderung für den dar, der nur im reinen und transparenten Universum des individuellen Bewußtseins oder der individuellen »Praxis« lebt. Ein solcher Artifizialismus kennt keine andere Schranke für die Freiheit des Ego als die, welche es sich durch die freiwillige Aufgabe im Eid oder durch den Verzicht auf Unwahrhaftigkeit, dieses Sartresche Wort für die Entfremdung, selbst auferlegt, oder jene, die ihm die entfremdete Freiheit des Alter ego in den Hegelschen Kämpfen zwischen Herr und Knecht auferlegt hat; da er folglich »in den sozialen Einrichtungen nur künstliche und mehr oder weniger willkürliche Kombinationen« zu erblicken vermag, wie Durkheim es formuliert[51], unterwirft er bedenkenlos die auf die »Wechselbeziehung von Bezwingung und Autonomie« reduzierte Transzendenz des Sozialen der, wie der frühe Sartre schrieb, »Transzendenz des Ego«: »Im Laufe dieser Aktion entdeckt das Individuum die Dialektik einmal als rationale Transparenz, indem es sie schafft, und zum anderen als absolute Notwendigkeit, indem sie ihm entgeht, das heißt *ganz einfach*, indem die anderen sie schaffen. Genau in dem Maße, wie das Individuum sich schließlich in der Überschreitung seiner Bedürfnisse erkennt, erkennt es das Gesetz an, das ihm die anderen aufzwingen, indem sie ihrerseits ihre Bedürfnisse überschreiten (es erkennt es an, was jedoch nicht bedeutet, daß es sich ihm unterwirft), erkennt es seine eigene Autonomie als fremde Kraft an (insofern sie von anderen ausgenutzt werden kann, was täglich geschieht: Finten, Manöver usw.) und die Autonomie der anderen als unerbittliches Gesetz, das es ermöglicht, sie zu bezwingen.«[52] Die Transzendenz kann dann nur mehr sein die Wirkung der »Rückläufigkeit«, d.h. in letzter Instanz der Zahl (von daher die der »Serie« zugewiesene Bedeutung) oder der »Materialisierung der Rückläufigkeit« in den kulturellen Objekten[53], und Entfremdung besteht in der freien Abdankung der Freiheit zugunsten der Erfordernisse der »bearbeiteten Materie«: »Indem der Arbeiter des 19. Jahrhunderts nun seine Ausgaben nach den Bedürfnissen, die seine Arbeit in ihm schafft, bestimmt ... *macht er sich zu dem, was er ist*, d. h. er bestimmt praktisch und rationell die Dringlichkeitsfolgen seiner Ausgaben. Er entscheidet also in seiner freien Praxis, und durch eben diese Freiheit macht er sich zu dem, was er war, was er ist und was er sein soll: eine Maschine, deren Lohn einfach die Unterhaltskosten darstellt ... Das Klassensein als praktisch-inertes Sein geschieht den Menschen durch den Menschen vermittels der passiven Synthesen der bearbeiteten Materie.«[54] An anderer Stelle führt die Affirmation des »logischen« Primats der »individuellen Praxis«, der konstituierenden Vernunft, über die Geschichte, die konstituierte Vernunft, dazu, das Problem der Genesis von Gesellschaft gerade in den Begriffen zu formulieren, die schon von den Theoretikern des Gesellschaftsvertrages zur Erklärung herangezogen wurden: »Die Geschichte bestimmt den Inhalt der menschlichen Beziehungen in ihrer Totalität, und diese Beziehungen ... verweisen auf das Ganze. Aber die Geschichte *bewirkt* nicht, daß es allgemein menschliche Beziehungen gibt. Nicht die Probleme der Arbeitsteilung und -organisation haben es bewirkt, daß sich zwischen jenen *ursprünglich getrennten* Gegenständen, den Menschen, Beziehungen hergestellt haben.«[55] Wie für Descartes »die Schöpfung kontinuierlich ist, weil die Dauer es nicht ist«, wie Jean Wahl sagt, und weil die ausgedehnte Substanz nicht in sich selbst das Vermögen zu überleben beinhaltet, so daß Gott sich mit der Aufgabe betraut findet, in jedem neu einsetzenden Augenblick durch freie Verfügung seines Willens die Welt *ex nihilo* zu erzeugen, so führt auch die typisch cartesianische Ablehnung der viskosen Undurchsichtigkeit der »objektiven Potentialitäten« und des objektiven Sinnes Sartre dahin, der absoluten Initiative der individuellen oder kollektiven »historischen Agenten«, so der »Partei«, dieser Hypostase des Sartreschen Subjekts, die unendliche Aufgabe zu überantworten, das gesellschaftliche Ganze, oder die Klasse, der Trägheit des »praktisch-Inerten« zu entreißen. Am Schluß dieses ungeheuren imaginären Romans von Tod und Wiederauferstehung der Freiheit, mit seiner doppelten Bewegung, »der Entäußerung der Interiorität«, die von der Freiheit zur Entfremdung, vom Bewußtsein zur Materialisierung des Bewußtseins führt, oder, wie der Titel besagt, »von der Praxis zum Praktisch-Inerten«, sowie der »Verinnerlichung der Exteriorität«, die, vermittels der abrupten Abkürzungen der Bewußtwerdung und der »Fusion der Bewußtseine«, »von der Gruppe zur Geschichte«, vom verdinglichten Zustand der entfremdeten Gruppe zur authentischen Existenz des historisch Agierenden führt, sind das Bewußtsein und das Ding ebenso unwiderruflich wie am Anfang getrennt, ohne daß irgendetwas, das einer Institution oder einem symbolischen System als autonomem Bereich auch nur ähnelte (die Auswahl der Beispiele gerade auch bezeugt es), je konstatiert oder konstruiert worden wäre; der Schein eines dialektischen Diskurses – der nichts weiter ist als ein dialektischer Schein des Diskurses – vermag nicht das unendliche Oszillieren zwischen dem An-sich und dem Für-sich zu verbergen, oder, in der neuen Sprache, zwischen der Materialität und der Praxis, zwischen der Trägheit der auf ihre »Essenz«, d. h. auf ihre vergangene Vergangenheit und ihre – dem Soziologen überlassene – Notwendigkeit reduzierten Gruppe und der kontinuierlichen Erschaffung des freien kollektiven Entwurfs als einer Serie von Entscheidungsakten, unabdingbar, um die Gruppe vor dem Untergang in die reine Materialität zu retten. Und wahrlich, man fragt sich, wie der Permanenz eines Habitus nicht die Beständigkeit zugeschrieben werden könnte, mit der sich die objektive Intention der Philosophie Sartres bis in die Sprache hinein gegen die subjektiven Absichten ihres Autors behauptet, d. h. gegen jenen fortwährenden Entwurf einer »Konversion«, der sich nie derart manifest und manifest ernst wie in gewissen Anathema niederschlägt, die gewiß nicht eine solche Gewalt in sich bergen würden, käme ihnen nicht ein Moment von bewußter oder unbewußter Selbstkritik zu. So heißt es beispielsweise, jene berühmte Analyse des Obers im Café im Geiste gegenwärtig zu haben, um in vollem Ausmaß den folgenden Satz einschätzen zu können: »Allen, die sich für Engel halten, erscheinen die Aktivitäten ihres Nächsten als absurd, weil sie das menschliche Unternehmen transzendieren wollen, ohne an ihm teilzunehmen.«[56] Die Theorie Sartres über die Beziehungen zwischen Flaubert und dem Bürgertum stellt den offenkundigsten und unmittelbarsten Ausdruck gerade des bürgerlichen Verhältnisses zum Dasein und zu den materiellen Existenzbedingungen dar, insofern sie nämlich, indem sie die Existenz und das Werk auf eine Bewußtwerdung gründet, davon Zeugnis ablegt, daß es nicht genügt, sich der Klassenbedingungen bewußt zu werden, um sich von den dauerhaften Dispositionen, die sie hervorbringen, zu befreien.[57] Der gleichen Logik fällt auch – *mutatis mutandis* – jenes Projekt anheim, das, gewiß um sich von den Soziologen der Notwendigkeit abzusetzen, eine als »Soziologie der Freiheit« – ein schon von Le Play verwendeter Ausdruck – konzipierte »Soziologie des Handelns« zu erstellen gedenkt.[58] Hier findet die Ablehnung der »reduktionistischen« Bestimmung der Soziologie endlich wieder zurück zu den ewigen Themen und zu der ewigen Sprache, deren Archetypus schon Bergson in den Kategorien des Geschlossenen und Offenen, der Kontinuität und des Bruchs, der Routine und der Schöpfung, der Institution und der Person bereitgestellt hat.

Die objektive Übereinstimmung der Habitusformen der Gruppen und Klassen bietet die Gewähr dafür, daß trotz *Fehlens jeden unmittelbaren Wechselspiels* und, *mehr noch*, jeder expliziten Abstimmung die Praxisformen und Praktiken objektiv in Einklang stehen. Leibniz formuliert: »Stellen Sie sich zwei Wanduhren oder Taschenuhren vor, die vollkommen miteinander übereinstimmen. Das kann nun *auf drei Weisen* geschehen: *die erste* besteht in einem natürlichen Einfluß. (...) *Die zweite Weise* ... bestünde darin, sie immer durch einen geschickten Arbeiter überwachen zu lassen, der sie richtet und sie in jedem Augenblick gleich einstellt. *Die dritte Weise* besteht darin, zunächst diese zwei Pendel mit so viel Kunst und Genauigkeit herzustellen, daß man in der Folge ihrer Übereinstimmung sicher sein kann.«[59] Wird systematisch nur die erste oder, im äußersten Fall, die zweite Annahme zurückbehalten – wenn man also die Partei oder den charismatischen Führer die Rolle des *deus ex machina* spielen läßt –, begibt man sich der Möglichkeit, die zugleich sicherste wie am besten verborgene Grundlage der Gruppen- oder Klassenintegration aufzudecken: Stehen die praktischen Handlungen der Mitglieder derselben Gruppe oder Klasse stets in größerer Übereinstimmung, als die Handelnden selbst es wissen oder auch wollen, so darum, weil, um noch einmal

Leibniz zu zitieren, »indem (jeder) nur (seinen) eigenen Gesetzen folgt, ... (er) dennoch mit den anderen übereinstimmt«[60]; so darum, weil der Habitus nichts anderes ist als dieses durch die primäre Sozialisation jedem Individuum eingegebene immanente Gesetz, *lex insita*, das nicht nur die Voraussetzung der Übereinstimmung der Praxis(formen), sondern auch die Voraussetzung der Praxis der Übereinstimmung darstellt, insofern die von den Individuen selbst bewußt vorgenommenen Berichtigungen und Abstimmungen die Beherrschung eines gemeinsamen Codes voraussetzen und im weiteren die Unternehmen kollektiver Mobilisierung erfolglos blieben ohne ein Minimum an Übereinstimmung zwischen dem Habitus der Agenten, die die Mobilisierung antreiben (etwa Propheten, Parteiführer usw.), und den Dispositionen derjenigen, deren Aspirationen zum Ausdruck zu bringen jene sich bemühen. Weit gefehlt, daß die Übereinstimmung der Handlungen immer das Resultat der Übereinstimmung zu sein hat, deutet alles vielmehr darauf hin, daß eine der primären Funktionen des Zusammenspiels der Habitusformen darin zu suchen ist, gleichsam einen sparsamen Gebrauch der »intentionalen Einfühlung in den anderen« so zu rechtfertigen, daß eine Art praktischer Behaviourismus zugelassen wird, der in wesentlichen Lebenssituationen von der umfassenden Analyse der Nuancen im Verhalten des anderen oder von der unmittelbaren Rückfrage nach den jeweiligen Absichten (»Was *willst* du sagen?«) entlastet: So wie derjenige, der einen Brief zur Post trägt, nur voraussetzt, wie Schütz aufwies, daß anonyme Beamte seiner anonymen Absicht korrespondierende Verhaltensweisen vollziehen, so stellt auch derjenige, der Geld als Tauschmittel akzeptiert, implizit in Rechnung, wie Weber gezeigt hat, daß andere Handlungssubjekte dem zustimmen und ihm gleichermaßen diese Funktion zuerkennen werden. Automatisch und unpersönlich, mit Bedeutung ohne bedeuten zu wollen, stehen die normalen Verhaltensformen im Dasein einer nicht minder automatischen und unpersönlichen Entschlüsselung offen, wobei die Wiederaufnahme der objektiven Intention, die sie zum Ausdruck bringen, in keiner Weise eine »Reaktivierung« der »gelebten« Intention von seiten dessen erheischt, der jene Verhaltensformen vollzieht.[61]

Jedes Individuum, mag es das wissen oder nicht, wollen oder nicht, ist Produzent und Reproduzent objektiven Sinns: Da seine Handlungen und Werke Produkt eines *modus operandi* sind, dessen Produzent es nicht ist und die es bewußt nicht beherrscht, schließen sie, einem Begriff der Scholastik folgend, eine »objektive Intention« ein, die dessen bewußte Absichten stets übersteigt. Wie Gelb und Goldstein zufolge gewisse Aphasiker, die das Vermögen verloren haben, im Zusammenhang eines Wortes oder einer Frage das vom Sinn her geforderte Wort oder den Begriff zu nennen, gewissermaßen aus Versehen etwas formulieren können, was sie erst im Nachhinein als die geforderte Antwort erkennen, gestatten auch die erworbenen Denk- und Ausdrucksschemata die *intentionslose Erfindung* der geregelten Improvisation, die ihre Ausgangs- und Unterstützungspunkte in gleichsam vorgestanzten »Mustern« wie Wortpaaren und Bildkontrasten finden[62]: Durch seine Worte, mit denen er, wie Nikolaus Hartmann formulierte, eine Beziehung des »Tragens und Getragenwerdens« unterhält, fortwährend sich selbst voraus, macht der Virtuose im *opus operatum* neue Auslöser und neue Stützen für den *modus operandi* aus, der sie hervorbringt, dergestalt, daß sein Diskurs sich beständig – wie ein Zug, der seine eigenen Schienen mit sich führt – aus sich selbst nährt.[63] Überraschen zuweilen geistreiche Worte nicht minder ihre Hörer als ihren Verfasser selbst und drängen sie sich retrospektiv durch ihren zwangsläufigen Charakter wie ihre Neuheit auf, so weil die *trouvaille* als das ebenso zufällige wie unabwendbare bloße Zutagetreten einer in den Strukturen der Sprache selbst eingebundenen Möglichkeit aufscheint; so weil die Subjekte im eigentlichen Sinne nicht wissen, was sie tun, weil das, was sie tun, mehr Sinn aufweist, als sie wissen. Der Habitus stellt die universalisierende Vermittlung dar, kraft derer die Handlungen ohne ausdrücklichen Grund und ohne bedeutende Absicht eines einzelnen Handlungsubjekts gleichwohl »sinnhaft«, »vernünftig« sind und objektiv übereinstimmen; dabei bildet der Teil der Handlungen, der noch für deren eigene Produzenten im Dunkel verbleibt, jenes Moment, durch das diese Handlungen den anderen Handlungen und Strukturen, deren Produktionsprinzip das Produkt selbst ist, angepaßt werden.

Weil sie das Resultat von Dispositionen sind, die, dank der Verinnerlichung der gleichen objektiven Strukturen, objektiv übereinstimmen, weisen die Handlungen der Mitglieder ein und derselben Gruppe oder, im Rahmen differenzierter Gesellschaften, ein und derselben Klasse eine unitäre und systematische objektive Bedeutung auf, die die subjektiven Absichten und die individuellen oder kollektiven bewußten Entwürfe transzendiert.[64] Dies heißt, daß der Objektivierungsprozeß nicht in der Sprache der *Interaktion* und der wechselseitigen Anpassung beschreibbar ist, insofern die Interaktion ihre Form selbst den objektiven Strukturen verdankt, die die Dispositionen der Interagierenden geschaffen haben und die diesen ihre jeweilige Stellung innerhalb der Interaktion und anderswo zuweisen. Wollte man einmal, vermittels einer schwerlich irreführenden Schematisierung, das scheinbar unbegrenzte Spektrum der Theorien über Akkulturation und kulturelle Kontakte auf den Gegensatz reduzieren zwischen dem Realismus des Intelligiblen zum einen, der linguistische oder kulturelle Kontakte wie Kontakte zwischen Kulturen oder Sprachen wiedergibt, die sowohl gattungsmäßigen Gesetzen (etwa dem der Neustrukturierung des Entlehnten) wie spezifischen Gesetzen unterworfen sind (die von der Analyse der Strukturen aufgedeckt werden, die den in Verbindung stehenden Kulturen oder Sprachen eigentümlich sind), und dem Realismus des Sinnlich-Offenbaren zum anderen, der das Augenmerk auf die (als Population begriffenen) präsententen Gesellschaften oder im günstigsten Fall auf die Beziehungen zwischen den verglichenen Gesellschaften (Herrschaft usw.) legt, so würde kenntlich werden, daß ihr komplementärer Gegensatz schon das Prinzip seines eigenen Überschreitens bezeichnet: Kein einziges Gegenübertreten von Handlungssubjekten, das, innerhalb einer durch die *objektive Struktur* der Beziehung zwischen den korrespondierenden Gruppen definierten *Interaktion* (etwa Kolonisatoren/Kolonisierte) und auch abgesehen von der den *Umständen entsprechenden Struktur* der Interaktionsbeziehung (etwa der Unternehmer, der seinen Untergebenen Anweisungen erteilt, Lehrer, die von ihren Schülern sprechen, Intellektuelle, die an einem Kolloquium teilnehmen, usw.), faktisch nicht – durch »physische Personen« getragene – gattungsspezifische Habitusformen gegenüberstellt, d. h. Dispositionssysteme wie die linguistische oder kulturelle Kompetenz, und im weiteren vermittels dieser Habitusformen alle die objektiven Strukturen, deren Erzeugnis diese sind, und da im besonderen die Strukturen der symbolischen Relationssysteme wie die Sprache: So werden die Strukturen gegenüberstehender phonologischer Systeme nur wirksam (was auch der *Akzent* bei nicht-einheimischen Sprechern einer herrschenden Sprache bezeugt), wenn sie in einer im Verlauf einer partikularen Geschichte erworbenen Kompetenz (die verschiedenen Arten von Bilingualismus, die auf unterschiedliche Modi des Erwerbens verweisen) *einverleibt* werden, die eine – im Sinne des Ausblendens verstandene –

selektive Taubheit und systematische Restrukturierungen impliziert.

Vom Habitus einer Klasse (oder einer »Kultur«, im Sinne einer in einer homogenen Gruppe erworbenen kulturellen Kompetenz) zu sprechen, heißt also, wider alle Formen okkasionalistischer Illusion, die darin besteht, die Handlungen unmittelbar auf die in der Situation eingeschriebenen Eigenschaften zu beziehen, in Erinnerung zu bringen, daß die »interpersonalen« Beziehungen niemals, es sei denn zum Schein, Beziehungen eines *Individuums zu* einem anderen *Individuum* sind, und daß die Wahrheit der Interaktion nie gänzlich in dieser selbst gründet – ein Faktum, das die Sozialpsychologie und der Interaktionismus oder die Ethnomethodologie vergessen, wenn sie, indem sie die objektive Struktur der Beziehung zwischen den versammelten Individuen auf die den Umständen geschuldete Struktur ihrer Interaktion in den Grenzen einer partikularen Situation und Gruppe reduzieren, alles, was sich innerhalb einer experimentellen oder beobachteten Interaktion vollzieht, durch die experimentell zugerichteten Charakteristika der Situation, wie die jeweilige räumliche Anordnung der Beteiligten oder die Natur der verwendeten Kommunikationskanäle, zu erklären trachten. Denn ihre gegenwärtige wie vergangene Position innerhalb der Sozialstruktur tragen die als physische Personen verstandenen Individuen überall und allezeit in Gestalt der Habitusformen mit sich herum, die erst die soziale Person mit allen ihren Dispositionen ergeben, welche ebensosehr Hinweise auf die *gesellschaftliche Position*, folglich die gesellschaftliche Distanz zwischen den objektiven Positionen, d. h. zwischen den (im vom sozialen Raum unterschiedenen physischen Raum) konjunkturell zusammengeführten sozialen Personen darstellen wie im selben Atemzug Erinnerung an diese Distanz und die damit einzuhaltenden Verhaltensweisen, um »Abstand zu wahren« oder um sie symbolisch wie real strategisch einzusetzen, sie zu vermindern (einfacher für den Herrschenden als den Beherrschten) oder zu verstärken oder schlicht und einfach aufrechtzuerhalten (indem man es vermeidet, »sich gehen zu lassen«, »zu familiär zu werden«, kurz, indem man »seinen Rang einhält«, oder im Gegenteil, indem man es vermeidet, »sich zu gestatten ...«, sich die »Freiheit zu nehmen ...«, kurz, indem man »auf seinem Platz bleibt«).

Bis hin zu den Formen, die sich mehr der in der Sprache der »intentionalen Einfühlung in den anderen« gehaltenen Beschreibung anzu-

bieten scheinen, wie Sympathie, Freundschaft oder Liebe, findet sich keine einzige Interaktionsform, die nicht immer noch, die Klassenhomogamie bezeugt es, durch die Übereinstimmung der Habitusformen hindurch, genauer gesagt, über den Ethos und die Neigungen – was ohne Zweifel anhand unmerklicher Anzeichen der körperlichen Hexis verspürt wird – durch die objektive Struktur der Beziehungen zwischen den Bedingungen und den Positionen beherrscht wäre: Die Illusion über die gegenseitige Auslese oder die Prädestination entspringt der Unkenntnis über die gesellschaftlichen Bedingungen der Übereinstimmung ästhetischer Geschmäcker oder ethischer Neigungen, die auf diese Weise als Bestätigung der unaussprechlichen Affinitäten, die sie begründet, wahrgenommen wird. Kurz, der Habitus, dieses Produkt der Geschichte, erzeugt entsprechend den von der Geschichte hervorgebrachten Schemata individuelle und kollektive Praxisformen – folglich Geschichte. Als Vergangenes, das im Aktuellen weiterlebt und sich bis in die Zukunft hinein zu verlängern trachtet, indem es sich in den entsprechend seinen Prinzipien strukturierten Praxisformen aktualisiert, als inneres Gesetz, durch das hindurch sich fortgesetzt der Zwang externer Notwendigkeiten auswirkt, die sich auf die unmittelbaren Zwänge der jeweiligen Lage nicht zurückführen lassen, liegt das System der Dispositionen ebenso der Kontinuität und Regelmäßigkeit zugrunde, die der Objektivismus der sozialen Welt zuschreibt, ohne sie freilich vernünftig begründen zu können, wie auch den gleichermaßen Regeln unterworfenen Transformationen und Revolutionen, von denen weder die äußerlichen und instantanen Determinismen eines mechanischen Soziologismus noch die rein innerliche, aber genau so punktuelle Determination des voluntaristischen oder spontaneistischen Subjektivismus Rechenschaft ablegen können.
Beide Aussagen: daß die kollektiven Aktionen das Ereignis schaffen wie daß sie deren Hervorbringung sind, sind wahr und falsch zugleich. In der Tat bilden sie das Resultat einer *Konjunktur*, d. h. einer *notwendigen Verbindung* von Dispositionen mit einem *objektiven Ereignis*. Die politische – etwa revolutionäre – Konjunktur kann ihre auf eine bedingte Stimulierung angelegte Aktion, die eine bestimmte Reaktion von seiten all derer fordert oder erheischt, die sie als solche erfassen, nur gegenüber jenen voll zur Geltung bringen, die dazu disponiert sind, ihr als solche Gestalt zu geben, insofern sie über einen bestimmten Typ von Dispositionen verfügen, die durch den »Bewußtwerdungsprozeß«, d. h. durch die

direkte oder mittelbare Inbesitznahme eines Diskurses verstärkt werden können, der imstande ist, die symbolische Beherrschung der praktisch beherrschten Prinzipien des Klassenhabitus zu gewährleisten.[65] In der dialektischen Beziehung zwischen Dispositionen und Ereignis bildet sich jene Konjunktur heraus, die fähig ist, die objektiv koordinierten, weil an partiell oder total gleichen objektive Notwendigkeiten ausgerichteten Handlungen in *kollektive Aktion* zu transformieren. Ohne je vollkommen koordiniert zu sein, da sie das Erzeugnis von »Kausalreihen« mit unterschiedlicher struktureller Dauer bilden, sind die Dispositionen und die Situation, die sich synchron vereinigen, um derart eine bestimmte Konjunktur zu stiften, doch auch niemals gänzlich unabhängig, da sie ja durch die objektiven Strukturen hervorgebracht werden, in letzter Instanz also durch die ökonomischen Grundlagen der jeweiligen Gesellschaftsformation: Zweifellos bildet die Hysteresis der Habitusformen, die den gesellschaftlichen Reproduktionsbedingungen der Strukturen in den Habitusformen inhärent ist, eine der Grundlagen der strukturellen Verschiebung zwischen den Gelegenheiten und den auf ihr Ergreifen zugeschnittenen Dispositionen, und es ist diese Verschiebung, die die verpaßten Gelegenheiten erzeugt und im besonderen die oft beobachtete Unfähigkeit, historische Krisen nach anderen Wahrnehmungs- und Denkkategorien als solchen der Vergangenheit – und sei es auch der revolutionären – wahrzunehmen und zu denken.

Die dialektischen Beziehungen zwischen den objektiven Strukturen und den von ihnen erzeugten kognitiven und motivationalen Strukturen, die diese wiederum zu reproduzieren tendieren, zu ignorieren und vergessen zu wollen, daß diese objektiven Strukturen selbst das Resultat historischer Praxisformen sind, die ihrerseits von historischen Praxisformen reproduziert und transformiert werden, deren Erzeugungsprinzip das Ergebnis von Strukturen ist, die aus eben diesem Grunde auch von ihm seiner Tendenz nach reproduziert werden, hieße sich einer Reduktion schuldig zu machen, die darin besteht, die Beziehung zwischen verschiedenen, unterschiedlichen Instanzen – diese, einer spinozistischen Metapher entsprechend, die noch die Wahrheit der objektivistischen Sprache von der »Gliederung« enthält, als »differente Übersetzungen ein und desselben Satzes« verstanden – auf jene logische Formel zu beschränken, die irgendeine unter ihnen ausgehend von einer anderen unter ihnen wiederzufinden gestattet. Es ist denn auch kein Wunder, wenn im folgenden das Prinzip des Werdens der Strukturen in einer Art theoretischer Parthenogenese ausgemacht wird und derart dem Hegel der »Philosophie der Geschichte« und dessen Weltgeist, der sein Wesen entfaltet, indem er stets mit sich identisch bleibt, ein unerwartetes comeback geboten wird.[66] Solange man demzufolge die kanonische Alternative akzeptiert, die innerhalb der Geschichte des gesellschaftlichen Denkens in immer neuem Gewande wiederauftaucht – und heute etwa der »humanistischen« Marx-Lektüre eine »strukturalistische« entgegensetzt –, bedeutet die Tatsache, nur das genaue Gegenteil des Subjektivismus zu vertreten, keineswegs schon, wirklich mit ihm zu *brechen*, sondern allenfalls dem Fetischismus der Sozialgesetze zu verfallen, dem der Objektivismus anheimfällt, wenn er zwischen Struktur und Praxis ein Verhältnis des Virtuellen zum Aktuellen, der Partitur zur Ausführung, des Wesens zur Erscheinung aufrichtet und schlicht den Menschen des Subjektivismus durch den von toten Gesetzen einer Naturgeschichte unterjochten Menschen ersetzt. Freilich, wie sollte man auch die Mächtigkeit des aus Subjektivismus und Objektivismus geformten ideologischen Paares unterschätzen, wenn man sehen muß, wie die Kritik des als *ens realissimum* begriffenen *Individuums* allein dazu verleitet, es zu einem Epiphänomen der hypostasierten Struktur zu degradieren, und wie die begründete Behauptung des Primats objektiver Relationen dazu verführt, den Erzeugnissen menschlicher Aktion, den Strukturen, Macht und Vermögen zuzuschreiben, sich entsprechend eigenen Gesetzen entwickeln und andere Strukturen determinieren oder überdeterminieren zu können? Das Problem stellt sich nicht erst heute. Immer schon war der Versuch, die Gegensätze zwischen Exteriorität und Interiorität, zwischen Vielheit und Einheit zu transzendieren, auf dieses epistemologische Hindernis, das Individuum, geprallt, das stets noch in der Lage ist, die Theorie der Geschichte selbst dann heimzusuchen, wenn man es, wie Engels es häufig tut, auf den Zustand eines Moleküls reduziert, das, indem es in einer Art Brownscher Bewegung an andere Moleküle stößt, einen objektiven Sinn erzeugt, der auf die mechanische Anordnung singulärer Zufälle zurückführbar ist.[67]

Wie der Gegensatz zwischen der Sprache und dem als bloße Ausübung oder selbst als präkonstruiertes Objekt gefaßten Sprechen den Gegensatz zwischen den objektiven Beziehungen der Sprache und den konstitutiven Dispositionen der linguistischen Kompetenz im Dunkel beläßt, so stellt auch der Gegensatz zwischen Struktur und Individuum, gegen das die Struktur stets neu erobert sein will, ein Hindernis dar für die Konstruktion des dialektischen Verhältnisses zwischen der Struktur und den konstitutiven Dispositionen des Habitus.

Wenn die eine ganze Epoche lang die amerikanische Anthropologie beherrschende Diskussion über das Verhältnis von »Kultur« und »Persönlichkeit« heute so überaus fiktiv und steril erscheint, so deshalb, weil sie, in einem Wust von logischen und epistemologischen Trugschlüssen, um die Beziehung zwischen den zwei komplementären Erzeugnissen ein und derselben realistischen und substantialistischen Repräsentation des wissenschaftlichen Gegenstandes organisiert war: den Begriff der als »Realität sui generis« gefaßten Kultur einerseits und den der »Basispersönlichkeit«, diesen aus der Anstrengung, der unlösbaren Antinomie von Gesellschaft und Individuum zu entrinnen, geborenen abstrakt-konkreten Begriff andererseits. In ihren karikaturhaftesten Ausprägungen weist die Theorie der Basispersönlichkeit die Tendenz auf, Persönlichkeit als ein (durch »Modellierung« erhaltenes) Spiegelbild oder eine Miniatur-Antwort der »Kultur« zu definieren, die bei allen Individuen derselben Gesellschaft – »Deviante« ausgeschlossen – aufweisbar sein soll. Cora du Bois' Analysen über die Alor-Inseln bieten das typischste Beispiel für die Konfusionen und Widersprüche, die sich aus der Theorie einer wechselseitigen Deduzierbarkeit von »Kultur« und Persönlichkeit ergeben: Darauf bedacht, die Konstruktionen der Ethnologen, die auf dem Postulat gründen, daß gleiche Einflüsse gleiche Basispersönlichkeiten hervorbringen, mit aller Macht in Einklang zu bringen mit seinen eigenen klinischen Beobachtungen aus vier Fallstudien, deren jeweilige Untersuchungsobjekte ihm im Sinne von »an einzigartige Schicksale gebundenen« Schöpfungen »spezifischer Faktoren« »höchst individuiert« scheinen, sieht sich der Psychoanalytiker in seinem Bemühen, individuelle Ausprägungen der Basispersönlichkeit auszumachen, am Ende zu Widerrufen und Ungereimtheiten getrieben (vgl. C. du Bois, *The Poeple of Alor*, Minneapolis 1944). So vermag er in Mangma das »typischste« der vier Untersuchungsobjekte zu sehen, da »seine Persönlichkeit der Struktur der Basispersönlichkeit entspricht«, wohingegen er zunächst geschrieben hatte: »Es scheint schwierig zu bestimmen, in welchem Maße Mangma typisch ist. Ich wage die Behauptung, daß, wäre er typisch, die Gesellschaft nicht weiter existieren könnte.« Passiv und mit einem starken Über-Ich ausgestattet, ist Ripalda ebenso »atypisch« wie Fantan, der »die stärkste Charakterbildung aufweist und gegenüber Frauen ohne Hemmung ist« (eine starke heterosexuelle Hemmung war die Regel), und der sich »von den anderen wie ein Städter von einem Bauern unterscheidet«. Malekala endlich, dessen Biographie in allen Punkten typisch ist, ist ein notorischer Prophet, der eine Bewegung religiösen Neubeginns auf die Beine zu stellen versucht hatte. Also müßte seine Persönlichkeit der von Ripalda, diesem anderen Zauberer, die, wie gesehen, als atypisch beschrieben wurde, annähernd gleich sein. Um dem Ganzen die Krone aufzusetzen, notiert der Analytiker schließlich: »Personen wie Mangma, Ripalda und Fantan können in jeder beliebigen Gesellschaft angetroffen werden.« Anthony F. Wallace, von dem diese Kritik stammt (A. F. Wallace, *Culture and Personality*, New York 1965), bemerkt gewiß zu Recht, daß dem Begriff der Modalpersönlichkeit das Verdienst zukommt, den der Indifferenz für die Differenz (und darin: für die Statistik) korrelativen Inkonsequenzen zu entgehen, die zumeist im Rückgriff auf den Begriff der Basispersönlichkeit impliziert sind; doch was zunächst für eine schlichte Perfektionierung der Meßtechniken und der Verifikation, dazu bestimmt, die Validität einer theoretischen Konstruktion unter Beweis zu stellen, gehalten werden könnte, läuft in Wirklichkeit auf die Ersetzung des Objekts hinaus: Ersetzt wird ein System von Hypothesen über die als ein homöopathisches System begriffene *Struktur* der Persönlichkeit, die sich transformiert, indem sie die externen Spannungen gemäß ihrer eigenen Logik interpretiert, durch die bloße Deskription der Haupttendenz der Verteilung von Werten einer Variablen oder bestenfalls einer Kombination von Variablen. Wallace kann auf diese Weise tautologisch feststellen, daß innerhalb einer Population von Tuscarora-Indianern der nach 21 Dimensionen bestimmte modale Persönlichkeitstyp sich nur bei 37 Prozent der Untersuchungsobjekte beobachten läßt. Korrelationsforschung wie Faktoranalyse vermögen im Fall einer ökonomisch und sozial wenig differenzierten Gesellschaft oder auch bei einer sozialen Klasse innerhalb geschichteter Gesellschaften nicht zum System der Regeln vorzustoßen, auf deren Grundlage die Regelmäßigkeiten erzeugt werden: Mag die Konstruktion des Klassen*ethos* sich auch durch das Ablesen der als *Indices* gefaßten statistischen Regelmäßigkeiten wappnen – das vereinheitlichende und explikative Prinzip dieser Regelmäßigkeiten kann gerade nicht auf diese Regelmäßigkeiten selbst, in denen es sich manifestiert, reduziert werden. Kurz, da sie in der »Basispersönlichkeit« nichts weiter erblicken können als eine Art und Weise, eine direkt beobachtbare »Gegebenheit«, d. h. einen von der Mehrzahl der Mitglieder einer jeweiligen Gesellschaft geteilten »Persönlichkeitstyp« zu bezeichnen, vermögen die Verteidiger des Begriffs logischerweise jenen nichts entgegenzuhalten, die, im Namen der gleichen realistischen Repräsentation des wissenschaftlichen Objekts, diese Theorie der Prüfung durch die statistische Kritik unterwerfen.

Der Habitus stellt das Produkt der Einprägungs- und Aneignungsarbeit dar, die erforderlich ist, damit die Hervorbringungen der kollektiven Geschichte (Sprache, Wirtschaftsform usw.) sich in Form dauerhafter Dispositionen in allen, den gleichen Bedingungen auf Dauer unterworfenen, folglich den gleichen materiellen Existenzbedingungen ausgesetzten Organismen – die man, so man

will, Individuen nennen kann – erfolgreich reproduzieren können. Das bedeutet, daß die Soziologie alle die biologischen Individuen als identische behandelt, die Produkte der gleichen Bedingungen, Träger gleicher Habitusformen sind: damit ist gesagt, daß die soziale Klasse als System objektiver Beziehungen keineswegs mit dem Individuum oder als *Population*, d. h. mit der als Summe zähl- und meßbarer biologischer Individuen begriffenen »Klasse« in Beziehung gesetzt werden darf, sondern mit dem Klassenhabitus als System von Dispositionen, die allen Produkten der gleichen Strukturen (partiell) gemeinsam sind. Es kann zwar ausgeschlossen werden, daß *alle* Mitglieder ein und derselben Klasse (oder selbst nur zwei von ihnen) dieselben Erfahrungen – und zumal in gleicher zeitlicher Ordnung – gemacht haben; ebenso sicher ist aber auch, daß jedes Mitglied derselben Klasse sich mit einer größeren Wahrscheinlichkeit als jedes Mitglied einer anderen Klasse in seiner Eigenschaft als Akteur oder Zeuge den für die Mitglieder dieser Klasse häufigsten Situationen konfrontiert sieht: Die objektiven Strukturen, die die Wissenschaft in Form statistischer Regelmäßigkeiten erfaßt (flüchtig aufgezählt: Beschäftigungsrate, Einkommenskurven, Wahrscheinlichkeiten des Besuchs weiterführender Schulen, Häufigkeit der Urlaube usw.) und die einem sozialen Umfeld dessen spezifische *Physiognomie* aufprägen, dieser kollektiven Landschaft also mit ihren »verbauten« Karrieren, ihren unerreichbaren »Plätzen«, ihren »begrenzten« Horizonten, generieren, vermittels stets konvergenter direkter oder indirekter Erfahrungen, jene Art von »Kunst, die Wahrheitsähnlichkeiten zu beurteilen«, wie Leibniz formulierte, d. h. das Vermögen, die objektive Zukunft zu antizipieren; sie schärfen, mit anderen Worten, jenen Sinn für die Realität oder für die Realitäten ein, der gewiß das am besten verborgene Prinzip ihrer Wirksamkeit darstellt.
Zur Bestimmung der Beziehungen zwischen Klasse, Habitus und organischer Individualität – wobei letztere in dem Maße nie gänzlich aus dem soziologischen Diskurs verbannt werden kann, wie sie, der unmittelbaren Wahrnehmung direkt gegeben (*intuitus personae*), auch sozial gekennzeichnet und anerkannt ist (Eigenname, juristische Personen usw.) und im weiteren sich durch eine spezifische, auf keine andere zurückführbare soziale Laufbahn auszeichnet – kann man, wie es zuweilen die tun, die den Begriff des Unbewußten verwenden, die Logik des transzendentalen Idealismus zumindest metaphorisch geltend machen: Indem der Habitus

als ein zwar subjektives, aber nicht individuelles System verinnerlichter Strukturen, als Schemata der Wahrnehmung, des Denkens und Handelns angesehen wird, die allen Mitgliedern derselben Gruppe oder Klasse gemein sind und die die Voraussetzung jeder Objektivierung und Apperzeption bilden, wird derart die objektive Übereinstimmung der Praxisformen und die Einmaligkeit der Weltsicht auf der vollkommenen Unpersönlichkeit und Austauschbarkeit der singulären Praxisformen und Weltsichten gegründet. Das läuft allerdings darauf hinaus, alle nach identischen Schemata erzeugten Vorstellungen und Praxisformen für unpersönlich und austauschbar zu erachten – nach Art der singulären Anschauungen des Raumes, die, wollte man Kant glauben, keine einzige Besonderheit des empirischen Ich reflektieren. Um Rechenschaft abzulegen von der Verschiedenheit in der Gleichartigkeit, die die jeweiligen Habitusformen der verschiedenen Mitglieder einer selben Klasse auszeichnet und die die für die gesellschaftlichen Bedingungen der Erzeugung dieser Habitusformen charakteristische Verschiedenheit in der Gleichartigkeit wiedergibt, genügt es, die grundlegende *Homologie*beziehung wahrzunehmen, die sich zwischen den Habitusformen der Mitglieder einer selben Gruppe oder Klasse insoweit ergibt, als sie das Produkt der Verinnerlichung derselben grundlegenden Strukturen sind. Dies heißt, daß, um mit der Sprache von Leibniz zu sprechen, die Weltsicht einer Gruppe oder Klasse ebenso die Homologie der Weltsichten, die mit der Gleichheit der Wahrnehmungsschemata korreliert, wie die von einzigartigen und doch übereinstimmenden Gesichtspunkten her erfaßten systematischen Unterschiede voraussetzt, die die singulären Weltsichten voneinander trennen.

Gerade die Logik seiner Genesis macht aus dem Habitus eine chronologisch geordnete Serie von Strukturen, worin eine Struktur bestimmten Rangs die Strukturen niedrigeren – folglich genetisch früheren – Rangs spezifiziert und die Strukturen höheren Rangs durch Vermittlung einer strukturierenden Aktion, die sie gegenüber den strukturierten generativen Erfahrungen dieser Strukturen ausübt, wiederum strukturiert: Demgemäß liegt beispielsweise der Strukturierung der schulischen Erfahrungen – und im besonderen der Rezeption und Assimilierung der eigentlich pädagogischen Botschaft – der innerhalb der Familie erworbene Habitus zugrunde, während der durch die sich ändernde schulische Aktion transformierte Habitus seinerseits der Strukturierung aller späteren Erfahrungen unterliegt (zum Beispiel der Rezeption und Assimilierung der von der Kulturindustrie geschaffenen und ausgesendeten Botschaften oder den Berufserfahrungen), und das von Restrukturierung zu Restrukturierung immer so weiter. Die Erfahrung – die eine multivariable Analyse durch Überkreuzen logisch permutabler Kriterien unterscheiden und spezifizieren kann – integrieren sich im Rahmen einer *systematischen Biographie*, die sich auf der Basis der in einem bestimmten Typ familialer Struktur erfahrenen originären Klassensituation organisiert. Da die Geschichte des Individuums nie etwas anderes als eine gewisse Spezifizierung der kollektiven Geschichte seiner Gruppe oder Klasse wiedergibt, können in den Systemen der individuellen Dispositionen *strukturelle Varianten* des Gruppen- oder Klassenhabitus gesehen werden, die systematisch gerade in den Unterschieden organisiert sind, die sie trennen und worin sich die Unterschiede der Laufbahnen und Positionen innerhalb und außerhalb der Klasse zum Ausdruck bringen: der »persönliche« Stil, dies besondere Kennzeichen, das alle Erzeugnisse ein und desselben Habitus, alle Handlungen und Werke, tragen, ist niemals mehr als eine selbst noch geregelte und zuweilen sogar kodifizierte *Abweichung* gegenüber dem einer Epoche oder einer Klasse eigentümlichen *Stil*, so daß er nicht nur durch die Konformität – nach Art des Phidias, der, wollen wir Hegel glauben, keine »Manier« besaß –, sondern auch durch den Unterschied, der die Manier allererst macht, auf den gemeinsamen Stil verweist.

Die Einverleibung der Strukturen

Solange die pädagogische Arbeit noch nicht klar als spezifische und autonome Praxis eingerichtet ist und nur eine symbolisch strukturierte Gruppe, ein symbolisch strukturiertes Umfeld, ohne spezialisierte Agenten und spezifizierte Situationen, die anonyme und diffuse pädagogische Aktion vollziehen, überträgt sich das Wesentliche des *modus operandi*, worin sich die praktische Beherrschung definiert, unmittelbar auf die Praxis, wird praktisch, ohne jemals die Ebene des Diskurses zu beanspruchen. Nicht »Modelle«, sondern die Handlungen der anderen werden nachgeahmt. Dabei wird die Motorik unmittelbar von der körperlichen Hexis angesprochen, einem Haltungsschema (schème postural), das, weil für ein ganzes System von Körpertechniken und Werkzeugen verantwortlich und mit einer Vielzahl sozialer Bedeutungen und Werte befrachtet, zugleich singulär und systematisch ist: In allen Gesellschaften zeigen die Kinder für die Gesten und Posituren, die in ihren Augen den richtigen Erwachsenen ausmachen, außerordentliche Aufmerksamkeit: also für ein bestimmtes Gehen, eine spezifische Kopfhaltung, ein Verziehen des Gesichts, für die jeweiligen Arten, sich zu setzen, mit Instrumenten umzugehen, dies alles in Verbindung mit einem jeweiligen Ton der Stimme, einer Redeweise und – wie könnte es anders sein? – mit einem spezifischen Bewußtseinsinhalt. Daß freilich die Schemata über praktische Handlungen verlaufen, ohne im Bewußtsein thematisiert oder erklärt werden zu müssen, heißt nicht, daß sich der Erwerb des Habitus auf ein mechanisches, durch *trial and error* korrigiertes Lernen beschränkte. Gegenüber einer inkohärenten Folge von Zahlen, die nur schrittweise, durch wiederholte Versuche und gemäß voraussehbarer Progressionen gelernt werden können, läßt sich eine Serie deshalb sehr viel einfacher aneignen, weil sie eine Struktur aufweist, die davon befreit, mechanisch die Gesamtheit der einzeln genommenen Zahlen im Gedächtnis zu speichern: Seien es Diskurse wie sprichwörtliche Redewendungen, Sprichwörter, Spruchdichtungen, Lieder, Rätsel oder Spiele, seien es Objekte wie Werkzeuge, wie das Haus oder das Dorf, oder schließlich Praktiken wie Ehrenduelle, Riten oder der Gabentausch, stets ist das Material, das sich dem kabylischen Kind zum Lernen anbietet, das Produkt der systematischen Applikation einer kleinen Anzahl zusammenhängender praktischer Prinzipien[68] – womit ausgesprochen ist, daß in diesem unbegrenzt redundanten Material das Kind niemals Mühe hat, den *Grund* aller dieser sinnlichen Serien zu erfassen, und ihn sich, ohne ihn doch jemals thematisch sich darstellen zu müssen, in Form eines generativen Prinzips von Praktiken, die auf der gleichen Grundlage organisiert sind, mühelos aneignen kann.[69]

Im Qochra-Spiel etwa[70], das die Kinder in den ersten Frühlingstagen spielen, stellt die Korkkugel, um die sie sich raufen, die sie sich zuspielen und die sie verteidigen, das praktische Äquivalent der Frau dar: Dabei geht es darum, je nach Fall sich ihrer zu erwehren oder sie zu schützen gegen jene, die sie in ihren Besitz bringen möchten. Anfangs, wenn der Spielführer immer wieder fragt, wessen die Tochter / das Mädchen ist, findet sich zunächst kein Spieler, der freiwillig bereit wäre, die »Vaterschaft«

zu übernehmen und für ihren Schutz zu sorgen: eine Tochter schwächt immer das Lager der Männer. Notgedrungen muß also um die Kugel gelost und sie gegebenenfalls als Schicksal angenommen werden. Der einmal bestimmte Spieler ist tatsächlich dazu verurteilt, die Kugel gegen alle Angriffe der anderen zu verteidigen, wobei er zugleich aber auch bemüht ist, sie einem anderen zu übergeben – allerdings unter ehrenhaften und von allen gebilligten Bedingungen. Der, den er mit seinem Holzschläger berührt, dabei sagend: »das ist deine Tochter«, muß sich zwangsläufig geschlagen geben – wie derjenige, der momentan Schuldner der häufig einen niedrigeren sozialen Rang einnehmenden Familie ist, aus der er seine Frau nimmt. Während die Freier versucht sind, sich prestigebewußt zu verhalten: also die »Tochter« zu rauben oder zu entführen, kann der »Vater« nur die Heirat wünschen, die ihn von seiner Aufsichtspflicht entbindet und ihm gestattet, wieder ins Spiel einzutreten. Wer die Partie verliert, wird aus der Welt der Männer ausgeschlossen: die Kugel wird unter seinem Hemd befestigt und er wie ein Mädchen, dem man ein Kind macht, behandelt.

Die Experimentalanalysen des Lernens, die davon ausgehen, daß »die Bildung oder Anwendung eines Begriffs nicht das bewußte Begreifen der gemeinsamen Elemente oder Beziehungen erfordert, die in die einzelnen Beispiele eingehen«[71], gestatten, den Prozeß zu verstehen, durch den die systematischen Produkte systematischer Dispositionen, also die praktischen Handlungen und Werke, dahin tendieren, ihrerseits systematische Dispositionen hervorzubringen: So erzielen Versuchspersonen gegenüber Symbolreihen – chinesische Schriftzeichen (Hull) oder Zeichnungen, bei denen an den dargestellten Objekten Farbe, Natur und Zahl simultan variiert werden (Heidbreder) –, die in objektiv begründete, aber mit willkürlichen Bezeichnungen belegte Klassen aufgeteilt sind und deren Klassifikationsprinzip die Versuchspersonen nicht angeben können, dennoch bessere Testergebnisse, als wenn sie *aus Zufallssamples raten* würden:

»Bestimmte Teilnehmer (...) erwerben die Fähigkeit, neue Fälle zu nennen, ohne deshalb in der Lage zu sein, ihre Vorgehensweise zu erklären, selbst wenn die dazu notwendigen Formulierungen sich im Bereich ihrer Ausdrucksmöglichkeiten befinden sollten (...). Diese Untersuchungen zeigen ... daß komplexe leitende Prinzipien gebildet, fixiert und angewendet werden können, ohne daß die Handelnden sich dieser Prozesse je bewußt sein müssen. Natürlich hat das Individuum Kenntnis von den konkreten Materialien und von seiner Anstrengung, den konkreten Konfigurationen Bezeichnungen zu assoziieren. Aber es erarbeitet allgemeinere Bezeichnungsmodi von Figuren, derer es sich nicht bewußt ist.«[72]

Die Resultate dieser Experimente stehen in vollständigem Einklang mit denen der Analyse Albert B. Lords, die, anhand einer Studie über die Bildung des *guslar*, eines jugoslawischen Barden, die Aneignung eines strukturierten Materials in einem natürlichen Milieu deutlich macht: Die »Kunst« des Barden, die praktische Beherrschung dessen, was »Formelmethode« genannt wurde, d. h. die Fähigkeit zu improvisieren, indem, »um eine bestimmte Vorstellung auszudrücken«, »regelmäßig unter gleichen metrischen Umständen verwendete«[73] Wortsequenzen: »Formeln« (z. B. das homerische Adjektiv) mit *Themen*, Gemeinplätzen der epischen Erzählung, kombiniert werden, läßt sich durch schlichtes Vertrautwerden, »durch vieles Hören von Gedichten«[74] aneignen und ohne daß die Lernenden sich des Aneignungsprozesses und in der Folge der Handhabung dieser oder jener Formel bewußt wären[75]; ohne jemals als solche wahrgenommen zu werden, werden gleichzeitig mit der Melodie und der Bedeutung auch die Zwänge des Rhythmus und der Metrik verinnerlicht.

Zwischen einem Lernen als einfachem Vertrautwerden, worin der Lernende unmerklich und unbewußt die Prinzipien – einschließlich der unbekannten – der »Kunst« und Lebenskunst der Produzenten der Praxisformen und imitierten Werke erwirbt, auf der einen Seite und der expliziten und ausdrücklichen Überlieferung kraft Anordnung und Vorschrift auf der anderen Seite sieht jede Gesellschaft Einprägungsweisen vor, die, unter dem Deckmantel der Spontaneität, dennoch *strukturale Übungen* darstellen mit dem Ziel, die eine oder andere Form praktischer Beherrschung weiterzugeben[76]: es sind die Rätsel und rituellen Spiele, die den »Sinn der rituellen Sprache« unter Beweis stellen und im weiteren all die Spiele, die, häufig der Logik des Wettens, der Herausforderung oder des Kampfes nachgebildet (Zweier- oder Gruppenkämpfe, Scheibenschießen usw.), den Jungen abverlangen, die generativen Schemata der Strategien der Ehre im Modus des »so tun als ob« anzuwenden; es ist die tagtägliche Teilnahme am Gabentausch und seinen Finessen, die den Kindern ihre Eignung als Botschafter sichert[77]; es ist die schweigende Beobachtung während der Debatten in der Männerversammlung – mit ihren Eloquenzeffekten, ihren Ritualen und Strategien, ihren rituellen Strategien und strategisch eingesetzten Ritualen; es sind endlich die Interaktionen mit den Verwandten, die dazu führen, den strukturierten Raum der objektiven Verwandtschaftsbeziehungen in alle Richtungen zu durchmessen – um den Preis von *Umbrüchen*, die den treffen, der sich einst gegenüber dem Bruder des Vaters als Neffe wahrnahm und sich dementsprechend verhielt und sich nun gegenüber dem Sohn des Bruders als Onkel väterlicherseits wahrnehmen und derart betragen muß: so daß er am Ende die Fähigkeit erwirbt, Transformationsschemata zu beherrschen, die es gestatten, von einem an einer spezifischen Position festgemachten Dispositionssystem zu dem der symmetrischen und inversen Positionen entsprechenden anderen überzugehen; es sind die lexikalischen und grammatikalischen Kommutationen (denen gemäß das *Ich* und das *Du* je nach dem Verhältnis zum Angesprochenen dieselbe Person bezeichnen können), worin der Sinn für die Austauschbarkeit der Positionen und für die Reziprozität, wie auch der jeweiligen Grenzen beider, erworben wird; es sind, tiefgehender noch, die Beziehungen zum Vater und zur Mutter, die, durch ihre Asymmetrie im Rahmen antagonistischer Komplementarität, eine der Gelegenheiten abgeben, die Schemata der *sexuellen Arbeitsteilung* und in einem damit die der *Teilung sexueller Arbeit* zu verinnerlichen.

Eine der Funktionen der Primärerziehung, und im besonderen des Ritus wie des Spiels, die oft strukturell gleichartig gebaut sind, könnte darin liegen, die dialektische Beziehung herzustellen, die zur Einverleibung eines nach den mythologisch-rituellen Gegensätzen strukturierten Raumes führt. Das Verhältnis zum eigenen Körper ist immer durch den Mythos vermittelt: die fundamentalsten, folglich allgemeinsten Körpererfahrungen – verstanden in dem und nur in dem Sinne, daß es keine Gesellschaft gibt, die vermeiden könnte, ihnen gegenüber Stellung zu beziehen – sind gesellschaftlich bestimmt und dadurch Veränderungen unterworfen. Dies heißt, daß die Invarianten, die innerhalb der Stellungnahmen der verschiedenen Gesellschaftsformationen zu den Korrespondenzen zwischen der Raum- und der Körpersymbolik verzeichnet werden können, sich ausschließlich auf die jenen Stellungnahmen *universell aufgezwungenen Bereiche* beziehen, nämlich auf die kleine Anzahl grundlegender Empfindungen, die an die wichtigen Körperfunktionen gebunden sind. Fast universell kann beispielsweise beobachtet werden, daß die Mehrzahl der räumlichen Unterscheidungen analog zum menschlichen Körper gebildet sind, der folglich das Referenzschema für die Ordnung der Welt vorgibt, und zugleich, daß die elementaren Strukturen der Körpererfahrung mit den Strukturierungsprinzipien des objektiven Raumes koinzidieren: Innen und außen, oben und unten, davor und dahinter, hoch und niedrig, rechts und links können durch Ausdrücke bezeichnet werden, die Geltung besitzen gleichermaßen für Teile des menschlichen Körpers (was sich darin zeigt, daß viele Sprachen ihre räumlichen Präpositionen von Substantiven entlehnen, wie Rükken für hinten, Auge für vorn, Magen für innen usw.) wie für sozial bestimmte körperliche Bewegungen, wie ausscheiden oder einführen, eintreten oder austreten, usw.[78] Demnach kann – es sei denn, man wollte dem Alltagsbewußtsein ein angeborenes Wissen über die verborgensten somatischen Reaktionen (etwa die inneren Sekretionen) zubilligen – die Korrespondenz, die sich zwischen der Sprache, in der Emotionen zum Ausdruck gebracht werden, und den entsprechenden somatischen Äußerungen in einer Vielzahl von Gesellschaften herzustellen scheint, nur so erklärt werden, daß unterstellt wird, daß – gewissermaßen als präperzeptive Antizipation eines Schmerzes oder einer Freude, die objektiv einer Situation eingeschrieben ist, die der gesellschaftlichen Bestimmung unterliegt, solche Gefühlsregungen oder Empfindungen zu implizieren – eine jede Emotion, ähnlich der Hysterie im Sinne Freuds, »den sprachlichen Ausdruck wörtlich nimmt« und so den »›Stich ins Herz‹ oder den ›Schlag ins Gesicht‹ bei einer verletzenden Anrede wie eine reale Begebenheit empfindet«.[79]

Alles spielt sich so ab, als ob die »Sprache der Organe«, zu der die Gemütsbewegung und die psychosomatische Krankheit immer dann Zuflucht nehmen, wenn die aktiven oder verbalen Ausdrucksformen einer Hemmung unterliegen, durch die der sozialen Sprache eingeschriebenen mythischen Strukturen beherrscht wäre: so lassen sich innere und äußere Störungen des Herzsystems, die gewöhnlich mit der Gemütsbewegung oder dem Schmerz einhergehen, wie Herzbeklemmung mit starkem retrosternalen Druck, Hypotonie oder Hypertonie (Erblassen oder Erröten), Tachykardie oder Bradykardie, Steigerung des Blutzuckergehalts usw., mühelos mit einer Vielzahl alltagssprachlicher Wendungen in Zusammenhang bringen, wie »das Herz ist mir so schwer«, »das ging mir ans Herz«, »das Herz auf dem rechten Fleck haben«, »das Blut schießt ins Gesicht«, »das Herz schlägt bis zum Hals«, »das Blut kocht (oder erstarrt) in den Adern«, »das Blut aufpeitschen«, »das Blut aufwühlen« usw. Möglich ist sogar, Äußerungen des vegetativen Systems, wie Magen- oder Darmbeschwerden (Dyspepsie, Erbrechen), Diarrhöe, Polyurie oder Verstopfung, Muskelkrämpfe, Hemmungen sexueller Funktionen, mit gebräuchlichen Ausdrücken in Beziehung zu setzen, wie »jemanden nicht schlucken, verdauen können«, »jemanden, etwas verschlingen«, »jemand hängt einem zum

Halse 'raus«, »der Hals ist wie zugeschnürt«, »der Magen verkrampft sich«, »in der Brust Beklemmung haben«, »seine Stimme verlieren«, »einen Kloß im Hals haben« usw. Ein logisch sehr ähnliches, wenngleich diffuseres und weniger differenziertes Arsenal von Ausdrücken gibt die Berbersprache vor, wie etwa, so man den zahlreichen Beobachtungen Glauben schenken will, die zuweilen schlecht lokalisierte Empfindung physischen oder moralischen Schmerzes (große Pein, große Angst): »ich habe Gänsehaut«, »meine Leber zittert oder blutet«, »in mir tobt ein Feuer, ist Feuer ausgebrochen«, »mein Herz wird durcheinandergerüttelt wie in einem Butterfaß«, »mein Magen ist ein Knäuel«, »mir bleibt kein Darm mehr im Magen«, »meine Eingeweide verknoten sich«, »mein Herz zittert und bebt«, »mein Herz wird blaß, fahl«, »mein Herz, meine Leber ist abgeschnitten, trockengelegt«, »mein Magen ist zusammengeschnürt«, »einen Knoten im Magen haben«.

Wie das *Ethos* oder der Geschmack – oder, wenn man will, die *aisthesis* – die wirklich gewordene Ethik oder Ästhetik darstellen, so ist auch die Hexis der wirklich gewordene, zur permanenten Disposition gewordene *einverleibte* Mythos, die dauerhafte Art und Weise, sich zu geben, zu sprechen, zu gehen, und darin auch: zu *fühlen* und zu *denken*; dergestalt findet sich die gesamte Moral des Ehrverhaltens in der körperlichen Hexis zugleich *symbolisiert* wie *realisiert.*

Die Gegensätze, die die mythisch-rituelle Logik zwischen dem Männlichen und dem Weiblichen erstellt und die das gesamte Wertsystem organisieren, finden sich, wie gesehen, in Form des Gegensatzes zwischen dem Geraden und dem Krummen (oder dem Gekrümmten), zwischen Bestimmtheit und Zurückhaltung in den körperlichen Gesten und Bewegungen wieder. »Der Kabyle gleicht dem Hartholz, lieber läßt er sich zerbrechen, als daß er nachgibt.« Der Gang des Ehrenmannes ist entschieden und resolut, in Abhebung vom zögernden Schritt (*thikli thamahmahth*), der Unentschiedenheit anzeigt, ein zurückhaltendes Versprechen (*awal amahmah*), Furcht, sich auf etwas einzulassen, und Unvermögen, seine Verpflichtungen einzuhalten. Der Gang ist zugleich *gemessen*: er hebt sich von der Überstürztheit dessen, der »seine Füße von sich wirft«, der große Schritte macht, der »tanzt« – rennen bedeutet ein flatterhaftes und frivoles Betragen – ebenso ab wie von der übermäßigen Langsamkeit desjenigen, der »sich dahinschleppt« – nur die Frauen haben »Schleppen«. Sein Gang ist dem angemessen, der weiß, wohin er geht und daß er, wie auch immer die Hindernisse aussehen mögen, zu Zeiten da sein wird; in ihm finden die Kraft, die Entschiedenheit, die Bestimmtheit ihren gesammelten Ausdruck. Der männliche Mann bietet die Stirn und schaut in des anderen Gesicht, er ehrt den, welchen er empfangen will oder welchem er sich zuwendet; stets wachsam, weil immer bedroht, läßt er sich nichts entgehen, was um ihn herum vorgeht – ein in die Luft irrender oder sich auf den Boden richtender Blick sind allein eines unverantwortlichen, unzurechnungsfähigen Mannes würdig, der, da aller Verantwortung in seiner Gruppe entbunden, nichts zu fürchten hat. Demgegenüber wird von der Frau erwartet, leicht gebeugt und mit gesenkten Augen zu gehen, so vermeidend, etwas anderes als den Fleck anzuschauen, auf den sie ihren Fuß setzen wird, und dies vor allem, wenn sie am *thajma'th* vorbeizugehen hat; sie muß den allzu wiegenden Gang vermeiden, was durch kräftiges Aufstützen des Fußes erreicht wird; sie muß immer die *thimeḥrenth,* ein gelb, rot und schwarz gestreiftes rechteckiges Tuch, über dem Kleid um die Hüften tragen, sie hat darauf zu achten, daß sich ihr Halstuch nicht löst und so ihre Haare zu sehen sind. Kurz, die eigentlich weibliche Tugend, *laḥia,* Scham, Bescheidenheit, Zurückhaltung, orientiert den gesamten weiblichen Körper nach unten, zur Erde, zum Haus, nach Innen hin, während die männliche Vorbildlichkeit ihre Bestätigung in der Bewegung nach oben, nach draußen, zu den anderen Männern hin findet.

Ohne Zweifel liegt der Gegensatz zwischen der *zentrifugalen* männlichen und der *zentripedalen* weiblichen Orientierung auch den Beziehungen zugrunde, die beide Geschlechter jeweils zu ihrem »Seelenleben« (um nicht zu sagen: ihrer »Seele«) unterhalten, d. h. zu ihrem Körper und, präziser, zu ihrer Sexualität. Wie in jeder von männlichen Werten beherrschten Gesellschaft – die europäischen Gesellschaften, die ihre Männer der Politik, der Geschichte oder dem Krieg, ihre Frauen aber dem Herd, dem Roman und der Psychologie überantworten, bilden hier keine Ausnahme – ist hier das wesentlich männliche Verhältnis zur Sexualität das der *Sublimation,* wobei der Symbolismus von Ritual und Ehre dahin tendiert, jeden unmittelbaren Ausdruck der Sexualität zu unterbinden und im gleichen Moment deren umgewandelte Manifestation in Form der männlichen Heldentat zu ermutigen: Tendenziell bekräftigen alle, sowohl die mittelbaren wie die unmittelbaren Zeugnisse die Tatsache, daß selbst beim Geschlechtsakt der Mann den Orgasmus der Frau weder bewußt wahrnimmt noch sich viel darum schert und eher in der Wiederholung als in der Fortführung die Bestätigung seiner *männlichen Stärke* sucht. Das Streben nach der sexuellen Heldentat und die der Impotenz entspringende Beschämung bleiben unverstanden, wenn nicht vorausgesetzt wird, daß die Männer sich keineswegs darüber im Unklaren sind, daß dank des gleichermaßen verachteten wie gefürchteten Klatsches der Frauen ihr Intimbereich dem Blick der ganzen Gruppe offenliegt und daß die globale Einschätzung ihres *nif* seitens der Gemeinschaft gewiß nicht nur die öffentlichen Bekundungen ihrer Männlichkeit in Rechnung stellt. In der Tat kann mit Erikson gesagt werden, daß die männliche Herrschaft darauf hinzielt, »das verbale Bewußtsein der Frauen einzuschränken«[80], vorausgesetzt, man versteht darunter nicht etwa, daß den Frauen jedes Sprechen über Sexuelles verboten wäre – sie äußern sich faktisch häufiger und freier darüber –, vielmehr daß, wie es die Analyse von Gesprächen zwischen Frauen bestätigt, die weibliche Rede selbst nach den männlichen Kategorien der Virilität und der Heldentat strukturiert ist, so daß durch diese Art aggressiven und schmachvollen Kult der männlichen Virilität jeder Bezug auf im eigentlichen Sinne weibliche sexuelle »Interessen« verbannt wird. Damit verdeckt der Gegensatz zwischen der öffentlichen und sublimierten männlichen Sexualität und der heimlichen, wenn man will »entfremdeten« weiblichen Sexualität (im Hinblick auf die, wie Erikson formuliert, »Utopie der universellen Genitalität, d. h. der vollen orgastischen Wechselseitigkeit«) den Gegensatz zwischen der Extraversion von Politik und öffentlicher Religion und der Introversion von Psychologie (in Gestalt hier des sexuellen Klatsches) und privater Magie, die, wesentlich aus Riten gebildet, danach trachtet, »Seele« und Körper des männlichen Partners zu zähmen.

Die Psychoanalyse, dies Entzauberungsprodukt der Entzauberung der Welt, die dazu führt, einen mythisch überdeterminierten Bereich *als solchen* zu konstituieren, vergißt und hilft vergessen, daß der eigene Körper und der des anderen nie anders als durch Wahrnehmungskategorien erfaßt werden, die als sexuelle zu behandeln naiv wäre – wenn sie sich auch, wie es das unterdrückte Gelächter der Frauen bei Gesprächen und die Interpretationen graphischer Symbole, Mauerzeichnungen, Ornamente auf Töpferwaren und Teppichen bezeugen, immer und zuweilen sehr konkret und klar auf den Gegensatz der biologisch bestimmten Eigenschaften der beiden Geschlechter beziehen. Wie es gleichermaßen naiv wäre, als »Sexualerziehung« jene unzähligen diffusen Einprägungsakte zu bezeichnen, in denen versucht wird, Körper und Welt mittels einer symbolischen Manipulation beider zu ordnen, die darauf hinzielt, eine, um mit Melanie Klein zu sprechen, »körperliche Geographie«, einen Sonderfall der Geographie oder, besser, der Kosmologie, aufzunötigen.[81] Die originäre Beziehung zum Vater und zur Mutter oder, wenn man es vorzieht: zum väterlichen und zum mütterlichen Körper, die die dramatischste Gelegenheit bietet, all jene grundlegenden Gegensätze der mythopoetischen Praxis, die im Gegensatz zwischen Penis und Vagina symbolisch verkörpert sind, zu erfahren, kann nur dann als Fundament des Erwerbs der Strukturierungsprinzipien von Ich und Welt sowie vor allem einer jeden homo-sexuellen und hetero-sexuellen Beziehung dienen, wenn sie sich auf mythologisch und nicht biologisch geschlechtliche Objekte gründet.

Die Beschleunigung oder Verzögerung der geschlechtlichen »Reifung« der Körperöffnungen und -oberflächen, an der im besonderen die Psychoanalyse ansetzt, bildet nur eine Wirkung unter anderen der kulturellen *Diakrisis*, die, sich auf den Körper beziehend, sichtbare und verborgene, schamhafte Zonen, eine darstellbare, günstige Seite und eine feindselige, unheilvolle Seite gegenüberstellt: so zum einen das Gesicht, und da besonders die Stirn, die Augen und der Bart, und zum anderen der Rücken, die Ohren: Man bezeugt Ehrerbietung, wenn man seinem Gegenüber offen gegenübertritt, Verachtung, wenn man ihm den Rücken kehrt oder, in abgekürzter Form, die Schulter hebt (»deine Worte habe ich nun im Rücken«), Freude wird ausgedrückt, indem man in die Hände klatscht – im Gegensatz dazu halten die Männer, wenn sie einen Toten zum Friedhof begleiten, ihre Hände auf den Rücken. Die gleiche willkürliche Trennung scheidet die neutralen Zonen, also im großen und ganzen die, welche gezeigt und mit der Hand oder den Lippen berührt werden dürfen (durch Kuß auf die Stirn: die größte Ehrbezeugung; auf die Schulter: gegenseitig und zwischen Gleichen praktiziert; auf die innere Handfläche: gegenseitig zwischen Männern, einseitig von der Frau zum Mann), von den sexuell markierten, folglich vom Tabu der Nacktheit betroffenen Zonen, d. h. dem verbleibenden Rest des Körpers und da besonders den Geschlechtsteilen, Achselhöhlen und Brüsten, *thibbech*, die starke erotische Konnotationen tragen (obwohl die Brust [im französischen männlich A. d. Ü.], *thabbuchth*, wenngleich das weibliche Diminutiv von *abbuch*, der Penis, ein neutraler Begriff ist, Mutterschaft und das Stillen des Kindes evoziert und demzufolge von Männern oder vor Männern freimütig genannt wird).

Alle symbolischen Manipulationen der Körpererfahrung, angefangen bei der, die die Verschiebungen innerhalb eines mythisch strukturierten Raumes vollziehen – etwa die Bewegungen des Ein- und Austretens –, tendieren dahin, die *Integration* des körperlichen und des kosmischen Raumes derart durchzusetzen, daß sie die komplementären wie entgegengesetzten Zustände und Handlungen der beiden Geschlechter innerhalb der sexuellen Arbeitsteilung denselben Begriffen subsumieren – selbstredend um den Preis größter logischer Laxheit: zum Beispiel steht der Gegensatz zwischen der Bewegung nach außen, zum Feld oder zum Markt, zur

Produktion und Zirkulation der Güter, und der Bewegung nach innen, zur Akkumulation und Konsumtion der Arbeitsprodukte, in einer symbolischen Relation zu den komplementären wie entgegengesetzten Zuständen und Handlungen der beiden Geschlechter innerhalb der Teilung der sexuellen Arbeit, d. h. des Geschlechtsakts, aber auch innerhalb der biologischen und sozialen Reproduktionsarbeit mit dem Gegensatz zwischen dem in sich geschlossenen und nach außen hin sich orientierenden männlichen Körper und dem weiblichen Körper, der, wie das Haus, dunkel, feucht, voller Nahrung und Utensilien und Kinder ist und bei dem man, unausweichlich besudelt, durch ein und dieselbe Öffnung sowohl ein- wie austritt.[82]

Die Primärerziehung geht mit dem Körper wie mit einer Gedächtnisstütze um. Sie »verdummt« gleichsam die Werte, Vorstellungen und Symbole, um sie der Ordnung der »Kunst« zuzuführen, jener reinen Praxis, die bar aller Reflexion und Theorie ist. Sie zieht größtmöglichen Gewinn aus der »Konditionabilität«, dieser Eigenschaft der menschlichen Natur, die Kultur – im Sinne des englischen *cultivation* –, d. h. die *Einverleibung* von Kultur möglich macht. Der Körper denkt immer: die Tatsache, daß er sich im und mit dem Traum eine imaginäre Freiheit einräumt, darf nicht die Kontrollen vergessen lassen, die er fortwährend und selbst noch im Schlaf ausübt mit dem Ziel, den *Aufschub* der Befriedigung zu gewährleisten. Der pädagogischen Arbeit kommt die Funktion zu, den »wilden Körper« und vornehmlich den a-sozialen Eros, der allzeit und auf der Stelle nach Befriedigung verlangt, durch einen »habituierten«, d. h. zeitlich strukturierten Körper zu ersetzen: Indem sie im Austausch für den unmittelbaren Verzicht auf direkt sinnliche Genüsse das Versprechen auf hinausgezögerte, aber abwechslungsreiche Genüsse anbieten und alle aufgezwungenen Repressionen und Einschränkungen mit der Münze des Prestiges zurückzahlen, prägen die pädagogische Aktion und die pädagogische Autorität, die unabdingbar ist, damit dieses »Affengeld« Abnahme findet, auf Dauer und unabhängig von den besonderen Inhalten der Einprägung, jene zeitlichen Strukturen ein, die den Habitus in die Logik des Aufschubs und des Umwegs, folglich des Kalküls, einführen: dieser kultivierte Genuß nun weist eine Ökonomie auf, die die Utilitaristen moralisch und die Ökonometriker mathematisch formulieren. Die Vergesellschaftung der Physiologie, indem physiologische Ereignisse in symbolische verwandelt werden, die ebenso durch konditionelle Stimulierungen wie intraorganische funktionelle Bedürfnisse hervorgerufen werden, die Umwandlung von Hunger in *Appetit*, der sich seine Stunde und seine Objekte abhängig von differenzierten Bedürfnissen des *Geschmacks* wählt, oder die Umsetzung zeit- und grenzenlosen spontanen Kummers in kollektive Trauerarbeit, die geordnet und auf Anordnung immer dann ausbricht, wenn, wie Granet sagt, »die rituelle Stunde schlägt«[83] – das alles sind Formen, Strukturen einer kulturellen Willkür durch eine Art ursprünglicher Metonymie einzuprägen, die, durch die Kohärenz dieser Strukturen autorisiert, die Möglichkeit ungewöhnlicher Abkürzungen bereitstellt: *Pars totalis*, ist jede Körpertechnik dazu prädisponiert, entsprechend dem Paralogismus des *pars pro toto* zu fungieren, also das gesamte System, dessen Teil sie bildet, zu evozieren (wie Erinnerungen und auch Geister evoziert werden). Messen alle Gesellschaften – und, eine bedeutsame Sache, alle »totalen Institutionen«, wie Goffman sie versteht, die »Dekulturation« und »Rekulturation« zu leisten wähnen – den augenblicklich unbedeutendsten Einzelheiten der *Haltung*, des *Auftretens*, der körperlichen und verbalen *Darstellungsweisen* einen so großen Wert bei, so darum, weil sie, indem sie den Körper wie ein Gedächtnis behandeln, ihm in gedrängter und praktischer, d. h. mnemotechnischer Form die fundamentalen Prinzipien der kulturellen Willkür zuweisen. Das derart Einverleibte findet sich jenseits des Bewußtseinsprozesses angesiedelt, also geschützt vor absichtlichen und überlegten Transformationen, geschützt selbst noch davor, explizit gemacht zu werden: Nichts erscheint unaussprechlicher, unkommunizierbarer, unersetzlicher, unnachahmlicher und dadurch kostbarer als die einverleibten, zu Körpern gemachten Werte – und dies kraft einer Transsubstantiation, die, durch die klandestine Überredung einer impliziten Pädagogik vollbracht, in der Lage ist, eine ganze Kosmologie, Ethik, Metaphysik und Politik vermittels so bedeutungsloser Befehle wie »halte dich gerade« oder »halte das Messer nicht in der linken Hand« einzuschärfen. Die ganze List der pädagogischen Vernunft besteht gerade darin, unter dem Deckmantel, das Bedeutungslose zu fordern, das Wesentliche zu entreißen: Indem sie den Respekt der Formen und die Formen des Respekts erwirkt, die die sichtbarste und zugleich meistverborgene, weil natürlichste Manifestation der Unterwerfung unter die herrschende Ordnung darstellen, vernichtet die Einverleibung der Strukturen das, was Raymond Ruyer »die Nebenmöglichkeiten« nennt, d.h. all die Akte, die die Alltagssprache als »Verrücktheiten« bezeichnet und die doch nichts anderes sind als das alltägliche Antlitz des Wahnsinns. Würden die Institutionen und Gruppen auch dann ihnen einen solchen Wert zubilligen, wenn nicht die Konzessionen der *Höflichkeit* immer auch *politische* Konzessionen beinhalteten? Der Terminus *obsequium*, von Spinoza verwendet, um jenen von der Konditionierung erzeugten »konstanten Willen« zu bezeichnen, mittels dessen »der Staat uns nach seinem Gebrauch formt und der es ihm gestattet, fortzubestehen«[84], könnte herangezogen werden, um damit die öffentlichen Beweise der Anerkennung zu bezeichnen, die eine jede Gruppe – besonders in den Kooptationsverfahren – ihren Mitgliedern abverlangt, d. h. die symbolischen Beiträge, die die Individuen in die Tauschbeziehungen, die sich in jeder Gruppe zwischen dem Individuum und der Gruppe herstellen, einzubringen haben: Da, wie im Gabentausch, der Tausch Selbstzweck ist, ist der Tribut, den die Gruppe einklagt, gewöhnlich auf Nichtigkeiten beschränkt, d. h. auf symbolische Rituale (Übergangsriten, Höflichkeitszeremonien usw.), deren Erfüllung »nichts kostet« und die so »natürlich« einklagbar scheinen (»das ist das Wenigste«, »er könnte wenigstens ...«, »das würde ihn doch nichts kosten«), daß die Unterlassung einer Weigerung und Herausforderung gleichkommt und die Entscheidung, sich diskussionslos den Formalitäten und Formalismen zu unterwerfen, die bestens angetan sind, die Willkür der Ordnung, die jene aufzwingen, zu verraten, nur als eine bedingungslose Erklärung der Anerkennung erscheinen kann, die allenfalls durch den, im übrigen unwahrscheinlichen Verdacht geistiger Beschränktheit oder ironischer Verdopplung angekratzt werden könnte. Die praktische Beherrschung dessen, was Höflichkeitsregel genannt wird, und vor allem die Kunst, jede der verfügbaren Formulierungen (etwa am Ende eines Briefes) den verschiedenen Klassen möglicher Empfänger oder Hörer anzupassen, setzt die implizite Beherrschung, also die Anerkennung und Verkennung einer für die implizite Axiomatik einer bestimmten politischen Ordnung konstitutiven Gesamtheit von Gegensätzen voraus. Damit ist ausgesprochen, wie naiv und trügerisch es wäre, das Feld dessen, was im Sinne von Schütz und in seiner Nachfolge der Ethnomethodologen »als selbstverständlich hingenommen« wird, auf eine Gesamtheit *formaler und universeller* stillschweigender Voraussetzungen reduzieren zu wollen: »In der natürlichen Einstellung nehme ich es als selbstverständlich hin, daß Mitmenschen existieren, daß sie auf mich wirken und ich auf sie hinwirke, daß zumindest in gewissem Ausmaß Kommunikation und gegenseitiges Verstehen zwischen uns entstehen kann, und zwar vermittels irgendeines Zeichen- und Symbolsystems im Rahmen einer sozialen Organisation und Institution – und daß all dies nicht von mir selbst geschaffen wurde.«[85] In der Tat sind es gerade – über den Einfluß, den die Höflichkeit auf die scheinbar unbedeutendsten Akte des alltäglichen Lebens ausübt, also auf jene, die die Erziehung auf den Status von Automatismen herabzusetzen gestattet – die fundamentalsten Prinzipien einer kulturellen Willkür und politischen Ordnung, die sich derart in Form der blindmachenden und unbemerkten Evidenz durchsetzen.

ZWEITES KAPITEL

Die Illusion der Regel

Die abstrakte und transzendente Norm der Moral und des Rechts bestätigt sich dann erst ausdrücklich, wenn sie aufgehört hat, die Handlungen im praktischen Zustand heimzusuchen: Mit dem Auftreten der Ethik in Gestalt einer expliziten Systematisierung der Prinzipien der Praxis geht einher eine Krise des Ethos, die selbst mit dem objektiven Aufeinanderprallen objektiv systematischer Seins- und Verfahrensweisen in Wechselbeziehung steht. Die fundamentalen Prinzipien können nur so lange implizit bleiben, wie sie selbstverständlich sind: Das Vorbildhafte (l'excellence) hört auf zu existieren, wenn erst einmal gefragt wird, ob es sich lehren läßt, d. h. wenn die Konfrontation unterschiedlicher Weisen des Vorbildhaften dazu nötigt, auszusprechen, was unausgesprochen abläuft, zu rechtfertigen, was selbstverständlich ist, und als Seins- und Verfahrensgebote aufzustellen, was einst als einzige Seins- und Verfahrensweise gelebt wurde, also jetzt als durch die willkürliche Institution des Gesetzes, *nomo*, begründet aufzufassen, was einst in der Natur der Dinge, *physei*, eingeschrieben schien. Und nicht zufällig tritt die Frage nach dem Verhältnis zwischen Habitus und »Regel« in dem Moment offen zutage, wo historisch eine absichtliche und explizite Einprägungsaktion in Erscheinung tritt, die, um sich zu vollziehen, gezwungen ist, explizite Normen zu schaffen, etwa solche der Grammatik und Rhetorik, die, im Gegensatz zu dem, was die Chomskysche Rehabilitierung der Grammatiker und der theoretisch zwiespältige Gebrauch des Konzepts der generativen Grammatik suggerieren, von den der Praxis immanenten Schemata ebenso entfernt sind wie von den zur Erklärung der Praxisformen konstruierten Modellen: Es ist von Bedeutung, daß jeder Versuch – ob in der Kunst, der Moral, der Politik, der Medizin oder selbst in der Wissenschaft (man denke an die Regeln der Methode) –, eine Praxis/Praktik auf der gehorsamen Erfüllung einer explizit formulierten Regel zu begründen, sich an der Frage nach *den* Regeln stößt, die die angemessenste Art und Weise sowie den günstigsten Zeitpunkt – *kairos*, wie es die Sophisten hießen – der Anwendung der Regel oder, wie man so schön sagt, der *praktischen Umsetzung* eines Repertoires an Vorschriften oder Techniken bestimmen, mit anderen Worten an der Frage nach der Kunst der Ausführung/Ausübung, worein sich, unausweichlich, der Habitus wieder einschleicht.

Strategien und Ritualisierung

Es wäre ein leichtes, die Strategie kenntlich zu machen, die sich stets hinter dem Deckmantel der rituellen Stereotypisierung oder dem juristischen oder gewohnheitsmäßigen Reglement kaschieren. Nehmen wir den ungünstigsten Fall des Gewohnheitsrechts, das, nach Art der *Kadijustiz* von Max Weber, immer unmittelbar vom Besonderen zum Besonderen schreitet, vom singulären Verstoß zur singulären Sanktion, ohne dabei jemals den Umweg über die wesentlich ungenannten Prinzipien zu nehmen, von denen ausgehend die Propositionen geschaffen werden. Tatsächlich erweisen sich die Gebräuche und Sitten – insoweit sie Rechtsprechungsakte darstellen, die ihres exemplarischen Wertes wegen bewahrt und niedergelegt werden, also kraft Antizipation Geltung besitzen – als exemplarischste Produkte des Habitus, an denen sich zeigen läßt, wie eine kleine, endliche Anzahl von Schemata unendlich viele, an stets neue Situationen sich anpassende Praktiken zu erzeugen gestattet, und ohne daß hierfür die Schemata als explizite Prinzipien formuliert werden müßten. Die einem bestimmten Vergehen entsprechenden Rechtsprechungsakte können in ihrer Gesamtheit ausgehend von einer kleinen Menge einfacher und um so besser beherrschter Prinzipien erzeugt werden, als sie in allen Bereichen der Praxis fortwährend Anwendung finden. Zu diesen Prinzipien gehören etwa jene, die die Schwere eines Diebstahls nach den Umständen, unter denen er erfolgte, abzuschätzen gestatten: beispielsweise Gegensätze zwischen dem Haus (oder der Moschee) und den anderen Orten, zwischen Nacht und Tag, zwischen Feiertagen und den normalen Tagen, wobei stets das erste Glied der Alternative der schwersten Sanktion entspricht. Wie zu ersehen, genügt die Kombination dieser Prinzipien, um im Nu die allen realen oder eingebildeten Fällen angemessene Sanktion ablesen zu können – angefangen etwa beim nächtlichen Diebstahl in einem Wohnhaus, dem ärgsten Fall, bis hin zu dem tagsüber verübten Diebstahl auf einem entfernten Feld, dem geringfügigsten Fall.[1] Diese Prinzipien werden derart einmütig anerkannt, und ihre Anwendung geschieht

so allgemein und automatisch, daß sie nur in dem Fall explizit formuliert werden, wo die Wichtigkeit des gestohlenen Gegenstandes dazu zwingt, von mildernden oder erschwerenden Umständen abzusehen: In dem von Hanoteau und Letourneux erwähnten *quanun* von Ighil Imoula beispielsweise ist vorgesehen, daß »derjenige, welcher, durch List oder Gewalt, ein Muli, einen Ochsen oder eine Kuh stiehlt, der djemâa 50 Real und dem Besitzer den Wert des gestohlenen Tieres zahlt, mag der Diebstahl nun am Tage oder in der Nacht, in einem Haus oder außerhalb verübt worden sein und die Tiere dem Hausherrn oder jemand anderem gehören«.[2]
Die gleichen Grundprinzipien finden sich wieder bei den Fällen von Schlägerei, die zusammen mit den Diebstählen einen beträchtlichen Platz in den überlieferten Gesetzeskodizes einnehmen, mit den Gegensätzen, die neue Bedeutungen erhalten können, zwischen dem Haus und den anderen Orten (der Totschlag einer in einem Haus überraschten Person wurde beispielsweise mit keiner kollektiven Strafe geahndet), zwischen Nacht und Tag, zwischen den Fest- und den gewöhnlichen Tagen, Gegensätze, die zudem noch Abwandlungen erfahren gemäß dem sozialen Status des Angreifers und des Opfers (Mann/Frau, Erwachsener/Kind) sowie den benutzten Hilfsmitteln und den Vorgehensweisen (ob heimtückisch: wenn das Opfer etwa schlief, oder aber Mann gegen Mann), schließlich gemäß dem Ausführungsgrad der Aggression (einfache Bedrohung oder Übergehen zur Tat). Alles scheint die Überzeugung zu stützen, daß es ausreichen würde, umfassender als hier geschehen die Grundprinzipien dieser impliziten Axiomatik aufzudecken (so wiegt ein Delikt immer schwerer, wenn es nachts statt am Tage verübt wurde) und die Gesetze ihrer Kombination zu explizieren (zwei Propositionen können sich, je nach Fall, entweder addieren oder aber aufheben, was, der Logik der Regel entsprechend, nur als Ausnahme beschrieben werden kann), um damit alle Artikel aller gesammelten Gesetzeskodizes *wiederzugeben*, ja sogar das umfassende Ganze der dem »Sinn für Gerechtigkeit« in seiner kabylischen Ausprägung konformen Rechtsprechungsakte hervorbringen zu können.
»Ein australischer Eingeborener«, erklärte Sapir, »weiß ganz genau, mit welchem Verwandtschaftsterminus er diesen oder jenen bezeichnen und auf welcher Grundlage er mit ihm eine Beziehung eingehen darf. Es fällt ihm allerdings schwer, das allgemeine Gesetz zu formulieren, das seine Verhaltensweisen regiert, obgleich er sich

doch immer so verhält, als würde er es kennen. Und in einem gewissen Sinne kennt er es auch. Es ist eine sehr feinfühlige, sehr differenzierte Art, erfahrene und erfahrbare Beziehungen zu spüren.«[3] Eine hervorragende Beschreibung der Art und Weise, wie die praktische Beherrschung funktioniert, liefert Durkheim, wenn er die »Kunst« untersucht, also das, »was reine Praxis ohne Theorie ist«:

»Eine Kunst ist ein System von Handlungsweisen, die auf bestimmte Ziele gerichtet und entweder Produkte einer traditionellen, durch Erziehung mitgeteilten Erfahrung oder Produkt persönlicher Erfahrung des Individuums sind. Man kann sie nur erwerben, indem man in Berührung mit den Gegenständen kommt, auf die sich das Handeln beziehen soll, und indem man selbst mit ihnen umgeht. Es kann zweifellos vorkommen, daß die Kunst durch die Reflexion erleuchtet wird, aber die Reflexion ist kein wesentliches Moment der Kunst, denn die Kunst kann auch ohne sie existieren. Auch gibt es nicht eine einzige Kunst, in der alles reflektiert wird.«[4]

Man vermöchte nicht besser zu formulieren, daß die den alltäglichen Strategien unterliegende gelehrte Ignoranz sich nicht in der Lexik der Regel zum Ausdruck bringen muß, sondern in der, die alle Gesellschaften in Anschlag bringen, um das Vorbildliche, d. h. die Manier und die Manieren des vollendeten Mannes zu beschreiben: diese »Kunst ohne Kunst«, wie es von Zen heißt, gewinnt niemals vollkommener Realität als in den gesellschaftlich bereitgestellten Gelegenheiten, in denen, wie bei den Ehrenwettkämpfen, das Spiel mit der Regel Teil der Regel des Spiels ist. Wird diese von einer jeweiligen Gruppe als erfolgreich anerkannte Verkörperung einer besonderen Manier, Mann zu sein, fast durchweg als unbestimmbar bestimmt – da jede Formulierung sie auf den Rang eines simplen Verfahrens oder eines mechanischen Tricks herabsetzte –, so weil die Virtuosität mit der Regel, diesem Irrenwärter oder dieser Gedächtnisstütze, die kaum imstande ist, den Mängeln des Habitus abzuhelfen, nichts anzufangen weiß; erkennt sie sich als »natürlich« an, so weil sie jene magische Beherrschung des eigenen Körpers zum Tragen bringt, die, wie es Hegel beobachtete, die Geschicklichkeit charakterisiert oder, in der Sprache der kabylischen Ehre, die »Anmut« des *sarr*, die in ihrer Eigenschaft als »zweite Natur«, d. h. als vollkommene Realisierung der Struktur, nur denen allein als natürlichste Form der Natur vor Augen treten kann, die die Produkte ein und derselben Struktur sind.

Die Theorie des Habitus fördert eine Anzahl Fragen zutage, die gerade der Begriff des Unbewußten verdunkelt – Fragen, die sich allesamt auf das Problem der praktischen Beherrschung sowie der Auswirkungen einer symbolischen Beherrschung der praktischen selbst beziehen, wobei die Frage nach den Wirkungen der Institutionalisierung und dem damit einhergehenden Explizitmachen der Schemata nur einen Sonderfall darstellt. Die Reaktion auf den sowohl offenen wie versteckten legalistischen Formalismus darf keineswegs dazu verleiten, aus dem Habitus das exklusive Prinzip einer jeden Praxis zu machen, wenngleich es keine Praxis gibt, der kein Habitus zugrundeliegt. Auf die Frage nach den Beziehungen zwischen den »objektiven Strategien« und den eigentlichen Strategien im engeren Sinne – eine Frage, die durch die Gegenüberstellung einer teleologischen Beschreibung der Interaktion zweier Handlungssubjekte und einem nur auf die Übereinstimmung der Habitusformen sich berufenden Modell gestellt war – kann selbstredend nicht derart geantwortet werden, daß man, nach der Maxime ›Alles oder Nichts‹ verfahrend, ein vollkommen transparentes Bewußtsein einem gänzlich opaken Unbewußten, oder einer stetigen Präsenz des Bewußtseins dessen nicht minder stetige Absenz gegenüberstellt: Zwar weisen die vom Habitus hervorgebrachten praktischen Handlungen, spezifische Weisen, zu gehen, zu sprechen, wahrzunehmen, die Geschmäcker und Abneigungen alle Merkmale instinktiven Verhaltens und im besonderen des Automatismus auf; aber es ist nicht minder richtig, daß ein Moment partiellen, lückenhaften, diskontinuierlichen Bewußtseins stets mit den Handlungen und Praktiken einhergeht, sei es in Form jenes Mindestmaßes an Wachsamkeit, das zur Steuerung des Ablaufs der Automatismen unerläßlich ist, sei es in Form von Diskursen, die jene Handlungen und Praktiken – im doppelten Sinne des Wortes – zu rationalisieren haben.

Dem praktischen Experten vergleichbar, der ein unterschiedlichen Handbewegungen gemeinsames Moment analytisch nur begreifen kann, indem er mehrere, gewöhnlich als Ganze ausgeführte motorische Strukturen wieder zerlegt, können auch die Handlungssubjekte eine symbolische Beherrschung ihrer Praxis nur mittels einer »Operation in zweiter Potenz« erlangen, die, wie Merleau-Ponty ausführt, »die Strukturen voraussetzt, die sie analysiert«.[5] Die Erzählungen und Kommentare der, wie Hegel sie nennt, »ursprüngliche(n) Geschichtsschreiber« – Herodot, Thukydides, Xenophon, Cäsar, oder allgemeiner: jeder Informant in welcher Gestalt auch immer –, die, »im Geist der Sache« lebend[6], als selbstverständlich jene Voraussetzungen unterstellen, die von den historischen Akteuren selbst als selbstverständliche übernommen werden, sind unabwendbar denselben Existenzbedingungen und stillschweigenden Beschränkungen unterworfen wie ihr Gegenstand: Jedes System von Wahrnehmungs- und Denkschemata übt eine primordiale Zensur darin aus, daß es, was es zu denken und wahrzunehmen erlaubt, nur zu denken und wahrzunehmen erlauben kann, insoweit es *eo ipso* ein Undenkbares und Unnennbares erzeugt. So mußte man, als man daran ging, Maschinen zu bauen, die Schach spielen können, ihnen ausdrücklich »Regeln« eingeben, die derart selbstverständlich gelten, daß sie selbst den erfahrensten Spielern nicht präsent sind, etwa solche, die es untersagen, zwei Figuren auf ein und dasselbe Feld oder ein und dieselbe Figur auf mehrere Felder zu stellen. Tatsächlich geht alles so vor sich, als ob die Akteure die Prinzipien, die sie dazu disponieren, entsprechend einer jeweiligen Logik wahrzunehmen, zu denken und zu handeln (folglich die Produkte, Werke und Handlungen mit ähnlichen Prinzipien wie die, welche sie in ihren Handlungen ins Werk setzen, auf scheinbar unmittelbare Weise zu verstehen), desto weniger bewußt beherrschen müßten, je vollkommener sie diese Prinzipien auf praktische Weise beherrschen.

Die Rationalisierungen, die die Individuen zwangsläufig erzeugen, wenn sie aufgefordert sind, gegenüber ihrer Praxis eine Perspektive einzunehmen, die nicht mehr die der Aktion ist, ohne doch auch schon die der wissenschaftlichen Interpretation zu sein, kommen in gewisser Weise dem juristischen, ethischen oder grammatikalischen Legalismus entgegen, zu dem die Situation des Beobachters wiederum neigen läßt. Die Beziehung zwischen Informant und Ethnologe weist Analogien zu einer pädagogischen Beziehung auf, in der der Meister, der Weitergabe wegen, sich bemüßigt sieht, die unbewußten Schemata seiner Praxis explizit werden zu lassen: Wie das Tennis-, Geigen- oder Schachspielen so gelehrt wird, daß praktische Handlungen in Positionen, Schritte oder Züge/Schläge aufgelöst werden, die ansonsten die nur künstlich isolierbaren Elementareinheiten des Verhaltens innerhalb einer organisierten Verhaltensweise integrieren, so weist auch der Diskurs, mit dem der Informant sich den Anschein der symbolischen Beherrschung seiner Praxis zu geben bemüht ist, die Tendenz auf, die Aufmerksamkeit auf die bemerkenswertesten, d. h. verwerflichsten oder am stärksten geforderten »coups« der jeweiligen sozialen Spiele (wie *el bahadla* im Spiel der Ehre oder die Heirat mit der Parallelkusine bei den matrimonialen Strategien) hinzulenken, statt auf die Prinzipien, nach denen diese *coups*, sowie alle ihre gleich- oder verschiedenartigen Mitmöglichkeiten, hervorgebracht werden können – und die, soweit sie in den Bereich des Undiskutierten fallen, meistenteils implizit bleiben.

Doch die subtilste Falle liegt zweifellos darin, daß jener Diskurs freimütig auf das höchst vieldeutige Vokabular der *Regel*, das der Grammatik, der Moral und des Rechts, rekurriert, um derart eine soziale Praxis zur sprachlichen Darstellung zu bringen, die gänzlich anderen Prinzipien unterworfen ist: Der spezifische Fluch, der besagt, daß die Wissenschaften vom Menschen es mit einem Gegenstand zu tun haben sollen, der sprechen kann, verdammt diese dazu, hin und her zu schwanken zwischen maßlosem Vertrauen in ihren Gegenstand zum einen, sofern sie dessen Diskurs wörtlich nehmen, und maßlosem Mißtrauen zum anderen, sofern sie vergessen, daß seine Praxis mehr Wahrheit enthält, als sein Diskurs offenbaren kann. Im *opus operatum* und in ihm allein enthüllt sich der *modus operandi*, diese kultivierte Disposition, die kraft einfacher reflektiver Rückwendung nicht beherrschbar wird: Wenn die Individuen eher vom Habitus besessen sind, als daß sie ihn besitzen, so deshalb, weil sie ihn nur so weit besitzen, wie er in ihnen als Organisationsprinzip ihrer Handlungen wirkt, d. h. auf eine Weise, derer sie symbolisch schon nicht mehr habhaft sind. Das heißt freilich auch, daß das traditionell dem reflexiven Bewußtsein und der reflexiven Erkenntnis zugebilligte Privileg jeder Grundlage entbehrt und daß nichts dazu ermächtigt, zwischen Selbsterkenntnis und Erkenntnis des Anderen eine Wesensdifferenz aufzurichten.

Die Aufklärung, die die Akteure um den Preis einer quasi-theoretischen Wendung auf ihre Praxis von dieser zu geben imstande sind, verschleiert, selbst noch in ihren eigenen Augen, die Wahrheit ihrer praktischen Beherrschung als einer *gelehrten Ignoranz* (docta ignorantia), d. h. als eines praktischen Erkenntnismodus, der die Kenntnis seiner eigenen Prinzipien gerade nicht einschließt: Wie Heidegger bemerkt, ist die Handlung des Hämmerns mehr oder weniger, auf jeden Fall etwas anderes als die bewußte Kenntnis der Nützlichkeit des Hammers, insoweit jene Tätigkeit das Werkzeug auf vollkommen angemessene Weise beherrscht, indem sie sich seiner spezifischen Funktionalität unterordnet, ohne damit die thematische Kenntnis der Struktur des Werkzeugs und seiner Werkzeugfunktion, die durch seine Verfügbarkeit für das Hantieren definiert wird, zu implizieren.[7] Daraus folgt, daß jene gelehrte Ignoranz nur zu einem Diskurs des betrogenen Betrügers verleiten kann, der sowohl die objektive Wahrheit seiner praktischen Beherrschung als Ignoranz ihrer eigenen Wahrheit wie das wahre Prinzip der Kenntnis, die sie beinhaltet, verkennt. So liegt denn die Gefahr der eingeborenen Theorien weniger darin, daß sie die Forschung auf die illusionären Aufklärungen der Rationalisierungen und Ideologien lenken, als vielmehr darin, daß sie jene implizite Theorie der Praxis übernehmen, die die als vollendete Tatsache begriffenen *Werke* vorgeben: sie eröffnen damit der intellektualistischen Neigung, die dem objektivistischen Zugriff auf die Praxis inhärent ist, die Möglichkeit einer Verstärkung, die diese wahrlich nicht nötig hat. Beispielsweise wäre der ideologische Gebrauch, den viele Gesellschaften vom Modell der Linie und, allgemeiner, von den genealogischen Vorstellungen machen[8], um die herrschende Ordnung zu rechtfertigen und zu legitimieren – indem sie etwa aus zwei Klassifikationsweisen der Heirat die *orthodoxere* wählen –, den Ethnologen gewiß früher aufgegangen, hätten diese nur die Grundlagen des geschickten Umgangs, der zuweilen ihre Beziehungen zu den »Gründungsvätern« der Disziplin, diesen in den gegenwärtigen Kämpfen als Banner benutzten eponymen Vorfahren, auszeichnet, auf das explizite Niveau des Diskurses gehoben. Nun aber ernsthaft: Der theoretische Gebrauch, den sie selbst von dieser theoretischen Konstruktion machen, hindert sie ja, sich über die Funktion der Genealogien und der *Genealogen* klarzuwerden und darin die Genealogie, die sie konstruieren, als theoretische Bestandsaufnahme des Universums der theoretischen Relationen zu begreifen, innerhalb dessen die Individuen oder Gruppen den realen Raum der *nützlichen* Beziehungen in Abhängigkeit von ihren jeweiligen Interessen bestimmen.

Der halb-gelehrten Grammatik der Handlungen, den uns das Alltagsbewußtsein in den Sprichwörtern, Rätseln, Spezialistengeheimnissen[9] und Spruchgedichten hinterläßt, und auf die sich die individuellen Improvisationen stützen, eignet ein vieldeutiger Status, den das Wort *Regel*: Prinzip, das die Handlung erklärt, und Norm, die sie anleitet, sehr gut zum Ausdruck bringt. Diese »Weisheit« verschleiert die wirkliche Funktionsweise der Logik des Systems geradewegs im Akt des Verweisens: so sind die partiellen Aufklärungen, den diese sprichwörtliche Redensart (»das junge Mädchen ist ein Grab«) oder jenes Gebot (»nimm deine Erde und forme sie« – eine Aufforderung zur Heirat mit der Parallelkusine), bieten, derart beschaffen, daß sie eher von einer systematischen Erklärung ablenken als zu ihr hinführen, insoweit sie die Neigung noch verstärken, jedes für sich, isoliert von den anderen und gleichsam so zu betrachten, als eignete ihm, der Logik des Traumschlüssels entsprechend, eine immanente Bedeutung. Die »spontanen« Theorien verdanken ihre offene Struktur, ihre Unbestimmtheiten und Ungenauigkeiten, ja selbst ihre Inkohärenzen dem Umstand, daß sie praktischen Funktionen unterworfen bleiben. Wenn sie von der Praxis und den in ihr herrschenden Prinzipien also nur ein falsches Bild vermitteln können, können sie jene doch auch, wiewohl in beschränktem Maße, anleiten und modifizieren: die »sekundären Explikationen« allerdings, die Bedeutung z. B., die die Individuen den Riten, Mythen und anderen dekorativen Themen zuschreiben, sind räumlich wie sicher auch zeitlich weniger stabil als die entsprechenden Praxisformen.[10] Bei Pareto läßt sich ein vereinfachtes Modell dieser Dialektik ausmachen zwischen dem der Praxis immanenten, sie hervorbringenden und organisierenden *Schema* einerseits und der Norm, die fähig ist, der Wirkung des Prinzips, das sie sich selbst zuschreibt, obwohl sie doch dessen Produkt ist, entgegenzuwirken oder sie zu verstärken, andrerseits:

»Man vollzieht, unter dem Einfluß der Lebensbedingungen, gewisse Handlungen P ... Q; dann, über sie nachdenkend, entdeckt man oder wähnt, ein P und Q gemeinsames Prinzip entdeckt zu haben, so daß man sich im folgenden einbildet, P und Q als logische Konsequenz dieses Prinzips ausgeführt zu haben, während doch das Prinzip eine Konsequenz aus P ... Q darstellt. Tatsächlich folgen, ist das Prinzip einmal aufgestellt, daraus deduzierbare Handlungen R ... S, und in diesem Sinne ist die zurückgewiesene Behauptung auch nur teilweise falsch. Hierfür liefern uns die Gesetze der Sprache ein gutes Beispiel. Die Grammatik ist nicht der Bildung der Worte vorausgegangen, sondern kam nach ihr; doch einmal aufgestellt, haben die grammatischen Regeln Formen entstehen lassen, die sich mit den bestehenden Formen vereinigt haben. Stellen wir, zusammenfassend, zwei Gruppen von Handlungen auf, P ... Q und R ... S; die zahlreichste und wichtigste Gruppe, P ... Q, besteht vor dem Prinzip, das diese Handlungen anzuleiten scheint; die zweite, zweitrangig und häufig minder wichtig, stellt die Folge jenes Prinzips dar; oder, anders gesagt, sie ist die indirekte Folge derselben Ursachen, die in direkter Weise P ... Q hervorgebracht haben.«[11]

In der Tat, wie die Frage nach dem Verhältnis von Bewußtsein und Unbewußtem schon die wichtigere nach den Beziehungen zwischen den generativen Schemata der Praxisformen und den jeweiligen Repräsentationen, die sich die Individuen von ihrer Praxis erstellen oder die sie anderen vermitteln, zu verdunkeln drohte, so droht sie auch jenes andere, grundlegendere Problem zu verschleiern, das sich in jeder Gesellschaft durch die bestehende Trennung in mehr oder weniger explizit geregelte Bereiche der Praxis stellt, wobei der eine Pol des Kontinuums durch die scheinbar »freien«, faktisch aber dem Habitus und seinen automatischen Strategien überlassenen Bereiche gebildet, der andere Pol durch jene Bereiche repräsentiert wird, die mittels explizit aufgestellter und von sozialen Sanktionen abgestützter ethischer und vor allem juristischer Normen geregelt werden. Die Diskussion über die »Regeln« der matrimonialen Tauschbeziehungen etwa würde wesentlich an Klarheit gewinnen, wenn in jedem einzelnen Fall die *Modalität der Präskription* – die sich nicht auf die statistisch erhobene oder nicht erhobene Wahrscheinlichkeit der korrespondierenden Praxis reduziert, selbst wenn sie auch nur deren umgewandelte Form darstellt –, die Natur der einer Übertretung folgenden Sanktion sowie endlich die Instanzen, die diese zu verhängen beauftragt sind, genauer angegeben würden. Es steht außer Frage, daß mannigfache Zwischenstufen vorhanden sind zwischen einerseits den »Rationalisierungen«, den »praktischen Theorien«, die die Individuen seis spontan, seis als Antwort auf die gelehrten Fragen der Ethnologen hervorbringen, um auf diese Weise ihre Praxis zu *rationalisieren*, ihr größere Rationalität zuzuschreiben oder von ihr Rechenschaft abzulegen, und die, selbst wenn sie die Wahrheit der Praxis verfehlen sollten, dennoch gemäß den in der Praxis selbst vorherrschenden Schemata organisiert sein können, und andrerseits dem Corpus *juristischer Normen*, diesem aufgehäuften Produkt der Arbeit eines Stabes von Spezialisten, deren ausdrücklicher Auftrag dahingehend lautet, jene Normen einer expliziten Systematisierung zu unterwerfen und dafür zu sorgen – notfalls mit Gewalt –, daß ihre Anwendung respektiert wird.

Unterläßt der Ethnologe es, die Dokumente, die er sammelt: Reden, Erzählungen, juristische Verordnungen, einer Kritik zu unterziehen, die den Status des jeweiligen Diskurses zu bestimmen sucht, d. h. die gesellschaftlichen Bedingungen seiner Produktion und Anwendung (etwa offizieller und autorisierter oder privater und persönlicher Diskurs; legitimer oder illegitimer; improvisierter oder routinisierter Diskurs usw.), dann begibt er sich in die zweifache Gefahr, entweder nie in genügendem Maße oder immer zu sehr seinem Informanten zuzuhören: Da die ganze Tradition seines Berufsstandes ihm anempfiehlt oder befiehlt, den Diskurs, den der Eingeborene bezüglich seiner Praxis hervorbringt, in Zweifel zu ziehen, sind alle spontanen Erklärungen und besonders die, welche Funktionen angeben, ihm von vornherein verdächtig, und dies um so mehr, als sie meistenteils Widersprüche aufzuweisen scheinen. Das hindert ihn freilich nicht, all die *offiziellen* Diskurse beflissen zu registrieren, die ihm spontan von seinen Informanten dargeboten werden und die, seiner Vorstellung von Objektivität näher, auch leichter – weil formalisierter – zu sammeln und zu entziffern sind: Man kennt die Vorliebe der Ethnologen für jene Quasi-Theoretisierungen und Kodifizierungen – die, wie es die Diskussion über die Kompositionsweise der homerischen Gedichte aufgewiesen hat, schon fixiert sind und gleichsam schon vor aller Verfügung über ihre Technik für die Schrift prädisponiert scheinen –, wie Gesänge, mythische Erzählungen, Zaubersprüche oder zeremonielle Ansprachen, die Sammlungen von Sprichwörtern und Rätseln und in besonderem Maße die niedergelegten Sittenkodizes, die allen legalistischen Formalismen ach so teuer sind: angefangen bei dem der Rechtsprofessoren, der staatlichen Verwalter und Militärs, die in allen Kolonialländern und -provinzen darangegangen sind, zumeist zu Verwaltungs- und Regierungszwecken die Sitten und Gebräuche zu sammeln und zu kodifizieren. Zweifellos ließen sich, selbst in den schriftlosen Gesellschaften, alle möglichen Übergänge von dem hier *vor-schriftlich* (pré-écrit) genannten Corpus von Sujets zu den punktuellen und der jeweiligen Lage entsprechenden Improvisationen (die in diesem Zusammenhang keineswegs »Meinungen« im naiven Sinne sind) beobachten. Dazu müßten die verschiedenen Typen des Wissens mit den verschiedenen Weisen, es zu horten, sowie seiner Übermittlung, die selbst die Struktur des Wissens vorgeben, in Beziehung gesetzt werden. Als Grund systematischer Irrtümer läßt sich die Indifferenz gegenüber *Genesis* und *Funktion* ausmachen, d. h. gegenüber den gesellschaftlichen Bedingungen, unter denen sich die Produktion, die Reproduktion (mit dem Gebrauch beispielsweise von mnemotechnischen Mitteln, darunter dem Kompositionsakt immanenten wie den »Formeln« oder ihm äußerlichen wie Piktographien, die die Rezitation der magischen Formeln abzustützen haben) sowie die Zirkulation und Konsumtion der symbolischen Güter vollziehen (vgl. zu diesem Punkt: P. Bourdieu, »Le marché des biens symboliques«, *L'Année sociologique).* So scheinen sich die Ethnologen kaum nach der Herstellungsweise der Texte, die sie analysieren, und noch weniger nach der Ausbildung derer zu fragen, die die Texte hervorbringen oder/und reproduzieren (man weiß heute, daß in den Königreichen Irlands die Kollegien der Druiden, Dichter und Gesetzesausschreier zwanzig Jahre damit verbrachten, die irländischen Gesetze und die gälische Literatur zu memorieren, weiterhin, daß in zahlreichen Gesellschaften bei den die Übergangsriten begleitenden Zeremonien sowohl juridische wie mythische Texte methodisch rezitiert werden). Unter allen Gegensätzen ist gewiß der zwischen Geschriebenem und Gesprochenem, oder besser: zwischen schriftlicher und mündlicher Übermittlung der bedeutsamste. Der geschriebene Text, ob als Dokument verwendet (wie beim Rechts- oder Sittenhistoriker) oder als Objekt gefaßt (wie beim strukturalistischen Hermeneuten), enthält Eigenschaften, die schon durch eine, wenn auch summarische Analyse der Wirkungen kenntlich gemacht werden können, die sich im Übergang von der auf *mündlicher Überlieferung* gegründeten kulturellen Tradition zu einer, dank der Schrift, thesaurierten Tradition ergeben, die damit allen Reinterpretationen offensteht und allen Kompilationen, die unterschiedslos Stile, Themen und Objekte verschiedener Epochen und Kulturen vermengen, verfügbar wird (vgl. etwa A. B. Lord, a. a. O., S. 20, 124f., 129, 221, und G. S. Kirk, *The Songs of Homer,* Cambridge 1962, S. 86f.). Die einmal fixierte Schrift stabilisiert, verewigt und gestattet es, die Ökonomie der *Mnemotechnik* als Ganzer zu erstellen, die selbst der Komposition des mündlichen Textes zugrunde liegt, und sie ermöglicht im gleichen Moment auch die Manipulation seitens der Gebildeten, d. h. jegliche Reinterpretations- und Verfeinerungsarbeit und darin, so der Ausdruck gestattet ist, die *primitive Akkumulation des symbolischen Kapitals* (gekennzeichnet durch Techniken wie Kryptographie, Hermetismus usw.). Daraus folgt, daß die Applikation der klassischen Techniken der strukturalen Analyse auf Texte, die Bedeutungen unterschiedlicher Altersstufe enthalten, das Wesentliche, nämlich das polyphone Spiel der verschiedenen semantischen Linien, nur verfehlen kann.

In Gesellschaften, in denen, wie in Kabylien, kein juristischer Apparat existiert, der das Monopol an physischer oder selbst symbolischer Gewalt innehat, und in denen die Versammlungen des Clans, des Stammes oder Dorfes als Schiedsinstanzen fungieren, also mehr oder weniger ausgedehnte Familienräte darstellen, sind die Regel des Gewohnheitsrechts nur in dem Maße praktisch wirksam, wie sie, geschickt von den Autoritätsinhabern des Clans (den »Garanten«) gehandhabt, die kollektiven Dispositionen des Habitus *verdoppeln* und *verstärken*; folglich sind sie von den expliziten und fiktiven Explizitationen der Praxisprinzipien, denen obliegt, dem Versagen und den Unsicherheiten des Habitus vorzubeugen, indem sie die den schwierigen Situationen angemessenen Lösungen vorgeben, nur graduell unterschieden.[12] Der legalistische Formalismus ist nie trügerischer als gerade dann, wenn er bei den homogensten Gesellschaften oder den am wenigsten differenzierten Sektoren differenzierter Gesellschaften zur Anwendung gebracht wird, Bereichen also, wo der größte Teil der Handlungen, einschließlich der scheinbar ritualisiertesten, der abgestimmten Improvisation der gemeinsamen Dispositionen überantwortet werden kann. Die Regel, hier nur ein Notbehelf, hat das partielle Versagen des Habitus zu regulieren, d. h. die Patzer wiedergutzumachen, die während der Einprägungsaktion geschehen sind, deren Aufgabe es ist, Habitusformen zu erzeugen, die jenseits ausdrücklicher Reglementierung und des institutionalisierten Aufrufs zur Regel geregelte Praktiken und Praxisformen hervorzubringen fähig sind.

Allgemeiner ist zu sagen, daß die Handlungen nur ausnahmsweise den einen oder anderen Grenzfall erreichen: die reine Strategie oder das einfache Ritual, oder, um beim schon genannten Beispiel zu bleiben, einerseits den durch das teleologische Modell definierten Pol, wonach das Individuum A eine Handlung a_1 vollzieht, um B dazu zu bringen, b_1 auszuführen, um dann selbst wieder a_2 vollziehen zu können (oder, nach und nach, a_n), und andererseits den vom typischen Modell des legalistischen Formalismus repräsentierten Pol, demzufolge die Regel fordert, daß A a_1 hervorbringt, B mit b_1 antwortet und daraufhin A mit a_2 usw. Beiden, dem legalistischen Formalismus, der die Regel zum Prinzip aller Handlungen erhebt, und dem Interaktionismus, der die Handlungen als *Strategien* beschreibt, die explizit auf die antizipierten Anzeichen hinsichtlich der Reaktion auf die Handlungen orientiert sind, ist gemeinsam, die Übereinstimmung der Habitusformen zu ignorieren, die, jenseits intentionalen Kalküls und bewußten Bezugs auf die Norm, wechselseitig angepaßte Handlungen hervorbringt und die auch partielle Bewußtseinsprozesse, die im übrigen durch die Gebote und Vorschriften des Alltagsbewußtseins erleichtert werden, nicht ausschließt. Um die Ökonomie des Rückgriffs auf derartige »Regeln« wie die, welche die matrimonialen Tauschbeziehungen regieren sollen, aufstellen zu können, müßte in jedem einzelnen Fall eine umfassende Deskription (deren Geltendmachen der Regel ermöglicht, die Ökonomie aufzustellen) des Verhältnisses zwischen den gesellschaftlich konstituierten Dispositionen und der jeweiligen Situation, innerhalb derer sich die objektiven und subjektiven Interessen der Handlungssubjekte und, in einem damit, ihre von den besonderen Handlungen spezifizierten Motivationen bestimmen, gegeben werden. Es sollte eigentlich kaum noch nötig sein, mit

Weber daran zu erinnern, daß die juristische oder die Gewohnheitsregel nie etwas anderes denn ein *sekundäres* Determinations*prinzip* der Handlungen ist, das, in der Eigenschaft als Ersatz, nur zur Anwendung kommt, wenn das primäre Prinzip, nämlich das – subjektive oder objektive – Interesse versagt.[13] Demnach ist es das Verhältnis zwischen Dispositionen und der Situation, worin sich die Interessen oder, angemessener, die *Funktionen* bestimmen, und zwar nicht nur die subjektiv gesetzten und erfaßten Funktionen, besser: die ausdrücklich kalkulierten *Zwecke* – die einzigen, die das teleologische Modell des strategischen Kalküls kennt und anerkennt –, sondern auch die objektiven Funktionen (oder die objektiven, mehr oder weniger klar erfaßten Interessen), die der legalistische Formalismus erst einmal verbannt, um sie dann in Form jener Funktionen, die die Kommunikation oder der Austausch (etwa der Frauen) für die Gruppe insgesamt erfüllt, hinterrücks wieder einzuführen.[14] Tatsächlich bestimmen sich die Interessen, die dem Übergehen zum Akt, worin sich die Dispositionen realisieren und determinieren, zugrundeliegen, im Verhältnis zwischen dem Habitus als System kognitiver und motivationaler Strukturen und der Situation (oder dem Objekt): ebenso gründet auch die Konvergenz der Interessen oder das Zusammenspiel der Aspirationen, die die Bündnisse und Spaltungen zwischen den konfligierenden oder konkurrierenden Gruppen stiften, auf der Übereinstimmung der Dispositionen.

Wie an diesem Fall klar zu ersehen ist, geht es nicht darum, an die Stelle einer Erklärung qua Regel die Erklärung qua Interesse zu setzen. Es wäre selbst dann unangemessen, zu sagen, daß die Regel die Praxis determiniere, wenn das Interesse ihr zu gehorchen, über dasjenige, ihr nicht zu gehorchen, einmal den Sieg davongetragen haben sollte. Denn eine letzte List der Regel besteht gerade darin, vergessen zu machen, daß ein Interesse, der Regel zu gehorchen, oder genauer: *vorschriftsmäßig* zu sein, überhaupt existiert. Wohl gestattet die brutal materialistische Reduktion, die vorzunehmen das anthropologische Interessenaxiom nahelegt, mit den Naivitäten der Spontantheorien hinsichtlich der Praxis zu brechen; doch birgt sie die Gefahr, das Interesse vergessen zu lassen, das man hat, vorschriftsmäßig zu sein und das den Strategien zweiter Ordnung zugrunde liegt, die darauf abzielen, sich *vorschriftsmäßig* zu *geben* oder das *Recht auf ihre Seite zu ziehen.*[16] Deshalb kann die vollkommene Konformität mit der Regel – neben dem durch die vorgeschriebene Praxis garantierten unmittelbaren Gewinn – einen sekundären Profit verschaffen, wie Prestige und Respekt, der fast universell jener Handlung zuerkannt wird, die außer dem *reinen und interesselosen* Respekt vor der Regel keine weitere Determination aufzuweisen scheint. Das bedeutet, daß die am unmittelbaren Gewinn der Praxis ausgerichteten Strategien – so das durch eine Heirat erworbene Prestige – fast durchweg von Strategien zweiter Ordnung überlagert werden, die darauf aus sind, die Anforderungen der offiziellen Regeln dem Anschein nach zu erfüllen, um auf diese Weise die Befriedigungen des wohlverstandenen Interesses und den Gewinn aus dem untadeligen Verhalten zu scheffeln. Und gewiß wiese die Illusion der Regel in den Schriften der Anthropologen, trotz zahlloser Aufkündigungen, nicht eine derartige Stärke auf, würde sie nicht durch die Komplizenschaft des »spiritualistischen Ehrgefühls« abgestützt, das der Determination qua Interesse die freiwillige Unterwerfung unter die Regel vorzieht. In Gesellschaftsformationen, in denen die politische Autorität schwach institutionalisiert ist und die Äußerung von Interessen einer starken Zensur unterliegt, können die politischen Mobilisierungsstrategien nur wirksam werden, wenn die Interessen, die sie vorgeben und denen sie folgen, sich unter dem als solchen unkenntlich gemachten Deckmantel von *Werten* darbieten, die die Gruppe in Ehren hält: Der Form gemäß, vorschriftsmäßig handeln bedeutet nicht, das Recht auf seine Seite zu ziehen, sondern: die Gruppe auf seine Seite zu ziehen, indem den eigenen Interessen die einzige Form verliehen wird, unter der jene diese Interessen anerkennen kann, anders gesagt: ostentativ die Werte in Ehren zu halten, in die in Ehren zu halten die Gruppe ihre Ehre setzt.

Strategien und Zeitlichkeit

Gehen wir einen Schritt weiter: Die *Regel* durch die *Strategie* zu ersetzen heißt, wieder die Zeit mit ihrem Rhythmus, ihrer Ausrichtung und ihrer Irreversibilität einzuführen. Es gibt eine Zeit der Wissenschaft, die nicht die der Praxis ist. Für den Untersuchenden zählt Zeit nicht: nicht allein deshalb, weil, wie seit Max Weber so häufig wiederholt, da alles schon geschehen ist, es keine Unsicherheit mehr darüber geben kann, was noch kommen wird – sondern auch, weil es Zeit gibt, die Effekte der Zeit zu totalisieren, d. h. zu überwinden, wohingegen das Handlungssubjekt dem Druck des Gegebenen ausgesetzt ist. Die wissenschaftliche Praxis ist derart »entzeitlicht«, daß sie sogar die Vorstellung dessen, was sie ausschließt, auszuschließen trachtet: Weil die Wissenschaft möglich nur ist in einem Bezug zur Zeit, der sich von dem der Praxis absetzt, versucht sie, von der Zeit abzusehen, und reifiziert darin ihrer Tendenz nach die Praxisformen. (Damit ist aufs neue ausgesprochen, daß die epistemologische Reflexion für jede wissenschaftliche Praxis konstitutiv ist: Um zu begreifen, was Praxis ist – und im besonderen, worin die Eigenschaften bestehen, die der Tatsache geschuldet sind, daß sie sich in der Zeit vollzieht –, heißt es also verstehen, was Wissenschaft ist – und im besonderen, was in der spezifischen Zeitlichkeit der wissenschaftlichen Praxis impliziert ist.) Das Ausklammern der Zeit stellt einen der Effekte dar, den die Wissenschaft hervorbringt, wenn sie vergißt, was sie den in der Zeitdauer eingeschriebenen, also detotalisierten Praxisformen allein dadurch, daß sie sie totalisiert, antut (etwa kraft der vom Schema autorisierten synoptischen Anschauung). Dieser Effekt wirkt sich am stärksten dann aus, wenn er bei Praxisformen zur Anwendung kommt, in deren Bestimmung ihre zeitliche Struktur, also ihre Ausrichtung und ihr Rhythmus *konstitutiv* eingehen. Jede Manipulation dieser Struktur – ob Inversion, Verlangsamung oder Beschleunigung – läßt sie eine *Destrukturierung* erleiden, die nicht auf die Wirkung eines einfachen Wechsels der Bezugsachse zurückführbar ist. In diesem Kontext sei an Lévi-Strauss erinnert, der, indem er Mauss vorwirft, auf der Ebene einer »Phänomenologie« des Gabentausches verblieben zu sein, einen entschiedenen Bruch mit der eingeborenen Erfahrung sowie der eingeborenen Theorie dieser Erfahrung vollzieht, um im folgenden zu postulieren, daß der Tausch als konstruiertes Objekt das ist, »was das ursprüngliche Phänomen konstituiert, und nicht die unsteten Operationen, in welche das soziale Leben ihn zerlegt«[17], oder anders gesagt, daß die »mechanischen Gesetze« der »Reziprozitätszyklen« das unbewußte Prinzip der »drei Verpflichtungen: Geben, Nehmen, Erwidern« abgeben.[18] Die »phänomenologische« wie die objektivistische Analyse lassen zwei gegensätzliche Aspekte des Austausches zutage treten: den Akt des Gebens, wie er gelebt wird, oder wie er zumindest gelebt werden will, zum einen und den Akt, wie er von außen erscheint, zum anderen. Bei der »objektiven« Wahrheit des Aktes, d. h. beim Modell, stehenzubleiben hieße, der Frage auszuweichen, welche Beziehung zwischen der schwerlich subjektiv zu nennenden Wahrheit – schließlich repräsentiert sie die offizielle Definition des Austausches – und der sogenannten objektiven Wahrheit denn nun besteht. Es gilt die Tatsache ernstzunehmen, daß Handlungssequenzen, die vom Beobachter als reversibel wahrgenommen werden, von den Handelnden selbst als irreversibel gelebt werden; und daß die Reversibilität wie die Irreversibilität gleichermaßen der objektiven Wahrheit dieser Praxis eingeschrieben sind. Die totalisierende, wenn man will: monothetische Auffassung setzt eine grundlegend durch ihre *Reversibilität* bestimmte objektive Struktur an die Stelle einer ebenso objektiven – und nicht nur so erlebten – Aufeinanderfolge von Akten des Gebens, die, wie die Herausforderung im Modell der Ehre, nicht mechanisch an die Erwiderung, die sie beständig einfordern, gebunden sind: Eine jede objektive Analyse des Austausches von Gaben, Worten, Herausforderungen oder selbst Frauen muß in der Tat den Umstand in Rechnung ziehen, daß jeder dieser Eröffnungsakte ins Falsche abgleiten kann und in jedem Fall seine Bedeutung von der Erwiderung her erhält, die er auslöst – und sei es in deren Ausbleiben, das ihn im nachhinein seiner intendierten Bedeutung berauben kann. Die Aussage, daß der Gabe die Bedeutung, die ihr der Gebende verleiht, nur zuerkannt und gewährt wird, sofern auch die Gegengabe vollzogen ist, läuft nicht darauf hinaus, erneut die Struktur des Reziprozitätszyklus – wenn auch mit anderen Worten – einzuführen. Sie bedeutet vielmehr, daß, selbst wenn die Reversibilität die objektive Wahrheit der unsteten und als solcher erlebten Akte, die die gewöhnliche Erfahrung im Namen des Gabentausches faßt, ausmachen sollte, sie doch nicht die vollständige Wahrheit einer Praxis wiedergibt, die nicht existieren könnte, würde sie sich entsprechend dem Modell perzipieren. Die Zeitstruktur des Gabentausches, von der der Objektivismus absieht und die er abschafft, ermöglicht allererst die Koexistenz zweier entgegengesetzter Wahrheiten, die wiederum erst die Gabe in ihrer ganzen Wahrheit bestimmt. Tatsächlich ist in jeder Gesellschaft zu beobachten, daß, um den Preis einer Beleidigung, die Gegengabe zugleich *aufgeschoben* werden und *verschieden* sein muß: die sofortige Rückgabe eines gänzlich identischen Gegenstandes würde offensichtlich einer Verweigerung gleichkommen – der Rückgabe des Gegenstandes nämlich. Das besagt, daß der Gabentausch sich abhebt einerseits zum *do ut des*, das, gleich dem *theoretischen Modell der Struktur des Reziprozitätszyklus*, Gabe und

Gegengabe in ein und demselben Zeitpunkt ineinander übergehen läßt, wie andererseits von der *Leihgabe*, deren durch einen juristischen Akt garantierte Rückgabe gleichsam *schon* im Augenblick des Vertragsabschlusses *vollzogen* ist, eines Vertrages überdies, der als solcher in der Lage ist, die Voraussehbarkeit und Kalkulierbarkeit der vorgeschriebenen Akte zu gewährleisten. Muß in das Modell die doppelte Differenz, und insbesondere der *Aufschub*, den das monothetische Modell abschafft, eingeführt werden, so sicherlich nicht, wie Lévi-Strauss suggeriert, um damit, einer »phänomenologischen« Neigung nachgebend, die gelebte Erfahrung der Praxis des Austauschs wiedereinzusetzen; sondern deshalb, weil die Funktionsweise des Gabentausches das Verkennen der Wahrheit des objektiven »Mechanismus« des Austauschs voraussetzt, jene also, die in der unmittelbaren Rückgabe brutal aufgedeckt wird: Es ist das Gabe und Gegengabe trennende Zeitintervall, das eine Tauschstruktur als *irreversibel* wahrzunehmen gestattet, die stets bedroht ist, als reversibel, d. h. anderen und *sich* zugleich als *obligatorisch* und *interessebestimmt* zu erscheinen. »Allzugroße Eilfertigkeit, einer Verpflichtung nachzukommen, ist eine Art des Undanks«, heißt es bei La Rochefoucauld. Eile zu verraten, die einen treibt, der vereinbarten Verpflichtung ledig zu sein, und derart allzu ostentativ seinen Willen zu bekunden, die geleisteten Dienste oder erhaltenen Gaben zurückzuerstatten: quitt, nichts mehr schuldig zu sein heißt, den Initialakt im Nachhinein als einen solchen bloßzustellen, der von der Absicht zu verpflichten getragen war. Ist alles eine Sache der Manier, in diesem Fall der Angemessenheit von Zeit und Raum, ändert ein und derselbe Akt: etwas geben oder zurückgeben, Dienste anbieten, einen Besuch machen usw., seine Bedeutung vollkommen je nach Augenblick, d. h. je nachdem, ob er zur rechten oder zur unrechten Zeit, im passenden oder unpassenden Augenblick geschieht – es sei denn, es handelte sich um einen bedeutenden Austausch, wie bei den Gaben für die Wöchnerin oder dem Hochzeitgeschenk, *deren* Zeitpunkt allerdings festgelegt ist –, so deshalb, weil die Zeit, die, wie es heißt, Gabe und Gegengabe *trennt*, den vorsätzlichen Schnitzer und die kollektiv abgestützte und gebilligte Selbstlüge, die die Funktionsbedingung des symbolischen Austauschs, dieser trügerischen Zirkulation von Falschgeld ist, autorisiert: Damit das System funktioniert, dürfen die Individuen nicht gänzlich in Unkenntnis über die Schemata sein, die ihre Tauschbeziehungen organisieren und deren Logik das mechanische

Modell des Anthropologen expliziterweise festhält, müssen jene sich gleichzeitig aber auch weigern, die Logik zu durchschauen und anzuerkennen.[19] Kurz, alles geht so vor sich, als ob die Praxis der Individuen, und darin vor allem die Manipulation, die sie an der *Dauer* vornehmen, sich umfassend unter der Perspektive organisierte, vor sich selbst wie vor den anderen die Wahrheit der Praxis zu verschleiern, die der Ethnologe mittels seines Modells zutage fördert, indem er schlicht und einfach das zeitlose Modell an die Stelle des Schemas setzt, das nur zu seiner Zeit und in der Zeit zur Wirkung kommt.

Darüber hinaus noch heißt das Intervall abzuschaffen, die Strategie abzuschaffen. Diese eingeschobene Periode, die nicht zu kurz – wie beim Gabentausch sehr gut zu sehen –, aber auch nicht zu lang sein darf – wie es besonders der Fall der Blutrache zeigt –, ist nun das genaue Gegenteil von toter, nichtiger Zeit, wozu das objektivistische Modell sie macht. Der ist so lange ein *Schuldner*, wie er etwas erhalten, aber noch nichts zurückgegeben hat – und somit gehalten, gegenüber seinem Wohltäter Dankbarkeit zu zeigen oder, auf jeden Fall, ihm Aufmerksamkeit zu zollen, behutsam mit ihm umzugehen, nicht alle »Waffen«, über die er verfügt, ihm gegenüber in Anschlag zu bringen; es sei denn um den Preis, der Undankbarkeit gescholten zu werden und sich durch »die Rede der Leute«, die über den objektiven Sinn der Handlungen entscheidet, verurteilt zu sehen. Wer einen Mord nicht gerächt, sein von einer rivalisierenden Familie in Besitz genommenes Land nicht zurückgekauft, seine Töchter nicht beizeiten verheiratet hat, sieht sein Kapital jeden Tag mehr durch die Zeit, die vorüberstreicht, angegriffen – es sei denn, er vermöchte die Verspätung in eine strategische Verzögerung umzuwandeln: Die Gegenleistung oder die Rache hinauszuzögern, kann auch eine Art und Weise darstellen, den Gegner-Partner über die eigenen Absichten im Unklaren zu lassen, wobei, wie beim wirklich schädlichen Augenblick in den unheilvollen Perioden des rituellen Kalenders, unmöglich im vorhinein ausgemacht werden kann, wo der Wendepunkt liegt, von dem ab die Nicht-Antwort aufhört, Nachlässigkeit zu sein und stattdessen vom Mißtrauen diktierte Weigerung wird; es kann desgleichen der Versuch sein, den Gegner-Partner zu Willfährigkeit zu zwingen, die sich so lange durchsetzt, wie die Beziehungen noch nicht abgebrochen sind; es bedeutet endlich, wie bei der Rache, die Geduld des Gegners kraft einer stets gegenwärtigen Bedrohung zu zermürben und sich den Vorteil, der in der Initiative liegt, zu erhalten. Dieser Logik folgend wird verständlich, daß derjenige, um dessen Tochter angehalten wird, so schnell wie möglich Antwort geben muß, sofern sie abschlägig ausfallen soll, da er sonst den Eindruck erweckt, seinen Vorteil ausnutzen und den Bittsteller beleidigen zu wollen – wohingegen bei einer positiven Antwort es ihm freigestellt ist, so lange wie möglich die Antwort hinauszuzögern, um sich derart den konjunkturellen Vorteil zu erhalten, den ihm seine Stellung als eines, bei dem um die Hand der Tochter angehalten wird, einbringt und dessen er in dem Moment verlustig gehen wird, wo er seine definitive Zustimmung ausspricht. Alles hat den Anschein, als ob erst aus der Ritualisierung der Interaktionen die Zeit ihre umfassende soziale Wirksamkeit bezöge, die niemals lebendiger ist als gerade in solchen Momenten, wo nichts, es sei denn Zeit, passiert: die Zeit, so heißt es, arbeitet für ihn – das Gegenteil kann ebenso wahr sein. Was bedeutet, daß die Zeit ihre Wirksamkeit dem jeweiligen Stand der Beziehungsstruktur, in der sie interveniert, verdankt; was freilich nicht bedeutet, daß das Modell dieser Struktur davon abstrahieren kann. Selbst wo, wie in der Dialektik von Beleidigung und Rache, der Handlungsablauf extrem ritualisiert ist, bleibt noch Raum für Strategien, die darin bestehen, mit der Zeit, oder besser: mit dem *Tempo* der Zeit, zu spielen, indem die Rache auf die lange Bank geschoben und so die Bedrohung zu einer dauerhaften wird; gleiches gilt, mit noch mehr Recht, in allen weniger streng geregelten Handlungen, die den Strategien freien Lauf lassen, die aus den mit der Manipulation des Tempos der Handlung sich ergebenden Möglichkeiten Nutzen zu ziehen trachten: so wenn Dinge verschleppt oder hinausgezogen, Angelegenheiten verschoben oder verzögert werden, wenn man warten oder hoffen läßt oder, im Gegenteil, etwas überstürzt, beschleunigt, wenn man vorauseilt, in Verlegenheit stürzt, überrascht, zuvorkommt – nicht zu reden von der Kunst, jemandem ostentativ Zeit anzubieten (»ihm seine Zeit zu widmen«) oder im Gegenteil: sie zu verweigern (fühlen lassen, daß man ihm »kostbare« Zeit reserviert).

Nehmen wir das Beispiel einer weitverbreiteten Strategie mit dem Ziel, einen Bekannten in ein Gespräch über bestimmte Angelegenheiten zu ziehen oder ihm eine interessierte Bitte vorzutragen: A besucht B (Garagenbesitzer) an dessen Arbeitsplatz, um ihn wegen des Kaufs eines Gebrauchtwagens zu konsultieren. Das erste Stadium ist Scherzen und dem Zurückrufen gemeinsamer Erlebnisse (die B von A geschenkten Champignons) gewidmet, die wiederum Stoff für neue quasi-rituelle Späße bieten (über die Schlemmerei von B); das direkt der Angelegenheit gewidmete zweite Stadium ist durch einen Wechsel im Ton ausgezeichnet, der Interesse und Ernst dokumentieren soll, die Bittsteller und Ratgeber der zur Debatte stehenden Frage beimessen; der scherzhafte Ton taucht zuweilen noch auf, ihm obliegt es, den Wechsel zu gewährleisten; ist die Sache perfekt (»ich werd' mein Bestes tun«, »klar, du wirst's schon machen«), setzt sich die Unterhaltung in scherzhaftem Ton fort, hin und wieder und immer seltener durch einen Hinweis auf die besprochene Angelegenheit unterbrochen. Die auf unterschiedliche Themen bezogenen Scherze nehmen zu (B hat A sein Gewehr sowie seinen Jagdschein geliehen), darunter die Schlemmerei von B; durch diesen Übergang ergibt sich die Frage des Urlaubs ganz von selbst; A fragt B: »Bist du zur Hochzeit eingeladen« (ohne weitere Erläuterung, voraussetzend, daß es sich nur um eine und nur diese Hochzeit handeln kann; wobei, da die Frage strikt ritueller Art ist, B die Antwort weiß). — »Ja.« — »Und kennst du das Menu?« — »Nein, das ärgert mich auch so!« — »Na so was!« Der Objektivismus würde nun sofort die Sequenz von Handlungen — sofern er sie wahrnehmen kann —, auf die Regel reduzieren, derzufolge es der Bittsteller vermeidet, ohne Umschweife zur Sache zu kommen. In Wirklichkeit läßt sich eine solche gleichsam abgestimmte Gesamtheit quasi-ritueller Handlungen gewiß immer beobachten, wenn man auf einen derartigen Typus stößt; d. h. immer dann, wenn eine in sich und für sich stetig aufrechterhaltene Beziehung (durch den Austausch von Geschenken, Diensten und Besuchen) in den Dienst einer interessegeleiteten Funktion gestellt wird, und wenn diese punktuelle Verwendung — die auf die ganze Serie der vorhergehenden Tauschbeziehungen zurückzufallen und diese so im Nachhinein zu finalisieren und sie objektiv auf diesen strikt interessegebundenen Zweck und dieses Ende hin orientiert erscheinen zu lassen droht — wieder in die Serie der vergangenen Tauschbeziehungen (Objekt hier expliziter Erwähnungen und Rückerinnerungen) und zugleich damit in eine Interaktion eingebracht werden und auf diese Weise verschleiert werden muß, die, selbst noch in ihrem Ablauf, die ganze Geschichte der vorhergehenden Interaktionen hervorbringt und so das Stadium des interessegeleiteten Austauschs in zwei Momente reiner Zweckfreiheit einbindet.

Bekannt ist beispielsweise, welchen Vorteil sich der Inhaber übertragbarer Macht aus der Kunst sichern kann, die Machtübertragung hinauszuzögern und die anderen über seine letzten Absichten im Dunkel tappen zu lassen. Vergessen wir auch nicht all die Strategien, die, ohne weitere Funktion als nur die eine, die Aktion der Zeit zu neutralisieren und die Kontinuität der sozialen Beziehungen aufrechtzuerhalten, darauf abzielen, gleich dem Mathematiker aus Diskontinuierlichem Kontinuierliches zu erzeugen, indem sie das unendlich Kleine endlos multiplizieren: in Form etwa jener »kleinen Geschenke«, von denen es heißt, daß sie »die Freundschaft erhalten« (»Geschenk – *thunṭicht,* plur. *thunṭichin* –, du machst mich nicht reich, aber du bindest die Freundschaft enger«).

Die kleinen Geschenke müssen von minderem Wert, also leicht zurückzugeben, also gemacht sein, um zurückgegeben, leicht zurückgegeben zu werden; allerdings müssen sie *häufig* und in gewisser Weise stetig sein, worin impliziert ist, daß sie eher nach der Logik der »Überraschung« oder der »Aufmerksamkeit« (die auch Geschenke sind) funktionieren als gemäß den Mechanismen des Rituals. Diese Geschenke, die die normale Ordnung der familiären Beziehungen zu sichern bestimmt sind, bestehen fast immer aus einer Platte gekochter Speisen, aus Couscous – einschließlich eines Stückchens Käse, wenn jene die Erstmilch einer Kuh anzeigen –, und folgen dem gewöhnlichen Verlauf kleiner familiärer Freudenfeste wie dem dritten oder siebten Tag nach der Geburt, dem ersten Zahn oder dem ersten Schritt des Säuglings und Kleinkindes, dem ersten Haareschneiden, dem ersten Gang des Knaben auf den Markt, seinem ersten Fasten; in Verbindung mit den Momenten des Lebenszyklus der Menschen oder der Erde spannen sie jene, die an dieser Freude *teilnehmen lassen* wollen, sowie jene, ihr Gegenstück, die an dieser Freude *teilnehmen,* in einen wahrhaftigen Ritus der Fruchtbarkeit ein: Man gibt niemals das Gefäß, in dem das Geschenk war, zurück, ohne nicht »als gutes Vorzeichen« – *el fal* – ein bißchen Getreide, Grieß (niemals Gerste, eine weibliche Pflanze, Symbol der Schwachheit), oder besser: trockenes Gemüse, Kichererbsen, Linsen – *ajedjig,* Blume genannt – hineinzulegen, die dargebracht werden, damit der »Knabe« (dessentwegen der Austausch geschieht) »gedeihe«, damit er kräftig wächst und Früchte trägt. Die Kabylen unterscheiden die gewöhnlichen Geschenke (denen noch die *tharzefth* genannten hinzugerechnet werden, die man bei Besuchen anbietet) klar von außergewöhnlichen Geschenken, *lkhir* oder *lehna,* die bei großen Festen (*thimeghriwin,* sing. *thameghra* genannt), wie Hochzeit, Geburt, Beschneidung, dargebracht werden. Die kleinen Geschenke zwischen nahen Verwandten und Nachbarn sind gegenüber den Geschenken an Geld oder an Eiern, die die ebenso im Raum wie in der Genealogie, aber auch, da man sie nur dann und wann, anläßlich »großer Begebenheiten« sieht, in der Zeit entfernten Heiratsverbündeten anbieten, und die, kraft ihrer Bedeutsamkeit und ihres feierlich-förmlichen Charakters, stets eine Art kontrollierter Herausforderung darstellen, faktisch das, was die geschichtslosen Heiraten der Endogamie benachbarter Linien, die so häufig geschehen und so sehr in das Raster der herkömmlichen Tauschbeziehungen zwischen benachbarten Vettern und Basen eingebunden sind, daß sie gänzlich unbemerkt vonstatten gehen, gegenüber jenen außergewöhnlichen Heiraten zwischen verschiedenen Dörfern oder Stämmen sind, denen es obliegt, durch stets feierliche, sehr viel prächtigere, aber auch gefährlichere Zeremonien hervorgehobene Heiratsbündnisse oder Versöhnungen zu bekräftigen.

Dies erhellt, wie weit man von einer mechanischen Verknüpfung vorgängig geregelter Aktionen entfernt ist, wie sie herkömmlich dem Begriff des Rituals zugeschrieben wird: Nur der Virtuose, Meister seiner »Lebenskunst«, vermag mit all dem zu spielen, was ihm in den Ambiguitäten und Unbestimmtheiten der Verhaltensweisen und Situationen zugetragen wird, um so die dem jeweiligen Fall angemessenen Handlungen zu vollziehen, um zu tun, »*was zu tun war*«, von dem es heißen wird, daß »es nicht anders zu machen war«, und es so zu machen, wie es zu sein hat. Entfernt auch von Normen und Regeln: Gewiß kennt man, hier wie überall, die Sprachfehler, die Ungeschicklichkeiten und Schnitzer – und auch die Grammatiker des Schicklichen, die zu sagen wissen, sehr gut sogar, was gut ist, getan und gesagt zu werden, und die doch nicht, im Gegensatz zu den Ethnologen, danach trachten, die »Kunst« der *notwendigen Improvisation*, die das Vorbildhafte definiert, in einen Katalog wiederkehrender Situationen und entsprechender Strategien der Erwiderung einzuzwängen.

Um der Praxis ihre praktische Wahrheit als geregelte Improvisation und ihre *Funktion*, deren umfassende Definition, wie im Fall des Austauschs, sehr wohl die Verschleierung der objektiven Funktionen einschließen kann[20], wiederzugeben, muß in die theoretische Darstellung einer zeitlich strukturierten, folglich wesentlich durch ihr *Tempo* definierten Praxis die Zeit wieder eingeführt werden. Das Erzeugungs- und Organisationsschema, das einer Diskussion den Rahmen und einer improvisierten Rede den »roten Faden« vorgibt und das keines bewußten Ausdrucks bedarf, um zu wirken oder selbst sich weiterzugeben, stellt ein gewiß zuweilen ungenaues, aber doch systematisches Selektions- und Wirkungsprinzip dar, das mittels unsteter und dennoch zielgerichteter Retuschen und Verbesserungen darauf abzielt, die Pannen zu elimieren, sofern aus ihnen kein Gewinn zu schlagen ist, und die, seis auch zufälligen, Erfolge zu bewahren: Wie der Schachspieler aus der gegenwärtigen Konfiguration des Spiels eine ganze Reihe künftiger Züge »ersehen« kann, so kann man auch in dem, was jemand sagt und tut – und sogar trotz dessen, was er sagt und tut, wie beim Lapsus –, »sehen«, was er »sagen will« und »tun will«. Demzufolge wird das Spezifischste der Praxis vernichtet, wenn man das Schema dem Modell gleichsetzt und sich auf diese Weise dazu verurteilt, die retrospektive Notwendigkeit in eine prospektive zu verwandeln, oder einfacher: das Produkt in ein Projekt, das schon Geschehene, das nicht mehr geschehen kann, in ein Künftiges der Handlung, die es sich ereignen läßt; es bedeutet, wie Diodor implizit zu postulieren, von dem, wovon es wahr ist zu sagen, daß es sein wird, es eines Tages wahr sein muß zu sagen, daß es ist[21], oder auch, einem weiteren Paradox entsprechend, daß »heute morgen ist, da gestern morgen heute war«. Jegliche Erfahrung von Praxis widerstreitet solchen Paradoxa und erinnert daran, daß die Reziprozitätszyklen nicht solche mechanischen Verkettungen zwangsläufiger Handlungen – die allein in der antiken Tragödie ihre Existenz führen – darstellen: Die Gabe kann – so ein Undankbarer verpflichtet wird – ohne Gegenleistung bleiben; sie kann auch als Beleidigung zurückgewiesen werden.[22] Es genügt schon die Möglichkeit, daß etwas anders verlaufen könnte, als das »mechanische Gesetz« des »Reziprozitätszyklus« es will, damit die gesamte Logik der Praxis eine Umwandlung erfährt.

Selbst in dem Fall, wo die Habitusformen der Handlungssubjekte gänzlich übereinstimmen und die Verkettung der Aktionen und Reaktionen von außen insgesamt vorhersehbar wird, bleibt der Ausgang der Interaktion so lange ungewiß, wie die Sequenz noch nicht beendet ist. Diese Ungewißheit – deren objektiver Grund in der Wahrscheinlichkeitslogik der sozialen Gesetze zu suchen ist – reicht aus, um nicht allein die Erfahrung der Praxis (die die phänomenologische Analyse beschreibt, die sehr viel mehr als der Objektivismus auf die Zeitlichkeit der Struktur achthat), sondern die Praxis selbst zu modifizieren, indem sie Strategien begründet, deren Ziel es sein kann, den wahrscheinlichsten Ausgang zu meiden. Der Übergang von der größten Wahrscheinlichkeit zur absoluten Gewißheit stellt einen qualitativen Sprung dar, der in keinem Verhältnis zum numerischen Abstand steht.

Kurz, die nachträgliche Illusion, die in der Verwechslung von Schema und Modell gründet, läßt gar keine andere Wahl zu, als so zu tun, als ob die Repräsentation der Praxis mit der objektiven Wahrheit dieser Praxis übereingestimmt hätte, wobei das theoretische Modell dem expliziten Plan der sich gerade vollziehenden Handlung gleichgestellt wird, oder als ob die Praxis sich auf vollkommen unbewußte Weise auf der Grundlage des theoretischen Modells der sich realisierenden Handlung reguliert hätte. Tatsächlich gibt das Schema, das »in die Handlung Ordnung trägt«, weder einen vorher bewußt entworfenen Plan, den es auszuführen genügte (»was man meint, kann man auch klar ausdrücken«), noch ein Unbewußtes wieder, das mechanisch die Handlung lenkte. Mangels einer adäquaten Theorie der Praxis, die zur Konstruktion des Habitusbegriffs führt, verurteilt man sich dazu, das *System der theoretischen Propositionen*, das die Wissenschaft erstellt, um von den Praxisformen Rechenschaft abzulegen, dreifach zu reduzieren: entweder auf ein prädeterminiertes Programm eines einfachen, in der Art eines Wahrscheinlichkeitsschemas Markoffschen Typs funktionierenden Mechanismus, oder auf ein Repertoire typischer Lösungen, woraus, wie bei Platon aus dem Taubenschlag, die Handelnden die für ihre Praxis notwendigen »Züge« entnehmen, oder schließlich auf ein Corpus von Normen, denen die Handelnden bewußt folgen sollen. Es sei denn, man verlegte, wie Chomsky, die Regeln in das Gehirn und würde somit das konstruierte Modell gleichsam »einverleiben«: »Eine Person, die eine Sprache kennt, besitzt in ihrem Gehirn ein sehr abstraktes System von Strukturen und zugleich ein abstraktes System von Regeln, die, kraft freier Iteration, unendlich viele Korrespondenzen zwischen Laut und Bedeutung determinieren.«[23]

DRITTES KAPITEL

Die praktische Logik

Der Objektivismus entwirft die soziale Welt gleich einem Schauspiel, das einem Zuschauer geboten wird, der gegenüber dem Handeln einen »Standort« einnimmt, sich, um es in Augenschein zu nehmen, zurücklehnt und, indem er am Gegenstand den Prinzipien, die seinem eigenen Verhältnis zum Gegenstand zugrunde liegen, die größte Wichtigkeit beimißt, diesen wie ein Gefüge begreift, das allein einer solchen Erkenntnis offenstehen soll, worin alle Interaktionen sich auf symbolische Tauschbeziehungen reduzieren. Dieser Gesichtspunkt verdankt sich höheren Positionen innerhalb der Sozialstruktur, von denen aus die soziale Welt sich wie eine – im Sinne der idealistischen Philosophie, aber auch der Malerei und des Theaters – Vorstellung/Repräsentation darbietet, so daß die Handlungen und Praxisformen allenfalls wie »Ausübungen«, wie Theaterrollen, wie Ausführungen einer Partitur oder wie Anwendungen eines Plans in den Blick geraten. Man kann jedoch auch, wie Marx es in den *Thesen über Feuerbach* formuliert, den souveränen Standort verlassen, von dem aus der Objektivismus die Welt ordnet, ohne damit gezwungen zu sein, ihm die »tätige Seite« der Apprehension der Welt zu überlassen und Erkenntnis auf eine passive Bestandsaufnahme einzuschränken. Es genügt hierzu, sich *in* »die wirkliche, sinnliche Tätigkeit als solche«, d. h. *in* ein praktisches Verhältnis zur Welt zu versetzen, jene gleichsam körperliche Sicht, die keinerlei Repräsentation – weder des Körpers noch der Welt, nicht einmal deren Beziehung – voraussetzt, jene aktive Präsenz in der Welt, kraft derer die Welt ihre Präsenz aufzwingt, mit ihren Dringlichkeiten und ihren Nötigungen, Dinge zu tun und zu sagen, Dinge, gemacht, damit sie gesagt werden, und gesagt, damit sie gemacht werden, die unmittelbar Gesten und Reden anleiten, ohne sich doch je wie ein Schauspiel zu entfalten.

Den bei den Ethnologen (Ethnowissenschaft) wie den Soziologen (Ethnomethodologie) gleichermaßen ausgebrochenen heißen Diskussionen um Klassifikationen und Klassifikationssysteme ist gemeinsam das Vergessen der Tatsache, daß diese Erkenntniswerkzeuge als solche Funktionen zu erfüllen haben, die in bloßer Erkenntnis nicht aufgehen: Zwar kann konzediert werden, daß jede Praxis ein Erkenntnisverfahren impliziert, d. h. ein mehr oder weniger komplexes Klassifikationsverfahren, das nichts mit passiver Bestandsaufnahme gemein hat, ohne damit jenes in eine intellektuelle Konstruktion verwandeln zu müssen. Die praktische Erkenntnis stellt ein praktisches Konstruktionsverfahren dar, das, durch den Bezug auf praktische Funktionen, Klassifikationssysteme (Taxonomien) ins Werk setzt, die die Wahrnehmung und das Denken organisieren und der Praxis eine Struktur aufprägen. Durch die Praxis aufeinanderfolgender Generationen innerhalb eines bestimmten Typs von Existenzbedingungen geschaffen, funktionieren diese Wahrnehmungs-, Denk- und Handlungsschemata, die durch die Praxis erworben und in praktischem Zustand ins Werk gesetzt werden, gewissermaßen wie praktische Operatoren, vermittels derer die objektiven Strukturen, deren Produkte sie sind, sich zu reproduzieren trachten. Die praktischen Taxonomien: Werkzeuge der Erkenntnis und der Kommunikation, die die Hervorbringung des Sinns und die Herstellung des Konsensus über ihn bedingen, können nur *strukturbildend* werden, insofern sie selbst *strukturiert* sind. Was indessen nicht heißt, daß sie eine streng »interne« (»strukturale« oder Faktoren-) Analyse rechtfertigen, die, indem sie sie künstlich von ihren Produktions- und Anwendungsbedingungen abschneidet, es sich versagt, deren soziale Funktionen zu verstehen.[1]

Die Kohärenz, die in allen Produkten der Anwendung eines gleichen Habitus aufweisbar ist, findet ihre Grundlage wiederum in der Kohärenz, die die für diesen Habitus konstitutiven generativen Prinzipien den gesellschaftlichen Strukturen (Struktur der Beziehungen zwischen Gruppen, Geschlechtern, Altersgruppen oder sozialen Klassen) verdanken, deren Produkt sie sind und die sie gleichzeitig, wie schon Durkheim und Mauss gezeigt haben[2], ihrer Tendenz nach reproduzieren. Die dem Habitus konstitutiven praktischen Operatoren, die praktisch in der Geste oder im Sprechen funktionieren, reproduzieren unter *verwandelter Form* – indem sie sie in die Struktur eines Systems symbolischer Beziehungen einfügen – die Gegensätze und Hierarchien, die effektiv die sozialen Gruppen organisieren und zu deren Legitimation jene Operatoren beitragen, indem sie sie in einer als solche unkenntlichen Form wiedergeben.

Die Analyse des Agrarkalenders soll uns erlauben, den Irrtum, zu dem die intellektualistische Theorie sozialer Klassifikationssysteme verleitet, bloßzustellen, indem wir ihn sozusagen *ad absurdum* führen. Zweifellos stellt der Kalender, seiner äußerst wichtigen Funktion wegen, die Aktivitäten der Gruppe aufeinander abzustimmen, einen der kodifiziertesten Aspekte des gesellschaftlichen Daseins dar. Die Organisation der praktischen Handlungen ist in diesem Bereich nicht allein den praktischen Schemata des Habitus überantwortet, sondern gerät zum Gegenstand ausdrücklicher Aufforderungen und absichtlicher Empfehlungen, von Sprichwörtern und Verboten, deren Funktion analog ist jener der Gewohnheitsrechte oder Genealogien auf einer anderen Ebene. Wenngleich diese mehr oder minder kodifizierten Objektivierungen nichts anderes als einer halbgelehrten Intention entsprungene *Rationalisierungen* darstellen, sind sie doch von allen Produkten der verschiedenen, gemäß dem geltenden Klassifikationssystem strukturierten Habitusformen diejenigen, welche gesellschaftlich als die konformsten und erfolgreichsten, als die würdigsten, vom Kollektivgedächtnis bewahrt zu werden, anerkannt werden, und sind folglich ihrerseits nach den konstitutiven Strukturen dieses Klassifikationssystems aufgebaut. Sie weisen demgemäß alle eine ihnen gemeinsame »Physiognomie« auf, die sie einem jeden Subjekt, das mit dem »Sinn« für linguistische oder mythische Wurzeln versehen ist, unmittelbar »intelligibel« und also dazu verwendbar machen, die Schwächen und Unsicherheiten des Habitus durch die Vorgabe kodifizierter Bezugspunkte und strenger Hinweise auszugleichen.

Dieses Kapital an Wissen ist nicht auf alle Mitglieder gleich verteilt – ohne daß diese Disparitäten je solche Ausmaße annehmen würden wie in den Gesellschaften, die über die Schrift und ein Unterrichtssystem verfügen —: Tatsächlich führt die Arbeitsteilung zwischen den Geschlechtern oder Altersgruppen, sowie — freilich hier rudimentär bleibend — zwischen Berufen (mit dem Gegensatz zwischen Landwirt, Gebildetem und Schmied oder Fleischer) zu einer sehr ungleichen Akkumulation der von der kulturellen Tradition überlieferten Mittel seitens der verschiedenen Kategorien von Individuen (deren praktische Kalender, wiewohl verschieden, objektiv übereinstimmen). Diese Arbeitsteilung ist des weiteren dafür verantwortlich, daß die verschiedenen Kategorien jeweils unterschiedlich darauf vorbereitet und prädisponiert sind, jene Mittel, die in Form kodifizierten (und zuweilen schriftlich niedergelegten) Wissens vergegenständlicht sind, im Gedächtnis zu behalten: So läßt sich am häufigsten unter den alten Frauen und den Schmieden, denen zumindest eine spezifische Außenseiterposition innerhalb der Gruppe gemeinsam ist, die größte Kompetenz in Sachen *privater Magie* ausmachen, d. h. jener zweitrangigen und beliebigen, zur Befriedigung von Privatzwecken bestimmten Riten, wie die Heilungs- oder Liebesmagien, die oft nur eine ziemlich durchsichtige Symbolik und einfache rituelle Strategien – etwa die Übertragung des Guten und Bösen/Schlechten auf Personen oder Gegenstände – ins Werk setzen. Demgegenüber liegt das Wissen über die Riten der kollektiven Magie – die verbindlichen, offiziellen Riten, die, wie die Agrarriten, die gesamte Gruppe einspannen, da sie für alle Mitglieder dieselbe Funktion erfüllen – im allgemeinen in den Händen der einflußreichsten Männer der Gruppe, meist der ältesten Männer der geachtetsten Familien.[3] Desgleichen, während die Mehrzahl der Bauern keinen anderen Agrarkalender ihr eigen nennen als nur die praktische Beherrschung, die sie benötigen, um ihre Praxis den kollektiven Rhythmen anzupassen, sind die Gebildeten gehalten, ihrem Status Ehre zu erweisen und sich eine halb-gelehrte Meisterschaft in den traditionellen Wissensbeständen zu sichern, die sie allerdings häufig im Licht islamischer Überlieferungen neu interpretieren, auf diese Weise zur Islamisierung des alten agrarischen Erbes beitragend.[4]

Tatsächlich liegt in den fixierten und als solchen gelehrten Kenntnissen eine je nach den Bereichen wechselnde ungleiche Objektivierung der Prinzipien des Habitus vor; zweifellos, weil sie von der Wichtigkeit des jeweiligen Bereiches abhängig ist: Ein grober Überschlag läßt erkennen, daß die relative Häufigkeit von klar kodifizierten Sprichwörtern und Riten abnimmt, sobald man vom Agrarkalender (einschließlich der, allerdings auf einer minderen Objektivierungsstufe stehenden, eng mit ihm verbundenen Kalender wie der weiblichen Web-, Töpfer- und Küchenkalender) zu den Tageseinteilungen und den Abschnitten des menschlichen Lebens übergeht – nicht zu sprechen von all den scheinbar der Willkür überlassenen Bereichen wie der inneren Raumanordnung des Hauses, der Farben und Tiere. Als äußerst signifikanter Beweis des stillschweigenden Einverständnisses, das innerhalb des legalistischen Formalismus den Anthropologen und den Informanten eint, hat die – ungefähre – Übereinstimmung zu gelten, die herrscht zwischen der Rangfolge der Bereiche im Hinblick auf ihren Objektivierungsgrad und die Wichtigkeit, die ihnen in den Aufzeichnungen des Anthropologen jeweils zugewiesen wird.[5]

Aufgrund der Tatsache, daß seine soziale Funktion ihn in Konkurrenz treten ließ zum muselmanischen Kalender und den mit diesem verbundenen gelehrten oder halb-gelehrten Traditionen – jene, die von den Ephemeriden und den Almanachen weitergetragen werden und seit langem schon durch Vermittlung der Gebildeten Verbreitung finden[6] –, stellt der Agrarkalender von allen Bereichen der Tradition denjenigen dar, der am nachdrücklichsten das Mal der islamischen Zusätze trägt.[7] Was bei einer gemeinhin als Einnehmen einer gelehrten Haltung bezeichneten Befragung gesammelt wird, ist ein Gemisch aus in wechselnder Dosierung vorhandenen Wissensbeständen, die der einen oder anderen zur Verfügung stehenden Tradition entlehnt werden – die, sofern sie nicht mechanisch reproduziert werden, abhängig von den Schemata des Habitus ausgewählt und, zuweilen, *neu interpretiert* werden –, und aus ad hoc mittels dieser gleichen Schemata hervorgebrachten Vorstellungen. Die Versuchung ist groß, diese unterschiedlichen Erzeugnisse auf einen Haufen zu werfen und auf diese Weise ein lückenloses und widerspruchsloses Ganzes zu erstellen, eine Art *nicht-niedergeschriebene Partitur*, deren bei Informanten gesammelte Kalender gleichsam nur unvollständige und ärmer gewordene *Ausführungen* darstellten.[8] Die Schwierigkeit liegt hier darin, daß man den Kalender nur begreifen kann, wenn man ihn auf Papier bringt; und daß man nur dann einige Aussicht hat zu begreifen, wie er geschaffen wurde, wenn man sich dessen voll bewußt ist, daß er auch nur auf dem Papier existiert.

Sobald man damit beginnt, einen synoptischen Kalender zu erstellen, der die im kabylischen Raum am häufigsten bestätigten Merkmale aufweist und der – statt nur einen einzigen seiner besonderen »Qualität« wegen zurückbehaltenen Kalender oder mehrere besondere Kalender wiederzugeben – die bedeutendsten Varianten kenntlich macht, stößt man auf eine erste Schwierigkeit[9]: gleiche Zeiträume erhalten unterschiedliche Bezeichnungen, und, was noch öfter geschieht, gleiche Bezeichnungen umfassen Zeiträume, deren Umfang je nach Region, Stamm, Dorf und sogar Informant variiert und deren Daten unterschiedlich festgelegt werden. Überdies kann es vorkommen, daß ein und derselbe Informant an zwei

1. Der abstrakte Kalender

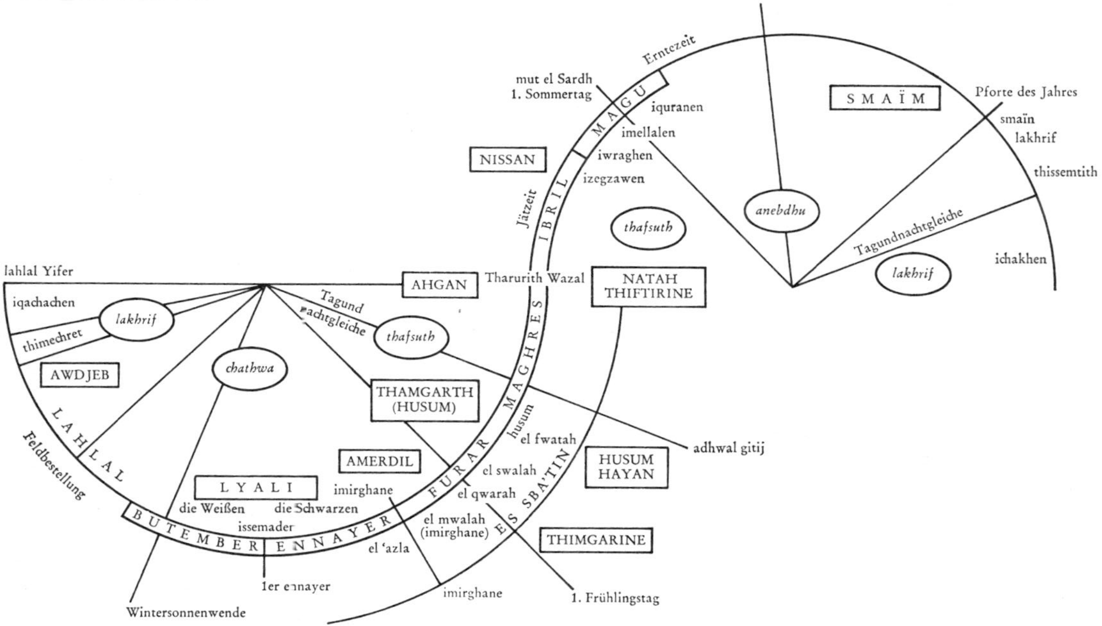

in sla
Erntezeit
mut el Sardh
1. Sommertag
M A G U
iquranen
imellalen
iwraghen
izegzawen
S M A Ï M
Pforte des Jahres
smaïn
lakhrif
thissemtith
anebdhu
Tagundnachtgleiche
lakhrif
ichakhen
NISSAN
Jätzeit
I B R I L
thafsuth
lahlal Yifer
AHGAN
Tharurith Wazal
NATAH THIFTIRINE
iqachachen
lakhrif
thimechret
Tagund nachtgleiche
thafsuth
AWDJEB
chathwa
THAMGARTH (HUSUM)
M A G H R E S
husum
el fwatah
adhwal gitij
L A H L A L
Feldbestellung
AMERDIL
F U R A R
el swalah
HUSUM HAYAN
L Y A L I
imirghane
el qwarah
ES SBA'TIN
die Weißen
die Schwarzen
issemader
el mwalah (imirghane)
THIMGARINE
B U T E M B E R
E N N A Y E R
el 'azla
1er ennayer
imirghane
1. Frühlingstag
Wintersonnenwende

verschiedenen Zeitpunkten des Gesprächs für ein und denselben Augenblick im Jahr zwei verschiedene Bezeichnungen, eine der Bertradition, die andere der islamischen Tradition entlehnt, vorträgt.[10]

Die Mehrzahl der Informanten läßt das Jahr spontan mit dem Herbst (*lakhrif*) beginnen. Einige unter ihnen legen den Anfang dieser Jahreszeit um den 1. September (des Julianischen Kalenders) herum fest, andere um den 15. August, den »die Pforte des Jahres« (*thabburth usugas*) genannten Tag, der den Eintritt in die feuchte Jahreszeit, nach dem Hundstag von *smaïm* und zu Beginn des *lakhrif*, bezeichnet: an diesem Tag bringt jede Familie einen Hahn als Opfer dar und werden die Verträge und Bündnisse erneuert. Tatsächlich setzen andere Informanten die »Pforte des Jahres« mit der Eröffnung der Feldarbeiten fest (*laḥlal natsḥarats* oder *laḥlal nathagersa*), die die entscheidendste Wende in der Übergangsperiode markiert.

Die den Feldarbeiten gewidmete Periode – am häufigsten *laḥlah*, aber auch *ḥartadem* genannt – beginnt mit der Eröffnung der Feldarbeit *(awdjeb)*, der das Schlachtopfer eines gemeinsam gekauften Ochsen, dessen Fleisch an alle Mitglieder der Gemeinschaft *(adhrum* oder Dorf) verteilt wird, vorangeht. Die Feldbestellung und die Aussaat, die sogleich einsetzen, wenn die Eröffnungszeremonie (die zugleich ein Regenritus ist) beendet und die Erde ausreichend feucht ist, können sich bis Mitte Dezember – in anderen Gegenden oder Jahren sogar darüber hinaus – hinziehen.

Zweifellos ist es ein mißbräuchlicher Sprachgebrauch, bei *laḥlal* von einem bestimmten Zeitabschnitt, einer Periode, zu sprechen. Der Begriff und die entsprechende Zeiteinheit definieren sich praktisch innerhalb des Zeitraumes der feuchten Jahreszeit durch ihren Gegensatz zu *lakhrif* (Feldbestellung und Aussaat heben sich somit vom Pflücken der Feigen, von den Gartenarbeiten im *thabḥirth*, dem Sommergarten, und von *la'laf* ab, den Spezialbehandlungen, die die vom Dreschen müden und geschwächten Ochsen erhalten, um für die Feldarbeit fit zu werden); jener Terminus kann sich allerdings auch, noch innerhalb des gleichen Zeitraumes, in Abhebung zu *elyali* definieren, dem Tiefpunkt des Winters, d. h. dem Moment, wo nichts zu tun ist; er kann sich darüber hinaus innerhalb eines anderen logischen Rahmens von all den Perioden absetzen, in deren Zeitraum eine bestimmte Art von Arbeit statthaft ist, die während anderer Zeiten unstatthaft (*ḥaram*, die Unstatthaften) wäre: etwa *laḥlal lafth*, die Periode, in der weiße Rüben zu säen statthaft ist (vom 17. Herbsttag an, dem 3. September im Julianischen Kalender), oder *laḥlal yifer*, die Periode, in der das Abblatten der Feigenbäume gestattet ist (Ende September), usw.

Der Winter *(chathwa)* beginnt, den Informanten zufolge, am 15. November oder 1. Dezember, ohne Vollzug eines besonderen Ritus – was darauf hinweisen könnte, daß der Gegensatz zwischen Herbst und Winter wenig ausgeprägt ist.[11] Das Zentrum (Herz) des Winters heißt *elyali*, die Nächte, ein Zeitraum von vierzig Tagen, der in zwei gleiche Hälften geteilt wird: *elyali thimellaline*, die weißen Nächte, und *elyali thiberkanine*, die schwarzen Nächte (eine Unterscheidung, die, wie der Umfang ihrer Anwendung beweist, aus einem völlig abstrakten und formalen Teilungsprinzip resultiert, wenngleich die Informanten klimatische Abweichungen zu ihrer Rechtfertigung anführen). Sind die Feldarbeiten beendet, beschäftigen sich die Bauern, sofern sie im Haus festgehalten sind, mit der Reparatur ihrer Werkzeuge, sammeln Gras oder Blätter für das Vieh oder kehren bei starkem Schneefall die Wege. Es ist die tote Jahreszeit, als solche im Gegensatz stehend zu *esmaïn*, der toten Zeit während der Trockenperiode, oder auch, wie gesehen, zu *laḥlal*, der mit Tätigkeit ausgefüllten Zeit, die sich allerdings in anderer Hinsicht auch von der Übergangszeit zwischen Winter und Frühling absetzt (*es-sba'ṭ* oder *essubu'*, die »etwa Sieben«); unter einem anderen Gesichtspunkt sind es die »großen Nächte« (*elyali kbira*) im Gegensatz zu den »kleinen Nächten« (*elyali esghira*) des Februar und März, den »Nächten des Schäfers« und den »Nächten von Hayan«. Der erste Tag des *ennayer* (Januar), in der Wintermitte gelegen, wird von einer Gesamtheit von Erneuerungs- und Verbotsriten (vor allem Kehren und Weben) markiert, die einige Informanten sogar auf die gesamte Periode der *issemaden* (der Kalten), die sich zwischen Dezember und Januar erstreckt, ausdehnen.

Das Ende von *elyali* wird durch die rituelle Feier von *el'azla gennayer*, die Abtrennung von *ennayer*, markiert (*azl*, abtrennen, absondern): Leben zeigt sich auf der Erdoberfläche, erste Triebe sprießen an den Bäumen, es ist die Eröffnung *(el ftuḥ)*. Auf den Feldern werden vom Landwirt Zweige des Oleander, der Macht hat, *marras*, die Engerlinge, zu vertreiben, mit den Worten aufgepflanzt: »Komm' heraus, Engerling! Der khammes wird dir das Kreuz brechen!« Am selben Tag begibt man sich, so heißt es, vor Sonnenaufgang in den Stall und schreit dem Ochsen ins Ohr: »Eine gute Nachricht, Ennayer hat ein Ende!« Einem Wortspiel gemäß, das sicherlich auf dem Spiel mit mythischen Wurzeln gründet, sagen einige Informanten für *'azla* auch *'azri*, der Junggeselle (»Weil von diesem Tag an man sich dem Frühling nähert und dann die Heiraten gefeiert werden«). Es ist der Beginn einer Periode des Übergangs und des Wartens, die mit einer ebenso reichen wie konfusen Terminologie bedacht ist: Ist der Herbst, wie ein Informant sagt, »ein Ganzes«, so der Übergang vom Winter zum Frühling ein Mosaik aus mangelhaft definierten und fast gänzlich unheilbringenden Momenten, deren Bezeichnungen wechseln.

So bezeichnet der Terminus *thimgharine*, die Alten, oder *thamgarth*, die Alte[12] – in Großkabylien auch unter dem Namen *amerdil* (die Leihgabe) bekannt – entweder den Augenblick, da ein Monat in den anderen übergeht (der Dezember in den Januar, der Januar in den Februar, der Februar in den März, in Aïn Aghbel sogar der März in den April), oder den Augenblick, da der Winter in den Frühling übergeht. *Ḥusum*, eine gelehrte Benennung arabischen Ursprungs, die sich auf eine Sure im Koran bezieht, wird alternativ zu *ḥayan*, oder *aḥgan*, zur Bezeichnung des Übergangs von *furar* zu *maghres* verwendet.[13] Die magische Logik aber, die bestimmt, daß niemals genau der ungünstigste Zeitpunkt einer insgesamt ungewissen Periode festgelegt werden kann[14], bewirkt, daß die Termini *thimgharine* oder *ḥusum*, zwei extrem ungünstige Zeitabschnitte, manchmal zur Bezeichnung der gesamten Übergangsperiode von Ende Januar bis Mitte März herangezogen werden: in diesem Fall umfassen sie noch die vier »Wochen«, die den Februar zerlegen, nämlich *el mwalaḥ* (zuweilen *imirghane* genannt), die Salzigen, *el qwaraḥ*, die Stechenden, *el swalaḥ*, die Günstigen, und *el fwataḥ*, die Offenen (alle zusammen heißen sie *essba't*, »die 7«).[15] Wie es die Benennungen dieser Serie geradezu bezeugen, stehen wir vor einer jener halb-gelehrten Dichotomien – analog zu der der Nächte im Januar –, die ohne ein Moment von Rationalisierung nicht funktionieren: fallen die beiden ersten, die unheilvollen Perioden, in das Winterende, so die beiden letzten, die günstigen, in den Frühling. Dergleichen unterscheiden die Informanten, die *ḥusum* auf die beiden auf Januar und Februar übergreifenden Wochen legen – einschließlich aller Merkmale, die für die gesamte Periode charakteristisch sind – eine schreckliche sowie eine günstigere Woche. Weiterhin unterscheiden zahlreiche Informanten (vor allem im Kabylien des Djurdjura) zwei *aḥgan* (oder *ḥayan*), *aḥgan bu akli*, *ḥayan* des Negers, sieben Tage starker Kälte, in denen alle Arbeit ruht, und *aḥgan u ḥari*, *ḥayan* des freien Mannes, sieben Tage, in denen »auf der Erde alles wieder zu neuem Leben erwacht«.

Während der »Woche von *ḥayan*« (erste Märzwoche) vollzieht das Leben sein Werk. Um es in seiner Arbeit nicht zu stören, dürfen weder die Felder noch die Obstgärten betreten werden.[16] Auch bei den Tieren scheint das

Wachstum sein Ende gefunden zu haben: so werden sie am Ende der Woche von *ḥayan*, am Tag der Frühlings-Tagundnachtgleiche (*adhwal gitij*, das Längerwerden der Sonne) abgebunden (*el ḥiyaz*). Dabei wird mit einer Kanne Lärm geschlagen, um die Ochsen, die an diesem Tag die Sprache der Menschen verstehen, nicht hören zu lassen, was über das »Längerwerden der Sonne« gesprochen wird, da sie sonst Angst bekommen könnten, länger arbeiten zu müssen. Seiner Stellung wegen wird *ḥusum* (oder auch *ḥayan*) mit prophetischen und Einweihungseigenschaften belegt, ähnlich jenen, die beim Tag dem Morgen zugeschrieben werden (zum Beispiel: wenn es nicht regnet, werden sich die Brunnen das Jahr über nicht füllen; wenn es regnet, wird Überfluß angezeigt; schneit es am Anfang, wird es viele Feldhuhneier geben); aus diesem Grunde wird *ḥusum* auch zum Anlaß genommen, um Sühnehandlungen (Verteilung von Almosen) zu begehen und Wahrsagungen vorzunehmen.

Mit dem Ende von *ḥusum* und der Tage der Alten glaubt man, daß die Herde gerettet ist: es ist *el fwataḥ*, die Zeit der Ausgänge und Geburten – bei der bestellten Erde ebenso wie bei der Herde –, eine Zeit, in der die Kleinen nicht mehr die Strenge des Winters zu fürchten brauchen. Der erste Frühlingstag (*thafsuth*), das Fest des Grünen und der Kindheit, ist schon gefeiert.[17] Das ganze Ritual dieses Tages, der eine mit prophetischen Kräften ausgestattete Periode eröffnet, steht unter dem Zeichen der Freude und aller Gegenstände, die Glück und Wohlstand tragen. Die Kinder ziehen hinaus auf die Felder, um den Frühling zu treffen, und essen dort mit Butter bestrichenen gerösteten Grieß. Der an diesem Tag servierte Couscous wird über dem Dampf einer Brühe zubereitet, die *adhris* (*seksu wadhris*) enthält, also Thapsia, das aufbläht. Die Gebote, nicht zu arbeiten, überschreitend, beschmieren die Frauen ihre Hände mit Henna und begeben sich grüppchenweise auf die Suche nach Heidekraut, aus dem Besen gemacht werden (ihre euphemistische Bezeichnung lautet *thafaraḥth*, von *faraḥ*, die Freude), die, mit Freude hergestellt, Freude und Glück bringen.

Die Tage werden länger. Abgesehen vom Bestellen der Feigenhaine bleibt keine größere Arbeit mehr zu verrichten: nun heißt es darauf warten, bis das Leben sein Werk tut: »achte im März«, sagt man in Großkabylien, »auf deine Ernte und beobachte gut«; und woanders: »die Sonne der Blütezeit (vor allem der Hülsenfrüchte und der so heiß erwarteten Saubohnen) leert das Zeltdorf«. Da die Vorräte erschöpft sind, wird das Längerwerden der Tage um so drückender empfunden, als es untersagt ist, auf die Felder zu gehen (*nataḥ* ist noch nicht vorrüber), und weiterhin, sich von Saubohnen oder eßbaren Gräsern zu ernähren. Diese Lage geben die Sprichwörter wieder: »März (*maghres*) steigt wie ein steiler Hang an«; »die Märztage sind Tage der sieben Happen«.

Mit *nataḥ* oder *thiftirine* findet die Übergangszeit ihren Abschluß. Diese Termini, die bis auf wenige Tage genau den gleichen Zeitraum bezeichnen, sind arabischen Ursprungs und den Bauern von Djurdjura-Kabylien – wo *ḥayan* oder vielmehr, in der lokalen Sprechweise *agḥan* diesen Zeitabschnitt einnehmen – kaum bekannt. Während *nataḥ* »bewegen sich die Bäume hin und her und verletzten sich«; man hat Angst vor zu starken Regenfällen und es ist so kalt, daß »das Wildschwein in seinem Lager zittert«. Wie zu *ḥusum* dürfen die bestellten Felder und Obstgärten nicht betreten werden – bei Strafe, den Tod eines Menschen oder eines Tieres zu provozieren. Tatsächlich ist *nataḥ* auch die Jahreszeit, in der die Natur erwacht und die Kulturen, das Leben und die Heiraten zur Entfaltung kommen. Es ist die Zeit der Hochzeiten und der Feste im Freien.[18] Mittels eines ihnen vertrauten Verfahrens unterteilen einige Informanten also *thiftirine* oder *nataḥ* in eine unvorteilhafte Periode im März (»die Schwierigen«) und eine vorteilhafte im April (»die Leichten«).

Der Übergang von der trockenen zur feuchten Jahreszeit wird während *nataḥ* am Tag von *tharurith wazal* (die Rückkehr von azal), dessen genaues Datum je nach den klimatischen Bedingungen schwankt – entweder im März nach dem Abblatten *(el ḥiyaz)* oder etwas später im April während der Schur oder kurz danach, oder schließlich Anfang Mai – mit einem kollektiven Ritus vollzogen[19]: von dem Tag an wird die Herde, die bisher am späten Morgen ins Freie geführt und schon relativ früh wieder in den Stall gebracht worden war, sehr früh am Morgen hinausgeführt, kurz vor Mittag wieder zurückgeholt, um zu Beginn des Nachmittags abermals auf die Weide geführt und bei Sonnenuntergang heimgebracht zu werden.

Die schlechte Zeit hat definitiv ihr Ende gefunden; die *grünen* Felder und die Gärten sind nunmehr bereit, die Sonnenstrahlen aufzunehmen. Der Kreislauf von Trockenheit und Reifung beginnt: mit *ibril*, einem äußerst günstigen Monat (»April ist ein Abstieg« so heißt es), setzt eine Periode relativen Überflusses und der Leichtigkeit ein. Überall werden die Arbeiten wieder aufgenommen: auf den Feldern, wo nach Beendigung der kritischen Wachstumsperiode gejätet werden darf, die einzige wichtige Tätigkeit (die früher durch die Entführung von Mata, der »Verlobten« des Feldes, eingeweiht wurde: ein Ritus, der den für die Heranbildung der Ähren notwendigen Regen rufen soll), ebenso wie in den Gärten, wo die ersten Saubohnen gepflückt werden. Den *nisan* über, dessen günstiger Regen, dem die Macht eignet, allem, was lebt, Fruchtbarkeit und Wohlstand zu bringen, mit allen möglichen Riten herbeizitiert wird, geht man daran, die Schafe zu scheren und den neu geborenen Lämmern das Brandzeichen einzubrennen. Die Tatsache, daß *nisan* – wie alle Übergangsperioden, etwa *nataḥ* – eine unbestimmte, nämlich hinsichtlich des Gegensatzes zwischen dem Trockenen und dem Feuchten unausgemachte Periode darstellt, drückt sich hier nicht in der Unterscheidung zweier Zeitabschnitte, eines vorteilhaften und eines unheilvollen, aus, sondern durch das Vorhandensein unheilvoller Momente (*eddbagh*, der erste Mai, eine allen unbekannte mysteriöse Stunde), die von Verboten gekennzeichnet sind (z. B. die Bäume zu beschneiden oder zu pfropfen, Hochzeiten zu feiern, die Häuser zu weißen, den Webstuhl aufzustellen, Eier ausbrüten zu lassen usw.).

Wenn die *izegzawen*, »die Grünen« genannte Periode zu Ende geht, verschwinden nach und nach auch die letzten Spuren von Grün in der Landschaft; das Getreide, bis dahin »weich/zart« (*thaleqaqth*) wie der gerade geborene Säugling, wird gelb. Es ist dieser sich wandelnde Anblick der Getreidefelder, den die Dekaden oder Wochen, die den Monat *magu* (oder *mayu*) unterteilen, bezeichnen: nach *izegzawen* kommen *iwraghen*, die Gelben, *immellalen*, die Weißen, *iquranen*, die Trockenen. Der Sommer (*anebdhu*) hat faktisch seinen Einzug gehalten. Werden die für die feuchte Periode charakteristischen Tätigkeiten, wie das Bestellen (der Feigenbäume) und die Aussaat, während der »Grünen« noch toleriert, so sind sie aus dem »die Gelben« genannten Zeitraum vollkommen verbannt. Man kümmert sich ausschließlich um die heranreifende Ernte und schützt sie vor drohenden Gefahren: Hagel, Vögel, Heuschrecken usw. Die gegen die Plünderer aufgewendeten Techniken wie Steinewerfen, Schreien (*aḥaḥi*), das Aufstellen von Vogelscheuchen, wie auch die kollektiven Austreibungsriten (*aṣifedh*), deren Ziel es ist, die unheilbringenden Kräfte von dem zu schützenden Territorium auf ein anderes, eine Grotte, einen Strauch oder einen Steinhaufen, zu verlagern – nachdem sie zuvor auf Objekte (Puppen) oder zum Opfer bestimmte Tiere (z. B. ein Vogelpaar) »fixiert« wurden –, stellen alle nur Anwendungen des Schemas der »Übertragung des Bösen«

dar, das ebenso bei der Heilung zahlreicher Krankheiten (Fieber, Wahnsinn wie das »Besessensein« durch einen *djin* oder Sterilität) wie in den zu festgelegten Zeiten praktizierten Riten in den Dörfern zum Tragen kommt.

Der Mehrheit der Informanten zufolge fällt der erste Tag des Sommers, auch *elmut el ardh*, »der Tod der Erde« genannt, auf den 17. des Monats *magu*.[20] Am letzten Tag der *iguranen*, der »Kohleglut ist ins Wasser gefallen« heißt – ein Ausdruck, der die hervorstechendste Handlung des Schmieds, das Eisenhärten, evoziert –, muß alle Welt die Ernte (*essaïf*) in Angriff genommen haben. Sie findet ihren Anschluß etwa zu *In-Sla*, dem Tag der Sommersonnenwende (24. Juni).[21] Nach dem Ausstampfen und dem Schwingen des Getreides beginnen die vierzig Tage von *smaïm*, dem Hundsstern, ein Zeitraum, in dem alle Arbeiten unterbrochen werden (wie während *elyali*, dem er immer entgegengestellt wird).[22]

Im Gegensatz zur Ernte und zum Ausstampfen des Getreides erscheint *lakhrif* wie eine tote Zeit des Ackerbaujahres oder vielmehr des Samenkreislaufs. Es ist auch eine Periode der Erholung und der Freuden, die der Überfluß möglich macht[23]: zu dem gerade geernteten Korn kommen Feigen, Trauben, Melonen, Kürbisse, verschiedene frische Gemüse wie Tomaten, Pfefferschoten usw. hinzu. Bisweilen läßt man *lakhrif* schon Mitte August, an *thissemtith* (von *semti*, anfangen zu reifen) beginnen, ein Zeitpunkt, wo die ersten reifen Feigen auftreten und an dem *el haq*, »das Recht«, erlassen wird, ein Verbot, das noch den straft, der auf den eigenen Bäumen Feigen pflückt. Mit Erreichen von *ichakhen* (*ichakh lakhrif*, *lakhrif* ist allgemeiner geworden) ist die Ernte, Männer, Frauen und Kinder mobilisierend, voll im Schwange; auf den ersten Oktober fällt *laḥlal yifer* (Blätter), mit dem die Erlaubnis gegeben ist, die Feigenbäume (*achraw*, von *chrew*, abblatten) zu entlauben, um damit die Ochsen zu füttern. Dieses Datum gibt das Signal für den »Rückzug des Lebens« während der *igachachen* (»die Letzten«), die mit *thaqachacht lakhrif* (von den Bäumen werden die letzten Früchte und Blätter entfernt) und dem »Ausroden des Gartens« der umfassenden Säuberung der Gemüse- und Obstgärten sowie der Felder vorbehalten sind. Jetzt, wo auf den Feldern alle Lebenszeichen, die sich über die Erntezeit hinaus gezeigt hatten, verschwunden sind, ist der Boden für die Bestellung bereit.

Die Schwierigkeiten, auf die man bei dem Versuch stößt, die praktischen Analogie- und Homologiebeziehungen, die man zunächst einzeln oder paarweise und sukzessive genommen hatte, einmal simultan festzulegen, um sie systematisch zu sammeln, verdienten gewiß nicht, erwähnt zu werden (trotz der Mühen und der Zeit, die sie zweifellos gekostet haben), hätten sie nicht, wie auf einer anderen Ebene die statistische Analyse der Genealogien, dazu geführt, die Verfahren, kraft derer sie selbst erst kenntlich werden, in Frage zu stellen. Wissenschaftliche Strenge nun verlangt nicht, diese Widersprüche mittels rhetorischer oder mathematischer Kniffe zu verdunkeln, um damit den Regeln der Profession oder den Vorstellungen, die sich die Profession von jener Strenge macht, Genüge zu tun, sondern sie zum Gegenstand einer Reflexion zu machen, die fähig ist, sowohl die ihnen zugrunde liegende Logik des praktischen Gebrauchs der temporalen Gegensätze wie, untrennbar damit verbunden, das Prinzip der Umwandlung, zu der die theoretische Konstruktion die Logik zwingt, ans Licht zu ziehen.

Wie die Genealogie, die einen Raum linearer, homogener, ein für allemal gebildeter Beziehungen an die Stelle eines räumlich und zeitlich diskontinuierlichen Gefüges von Verwandtschaftsinseln setzt, die je nach augenblicklichem Bedarf hierarchisiert und organisiert sind und die je nach Gelegenheit wirksam werden, oder auch wie der Plan, der den unstetigen und lückenhaften Raum der praktischen Verläufe und Wegstrecken durch den homogenen und stetigen Raum der Geometrie ersetzt, so ersetzt der Kalender die praktische Zeit, die aus unvergleichbaren und einen jeweils eigenen Rhythmus aufweisenden Einheiten der Dauer gebildet ist – eine Zeit, die drückend sein kann oder auf der Stelle zu stehen scheint, je nachdem, was man in ihr *macht*, d. h. je nach den *Funktionen*, die ihr die Handlung, die sich in ihr vollzieht, zuweist –, durch eine lineare, homogene und stete Zeit. Indem man auf einer steten Linie *Bezugspunkte* wie Zeremonien oder Arbeiten verteilt, verwandelt man sie in durch eine Beziehung bloßer Aufeinanderfolge verbundene Trennungspunkte und löst so allenthalben die Frage aus nach den Intervallen und den Entsprechungen zwischen metrisch und nicht nur topologisch äquivalenten Punkten.

Als Beweis, daß *elyali*, den alle Informanten erwähnen, keinen »Zeitraum von vierzig Tagen« bezeichnet (es heißt nur: »wir treten in *elyali* ein«), sondern das einfache Skandieren von Dauer wiedergibt, hat zu gelten, daß die verschiedenen Informanten ihm eine jeweils andere Dauer zumessen und ihn auf unterschiedliche Daten festlegen, wobei der eine den ersten Tag von *ennayer* zugleich in die Wintermitte wie in die Mitte von *elyali* verlegt, obwohl er *elyali* nicht in die (geometrische) Mitte des Winters fallen läßt, was beweist, daß das praktische Erkennen der Struktur, das ihn *elyali* wie den Winter des Winters denken läßt, über den kalkulierenden Verstand den Sieg davonträgt. Zahlreiche mangelhaft definierte Angaben (z. B. »die Alten«) verschieben sich je nach Region und Informant – freilich nie über die Grenzen des Winters hinaus. Diese Logik findet sich auch in den Glaubensüberzeugungen wieder, wonach man den Augenblick, an dem es angebracht wäre, eine Tat nicht auszuführen, nicht kennt: der Zeitraum stellt in diesem Sinne nur ein Unsicherheitsfeld zwischen zwei Bezugspunkten dar.

Eine anscheinend so harmlose Frage wie »und dann?«, durch die man einen Informanten bewegen möchte, auf einer kontinuierlichen Zeitskala zwei »Perioden« in ihrer Aufeinanderfolge zu bestimmen – eine Frage, die doch nur explizit formuliert, was das chronologische Schema immer schon macht –, führt in die Zeitlichkeit ein Verhältnis ein, das in allem in Gegensatz zu dem steht, das im herkömmlichen Gebrauch temporaler Termini praktisch zum Tragen kommt. Über die spezifische Form hinaus, die eine Befragung annehmen muß, um eine geordnete Folge von Antworten auszulösen, verrät schon die gesamte Untersuchungsrelation die »theoretische« (will heißen »nicht praktische«) Einstellung des Fragenden – wie sie auch den Befragten auffordert, eine quasi-theoretische Haltung einzunehmen: faktisch schließt die Befragungssituation jeden Bezug auf die Verwendung und die Verwendungsbedingungen der temporalen Bezugspunkte aus; die Befragung selbst ersetzt stillschweigend die unstetigen und zur Verfolgung praktischer Zwecke vorgesehenen Anhaltspunkte durch den Kalender – begriffen als ein *Denkobjekt,* das prädisponiert ist, sich in ein Diskursobjekt zu verwandeln und wie eine Totalität, die jenseits ihrer »Applikationen« und unabhängig von den Bedürfnissen und Interessen ihrer Benutzer existiert, entfaltet zu werden.

Von daher erklärt sich auch, warum die Informanten, wenn sie aufgefordert sind, den Kalender zu formulieren, solchen gelehrten Serien sukzessiver Einheiten wie *mwalaḥ ṣwalaḥ* und *fwataḥ* oder *izegzawen, iwraghen, imellalen* und *iguranen* häufig Prioritäten einräumen. Oder daß sie, sofern sie nicht überhaupt den Anthropologen, den sie stets als Gebildeten wahrnehmen – und dessen Fragen als solche eines Gebildeten – zu anderen Gebildeten schicken, sich bemühen, das Wissen zu präsentieren, das sie als am würdigsten erachten, als Antwort auf eine gelehrte Frage zu dienen, womit sie dann die Bezugspunkte, die ihre Praxis wirklich organisieren, durch das ersetzen, was ihnen von den Serien des konstruierten Kalenders, von den Monaten des muselmanischen Kalenders oder den »Mansionen« noch im Gedächtnis haftet.[24] Kurz, indem man stillschweigend jeglichen Bezug auf das praktische Interesse unterschlägt, das ein gesellschaftliches Individuum – Mann oder Frau, Erwachsener oder Jugendlicher, Landwirt oder Schmied usw. – dazu bringen kann, das Jahr auf die eine oder andere Weise einzuteilen und hierfür diesen oder jenen zeitlichen Bezugsrahmen in Anspruch zu nehmen, konstruiert man, ohne es zu wissen, ein *Objekt*, das Existenz gerade nur kraft dieser unbewußten Konstruktion seiner selbst und seiner Verfahren gewinnt.

Die Neutralisierung der praktischen Funktionen, die die Befragungssituation und die gelehrte Aufzeichnung hervorrufen, stellt die verschleierte Bedingung für die Sammlung und Serialisierung der Gesamtheit der Gegensätze dar, die durch den Bezug auf die verschiedenen, nämlich verschiedene Funktionen erfüllenden Diskursbereiche erzeugt werden können. Durch die Sammlung der Informationen, die kaum je von einem einzigen Informanten beherrscht werden und nicht beherrschbar sind – vor allem nicht alle auf einmal –, und dank der Mittel zu ihrer Verewigung, wie die Schrift und die Registrierungstechniken sie darstellen, dank auch der freien Zeit, über die der Untersuchende verfügt, um jene Informationen zu analysieren, sichert dieser sich das *Privileg der Totalisierung* – womit er zwar über die Mittel verfügt, die Logik des Systems, die einer nur partiellen und diskreten Sicht verwehrt sein muß, zu erkennen, im gleichen Maße aber auch alle Aussichten hat, zu übersehen, welchem Wandlungsprozeß er die Praxis und ihre Produkte unterzieht, und in einem damit sich in eine Suche nach Antworten auf Fragen zu stürzen, die die Praxis nicht stellt und nicht stellen kann – statt sich selbst zu fragen, ob das Eigentümliche der Praxis nicht gerade in der Tatsache begründet liegt, daß sie jene Fragen ausschließt.[25]

Dieser Effekt einer *theoretischen Neutralisierung*, den die Untersuchungsrelation selbst bewirkt, verstärkt sich durch die Totalisierung, die das Schema vollbringt, indem es in der Simultaneität eines Raumes die umfassende Serie der temporalen Gegensätze aneinanderreiht, die im Verlauf unterschiedlicher Situationen von verschiedenen Personen nacheinander ins Werk gesetzt wurden und die niemals alle auf einmal praktisch in Anschlag gebracht werden können (da die Zwänge des Daseins eine solche synoptische Auffassung nicht erforderlich machen, ja deren dringlicher Charakter sie sogar noch zunichte macht). Das Aufstellen einer Serie erzeugt demnach eine Fülle von Relationen – der Simultaneität, Sukzession oder Symmetrie z. B. – zwischen Termini und Bezugspunkten unterschiedlichen Niveaus, die, da in unterschiedlichen Situationen erzeugt und verwendet, in der Praxis nicht gegeneinandergestellt werden und folglich, selbst wenn logisch widersprüchlich, praktisch kompatibel sind. Tatsächlich gestattet das Schema, wenn es alle temporalen Gegensätze, die zusammengetragen und vereinigt werden können, entsprechend den Gesetzen der Sukzession verteilt (nämlich 1. y folgt x schließt aus x folgt y; 2. y folgt x und z folgt y ziehen nach sich z folgt x; 3. entweder y folgt x oder x folgt y), simultan und mit einem Blick – *uno intuitu et tota simul*, wie Descartes, monothetisch, wie Husserl formulierte[26] – Bedeutungen zu erfassen, die polythetisch, d. h. nicht nur nacheinander, sondern einzeln, eine nach der anderen geschaffen und angewendet werden.[27]

Je nach der Genauigkeit, mit der ein Ereignis lokalisiert werden muß, je nach seiner Natur, schließlich je nach der sozialen Qualität des betroffenen Individuums, lassen sich unterschiedliche Gegensatzpaare ausmachen: *elyali* z. B. kann – statt sich wie in einer umfassend angeordneten Serie im Hinblick auf den ihr vorhergehenden und ihr folgenden Zeitraum, und auf sie allein, zu definieren – innerhalb der Serie der agrarischen Perioden ebenso im Gegensatz zu *esmaïm* wie zu *el ḥusum* oder *thimgarine* stehen; sie kann aber auch, wie gesehen, als »*elyali* des Dezember« und als »*elyali* des Januar« zu sich in Gegensatz treten, oder schließlich, einer anderen Logik gemäß, als »die großen Nächte« sich von den »kleinen Nächten des *furar*« und den »kleinen Nächten des *maghres*« abheben (es ist dies die gleiche Kombinationslogik, nach der »*es-sba'* des Winters« und »*es-sba'* des Frühlings« oder »*es-sba'* des Frühlingsendes« mit »die Grünen« und »die Gelben«, und andrerseits »*es-sba'* des Sommers« mit »die Weißen« und »die Trockenen« konfrontiert werden). Ein und derselbe Informant kann einmal, indem er sich auf die rituellen Praktiken bezieht, den als Ganzes genommenen *lakhrif* (»im Herbst gibt es keine Unterteilungen«) von *lahlal* abheben, der Zeit, in der Feldarbeiten statthaft sind, um im nächstfolgenden Augenblick auch schon – entsprechend der Logik des Erntezyklus der Feigen – *lahlal* in Gegensatz zu *achraw* zu stellen, das Ende von *lakhrif* und eine der Tätigkeiten von *thagachachth*, wodurch dieser sich implizit von *thissamtith* (Frühfeigen) oder von *achakh* (die Reife der Feigen) absetzt.[28]

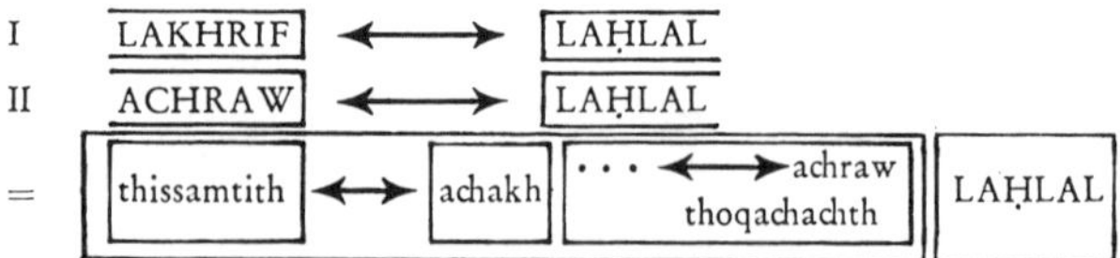

Ist einem erst einmal bewußt, wie viele andere Gegensätze man noch hervorbringen könnte, dann muß einem auch die Künstlichkeit, ja Unwirklichkeit eines Kalenders klar werden, der Einheiten unterschiedlichen Niveaus und ungleicher Bedeutung zusammenbringt und aneinanderreiht. Gesetzt, daß alle Teilungen und Unterteilungen, die der Beobachter registrieren und sammeln kann, in unterschiedlichen und zeitlich geschiedenen Situationen hervorgebracht und angewendet werden, dann muß jede in praktischer Absicht gestellte Frage nach der Beziehung, die eine jede von ihnen mit der Einheit höheren Niveaus oder gar mit den Teilungen und Unterteilungen der »Perioden«, denen sie entgegensteht, unterhält, als von Grund auf unzulässig erscheinen. Ist einmal mehr ein dem Anschein nach ethnozentristischer Vergleich gestattet, dann möchten wir die Vermutung wagen, daß das Verhältnis zwischen der konstruierten Serie der den Gesetzen der Sukzession folgenden Momente und den sukzessive in die Praxis umgesetzten temporalen Gegensätze homolog der Beziehung ist, die zwischen dem steten und homogenen Raum der politischen Meinungsskalen und den praktisch-politischen Stellungnahmen herrscht, die, stets innerhalb einer spezifischen Situation und gegenüber einzelnen Diskutanten oder Gegnern formuliert, Gegensätze wirksam werden lassen, deren Grad je nach politischer Nähe oder Entfernung der Diskutanten variiert (links: rechts oder links von der Linken: Rechte der Linken : : links von der Linken : rechts von der Linken der Linken : : usw.), so daß ein und dasselbe Individuum innerhalb des »absoluten« Raumes der Geometrie sich nacheinander auf seiner Rechten wie auf seiner Linken vorfinden kann, was offenkundig dem dritten Gesetz der Sukzession widerspricht. Die gleiche Analyse kann gegenüber den Terminologien angewendet werden, die zur Benennung der sozialen Einheiten dienen. Auch hier führt das Absehen vom unbeständigen und mehrdeutigen Charakter, den diese Produkte der praktischen Logik ihren je besonderen Funktionen und Anwendungsbedingungen verdanken, dazu, gleichermaßen untadelige wie unwirkliche Artefakte zu schaffen.

Gewiß ist niemand empfänglicher als Leach für den »wesentlichen Unterschied zwischen der rituellen Beschreibung der strukturellen Beziehungen und der wissenschaftlichen Beschreibung des Anthropologen«, und da im besonderen für den Gegensatz zwischen der »unzweideutigen« Terminologie des Ethnologen, der willkürlich aufgestellte Begriffe verwendet, und den Begriffen, die die Individuen in rituellen Handlungen benutzen, um die strukturellen Beziehungen auszudrücken. In der Tat ist nichts so fragwürdig wie die ostentative Strenge jener Schemata der sozialen Organisation der Berbergesellschaften, die die Ethnologen vortragen. Ein solch bezeichnendes Beispiel liefert Jeanne Favret, wenn sie in einem kürzlich erschienenen Artikel Hanoteau auf ein »Terrain« folgt, wo dessen generelle Ideen noch am ausgeprägtesten die Generalsideen, wie Virginia Woolf gesagt haben würde, spüren lassen. Hätte nicht ihr Hang zur Provokation qua Paradoxon sie dazu verführt, die »wilde Ethnographie« des Brigadegenerals gegenüber der – in diesem Bereich übrigens wenig professionalisierten – professionellen Ethnologie zu rehabilitieren, hätte Jeanne Favret wohl schwerlich in der »unschuldigen und minutiösen Ethnographie von Hanoteau und Letourneux« die Grundlagen einer reinen und vollkommenen Taxonomie der politischen Organisation gesucht, die sie der ethnologischen Tradition entgegensetzt – dieser in einem vorwerfend, »nur spitzfindiger und ihrer Grenzen weniger eingedenk« zu sein als die Militärethnologie des Generals und Unterschiede zu übersehen, die diese aufzudecken gestatte (vgl. Jeanne Favret, »La segmentarité au Maghreb«, *L'homme*, VI, 2, 1966 S. 105ff., und J. Favret, »Relations de dépendance et manipulation de la violence en Kabylie«, *L'homme*, VIII, 4, 1968, S. 18ff.). Eine verständnisvollere Lektüre dieser Literatur – die übrigens hauptsächlich von Verwaltungsbeamten und Militärs (zuweilen Rechtsprofessoren) geschrieben wurde – würde erkennen lassen, daß die Unexaktheit in der Terminologie, die sie unterbreitet, nur einer gewissen Vertrautheit mit den kabylischen Realitäten und der Unkenntnis der theoretischen Tradition und der damit einhergehenden Ansprüche auf theoretische Systematik geschuldet sein kann. Ohne eine eingehendere Erörterung der schematischen Darstellung, die Favret von der von Hanoteau gesammelten Terminologie gibt, vornehmen zu wollen, können wir hier doch nicht umhin, an einige grundsätzliche Punkte unserer Beschreibung der Struktur des Dorfes *Aït hichem* (die detailliert ausgeführt ist in P. Bourdieu, *The Algerians*, Boston 1962, S. 14–20) zu erinnern – wenngleich diese Beschreibung ihrerseits durch eine allzu exzessive »Rationalisierung« der Eingeborenen-Kategorien gesündigt haben mag. Ändert sich auch die Lexik der sozialen Gliederungen je nach den Orten, so bleibt doch außerhalb jeden Zweifels, daß die Rangfolge der sozialen Grundeinheiten, die in den Termini *thakharubth* und *adrum* festgehalten sind, fast immer *gegenteilig* zu der ist, die, in der Nachfolge von Hanoteau, Jeanne Favret unterbreitet. Es lassen sich sicher Fälle nennen, wo *thakharubth*, wie Hanoteau es möchte, *adrum* mit einschließt – freilich deshalb, weil die an bestimmten Orten und zu bestimmten Zeiten gesammelten Terminologien das Resultat unterschiedlicher *Geschichten* sind, gekennzeichnet durch Brüche, durch (zweifellos ziemlich häufiges) Verschwinden oder Annektiertwerden von Linien. Manchmal werden diese Benennungen auch unterschiedslos auf eine soziale Gliederung gleichen Niveaus angewendet; dies ist der Fall im Raum von Sidi Aïch, wo, ausgehend von den beschränktesten, also realsten Einheiten, die folgenden unterschieden werden: a) *el hara*, die ungeteilte Familie (in Aït Hichem *akham* genannt, *akham n' Aït Ali);* b) *akham*, die ausgedehnte Familie, die all jene umfaßt, die mit dem Namen desselben Vorfahren belegt werden (bis zur dritten oder vierten Generation) – Ali oder X, zuweilen auch durch einen Terminus gekennzeichnet, den sicherlich die Topographie nahelegt, insoweit der Weg, der von einem *akham* zum anderen führt, eine Biegung macht: *thaghamurth*, die Biegung; c) *adrum*, *akharub* (oder *thakharubth*) oder *aharum*, alle die umfassend, deren gemeinsame Herkunft über die vierte Generation hinausführt; d) die *suff* oder einfach »die von oben« oder »die von unten«; e) das Dorf, eine rein lokale Einheit, die hier zwei Bünde umfaßt. Die Synonyme, denen noch *tha'rifth* (von *'arf*, sich kennen) hinzugerechnet werden muß, ein Zusammenschluß von Bekannten, das Äquivalent zu *adrum* oder *akham* (woanders zu *thakharubth*), dürfen in einem strengen Sinne nicht aufs Geratewohl verwendet werden, da die einen den Akzent eher auf die Integration und interne Kohäsion (*akham* oder *adrum*), die anderen mehr auf den Gegensatz zu den anderen Gruppen legen (*thaghamurth, aharum*). Die *suff*, benutzt, um eine »willkürliche« Einheit, ein konventionelles Bündnis zu bezeichnen – in Abhebung von den Individuen mit gemeinsamer Benennung bezeichnenden Termini (Aït...) –, unterscheidet sich hier von *adrum*, mit dem sie sich in Aït Hichem deckt, wohingegen sie in anderen Fällen auch mit kleineren Einheiten zusammenfallen kann. Alles hat den Anschein, als ginge man unmerklich von der patriarchalen Familie zum Clan (*adrum* oder *thakharubth*), der sozialen Grundeinheit, über, wobei die Zwischeneinheiten mehr oder minder willkürlichen Segmentierungspunkten entsprechen (was die Ungenauigkeit der von den Informanten häufig nur schlecht beherrschten Terminologie erklärt), die vor allem in Konfliktfällen deutlich ans Licht treten (infolge des Umstands, daß diese Einheiten nur graduell unterschieden sind, was etwa bei den abgestuften Verpflichtungen anläßlich eines Trauerfalls erkennbar wird, wo die nächsten Verwandten die Mahlzeit anbieten, die anderen kleinere Handreichungen machen, bei der Vorbereitung der Speisen helfen, Wasserkrüge oder Gemüse herbeischaffen, während die weiter entfernten Verwandten schließlich – oder die Freunde des Clans – nach der Trauerfeier zu Ehren der Familie des Toten ein Essen geben) und die fortwährenden Veränderungen unterworfen sind, so daß, wenn die Gruppe sich ausdehnt, die virtuellen Grenzen zu realen werden (beispielsweise bilden in Aït Hichem die ursprünglich vereinigten Aït Mendil zwei *thakharubth*) und die realen Grenzen verschwinden können (die Aït Isaad haben so mehrere kleine *thakharubth* innerhalb einer einzigen zusammengefaßt). Kurz, die systematische Vorstellung ineinandergefügter Einheiten, die von Hanoteau über Durkheim bis Jeanne Favret seitens »wilder« oder zivilisierter Ethnologen vorgetragen wurde, kann nur insoweit geltend gemacht werden, als von der fortwährenden Dynamik der Einheiten, die sich ständig bilden und wieder auflösen, sowie von der *Unschärfe* abgesehen wird, die den Begriffen der Einheimischen deshalb innewohnt, weil sie die Voraussetzung wie das Produkt ihrer Funktionsweise ausmacht. Gleiches gilt für die politischen oder genealogischen Taxonomien wie für die temporalen Taxonomien des Agrarkalenders: Die Ebene, auf der sich die effektiv eingesetzten Gegensätze bewegen, hängt grundlegend von der Situation ab, d. h. von der Beziehung zwischen den Gruppen oder Individuen, die es gerade durch den Rückgriff auf die politischen oder genealogischen Taxonomien *unkenntlich zu machen* gilt.

Die symbolischen Systeme verdanken ihre *praktische* Kohärenz,

d. h. ihre Regel- wie Unregelmäßigkeiten, ja selbst ihre Inkohärenzen, die ebenso *notwendig*, weil in der Logik ihrer Genese und ihrer Funktionsweise eingeschrieben sind, dem Faktum, daß sie das Produkt von Praxisformen sind, die ihre praktischen Funktionen nur erfüllen können, insofern sie innerhalb der Praxis Prinzipien praktisch zur Wirkung bringen, die nicht nur kohärent sind, d. h. fähig, innerlich kohärente und zugleich mit den objektiven Bedingungen kompatible Praktiken zu erzeugen, sondern die auch praktisch sind – im Sinne von bequem, d. h. die unmittelbar beherrscht werden können und, weil einer ökonomischen (= sparsamen) Logik folgend, handlich sind.

Die Eigenschaften der praktischen Logik

Der Praxis muß demzufolge eine Logik zugeschrieben werden, die keine der Logik ist, um damit zu vermeiden, ihr mehr Logik abzuverlangen, als sie zu geben in der Lage ist, und sich auf diese Weise dazu zu verurteilen, entweder Inkohärenzen in ihr aufdecken oder ihr eine Kohärenz aufzwingen zu wollen.[29] Die Analyse der verschiedenen, im übrigen eng zusammenhängenden Aspekte der Wirkung der Theoretisierung (Simultaneisierung des Sukzessiven und fiktive Totalisierung; Neutralisierung der Funktionen und Ersetzung des Systems der Produktionsprinzipien durch das System der Produkte, usw.) bringt, wenn auch negativ, einige der Eigenschaften der Logik der Praxis ans Licht, die ihrer Definition nach der theoretischen Auffassung entgehen, insofern sie für diese selbst konstitutiv sind. Die – im doppelten Wortsinn – praktische Logik kann alle Gedanken, Wahrnehmungen und Handlungen mittels einiger generativer Prinzipien, die in letzter Instanz selbst auf eine fundamentale Dichotomie reduzibel sind, nur organisieren, weil ihre auf dem *Prinzip* der Ökonomie des Logischen beruhende Ökonomie das Opfer der Strenge zugunsten der Einfachheit und Allgemeinheit fordert und weil sie in der »Polythetie« die Voraussetzungen für den guten Gebrauch der Polysemie vorfindet.

Es ist die »Polythetie«, die, weil sie praktisch folgenlos bleibt, unbemerkt die von den Logikern so genannte »Verschmelzung der Bereiche« geschehen läßt, die das Resultat der höchst ökonomischen, freilich zwangsläufig approximativen Anwendung der gleichen Schemata auf logisch unterschiedene Bereiche bildet. Keiner geht daran, die sukzessiven Produkte, die aus der Anwendung der generativen Schemata hervorgehen, systematisch zu registrieren und gegenüberzustellen: ihre umittelbare Transparenz verdanken diese diskreten und selbstgenügsamen Einheiten nicht allein den in ihnen sich realisierenden Schemata, sondern auch der mittels dieser Schemata erfaßten *Situation* sowie dem praktischen Verhältnis, in dem das Handlungssubjekt zu dieser steht. Die Ökonomie der Logik, die abverlangt, nicht mehr Logik einzusetzen, als für die Bedürfnisse der Praxis nötig ist, bewirkt, daß das Universum des Diskurses, in bezug auf welches diese oder jene logische Klasse (also sein Komplementär) gebildet wird, implizit bleiben kann, weil es in jedem einzelnen Fall in und durch das praktische Verhältnis zur Situation implizit definiert wird. Unterstellt, daß die Wahrscheinlichkeit gering ist, daß innerhalb dessen, was eher *Universum der Praxis* – denn des Diskurses – genannt werden muß, zwei sich widersprechende Anwendungen der gleichen Schemata zur Konfrontation geraten, kann demnach ein und dasselbe Ding in verschiedenen Praxisbereichen verschiedene Dinge als Komplementär haben und folglich je nach Bereich unterschiedliche, ja selbst entgegengesetzte Eigenschaften erhalten.[30] Das Haus etwa, global als weiblich, feucht usw. bestimmt, wird dann, wenn es von außen, d. h. von einem männlichen Standpunkt, also im Gegensatz zur äußeren Welt gefaßt wird, in männlich/weiblich geschieden, dann aber in weiblich/weiblich, wenn es, statt wie vordem auf ein dem Universum koextensives Universum von Handlungen bezogen erfaßt zu werden, als ein eigenständiges Universum (der Praxis ebenso wie des Diskurses) behandelt wird, was es ja im übrigen besonders im Winter für die Frauen ist.[31]

Der Umstand, daß die symbolischen Objekte und Praktiken widerspruchslos in sukzessive, von unterschiedlichen Gesichtspunkten aus errichtete Beziehungen eingehen können, setzt sie der *Überdeterminierung durch Unbestimmtheit* aus: Der Polysemie, die die grundlegenden, immer zugleich mehrfach bestimmten Beziehungen des symbolischen Systems kennzeichnet, liegt die Anwendung unterschiedlicher Schemata (wie öffnen/schließen, eintreten/austreten, aufsteigen/absteigen usw.) – die in dem Grad von Genauigkeit (oder Ungenauigkeit), in dem sie definiert sind, allemal *praktisch* äquivalent sind – auf die gleichen Objekte oder die gleichen Handlungen zugrunde. So umfaßt die Beziehung zwischen dem Haus und der *thajma'th* (die durch den Markt oder die

Felder ersetzt werden könnte) einen großen Teil der grundlegenden Gegensätze des Systems, wie das Volle und das Leere, das Weibliche und das Männliche, Nacht und Tag usw., die sich auch bis auf winzige Unterschiede in solch scheinbar nebensächlichen Beziehungen wie der zwischen dem Topf und der Platte zum Backen des Fladens oder der zwischen dem Stall und dem *kanun* wiederfinden ließen.

Die spezifischsten Eigenschaften eines rituellen Corpus, d. h. solche, die ihn als praktisch kohärentes System definieren, können nur wahrgenommen und angemessen begriffen werden, wenn wir erkennen, daß er das Produkt (*opus operatum*) einer praktischen Beherrschung (*modus operandi*) darstellt, das seine praktische Wirkung nur der Tatsache verdankt, daß jene Beherrschung Beziehungen hervorbringt, die auf dem gründen, was Jean Nicod »*globale Ähnlichkeiten*« nennt.[32] Statt sich immer nur auf einen der Aspekte der Termini zu beschränken, die er verbindet, nimmt dieser Auffassungsmodus vielmehr einen jeden wie einen einzelnen Block und zieht damit so weit wie möglich aus der Tatsache Nutzen, daß zwei »Gegebenheiten« sich niemals in *allen* Aspekten, wohl aber, stets wenigstens indirekt (d. h. über einen gemeinsamen Terminus) in *einigen* Aspekten ähneln. Auf diese Weise wird zunächst einmal klar, warum die rituelle Praxis unter den verschiedenen Aspekten (oder »Profilen«) der »ungeraden«, d. h. ebenso unbestimmten wie überdeterminierten Symbole, die sie manipuliert, niemals klar und deutlich die Aspekte, die etwas symbolisieren, von denen abhebt, die nichts symbolisieren und von denen sie absehen müßte (wie bei den Buchstaben des Alphabets von deren Farbe oder Dimension, oder bei einer geschriebenen Seite von der Aneinanderreihung der Worte in Kolonnen): Wenn beispielsweise einer der drei verschiedenen Aspekte, wodurch eine »Gegebenheit« wie die Galle mit anderen – gleichermaßen mehrdeutigen – »Gegebenheiten« in Beziehung gebracht werden kann, nämlich in diesem Fall Bitterkeit (deren Entsprechungen Oleander, Wermut und Teer sind und die selbst im Gegensatz zum Honig steht), Herbheit (die mit der Eidechse und der grünen Farbe Verbindungen eingeht) und Feindschaft (in den beiden vorhergehenden Qualitäten enthalten), einmal zwangsläufig in den Vordergrund rückt, dann werden die anderen Aspekte doch weiterhin simultan wahrgenommen, wobei die symbolische Übereinstimmung grundlegend sein kann, sofern der Akzent auf der Grundqualität liegt, oder sich umkehren kann. Ohne daß die musikalische Metapher hier allzusehr strapaziert werden soll, darf doch vermutet werden, daß zahlreiche rituelle Verkettungen als *Modulationen* verstehbar sind: Diese Modulationen, die ausgesprochen häufig auftreten, da die Sorge, alles Glück auf seine Seite zu ziehen – das die rituelle Aktion auszeichnende Prinzip –, zur Logik der *Entwicklung* (einschließlich ihrer Variationen auf der Grundlage von Redundanz) führt, spielen gleichsam mit den harmonischen Eigenschaften der rituellen Symbole, so daß entweder eines der Themen durch ein striktes Äquivalent in allen Hinsichten verdoppelt wird (so zitiert der Groll den Wermut, der wie er Bitterkeit und Herbheit vereinigt) oder, mit weiter auseinanderliegenden Tönen modulierend, mit Assoziationen der einen der sekundären Harmoniken gespielt wird (Eidechse → Kröte).[33]

Die rituelle Praxis vollzieht eine *unsichere Abstraktion*, die durch unterschiedliche Aspekte ein und dasselbe Symbol in verschiedene Beziehungen oder die verschiedene Aspekte desselben Referenten in ein und dasselbe Gegensatzverhältnis treten läßt; mit anderen Worten, sie schließt die sokratische Frage nach der *Relation, in welcher* der Referent erfaßt wird – Form, Farbe, Funktion usw. –, aus und dispensiert sich auf diese Weise von der Aufgabe, in jedem einzelnen Fall das Auswahlprinzip zu bestimmen, unter dem der Aspekt zurückbehalten wurde, und *a fortiori* von der Verpflichtung, sich ständig an dieses Prinzip halten zu müssen. Allerdings sind die verschiedenen Prinzipien, die sie sukzessive oder simultan einsetzt, wenn sie Objekte aufeinander bezieht oder Aspekte auswählt, indirekt wechselseitig reduzierbar, so daß diese praktische Taxonomie die gleichen »Gegebenheiten« nach unterschiedlichen Gesichtspunkten klassifizieren kann, ohne sie auf unterschiedliche Weise klassifizieren zu müssen (im Gegensatz zu einem strengeren System, das ebenso viele Klassifizierungen vornehmen wie Eigenschaften unterscheiden würde). Da alle Dichotomien unendlich redundant sind und in letzter Instanz das Ergebnis ein und desselben *principium divisionis* bilden, findet sich die Welt auf eine Weise unterteilt, die logisch genannt werden kann – obgleich sie offensichtlich allen Regeln logischer Unterteilung zuwiderläuft und z. B. Teilungen vornimmt, die weder exklusiv noch erschöpfend sind. Da das Prinzip, nach dem die aufeinander bezogenen Termini sich voneinander absetzen (z. B. Sonne und Mond), nicht definiert ist und größtenteils sich mehr oder minder auf bloße

Kontrarietät beschränkt (Kontradiktion erforderte eine vorgängige Analyse), stellt die *Analogie* ein Homologieverhältnis her zwischen Gegensatzbeziehungen (Mann : Frau : : Sonne : Mond), die auf zwei unbestimmten und überdeterminierten Prinzipien gründen (warm : kalt : : männlich : weiblich : : Tag : Nacht : : usw.), die wiederum ohne jeden Zweifel sich von Prinzipien unterscheiden, die andere Homologien, in die der eine oder andere der betreffenden Termini eingehen könnte, erzeugen (Mann : Frau : : Ost : West oder Sonne : Mond : : Trockenes : Feuchtes). Dies bedeutet, daß die unbestimmte Abstraktion auch eine falsche Abstraktion darstellt: Da die Eigenschaften, im Hinblick auf welche diese »Gegebenheit« sich von jener anderen unterscheidet, an die unzutreffenden Eigenschaften gebunden bleiben, ist die Assimilation, selbst wenn sie nur von einem einzigen ihrer Aspekte grundlegend motiviert wäre, doch global und umfassend. Jeder Aspekt eines Terminus, der unter einem einzelnen Gesichtspunkt implizit in einem Akt des Inbeziehungsetzens ausgewählt wird, bleibt weiterhin an die anderen Aspekte gebunden, durch die er anderen Aspekten eines anderen Referenten in weiteren Akten des Inbeziehungsetzens gegenübergestellt werden könnte. Ein und derselbe Terminus könnte demzufolge in endlose Beziehungen treten, wäre nicht die Zahl der Formen, sich mit dem jeweilig anderen in Beziehung zu setzen, auf einige fundamentale Gegensätze beschränkt, die, untereinander ausreichend verknüpft (warm : kalt : : männlich : weiblich : : Ost : West), wie ein einziges Teilungsprinzip zu funktionieren vermögen. Die rituelle Praxis verfährt nicht anders als jenes Kind, das André Gide förmlich zur Verzweiflung trieb, indem es dafür einstand, daß das Gegenteil von *blanc* (männl. Form von »weiß«) *blanche* (weibl. Form von »weiß«) und die weibliche Form von »groß« »klein« sei.[34] Kurz, der »analogische Sinn«, den die Primärerziehung einschärft, ist, wie Wallon über das Denken in Gegensätzen formuliert, eine Art »Gefühl für das Gegensätzliche«, das die zahllosen Anwendungen einiger grundlegender Kontrarietäten hervorbringt, die ein Minimum an Bestimmtheit zu gewährleisten fähig sind (der Mann ist keine Frau → die Kröte ist kein Frosch), und das, da es nur dank der Unbestimmtheit der einen wie der anderen funktionieren kann, über die Beziehungen, die es erstellt (a:b und b:c), nichts lehren kann.[35] Die Unsicherheiten und Mißverständnisse, die dieser Logik des doppelten Verstehens und des Unausgedrückten innewohnen, bilden folglich das unabwendbare Gegenstück zu der *Ökonomie*, die jene Logik bewirkt, indem sie es gestattet, das Universum der Beziehungen zwischen Gegensätzlichkeiten und der Beziehungen zwischen diesen Beziehungen auf einige fundamentale Beziehungen zurückzuführen, von denen aus alle anderen hervorgebracht werden können.

Die *sympathein ton holon* – ein Ausdruck der Stoiker –, also die Affinität aller Objekte eines Universums, wo der Sinn überall und im Überfluß herrscht, gründet in der oder hat als ihre Kehrseite die Verschwommenheit und Ungewißheit eines jeden Elements und einer jeden sie zusammenführenden Verbindung: Überall kann die Logik nur sein, weil sie in Wahrheit nirgendwo ist. Kommt den rituellen Praktiken und Vorstellungen objektiv eine partielle und approximative Systematik zu, so deshalb, weil sie das Produkt einer kleinen Anzahl generativer Schemata sind, die durch Beziehungen praktischer *Substituierbarkeit* verbunden sind und damit fähig, unter dem Gesichtspunkt »logischer« Erfordernisse gleichwertige Ergebnisse hervorzubringen. Eignet ihnen stets *nur* eine partielle und approximative Systematik, so deshalb, weil die Schemata, deren Produkt sie sind, die ihnen gegebene Fähigkeit zu einer gleichsam universellen Anwendung nur verwirklichen können, insofern sie *praktisch* funktionieren, d. h. jenseits des Explizitmachens und folglich außerhalb logischer Kontrolle und in bezug auf praktische Zwecke, die ihnen einen *zwangsläufigen Charakter* aufprägen und zuschreiben, der keiner der Logik ist.

Es stellt praktisches Wissen dar, wenn man beispielsweise weiß, daß dieser oder jener Akt oder Gegenstand diesen besonderen Platz im Hausinnern erheischt; daß diese Arbeit oder jener Ritus dieser Periode des Jahres angemessen und von jener anderen ausgeschlossen ist. So genügt es, eine Gesamtheit von Schemata, die implizit und ohne jede präzise Begrenzung des Universums des Diskurses funktionieren, praktisch zu besitzen, um eine solche symbolische Serie wie die schon erwähnte folgende erzeugen oder auch verstehen zu können: Betritt eine Katze mit einer Feder oder einem weißen Wollfädchen auf dem Rücken das Haus und geht auf die Feuerstelle zu, dann kündigt sie die Ankunft von Gästen an, denen man eine Fleischspeise anbieten wird; geht sie auf den Stall zu, bedeutet das, daß man, wenn gerade Frühling ist, eine Kuh, und wenn gerade Herbst ist, einen Ochsen anschaffen wird. Alle Voraussetzungen und Approximationen, die sich in dieser Sequenz verbergen, werden sogleich sichtbar: Die Katze, ein zufälliger Eindringling, den man verjagt, ist nur als Träger von Symbolen da, der praktisch die Bewegung des Eintretens ausführt; die Feder wird implizit als Äquivalent für die Wolle genommen, gewiß deshalb, weil beide Materialien aufgerufen sind, als bloße Träger einer glückbringenden Qualität, »Weiß«, zu fungieren; der das Zentrum des Ritus ausmachende Gegensatz zwischen Feuerstelle und Stall wird vom strukturierenden Raumschema des Hauses aus erzeugt, das Oben und Unten, das Trockene und Feuchte, das Männliche und Weibliche, den vornehmen Teil, wo das Fleisch, die Empfangsspeise schlechthin, gebraten wird und die Gäste empfangen werden, und den minderwertigeren Teil, der den Tieren vorbehalten ist, gegenüberstellt; so muß schließlich nur noch dieses Schema mit dem anderen verbunden werden, das den Gegensatz zwischen zwei Jahreszeiten konstituiert: der Herbst als die Zeit der kollektiven Opferung des Ochsen und der Feldbestellung, der Frühling als der Zeitraum der Milch, um den Ochsen und die Kuh zu erhalten.[36]

Nehmen wir ein weiteres Beispiel, die sehr bekannte Erzählung von Heb-Heb-er-Remman. Ein junges Mädchen, das sieben Brüder besitzt, wird Opfer der Eifersucht ihrer Schwägerinnen, die ihr sieben in Leberknödel versteckte Schlangeneier zu essen geben. Daraufhin bläht sich ihr Bauch auf, man wähnt sie schwanger und verjagt sie. Ein Weiser deckt den Ursprung des Übels auf; um das junge Mädchen von diesem zu befreien, muß ein Schaf getötet, sein Fleisch stark gesalzen und gebraten und dem Mädchen als Speise vorgesetzt werden, das dann, Kopf nach unten und mit offenem Mund, über ein voll mit Wasser gefülltes Becken gebeugt wird: die Schlangen entweichen und werden getötet. Das junge Mädchen heiratet und bekommt ein Kind, das sie Heb-Heb-er-Remman – »die Samen der Granatäpfel« – nennt. Sie kehrt zu ihren Brüdern zurück, die sie wiedererkennen, als sie die Geschichte erzählt und dabei die sieben Schlangen zeigt, die sie gesalzen und getrocknet hatte. Es wird auf Anhieb sichtbar, daß man, um diese Erzählung hervorzubringen oder – wenn auch konfus – den ihr unterliegenden Sinn zu entschlüsseln, im Besitz aller der Schemata sein muß, die in der Hervorbringung eines jeden Fruchtbarkeitsritus am Werk sind. Befruchten, fruchtbar machen heißt eindringen, etwas einführen, was aufbläht oder anschwellen läßt: die Aufnahme von Nahrung und gerade solcher, die aufbläht (*ufthyen*), stellt das Homolog zum Geschlechtsakt oder zur Feldbestellung dar. In einer anderen Erzählung sieht sich Schlange [im Arabischen und Französischen männlichen Geschlechts], der eine sterile Frau wie seinen Sohn großgezogen hatte, von seiner ersten Gemahlin zurückgestoßen: er *richtet sich auf, schwillt an* und speit ihr eine *vergiftete Stichflamme* entgegen (*asqi*, Eisenhärten, bedeutet auch Vergiftung), die sie aufzehrt und zu Asche werden läßt. In diesem Fall handelt es sich allerdings um eine falsche Befruchtung: Die Schlangen, Symbol des männlichen Lebensprinzips, des Samenkeims, des Vorfahren, der sterben muß, um zu neuem Leben zu erwachen, also des Trockenen, werden in Form von Eiern, d. h. in weiblichem Zustand, eingeführt und kehren zur Unzeit im Bauch des jungen Mädchens in den männlichen Zustand zurück (in einem von Westermarck berichteten Fruchtbarkeitsritus wird das Herz – der männliche Teil der Schlangen – verzehrt). Die Aufblähung, die aus dieser verkehrten Zeugung resultiert, ist steril und unheilvoll – so drängt sich zwangsläufig die Kur auf. Das Trockene muß dazu gebracht werden, eine Bewegung in umgekehrter Richtung: von oben nach unten (die einfache Umkehrung von unten und oben reicht hier aus) und von innen nach außen (was durch eine einfache mechanische Operation nicht ausgeführt werden kann) zu vollziehen – es geht darum, das Trockene auszutrocknen, es durstig zu machen, indem ihm das Trockene schlechthin, Salz, beigefügt wird, und derart die Neigung zum Feuchten hin zu verstärken, die das Trockene bei normaler Befruchtung, Zeugung oder Aussaat nach innen, zum feuchten Schoß der Frau oder zu der von der Pflugschar geöffneten Erde hinträgt. Am Schluß der Geschichte ist die Fruchtbarkeit des jungen Mädchens durch die Geburt von Heb-Heb-er-Remman, »die Samenkörner der Granatäpfel« (Symbol schlechthin für die mit dem Bauch der Frau identifizierte weibliche Fruchtbarkeit) bestätigt, d. h. durch die zahlreichen, aus dem fruchtbaren Bauch der Frau mit den sieben Brüdern, die ihrerseits (als Männer) aus einem fruchtbaren Bauch hervorgegangen sind, hervorgegangenen (oder künftig hervorgehenden) Jungen. Die Schlangen endlich werden gesalzen und getrocknet, d. h. in den Zustand zurückgeführt, der ihnen als Symbolen des männlichen Samens, der durch den Kreislauf des Eintauchens in das Feuchte und der folgenden Hinwendung zum Trockenen wachsen und sich vermehren kann, strukturell zukommt.

Geometer-Körper und kosmogonische Praxis

Die rituelle Praxis verstehen heißt nicht, die immanente Logik einer Symbolik zu entziffern; es heißt, ihre praktische Notwendigkeit und Zwangsläufigkeit zu restituieren, indem sie auf die realen Bedingungen ihrer Entstehung, d. h. auf die Bedingungen bezogen wird, in denen gleichermaßen die Funktionen, die sie erfüllt, wie die Mittel, die sie anwendet, um jene zu erbringen, ihre Bestimmung erhalten. Es heißt z. B., dank eines logischen Rekonstruktionsverfahrens, das nichts mit einem emphatischen Projektionsakt gemein hat, die Bedeutung und die Funktionen erneut zu konstituieren, die die Individuen einer bestimmten Gesellschaftsformation unter Voraussetzung der praktischen Taxonomien, die ihre Perzeption organisieren, einer jeweiligen Praxis oder Erfahrung zuschreiben können – und müssen.

Angesichts von Mythos und Ritus hat die Gesellschaftstheorie stets zwischen hochmütiger Distanz, die die verständigste Wissenschaft zu den elementaren Formen der Vernunft allerdings zu wahren gedenkt, und mystischer Partizipation seitens der erhabenen Initiierten der gnostischen Tradition geschwankt. Die objektivistische Reduktion, die die sogenannten objektiven Funktionen, die von den Mythen und Riten geleistet werden (Funktionen moralischer Integration für Durkheim, Funktionen logischer Integration für Lévi-Strauss), aufzudecken gestattet, unterbindet allerdings zugleich das Verständnis ihrer Funktionsweise, indem sie die Vorstellungen, die sich die Handlungssubjekte von ihrer Welt und ihrer Praxis machen, ausklammert. Die »teilnehmende« Anthropologie hinwieder macht anthropologische Konstanten und die Gemeinsamkeit letzter Erfahrungen geltend – wenn es denn nicht nur die Sehnsucht nach agrarischen Paradiesen ist, diesem Prinzip aller konservativen Ideologien –, um auf die ewigen Fragen der Kosmologien ewige Antworten und Kosmogonien in den praktischen Antworten zu finden, die die Bauern in Kabylien und anderswo auf die historisch-praktischen Fragen gaben, die sich ihnen unter Bedingung eines bestimmten Standes ihrer zur materiellen und symbolischen Aneignung der Welt ins Werk gesetzten Instrumente aufdrängten: Abgesehen davon, daß diese von einer solchen Einstellung genährten und begünstigten Interpretationen zur wissenschaftlichen Wahrheit asymptotisch verlaufen, bilden sie darüber hinaus nur die Umkehrung der falschen Objektivierung, die die koloniale Anthropologie vollzog. Indem die Exaltation der Ursprünglichkeit und Einfachheit die genannten Praktiken von ihren realen Existenzbedingungen abschneidet, um ihnen dafür, kraft einer trügerischen Generosität, die die Wirkungen des Stils begünstigt, fremde Intentionen zu unterschieben, nimmt sie – so gewiß wie ihr Gegenstück – ihr all das weg, was ihre Grundlage und raison d'être ausmacht, um sie in der ewigen Essenz einer »Mentalität« einzuschließen. Die kabylische Hausfrau, die ihren Webstuhl aufbaut, vollzieht damit keinen kosmogonischen Akt: sie baut ihn schlicht und einfach deshalb auf, um etwas zu weben, was eine technische Funktion zu erbringen hat. Freilich kann es sein, daß sie, setzt man die symbolische Ausrüstung voraus, über die sie verfügt, um ihre Tätigkeit zu denken – und im besonderen die Sprache, die sie fortwährend auf die Logik der Feldarbeiten verweist –, das, was sie tut, nur in verzauberter, d. h. mystifizierter Form denken kann, an der wiederum der nach ewigen Mysterien gierende Spiritualismus seine helle Freude hat.

Riten finden statt und finden nur deshalb statt, weil ihre raison d'être in den Existenzbedingungen und in den Dispositionen der Individuen gründen, die sich den Luxus logischer Spekulation, mystischer Ausstrahlung oder metaphysischer Unruhe nicht leisten können. Es reicht nicht aus, die naiven Formen des Funktionalismus lächerlich zu machen, um dann zu meinen, sich der Frage nach den praktischen Funktionen der Praxis entledigt zu haben. Sicherlich bliebe einem das Ritual der kabylischen Heirat unverständlich, ginge man aus von einer universellen Definition der Funktionen der Heirat, verstanden als ein Verfahren, das die Reproduktion der Gruppe in den durch sie gebilligten Formen gewährleistet. Aber wir würden allem Anschein zuwider noch weniger verstehen, gingen wir von einer strukturalen Analyse aus, die von den spezifischen Funktionen der rituellen Praktiken absieht, oder die es unterläßt, nach den ökonomischen und gesellschaftlichen Produktionsbedingungen der generativen Dispositionen und jener Praktiken sowie nach der kollektiven Definition der praktischen Funktionen, in deren Diensten diese funktionieren, zu fragen. Der kabylische Bauer reagiert auf keine »objektiven Bedingungen«, sondern auf die von ihm erzeugte praktische Interpretation dieser Bedingungen, der die gesellschaftlich konstituierten Schemata seines Habitus zugrunde liegen: Diese Interpretation gilt es in jedem einzelnen Fall zu konstruieren, wenn von den rituellen Praktiken Rechenschaft abgelegt und wenn im weiteren deren raison d'être, d. h. ihre zugleich logische wie praktische Notwendigkeit begründet werden soll.

Demgemäß sind die technischen oder rituellen Praktiken durch die materiellen Existenzbedingungen (d. h. in diesem besonderen Fall durch ein bestimmtes Verhältnis zwischen klimatischen und ökologischen Bedingungen und Techniken) bestimmt – durch Bedingungen, wie sie von Individuen praktisch erfaßt werden, die mit einer bestimmten Art von Wahrnehmungsschemata ausgestattet sind, die wiederum selbst, wenigstens negativ, durch die materiellen Existenzbedingungen determiniert werden (die relative Autonomie des Rituals wird über die Veränderungen der klimatischen und ökologischen Bedingungen hinweg durch seine Konstanten im gesamten *Maghreb* bestätigt): In der Tat definiert sich der *spezifische Widerspruch* der landwirtschaftlichen Tätigkeit, verstanden als waghalsige, gar ruchlose Konfrontation antagonistischer Prinzipien, und darin der rituelle Apparat, dessen Funktion in der Lösung dieses Widerspruchs beruht, innerhalb eines bestimmten Verhältnisses zwischen Produktions- und Wahrnehmungsweise. Dieses Verhältnis zwischen ökonomischem und mythisch-rituellem System stellt sich mittels der Funktion praktisch her, die der technischen oder rituellen Praxis zugeschrieben wird: Der Agrarkalender beispielsweise reproduziert in verwandelter Form die Rhythmen des Landwirtschaftsjahres, d. h. genauer die klimatischen Rhythmen, so wie sie sich im Wechsel von Arbeitszeit und Produktionszeit, der auf diese Weise dem Landwirtschaftsjahr seine ihm eigene Struktur aufträgt, niederschlagen. (Im Hinblick auf die Regenmenge zeichnet sich das Jahr durch den Gegensatz aus zwischen kalter und regnerischer Jahreszeit von November bis April – wobei dem Höchststand an Niederschlägen im November und Dezember eine Abnahme im Januar und eine neuerliche Zunahme im Februar und März folgt – und warmer und trockener Jahreszeit von Mai bis Oktober – mit den geringsten Niederschlägen im Juni, Juli und August.) Die starke Abhängigkeit von klimatischen Bedingungen gründet offenkundig in der für die Feldarbeiten zur Verfügung stehenden schwachen Zugkraft und in der prekären Verfassung der benutzten Techniken (räderloser Pflug, Sichel); dazu paßt ins Bild, daß die Besitzer der besten Böden und der stärksten Zugkraft schon mit dem Einsetzen der Regenfälle und selbst bei durchnäßter Erde ihre Feldarbeiten in Angriff nehmen können (während die ärmeren oft warten müssen, bis ihnen ein Ochsengespann geliehen wird) – gleiches gilt übrigens auch für die Ernte, bei der die an symbolischem Kapital Reichsten in der Lage sind, die für eine schnelle Ernte dringend benötigten Arbeitskräfte zusammenzustellen. Offensichtlich ist die symbolische Ausrüstung, die bei Riten Verwendung findet, abhängig von den spezifischen Erzeugnissen der jeweiligen Jahreszeit (obwohl in bestimmten Fällen auch für die Bedürfnisse des Rituals extra Vorräte angelegt werden); allerdings ermöglichen es die generativen Schemata, innerhalb der Logik des Ritus selbst Ersatzobjekte ausfindig zu machen und noch aus den externen Notwendigkeiten und Zwängen größtmögliche Vorteile zu schlagen (woraus sich die vollkommene Konkordanz zwischen magischer und mythischer Vernunft erklären läßt, die in mehr als einem Fall, so bei der Ausrichtung des Hauses, zu beobachten ist).

Sicherlich gibt es wenige Praktiken, die, wie die Riten, förmlich dafür gemacht scheinen, daran zu erinnern, wie falsch es wäre, eine Logik, die gerade gemacht ist, um sich Begriffen zu entziehen, erneut in Begriffe zu pressen; praktische Handgriffe und Körperbewegungen wie reine logische Relationen und Verfahren zu behandeln; dort, wo es sich ausschließlich um praktische Übertragungen einverleibter und quasi-posturaler Schemata[37] handelt, von Analogien oder Homologien zu sprechen (wozu wir freilich zuweilen gezwungen sind, um uns und andere zu verstehen). Tatsächlich stellt der Ritus in mehr als einem Fall nichts anderes dar als eine praktische Mimesis des natürlichen Prozesses, den es zu erleichtern gilt: Im Gegensatz zur expliziten Metapher und Analogie stellt die mimetische Repräsentation zwischen derart unterschiedlichen Phänomenen wie dem Aufgehen der Samenkörner im Topf, dem Anschwellen des Bauches der schwangeren Frau und dem Hervorkommen des Getreides aus der Erde keine solche Beziehung her, die ein Explizitmachen der Eigenschaften der aufeinander bezogenen Termini oder der Prinzipien ihrer Beziehung implizierte. Die ihre »Logik« charakterisierenden Verfahren – umkehren, versetzen, vereinigen, trennen usw. – nehmen hier die Form körperlicher Bewegungen an, wie nach rechts oder links drehen, »das Unterste nach oben kehren«, verknüpfen oder abschneiden, eintreten oder austreten usw.

Von globaler Ähnlichkeit oder unbestimmter Abstraktion zu sprechen, wie hier getan, bedeutet, noch in der intellektualistischen Sprache der Repräsentation – die sich einem Untersuchenden kraft seines Bezugs zu einem in Form von Dokumenten vor ihm ausgebreiteten Corpus zwangsläufig aufdrängt – eine »Logik« wiederzugeben, die sich gerade unmittelbar in der körperlichen Gestik niederschlägt, ohne über ein absichtliches Erkennen der zurückbehaltenen oder ausgeschiedenen, also der ähnlichen oder der unähnlichen »Aspekte« – oder »Abschattungen«, wie Husserl formulierte – zu laufen.

Der dem objektivistischen Standpunkt innewohnende Logizismus verführt dazu, außer acht zu lassen, daß die gelehrte Konstruktion die Prinzipien der Logik, die sich die Individuen in Gestalt einer »Kunst« aneignen, nur erfassen kann, indem sie sie ihrer Natur nach verändert: Das reflektive Explizitmachen verwandelt eine praktische in eine vorgestellte, repräsentierte Aufeinanderfolge, eine Handlung, die im Hinblick auf einen objektiv als eine Struktur von Ansprüchen, Aufforderungen, Verboten und Drohungen – Dinge, die »zu tun«, und Dinge, die »zu lassen« sind – gebildeten Raum ausgerichtet ist, in eine reversible, innerhalb eines stetigen und homogenen Raums vollzogene Operation. Demgemäß ist der mythisch-rituelle Raum, solange er als *opus operatum*, d. h. als geographischer und geometrischer Raum begriffen wird mit der Eigenschaft, in Form von *Karten* oder *Schemata* dargestellt zu werden, die gestatten, dasjenige, was nur sukzessive, also in der Zeit, durchlaufen werden kann, *uno intuitu* in der Ordnung koexistierender Dinge zu erfassen, nichts weiter als ein theoretischer Raum, der durch Schlaglichter, wie es die Glieder der Gegensatzpaare sind (hoch/tief, Ost/West, usw.) ausgeleuchtet wird und worin allein theoretische, d. h. logische Operationen und Transformationen sich vollziehen können, von denen keiner bestreiten wollte, daß sie im Vergleich zu wirklich vollzogenen Bewegungen wie dem Fallen oder dem Aufsteigen nichts anderes sind als der Himmelshund (der Hundsstern) gegenüber dem kläffenden Straßenköter. Einmal dargetan, daß jede Region des Innenraumes des kabylischen Hauses eine symmetrische und umgekehrte Bedeutung erhält, sobald sie in den totalen Raum zurückversetzt wird, so läßt sich doch nur, wie oben, begründet formulieren, daß jeder der beiden Räume definiert werden könne als jeweils die Klasse von Bewegungen, denen gemeinsam ist, ein und dieselbe Verschiebung, d. h. Halbdrehung, gegenüber dem anderen Raum zu vollziehen, sofern die Sprache, derer sich die Mathematiker bei ihren Operationen bedienen, auf den ursprünglichen Boden der Praxis zurückbezogen wird, also solchen Begriffen wie Bewegung, Verschiebung und Umdrehung ihre praktische Bedeutung als *körperliche Bewegungen* wie vor- und zurückgehen, sich umdrehen usw. zurückgegeben wird.[38] Hier erneut wären uns gewiß viele theoretische Irrtümer erspart geblieben, wäre nicht, mittels eines gleichsam umgedrehten Ethnozentrismus, dem »Wilden« das Verhältnis zur Welt unbewußt zugeschrieben worden, das der Intellektualismus einem jeden »Bewußtsein« unterstellt: So wie man zu Zeiten Lévy-Bruhls sich gewiß weniger über die Wunderlichkeiten der »primitiven Mentalität« hätte in Erstaunen setzen lassen, wäre man nur in der Lage gewesen, mit der intellektualistischen Theorie der Affekte zu brechen, die nicht begreifen konnte, daß die Welt der Gefühle irgendeinen Bezug zur Logik der Magie und der »Teilnahme« aufweisen sollte, so würde man auch heute sich weniger durch die »logischen« Heldentaten der australischen Eingeborenen verwundern lassen, wenn man nicht die Transformation mit Schweigen überginge, die von den praktisch beherrschten Operationen zu den ihnen isomorphen formalen Operationen führt, und wenn man nicht zugleich sich der Frage nach den gesellschaftlichen Bedingungen dieser Transformation entziehen würde.

Die Wissenschaft vom Mythos entlehnt der Theorie der Gruppen zu Recht die Sprache, um in ihr die Syntax des Mythos zu beschreiben – allerdings nur unter der Voraussetzung, daß sie nicht vergißt (oder vergessen läßt), daß diese Sprache die Wahrheit, die zu erfassen sie gestattet, auch vernichtet: denn sie ist gegen die Erfahrung, die zu benennen sie gestattet, erobert und konstruiert worden. Nach all den Analysen der Phänomenologen muß wohl nicht daran erinnert werden, daß wir in keinem geometrischen Raum agieren, und daß wir, nach Bachelard, schwerlich noch die Wissenschaft von der Oxydation als anthropologische Wahrheit der Erfahrung mit dem Feuer, gegen die jene ausgebildet wurde, ausgeben können – ebensowenig wie den stetigen und homogenen Raum der Geometrie für den praktischen Raum mit all seinen Asymmetrien, Unstetigkeiten und seinen als substantielle Eigenschaften erfaßten Richtungen wie rechts und links, Osten und Westen. »Denken ist Handwerk«, heißt es bei Heidegger. Gleichermaßen könnten wir auch sagen, daß die Gymnastik oder der Tanz Geometrie sind – vorausgesetzt, wir verstehen darunter nicht, daß derjenige, der Gymnastik treibt oder der tanzt, Geometer sei. Vielleicht wäre man weniger versucht, das Individuum implizit oder explizit wie einen logischen Operator zu begreifen, ginge man (ohne in der Frage nach der chronologischen Vorrangigkeit ein endgültiges Urteil zu fällen) vom mythischen Logos zur rituellen Praxis herunter, die, in Gestalt real vollzogener Handlungen, d. h. körperlicher Bewegungen, die Operationen in Szene setzt, die die gelehrte Analyse im mythischen Diskurs aufdeckt, diesem *opus operatum*, das unter seinen verdinglichten Bedeutungen das konstituierende Moment der »mythopoetischen« Praxis kaschiert. Ähnlich den Rechtsprechungsakten verdankt die rituelle Praxis ihre praktische Kohärenz – die in Form eines objektivierten *Schemas* von Operationen wiederhergestellt werden kann – dem Umstand, daß sie das Produkt eines gleichen Systems von *Schemata* ist, die der Praxis *immanent* sind und die nicht nur die Wahrnehmung der Objekte – und, im Sonderfall, die Klassifizierung der Hilfsmittel, der Umstände (Ort und Zeitpunkt) sowie der möglichen Agenten der rituellen Handlung – sondern auch die Hervorbringung der Praktiken – in diesem Fall die konstitutiven Bewegungen und Verschiebungen der rituellen Handlung organisieren. Der Vollzug eines Ritus setzt in der Tat etwas gänzlich anderes voraus als die bewußte Beherrschung jener Art von Gegensatzkatalogen, die die gebildeten Kommentatoren in ihrem Bemühen, eine ihrem Ende zutreibende oder schon tote Tradition symbolisch zu beherrschen (denken wir an die »Korrespondenztafeln« der chinesischen Mandarine), oder die Ethnologen während der ersten Phase ihrer Arbeit zusammenstellen: Die praktische Beherrschung von Prinzipien, die alles in allem weder komplexer noch zahlreicher sind als die Prinzipien der Statik fester Körper, die im Gebrauch einer Schubkarre, eines Hebels oder eines Nußknackers zur Anwendung kommen[39], erlaubt es, rituelle Handlungen zu erzeugen, die mit den verfolgten Zwecken (z. B. Regen oder Fruchtbarkeit für die Tiere zu erhalten) *kompatibel* und die – wenigstens relativ – innerlich *kohärent* sind; mit anderen Worten: Verbindungen herzustellen zwischen einem bestimmten Typ von Umständen (Ort und Zeitpunkt), von Hilfsmitteln und Agenten (die die verinnerlichten Taxinomien entsprechend den großen grundlegenden Gegensätzen verteilen) sowie letztlich und vor allem von den rituell als günstig oder unheilvoll qualifizierten Verschiebungen und Bewegungen, wie nach oben oder nach Osten, nach unten oder nach Westen gehen/werfen – einschließlich aller gleichwertigen Handlungen, wie auf das Dach des Hauses oder zum *kanun* hin legen, auf der Schwelle oder zum Stall hin begraben, nach links gehen oder mit der linken Hand werfen, nach rechts gehen oder mit der rechten Hand werfen, von links nach rechts oder von rechts nach links wenden, schließen / verknoten und öffnen / aufknoten usw. Die Analyse des Universums der mythisch oder rituell qualifizierten Objekte, angefangen bei den Umständen, den Hilfsmitteln und den Agenten der rituellen Handlung, deckt faktisch auf, daß die zahllosen Gegensätze, die in allen Bereichen des Daseins verzeichnet werden können, sich auf eine kleine Anzahl von Gegensatzpaaren zurückführen lassen, die, da untereinander nur durch schwache Analogien verbunden, nur zwanghaft oder künstlich aufeinander reduzibel sind, als fundamentale auftreten und fast ausnahmslos auf Bewegungen oder Zuständen des menschlichen Körpers basieren, wie auf- und absteigen (oder vor- und zurückgehen), nach rechts und nach links gehen, ein- und austreten (oder füllen und leeren), liegen oder stehen usw. Und wenn diese »Geometrie in der sinnlichen Welt«, in den Worten von Jean Nicod, dem diese Überlegungen hier sehr viel verdanken[40], wenn diese praktische Geometrie oder besser geometrische Praxis also einen solchen Gebrauch von der Umkehrung macht, so zweifellos deshalb, weil der menschliche Körper, wie der Spiegel, der die Paradoxa der zweiseitigen Symmetrie enthüllt, einem praktischen Operator gleich funktioniert, der die rechte Hand, die gedrückt werden soll, links sucht, der die linke Hand in den Ärmel des Kleidungsstücks steckt, der rechts lag, als es abgelegt war, oder der rechts und links, Ost und West einfach nur deshalb verkehrt, weil er eine Halbdrehung macht, der »ins Antlitz sehen«, der »den Rücken kehren« will oder der »recht machen« will, was »verkehrt« war, oder verkehrt, was rechtens war – alles das sind Bewegungen, die die mythische Weltsicht mit sozialen Bedeutungen versieht und von denen der Ritus einen intensiven Gebrauch macht.

> Ich überrasche mich dabei, wie ich die Schwelle
> als geometrischen Ort
> der Ankünfte und Abgänge
> im Hause des Vaters bestimme.[41]

Entdeckt der Dichter hier scheinbar zwanglos das Prinzip der Beziehungen zwischen dem Raum des Hauses und der äußeren Welt in den Bewegungen mit umgekehrter Richtung (Ein- und Ausgehen, Ankünfte und Abgänge), so weil er, verspäteter Kleinproduzent privater Mythologien, der er ist, weniger Mühe haben mag, die toten Metaphern zu vermeiden, um zur Grundlage der mythopoetischen Praxis vorzustoßen, d. h. zu den Bewegungen und Gesten, die, wie in jenem Satz Albert le Grands, den René Char wiederaufnimmt, unter der scheinhaften Einheit des Objekts die Dualität zu enthüllen vermögen: »Einst gab es in Deutschland Zwillingskinder, von denen eines die Tür öffnete, indem es sie mit der rechten Hand berührte, und das andere sie schloß, indem es sie mit der linken Hand berührte.«[42]

Tatsächlich genügt es, vom *ergon* zur *energeia*, ein Gegensatzpaar Wilhelm von Humboldts, fortzuschreiten, d. h. in diesem Kontext von Objekten oder Akten zu den Prinzipien ihrer Produktion, um den Nimbus des *Panlogismus* zu zerschlagen, zu dem die exoterische Version des Strukturalismus ermutigt und der darauf hinausläuft, auf der Enthüllung einer, von den Linguisten (Sapir und Trubetskoy z. B.) und selbst den Anthropologen häufig als »unbewußte Finalität« beschriebenen unbeabsichtigten Kohärenz eine in die Sprache der Naturwissenschaft gekleidete Metaphysik der Natur zu begründen, und um des weiteren jene vollkommene Kohärenz in Frage zu stellen, die den historischen Systemen zuzuschreiben die Umwandlung des methodologischen Postulats der Intelligibilität in eine ontologische These allemal verführt. Der Fehlschluß, der, wie Ziff aufweist, darin besteht, die Regelmäßigkeit in eine Regel zu verwandeln, die den Plan voraussetzt, findet eine bloß scheinhafte Korrektur in der Hypothese des *Unbewußten*, die als einzige fähig sein soll, zu erklären – und ohne dabei auf die Hypothese finaler Ursachen zurückzugreifen –, warum die Kulturphänomene sich als mit Struktur und Sinn versehene Totalitäten darstellen.[43] In Wahrheit ist dieser Plan ohne Planer nicht minder mysteriös als der eines obersten Planers – und so wird auch erklärlich, weshalb die strukturalistische Vulgata für einige die Rolle eines intellektuell, d. h. in den Intellektuellenmilieus akzeptablen Teilhardismus spielen konnte.

Von der ausgeführten Analogie, vollendete Tatsache und toter Buchstabe (a : b : : c : d), die die objektivistische Hermeneutik im Blick hat, auf die analogische Praxis als eine Übertragung von Schemata überzugehen, die der Habitus auf der Grundlage erworbener Äquivalenzen vollzieht, die die Ersetzbarkeit einer Reaktion durch eine andere erleichtern[44] und die es gestatten, mittels einer Art praktischer Generalisierung alle gleichförmigen Probleme zu meistern, bedeutet auch, die Grenzen festzulegen, die sich eine jede logische Rekonstruktion auferlegen muß, will sie nicht, in Unkenntnis des spezifischen Prinzips einer Logik, die um jeden Preis, und sei es um den der Strenge und Fruchtbarkeit, ein Minimum an Ordnung sicherzustellen trachtet, sich der *Überinterpretation* schuldig machen. Die Körpersprache, mag es sich hier um Gesten oder, mit noch größerer Berechtigung, um das handeln, was die psychosomatische Medizin als »Organsprache« bezeichnet, ist um ein vieles mehrdeutiger und überdeterminierter als der überdeterminierteste Gebrauch der Alltagssprache. Darin ist begründet, warum die rituellen »Wurzeln« stets sehr viel umfassender und unbestimmter sind als die linguistischen Wurzeln und warum die rituelle Gymnastik – gleich dem Traum – immer weitaus reicher erscheint als deren zugleich einbahnige wie beliebige verbale Übersetzungen. Wie bedeutungsträchtig Worte auch immer sein mögen, sie schließen den Kreis der Wahlmöglichkeiten und machen die Beziehungen, die die Körpersprache nahelegt, wenn nicht unmöglich, so doch schwierig und in jedem Fall explizit – folglich kontrollierbar. Dies bedeutet, daß allein dadurch, daß man eine Praxis, die zahlreiche ihrer Eigenschaften dem Faktum verdankt, jenseits des Diskurses – was nicht heißen soll: jenseits der Logik – angesiedelt zu sein, auf die Ebene des Diskurses verlagert (was man freilich nicht verhindern kann, wenn man überhaupt Wissenschaft treiben will), sie darin einem faktischen Wandel in bezug auf ihren ontologischen Status unterzieht, der desto folgenreicher sein muß, je mehr dafür spricht, daß er unbemerkt abläuft.[45]

Die rituelle Praxis, die immer darauf aus ist, zwischen den gegensätzlichen Ordnungen *Übergänge* zu begünstigen und/oder deren Aufeinandertreffen zu ermächtigen, definiert die Wesen oder Dinge niemals anders als in und durch die Beziehung, die sie zwischen ihnen herstellt, wobei sie größtmöglichen Nutzen aus der Polysemie der fundamentalen Aktionen zieht, den mythischen »Wurzeln«, deren linguistische Wurzeln partiell die Polysemie reproduzieren: Die Wurzel FTH z. B. kann unterschiedslos und im wörtlichen wie im übertragenen Sinne ebenso *er/öffnen* bedeuten, wenn es sich um eine Tür oder einen Weg (bei rituellen und außergewöhnlichen Anwendungen), um das Herz (vgl. sein Herz »öffnen«), um einen Diskurs/eine Rede (etwa durch eine rituelle Formel), um eine Ratssitzung, um eine Aktion oder den Tagesablauf handelt, wie *offen sein,* wenn es sich um eine »Pforte«, verstanden als Beginn einer beliebigen Serie, um das Herz (d. h. um das Verlangen), um eine Knospe, um den Himmel oder um einen Knoten handelt, und sie kann letztlich auch *sich öffnen* bedeuten, wenn es sich um eine Knospe, ein Gesicht, einen Sprößling oder um ein Ei handelt, also weitergefaßt, wo von eröffnen (inaugurieren), segnen, erleichtern, unter gute Vorzeichen stellen (»möge Gott die Pforten öffnen«) die Rede ist, folglich dort, wo all die Bedeutungen in etwa zu Wort kommen, die auf den Frühling verweisen. Da umfassender und vager als die linguistische Wurzel, bietet nun allerdings die mythische Wurzel Stoff zu noch reicheren und mannigfaltigeren Spielen, worin das Schema er/öffnen – sich öffnen – offen sein die Möglichkeit eröffnet, zwischen einer Fülle von Verben und Worten assoziative Verbindungen, die auf Beziehungen bloßer morphologischer Affinität nicht zurückführbar sind, herzustellen: Auf diese Weise kann jene Wurzel die folgenden anderen evozieren – FSU, entbinden, auflösen, aufknoten, auftrennen, sich öffnen, in Erscheinung treten (wenn es sich um junge Sprößlinge handelt, von daher stammt die Bezeichnung *thafsuth* für den Früh-

ling); FRKh, aufblühen, entstehen lassen, gebären (von daher *asafrurakh*, das Aufblühen oder Sprießen, oder *lafrakh,* die Baumableger, die im Frühling sprießen, und, weitergehend, die Nachkommenschaft, die Fortsetzung einer jeden Angelegenheit), sich vermehren, anwachsen; FRY, sich bilden, gestalten, gebildet, gestaltet werden (wenn von Feigen die Rede ist), zu wachsen beginnen (in bezug auf Getreide und den Säugling), sich vermehren (wenn von der Vogelbrut gesprochen wird: *ifruri el' ach,* das Nest ist voller zum Fortfliegen bereiter junger Vögel), enthülsen, enthülst werden (in bezug auf Saubohnen, Erbsen) und, daran anschließend, in die Jahreszeit eintreten, in der die Saubohnen frisch gepflückt werden können (*laḫlal usafruri*), auslesen und ausgelesen werden (wenn von Getreide die Rede ist, das gemahlen werden soll), trennen und getrennt werden (in bezug auf Antagonisten) und, daran anschließend, versöhnen, in Einklang bringen, beruhigen, anbrechen (wenn vom Tag die Rede ist, der mit der Nacht »ringt« und sich von ihr »trennt«, *ifruri was*), aufhellen, aufklaren (wenn von der Zeit gesprochen wird, *ifruri elḫal);* schließlich und endlich, qua Gegensatz, die Wurzel FLQ, brechen, zerbrechen, zerschlagen und platzen, spalten und wie das Ei oder der Granatapfel zerspringen, die anläßlich der Feldbestellung oder bei Hochzeiten zerschlagen werden.[46]
Es reichte hin, sich von der Logik der Assoziationen treiben zu lassen, um das umfassende Netz der Synonyme und Antonyme, der Synonyme der Synonyme und der Antonyme der Antonyme, und so weiter und so fort, rekonstruieren zu können. Es wäre zum einen möglich, zu den Wurzeln 'MR, füllen, gefüllt sein, oder FTH, anwachsen, sich vermehren, oder auch UFF, aufblühen, fortzuschreiten und von dort aus überzugehen zu der Wurzel ZDY, vereinigen, vereinigt sein, sich vereinigen (das Haus voller »Männer« und Güter ist ein kinderreiches und vereintes Haus); es wäre auf der anderen Seite möglich, durch Vermittlung der Antonyme auf leeren, leer sein oder ruinieren, ruiniert sein (KHL), auftrennen, getrennt sein, sich trennen (FRQ), abschneiden, abgeschnitten sein (QD'), löschen, gelöscht sein (TF), niedermachen, usw. zu stoßen.[47]
Desgleichen könnte man von der mythischen Wurzel »aufsteigen« her auf folgendes treffen: nach Osten gehen oder gekehrt sein, zum Licht hin, in die Weite gehen, nach rechts, nach vorne gehen, der Zukunft zugehen, entstehen, sprießen, wachsen (hier die Brücke zu den vorhergehenden Wurzeln), stehen, aufgewacht sein, oben sein usw., oder in der Serie der Antonyme: absteigen, der Finsternis zugehen, nach links gehen, sich neigen, fallen, liegen, schlafen, unten sein usw. ...

Es gibt gewiß keine genauere Entsprechung dieses Systems generativer Schemata, die durch Relationen praktischer Äquivalenz verbunden sind, als das System der Adjektive (schwer/leicht, warm/kalt, matt/glänzend usw.), das die französische Sprache zum Ausdrücken der letzten Geschmackswerte vorgibt – Adjektive, die sich gleichermaßen auf eine Speise wie eine Schulübung, ein Theaterstück wie ein Bild, einen Scherz wie eine Haltung, einen Akzent wie ein Kleidungsstück usw. anwenden lassen. Ihre Wirksamkeit verdankt diese praktische Taxonomie dem Umstand, daß, wie es die in den Wörterbüchern gesammelten mannigfachen Bedeutungen bezeugen, der Sinn eines jeden Adjektivs und der der Beziehung, die es an seine Antonyme bindet, sich in jedem einzelnen Fall entsprechend der einem jeden seiner Anwendungsfelder eigentümlichen Logik spezifiziert: *kalt* kann derart synonym sein mit ruhig oder gleichgültig, aber auch mit frigide oder ernsthaft, oder mit streng und abweisend, hart und trocken, fade und matt usw. – je nachdem, ob es bei einem Mann oder einer Frau, beim Kopf oder beim Herz, bei einem Gesichtsausdruck oder einem Tonfall, einer Farbe oder einem Kunstwerk, einem berechnenden Verhalten oder einem Wutausbruch usw. seine Anwendung findet; und es wird ebenso viele Antonyme wie mögliche Bedeutungen aufweisen: natürlich heiß, aber auch heftig und hitzig, sinnlich oder herzlich, sprühend oder ausdrucksvoll, auffallend und anregend usw. Aus dem folgt, daß, auf ihre jeweilige Anwendung hin besehen, die adjektivischen Begriffswortpaare, deren System die Apparatur des Geschmacksurteils erstellt, zugleich äußerst ärmlich, gleichsam unbestimmt und extrem reich sind, nahezu unbegrenzt überdeterminiert, wobei diese Unbegrenztheit sie dazu prädisponiert, das Gefühl des Undefinierbaren hervorzurufen oder auszudrücken: einerseits erhält der einzelne Gebrauch eines dieser Paare Sinn nur in Verbindung mit einem fortwährend differenten, häufig impliziten und immer selbstgenügsamen Praxisbereich, der die Konfrontation mit anderen Bereichen ausschließt; andererseits schwingen in dem Sinn, den die Paare in einem jeweiligen Feld erhalten, all die anderen Sinngehalte mit, die sie selbst oder die Paare, die bis auf winzige Unterschiede für sie substituierbar sind, in anderen Feldern, d. h. in leicht veränderten Kontexten, erhalten können.

Das bisher Gesagte gilt auch für die Art und Weise, in der zum Beispiel der Gegensatz zwischen »vorn« und »hinten« innerhalb der rituellen Praxis funktioniert: hinten ist die Stelle, der Ort, wohin all das befördert wird, dessen man sich entledigen will[48] (z. B. heißt es in einem Ritus des Webstuhls: »mögen die Engel vor mir und der Teufel hinter mir stehen«, und in einem anderen reibt man, zum Schutz gegen das schlechte/böse Auge, das Kind hinter dem Ohr, damit es das Übel »hinter sein

Ohr« bekommt); hinten ist der Ort, von wo das böse Geschick herkommt (die Frau, die auf den Markt geht, um Erzeugnisse, die sie hergestellt hat, wie Decken, Wolle usw., oder Produkte ihrer Aufzucht, Hühner, Eier usw., zu verkaufen, darf, will sie keinen schlechten Verkauf provozieren, nicht nach hinten schauen; der Wirbelwind – *thimsiwray* – greift den von hinten an, der beim Gebet sein Gesicht der *qibla* zuwendet). Verständlich, daß hinten in Verbindung steht zu innen, zum Weiblichen (die Vordertür, die nach Osten geht, ist männlich, die Hintertür, die nach Westen geht, weiblich), in Verbindung weiter zur Intimität, zum Verborgenen, zum Geheimnis; desgleichen aber auch, daran anschließend, zu dem, was folgt, was auf dem Boden, Quelle der Fruchtbarkeit, dahinschleift, *abru'*, die Schleppe, der Glücksträger, das Glück: Die Neuvermählte, die das neue Haus betritt, vermehrt das vom Überfluß Gemachte, indem sie Früchte, Eier, Getreide hinter sich wirft. Diese Bedeutungen vereinigen sich mit jenen, die zu vorn, nach vorne gehen, gegenübertreten (*qabel*), der Zukunft entgegengehen, nach Osten, ins Licht gehen, in Verbindung stehen – und so hätte man denn, ausgehend von diesem einzigen Schema, keine große Mühe, neuerlich die Quasi-Totalität der rituellen Praktiken zu erzeugen.

Die Mannigfaltigkeit solcher gleichermaßen unterschiedenen wie eng verwandten Sinngehalte ist ein Ergebnis gelehrten Sammelns. Praktisch existiert jede dieser gesammelten Bedeutungen allerdings nur innerhalb der Relation zwischen einem Schema (oder dessen Produkt, einem Wort etwa) und einer spezifischen Situation. Deshalb dürfen wir von verschiedenen Bedeutungen eines Symbols nur dann sprechen, wenn uns bewußt bleibt, daß die Zusammenfassung dieser Bedeutungen in der Simultaneität (oder, so es sich um Worte handelt, auf einer Seite des Wörterbuches) ein wissenschaftliches Artefakt darstellt, insofern jene in der Praxis niemals simultan existieren. Denn ein Wort kann einerseits, wie Vendryès anmerkte, sich nicht fortgesetzt mit allen seinen Bedeutungen zugleich präsentieren, ohne damit die Rede zu einem steten Wortspiel werden zu lassen; andererseits wären, gesetzt, alle Bedeutungen, die ein Wort annehmen kann, wären vom grundlegenden Sinn gänzlich unabhängig, auch keine Wortspiele mehr möglich. Gleiches kann von den Symbolen des Rituals gesagt werden. Unter all den Formen, die ein grundlegender Gegensatz annehmen kann, existieren stets solche, die, gleich *switchers* funktionierend, die Verbindung zwischen den Praxisbereichen konkret herstellen: in diesem Zusammenhang z. B. die Verbindung zwischen hinten und innen, die den Übergang von »hinten« zum weiblichen Wohlstand,

d. h. zur Fruchtbarkeit, gewährleistet – wogegen der männliche Wohlstand, über den Zusammenhang zwischen vorn, der Zukunft und dem Licht, an »vorne« gebunden ist. Die objektivierte Spur dieser Übergänge ist zuweilen in den Sprichwörtern erkennbar, die die Analogien zwischen den verschiedenen Serien benennen (»das junge Mädchen ist die Mauer der Dunkelheit«, oder »die Frau ist (der) Mond« [im Arabischen weiblichen Geschlechts]).

Die Sinnbereiche, die den verschiedenen Praxisbereichen korrespondieren, sind in sich geschlossen – folglich vor der Kontrolle durch die logische Systematisierung geschützt – und zugleich, als mäßig systematische Produkte eines Systems von mehr oder minder umfassend integrierten generativen Prinzipien, die innerhalb der unterschiedlichsten Praxisfelder strukturell invariant funktionieren, auch *objektiv* in Einklang mit allen anderen. In der *Logik des Ungefähren und Unbestimmten*, die ohne Umschweife »flach«, »farblos« und »fade«, diese vom ästhetischen Urteil oder vom Sprachlehrer favorisierten Adjektive, oder, im Rahmen der kabylischen Tradition, Worte wie »voll«, »geschlossen«, »innen« und »unten« als Äquivalente akzeptiert, sind die generativen Schemata, wiewohl bei näherem Hinschauen vollkommen unvergleichbar, praktisch doch austauschbar; weshalb sie auch nur systematische Produkte hervorbringen können – freilich Produkte mit einer unbestimmten, verschwommenen Systematik und einer approximativen Logik, die der Überprüfung durch eine rationale Systematik und der logischen Kritik nicht standhalten.[49] Ohne die symbolische Beherrschung der Schemata, die sie *sind*, und ihrer Produkte, die sie *machen*, können die Individuen den Produktionsapparat, der ihnen die korrekt gebildeten rituellen Praktiken hervorzubringen gestattet, adäquat nur beherrschen, indem sie ihn in Gang setzen.[50] Das zu vergessen, ist der Beobachter mehr als einmal versucht, da er die Logik, die den registrierten Produkten des Apparates innewohnt, nur so erfassen kann, daß er ein Modell konstruiert, das gerade einen Ersatz dafür darstellt, daß man den Apparat unmittelbar nicht – oder nicht mehr – beherrscht. Die Verfahren, die die Wissenschaft zum Verstehen der Praxis erarbeiten muß, prädisponieren diese keineswegs zu der notwendigen Einsicht, daß das Modell wahr sein kann, ohne die Wahrheit der Herstellungs- und Verstehensbedingungen dessen, was es zu verstehen gestattet, mit einzuschließen.

Dergestalt besitzt jedes richtig vergesellschaftete Individuum, einverleibt, die Instrumente, die es die Welt zu ordnen befähigen, also ein System von Klassifikationsschemata, die alle Praxisformen organisieren und wovon die linguistischen Schemata (denen der Neukantianismus – und die ethnomethodologische Störung heute – gleichermaßen ungerechtfertigte Autonomie wie Vorrang einräumen) nur ein Moment darstellen. Über den Mythos als konstituierte Realität den mythopoetischen Akt als konstituierendes Moment zu fassen, bedeutet nicht, wie der Idealismus wähnt, im Bewußtsein nach den universellen Strukturen einer »mytho-poetischen Subjektivität« und nach der Einheit des geistigen Prinzips zu forschen, das unabhängig von den gesellschaftlichen Bedingungen alle empirisch realisierten Konfigurationen bedingen soll. Vielmehr bedeutet es, das vereinigende generative Prinzip aller Praxisformen, das System der ebenso kognitiven wie evaluativen Strukturen zu rekonstruieren, das gemäß den objektiven Strukturen eines spezifischen Standes der gesellschaftlichen Welt die Weltsicht (vision du monde) organisiert: Dieses Prinzip ist nichts anderes als der gesellschaftlich geformte Körper, mit all seinen Neigungen und Abneigungen, seinen Verpflichtungen und Repulsionen, in einem Wort: mit all seinen *Sinnen*, d. h. nicht nur seinen ihm zugebilligten fünf Sinnen, die ja doch der strukturierenden Aktion der sozialen Determinationen nicht entgehen, sondern auch dem Sinn für die Verpflichtung und die Pflicht, dem Orientierungs- und Wirklichkeitssinn, dem Gleichgewichts- und Schönheitssinn, dem Sinn für das Sakrale, dem Sinn für Wirkung, dem politischen Sinn und dem Sinn für Verantwortung, für Rangfolgen, für Humor und für das Lächerliche, dem praktischen Sinn, dem Sinn für Moral und dem Sinn fürs Geschäft, *und so weiter und so fort* ...

Vereinigung und Trennung

An dieser Stelle wäre noch hinzuzufügen, was als *Sinn für die Grenzen und die legitime Überschreitung der Grenzen* bezeichnet werden kann, ein »Sinn«, der sowohl dem Akt des Ordnens der Welt (seit Parmenides *diakosmesis* genannt[51]) wie den rituellen Handlungen zugrunde liegt, die die unabwendbaren und notwendigen Verfehlungen gegenüber dieser Ordnung begünstigen oder ermächtigen sollen. »Es ist die Grenze«, so ein alter Kabyle, »auf der die Welt ruht. Es ist die Grenze, die Himmel und Erde scheidet. Die Augen haben eine Einfriedung (*zerb*). Der Mund hat eine Grenze. Alles hat eine Grenze.« Ordnung einführen heißt die Teilung einführen, heißt das Universum in gegensätzliche Entitäten aufteilen, die schon die ursprüngliche Spekulation der Pythagoräer in Gestalt zweier »Gegensatzreihen« (*sustoichiai*) präsentierte.[52] Nun nötigen die Zwänge der Praxis allerdings dazu, das zu vereinen, was die praktische Logik getrennt hat – z. B. bei den Feldarbeiten oder der Heirat –, und zu trennen, was die Logik vereint hat – bei der Ernte etwa: Tatsächlich besteht eine der Funktionen des Rituals gerade darin, jene unabwendbaren Übertretungen der Grenze statthaft zu machen, indem sie nämlich euphemisiert werden. Nicht zufällig kostet es einige Mühe, in jene Gegensatzreihen eine solch nutzbringende Oppositon wie *gerade* und *ungerade* und, weitergehend, all die symbolischen Objekte und Handlungen einzubringen, die vom Schema *vereinigen/sich vereinigen/vereinigt sein* (Wurzel ZDY) und seinem Gegenteil *trennen/sich trennen/getrennt sein* (Wurzel FRQ oder QD‘, abschneiden/schneidend sein) und allen unter dem Gesichtspunkt rituellen Sinns verbundenen Schemata (schließen/geschlossen sein, auslöschen/erloschen sein, töten, schlachten, ernten usw.) aus erzeugt werden können. Das Unterscheidungsprinzip läßt sich nur unter Anstrengung innerhalb der Dinge, die es zu klassifizieren erlaubt, selbst klassifizieren. Empedokles war auf diese Schwierigkeit gestoßen, die aus *Philia* und *Neikos*, Liebe und Haß, zwei Prinzipien hatte werden lassen, die auf die Gegensätze, die sie zu verbinden und in eine dialektische Beziehung zu bringen gestatten, nicht zurückführbar waren.[53] Indem er für *Diakrisis* und *Synkrisis* – ein Gegensatz, der innerhalb der Logik seinen Ort zu haben scheint, wo man, freilich in äußerst gereinigter Form, auch von Vereinigung und Trennung spricht – derart befrachtete Begriffe wie *phthora*, Verfall, Verderben, oder *genesis*, Zeugung, und für den zweiten Terminus *mixis*, das auch als Vereinigung, allerdings im Hinblick auf die Heirat, übersetzt werden könnte, als Synonym ansetzt, führt er zum Prinzip der praktischen Logik des Ritus, dessen Operationen – wie die natürlichen Prozesse selbst, die er wiedergibt, wenn sie entsprechend den Schemata des magischen Denkens gedacht werden – gleichermaßen und untrennbar logisch wie biologisch sind.[54]

Das gesamte System der rituellen Symbole und Handlungen kann folglich unter Zuhilfenahme einer kleinen Zahl *antagonistischer*

Symbole (deren Paradigma im Gegensatz zwischen den Geschlechtern vorliegt und die von einer beschränkten Zahl von Schemata aus hervorgebracht werden können) und einer kleinen Anzahl *praktischer Operatoren* (sowohl logischer wie biologischer Natur) beschrieben werden, die nichts anderes sind als durch die und in der rituellen Praxis kulturell konstituierte natürliche Prozesse, nämlich Heirat und Feldarbeit als *Vereinigung der Gegensätze* und Mord oder Ernte als *Trennung der Gegensätze* (Prozesse, die die Logik der rituellen *Mimesis* als solche wiederholt). Da die Vereinigung der Gegensätze den Gegensatz nicht aufhebt, ihn vielmehr noch voraussetzt, stehen die Gegensätze auch nach ihrer Vereinigung, wenn auch auf gänzlich andere Weise, in Gegensatz zueinander – worin sie die doppelte Wahrheit der Relation, die sie verbindet, nämlich antagonistisch wie komplementär, *Neikos* und *Philia*, zu sein, dokumentieren, was ebenfalls, würden sie außerhalb dieser Relation gedacht, als ihre »Doppelnatur« in Erscheinung treten könnte: Das Haus z. B., das alle negativen Eigenschaften der dunklen, nächtlichen und weiblichen Welt aufweist und in dieser Hinsicht dem Grab und dem jungen Mädchen gleichwertig ist, ändert seine Bestimmungen, wenn es zu dem wird, was es auch ist, nämlich die Stätte par excellence des Zusammenlebens und der Vermählung der Gegensätze, die, wie die Braut, »die Lampe, die innen scheint«, ihr eigenes Licht in sich birgt: ist der Dachstuhl eines neuen Hauses angebracht, wird die *Heiratslampe* gebeten, das erste Licht herbeizuführen. Auf diese Weise erhält jedes Ding, je nachdem, ob es im Zustand der Vereinigung oder der Trennung erfaßt wird, und ohne daß jeweils nur der eine als alleinige Wahrheit, der andere aber als deren verfälschte oder verstümmelte Form angesehen werden könnte, verschiedene Eigenschaften. So geschieht es, daß die kultivierte Natur, das linke Sakrale, das männlich oder vermännlicht Weibliche, also z. B. die vermählte Frau oder Erde, nicht nur zum Männlichen insgesamt – im Zustand der Vereinigung oder der Trennung – in Gegensatz steht, sondern auch und vor allem zur noch wilden und ungezügelten, natürlichen Natur – das junge Mädchen und das brachliegende Land – und zu der zur schiefen und unheilvollen Natürlichkeit zurückgekehrten Natur, die ihr außerhalb der Vermählung eigen ist: das abgeerntete Feld oder die alte Hexe, mit ihren Listen und Heimtücken, die sie dem Schakal verwandt machen.[55]

Der Gegensatz zwischen dem weiblich-Weiblichen und dem männlich-Weiblichen ist mannigfach bezeugt. Die ist eine weibliche Frau schlechthin, die von keinem Mann abhängig ist, die sich der Autorität ihrer Eltern, ihres Mannes und dem Umfeld ihres Mannes entzogen hat, die keine Kinder besitzt: sie ist ohne *ḥurma*, »sie ist aus schlechtem Holz«, »sie ist aus gebogenem Holz«. Sie ist Teil des brachliegenden Landes, der wilden Welt, sie weist Verbindungen auf zu okkulten, ungesitteten Kräften, zur ungezügelten Natur. Ihre Sache ist die Magie (*thamgharth thazemnith*, die alte Hexe, *settuth*, die »Hexe« aus den Erzählungen). Die sterile Frau darf weder im Garten pflanzen noch die Saat tragen. An der diabolischen Natur der weiblichen Frau hat jede Teil, vor allem während ihrer Menstruationsperiode, während derer sie nicht Speisen kochen, nicht im Garten arbeiten, nicht pflanzen und nicht beten und fasten darf (*elkhalath*, der Kollektivname für das »weibliche Geschlecht«, ist auch das Leere, das Nichts, die Ruine, die Wüste). Umgekehrt treibt die ledige und sterile alte Frau, die keinen »Rückhalt« mehr hat, die allen Frauen eingegebenen Möglichkeiten zu ihrer vollen Entfaltung. Dem jungen Sprößling gleich, der, einmal für sich allein gelassen, nach links treibt, und nach rechts (oder zum Recht) nur um den Preis einer Verrenkung, eines »Knotens« zurückgeführt werden kann, »ist (auch) die Frau ein Knoten im Holz« (*thamattuth d iriz*). Die »Alte« steht im Bunde mit allem, was verbogen (*aʿwaj*, verbiegen) und links, verdreht ist, und mit allem, was verdreht: ihr wird *thiʿiwji*, die unheilvolle, suspekte Gewandtheit und Fertigkeit zugeschrieben, die auch den Schmied auszeichnet; sie ist Spezialistin für Magie, die die linke Hand, die grausame Hand gebraucht (der »Schlag eines Linkshänders« ist tödlich), und sich *von rechts nach links dreht* (im Gegensatz zum Mann, der die rechte Hand gebraucht, die Hand des Schwurs, und der sich von links nach rechts dreht); sie ist in der Kunst bewandert, auf heimtückische Weise den »Blick zu verdrehen« (*abran walan*), entgegen der Richtung, in der sich die Person befindet, der sie ihre Mißbilligung und Unzufriedenheit bekunden will (*abran*, von links nach rechts wenden, sich versprechen, nach hinten zurückgehen, kurz, sich in die falsche Richtung drehen, steht in Gegensatz zu *qeleb* – den Rücken – drehen, umstürzen, wie eine diskrete, flüchtige, passive Bewegung, ein weibliches Ausweichen, ein »ungeschickter« Schlag, ein magisches Verfahren zu einer offenen, eindeutigen, rechten, männlichen Aggression).[56]

Die fundamentalen Operatoren *vereinigen* und *trennen* bilden das praktische Äquivalent zu füllen und leeren (*Plerosis* und *Kenosis*): sich vermählen heißt *'ammar*, voll sein. Dadurch können sie sich sogar auf die Grundgegensätze: trocknen und naß/feucht werden, vermännlichen und verweiblichen reduzieren. Das wird überdeutlich in der Bedeutung, die allem zugeschrieben wird, was die Vereinigung der Gegensätze symbolisiert. So ist die Kreuzung, die sich von der Weggabelung abhebt wie der Ort, »wo die Wege aufeinandertreffen« (*anidha itsamyagaran ibardhan*), zu dem Ort, »wo die Wege sich scheiden« (*anidha itsamfaraqen ibardhan*), der Schnittpunkt der vier Himmelsrichtungen und derer, die in diese vier Richtungen gehen oder von ihnen herkommen: als solche ist die Kreuzung Symbol des Vollen (*i'mar unridh*, der Weg ist bevölkert, voll) oder, genauer, des männlichen Vollen, das sich einerseits vom Leeren des Feldes und des Waldes (*laklah*), andererseits vom weiblichen Vollen (*la'mara*), dem Haus oder dem Dorf, absetzt[57]; es geschieht an der Kreuzung, dem vollen und von Männern bevölkerten Ort, daß die sterile Frau oder das junge Mädchen, die keinen Mann finden, vor Sonnenaufgang, d. h. zur Stunde des Kampfes zwischen Tag und Nacht, und mit dem Wasser des Trogs, worin Eisen gehärtet wird, nackt baden; es geschieht an einer von Herden (Bürgschaft für Fruchtbarkeit) frequentierten Kreuzung, wo ihr Badewasser ausgeschüttet wird.[58] Der furchterregende Charakter einer jeden Vereinigung von Gegensätzen wird in einzigartiger Weise beim Eisenhärten in Erinnerung gebracht (*asqi*, auch Bouillon, Soße und Giftmischerei), das gegenüber dem Geschlechtsakt, was die Kreuzung, das Volle im Leeren, das männliche Volle, gegenüber dem Haus ist: *seqi*, das bedeutet beim Übergießen des Couscous mit Brühe, das Trockene und das Nasse vereinigen, bedeutet beim Eisenhärten, das Warme und das Kalte, Feuer und Wasser, das Trockene und das Nasse vereinigen, bedeutet, das kochende Wasser, Gift, ausgießen. Eisenhärten ist ein schrecklicher Akt, worin sich Gewalt und List vermengen, vollzogen von einem schrecklichen Wesen, dem Schmied, dessen Ahne, Sidi-Daoud, imstande war, das glühende Eisen in bloßen Händen zu halten, und der die schlechten Zahler damit bestrafte, daß er ihnen unschuldigen Blickes eines seiner weißglühenden Erzeugnisse entgegenstreckte.

Vereinigung oder Trennung: das ist in allen Fällen ein und dieselbe frevelhafte Gewalttat, die die natürliche Ordnung der Dinge bricht, um ihnen die Ordnung der Gegen-Natur, die die Kultur definiert, aufzuzwingen. Als Beweis hat die Tatsache zu gelten, daß die Akte des Mischens oder Schneidens, des Vereinigens oder Trennens faktisch den gleichen, gleichermaßen gefürchteten wie verachteten Personen, dem Schmied, dem Fleischer, dem Saatabmesser, zugewiesen werden[59]: Es ist fast immer der Schmied, der mit den frevlerischen und sakralen Akten des Schneidens, des Schlachtens des Opferochsen oder der Beschneidung beauftragt wird (obgleich er keinen Sitz in der Versammlung innehat, wird bei Kriegsfall oder bei Gewalttaten seine Meinung immer berücksichtigt); es kommt, wenn man einigen Zeugen glauben darf, zuweilen sogar vor, daß ihm die Eröffnung der Feldarbeiten anvertraut wird; im Gegensatz dazu muß in einem anderen Dorf die Person, die die Feldarbeiten zu eröffnen hat – ein letzter Nachkomme desjenigen, der dort, wo der Blitz eingeschlagen war, ein Stück Eisen gefunden und es zu einer Pflugschar verarbeitet hatte –, auch alle mittels Eisen und Feuer auszuführenden Gewaltakte (Beschneidung, Skarifizierung, Tätowierung usw.) vollziehen.[60] Geschieht es auf diese Weise, so weil in allen diesen Fällen der Eingriff des Mannes, seine eigene Präsenz auf der Kreuzung der antagonistischen Kräfte, die er zusammenbringen muß, um das Überleben der Gruppe zu gewährleisten, eine höchst gefährliche Operation darstellt: Wie der Mann der Frau nur gegenübertreten kann, wenn ihm der magische Schutz, den ihm die Beschneidung gewährt, sicher ist, so setzt sich auch der das Feld Bestellende das Käppchen aus weißer Wolle auf und zieht sich die *arkasen* an, Ledersandalen, die nicht in das Haus treten dürfen, will man vermeiden, daß es zur Stätte des Zusammentreffens von Himmel und Erde und ihrer antagonistischen Kräfte wird (wohingegen die Frauen, die an irdischen Mächten partizipieren, beim Jäten und Ährenauflesen bloßen Fußes auf die Felder gehen).[61]

Die Verteilung der Arbeiten und Riten auf bestimmte Zeiten, d. h. die chronologische Struktur des Landwirtschaftsjahres und des Lebenszyklus ist das Produkt gleichermaßen der *diakritischen Intention* (Trennung), die kraft Gegensatz ordnet, wie der *synthetischen Intention* (Vereinigung), die mittels *Riten* (des Übergangs), die ihre umfassende Intensität im Akt der Vereinigung oder Trennung der antagonistischen Kräfte durch die menschliche Aktion gewinnen, zwischen den Gegensätzen *Übergänge* schafft. Auf der einen Seite steht der immer von allen Informanten erwähnte, dem Jahr seine Struktur aufprägende fundamentale Gegensatz der beiden starken Zeiten, *elyali*, die »Nächte«, und *esmaïm*, die »Hundstage«, die die jeweiligen Eigenschaften der trockenen und der feuchten Jahreszeit zu höchster Intensität treiben; auf der anderen Seite stehen die allzeit gefährdeten Übergänge zwischen den gegensätzlichen Prinzipien und den Übergangsriten einer besonderen Art, deren Bestimmung es ist, die Elemente und Menschen Respekt vor der »Ordnung der Zeit« (*chronou taxis*), d. h. vor der Weltordnung, zu lehren: Verweiblichung des Männlichen im Herbst mit der Feldbestellung, der Aussaat und den damit einhergehenden Regenriten; Vermännlichung des Weiblichen im Frühling mit der fortschreitenden Trennung des Samenkorns von der Erde, die mit der Ernte ihren Abschluß findet.

Wird die *elyali*, »die Nächte«, genannte Periode von allen Informanten stets in Verbindung mit *esmaïm* erwähnt, so zunächst deshalb, weil der Winter des Winters und der Sommer des Sommers in gewisser Weise jeweils alle Gegensätze, die die Welt und das Landwirtschaftsjahr strukturieren, in sich zusammenfassen. Die Periode von vierzig Tagen, dazu ausersehen, den Zeitraum zu repräsentieren, den die im Herbst gesäte Saat braucht, um hervorzukommen, stellt ein ausgezeichnetes Beispiel für jene leeren, toten Zeiten dar, in denen nichts passiert, in denen alle Arbeiten ruhen und die durch das Fehlen jedes wichtigen Ritus (ausgenommen einige Vorhersageriten) gekennzeichnet sind[62]: Das befruchtete Feld, nach Art einer Frau ordnungsgemäß durch eine mit Dornen versehene Einfriedung (*zerb*) geschützt, bildet die Stätte einer mysteriösen und unvorhersehbaren Arbeit, die durch nichts nach außen dringt – darin verwandt dem Kochen der Getreidekörner und Saubohnen im Topf oder der Arbeit, die sich im Bauch der Frau vollzieht. Diese Zeit ist allerdings der Winter des Winters, die Nacht der Nacht, in der die Wildschweine sich paaren, der Moment, da die natürliche Welt den weiblichen Kräften der Fruchtbarkeit, den natürlichen, wilden Kräften, von denen man nie genau weiß, ob sie gezähmt sind, überantwortet wird.[63] Die wiederholten offensiven Einfälle des Winters, der Kälte und der Nacht sind da, um an diese verborgene Gewalt der weiblichen Natur zu erinnern. In der »Auseinandersetzung zwischen dem Winter und dem Menschen«[64] wird der Winter wie eine Frau (der Name der Jahreszeit *chetwa* wird wie ein weiblicher Personenname behandelt) und ganz gewiß wie eine *alte Frau* dargestellt, diese Verkörperung der unheilvollen Kräfte der Vernichtung und des Todes, der Unordnung und der Teilung, die nach ihrer Niederlage im Wettkampf mit dem

Mann ihrem Verlangen nach Gewalt entsagen und Mäßigung und Milde an den Tag legen muß. Diese Art Ursprungsmythos erinnert daran, daß der Winter – wie die Frau – von doppelter Natur ist: Es gibt in ihr die rein weibliche, ungemischte, ungezähmte Frau, deren Verkörperung die alte Frau, die leere, trockene, sterile Frau darstellt, d. h. das wilde Prinzip, das kraft des Alters auf seine rein negative Wahrheit zurückgeschraubt wird[65]; es gibt in ihr aber auch die gezähmte und unterworfene Frau, die volle Frau, die vollkommen Frau ist, d. h. die Fruchtbarkeit, die Schwangerschafts- und Keimarbeit, die die vom Mann befruchtete Natur ausführt. Bezogen auf diese Logik müssen die berühmten »Tage der Alten« und andere Momente des Übergangs und des Bruchs verstanden werden. Die gesamte Natur, sowohl die Erde, darin die Saat vergraben wird, wie der Bauch der Frau, bildet die Stätte eines Kampfes, vergleichbar dem, der die Kälte und Finsternis des Winters, eine bösartige und sterile Alte, mit den Lichtkräften des Frühlings, mit denen der Mann im Bunde steht, aufeinanderprallen läßt. In allen Legenden von den »entliehenen Tagen« (*amerdil*, die Leihgabe), die mehr als nur ein Versuch sein mögen, die unerwartete Rückkehr der schlechten Zeit zu erklären, ist es ein am Winter selbst partizipierendes Wesen, am häufigsten eine alte Frau (wie der Winter selbst), eine Ziege oder ein Neger (der Sklave Hayan), zuweilen sogar ein Schakal, Verkörperung der natürlichen Unordnung[66], das vom Winter oder, gewiß entsprechend der Logik des Sündenbocks, *dem Winter geopfert* wird: Vielleicht muß dieses Opfer dargebracht werden, damit die alte Hexe Winter, gerade dadurch, daß man der folgenden Periode einige Tage als Leihgabe abbittet, darin einwilligt, die *Grenzen*, die ihr zugewiesen sind, auch zu respektieren.

Esmaïm ist in der trockenen Periode exakt das, was *elyali* in der feuchten Periode ist: Diese tote Zeit, die sich von *essaif*, der Ernte, auf nämliche Weise abhebt wie innerhalb der feuchten Jahreszeit *elyali*, diese andere tote Zeit, von *lahlal*, der Feldbestellung, präsentiert alle Eigenschaften der trockenen Jahreszeit. Man betritt das reine und sterile Reich des Sommers mit dem Monat Mai, der für alle Zeugungsakte (also auch für Heiraten) für ungünstig erachtet wird.[67] Die Riten, die den »ersten Tag des Sommers«, auch »der Tod der Erde« genannt, markieren, und mehr noch die der Sommersonnenwende, *Insla*, am Anfang von *esmaïm* gelegen, setzen Feuer, Eisen und alle mit Feuer bearbeiteten Instrumente ein, wie Pflugschar, Sichel, Kardätsche und auch den Dolch, mit dem die Gurgel des Opfertieres (sowie der Männer) durchschnitten wird – sie alle sind Instrumente, die beim Schneiden, Abtrennen, Durchbohren, beim Aderlaß und beim Abstechen Gebrauch finden (Tätowierung, heilende oder vorbeugende Skarifikation, die mit dem Stachel eines Oleanders, der aus dem Strauß von *azal* verbannt ist, vollzogen wird, vorbeugendes Ansetzen eines glühenden Eisens an den Kopf, Durchstechen der Ohren junger Mädchen, Aderlaß bei Tieren und Menschen, usw.).[68] Die Nacht von *Insla*, in der überall – im Haus, inmitten der Herden, in den Obstgärten, auf den Feldern, nahe den Bienenstöcken, auf dem Dreschplatz usw. – das sterile und reinigende Feuer angezündet wird, ist selbst zur Sterilität verdammt: Die Frau kann, so heißt es, nicht schwanger werden, und die an diesem Tage geborenen Kinder (wie die an diesem Tage gefeierten Hochzeiten) fallen selbst der Sterilität anheim. Die Zeit des Trokkenen ist ebenso die des Salzes, der gebratenen und gewürzten Speise, die männlich ist und männliche Kraft verleiht wie die getrockneten Kräuter, die ihr beigegeben werden; ist die Zeit des Fladens und des Öls, das für die Sommerspeise, was die Butter für die Frühlingsspeise ist.[69] Destaing zufolge stellten einem Brauch gemäß die Beni Snous zur Zeit von *Insla* einen *umgestülpten* Topf (Symbol des Feuchten und Schwarzen des Winters), dessen Boden mit Kalk eingeschmiert war (Weißmachen des Schwarzen), in die Gemüsegärten (Ort der weiblichen Kultur). *Esmaïm* präsentiert in reinem, also unvermischtem und ungemildertem, Zustand alle Eigenschaften des Sommers: Bezogen auf das Jahr ist er, was *azal* (der wärmste Augenblick des Tages) und, präziser, die Mitte von *azal* (*thalmasth uzal*) im Hinblick auf den Tag ist. Wie *azal*, ist *esmaïm*, die Öde/Wüste (*lakhla*) der abgeernteten Felder, die Zeit von Eisen und Feuer, der Gewalt und des Todes (durch die Schwertspitze, *semm*), die männliche Zeit par excellence.

Die Übergangsriten

Die Übergangsriten weisen alle Charakteristika der *Schwelle* auf, eine Art sakrale Grenze zwischen zwei Räumen, wo die antagonistischen Kräfte aufeinanderprallen und die Welt sich verkehrt; auch die Riten dieser Zeitspanne gehorchen dem schon erwähnten Prinzip der Maximierung des magischen Gewinns: Ihre Tendenz ist es, die Übereinstimmung zwischen dem mythischen Kalender, der den

Regen wie *gerufen* zur Zeit der Feldarbeiten wünscht, und dem Klimakalender mit seinen Sprüngen und Unbeständigkeiten zu gewährleisten, indem sie Übergänge favorisieren, den Übergang vom Trockenen zum Feuchten im Herbst, den vom Feuchten zum Trokkenen im Frühling begleiten oder gar beschleunigen, wobei sie aber immer auch versuchen, die mit einer zur Neige gehenden Jahreszeit verbundenen Vorteile so lange wie möglich zu erhalten. Es sind offensichtlich alle die Riten, die den Regen günstig stimmen sollen: Nicht allein rituelle Spiele, die in jeder Jahreszeit praktiziert werden, wenn Regen gewünscht wird, wie die *kura* (ein Ballspiel, bei dem die auf zwei Lager, des Ostens und des Westens, verteilten Spieler, ausgerüstet mit einem Holzschläger, den Ball, eben die *kura*, ins gegnerische Feld treiben müssen), sondern auch die *thimechret*, die Opferung eines Ochsen (der seines Fells wegen, das die Farben der Regenwolken – *azegzaw* – trägt, und dessen Brüllen auch an den Donner gemahnt, ausgewählt wird), oder die Einweihung/Eröffnung der Feldarbeiten (*awdjeb*), die, insoweit sie die furchterregende Vereinigung der Gegensätze rituell nachahmt, an sich schon einen Ruf nach Regen darstellt. Es ist zudem Zusammensetzung und Vorbereitung der bei gewöhnlichen wie außergewöhnlichen Anlässen zu sich genommenen Speisen, die, praktisch als ein *Partizipationsritual* behandelt, die Bedeutung dokumentieren, die dem Übergang einer Jahreszeit in eine andere beigemessen wird: Dem Schema des Eisenhärtens folgend besteht die Nahrung im Herbst aus trockenen Lebensmitteln (Getreide, trockenes Gemüse, getrocknetes Fleisch), die *gewürzlos* im Wassertopf *gekocht* oder, was auf dasselbe hinausläuft, über Dampf gekocht werden oder die man in Sauerteig aufgehen läßt. Indessen bildet der Herbst auch die Stätte, wo der Lauf der Welt sich umkehrt, wo alles drunter und drüber geht: das Männliche in das Weibliche, der Same ins Innere der Erde eingeführt wird, Menschen und Tiere ins Haus geholt werden, (mit der Lampe) Licht in die Finsternis gebracht wird – bis zu jener neuerlichen Wende im Frühling, die diese eine Zeitlang der Herrschaft des weiblichen Prinzips, Bauch, Frau, Haus, Nacht, überlassene verkehrte Welt wieder auf ihre Füße stellen wird.[70]

Tatsächlich ist der Frühling, mehr noch als der Herbst, der vom Bruch, den die Feldarbeiten markieren, und von der eigentümlichen Logik der Befruchtung beherrscht wird, die sich mit der rituellen Arbeit des Feuchtmachens des Trockenen verbindet, ein endloser, allzeit schwankender und gefährdeter Übergang vom Feuchten zum Trockenen, der bald nach *elyali* beginnt – oder genauer, ein Kampf um die fortwährende Wiederkehr und Umkehrung der beiden Prinzipien. Angesichts dieses Gefechtes, dem vergleichbar, das sich des Morgens die Finsternis und das Licht liefern, sind die Menschen zur Ängstlichkeit des ohnmächtigen Zuschauers verurteilt: Vielleicht läßt sich, neben anderen Hinweisen, von hier aus erklären, warum derart viele kalendarische Termini im Schwange sind, die alle Zustände der Zeit und der Kulturen beschreiben. In den Zeiten des Wartens, wo das Schicksal der Saat von einer weiblichen und zwieschlächtigen Natur abhängt, in die der Mann nicht ohne Gefahr eingreifen kann, ist die Aktivität eingeschränkt – eben auf das Maß der Macht des Mannes über Prozesse, die, wie etwa Keimung und Schwangerschaft, sich ihm entziehen: Es obliegt der Frau, die zur Rolle der Geburtshelferin prädestiniert ist, der in Arbeit begriffenen Natur eine Art rituellen und technischen Beistand – so durch das Jäten – anzutragen.

Diese Zeit des Bruchs und der Trennung ist, bezogen auf den Kreislauf des Samenkorns, was gegenüber dem Lebenszyklus jene Riten sind, die die fortschreitende Vermännlichung des Knaben, eines im Ursprung weiblichen Dings, zu gewährleisten suchen und die gleich nach der Geburt beginnen – unter Einsatz von Feuer und/oder von mit Feuer hergestellten Instrumenten.[71] Die für diesen schwierigen Übergang charakteristischsten Merkmale konzentrieren sich gleichsam alle innerhalb der Serie der *kritischen Zeitspannen*, wie *ḥusum* und *nataḥ*, beides Krisenzeiten, in denen alle bösen Kräfte des Winters sich nochmals aufzubäumen scheinen, um das Wachstum des Lebens ein letztes Mal zu gefährden, oder auch *nisan*, eine für günstig erachtete Zeit, die freilich nicht ohne Gefahren ist – dies alles zwiespältige Perioden, wo noch die schlimmsten die Hoffnung auf Besseres und noch die besten die Drohung des Schlimmsten mit einschließen: Es hat alles den Anschein, als ob eine jede von ihnen den Konflikt in sich trüge, der die Jahreszeit insgesamt heimsucht; aber auch Ungewißheit hinsichtlich der Zukunft, die bewirkt, daß diese Eröffnungsperioden (vor allem *ḥusum* und der erste Frühlingstag) – gleich dem Morgen – zum Gegenstand von Vorhersageriten und Einweihungspraktiken werden.

Jene Zwieschlächtigkeit ist im Frühling selbst vorhanden – als Wachstum und Kindheit, weshalb er, wie der Eröffnungstag einer jeweiligen Jahreszeit, der *Freude* gewidmet ist, aber auch als Verwundbarkeit und Zerbrechlichkeit alles dessen, was in den Anfängen steckt: Der Frühling ist gegenüber dem Winter, was das Grüne und Rohe (*azegzaw*), das Weiche/Zarte (*thalaqaqth*), das noch grüne Korn oder der Säugling, und was die grünen Produkte, deren Verzehr als vorzeitige Vernichtung – *a'dham* – gilt, gegenüber den vollendeten, gelben (*iwraghen*), reifen, trockenen und gehärteten Produkten sind.[72] Logischerweise wird die Frau mit all den Aufgaben betraut, die den Schutz dessen, was »sprießt«, was grün und weich ist, betreffen; ihr obliegt es, über dem Wachstum der ebenso menschlichen wie tierischen kleinen Wesen, dem Morgen des Lebens, zu wachen. Bekanntermaßen ist ihr, neben dem Jäten mit einer Hacke, auch die Ernte der Kräuter und des Gartengemüses sowie die Pflege der Kuh, Melken und Stampfen der Butter zugewiesen – letztere ein weibliches Erzeugnis, das sich, wie das Innen und das Feuchte vom Außen und vom Trockenen, vom Öl absetzt.[73]

Der genaue Ort der Schwelle, wo die Ordnung der Dinge sich umkehrt (*aqlab*), »wie der Fladen auf der Platte«, wird klar durch die »Rückkehr von *azal*« (*tharurith wazal*) bezeichnet, den Scheidepunkt der trockenen und der feuchten Jahreszeit, an dem das Jahr umkippt – und der Rhythmus des Arbeitstages (durch das Ausführen der Herde definiert) und damit das umfassende Dasein der Gruppe sich ändern. Es ist der Augenblick, wo das Feuer *hinausgetragen* und der *kanun* im Hof installiert wird. Die Herde mit ihrem Hirten, die für ihren Empfang, für das Melken und die Weiterverarbeitung der Milch in Anspruch genommenen Einrichtungen lassen in die Riten Elemente eingehen, die eher am Trokkenen denn am Feuchten partizipieren. Die Herde erhält keine weichen und grünen Gräser von den bestellten Feldern mehr, sondern grast die wildwachsenden und trockenen Pflanzen ab. Die Gräser, Blumen und das Gezweig, die der Hirte bei seiner ersten Heimkehr zur Stunde des *azal* mit sich bringt und die zu dem Gebinde geflochten werden, das, *azal* geheißen, rituell oberhalb der Türschwelle angebracht wird (Farnkraut, Brombeersträucher, Thymian, Mastixzweige, Äste des männlichen Feigenbaums, Spargelkraut, Zweige der jungen Ulme, Doldengewächse, Myrte, Tamarinde, Heidekraut, Ginster, kurz »alles, was der Wind in der Landschaft bewegt«), sind allesamt wilde Produkte der brachliegenden Erde (und keine seis auch parasitären Erzeugnisse der kultivierten Erde wie die Pflanzen, die die Frauen beim Jäten sammeln).

Noch deutlicher zeigt sich der Wandel bei der Nahrung: In den speziellen Platten von *tharurith wazal* wird, wie in der vorhergehenden Periode, der Milch ein großer Platz eingeräumt, allerdings wird die Speise hier eher in gekochtem oder gesiedetem Zustand verzehrt.

Die Vereinigung der Gegensätze und die Verneinung

Die zueinander in Gegensatz stehenden Zeitspannen, worin sich die Vereinigung und die Trennung jenseits aller – es sei denn symbolischen – Beteiligung des Menschen vollziehen – also die Zeiten der Trennung, wo die gegensätzlichen Prinzipien gleichsam im Reinzustand vorkommen, wie der Sommer oder der Winter, und in diesen zurückzufallen drohen, und die Zeiten der Vereinigung, wo das Trockene zum Feuchten zurückkehrt, wie im Herbst, oder das Feuchte zum Trockenen, wie im Frühling –, heben sich ebenfalls, wenn auch auf andere Weise, von den Zeiten ab, in denen die Vereinigung und die Trennung eine kritische Gestalt annehmen, da sie dem Menschen selbst anheimgegeben sind. Hier genau liegt der Punkt, wo sich die Struktur der rituellen Praxis in die Struktur der landwirtschaftlichen Tätigkeit einfügt: In der Tat erscheint der Gegensatz zwischen den Sühneriten während der Übergangsperioden und den Zulassungsriten, die Phänomene statthaft machen und die sich der ganzen Gruppe, angefangen bei den Männern während der Periode des Eingriffs, Ernte und Feldarbeit, imperativisch aufnötigen, wie der in die spezifische Logik des Rituals übersetzte, das Landwirtschaftsjahr strukturierende Gegensatz zwischen der Arbeitszeit und der sehr viel längeren Produktionszeit, in der das Samenkorn – gleich den dem Trocknen überlassenen Töpferwaren – einem rein natürlichen Umwandlungsprozeß ausgesetzt ist. Die großen Momente des Landwirtschaftsjahres, von Marx *Arbeitsperioden* genannt, sind durch Riten gekennzeichnet, die kraft ihrer Gewichtigkeit, ihres förmlichen und imperativen Charakters sich von den Riten der *Produktionsperioden* abheben, deren einzige Funktion darin besteht, der *in Arbeit begriffenen Natur* beizustehen (vgl. Schema Nr. 2).[74]

Den Riten, die mit der Feldbestellung und der Heirat einhergehen, kommt die Funktion zu, qua Verschleierung den unabwendbaren Zusammenprall der beiden gegensätzlichen Prinzipien statthaft zu

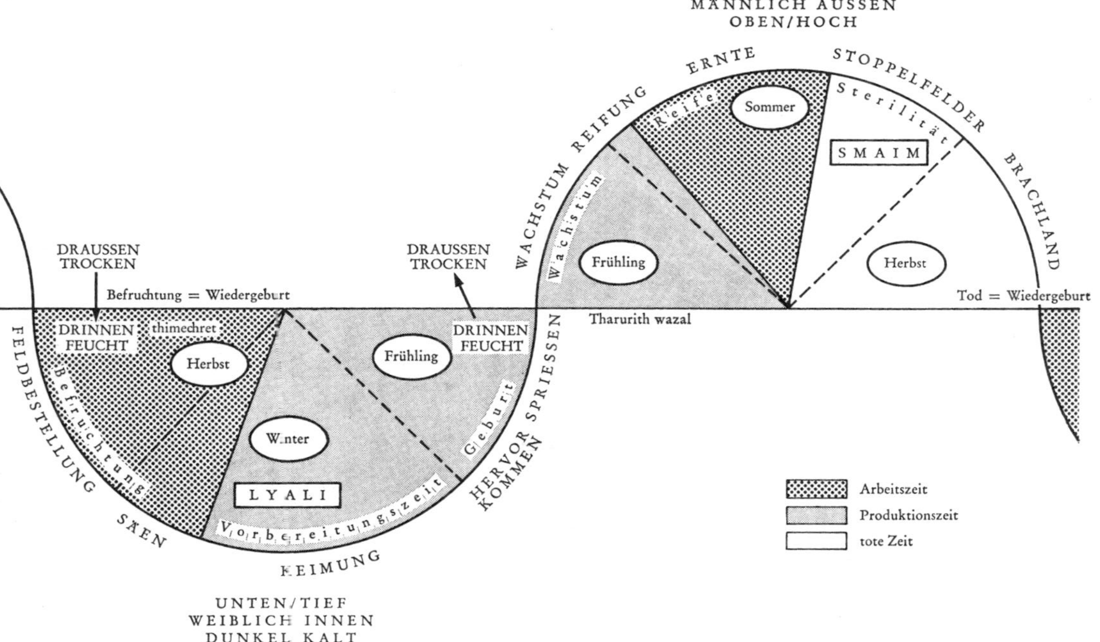

MÄNNLICH AUSSEN
OBEN/HOCH
ERNTE
STOPPELFELDER
BRACHLAND
WACHSTUM REIFUNG
Reife
Sommer
Sterilität
SMAIM
Wachstum
Frühling
Herbst
Tod = Wiedergeburt
Tharurith wazal
DRAUSSEN TROCKEN
Befruchtung = Wiedergeburt
DRINNEN FEUCHT
thimechret
Herbst
Befruchtung
FELDBESTELLUNG
SÄEN
Winter
LYALI
Vorbereitungszeit
KEIMUNG
DRAUSSEN TROCKEN
DRINNEN FEUCHT
Frühling
Geburt
HERVOR KOMMEN
SPRIESSEN
Arbeitszeit
Produktionszeit
tote Zeit
UNTEN/TIEF
WEIBLICH INNEN
DUNKEL KALT

machen, den die Aktion des Bauern zwangsläufig herbeiführt, insofern dieser genötigt ist, der Natur Gewalt anzutun, sie zu vergewaltigen, wenn er solche an sich schon furchtbaren, weil vom Schmied, dem Herrn des Feuers, hergestellten Instrumente wie Pflugschar, Messer, Sichel und Webstuhl zum Einsatz bringt; jener Ritus wiederum, mit dem und in dem der Herr des Feldes das Niedermähen der letzten Garbe simuliert, kann nur als eine Transfiguration des unausweichlichen Mordes in das dem Kreislauf der Jahreszeiten eingeschriebene und folglich durch die Gewißheit der ewigen Wiedergeburt aufgehobene Opfer verstanden werden.

Es geht demnach darum, jene objektiv frevlerischen Aktionen, die – mit dem Ernten, dem Abschneiden des Wollfadens, dem Schlachten des Opferochsen – zu trennen, abzuschneiden und zu unterteilen haben, was die Natur (d. h. die Taxonomie) vereinigt hat; oder umgekehrt, die – mit dem Eisenhärten, der Heirat oder der Feldbestellung – wieder zu vereinigen haben, was die Natur (d. h. die Taxonomie) getrennt hat, in intentional vollzogene, also bewußt euphemisierte rituelle Handlungen zu verwandeln. Können die objektiv frevlerischen Akte nicht an eine minderwertige Person übertragen werden, der es dann, gleichsam als Opferpriester und Sündenbock agierend, obliegt, »das Übel zu beseitigen«[75] – etwa das Schlachten des Ochsen anläßlich eines kollektiven Opfers einem Neger oder, so wie das Eisenhärten, dem gleichermaßen gefürchteten wie respektierten Schmied, der in einigen Gegenden auch für die Beschneidung, ja sogar, wollen wir bestimmten Zeugen Glauben schenken, für die Eröffnung der Feldarbeiten verantwortlich ist –, dann müssen jene Akte zwangsläufig von denen übernommen werden, die, wie bei der Defloration der Braut, dem erstmaligen Ziehen der Furche, dem Abschneiden des Webfadens und dem Ernten der letzten Garbe, dafür Verantwortung tragen und deren Nutznießer sind. Diese Akte müssen folglich in einer kollektiven Inszenierung umgestaltet werden, die ihnen einen kollektiv proklamierten symbolischen Wert, das genaue Gegenteil ihrer sozial anerkannten Wahrheit, aber damit nicht minder objektiv, aufzuprägen trachtet. Die Wahrheit der Magie und des Kollektivglaubens liegt gänzlich in diesem Spiel der objektiven Doppelwahrheit beschlossen, in diesem Doppelspiel mit der Wahrheit, durch das die Gruppe, für alle Objektivität verantwortlich, sich gleichsam selbst belügt und eine Wahrheit schafft, deren Sinn und Funktion allein darin besteht, eine allen bekannte und von allen anerkannte Wahrheit zu ver-

neinen: eine Lüge, die niemand täuschen würde, wäre nicht alle Welt entschlossen, *sich* zu täuschen.
Im Fall der Ernte ist die gesellschaftliche Wahrheit, die kollektiv verneint werden muß, ohne jede Zweideutigkeit: Die Ernte (*thamegra*) stellt einen Mord dar (*thamgert*, die Gurgel, der gewaltsame Tod, die Rache; *amgar*, die Sichel), da, ist er begangen, die durch die Feldarbeiten befruchtete Erde der Produkte beraubt ist, die sie zur Reife gebracht hat.

Das Ritual der letzten Garbe, von dem wir – gewiß, weil es durch die Frazerschen Analysen die Aufmerksamkeit auf sich zog[77] – zahllose Beschreibungen und damit nicht minder viele Varianten in Händen halten, besteht seinem Prinzip nach immer darin, den Mord am Feld oder am Prinzip seiner Fruchtbarkeit, dem »Geist des Samenkorns« oder dem »Geist des Feldes«, durch Verkündigung seiner Wiedergeburt symbolisch zu verneinen.[78] Es scheint, daß über die der letzten Garbe zugeschriebenen Benennungen der »Geist des Feldes«, dessen Fortbestehen es zu behaupten gilt, praktisch je nach Variante entweder mit einem *Tier* (man spricht von der »Mähne eines Feldes«, von seinem »Schwanz«) oder mit einer Jungvermählten, *thislith*, identifiziert wird, die nach Abgabe ihrer Frucht zum Sterben verurteilt ist (man spricht von den »Löckchen des Feldes«, von seinem »Geflecht«). Diesen verschiedenen Vorstellungen entsprechen unterschiedliche Rituale: Die einen, die es für eine Sünde erachten, die letzte Garbe abzuschneiden, lassen sie in der Mitte des Feldes für die Armen, für die Ochsen oder die Vögel stehen; bei anderen wird sie mit der Sichel abgemäht – oder mit der Hand abgerissen, um ihr den Kontakt mit der Sichel zu ersparen, stets aber entsprechend einem besonderen Ritus. Der rituelle Mord am Feld kann vermittels eines Tieres vollzogen werden, das sowohl dessen Verkörperung wie seinen Ersatz darstellt.[79] Er kann weiterhin an der Garbe selbst vollzogen werden, die in diesem Fall wie ein Opfertier behandelt wird: Einer von Jean Servier in Mittelkabylien beobachteten Tradition gemäß wendet sich der Herr des Feldes gen Osten, legt, ähnlich wie bei einem Ochsen, dessen Kopf nach Osten gerichtet ist, die letzte Garbe auf die Erde und simuliert das Schlachten der Ähren, indem er aus der linken Hand eine Handvoll Erde in die Mitte der Wunde rieseln läßt, um derart das herausströmende Blut darzustellen. In der Gegend von Soummam schließlich wird zuweilen die letzte Garbe wie ein Toter behandelt und in ein nach Osten gerichtetes Grab gelegt, begleitet von Gebeten und Gesängen, die ihre Wiedergeburt verkünden (ein Beispiel: »Stirb, stirb, o Feld, unser Herr kann dich zu neuem Leben erwecken!«). Selbst wo die ursprüngliche Form des Rituals verschwunden sein mag, wie in Großkabylien, ist es doch immer noch der Herr des Feldes, der die Garbe abschneidet und der sie ins Haus trägt, wo sie am Hauptbalken befestigt wird. Die Wiedergeburt selbst kann nur eintreten durch die uranfängliche Vermählung zwischen Himmel und Erde: Deshalb finden die Ernteriten zur Logik der Regenriten in einem Zeitpunkt zurück, da der Regen seiner (niemals autonomisierten) rein technischen Funktion wegen nicht gewünscht wird und sein Zweck nur darin bestehen kann, die heilige Kraft des Samenkorns oder des Feldes zu neuem Leben zu erwecken. So tritt der gesamte Apparat der Regenriten wieder auf: einschließlich der Personen (*Anzar*, der Gemahl von *Ghonja*, wobei der eine den Regen und den Himmel, die andere die junge und jungfräuliche Erde, die Braut usw. symbolisiert) und der Objekte (Puppen, Banner), die jener in Szene setzt. Bisweilen findet man sogar die Heirat durch Raub der Jätinstrumente.

Um jenes andere Ritual, das die Vereinigung der Gegensätze statthaft zu machen trachtet, die Zeremonie der Feldbestellung, voll und ganz zu verstehen, muß man wissen, daß die Periode, die auf die Ernte und ihre auf das Fortbestehen des befruchtenden Prinzips zielenden Riten folgt, eine *Zeit der Trennung* ist – gewidmet den männlichen Tugenden, dem Ehrgefühl und den Kämpfen.[80] *Lakhrif*, eine außer-gewöhnliche Periode des Überflusses und der Ruhe und Erholung, die weder, nach Art der Feldarbeiten und der Ernte, als Arbeitszeit noch wie Winter und Frühling als Produktionszeit bestimmt werden kann, bildet die männliche Zeit schlechthin, in der die Gruppe – bei Festen und Kriegen – sich nach außen hin öffnet und den *Fremden* entgegentreten muß, um neue Bündnisse zu knüpfen, die freilich, wie die außergewöhnlichen Heiraten, die Herausforderung keineswegs ausschließen. Ähnlich wie die für die Aussaat reservierten Samenkörner, die getrennt von den anderen gelagert werden, findet sich der Knabe durch die Beschneidung, eine Zeremonie, aus der die Frauen rigoros verbannt sind und deren Funktion darin besteht, kraft einer Operation, die als eine zweite, rein männliche Geburt angesehen wird, die, wie es heißt, »die Männer macht«, den Knaben der Welt der Männer einzugliedern, symbolisch der Welt der Frauen entrissen: In einer bestimmten Variante des Rituals etwa sind die Jungbeschnittenen von zwei oder drei Reihen von Männern eingekreist, die auf Pflugscharen sitzend ihre Gewehre in den Händen halten.[81] Das Feld selbst findet sich mit dem Entlauben der Bäume, dem Auflesen der letzten Früchte und dem Ausreißen der letzten pflanzlichen Überreste auf den Äckern und in den Gärten jeder Spur von Leben entblößt. Für die natürliche Welt endet der Zustand der Trennung mit *awdjeb*, der feierlichen Eröffnung der Feldarbeiten, die die Vermählung von Himmel und Erde, Pflugschar und Furche durch die kollektive Inszenierung einer Gesamtheit mimetischer Praktiken, darunter auch der Heirat zwischen Menschen, zelebriert.

Markiert wird die Rückkehr zur normalen Ordnung überdies durch die neuerliche Bekräftigung des Vorrangs der auf Blutsverwandtschaft gegründeten Einheit gegenüber der Suche nach weiter entfernten Heiratsverbindungen, mittels der *thimechret*, des Opfers der Pforte des Jahres, der Schlachtung eines Ochsen, dessen Blut die Erde tränkt und somit nach Regen ruft und dessen geweihtes Fleisch unter den Mitgliedern der Gemeinschaft aufgeteilt wird. Das Opfer, dazu bestimmt, die Errichtung der menschlichen Ordnung innerhalb der fruchtbaren, aber wilden Natur (symbolisiert im Schakal, »der kein Haus besitzt« und der sich von rohem Fleisch – *azegzaw* – und Blut ernährt) statthaft zu machen, ist ein Bündnismahl: Indem dieser Akt sakraler Tischgemeinschaft feierlich die wirklichen oder offiziellen Blutsbande bestätigt, die alle lebenden Mitglieder des *adhrum* (*thaymath*) in der und durch die Ursprungsgemeinschaft (*thadjadith*), d. h. die Beziehung zu denselben Vorfahren, Quelle aller Fruchtbarkeit, vereinen, proklamiert er zugleich die eigentlich humane, d. h. männliche Ordnung des Treugelöbnisses wider die Sehnsucht nach dem Kampf aller gegen alle, der wiederum im Schakal (oder in der Frau, Quelle der Teilung) und dessen frevelhafter List (*thaḥraymith*) seine Verkörperung findet. Wie die natürliche Welt, deren gezähmte Fruchtbarkeit die mangelhaft gebändigten Kräfte einer wilden Natur verbirgt (jene, die die alte Hexe verkörpert und in Aktion treten läßt), so unterliegt auch die soziale Ordnung, die aus dem Eid hervorgeht, der die Männerversammlung dem Chaos partikularer Interessen entreißt, weiterhin der Heimsuchung durch die verdrängte Sehnsucht nach dem Naturzustand.

Es ist diese im gesamten rituellen Kalender implizit enthaltene Geschichtsphilosophie, die in folgender Erzählung zum Ausdruck kommt: »Einst *schworen* die in einer *Versammlung* vereinten Tiere, sich nicht mehr gegenseitig aufzufressen und fortan auf Erden in Frieden zu leben. Sie ernannten den Löwen zum König ..., arbeiteten Gesetze aus und sahen Sanktionen vor ... Die Tiere lebten in Frieden ... Das schönste Leben hätten sie führen können, hätte nicht der Schakal, der Berater des Königs, dies alles zerstört. Mit allen *Tücken* vertraut, sehnte er sich nach dem alten Zustand der Dinge zurück und erinnerte sich wehmütig an das *frische Fleisch* und das *warme Blut*, die ihm nun untersagt waren, und fühlte sich wie wahnsinnig ... Er beschloß, eine *List* anzuwenden (*taḥraymith)* und heimlich die Höflinge, einen nach dem anderen, zum Ungehorsam aufzustacheln – wahrhaftig ein Werk des bösen Geistes« (Brahim Zellal, »Le roman de Chacal, Contes d'animaux«, *Fichier d'Archives Berbères,* Nr. 81, Fort National, 1964). In dieser Erzählung verspeist der Schakal die Tiere, die zu begraben er beauftragt war. Die ihm auferlegte Strafe lautet, Wasser herbeizuschleppen. Der Schakal weist aber noch eine weitere Gemeinsamkeit mit der Frau auf: er ist *schief, verbogen:* »Man steckte den Schwanz eines Schakals vierzig Tage lang in einen Gewehrlauf, und als man ihn herausnahm, war er wie vordem.« Wie die Frau schließlich *teilt* (entzweit) er – und zwar durch List.

Dem Ritus ist aufgegeben, kraft einer sozial gebilligten und kollektiv angenommenen Operation, d. h. gemäß der Logik der Taxinomie den von ihr zum Vorschein gebrachten spezifischen Widerspruch, den die ursprüngliche Dichotomie unumgänglich macht, dadurch einer Lösung zuzuführen, daß er Prinzipien als autonome und antagonistische konstituiert, die vereinigt werden müssen, damit das Weiterbestehen der Gruppe gesichert ist: Vermittels einer praktischen Verneinung, die keineswegs wie die von Freud geltend gemachte individuell und nicht-gesellschaftlich, sondern kollektiv und öffentlich ist (wie in jedem Glauben), neutralisiert er die gefährlichen Kräfte, die in der wilden und ungezähmten natürlichen Natur, der Frau und der Erde, eingeschlossen sind, sowie jene, die durch Vergewaltigung seines *ḥaram*, die Überschreitung der geheiligten Grenze, entbunden werden.[82] Derart kollektiv und öffentlich, durch Vermittlung eines autorisierten Beauftragten und entsprechend den willkürlich niedergelegten Regeln eines Rituals vollzogen, wird das Sakrileg gerade im Akt seiner Verwirklichung symbolisch verneint. Zugleich als Sachwalter der Gruppe und deren Sündenbock agierend, dem aufgegeben ist, dem Fluch der Erde entgegenzutreten, wiederholt derjenige, der die Eröffnung der Feldarbeiten zu vollziehen hat, »der Mann der Hochzeit«, wie er bisweilen genannt wird[83], feierlich mit seiner aus dem Blitz hervorgegangenen Pflugschar die Vermählung des Himmels mit der Erde, jene archetypische Befruchtung also, die den Erfolg aller menschlichen Befruchtungsakte bedingt.[84] Das Männliche und das Weibliche, das Trockene und das Feuchte sind gleichsam nur getrennt, um vereinigt werden zu können, da ausschließlich ihre Vereinigung – in der Feldarbeit wie der Heirat – sie von den, allerdings nur auf die Fruchtbarkeit bezogenen, negativen Eigenschaften freimachen kann, die ihnen so lange zugeschrieben werden, wie sie in einem isolierten, *ungeraden/unpaarigen* und *unvollende-*

ten Zustand fortbestehen.[85] Die Pflugschar, dieses Gerät, das kraft jener anderen Vereinigung der Gegensätze – dem *Eisenhärten* – hergestellt wurde und das denselben Namen wie der Blitz trägt: *thagursa*, ist an sich trocken und steril, wie das Samenkorn, das sie in die Erde einführt – Quelle von Fruchtbarkeit kann sie nur durch die Gewalt, die sie zufügt, werden. Die Erde wiederum, sich selbst überlassen, kehrt zur Sterilität oder zur wilden Fruchtbarkeit des Brachfeldes zurück, das, ähnlich verbogen und ungeschickt wie das junge Mädchen, alle seine Wohltaten nur vollbringen kann, wenn ihm Zwang und Gewalt angetan, wenn es dressiert und wieder geradegebogen wird.

Die Riten anläßlich der Feldarbeit verdanken ihre Komplexität dem Umstand, daß sie nicht nur die Vereinigung der Gegensätze statthaft machen, sondern auch jenen Zustand der Vereinigung des Gegensätzlichen fördern müssen, worin das weibliche Prinzip provisorisch die *Oberhand* gewinnt: Der Same, der für einige Zeit zur Sterilität und Trockenheit verdammt war, kann nur durch sein Eintauchen in die fruchtbare Feuchtigkeit zum Leben zurückkehren[86]; die Zukunft des Samenkorns aber hängt von weiblichen Kräften ab, die der männliche Befruchtungsakt erst bezwingen mußte (die Erde, wie das Mutterschaf, mag einmal auch nicht tragen – *thamazgults*, von *zgel*, versagen). Die »Pforte des Jahres« ist nicht der Zeitpunkt, an dem das Jahr beginnt (das im übrigen keinen Anfang kennt, da es ewiges Wiederbeginnen ist); sie ist vielmehr jener Augenblick, da das Jahr, dem Hause gleich, das für das befruchtende Sonnenlicht offen sein muß, sich dem männlichen Prinzip öffnet, das es befruchtet und erfüllt. Die Feldbestellung und die Aussaat markieren den Abschluß der Bewegung von außen nach innen, des Leeren zum Vollen, des Trockenen zum Feuchten, des Sonnenlichts zur irdischen Finsternis, des befruchtenden Männlichen zum fruchtbaren Weiblichen.

Die anläßlich der Heirat und der Feldbestellung vollzogenen Riten verdanken ihre mannigfachen Ähnlichkeiten dem Faktum, daß ihre *objektive Intention* im Statthaftmachen der Vereinigung der Gegensätze, Bedingung der Wiedergeburt des Samenkorns und des Fortbestehens der Gruppe, beruht. Es ist diese Dialektik von Tod und Wiedergeburt, die im folgenden Sprichwort ihren Ausdruck findet (das heute in einem davon abweichenden Sinne im Hinblick auf den Generationskonflikt zitiert wird): »Aus dem Leben ziehen sie den Tod, aus dem Tod das Leben« (ein Schema, das sich im folgenden kleinen Rätsel wiederfindet: »Aus einem Lebenden geht ein Totes hervor« – das Ei. »Aus einem Toten geht ein Lebendes hervor« – das Kücken). Opferung und kollektiver Verzehr des Ochsen bilden eine mimetische Darstellung des Kreislaufs des Samenkorns, das sterben muß, um die Gemeinschaft zu ernähren – und derart, symbolisiert im Opfermahl, zu neuem Leben erwacht. Das Gemeinschaftsmahl, das die gesamte Gemeinschaft zusammenführt, ist an und für sich ein Akt der Wiedererinnerung, des Zurückrufens der Toten: Wie der Status des Fremden erweist, der keinen Ahnen »zitieren« kann und der von keinem Nachkommen »zitiert« werden kann (*asker*, zitieren, anrufen und zu neuem Leben erwekken), impliziert die Zugehörigkeit zur Gruppe, die im Sich-Versammeln und in der Tischgenossenschaft Bestätigung erfährt, das Vermögen, Ahnen anzurufen und zu beschwören, wie zugleich die Sicherheit, von Nachkommen angerufen und beschworen zu werden. Die Rückkehr der Toten, d. h. das Zu-neuem-Leben-Erwachen, wird durch die gesamte Symbolik, insbesondere die kulinarische, beschworen: Die Saubohne z. B. – der männliche und trockene Samen schlechthin –, die den Knochen ähnelt, dem Refugium der Seele in Erwartung ihrer Wiedergeburt, wird mit dem Couscous serviert, der den Toten während der ersten Feldbestellung (oder am Vorabend von Festen und speziell dem von *Achura*) dargereicht wird; sie gehört zu den Dingen, die in die erste Furche geworfen werden; sie ist Bestandteil der bei solchen Gelegenheiten unerläßlichen Kochspeisen: Als ein gleichsam transparentes Symbol für die Toten (»Ich hatte eine Saubohne in die Erde getan, und sie ist nicht aufgegangen«, heißt es in einem Rätsel – der Tote), deren Nahrung sie bildet (»Ich habe die Toten Saubohnen knabbern sehen« – ich bin fast gestorben), ist die Saubohne, in ihrer Eigenschaft als ausgetrockneter Same, der, einmal dem Ritus gemäß in das feuchte Innere der Natur gelegt, anschwillt, um im Frühling vermehrt wieder aufzutauchen (das erste Auftreten pflanzlichen Lebens), dazu prädisponiert, die Symbolik von Tod und Resurrektion zu tragen.[87]

Als Akte der Zeugung, d. h. der Wiederbelebung, werden sowohl die Heirat wie die Feldbestellung als männliche Akte der Öffnung und des Einsäens begriffen, die eine weibliche Aktion des Anschwellens zu provozieren bestimmt sind. Es ist mithin nur logisch, daß die rituelle Inszenierung zum einen alles mobilisiert, was öffnet (Schlüssel, Loch) und was offen ist (aufgelöste Haare und lose Gürtel, Schleppe), was weich, leicht und weiß ist (Zucker, Honig, Datteln, Milch); und zum anderen auch, was sich aufbläht, anschwillt, aufgeht (Pfannkuchen, Körner, die beim Kochen dicker werden – *ufthyen*), was vielfältig und in Haufen vorkommt (Körner von *seksu*, Couscous, oder von *berkukes*, grober Couscous, Kerne des Granatapfels oder der Feige), was voll ist (Eier, Nüsse, Mandeln, Granatäpfel, Feigen) – wobei der größte Nutzertrag bei den Objekten und Aktionen liegt, die am meisten die verschiedenen Eigenschaften in sich vereinigen.[88] Dazu gehört das Ei, dieses Symbol für das Lebensvolle und Lebensstarke schlechthin, und auch der Granatapfel, der zugleich voll, angeschwollen und vielfältig ist und von dem ein Rätsel berichtet: »Speicher für Speicher, worin das Korn rot ist«, sowie ein weiteres: »Nicht dicker als ein Stößelstein, und seine Kinder überschreiten die hundert«. In der Geste schließlich, mit der der Landwirt auf seiner Pflugschar einen Granatapfel oder ein Ei zerschlägt (*felleq*, zerschlagen, spalten, deflorieren), ist gleichsam der gesamte Aspekt der multifunktionalen Aktion verdichtet, die in der Feldarbeit oder der Heirat vollzogen wird.

Der erste Ausgang des Ochsengespanns und des Pfluges, das erste Hervortreten des Keimes und die Ankunft der Braut in ihrem neuen Heim werden allesamt durch die gleichen Riten markiert. Die Braut wird an der Türschwelle von der »Alten« empfangen, die in den Händen »das Sieb der Traditionen« hält – darin Krapfen, Eier, Getreide, Saubohnen, Datteln, Nüsse, trockene Feigen, Granatäpfel usw. Die Braut zerschlägt die Eier über dem Haupt des Maultieres, das sie hertrug, wischt sich die Hände an dessen Mähne ab und wirft schließlich das Sieb hinter sich – die Kinder, die ihr gefolgt sind (Anzahl = Überfluß), stürzen sich auf die Leckereien. Desgleichen enthält »das Sieb der Feldarbeit«, das je nach Ort von unterschiedlichen Personen (dem Landwirt, seiner Frau usw.) und zu wechselnden Augenblicken getragen werden kann (am Morgen, wenn der Landwirt das Haus verläßt, bei seiner Ankunft auf dem Feld, wenn er die Ochsen anschirrt, um die Mittagszeit, wenn gegessen wird), stets Krapfen, trockene Saubohnen, Getreide sowie einen Granatapfel, den der Landwirt über die Ochsen und den Pflug hinweg in die gezogene Furche wirft und den die sich daraufstürzenden Kinder auflesen. (Dazu finden sich unzählige Varianten, so die folgenden: Der Landwirt zerbricht zwei Granatäpfel, bricht einige Fladen und Krapfen über der Pflugschar und verteilt den Rest unter den Helfern; die Opfergaben werden in der ersten Furche vergraben.) Es ließen sich Beispiele für das Aufeinandertreffen der beiden Rituale zuhauf finden: Die Braut (und ihr Gefolge), die beim Betreten des neuen Hauses häufig Wasser und Milch versprengt, wird auf die gleiche Weise mit Milch besprengt, wie es die Hausfrau tut, wenn sie den Pflug, kurz bevor er auf das Feld gebracht wird, mit Wasser oder Milch benetzt. Der Braut wird ein Schlüssel gereicht, mit dem sie an den Türsturz schlägt (woanders wird ihr beim Ankleiden der Schlüssel unter dem Kleid befestigt); in das Sätuch wird ein Schlüssel gelegt, der bisweilen in die Furche geworfen wird. Dem Hochzeitszug geht eine Frau voraus, eine Lampe tragend (*mesbah*), die eine Paarung darstellt und deren Bestandteile, Ton, Öl und Flamme, die konstitutiven Teile des menschlichen Wesens symbolisieren: den Leib, die weibliche und feuchte, vegetative Seele, *nefs* (eine manchmal euphemistisch für das Geschlecht, Sitz »schlechter Instinkte« – *thinefsith*ʿ – verwendete Bezeichnung) und die trockene und männliche, subtile Seele, *ruḥ* (euphemistischer Ausdruck für das männliche Glied)[89]; am ersten Tag der Feldbestellung wird eine Lampe auf das Feld gebracht, die so lange bei Flamme gehalten wird, bis die erste abgesteckte Parzelle gesät ist (*thamtirth*). Sieben Tage lang darf die Braut keinen Gürtel tragen, am siebten Tag wird sie von einer Frau gegürtet, die zahlreiche Söhne hat; die Frau, die die Saat trägt, muß darauf achten, daß ihr Gürtel nicht zu eng geschnürt ist, sie muß überdies ein langes Kleid anziehen, das hinten *schleppen*artig ausläuft (*abru*ʿ, Glücksträger). Die ersten sieben Tage über dürfen die Haare der Braut nicht gelöst werden; die Frau, die die Saat trägt, läßt ihr Haar locker fallen. Beiden Ritualen ist weiterhin gemeinsam: das Gewehrschießen (in gerader Zahl), Steinewerfen und Scheibenschießen, die, als Symbole des männlichen Besprengens, das lösen können, was gebunden war, und häufig bei den Regenriten zur Anwendung kommen.[90] Derart wird sich das Leben der Braut unter dem Zeichen der Fruchtbarkeit weiter entfalten: Am siebten Tag, wenn sie zum ersten Mal zum Brunnen geht, wirft sie die Getreidekörner und die Saubohnenkeimlinge, die unter ihrer Decke lagen, in die Wasserquelle, aus der sie dann Wasser schöpft; ihre erste Arbeit wird darin bestehen, das Getreide zu sieben, eine schlechthin edle Aufgabe.

Die auf Versöhnung zielende Inszenierung, mittels derer die rituelle Aktion die Bedingungen zu schaffen trachtet, die für das Gelingen dieses Wunders der Wiedergeburt des Samenkorns günstig sind – indem sie diese Wiedergeburt nämlich symbolisch wiedergibt –, läßt indessen, schaut man sich etwa das Ritual der letzten Garbe an, sogleich einige Mehrdeutigkeiten sichtbar werden: Je nach Gegend wird die letzte Garbe »praktisch behandelt«[91] entweder wie eine weibliche Personifikation des Feldes (»Die Kraft der Erde«, die »Verlobte«), auf die der männliche Regen (bisweilen als *Anzar* personifiziert[92]) beschworen wird, oder aber wie ein männliches (phallisches) Symbol des »Geistes des Samenkorns«, dem aufgegeben ist, eine Zeitlang zu Trockenheit und Sterilität zurückzukehren, ehe er einen neuen Lebenszyklus eröffnet und als Regen sich über die dürstende Erde ergießt. Mehrdeutigkeiten ähnlicher Art finden sich im Ritual der Feldbestellung wieder, wenn auch die Akte, die die Rückkehr der Welt in den feuchten Zustand zu begünstigen suchen (vor allem die Riten, die im eigentlichen Sinne dafür vorgesehen sind, Regen zu bewirken, und die ebenfalls im Frühling praktiziert werden), sich auf den ersten Blick sehr logisch mit den Aktionen zu verbinden scheinen, die den Akt der Befruchtung, Feldbestellung oder Heirat, als Einführung des Trockenen in das Feuchte, des himmlischen Samens in die fruchtbare Erde, zu fördern bestimmt sind. Gegenüber dem Regen, trockenem Wasser, das kraft seines himmlischen Ursprungs an der solaren Männlichkeit, aber zugleich auch an der irdischen und feuchten Weiblichkeit partizipiert, dokumentiert das Klassifikationssystem ein Zaudern. Gleiches gilt für die Tränen, den Urin oder das Blut, die in den homöopathischen Strategien der Regenriten überreich Verwendung finden, wie auch für den Keim, der, wie der Regen, sowohl die Erde wie die Frau neu belebt und von dem unterschiedslos behauptet werden kann, daß er anschwellen läßt und selbst anschwillt – so die Saubohne oder das Getreide im Topf.[93] Von daher läßt sich auch das Schwanken der magischen Praxis erklären, die, weit entfernt davon, sich dieser Mehrdeutigkeiten entledigen zu wollen, aus ihnen noch Nutzen schlägt.[94] Gerade durch ihren minutiösen und strengen Charakter ermöglicht es die systematische Sammlung der zahllosen Varianten der Regenriten, an deren Ende Laoust (der als einziger den Widerspruch in aller Klarheit wahrgenommen hat) auf die weibliche Natur von *thislith*, die Verlobte (oder *thlonja*, die Kelle) geschlossen hat – eine Puppe, die aus einer wie mit Brautkleidern geschmückten Kelle besteht, die man, den Regen beschwörend, in einem Umzug herumträgt –, jene Eigentümlichkeiten zu fassen, die aus der »Puppe« der Regenriten, den Riten des Jätens (es ist »Mata«, deren Entführung simuliert wird) und den Ernteriten ein gerade unter dem Gesichtspunkt des Klassifikationssystems, dessen Produkte sie sind, unklassifizierbares Phänomen machen: Zunächst der Name, *thislith*, der nur eine euphemistische Bezeichnung für das phallische Symbol sein könnte, und der, wenn er eine weibliche »Lesart« ermutigt, den rituellen Handlungen eine Orientierung vorgibt, insoweit die Kelle spritzt, wenn sie männlich ist, und selbst bespritzt wird, wenn sie weiblich ist; des weiteren eine Form, die für die Taxonomie selbst ambiguitär ist, da die Kelle wie ein hohler und mit Flüssigkeit gefüllter Gegenstand angesehen werden kann, der etwas begießt, oder wie etwas Hohles und Leeres, das erheischt, begossen zu werden; schließlich eine Funktion, die der Kelle selbst, jenes Geräts, das zum Gießen oder zum Schöpfen aus dem (weiblichen) Topf gemacht ist.

Im Folgenden nun einige vereinzelte und widersprüchliche Aufzeichnungen, die, einmal gesammelt, um die Mehrdeutigkeit des Phänomens »Kelle« aufzuheben, sie am Ende nur bestätigen könnten: 1. Am Tage ihrer Hochzeit taucht die Braut im Haus ihrer Eltern die Kelle in einen Topf: ihr werden so viele Kinder beschert, wie sie Fleischstücke schöpft; 2. ein Sprichwort: »Was im Topf ist, wird die Kelle wieder herausholen«; 3. vor einem Stück Fladen wird die Kelle in ihrem Gleichgewichtspunkt an der Spitze einer Sichel angebracht: neigt sie sich zum Fladen, tritt das erhoffte Ereignis ein; 4. der mit seinen Händen nichts anzufangen weiß: »Er ist wie die Kelle!«; 5. niemals darf man jemanden mit der Kelle schlagen: entweder geht dabei sie selbst zu Bruch (im Hause ist nur eine Kelle!) oder der, den man schlägt; 6. niemals darf ein Mann mit der Kelle essen (um die Soße zu schmecken, wie es die Frauen tun): er würde sich der Gefahr aussetzen, am Tag seiner Hochzeit Sturm und Regen zu ernten; 7. kratzt ein Mann mit der Kelle den Topfboden aus, wird es am Tage seiner Hochzeit sicherlich regnen; 8. »Solltest du etwa mit der Kelle gegessen haben?«, ein Ausdruck, an den Ungeschickten gerichtet, der das Werkzeug unbeholfen handhabt; mit der Kelle essen heißt, sich dem Betrug auszusetzen. Solche »Schwankungen« der Taxonomie sind beileibe nicht selten, sie

lassen sich auch, wie gesehen, in bezug auf den Mondschein (*tiziri*), das unerhoffte Licht, beobachten, oder in bezug auf die Kohlenglut (*times*, ein Wort, das in Gegenwart von Männern tabu ist und durch Euphemismen ersetzt wird), ein weibliches Feuer, das wie die Leidenschaft (*thinefsith*, schon erwähnter Diminutiv von *nefs*) heimtückisch und scheinheilig unter der Asche aufzehrt und sich verzehrt und im übrigen das weibliche Geschlecht evoziert (im Gegensatz zur Flamme, *ahajaju*, die reinigt und in Brand setzt); oder sogar noch in bezug auf solche mit deutlichen Attributen versehenen Objekte wie das Ei, schlechthinniges Symbol der weiblichen Fruchtbarkeit, das durch seine Farbe (weiß) und seinen Namen (*thamellalts*, Plur. *thimellalin*, das Ei; *imellalen*, die Weißen [männl. Form], die Hoden des Erwachsenen; *thimellalin*, die Weißen [weibl. Form], die Eier, die Hoden des Kindes) ebenfalls am Männlichen partizipiert. Allerdings geraten in diesem Fall die Gegensätzlichkeiten, da die fundamentalen Schemata grosso modo kongruent sind, nicht zum Widerspruch.
Die Unsicherheit hinsichtlich der Anwendungen verstärkt die Unsicherheit hinsichtlich der Bedeutungen: Da der rituelle Gebrauch eines Objekts vom Sinn abhängt, den ihm die Taxonomie zuweist, wird verständlich, warum die Individuen, wenn sie mit Objekten wie den hier erwähnten zu tun haben, deren Eigenschaften für das Klassifikationssystem eine Herausforderung darstellen, diese auf solche Arten anwenden können (insbesondere in Situationen wie der Trockenheit, wo die Dringlichkeit des Phänomens dazu zwingt, die Anforderungen an die Logik noch weiter herunterzuschrauben, um derart »alle Hebel in Bewegung setzen« zu können), die mit einigen der Bedeutungen, die sie außerhalb dieser Relation sonst noch aufweisen, vollkommen inkompatibel sind. Und weil die Bedeutung eines Symbols ihre volle Bestimmung nur in und durch die Aktionen erhält, die es ausführt oder deren Objekt es ist (der Rabe z. B. ist weniger unheilvoll, wenn er von Westen nach Osten fliegt), können auch die Ungewißheiten und Unsicherheiten der Interpretation nur die Ungewißheiten reflektieren, die in der Anwendung eines Symbols auftreten können, das derart überdeterminiert ist, daß es selbst von den Schemata her, die es determinieren, undeterminiert (unbestimmt) ist (wobei in einem solchen Fall der Irrtum darin bestünde, das Unentscheidbare entscheiden zu wollen und einem Symbol entweder Männlichkeit oder Weiblichkeit zu dekretieren, das die Praktiken unterschiedslos als trocken und feucht,

befruchtend und fruchtbar behandeln). Das kulturelle Artefakt, die für die eigentlich kulturellen Bedürfnisse des Ritus erdachte und gestaltete *thislith* findet sich auf diese Weise so lange mit einer die Objekte der Welt selbst wiedergebenden *Vielzahl von Aspekten* (unterschiedlichen wie sogar widersprüchlichen) versehen, bis genau das kulturelle Klassifikationssystem kraft seiner willkürlichen Auswahl es davon befreit.

Das System der generativen Schemata

Mit dem erwähnten Beispiel stoßen wir zum Prinzip der praktischen Logik vor, die praktisch eben nur funktionieren kann, soweit sie sich gegenüber den elementaren Grundsätzen der logischen Logik so umfassende Freiheiten wie möglich herausnimmt: So geschieht es, daß ein und dasselbe Symbol sich auf gerade von der Axiomatik des Systems her gesehen gegensätzliche Realitäten beziehen kann, anders gesagt, daß innerhalb dieser Axiomatik das Faktum gelten gelassen werden muß, daß dieses System den Widerspruch nicht ausschließt. Ist es auch nicht a priori undenkbar, daß eine Algebra der praktischen Logiken geschrieben werden könnte, so doch nur, wie gesehen, wenn die Einsicht klar festgehalten wird, daß die logische Logik in den Verfahren, kraft derer sie sich, jene negierend, konstituiert, von jenen auch nur *negativ* spricht, und damit nicht vorbereitet ist, sie zu beschreiben, ohne sie im gleichen Akt auch zu vernichten. Es kann nur darum gehen, ein Modell dieses *partiell integrierten* Systems von generativen Schemata zu konstruieren, das, je nach der besonderen Situation *partiell mobilisiert*, in jedem einzelnen Fall und jenseits von Diskurs und logischer Kontrolle, die von jenem ermöglicht wird, eine praktische »Definition« der Situation und der – fast immer vielfältigen und ineinanderverschachtelten – Funktionen des Handelns entwickelt und das, entsprechend einer zugleich einfachen wie unerschöpflichen Kombinatorik, die Handlungen hervorbringt, die unter Voraussetzung der verfügbaren Mittel jene Funktionen erfüllen. Um es genauer zu sagen: Es genügt der Vergleich der Schemata, die den jeweiligen Praxisbereichen – Landwirtschaftsjahr, Küche, Frauenarbeiten, Tagesverlauf – entsprechen, um erkennen zu können, daß diesen verschiedenen Serien unterschiedliche Schemata zugrunde liegen – nämlich die Gegensätze zwischen feucht und trocken, kalt und warm, voll und leer beim Landwirtschaftsjahr; zwischen dem Feuchten und dem Trockenen (in Form des Gekochten/Gesiedeten und des Gebratenen, den zwei Varianten des Gekochten), dem Fadeschmeckenden und dem Gewürzten bei der Küche; zwischen dem Dunklen und dem Hellen, dem Kalten und dem Warmen, dem Drinnen (oder Geschlossenen) und dem Draußen beim Tagesverlauf; zwischen dem Weiblichen und dem Männlichen, dem Zarten/Weichen (Grünen) und dem Harten (Trockenen) beim Lebenszyklus. Wir müßten nur andere strukturierte Bereiche, wie den Raum des Hauses oder die Körperteile, hinzufügen, um weitere Prinzipien am Werk zu sehen: Oben und unten, Ost und West, usw. Diese verschiedenen Schemata sind zugleich partiell unabhängig und mehr oder minder eng verbunden: Es können auf diese Weise, ausgehend vom Gegensatz trocken/feucht (oder trocknen/naßmachen) Handlungen und Symbole erzeugt werden, die der Gegensatz drinnen/draußen oder Finsternis/Licht unmittelbar nicht zu schaffen gestattet – und umgekehrt; andererseits wird von kalt/warm direkt zu trocken/feucht übergegangen, wohingegen warm/kalt mit drinnen/draußen nur über Licht/Finsternis verbunden ist; noch länger schließlich ist der Weg zu jenen anderen Gegensätzen wie stehend/liegend, leer/voll oder unterhalb/oberhalb. Anders gesagt: Die konstitutiven Gegensätze des Systems sind mit allen anderen nur über einen mehr oder minder langen Weg (der reversibel wie irreversibel sein kann) zu vereinen, d. h. am Ende einer Serie von Äquivalenzen, die die Relation fortschreitend ihres Inhalts beraubt (z. B. wachsein/schlafen ~ draußen/drinnen ~ stehend/liegend ~ Ost/West ~ Licht/Finsternis ~ warm/kalt ~ gewürzt/fadeschmeckend); überdies kann jeder Gegensatz in vielerlei Hinsicht und nach unterschiedlichen Intensitätsrelationen und Sinnbeziehungen mit zahlreichen anderen in Verbindung gebracht werden (z. B. kann gewürzt/fadeschmeckend direkt an männlich/weiblich und an warm/kalt und indirekter an stark/schwach und durch Vermittlung von männlich/weiblich und trocken/feucht, die selbst untereinander verbunden sind, an leer/voll geschlossen werden). Daraus ist der Schluß zu ziehen, daß innerhalb des System nicht allen Gegensätzen das gleiche Gewicht beigemessen wird, daß darin vielmehr sekundäre Gegensätze, die die Hauptgegensätze in einem besonderen Verhältnis spezifizieren und deshalb einen nur relativen Nutzen aufweisen (gelb/grün, einfache Spezifizierung von trocken/naß), und zentrale Gegensätze zu unterscheiden sind (männlich/weiblich, trocken/

feucht), die untereinander durch logisch sehr divergente Beziehungen in Verbindung stehen und für eine jeweilige kulturelle Willkür konstitutiv sind (z. B. die Beziehungen zwischen weiblich/männlich und drinnen/draußen, oder links/rechts, gebogen/gerade, unterhalb/oberhalb). Gehen wir davon aus, daß in der Praxis jeweils nur ein bestimmter Sektor des Systems der Schemata mobilisiert wird (ohne daß damit jemals alle Verbindungen zu den anderen Gegensätzen vollkommen unterbrochen wären), und daß die in den verschiedenen Situationen eingesetzten unterschiedlichen Schemata partiell autonom und ebenso partiell mit allen anderen verbunden sind, so ist es nur normal, daß alle Produkte der zum Einsatz gebrachten Schemata – sei es dieser besondere Ritus oder jene Sequenz ritueller Handlungen, wie die Übergangsriten – eine partielle Übereinstimmung aufweisen, und daß sie sich für jeden, der das System der Schemata praktisch beherrscht, als in groben Zügen, was nichts anderes heißt denn: praktisch äquivalent erweisen.[95]

Das Vorkommen identischer symbolischer Objekte oder Akte in Ritualen, die mit solch unterschiedlichen Ereignissen im Dasein des Menschen oder des Feldes – Begräbnis, Feldbestellung, Ernte, Beschneidung oder Heirat – einhergehen, läßt sich nur auf folgende Weise erklären: Der partiellen Koinzidenz der Bedeutungen, die die praktischen Taxonomien jenen Ereignissen verleihen, entspricht die partielle Koinzidenz der rituellen Akte und Symbole, deren Polysemie zu den wesentlich »multifunktionalen« Praktiken perfekt paßt. Begriffe wie *Aufblähung* (oder dauerhaftes Anschwellen) und *Wiedergeburt* müssen nicht symbolisch beherrscht werden, damit man die *ufthyen* genannte Speise – ein Gemisch aus Getreide und Saubohnen, das beim Kochen aufgeht – durch Vermittlung dessen, was sich hier der Funktion der »Wiedergeburt« unterordnet, mit Zeremonien der Heirat, der Feldbestellung oder des Begräbnisses assoziiert, oder im Gegenteil den Verzehr dieser Speise (»weil das Zahnfleisch geschwollen bliebe«) ausschließt bei Anlässen wie dem Kommen der Zähne (wo stattdessen *thibu jajin* gegessen wird, eine Art Krapfen, die beim Backen schnell wieder zerplatzende Blasen bilden), der Beschneidung, einem Ritus der Reinigung und Vermännlichung, d. h. des Bruchs mit der Welt der Frauen, der in einer synkretistischen Sicht dem Trockenen, dem Feuer und der Gewalttätigkeit assoziiert wird und in dem, gemeinsam mit dem Verzehr gebratenen Fleisches, das Scheibenschießen einen dominanten Platz einnimmt. Dies schließt allerdings nicht aus, daß in bestimmten Varianten des Rituals einer solch multifunktionalen Zeremonie wie der Heirat, die »Intentionen« der Vermännlichung (öffnen) und des Fruchtbarmachens (anschwellen) kombiniert, jene *ufthyen* genannte Speise mit dem Scheibenschießen in Verbindung gebracht wird.

Den Homologien, die die Analyse in den Praktiken und Werken (*opus operatum*) aufdeckt, liegt die Anwendung der gleichen Schemata (*modus operandi*) auf derart unterschiedliche Bereiche wie die »Kalender« der Küche oder der Frauenarbeiten und die Serie der Tageszeiten oder der Momente des Lebenszyklus zugrunde. Um beispielsweise die Serie der gewöhnlichen und außergewöhnlichen Speisen, die, da dem Verzehr von Nahrung die Funktion eines Partizipationsritus zugeschrieben wird[96], mit den verschiedenen Perioden des Landwirtschaftsjahres in Verbindung stehen (vgl. Schema Nr. 3), wenigstens in groben Zügen zu verstehen, genügt es schon, sich den Gegensatz zweier Klassen von Lebensmitteln und zweier Klassen von Operationen vorgeben zu lassen: zum einen die trockenen Nahrungsmittel (Getreide – Korn und Gerste –, trokkene Gemüse – Saubohnen, Kichererbsen, Erbsen, Linsen usw. –, getrocknetes Fleisch), die im Innern des Hauses, im *Topf*, *ohne Gewürze und mit Wasser gekocht* werden, oder die, was auf dasselbe hinausläuft, mit Dampf gekocht oder durch Hefe zum Aufgehen gebracht werden (Krapfen) – alles Verfahren, denen gemeinsam ist, daß sie aufgehen/anschwellen lassen; und zum anderen die grünen und frischen, die rohen Nahrungsmittel (ebensoviele Bedeutungen des Wortes *azegzaw*, das mit dem Frühling und dem blühenden Korn assoziiert wird), die *roh* (wie es vor allem im Frühling geschieht) und/oder in der Schüssel (*bufrah*) gebraten oder gegrillt und stark gewürzt gegessen werden (so im Sommer).[97] Sollen alle Varianten berücksichtigt werden, genügt im übrigen der weitere Hinweis, daß die erste Kombination für das Herbstende und den Winter charakteristisch ist, den Zeitraum des Feuchtwerdens des Trockenen, in dem von der befruchteten Erde wie der Frau gleichermaßen erwartet wird, daß sie anschwellen, während die zweite Kombination an den Frühling, eine Übergangszeit, und den Sommer, die Zeit des Austrocknens des Feuchten und des Bruchs mit dem Weiblichen, gebunden ist, in der alles, was sich im Innern entwickelt hatte, wie die Keime der Saubohnen und die Getreidekörner (*ufthyen*), sich nach außen hin öffnen und bei Tageslicht reifen muß.[98]

3. Der Kreislauf der Küche

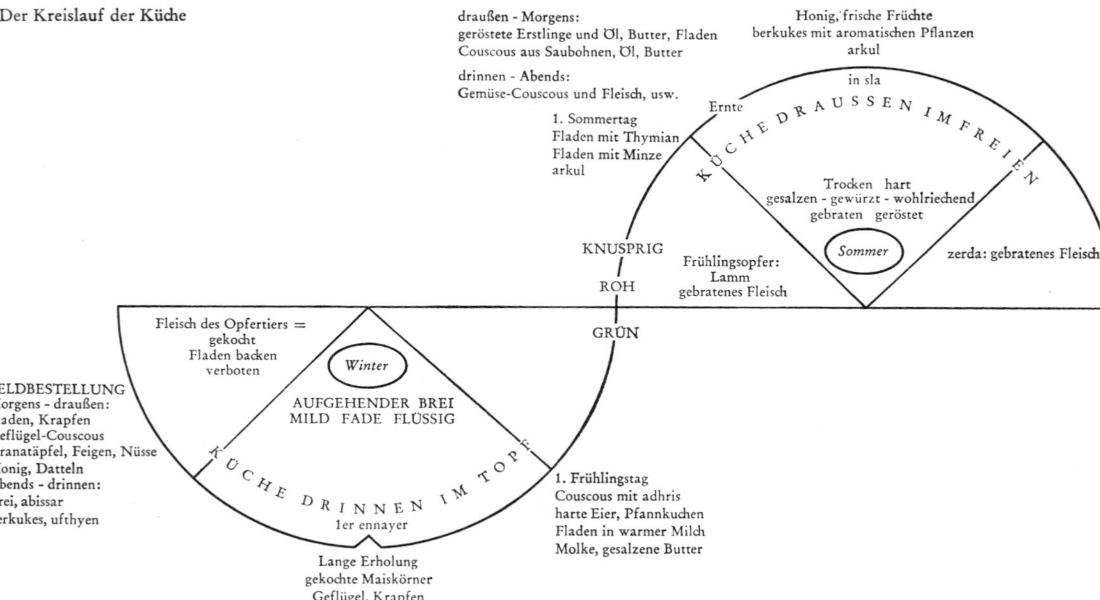

Ohne hier in eine, der unzähligen Varianten wegen schlicht unendliche Beschreibung der Festmähler treten zu wollen, die jeweils die charakteristischen Eigenschaften der mit einer bestimmten Periode verbundenen Küche vereinigen, soll doch in aller Kürze an die Hauptmerkmale erinnert werden, ohne freilich vergessen zu wollen, daß die Speisen weniger durch ihre jeweiligen Zutaten als durch die *Behandlungsformen*, denen sie unterliegen – und die im eigentlichen Sinne die Küche definieren –, sich unterscheiden (so lassen sich gewisse »polysemische« Produkte zu recht verschiedenen Zeitpunkten des Jahres und in Verbindung mit den unterschiedlichsten Riten wiederfinden: darunter natürlich Korn, aber auch die Saubohne, die in den Speisen für die Feldbestellung, für den ersten Januartag, für die Ernte, für Begräbnisse usw. enthalten ist, oder das Ei, Symbol weiblicher Fruchtbarkeit, das aber auch in den Männlichkeitsriten am ersten Frühlingstag Verwendung findet). Ist das am Tag der Feldbestellung auf dem Feld eingenommene Mahl wie immer insgesamt männlicher, d. h. trockener als die Nahrung im Herbst und Winter, die über Dampf *gekocht* wird, wie die anläßlich von Heiraten und Begräbnissen eingenommene, so besteht doch die Abendmahlzeit am ersten Tag der Feldbestellung entweder aus einem – variantenreichen – Brei oder einem grobkörnigen Couscous, jeweils ohne Gewürze, der dagegen manchmal ausdrücklich aus der Mahlzeit am ersten Frühlingstag verbannt ist, »weil die Ameisen sich wie die Grießkörner vermehren würden«, oder aus *ufthyen*, bestehend aus in Wasser oder über Dampf gekochten Getreide- und Saubohnenkörnern, dem Fruchtbarkeitssymbol schlechthin, oder schließlich aus *abisar*, einer Art dickflüssiges Pürée aus Saubohnen, Speise des Todes und der Wiedergeburt (diese Speisen werden stets mit mehrkernigen Früchten serviert – Granatäpfel, Trauben, Nüsse – oder mit gezuckerten Produkten – Honig, Datteln usw., Symbole der »Leichtigkeit«). Während der ersten drei Tage der Feldbestellung ist die Zubereitung von Fladen, die trockene und männliche Nahrung schlechthin, untersagt; es heißt sogar, daß, wollte man gebratenes Fleisch essen (das des Ochsen von *thimechret* wird gekocht verspeist), die Ochsen sich das Genick brechen. Das typisch weibliche Geflügelfleisch ist im Couscous am ersten Tag des *ennayer* enthalten. Doch ohne Zweifel am deutlichsten zeigt sich das generative Schema der Winternahrung – das Trockene feucht/naß machen – am Vorabend des ersten Tags von *ennayer* (manchmal auch die »Alten«

von *ennayer* geheißen): Bei dieser Gelegenheit ist es untersagt, etwas anderes als gekochte trockene Körner (vereinzelt mit Krapfen) zu essen, und das, bis man satt ist; man darf kein Fleisch (»um nicht die Knochen zu brechen«) und keine Datteln essen (»um nicht die Kerne aufzudecken«). Die Mahlzeit am ersten Tag des *ennayer* (*Achura*) ähnelt sehr stark der anläßlich der Eröffnung der Feldarbeiten: immer sehr reichhaltig (Vorhersageritus), besteht sie aus *abisar* oder *berkukes* und Krapfen, oder aus Brei.

Vom ersten Frühlingstag an treten neben die traditionellen Zutaten der Fruchtbarkeitsnahrung – über dem Dampf von *adhris*, Thapsia, gekochter Couscous, der aufbläht, harte Eier, mit denen der Hunger gestillt werden muß – geröstetes Getreide, das die Kinder im *Freien* (draußen) essen, rohe und grüne Erzeugnisse (Saubohnen und anderes Gemüse) sowie warme und gekochte Milch. Mit der Rückkehr von *azal* künden die in Milch getunkten trockenen Pfannkuchen und der mit Butter bestrichene Grieß von der trockenen und männlichen Nahrung des Sommers. Eine für die Festspeisen während der trockenen Jahreszeit charakteristische Zusammenstellung besteht aus Fladen und gegrilltem Fleisch, die mit oder ohne Couscous eingenommen werden können (je nachdem, ob auf dem Feld oder im Haus gespeist wird), während die normalen Speisen aus in Öl – trockenes und männliches Nahrungsmittel im Gegensatz zur feuchten und weiblichen Butter – getunkten Fladen und trockenen Feigen sowie, wenn im Haus gespeist wird, frischen Gemüsen, die geröstet gegessen werden, bestehen.

Die gleiche Struktur weist der »Kalender« der Frauenarbeiten auf, der den Kalender der landwirtschaftlichen Arbeiten ergänzt und ihm unmittelbar untergeordnet ist (vgl. Schema Nr. 4). Homolog der Feldbestellung und der Heirat, wird der Webstuhl, dessen zwei Streben und Kettenbäume – »vom Himmel« und »von der Erde«, oder vom Osten und vom Westen genannt – die Begrenzungen des Gewebes festlegen, so wie auch die zuerst gezogene Furche (*la'lam*) das Feld begrenzt, im Herbst aufgebaut (»die Feigen und die Brombeeren sind schon reif, und wir haben keine Decken«): Dem am Haus Vorübergehenden werden Feigen, Datteln und Mandeln angeboten; es wird eine Speise aus feuchter und aufblähender Nahrung (*tighrifin*, Krapfen) zubereitet.[99] Wie die Feldarbeit stellt das Weben die Vermählung von Himmel und Erde und das Gewebte ein Produkt der Geburt dar: *thanslith*, das

4. Der Kreislauf der Frauenarbeit

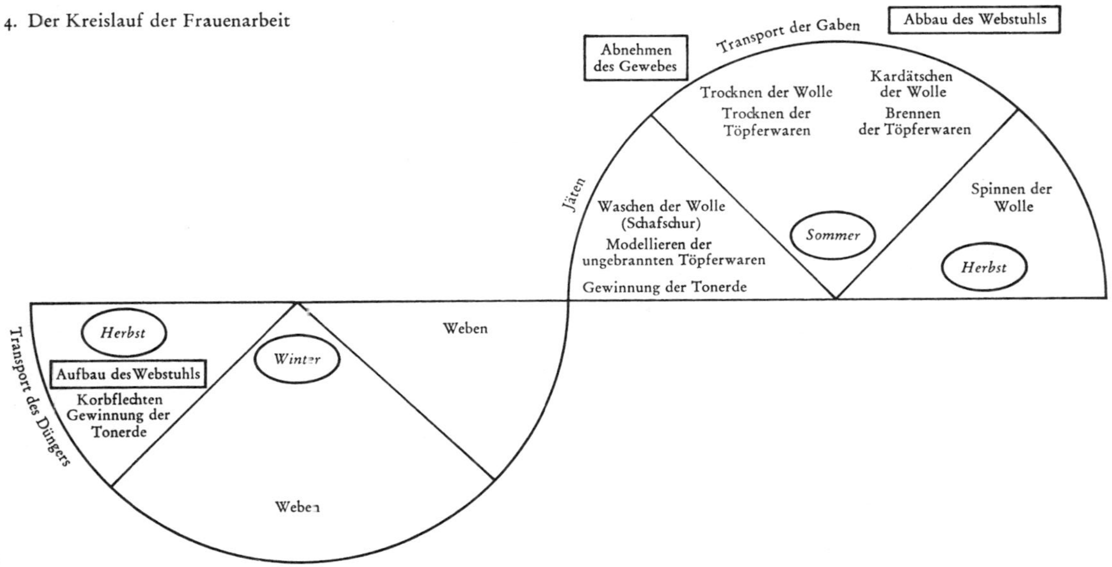

Abbau des Webstuhls

Transport der Gaben

Abnehmen des Gewebes

Trocknen der Wolle
Trocknen der Töpferwaren

Kardätschen der Wolle
Brennen der Töpferwaren

Spinnen der Wolle

Jäten

Waschen der Wolle (Schafschur)
Modellieren der ungebrannten Töpferwaren
Gewinnung der Tonerde

Sommer

Herbst

Weben

Herbst

Aufbau des Webstuhls

Korbflechten
Gewinnung der Tonerde

Winter

Transport des Düngers

Weben

Dreiecksmotiv, mit dem das Weben beginnt, ist ein Symbol der Fruchtbarkeit (Wurzel NSL, beginnen, erzeugen); während die jungen Mädchen nicht über den Faden gehen dürfen, ist dies den verheirateten Frauen gestattet; das Überkreuzen der Fäden wird *erruḥ*, die Seele genannt.[100] Das Weben ist eine Tätigkeit des Winters, die mit der trockenen Jahreszeit im Mai ihr Ende findet. Wie die letzte Garbe häufig vom Herrn des Feldes mit der Hand abgetrennt wird, so kommt es der Hausfrau zu, das Gewebe ohne Gebrauch von Eisen (Klinge, Dolch), und indem sie es vorher mit Wasser besprengt hat, abzunehmen. Es wird vermieden, diese gefährliche Operation im Beisein eines Mannes vorzunehmen: Da jede Geburt eine Wiedergeburt ist, könnte das Gesetz der Gleichwertigkeit des Lebens – eine »Seele« gegen eine andere – es bewirken, daß die Geburt des Gewebes mit dem Tod eines Menschenwesens bezahlt werden muß.[101] Ist das Gewebe einmal abgehängt, wird der Webstuhl abmontiert und bleibt für die Dauer »des Todes des Feldes« »brach« liegen.

Wolle und Töpferwaren, natürliche Produkte, weisen einen in etwa ähnlichen Kreislauf auf. Da aus der Erde hervorgegangen, partizipiert die Töpferware am Leben des Feldes: Der Ton wird im Herbst gesammelt, wird aber weder in dieser Jahreszeit noch im Winter, wenn die Erde befruchtet und gefüllt ist, sondern im Frühling bearbeitet. Die rohe Töpferware (*azegzaw*) trocknet langsam im Schatten (feucht – trocken), während unterdessen die Ähren heranreifen (feucht-trockene Periode). Solange der Boden noch Ähren trägt, darf er nicht abgebrannt werden: Erst nach dem Einbringen der Ernte, wenn die nackte Erde nicht mehr arbeitet und das Feuer die Ähren nicht auszutrocknen droht (trocken – trokkene Periode), kann man darangehen, bei offenem Himmel Feuer anzumachen (trocken – trocken).

Die Wolle, die seit dem Ende der Kälteperiode gerupft wurde, wird in dem Augenblick in Wasser und mit Seife gewaschen, da alles sich öffnet und aufgeht (*thafsuth*), schließlich in einem Topf gekocht, dem Korn und Saubohnen (*ufthyen*) beigegeben wurden, damit die Wollflocken wie die Ähren sich öffnen. Gleich der Töpferware trocknet die Wolle während der feucht-trockenen Periode. Gekrempelt wird sie in der Mitte der trockenen Periode, unter Zuhilfenahme eines solch typisch »trockenen« und männlichen Gerätes wie der Kardätsche, Symbol der Abtrennung und männlicher Rauheit, und ein Erzeugnis des Schmiedes, das auch bei den Männlichkeitsriten und den prophylaktischen Riten zur Vermeidung von Krankheiten des Abends und des Feuchten zur Anwendung kommt.[102]

Die Struktur des Tagesverlaufs (die natürlich die fünf muselmanischen Gebete mit einschließt) bildet ein weiteres, in ausgezeichneter Weise lesbares Produkt der Anwendung der gleichen Strukturierungsschemata. Die Tageszeit während der feuchten Jahreszeit gilt als nächtlich bis in den hellen Tag hinein[103], sie erscheint wie die unvollendete Form der wahrhaft vollkommenen Tageszeit in der trockenen Jahreszeit, mit ihrem *azal*, dem typischsten Zeitraum des Tages, der der feuchten Jahreszeit fehlt (vgl. Schema Nr. 5).[104] In der trockenen Jahreszeit, d. h. von dem als »Rückkehr von *azal*« genannten Tage an, der die Schwelle zur trockenen Jahreszeit markiert und an dem die Hausfrau das Feuer auf den Hof holt und den *kanun* im *thimetbakhth* anzündet, wird abrupt in einen komplexeren Rhythmus übergegangen, der sich durch das zweifache Kommen und Gehen der Herde definiert[105]: ein erstes Mal wird sie bei Tagesanbruch ausgeführt und in den Stall zurückgebracht, wenn die Hitze drückender wird, d. h. ungefähr um *doḥa* herum; sie wird ein zweites Mal hinausgeführt, wenn das Gebet zur Tagesmitte ertönt, *dohor*, und dann mit dem Hereinbrechen der Nacht wieder zurückgeführt.

Wie das Jahr vom Herbst zum Sommer verläuft und von West nach Ost fortschreitet, geht der Tag (*as*) vom Abend zum Mittag: Obgleich sich das gesamte System auf den vollendeten Kreislauf einer ewigen Wiederkehr hin ausrichtet und der Abend wie der Herbst, das Alter wie der Tod auch eine Stätte der Zeugung und der Aussaat bilden, ist die Zeit doch auf einen Kulminationspunkt hin orientiert, den der Mittag, der Sommer oder das reife Alter repräsentieren (vgl. Schema Nr. 6). Die Nacht (*it*) in ihrem dunkelsten Abschnitt, die »Finsternis« in der »Mitte der Nacht«, die die Männer, Frauen und Kinder im heimlichsten Teil des Hauses, nahe den Tieren, im geschlossenen und feuchten, kalten Ort der Geschlechtsbeziehungen, der mit dem Grab und dem Tod assoziiert wird, versammelt, steht dem Tag gegenüber und genauer dem, was dessen Gipfelpunkt bildet, *azal*, dem Augenblick, da das Licht und die Wärme der im Zenith stehenden Sonne am stärksten ist. Das Band zwischen der Nacht und dem Tod, das sich in den nächtlichen Geräuschen – dem Heulen des Hundes oder Schakals ebenso wie dem Zähneknirschen der Schläfer, das dem der Toten ähnelt –

in Erinnerung bringt, kommt in allen Verboten des Abends zum Ausdruck: Die untersagten Praktiken, wie sich zu baden oder einfach in Wasser herumzuplantschen – besonders in stehendem, dunklem, schlammigem und Übelkeit erregendem –, sich im

5. Die Tagesrhythmen im Winter und im Sommer

	trockene Jahreszeit	feuchte Jahreszeit
5^{H} elfjar	Weggang der Herde der Männer (Felder u. Märkte)	
6^{H}		
7^{H}		
8^{H}		
9^{H}		leftar (Frühstück)
(eddoha)	1 Heimkehr der Herde	Weggang der Herde der Männer (Felder und Märkte)
10^{H}	imekli (Mahlzeit)	
11^{H}	Rast von azal (lemqil) A	
12^{H}	Z	thanalth (Vesper)
13^{H} eddohor	2 Weggang der Herde A	
14^{H}	Niedergang von azal L	
15^{H}	thanalth (Vesper)	
16^{H} el 'asar		Heimkehr der Herde
17^{H}		
18^{H}	2 Heimkehr der Herde	
19^{H} el maghreb		imensi (Abendessen)
20^{H}	imensi (Abendessen)	
el 'icha		
21^{H}		

im Haus verbrachte Zeit

Rastzeit im Freien

Zeit der Arbeit (im Freien)

6. Die Struktur des Tages in der trockenen Jahreszeit

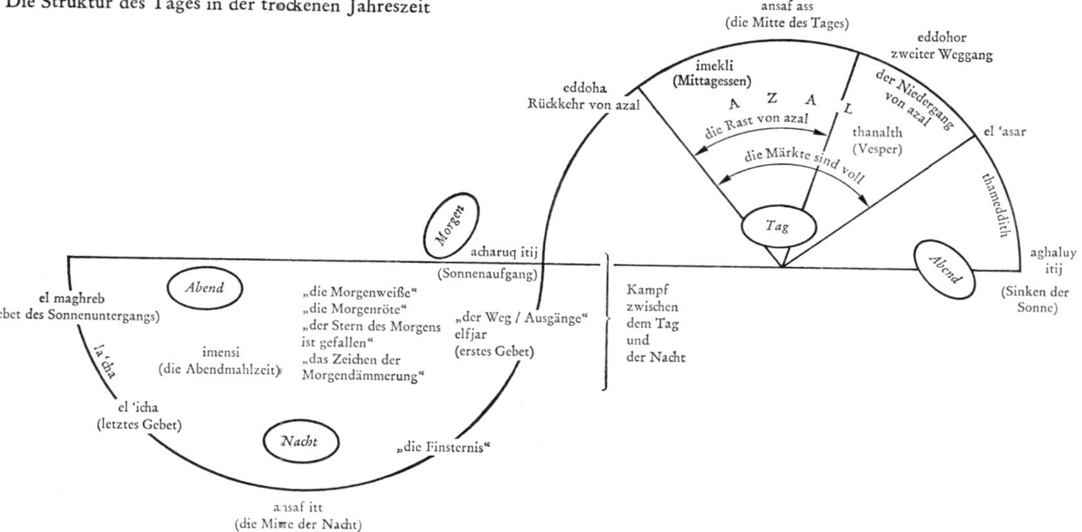

Spiegel zu betrachten, sich über das Haar zu streichen, Asche zu berühren, könnten gleichsam die unheilvolle Last der nächtlichen Dunkelheit noch verstärken, wenn sie mit Substanzen, die alle die gleichen Eigenschaften aufweisen (und von denen einige, wie Haar, Spiegel, dunkles Gewässer, wechselseitig nahezu austauschbar sind) in Kontakt gebracht würden.

Der Morgen stellt einen Zeitraum des *Übergangs* und des *Bruchs* dar, eine *Schwelle*, der Sonnenaufgang einen Kampf zwischen Nacht und Tag: Es sind die Stunden vor Tagesanbruch, am Ende der Herrschaft der Nacht, in denen die Austreibungs- (*asfal*) und Reinigungsriten vollzogen werden und in denen mit der Nacht, dem Bösen/Schlechten und dem Tod gebrochen wird, um so »am Morgen aller Dinge (zu) stehen«, d. h. offen zu sein für das Licht, das Gute und das Glück, die mit ihm verbunden sind (z. B. wird zu dieser Stunde dem neidischen oder Opfer einer Übertragung – *aqlab* – gewordenen Säugling der Grieß übergeschüttet, den man am Vorabend in der Nähe seines Kopfes hingelegt hatte). Jeder Morgen ist eine *Geburt*. Der Morgen ist Ausgehen, ist *Eröffnung* und Öffnung zum Licht hin (*fataḥ*, öffnen, aufgehen, ist synonym mit *sebaḥ*, am Morgen aller Dinge stehen). Dies zunächst in einer ersten Bedeutung: Es ist der Augenblick, da der Tag geboren wird (*thallalith wass*, die Geburt des Tages), da das »Auge des Lichts« (*thit antafath*) sich öffnet und aus dem Haus und dem Dorf, die während der Nacht abgekapselt waren, Männer und Herden sich über die Felder ergießen. In der Bedeutung auch von Anfang/Beginn: Der Morgen ist Inauguralmoment, demgegenüber die eines solchen Namens würdigen Männer es sich schuldig sind, präsent zu sein, an ihm teilzunehmen (*esbaḥ*, am Morgen präsent, am Leben sein). »Der Morgen«, so heißt es, »ist die Leichtigkeit«. Früh am Morgen aufstehen bedeutet, sich unter einen günstigen Stern zu stellen (*leftaḥ* die Eröffnung, das gute Vorzeichen). Wer früh aufsteht, ist vor Begegnungen geschützt, die Unglück bringen; wer dagegen als letzter sich auf den Weg macht, trifft als Begleiter allein noch den – mit der Nacht assoziierten – Einäugigen (wie der Blinde), der das volle Tageslicht abwartet, um aufzubrechen, oder den Lahmen, der sich dahinschleppt. Sich beim ersten Hahnenschrei erheben heißt, sich unter den Schutz des Morgenengels zu stellen und ihm Dank abzustatten, heißt, wenn man so sagen darf, sich in den Stand der Gnade zu stellen, heißt gleichsam, zu erreichen, daß die »Engel an seiner Statt und für ihn entscheiden«.

Tatsächlich stellt der Morgen, diese durch die Rückkehr des Lichts und des Lebens gesegnete Inauguralzeit, den günstigsten Zeitpunkt dar, um etwas zu entscheiden und *anzugehen*: Die Eröffnungsriten, die die Tage des Übergangs markieren, werden bei Tagesanbruch praktiziert – also ebenso das Wecken der Ochsen in der Wintersonnenwende wie die Erneuerungsriten am Ersten des Jahres (*ennayer*), der Aufbruch des Schäfers, um am ersten Frühlingstag Pflanzen zu suchen, oder das Herausführen der Herde zur Rückkehr von *azal*, usw.

Der Morgen – ebenso wie die im Landwirtschaftsjahr oder im Leben des Menschen homologen Perioden, Frühling und Kindheit – wäre, da er doch den Sieg des Lichts, des Lebens, der Zukunft über die Nacht, den Tod und die Vergangenheit markiert, ein im umfassendsten Sinne vorteilhafter Zeitraum, wäre ihm nicht, kraft seiner Position, die furchtbare Macht verliehen, die Zukunft, an der er teilhat und mehr: die er als das die Serie eröffnende Glied anführt, auch determinieren zu können[106]: Eigentlich wohltätig, ist er doch auch – weil in der Lage, das sowohl gute wie böse Geschick des Tages zu bestimmen – als Virtualität von Unglück gefährlich. Verweilen wir kurz bei dieser Logik der Magie: denn ohne Zweifel ist sie nie vollkommen begriffen, dafür nur allzugut zur Hälfte, ausgehend nämlich von jener gleichsam magischen Welterfahrung, die, etwa unter der Wirkung einer emotionalen Stress-Situation, selbst noch den Individuen sich aufdrängt, die dank ihren materiellen Existenzbedingungen und einer institutionellen Sphäre, die jene abzuhalten vermag, gegen eine solche »Regression« am umfassendsten gefeit zu sein scheinen. Wird die Welt gleich einem Schicksalssystem[107] wahrgenommen, und dessen Initialpunkt als Ursache, dann leitet das gegenwärtige Tun und Geschehen zwangsläufig das zukünftige Tun und Geschehen. In Form von Ahnungen und Vorzeichen ist das Zukünftige je schon im Gegenwärtigen beschlossen.[108] Diese Vorankündigungen dürfen nun paradoxerweise nicht nach Art eines Verhängnisses entziffert werden, um ihm sich schließlich zu unterwerfen (wie die Gefühlsregung, die sich der in der Gegenwart sich ankündigenden Zukunft beugt), sondern als Zeichen, die es zu verändern gilt – ein nur scheinbarer Widerspruch, da gerade im Namen der Annahme des Schicksalssystems der Versuch unternommen wird, die durch die Gegenwart sich ankündigende Zukunft derart *neu zu gestalten*, daß darin eine neue Gegenwart Form gewinnt. Man schlägt die

Magie mit der Magie, das magische Wirken der Gegenwarts-Ahnung durch ein Verhalten, das den Initialpunkt zu verändern trachtet: im Namen des die Tugend der Vorahnung ausmachenden Glaubens, daß das System seinen Initialpunkt als Ursache anerkennt.

Der Morgen ist jener Zeitpunkt, da alles zu einem Zeichen, einem Hinweis und einer Ankündigung wird. Wer eine Person trifft, die Milch trägt, sieht darin ein gutes Vorzeichen; wer, noch im Bett liegend, das Gekreische von Streitenden hört, sieht Unheil herannahen. Die Zeichen (*esbuḥ*, das erste Treffen am Morgen, mit gutem oder schlechten Vorzeichen), vermittels derer sich die bösen Kräfte ankündigen, werden eingehend geprüft; man bemüht sich, ihr Wirken kraft Beschwörung abzuwehren: Wer bei Tagesanbruch einem Schmied, einem Lahmen oder Einäugigen, einer Frau mit einem leeren Schlauch oder einer schwarzen Katze über den Weg läuft, »muß seinen Morgen noch einmal begehen«, muß in die Nacht zurückkehren, indem er in umgekehrter Richtung über die Schwelle tritt, muß noch einmal schlafen und neuerlich seinen »Ausgang« vollziehen. Auf dem Spiel steht der ganze Tag (zuweilen sogar das ganze Jahr oder das ganze Leben, wenn es sich um den Morgen eines Eröffnungstages handelt), wenn es einem nicht gelingt, die unheilvollen Züge des Zufalls zu vereiteln. Da die magische Wirksamkeit der Worte und Dinge sich hier mit ungeheurer Intensität kundtut, drängt sich auch zwanghafter und stärker als sonst der Gebrauch von Euphemismen auf, durch die die unheilvollen Worte vermieden werden sollen: Von allen tabuisierten Wörtern sind am Morgen jene die furchtbarsten, die Akte des Abschließens und Momente des Beendens zum Ausdruck bringen, wie schließen, auslöschen, abschneiden; etwas schwächer: beenden, ausschöpfen, weggehen, ausgießen, denen eigentümlich ist, eine vorzeitige Unterbrechung oder Zerstörung zu »evozieren«; desgleichen wird man alles vermeiden, was die Leere (z. B. »im Vorratsraum sind keine trockenen Feigen mehr« oder schlicht und einfach das Wörtchen »nichts«) oder die Sterilität evozieren könnte.[109]

Azal, und im besonderen *thalmasth uzal*, die Mitte von *azal*, der Zeitpunkt, wo die Sonne im Zenith steht, Mittag, der Augenblick, wo »*azal* am wärmsten ist« (*ihma uzal*), der helle, lichte Tag, hebt sich von der Nacht gleichermaßen wie vom Morgen ab, dem Morgengrauen, dem nächtlichen Teil des Tages.[110] Der wärmsten, trockensten und hellsten Jahreszeit homolog, ist er der Tag des Tages, das Trockene des Trockenen, der die charakteristischsten Merkmale der trockenen Jahreszeit gleichsam zu höchster Blüte und Macht führt. Die männliche Zeit schlechthin, ist er der Zeitraum, wo die Märkte, Wege und/oder Felder voll (von Männern) sind, wo die Männer draußen, im Freien sind, ihren Aufgaben als Männer nachgehend.[111] Nicht selten, daß die Männer bis zum Schlaf von *azal* (*lamqil*) schlummern, die ideale Grenze männlicher Rast, wie die Felder die Grenze der habituellen Schlaforte darstellen, so der Dreschplatz, trockenste und männlichste Region des dem Haus benachbarten Raumes; es wird verständlich, warum *azal*, der an sich am Trockenen und Sterilen partizipiert, in starkem Maße mit der Öde (*lakla*) der abgeernteten Felder assoziiert wird.

Eddohor, das zweite Gebet, fällt in etwa mit dem Ende der Rast von *azal* zusammen: Es beginnt der »Niedergang von *azal*«, das Abnehmen der starken Hitze (*azghal*) und der Zeitpunkt, da die Herde ein zweites Mal auf die Weiden geführt, die Arbeit neuerlich in Angriff genommen wird. Mit dem dritten Gebet, *el 'asar*, kommt *azal* zum Abschluß und fängt *thameddith* (oder *thadugwath*) an: Die Stunde, wo »die Märkte sich geleert haben«, auch der Zeitpunkt, wo die Verbote des Abends in Kraft treten. Das Untergehen der Sonne (*aghaluy itij*), die »sich nach Westen neigt«, gibt in gewisser Weise das Paradigma ab für alle Formen des Untergangs und Verfalls, im besonderen die des Alters und aller Arten politischen Niedergangs (*yeghli itij-is*, seine Sonne (sein Stern) ist gefallen), sowie des physischen Verfalls (*yeghli lwerg-is*): Gen Westen, gen Abend ziehen (*ghereb*, im Gegensatz zu *cherraq*, dem Morgen zu gehen) bedeutet, der Dunkelheit, der Nacht, dem Tod entgegenzugehen, vergleichbar dem Haus, das, gehen seine Türen nach Westen, nur die Finsternis empfangen kann. Wie wir freilich noch sehen werden, fällt in der zirkulären Zeit des Mythos der Okzident mit dem Orient zusammen – und ist der Tod zugleich Wiedergeburt.

Man könnte, in einer Fortführung der Analyse der Anwendungsfelder des Systems der generativen Schemata, eine Art synoptisches Schema des Lebenszyklus erstellen, wie er durch die Übergangsriten strukturiert wird: die Geburt (einschließlich der mit der Durchschneidung der Nabelschnur mittels der *qabla* verbundenen Praktiken und der Riten zum Schutz des Neugeborenen vor Behexung); die Namensgebung am dritten oder siebten Tag; der erste Ausgang der Mutter mit dem Kind am vierzigsten Tag (mit, beim Vorübergehen, allen Riten des sogenannten »Bruchs der Verbindung des Monats«, *thuksa an-tsucherka wayur*, vollzogen am dritten, siebten, vierzehnten, dreißigsten und vierzigsten Tag, um »die Verbindung zum Monat abzubrechen«, das Böse auszutreiben und fortschreitend das Kind von der Welt der Frauen zu trennen); die »ersten Ausgänge« (im Hof, außerhalb der Familie); das erste Haareschneiden, ein Reinigungsritus, der häufig mit dem ersten Besuch des Marktes verbunden ist; schließlich die Beschneidung, die Heirat und das Begräbnis. Faktisch ist der Kreislauf der Übergangsriten in mehr als einer Hinsicht dem Agrarkalender, der freilich, wie wir sahen, selbst nur eine Folge von Übergangsriten wiedergibt, untergeordnet. Zunächst einmal deshalb, weil die Übergangsriten in zahlreichen Fällen mehr oder weniger explizit mit einem Moment des Jahres verbunden sind – der Homologie wegen, die sie mit dem jeweiligen Zeitpunkt aufweisen: Die Geburt z. B. steht unter guten Vorzeichen, wenn sie zu *laḫlal* (oder am Morgen) eintritt, unter bösen, wenn sie auf *ḫusum* oder *Insla* (oder in den Nachmittag zwischen *'asar* und *el maghreb*) fällt; die Beschneidung ist zum Herbstanfang, nicht aber im Winter angebracht; und *el 'azla gennayer* ist der für das erste Haareschneiden günstige Zeitpunkt; für die Heirat ist der Herbst und der Frühling (nach *el 'azla*) angemessen, sie ist ausgeschlossen am ersten Tag des Jahres, an *ḫusum, nisan* und während der Monate Mai und Juni. In den Frühlingsriten (vor allem denen des ersten Frühlingstages und der »Rückkehr von *azal*«) kommt eine Symbolik zum Tragen, die gleichermaßen auf das noch »gebundene, gefesselte, geknebelte« unreife Korn wie auf die Glieder des Säuglings, der noch nicht gehen kann und gewissermaßen noch der Erde verhaftet bleibt, anwendbar ist.[112] Was diejenigen Übergangsriten betrifft, die an keine bestimmte Periode des Jahres gebunden sind, so verdanken sie ihre Eigenschaften zum Teil den rituellen Besonderheiten der Periode, in der sie praktiziert werden – womit das Wesentliche der beobachteten Varianten erklärt wäre. So taucht etwa das wohltätige Wasser von *nisan*, ein notwendiges Element in den Riten dieser Periode (wie die Milch des ersten Melkens im Frühling oder die Ähren der letzten Garbe im Sommer usw.), als supplementärer Teil auch in den Übergangsriten auf, die in diese Periode fallen.

In einem tieferen Sinne ist es jedoch die gesamte menschliche Existenz, die, als Produkt des gleichen Systems von Schemata, sich homolog zum Landwirtschaftsjahr und zu den anderen großen temporalen »Serien« aufbaut. So steht die Zeugung (*akhlag*, Erschaffung) offenkundig mit dem Abend, dem Herbst und dem nächtlichen und feuchten Teil des Hauses in Verbindung. Desgleichen korrespondiert die Schwangerschaft dem Leben des Samenkorns unter der Erde, d. h. den »Nächten« (*elyali*): Die Tabus der Dickheit (Schwangerschaft) und der Fruchtbarkeit sind jene des Abends und der Trauer(zeit) – sich bei Anbruch der Nacht in einem Spiegel zu betrachten; gleich der im Frühling aufgegangenen Erde partizipiert die schwangere Frau an der Welt der Toten (*juf*, das den Bauch der schwangeren Frau bezeichnet, bedeutet des weiteren auch den Norden, der der Nacht und dem Winter homolog ist). Die Schwangerschaft wird wie die Keimung dem Kochen im Topf gleichsetzt: Die Wöchnerin bekommt die gekochte Nahrung des Winters, der Toten und der Feldarbeiten, speziell *abisar*, serviert (die Speise für die Toten und bei den Begräbniszeremonien), die, außer bei dieser Gelegenheit, von den Frauen sonst nie zu sich genommen wird, nämlich in Wasser gekochter grober Couscous (*abazin*), Pfannkuchen, Krapfen und Eier. Die Entbindung weist

Assoziationen auf zur »Eröffnung« des Winterendes und man findet auch die Verbote des Abschließens wieder, die während dieser Jahreszeit in Kraft sind (die Beine übereinanderschlagen, die Hände oder Arme überkreuzen, Armreifen, Ringe usw. tragen). Die Homologie zwischen dem Frühling, der Geburt und dem Morgen, diesen Inauguralperioden der Ungewißheit und des Wartens, manifestiert sich unter anderem im Übermaß der zu dieser Zeit praktizierten prognostischen Riten. Die Ernte, wenn auch als vorzeitige Vernichtung (*an'adam*) beschrieben, stellt doch keinen Tod ohne Nachkommenschaft dar (*ma'dum*, der ohne Nachkommen gestorbene Junggeselle), und man erwartet von der Magie, die widerspruchsfrei die Vorteile widersprüchlicher Handlungen zu kumulieren gestattet, das Wiederaufleben, die Wiedergeburt durch einen und in einem neuen Befruchtungsakt. Desgleichen ist das Alter, dem Westen (*el gharb*), der Dunkelheit, dem Sonnenuntergang und dem Tod – der schlechthin unheilvollen Richtung – zugekehrt, aber auch nach Osten, auf ein Wiederaufleben in einer neuen Geburt, ausgerichtet. Seinen Abschluß findet der Kreislauf mit dem Tod, d. h. im Westen, allein für den Fremden (*aghrib*), den Mann des Westens, den Exilierten, der keine Nachkommen hat (*anger*) und dessen Grab, gleichsam als exemplarische Verwirklichung gänzlichen Vergessens und totalen Verschwindens, in den Riten der Austreibung des Bösen sehr oft zum Gegenstand gerät: Innerhalb eines Universums, worin die Zugehörigkeit zur Gruppe impliziert, daß man kraft seiner Vorfahren mit den Ahnen in Verbindung steht und kraft seiner Nachkommen »zitiert« oder »zu neuem Leben gerufen« (*asher*) wird, stellt der Tod des Fremden die einzigartige Form absoluten Todes dar.[113]

Die verschiedenen Generationen nehmen in dem vorerwähnten Zyklus unterschiedliche Positionen ein – sie sind diametral entgegengesetzt bei den aufeinanderfolgenden Generationen, so bei Vater und Sohn (da der erste zeugt, während der zweite gezeugt wird, oder der Vater ins Alter kommt, wenn der Sohn in die Kinderjahre kommt), und identisch bei den alternierenden Generationen, so beim Großvater und dem Enkel (vgl. Schema Nr. 7). Dergestalt sieht eine Logik aus, die, indem sie aus der Geburt eine Wiedergeburt macht, den Vater dazu bringt, seinem ersten Sohn wann immer möglich den Namen seines eigenen Vaters zu geben (benennen heißt auch *asher*, wieder auf die Beine bringen, »zu neuem Leben erwecken«). Einen derartigen homologen Zyklus

7. Der Reproduktionszyklus

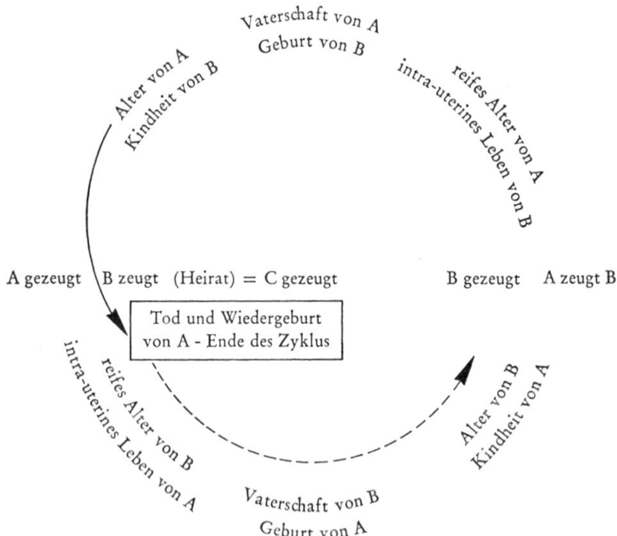

kennt auch das Feld – den zweijährigen Fruchtwechsel: Wie der *Generationszyklus* mit dem Tode und dem Wiederaufleben von A endet, d. h. wenn B C zeugt, so schließt sich auch der Zyklus des Feldes, wenn das Feld A, das während der Zeitspanne, die das Leben des befruchteten Feldes dauert, auf seine Wiedergeburt harrend brachgelegen hat, durch die Feldbestellung und die Aussaat »zu neuem Leben erweckt« wird, d. h. in dem Augenblick, wo das Feld B wieder zu Brachland wird.

Es ist kein Zufall, daß für die griechischen oder chinesischen Exegeten die Schwierigkeiten dann beginnen, wenn diese sich bemühen, »Serien« – im Sinne einer asymmetrischen, transitiven und »zusammenhängenden« Beziehung, wie Russell sie in seiner *Einführung in die mathematische Philosophie* genannt hat – zu konstruieren und übereinanderzulegen[114]: Wird versucht, die Identifizierung der verschiedenen Serien über einen spezifischen Feinheitsgrad hinaus weiter zu treiben, d. h. noch hinter die fundamentalen Homologien (in Schema Nr. 8 erfaßt), dann nehmen die Schwierigkeiten systematisch zu – daran erinnernd, daß die wirk-

Synoptisches Schema der wesentlichen Gegensätze

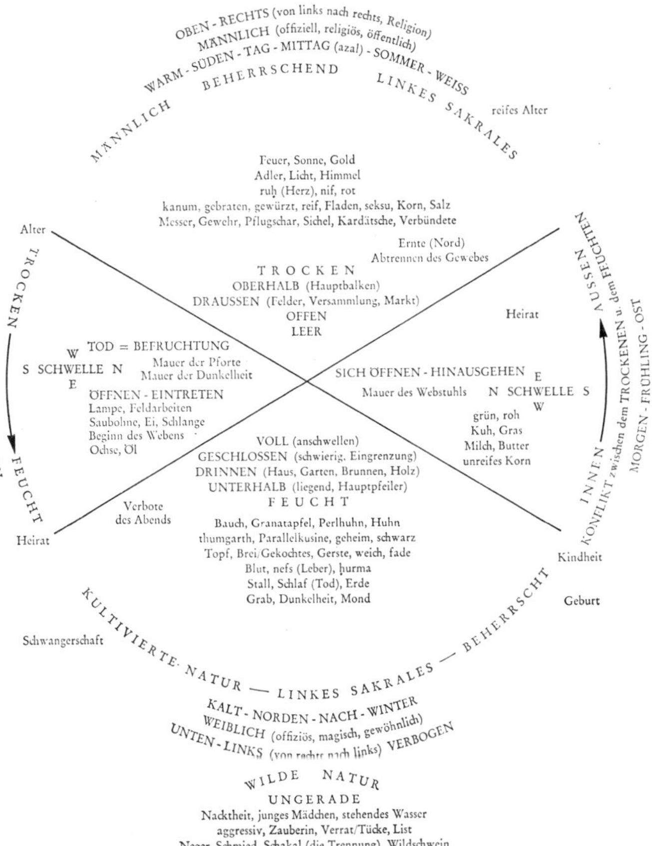

liche Strenge nicht auf seiten jener Analyse liegt, die dieses System über seine Grenzen hinaustreiben will, und dies kraft des Mißbrauchs der eigentümlichen Macht des Diskurses, das Schweigen der Praxis zum Reden zu bringen, und mit der Magie der Schrift spielend, die die Praxis und die Rede der Dauer (durée) entreißt.[115] Die rituelle Mimesis vollzieht sich allein dank der Anwendung gleicher Schemata des Denkens und Handelns auf derart unterschiedliche Bereiche wie die Momente des Tages und die Raumfelder, den Landwirtschaftskreislauf und den biologischen Reproduktionszyklus: Erst wenn die praktische Metapher – ein Vorgang der Übertragung von Schemata, der jenseits des Diskurses stattfindet – zur Metapher oder Analogie geworden ist, kann man sich so mit Platon fragen, »ob das Land es dem Weibe nachgetan in Schwangerschaft und Erzeugung (oder) das Weib dem Lande« (*Menexenos*, 238 a).

Das Ignorieren der Wahrheit der Praxis als gelehrte Ignoranz liegt unzähligen theoretischen Irrtümern zugrunde, von denen gewiß nicht der am geringsten ist, welcher am Ursprung der okzidentalen Philosophie liegt – und den noch die anthropologische Wissenschaft endlos wiederholt.[116] Ritus und Mythos, die einst im Modus des Glaubens »praktiziert« wurden und die, als kollektive Instrumente eines symbolischen Handelns gegenüber der natürlichen wie sozialen Welt, eine praktische Funktion zu erfüllen hatten, wird nun von der gelehrten Reflexion eine Funktion zugewiesen, die nicht mehr die ihre, wohl aber die der Gebildeten ist. Die langwierige Entwicklung, die, wie Cornford und die Schule von Cambridge lakonisch formulierten, »from Religion to Philosophy« führte, d. h. von der Analogie als praktischem Schema rituellen Handelns zur Analogie als Reflexionsgegenstand und rationale Denkmethode – eine Entwicklung, die im übrigen schon vor Hesiod einsetzte, da schon bei Homer einige esoterische Neuinterpretationen ursprünglicher Mythen und Riten zu finden sind –, geht Hand in Hand mit einer Transformation der Funktion, die ihnen innerhalb ihrer Praxis die interessierten Gruppen zuweisen.[117] Gegenstand einer gelehrten Reflexion wird der Mythos erst dann, wenn er keine andere Funktion mehr erfüllt als die, welche er in den Konkurrenzbeziehungen zwischen den Gelehrten erhält, die ihn allemal nur in bezug auf Fragestellungen und »Lesearten« früherer oder zeitgenössischer Interpretatoren examinieren und deuten: Dann erst weist er in der Tat die Tendenz auf, das zu werden, was er – freilich implizit oder praktisch – je schon war: ein System von Lösungen für kosmopolitische und anthropologische Probleme, wie es die gebildete Reflexion darin zu enthüllen wähnt und das sie in Wirklichkeit voll und ganz erst durch einen *Irrtum der Lektüre*, der einen jeden, die von ihrer Wahrheit als gebildete *Lektüre* absieht, innewohnt, existent werden läßt.[118]

Die Probleme, die die sich entfaltende Philosophie selbst und eigenmächtig zu stellen wähnt, werden ihr in Wahrheit durch das unanalysierte Verhältnis zu einem Gegenstand aufgezwungen, der jene niemals als solche aufgeworfen hat. Nichts anderes gilt von ihren spezifischen Denkweisen: Die Vorsokratiker vermöchten sicherlich nicht solch eine Faszination auf gewisse Philosophen auszuüben – die auf praktische Weise nie über die Mittel verfügen, sie wirklich zu verstehen –, gäben sie nicht jene Modelle an die Hand, die am vollkommensten angepaßt scheinen der (durch Heidegger »illustrierten«) Tradition des Spiels mit den Worten gleichen Ursprungs, das eine *doppelt determinierte* Beziehung zwischen der linguistischen und der mythologischen (oder ideologischen) Wurzel herstellt, oder jener anderen eher Hegelschen Tradition der Etymologie, die als ein Mittel erachtet wird, sich die durch die Arbeit der historischen Vernunft akkumulierten Schätze der Vergangenheit wieder anzueignen.[119] In der Tat besteht die Eigentümlichkeit der gebildeten Reflexion darin, das Prinzip der konfus in der sinnlichen Ordnung gespürten Beziehungen in die Beziehungen hineinzuverlagern, die sich auf der Ebene des Buchstabens manifestieren (Homophonie, Homographie, Homonymie, Paronymie, etymologische Verwandtschaft usw.). Keinem entginge die Nichtigkeit der Metaphysik, bildeten diese »Schein-Sätze«, wie Carnap formuliert, nicht auch ein freilich inadäquates »Ausdrucksmittel für das Lebensgefühl«.[120] Den Ausspruch Platons: »Der Philosoph ist ein Mythologe« heißt es beim Wort zu nehmen. Die logische Kritik verfehlt zwangsläufig ihr Ziel: Weil sie es nicht versteht, sich an anderes als nur die bewußt zwischen Worten hergestellten Beziehungen zu halten, vermag sie auch nicht die inkohärente Kohärenz eines Diskurses aufzudecken, der, sein Prinzip in den sowohl mythischen wie ideologischen Schemata vorfindend, dazu gemacht ist, allen Beweisen ad absurdum zum Trotz weiterzubestehen.[121]

VIERTES KAPITEL

Doxa, Orthodoxie, Heterodoxie

Die praktischen Taxonomien, die eine umgewandelte und unkenntlich gemachte Form der realen Unterschiede der Sozialordnung darstellen, tragen zu deren Reproduktion bei, indem sie zum einen an diese Unterschiede angepaßte und objektiv in Einklang stehende Praxisformen erzeugen und zum anderen den sozialen Klassifikationen, die sie durchsetzen, den Schein logischer Klassifikationen vermitteln. In den Gesellschaftsformationen mit schwach entfalteten ökonomischen und sozialen Unterschieden, die zudem kaum jemals alle als solche offiziell anerkannt sind, sucht das in Gebrauch stehende Klassifikationssystem seiner Tendenz nach die Funktion logischer und politischer Integration zu erfüllen, die Durkheim allen Klassifikationsformen universell zuschrieb. Besser noch als die Teilung des Raumes erfüllt die im musikalischen Sinne als *Form* verstandene soziale Zeit, d. h. als Sukzession, die durch Applikation der alle Dimensionen der Praxis organisierenden Schemata auf die Dauer ihren spezifischen Aufbau erhält, in und durch die Unterscheidung und Teilung, d. h. die Hierarchisierung, jene Integrationsfunktion.

Die Unterordnung unter kollektive Rhythmen ist derart streng gefordert, weil die Zeitformen und räumlichen Strukturen nicht nur die Vorstellung von der Welt, sondern die Gruppe selbst strukturieren, die sich gemäß dieser Vorstellung eine Ordnung vorgibt: Dies wird sehr gut darin sichtbar, daß die jeweilige Organisation der Existenz der Männer und Frauen in ihren unterschiedlichen zeitlichen und räumlichen Dimensionen zwei jeweils austauschbare Formen bildet, Trennung und Rangfolge des männlichen und des weiblichen Universums sicherzustellen: Die Frauen gehen zum Brunnen, wenn keine Männer auf der Straße sind, oder sie schlagen einen nur ihnen vorbehaltenen Weg ein – oder beides zugleich.[1] Der soziale Kalender versucht tendenziell die Integration zu gewährleisten, indem er die *Synchronisierung* identischer Praktiken mit der *Orchestrierung* differenter, aber strukturell homologer Praktiken (wie Feldarbeit und Weben) kombiniert.[2] Die Teilungen und Unterschiede der Gruppe finden sich in einem jeden Moment in die raum-zeitliche Organisation projiziert, die jeder

Kategorie den ihr zukommenden Platz und die ihr gemäße Zeit zuweist. Die unscharfe Logik der Praxis leistet darin Außerordentliches, insofern sie es der Gruppe ermöglicht, ein Höchstmaß an *sozialer und logischer* Integration zu realisieren, das zugleich noch mit der Vielfalt und Verschiedenheit, die durch die Arbeitsteilung zwischen Geschlechtern, Altersstufen und »Professionen« (Schmied, Schlachter) aufgezwungen werden, vereinbar ist.[3]

Die strukturierende Macht der Zeitrhythmen manifestiert sich auf sehr sichtbare Weise in der plötzlichen und umfassenden Veränderung des alltäglichen Lebens, die sich mit der »Rückkehr von *azal«* vollzieht. Darin findet sich unerwartet und ausnahmslos alles in den Aktivitäten der Männer, Frauen und Kinder durch die Übernahme eines neuen Rhythmus verwandelt: Selbstverständlich das Auf-die-Weide-Führen der Herde, aber auch die Verrichtungen der Männer, die Hausarbeit der Frauen, die Stätte, wo gekocht wird, die Stunde der Rast, der Ort, wo die Mahlzeiten eingenommen werden, die Art der Nahrung, Zeitpunkt und räumlicher Verlauf der Frauenarbeiten außerhalb des Hauses, der Rhythmus des Zusammentretens der Männerversammlung, der Zeremonien und Gebete, der Rhythmus der Treffen außerhalb des Dorfes, der Märkte.

Während der feuchten Jahreszeit befinden sich alle Männer am Morgen, vor *doḥa,* im Dorf. Es ist immer diese Zeit – ausgenommen zuweilen die Treffen am Freitag nach dem gemeinsamen Gebet –, in der der Clanrat und alle Versöhnungsausschüsse (vor einer Scheidung oder um sie zu verhindern, vor einer Meinungsverschiedenheit, um sie zu vermeiden, usw.) zusammentreten; es sind auch jene Stunden, wo vom Minarett herunter die Appelle an alle Männer gerichtet werden (Aufrufe zu kollektiven Arbeiten, Instandsetzung der Wege, Ausgraben von Abwässerkanälen, Transport von Rinnsteinen usw.). Um *doḥa* herum macht sich der Schäfer auf den Weg, ziehen die Männer auf die Felder oder Gärten, um entweder die wichtigen Arbeiten der jeweiligen Jahreszeit, wie Feldbestellung oder Aufhacken des Bodens, auszuführen oder sich minderen Beschäftigungen hinzugeben, die die »toten Zeiten« des Landwirtschaftsjahres oder -tages ausfüllen (Sammeln von Gras, Ausgraben und Säubern von Gräben, Sammeln von Holz, Entfernung von Baumstümpfen usw.). Unterbindet der Regen, der Schnee oder die Kälte jede Arbeit auf den Feldern oder kann der allzu nasse Boden ohne eine mögliche Gefährdung der kommenden Ernte oder der anstehenden Feldbestellung nicht festgestampft werden, läßt der schlechte Zustand der Wege und die Furcht, vor der Zeit weitab vom Hause zurückgehalten zu werden, die traditionellen Beziehungen nach draußen einfrieren[4], dann bringt es das Verbot, das den Männern untersagt, sich während der Tagesmitte im Freien aufzuhalten, tatsächlich mit sich, daß sie sich, die Zwistigkeiten zwischen den Clans und/oder »Linien« ignorierend, im Gemeinschaftshaus versammeln.

Während dieser Zeit des Jahres ist faktisch keiner der Männer aus dem Dorf abwesend, in das auch die Bewohner der umliegenden Weiler (*azib*) ab Ende Oktober (*thaqachachth*) zurückkehren.

Die Abendmahlzeit (*imensi*) wird sehr früh serviert, kaum daß die Männer ihre Arbeitskleidung und ihre Sandalen abgelegt und eine kurze Ruhepause genossen haben. Bei Einbruch der Nacht ist jeder heimgekehrt, ausgenommen die, welche daran festhalten, das Abendgebet in der Moschee abzuhalten, wo im allgemeinen das letzte Gebet (*el'icha*) etwas vorgeschoben wird, damit es mit dem von *maghreb* zusammenfällt. Da außer der Vesper alle Mahlzeiten im Innern des Hauses, wo auch gekocht wird, eingenommen werden, sind die Frauen, wegen der allzu langen Anwesenheit der Männer im Haus ihres eigenen Raumes beraubt, darum bemüht, sich einen abgetrennten Bereich einzurichten – und so etwa die Vorbereitungen für das Essen nachmittags, wenn die Männer nicht da sind, an der Mauer des Schattens zu treffen[5] – und es auch tunlichst zu vermeiden, dabei die Aufmerksamkeit auf sich zu lenken oder sich ohne Beschäftigung überraschen zu lassen: Der während der ganzen feuchten Periode über aufgebaute Webstuhl bietet ihnen eine Art Vorhang, hinter dem sie für sich bleiben können, und Hand in Hand damit eine Art Alibi für eine stets aufweisbare und greifbare Aktivität. Gleiche Strategien herrschen vor im Ausnutzen des dörflichen Raumes: Die Anwesenheit der Männer während des Vormittags verbietet es den Frauen, in dieser Zeit an den Brunnen zu gehen, dies um so mehr, als die Risiken eines Falls sie zu besonderen Vorsichtsmaßregeln verpflichten; es ist demzufolge die »Alte«, die am Morgen die Wasserversorgung aufrechterhält und die, sollten junge Mädchen fehlen, die Matte, auf der die für die Presse oder die Mühle vorgesehenen Oliven oder das Korn liegen, gegen Hühner und andere Tiere bewacht.

Der Abkapselung der Gruppe, die sich auch auf deren eigene Vergangenheit und Tradition – mit ihren Erzählungen und Geschichten während langer Abendstunden in den für die Männer reservierten Räumen – erstreckt, folgt die Öffnung nach außen in der trockenen Jahreszeit.[6] War während der feuchten Periode das Aufwachen im Dorf ohne große Lebhaftigkeit und in aller Stille vor sich gegangen, so vollzieht es sich mit der Rückkehr von *azal* unter großem Lärm und Getöse: Auf das Getrappel der Maulesel, das das Vorübergehen derer verkündet, die auf den Markt ziehen, folgt das Gestampfe der Viehherden, die in einem fort aufbrechen, schließlich das Hufeschlagen der berittenen und hastig vorwärtsgetriebenen Esel, das den Abmarsch der Männer auf die Felder oder in den Wald anzeigt. Um *doḥa* sammelt der Schäfer seine Herde, ein Teil der Männer kommt zur Rast während der Tagesmitte ins Dorf zurück. Der Ruf des Muezzin zu *ed-dohor* bildet das Signal für den zweiten Aufbruch am Tag. In weniger als einer halben Stunde leert sich das Dorf fast gänzlich: Waren die Frauen am Morgen im Haus zurückgeblieben –

einmal ihrer Hausarbeiten wegen, aber dann auch, weil es unschicklich gewesen wäre, wie die Männer während der Tagesmitte (*lamqil*) die Erholungspause draußen zu genießen, oder überhastet den Heimweg anzutreten, um im Haus zu sein, wie es zu dieser Stunde, die der Intimität vorbehalten ist, den Frauen geziemt –, so gibt es am Nachmittag, zumindest bei bestimmten Gelegenheiten, kaum eine, die nicht die Männer begleiten würde: Es sind natürlich zunächst einmal die »Alten«, die, nachdem sie ihren Schwiegertöchtern »ihre Anordnungen gegeben haben«, die nun an der Reihe sind, das Abendessen vorzubereiten, und nachdem sie die bestimmte Menge Mehl aus dem *akufi* genommen, den Zwiebelbund sowie die anderen für die Zubereitung des *imensi* notwendigen Gemüse aus dem *tha'richth* geholt und die Schlüssel für alle Vorräte wieder am Gürtel befestigt haben, ihren Teil zu den Arbeiten beitragen und auf ihre Art ihre Autorität unter Beweis stellen, indem sie in die Gärten gehen und dort die Nachlässigkeiten der Männer ausbügeln: die herumliegenden Holzstücke, das auf dem Boden verstreute Viehfutter auflesen, die unter den Baum gefallenen Äste sammeln, und die dann am Abend über dem mit frischem Wasser aus der Gartenquelle gefüllten Krug ein Bündel Gras, Wein- oder Maisblätter für die Haustiere nach Hause tragen. Es sind im weiteren die jungen Bräute, die besonders während der Feigenernte ihren Männern folgen und die Früchte auflesen, die diese heruntergeschlagen haben, sie aussortieren und auf das Flechtwerk legen und die dann am Abend, allein oder in Begleitung der »Alten«, einige Schritte hinter ihren Männern schreitend nach Hause zurückkehren.[7]

Azal, eine Art tote Zeit im starken Sinne des Wortes, die zu respektieren ein jeder sich schuldig ist, wird auf diese Weise vom zweifachen Weggang begrenzt: Während dieses Zeitraums ist alles ruhig, streng, gespannt; die Straßen gleichen einer »Wüste«, sind öde und leer. Die Mehrzahl der Männer befindet sich außerhalb des Dorfes, verstreut, einige halten sich im *azib* auf, andere werden durch die Pflege, die der Garten und das zu fütternde Ochsengespann verlangen, beständig und weit vom Haus ferngehalten, wieder andere bewachen den Trockenplatz der Feigen (jede Familie befürchtet, während dieser Jahreszeit ihre Männer bei dringenden Angelegenheiten nicht zusammenbringen zu können). Da unentschieden ist, wem zu diesem Zeitpunkt das Äußere, Freie gehört – der Frau oder dem Mann –, hüten sich denn beide, es zu okkupieren. Wer dennoch zu dieser Stunde sich in den Straßen herumtreibt, ist mindestens suspekt. Die wenigen Männer, die nicht auf den Feldern geblieben sind, um dort unter einem Baum zu schlummern, halten ihre Siesta hier und dort, lang hingestreckt – im Schatten eines Portalvorbaus oder einer Hecke, auf den Steinplatten vor der Moschee oder drinnen im Hof ihres Hauses oder, sofern sie eines besitzen, in einem abgetrennten Zimmer. Flüchtige Schatten dann und wann, die aus einem Haus treten, die Straße überqueren und in ein anderes Haus schlüpfen: Frauen, auch sie müßig, die

die unauffällige und verschwiegene Anwesenheit ihrer Männer benutzen, um sie zu treffen und zu besuchen. Nur die mit ihren Herden zurückgekehrten Schäfer beleben mit ihren Spielen – *thigar*, ein Kampf mit Fußschlägen, *thighuladth*, Scheibenschießen mit Steinen, *thimristh*, eine Art Damespiel, usw. – die an den Randgebieten gelegenen Kreuzungen und die minder wichtigen Versammlungsorte.

Seine Aufgabe als Mann erfüllen heißt, der Sozialordnung Folge zu leisten, also von Grund auf deren Rhythmen zu respektieren, dem Maß zu folgen, nicht zur Unzeit zu gehen. »Ernähren wir uns nicht alle vom gleichen Fladen (und von der gleichen Gerste)?« »Erheben wir uns nicht alle zur selben Zeit?« »Führen wir in denselben Stunden nicht die gleichen Verrichtungen aus und die gleichen Arbeiten während derselben Zeiten?« Diese verschiedenen Formen der Solidaritätsbekundung enthalten eine implizite Definition der fundamentalen Tugend, nämlich der Konformität im Gegensatz zum Wunsch und Willen nach Vereinzelung. Arbeiten, wenn die anderen sich zur Ruhe begeben, im Haus bleiben, wenn die anderen auf dem Feld schaffen, auf den Landstraßen schlendern, wenn sie leer sind, in den Straßen des Dorfes umherziehen, wenn die anderen schlafen oder auf dem Markt sind – samt und sonders suspekte Verhaltensweisen. *Amkhalef* (von *khalef*, sich vereinzeln, zuwiderhandeln) wird das Original genannt, das nichts so macht wie die anderen, wobei zugleich kenntlich gemacht wird – im Spiel mit den Wurzeln des Wortes –, daß *amkhalef* auch der ist, der zu spät kommt (von *khellef*, zurücklassen). So muß denn ein würdiger und sich seiner Verantwortungen bewußter Mann früh aufstehen[8]: »Wer seine Angelegenheiten nicht früh am Morgen erledigt, wird sie nimmermehr erledigen«; »Das Wild verstreut der Morgen, mißlich für die Schläfer«; oder auch: »Der *suq* ist der Morgen«; »Wer bis in die Mitte von *azal* schläft, wird den Markt verlassen vorfinden« (*sebaḥ*, am Morgen präsent sein, bedeutet auch angemessen sein, passen, sich schikken).[9] Freilich stellt das Frühaufstehen keine Tugend an sich dar: mangelhaft genutzt, verschleudert, sind die ersten Stunden nur »der Nacht gestohlene Zeit«, eine Beleidigung des Grundsatzes, wonach »jedes Ding seine Stunde hat« und »jedes Ding zu seiner Zeit« getan werden muß (»Jede Zeit hat ihre Zeit« – *Kul wagth salwaqth-is*). Wozu ist es nütze, so wird man fragen, sich beim Ruf des Muezzin zu erheben, wenn man nicht das Morgengebet sprechen muß? Verspottet wird der, der noch »unter den Sternen« oder

»als die Morgenröte sich noch nicht abzeichnete« (*'alam*) aufgestanden ist und doch nichts Großartiges zustandegebracht hat. Denn der Respekt vor den kollektiven Rhythmen setzt allemal den Respekt vor *dem* Rhythmus voraus, der einer jeden Handlung spezifisch eignet: also weder übermäßige Überstürzung noch Langsamkeit. Allein darum geht es, stets im schicklichen Augenblick am rechten Ort zu sein. Wessen »Schritt gemessen ist« *(ikthal uqudimis)*, der hebt sich gleichermaßen von dem ab, der dahinschleicht, wie von dem, der läuft, wie der »Tänzelnde« oder dem, »der große Schritte macht«: ein haltloses und frivoles, eines Mannes unwürdiges Betragen. Spott erntet, wer gedankenlos dahineilt, wer rennt, um jemand anderen noch zu erwischen, wer, indem er seine Arbeit überstürzt verrichtet, die weise Lehre vergißt und »die Erde schlecht behandelt«:

»Vergeblich mag man der Welt folgen,
keiner wird sie erreichen.«
»O du, der du dich überstürzest,
Halt ein und laß dich tadeln;
Das Auskommen kommt von Gott
Magst du dich darum nicht kümmern.«

Der übereifrige Bauer ist den kollektiven Rhythmen voraus, die einer jeden Handlung ihren Zeitpunkt im Raum des Tages, des Jahres oder des Lebens zuweist; indem er den Lauf anführt, droht er die ganze Gruppe in den Wettlauf des Überbietens von *thahraymith* zu ziehen, diesen diabolischen Ehrgeiz, und auf diese Weise die zirkuläre Zeit in eine lineare und die einfache Reproduktion in grenzenlose Akkumulation zu verwandeln.[10]
Mehr noch: Die Landwirtschaftsarbeiten, von den Griechen *horia erga* geheißen, sind ebenso in ihrem Rhythmus, der ihre Dauer vorgibt, wie in ihrem jeweiligen Zeitpunkt bestimmt. Die sakralen Aufgaben wie Feldbestellung und Säen obliegen jenen, die der Erde mit dem ihr gebührenden Respekt zu begegnen wissen, die gemessenen Schritts auf sie zugehen (*qabel*) können, wie auf einen Partner, den man begrüßen und ehren will. Dies genau bringt der Mythos vom Usprung der Gerste und des Korns in Erinnerung: Adam war gerade dabei, Korn zu säen, als Eva herbeikam und Fladen brachte. Sie bemerkte, wie Adam Samenkorn für Samenkorn, »das er jedes Mal von der Erde aufhob«, säte und bei jedem

Samenkorn Gott anrief. Sie schalt ihn, *seine Zeit zu verlieren*. Die Gelegenheit nutzend, als ihr Mann mit Essen beschäftigt war, begann sie, das Korn breitwürfig zu säen und ohne dabei Gottes Namen anzurufen. Als die Erntezeit war, sah Adam fremdartige Ähren auf seinem Feld, die zart, zerbrechlich und schwach wie eine Frau waren. Er nannte die Pflanze *ech'ir*, »schwach« (Gerste). Einer der Effekte der Ritualisierung von Handlungen besteht gerade darin, diesen eine Zeit – d. h. einen Zeitpunkt, ein Tempo und eine Dauer – zuzumessen, die relativ unabhängig ist von externen Zwängen, denen des Klimas, der Technik oder der Wirtschaftsweise, und die ihnen derart jene gleichsam willkürliche Notwendigkeit verleiht, die das Eigentümliche einer jeden kulturellen Willkür definiert.

Die Organisation der Zeit entsprechend den mythischen Strukturen sowie die Synchronisierung identischer Handlungen oder die Stimmigkeit unterschiedlicher, aber strukturell homologer Handlungen, die daraus resultiert, bewirken es, daß die kollektive Praxis wie ein »verwirklichter Mythos« erscheint – in dem Sinne, in dem Hegel die Tradition zur »verwirklichten Sittlichkeit« werden läßt: als Versöhnung von subjektivem Anspruch und objektiver, will heißen kollektiver, Notwendigkeit, eine Versöhnung, die allererst den *Glauben* einer ganzen Gruppe in das, was die Gruppe glaubt, nämlich in sich selbst, begründet. Die Rückwendung auf die Prinzipien der Objektivierungsverfahren – Praktiken oder Diskurse – findet ihr Hindernis zuletzt in der Verstärkung, die allenthalben solche Produktionen in einer Welt von Objektivierungen erfahren, die nach den gleichen subjektiven Prinzipien geschaffen sind, d. h. in der Objektivität von zugleich andersartigen und übereinstimmenden Praktiken.

Jede herrschende Ordnung weist die Tendenz auf – allerdings auf unterschiedlicher Stufe und mit je anderen Mitteln –, ihren spezifischen Willkürcharakter zu naturalisieren. Der bedeutendste und bestkaschierte Mechanismus zum Erreichen dieser Wirkung bildet ohne allen Zweifel die Dialektik von objektiven Chancen und (subjektiven) Bestrebungen – eine Dialektik, mittels derer sich, als *Sinn für die Grenzen* oder *Realitätssinn*, die Unterwerfung unter die herrschende Ordnung vollzieht und worunter die Dialektik zwischen objektiven und verinnerlichten Klassen, zwischen sozialen und mentalen Strukturen nur einen Spezialfall darstellt. Die Klassifikationssysteme, die allenthalben und gerade noch in ihrer Logik selbst die objektiven Klassen, d. h. die Unterscheidungen je nach Geschlecht, Alter oder Stellung innerhalb der Produktionsverhältnisse, reproduzieren, tragen auch ihren Teil zur Reproduktion der Kräfteverhältnisse, aus denen sie selbst hervorgehen, dadurch bei, daß sie die Verkennung, folglich die Anerkennung der ihnen zugrunde liegenden Willkür sicherstellen: Im Grenzfall, d. h. wenn die Koinzidenz zwischen objektiver Ordnung und den subjektiven Organisationsprinzipien gleichsam vollkommen ist (wie in den archaischen Gesellschaften), erscheint die natürliche und soziale Welt schließlich als selbstverständlich vorgegebene. Diese Erfahrung wollen wir *Doxa* nennen und sie von einer Überzeugung unterscheiden, die, ob orthodox oder heterodox, eine Kenntnis und Anerkennung der Möglichkeit von unterschiedlichen oder antagonistischen Überzeugungen mit einschließt. Die Denk- und Wahrnehmungsschemata können Objektivität nur produzieren, weil sie in einem damit die Grenzen der Erkenntnis, die sie ermöglichen, unkenntlich machen und derart über den Modus der *Doxa* das unmittelbare Verwachsensein mit der als »natürlich« erlebten und als *selbstverständlich* vorgegebenen Welt der Überlieferung zur Wirkung bringen. In einem solchen Fall bilden die Mittel zur Erkenntnis der sozialen Welt (objektiv) politische Mittel, die zur Reproduktion der sozialen Welt beitragen, indem sie die unmittelbare Zustimmung zu ihr produzieren, die nun als evident und fraglos hingenommen wird – Mittel, die Erzeugnisse dieser Welt sind und deren Strukturen verwandelt immer wieder reproduzieren.

Die politische Funktion von Klassifikationen kann in der Tat nur dort mit Aussicht auf Erfolg unbemerkt bleiben, wo, wie bei den schwach differenzierten Gesellschaftsformationen, das geltende Klassifikationssystem sich an keinem konkurrierenden oder antagonistischen Klassifikationsprinzip stößt. Wie wir bei den häuslichen Auseinandersetzungen gesehen haben, deren Anlässe häufig Heiraten sind, können die von der symbolischen Ordnung defavorisierten sozialen Kategorien wie Frauen oder Jugendliche nichts weiter tun, als die Legitimität der herrschenden Klassifikation anzuerkennen – und gerade dann auch, wenn sie keine andere Möglichkeit besitzen, die ihren Interessen am nachhaltigsten entgegenstehenden Effekte zu neutralisieren, als sich ihnen zu unterwerfen und sie sich so zunutze zu machen (gemäß der Logik der grauen Eminenz). Die Unterscheidungen und die damit einhergehenden Interessengegensätze, die sich innerhalb der vorkapitalistischen Gesellschaften beobachten lassen – etwa der Gegensatz zwischen Geschlechtern oder Generationen, Grundlage der Verteilung häuslicher Autorität –, können nur in solchen praktischen Handlungen oder Diskursen Ausdruck finden, die sie im Akt des Aufzeigens auch schon wieder annullieren.

Die Taxonomien des mythisch-rituellen Systems trennen und vereinigen in einem, legitimieren die Einheit in der Trennung, legitimieren, mit anderen Worten, die Hierarchie.[11] Es ist demnach müßig, auf der Legitimationsfunktion der Arbeitsteilung und der ungleichen Machtverteilung zwischen den Geschlechtern innerhalb eines solch gänzlich von männlichen Werten dominierten mythisch-rituellen Systems zu insistieren. Sehr viel weniger dagegen liegt die politische Funktion der sozialen Strukturierung der Zeitlichkeit auf der Hand, die die Vorstellungen und die Praxisformen und Praktiken, deren stets erneuerte förmlich-feierliche Bestätigung die Übergangsriten zur Darstellung bringen, organisiert und die *Altersgrenzen*, d. h. die Grenzen zwischen den Altersstufen, aber auch die den verschiedenen Altersgruppen aufgezwungenen Beschränkungen symbolisch manipuliert. Durch den mythisch-rituellen Akt der Zerlegung werden dem steten Verlauf des Alterns gesellschaftlich und nicht biologisch hervorgebrachte Diskontinuitäten (wie es die körperlichen Zeichen des Älterwerdens darstellen) aufgeprägt, deren Symbolik aus kosmetischen und kleidungsmäßigen Attributen, Verzierungen, Schmuck oder Insignien, besteht und worin sich die Repräsentationen der verschiedenen Anwendungen des Körpers niederschlagen und in Erinnerung rufen, nämlich zum einen solche, die legitimerweise mit einem jeweilig gesellschaftlich definierten Alter verbunden sind, und zum anderen jene, die sozio-logisch ausgeschlossen sind, da sie – gleich den Verjüngungsriten, einer vollkommenen Umkehrung der Übergangsriten – die Erschütterung des Systems der Gegensätze zwischen den Geschlechtern zur Folge hätten. Die sozialen Repräsentationen der verschiedenen Lebensalter und der ihnen qua Definition zugeschriebenen Eigenschaften drücken, noch in ihrer Logik, die Kräfteverhältnisse aus, die zwischen den Altersgruppen bestehen, und sie tragen durch temporale Trennungen, die sowohl Kontinuität wie Brüche hervorzubringen vermögen, zur Reproduktion von deren Einheit wie Trennung bei. Als solche bilden sie einen Bestandteil des institutionalisierten Instrumentariums zur Aufrechterhaltung der symbolischen Ordnung – und darin der Reproduktionsmechanismen der sozialen Ordnung –, deren Funktionsweise den Interessen derer dient, die innerhalb der Sozialstruktur eine beherrschende Stellung einnehmen: die Männer reifen Alters.[12] Dies heißt einmal mehr erklären, wie falsch es wäre, nur die kognitiven oder, wie Durkheim formulierte, »spekulativen« Funktionen der mythisch-rituellen Strukturen in Betracht zu ziehen, diese umgewandelte Reproduktion von konstitutiven Strukturen einer Produktionsweise und einer sowohl biologischen wie sozialen Reproduktionsweise, die – vermittels der von ihnen geschaffenen ethischen Dispositionen wie Respekt für und Unterwerfung unter die Alten und Vorfahren, und ebenso wirksam zumindest wie die Dispositionen von Sitte und Brauch – ihren Teil zur Festlegung und Aufrechterhaltung der Machtgrenzen zwischen den Geschlechtern und Generationen beisteuern. Die Erkenntnistheorie stellt in dem Maße eine Dimension politischer Theorie dar, wie die eigentlich symbolische Macht, Prinzipien der Konstruktion von Realität, vor allem von gesellschaftlicher Realität, durchzusetzen, eine entscheidende Dimension politischer Macht bildet.

Der Umfang des Feldes der *Doxa*, also dessen, was stillschweigend als selbstverständlich hingenommen wird, ist desto größer, je stabiler die objektiven Strukturen einer jeweiligen Gesellschaftsformation sind und je vollständiger sie sich in den Dispositionen der Handlungssubjekte reproduzieren. Wird, kraft der gleichsam perfekten Übereinstimmung zwischen objektiven und verinnerlichten Strukturen, die aus der Logik der einfachen Reproduktion hervorgeht, die ebenso kosmologisch wie politisch institutionalisierte Ordnung nicht als eine willkürliche, d. h. als eine unter anderen möglichen, vielmehr als fraglos und selbstverständlich vorgegebene, als nicht anders funktionierende, also als evidente und natürliche Ordnung wahrgenommen, dann weisen die Bestrebungen zwangsläufig die gleichen Schranken auf wie die objektiven Bedingungen, deren Produkte sie sind.

Es fällt nicht leicht, jene subjektive Erfahrung in Worte zu kleiden, die an eine solche Welt des verwirklichten »Es muß sein« gebunden ist, wo Dinge, die kaum anders sein könnten, doch nur sind, was sie sind, weil sie so zu sein haben; wo man zur gleichen Zeit das Gefühl haben kann, daß nichts anderes zu tun sei als das, was man tut, und man nur tut, was man tun muß.[13] So möchten wir es denn nicht als Spielerei verstanden wissen, wenn wir im Folgenden zwei eindrucksvolle Evokationen einer solchen Erfahrung zusammenbringen – eine erste, von einer älteren kabylischen Frau erzählt, daran erinnernd, daß dem Kranksein und auch dem Im-Sterben-Liegen ein sozialer Status eignet, der Rechte und Pflichten impliziert, eine zweite, die wir Marcel Proust verdanken, der darin die subjektiven Wirkungen der systematischen Ritualisierung von Handlungen beschreibt:

»Vordem wußte man nicht, was Krankheit ist. Man legte sich zu Bett und starb. Erst jetzt lernt man Worte wie Leber, Lunge (*albumun*), Eingeweide, Magen (*listuma*) und was man sonst noch finden wird! Früher kannte man nur Bauch(weh) – *th'abuṭ*; an dem sind alle gestorben, die gestorben sind, und auch an Fieber (*thawla*) (...). Die Kranken von damals riefen den Tod, er kam nicht. War jemand krank, dann verbreitete sich die Nachricht überall hin, nicht nur ins Dorf, sondern auch ins ganze *'arch*. Das Haus eines Kranken leerte sich übrigens niemals: den ganzen langen Tag über kamen die Verwandten, Männer und Frauen, und fragten, wie es dem Kranken geht (...). Bei Einbruch der Nacht waren alle Frauen der Verwandtschaft, selbst die jüngeren, am Kopfende des Krankenbettes versammelt. Einmal in der Woche gab es auch den ›Krankenmarkt‹ (*suq umuṭin*): da wurde einer geschickt, dem Kranken Fleisch oder Früchte zu kaufen. Alles das ist heute vergessen: es stimmt, es gibt keine Kranken mehr, Kranke wie früher. Heute ist alle Welt krank, jedermann stöhnt und jammert über etwas (...). Die Sterbenden früher hatten schwer zu tragen, ihr Todeskampf dauerte lange, manchmal eine Nacht und einen Tag oder zwei Nächte und einen Tag. Der Tod ›traf sie immer durch das Wort‹: sie wurden zuerst einmal stumm. Alle Welt hatte Zeit, sie ein letztes Mal zu sehen, sie gaben den Verwandten Zeit, zusammenzukommen und das Begräbnis vorzubereiten. Man gab Almosen, um ihren Todeskampf zu erleichtern: der Gemeinschaft wurde ein Baum zum Geschenk gemacht, meist ein Feigenbaum, der am Wegesrand stand. Die Früchte dieses Baumes wurden nicht gepflückt, man ließ sie den Armen oder den Vorübergehenden als Mahl (*chajra n' esadhaqa*, der Baum des Almosens, *chajra usufagh*, der Baum des Weggangs) (...). Wer ist heute krank? Wer gesund? Alle Welt stöhnt und jammert, aber keiner hütet das Bett, alle laufen sie zum Arzt. Jeder kennt seine Krankheit.«[14]

»In Richtung zum Bett hin erinnerte er den Platz des Kruzifixes, den Duft der Alkove im Schlafzimmer meiner Großeltern, zu jener Zeit, da es noch Schlafzimmer gab und Eltern, wo jedes Ding seine Stunde hatte, wo man seine Eltern nicht liebte, weil man sie intelligent fand, sondern weil es die Eltern waren, wo man nicht schlafen ging, weil man Lust hatte, sondern weil es an der Zeit war, und wo man den Willen, die Zustimmung zum Zubettgehen und all dies ganze mit ihm verbundene Zeremoniell dadurch unterstrich, daß man, zwei Stufen nehmend, aufs große Bett stieg, auf dem stehend man dann die Vorhänge aus blauem Rips mit durchbrochenem blauem Velourbesatz wieder zuzog, zu der Zeit, wo einen die alte Medizin, war man krank, einige Tage über des Nachts mit einem kleinen Nachtlämpchen auf dem Kamin aus Siena-Marmor zurückließ und ohne unsittliche Medikamente, die es einem erlaubt hätten, sich zu erheben und zu glauben, man könne, auch wenn man krank ist, das Leben eines Gesunden führen, und unter der Decke in Schweiß gebadet war dank jener so unschuldigen Kräutertees, die seit Tausenden von Jahren die Düfte und die Weisheit der Kräuter und alten Frauen in sich tragen.«[15]

Sind die Existenzbedingungen, denen die Mitglieder einer Gruppe ausgesetzt sind, überdies nur schwach differenziert, dann finden die Dispositionen, die ein jedes von ihnen in seinen praktischen Handlungen einbringt, ebenso in den Handlungen der anderen Mitglieder wie in den Institutionen, die, so die Sprache, der Mythos oder die Kunst, das kollektive Denken gleichermaßen konstituieren wie zum Ausdruck bringen, Bestätigung und folglich Verstärkung (eine der Funktionen symbolischer Tauschbeziehungen wie Feste und Zeremonien besteht darin, die zirkuläre Verstärkung zu fördern, die dem kollektiven *Glauben* als Grundlage dient). Die Evidenz der Welt wird durch die Evidenz des institutionalisierten Diskurses über die Welt gleichsam verdoppelt, und damit erfährt zugleich die Zustimmung der Gruppe zu dieser Evidenz ihre Bekräftigung. Die das Explizitmachen auszeichnende Tugend, subjektive Erfahrungen in der beruhigenden Einmütigkeit eines sozial gebilligten und kollektiv bestätigten Sinnes aufgehen zu lassen, setzt sich mit der *Autorität* und *Notwendigkeit* einer kollektiven Stellungnahme gegenüber einer an sich für manch andere Strukturierung empfänglichen Gegebenheit durch.

In einem solchen Universum hat man es nie mit jener »Natur« zu tun, welche die Wissenschaft kennt, also mit jenem Kultofakt, das sich in einem langen historischen Prozeß der *Entzauberung* allererst herausbildet. Es ist die gesamte Gruppe, die als Vermittler zwischen das Kind und die Welt tritt: nicht allein über ihre Warnungen, dazu angetan, die Furcht vor übernatürlichen Gefahren einzuprägen[16], sondern mittels des gesamten Universums der rituellen Praktiken und Diskurse, der Redewendungen und Sprichwörter, die allesamt gemäß den Prinzipien des konformen Habitus strukturiert sind. Überdies leistet die mimetische Repräsentation, vermittels der Akte und Symbole, die durch die analogische Reproduktion der natürlichen Prozesse zur Reproduktion der Natur wie der Gruppe beizutragen wähnen, ihren Beitrag zur Schaffung zeitgebundener Reaktionen (z. B. die kollektive Begeisterung zu *lakhrif*) oder sogar *dauerhafter Dispositionen* (wie die im Körperschema einverleibten generativen Schemata), die in Einklang stehen

mit den von der rituellen Aktion erwarteten objektiven Prozessen, d. h. mit dem, was die Welt in der Sicht des Mythos ist.
Da die subjektive Notwendigkeit und Evidenz der Welt des Alltagsbewußtseins Geltung und Gewicht durch den objektiven Konsensus über den Sinn der Welt gewinnt, läuft das Wesentliche *fraglos* weil *selbstverständlich* ab: Die Tradition ist schweigsam – schweigt sich vor allem aus über sich als Tradition; Sitte und Brauch (das Gewohnheitsrecht) beschränken sich darauf, einige der besonderen Anwendungen von Prinzipien anzuführen, die selbst implizit und unformuliert, weil undiskutiert, bleiben; das Spiel der mythisch-rituellen Homologien errichtet eine abgeschlossene Welt, worin jeder Aspekt derselben selbst nur einen Reflex aller anderen wiedergibt und aus der gleichermaßen die im Sinne der liberalen Ideologie verstandene *Meinung* verbannt ist, d. h. eine unter mehreren anderen ebenso legitimen Antworten auf eine an die herrschende politische Ordnung ausdrücklich gerichtete Frage; und sicherlich steht auch nichts dem damit einhergehenden Begriff der *Majorität* ferner als die *Einmütigkeit* der Doxa, jenes Gesamt von »Entscheidungen«, deren Subjekt alle Welt und niemand ist, da sie schon in alle Ewigkeit getroffen sind und auch die Fragen, auf die sie antworten, nicht klar und deutlich gestellt werden können. Das Verwachsensein, das im doxischen Verhältnis zur gesellschaftlichen Welt zum Tragen kommt, bildet den Grenzfall der Anerkennung von Legitimität als Verkennung der Willkür, insofern es noch jenseits der Frage nach der Legitimität steht, die selbst aus der Konkurrenz um Legitimität, d. h. aus dem Konflikt zwischen Gruppen, die beanspruchen, sie zu besitzen, allererst hervorgeht.

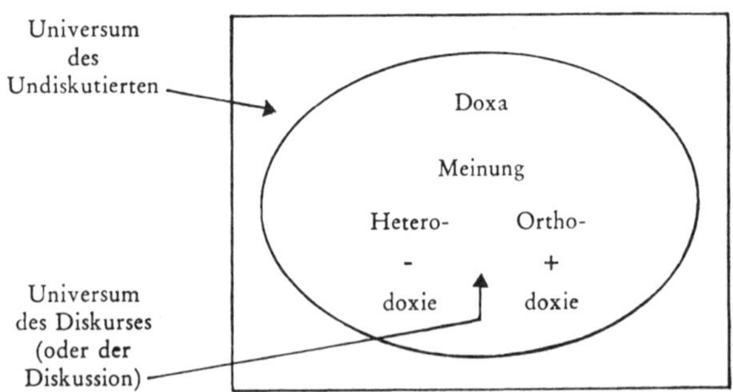

Die Wahrheit der Doxa offenbart sich erst dann ganz, wenn sie durch die Herausbildung eines *Feldes der Meinung* negativ konstituiert wird – deren politische Wahrheit wiederum sich in aller Offenheit zeigen, aber auch unter dem Deckmantel religiöser oder philosophischer Gegensätze selbst noch für die, die darin eingebunden sind, verborgen bleiben kann: Gerade kraft seiner eigenen Existenz schafft das Universum der Meinung, d. h. das Universum konkurrierender Diskurse über die Welt, die komplementäre Klasse dessen, was als selbstverständlich hingenommen wird. Die Doxa bildet jenes Ensemble von Thesen, die stillschweigend und jenseits des Fragens postuliert werden und die als solche sich erst in der Retrospektive, dann, wenn sie praktisch fallengelassen wurden, zu erkennen geben. Die aus den kulturellen Kontakten oder den politischen und ökonomischen Krisen hervorgehende praktische Infragestellung der Thesen, die in einer jeweiligen Lebensform impliziert sind, weisen freilich nicht die Gestalt einer rein intellektuellen Operation auf, die bei den Phänomenologen unter dem Begriff der Epoché firmiert: begriffen als das methodische und auf Entscheidung beruhende Abstandnehmen von der naiven Zugehörigkeit zur Welt.[17] Denn die Krise, die das Undiskutierte zur Diskussion, das Unformulierte zu seiner Formulierung führt, hat zur Bedingung ihrer Möglichkeit die objektive Krise, die, indem sie das unmittelbare Angepaßtsein der subjektiven an die objektiven Strukturen aufbricht, praktisch die Evidenzen zerstört und darin einen Teil dessen in Frage stellt, was ungeprüft hingenommen worden war. Erst wenn die gesellschaftliche Welt ihren Charakter als natürliche Gegebenheit verliert, kann die Frage nach dem natürlichen oder konventionellen Charakter *(physei* oder *nomo)* der sozialen Tatsache sich stellen.[18] Daraus folgt, daß noch die am radikalsten sich gebärdende Kritik allemal die Schranken aufweist, die ihr durch die objektiven Bedingungen gesetzt sind. Notwendige Voraussetzung einer Infragestellung der Doxa, stellt die Kritik doch nicht per se die hinreichende Bedingung zur Hervorbringung eines kritischen Diskurses dar. Erst wenn die Beherrschten über die materiellen und symbolischen Mittel verfügen, um die Definition der sozialen Welt, die ihnen vermittels der die sozialen (d. h. den Stand der Produktivkräfte) reproduzierenden logischen Strukturen aufgezwungen wird, zurückzuweisen und die (institutionellen oder internalisierten) Zensurinstanzen, die sie impliziert, aufzuheben, d. h. dann, wenn die sozialen Klassifikationen zum Instrument und Einsatz im Klassenkampf werden, können auch die willkürlichen Prinzipien der geltenden Klassifikation als solche in Erscheinung treten, und erst dann wird auch die bewußte Systematisierung und explizite Rationalisierung, die beide den Übergang von der Doxa zur Orthodoxie kennzeichnen, eine Frage der Notwendigkeit.

Die Orthodoxie, diese rechte, oder eher *zurechtgebogene* Meinung, die, was immer sie auch tun mag, den ursprünglich unschuldigen Zustand der Doxa nicht zu restaurieren vermag, besitzt Existenz allein in der objektiven Beziehung, die sie mit der Heterodoxie verbindet, d. h. allein in bezug auf die Wahl – airesis, Häresie –, die durch das Bestehen *konkurrierender Mitmöglichkeiten* ermöglicht wird, und in bezug auf die explizite Kritik jener Gesamtheit nicht-getroffener Entscheidungen, die in der herrschenden Ordnung impliziert ist. Orthodoxie bestimmt sich als ein System von Euphemismen, von schicklichen Weisen, die natürliche wie soziale Welt zu denken und in Worte zu fassen, als ein System, das die häretischen Äußerungen als Blasphemien zurückweist.[19] Freilich kaschiert die offene, vom orthodoxen Diskurs aufgezwungene Zensur, also die offizielle Weise, die Welt zu denken und von ihr zu sprechen, eine andere, noch radikalere: Auch der erklärte Gegensatz zwischen rechter Meinung (und der Rechten) und linker Meinung (und der Linken) verschleiert seinerseits, indem er das *Universum des möglichen Diskurses*, und diesen als legitim oder illegitim, euphemistisch oder blasphemisch, absteckt, den fundamentalen Gegensatz zwischen dem Bereich der Dinge, die zur Sprache gebracht, also gedacht werden können, und dem Bereich dessen, was unausgesprochen funktioniert. Der Bereich des Diskurses (universe of discourse), d. h. jener klassischen Definition gemäß, die ihm A. de Morgan in seiner *Formel Logic* gibt, als »a range of ideas which is either expressed or understood as containing the whole matter under discussion«, definiert sich praktisch im Hinblick auf die komplementäre Klasse, die, dazu verdammt, unbemerkt zu bleiben, durch den Bereich des Undiskutierten, Unformulierten, Ungenannten, kurz durch das gebildet wird, was ohne Diskussion und Prüfung hingenommen wird. So sieht alles danach aus, als ob gerade in den Klassengesellschaften der Kampf um die Einsetzung des legitimen Ausdrucks- und Denkmodus, dessen Stätte allzeit das Produktionsfeld der symbolischen Güter bildet, seiner Tendenz nach und zunächst für jene, die ihn ausfechten, den Beitrag verschleierte, den er zur Begrenzung des Bereichs des Diskurses, d. h. des Universums des Denkbaren, und darin zur Begrenzung des Universums des Undenkbaren, leistet; als ob der Euphemismus und die Blasphemie, wodurch das ausdrücklich zensierte Unnennbare trotz allem Zugang zum Bereich des Diskurses gewinnt, geradewegs durch ihren Antagonismus daran mitwirkten, die »Aphasie« derer im Dunkel zu belassen, die vom Zugang zum Instrumentarium des Kampfes um die Bestimmung der Realität ausgeschlossen sind. Erkennen wir einmal die von Marx und Engels in der *Deutschen Ideologie* postulierte Gleichung als richtig an, wonach »die Sprache ... das praktische ... wirkliche Bewußtsein (ist)«, dann wird sichtbar, daß die Grenze zwischen dem Bereich des (orthodoxen oder heterodoxen) Diskurses und dem Bereich der Doxa, verstanden im doppelten Sinne als das, was unausgesprochen funktioniert und was, mangels eines zur Verfügung stehenden Diskurses, nicht ausgesprochen werden kann, die Demarkationslinie zwischen der radikalsten Form der Verkennung (oder des falschen Bewußtseins) und der Bewußtwerdung repräsentiert.

Am klarsten dokumentiert sich das Verhältnis von Sprache und Erfahrung in Krisenzeiten, in denen die *Alltäglichkeit* und mit ihr die Sprache der Ordnung in Frage gestellt wird und in denen der Ruf nach einem außeralltäglichen Diskurs laut wird (es ist die *Außeralltäglichkeit*, die Weber als wesentlichstes Charakteristikum des Charismas ausmacht), der in der Lage ist, all den außeralltäglichen Erfahrungen, die diese gleichsam objektive Epoché hervorgebracht oder möglich gemacht hat, systematischen Ausdruck zu verleihen. Dabei erfahren die »privaten« Erfahrungen in dem Maße eine wirkliche *Zustandsveränderung*, wie sie sich – objektives Zeichen der Anerkennung ihrer Rechte, in aller Öffentlichkeit zu Worte zu kommen – in der *öffentlichen Objektivität* eines schon bestehenden Diskurses wiedererkennen. »Worte richten Verheerungen an, wenn sie einmal benennen, was bisher ohne Benennung gelebt worden war«, heißt es bei Sartre.[20] Was Macht der Sprache genannt wird, gründet in der Macht, die unformulierten Erfahrungen zu *objektivieren*, sie öffentlich werden zu lassen – ein Schritt hin zu ihrem Offiziellwerden und ihrer Legitimation –, deren Übereinstimmung zu dokumentieren und zu verstärken, kurz, sie gründet darin, die Gruppe zu mobilisieren. Weil jede Sprache, die sich hören läßt, eine »autorisierte Sprache« ist, ausgestattet mit der Autorität einer Gruppe, autorisiert und legitimiert sie schon, wenn sie nur das, was sie bezeichnet, zum Ausdruck bringt. Dies ist richtig nicht nur für die Sprache der Institution, sondern auch noch für jene häretischen Reden, die ihre Legitimität und Autorität gerade aus der Gruppe schöpfen, der gegenüber sie ihre Macht ausüben, die sie im buchstäblichen Sinne produzieren, wenn sie sie ausdrücken: Die häretische Macht, sowohl jene des Zauberers, der eine befreiende Wirkung vollbringt – die aller Logotherapien –, wenn er die Mittel an die Hand gibt, gemeinhin verdrängte Erfahrungen zur Sprache zu bringen, als auch die des Propheten oder politischen Führers, der die Gruppe mobilisiert, indem er ihr verkündet, was sie hören will, beruht auf der dialektischen Beziehung zwischen der autorisierenden und autorisierten Sprache und der Gruppe, die sie und darin sich selbst autorisiert.

FÜNFTES KAPITEL

Symbolisches Kapital und Herrschaftsformen

Das symbolische Kapital

Die theoretische Konstruktion, die retrospektiv das Gegen-Geschenk in das Vorhaben des Schenkens hineinprojiziert, bewirkt nicht nur die Transformation der sowohl automatischen wie kontrollierten, waghalsigen wie zwangsläufigen Improvisationen – alles Alltagsstrategien, die ihre grenzenlose Komplexität dem Umstand verdanken, daß das uneingestandene Kalkül des Schenkenden mit dem uneingestandenen Kalkül des Beschenkten rechnen muß, folglich dessen Forderungen und Ansprüchen nachkommen und zugleich so tun muß, als kenne es sie nicht – in mechanische Verkettungen obligatorischer Akte. Sie bringt darüber hinaus im selben Verfahren die Bedingungen der Möglichkeit der *institutionell organisierten und abgesicherten. Verkennung*[1] zum Verschwinden, die dem Geschenkaustausch, wenn nicht sogar der gesamten symbolischen Arbeit zugrunde liegt, die darauf abzielt, die unabwendbaren Beziehungen, die über die Verwandtschaft, die Nachbarschaft oder die Arbeit aufgenötigt werden, durch Kommunikation und Kooperation in solche auf Wahl beruhende Reziprozitätsbeziehungen umzuwandeln: In die Arbeit der *Reproduktion der bestehenden Beziehungen* – Feste, Zeremonien, Austausch von Geschenken, von Besuchen und Höflichkeiten, vor allem auch Heiraten –, die für die Existenz der Gruppe nicht minder unerläßlich ist als die Reproduktion ihrer ökonomischen Basis, geht neben der zur Erfüllung der Tauschfunktion erforderlichen Arbeit zu einem nicht unbeträchtlichen Teil auch die Arbeit ein, die zur Verschleierung dieser Funktion notwendig ist.[2] Wenn tatsächlich das zwischen Geschenk und Gegen-Geschenk eingeschobene Zeitintervall es jeweils dem einen oder dem anderen erlaubt, als inauguraler Akt von Freigebigkeit, der keine Vergangenheit und keine Zukunft, folglich keinen *Kalkül* kennen will, in Erscheinung zu treten und sich selbst als solchen wahrzunehmen, dann erhellt, daß der Objektivismus, wenn er das Polythetische auf Monothetisches reduziert, die Wahrheit aller praktischen Handlungen vernichtet, die, wie der Geschenkaustausch, auf Zeit den Vollzug des Interessengesetzes außer

Kraft zu setzen suchen oder beanspruchen. Weil der Geschenkaustausch die Transaktion in der Zeit ausbreitet, die der rationale Vertrag in einem Zeitpunkt zusammenrafft und damit verschleiert, bildet er die einzige, wenn auch nicht immer praktizierte, so doch vollständig anerkannte Zirkulationsweise von Gütern in Gesellschaften, die, wie Lukács sagt, »den wirklichen Boden ihres Lebens« verleugnen und die, gleichsam als wollten und könnten sie den ökonomischen Realitäten deren rein ökonomische Bedeutung nicht zubilligen, eine Ökonomie an-sich und keine für-sich haben. In der Tat hat alles den Anschein, als beruhte das der »archaischen« Ökonomie Eigentümliche in der Tatsache, daß das ökonomische Handeln die ökonomischen Zwecke, auf die hin es doch objektiv ausgerichtet ist, explizit nicht anerkennen könnte: »Die Idolatrie der Natur«, die die Konstitution der Natur als primäre Materie und ebenso die Konstitution des menschlichen Handelns als *Arbeit*, d. h. als aggressiven Kampf des Menschen gegen die äußere Natur, verwehrt, sowie die systematische Hervorhebung des symbolischen Aspekts der Produktionsakte und -verhältnisse zielen darauf ab, die Konstitution der Ökonomie als solcher, d. h. als von Gesetzen des interessegebundenen Kalküls, von der Konkurrenz oder der Ausbeutung beherrschten Systems zu unterbinden.

Der Reifikationseffekt der Theorie, Wurzel schon des legalistischen Formalismus, liegt auch dem Ökonomismus zugrunde: Da er jene Ökonomie auf ihre objektive Wahrheit reduziert, kann er nur deren Besonderheit vernichten, die in der gesellschaftlich durchgehaltenen Verschiebung zwischen der anerkannt-verkannten oder, wenn man will, gesellschaftlich verdrängten objektiven Wahrheit der Wirtschaftstätigkeit und der gesellschaftlichen Repräsentation von Produktion und Austausch begründet ist. Nicht zufällig besteht die Lexik der archaischen Ökonomie gänzlich aus solch zweischneidigen Begriffen, die in der Geschichte der Ökonomie selbst ihrer Auflösung zutreiben, insofern die sozialen Beziehungen, die sie bezeichnen, ihrer Dualität wegen instabile Strukturen darstellen, die sich sofort, sobald nur die sozialen Mechanismen, die sie abzustützen haben, schwächer werden, auflösen. So ist etwa, um nur ein extremes Beispiel heranzuziehen, die *rahnia*, ein Vertrag auf Nutzpfandrecht, worin der Entleiher dem Verleiher bis zum Tag der Rückerstattung den Nießbrauch an seinem Grund und Boden überläßt, und der, wenn er bis zur Vertreibung aus dem Besitz führt, als die schändlichste Form des Wuchers erachtet wird, nur durch die soziale Besonderheit der Beziehung zwischen den Parteien und in einem damit durch die Modalität der Übereinkunft von jenem Beistand unterschieden, der einem verzweifelten Verwandten gewährt wird, um ihn davon abzuhalten, Land zu verkaufen, das, selbst wenn seine Nutzung weiterhin ihm überlassen bleiben sollte, doch eine Art Pfand in fremden Händen darstellt.[3]

»Denn es waren gerade diese Römer und Griechen, die, möglicherweise den nördlichen und westlichen Semiten folgend, die Unterscheidung zwischen persönlichen und dinglichen Rechten getroffen, den Verkauf von der Gabe und dem Tausch getrennt, die moralische Verpflichtung und den Vertrag abgesondert und vor allem den Unterschied zwischen Riten, Rechten und Interessen begrifflich gefaßt haben. Durch eine große Revolution haben sie jene veraltete Moral und jene allzu gefährliche und kostspielige Gabenwirtschaft überwunden, die so sehr von persönlichen Erwägungen durchsetzt und mit der Entwicklung des Marktes unvereinbar war, kurz, die zu jener Zeit unökonomisch war.«[4]

Die historischen Situationen, in denen jene Trennung sich vollzieht, die von den unstabilen und künstlich aufrechterhaltenen Strukturen der auf Treu und Glauben beruhenden Ökonomie zu den *eindeutigen* und – im Gegensatz zu kostspielig – *ökonomischen* Strukturen der Ökonomie des unverschleierten Interesses führt, lassen erkennen, welche Kosten aufgebracht werden müssen, damit eine Wirtschaftsform funktioniert, die, indem sie es ablehnt, sich als solche zu erkennen und anzuerkennen, zwangsläufig ebensoviel Geschick und Energie darauf verwenden muß, die Wahrheit der ökonomischen Akte zu verschleiern wie sie zu vollziehen: Die Verallgemeinerung der monetären Tauschbeziehungen, die die objektiven Mechanismen der Ökonomie überhaupt offenlegt, deckt damit auch die eigentümlichen Mechanismen der archaischen Wirtschaftsform auf, deren Funktion darin liegt, das Spiel des (im eingeschränkten Sinne) ökonomischen Interesses und Kalküls zu begrenzen und zu verbergen. So hatte z. B. um 1955 herum ein angesehener Maurer, der seinen Beruf in Frankreich gelernt hatte, einen Skandal entfacht, als er, nach getaner Arbeit und ohne die ihm zu Ehren während des Baus von Häusern traditionellerweise angebotene Speise anzunehmen, nach Hause ging und zusätzlich zum Lohn für seine Arbeitszeit (1000 Frs.) um die Entschädigungssumme von 200 Frs., den Preis jener Speise, ersuchte: Das dem Mahl entsprechende Geld zu verlangen hieß, in frevelhafter Weise die Formel umzukehren, kraft derer die soziale Alchimie versucht, den Lohn für die Arbeitszeit in eine huldvolle Gabe umzuwandeln; es hieß weiterhin, das am beständigsten angewendete Verfahren bloßzustellen, womit versucht wird, den Schein durch ein kollektiv abgestimmtes So-tun-als-ob zu retten. Als Tauschakt, womit die Bündnisse besiegelt werden (»ich lege zwischen uns den Fladen und das Salz«), hat das Abschlußessen bei der *thiwizi* der Ernte oder dem Bau eines Hauses die Rolle eines *Abschlußritus* zu spielen, dessen Bestimmung es ist, im nachhinein eine interessegeleitete Transaktion in einen edelmütigen Austausch zu transformieren (nach Art der Geschenke als eines krönenden Abschlusses des Feilschens).[5] War noch größte Nachsicht gegenüber den Ausflüchten des einen oder anderen geübt worden, der die Kosten für die Speisen am Ende der *thiwizi* so niedrig wie möglich halten wollte (und deshalb etwa nur die »Notabeln« jeder Gruppe oder einen Mann pro Familie einlud) – auch dies ein Verstoß gegen die Prinzipien, worin indessen noch die Anerkennung ihrer Legitimität sich niederschlägt –, so muß die Unverfrorenheit und Anmaßung dessen als Skandal oder Provokation empfunden werden, der, indem er die Konvertibilität von Essen in Geld proklamiert, das, da alle Welt darüber wacht, sowohl best- wie schlechtestgehütete Geheimnis verrät und darin das Gesetz des Schweigens bricht, das der auf Treu und Glaube beruhenden Ökonomie die Komplizenschaft der kollektiven Unredlichkeit sichert.

Die auf Treu und Glauben beruhende Ökonomie zieht jene eigenartige Inkarnation des homo oeconomicus nach sich, wie es der *bu niya* (oder *bab niya*), der Mensch guten Glaubens, darstellt (*niya* oder *thi'ugganth*, von *a'ggun*, das Kind, das noch nicht spricht, im Gegensatz zu *thaḥraymith*, die berechnende und technische Intelligenz), dem es nicht im Traume einfiele, einem anderen Bauern gewisse für den unmittelbaren Verzehr bestimmte Erzeugnisse wie Milch, Butter, Käse, Gemüse und Früchte zu verkaufen, die vielmehr immer an Freunde oder Nachbarn verteilt werden, und der keinen Austausch vornimmt, in dem Geld eine Rolle spielt, und der nur Beziehungen aufnimmt, die auf vollkommenem Vertrauen beruhen, und der, im Unterschied zum gerissenen Händler, von den Absicherungen und Garantien Abstand nimmt, in die die merkantilen Transaktionen eingebunden sind, so Zeugen, Pfand, niedergelegte Abkommen. Das allgemeine Gesetz der Tauschbeziehungen bewirkt, daß die Übereinkünfte desto einfacher (folglich desto häufiger) zu schaffen und desto vollkommener dem guten Glauben überantwortet sind, je näher die Individuen oder Gruppen, die jene vereinen, in der Genealogie stehen; demgegenüber verringern sich die Möglichkeiten einer Transaktion in dem Maße, wie die Beziehungen unpersönlicher werden, d. h. in dem Maße, wie von der Beziehung zwischen Brüdern zu der zwischen gleichsam Fremden, wie es die Einwohner zweier Dörfer sind, oder gar zu der zwischen wirklichen Fremden übergegangen wird, worin sie freilich auch – wenigstens virtuell – immer »ökonomischer«, d. h. ihrer ökonomischen Wahrheit immer angemessener wird und auch das berechnende Interesse, das noch im generösesten Austausch – dieser Transaktion, in der beide Seiten auf ihre Kosten kommen, folglich auch rechnen – nie gänzlich fehlt, sich immer offenkundiger zu erkennen gibt. Darin ist auch die Erklärung zu suchen, warum z. B. die Zurückhaltung, die der Rekurs auf formale Garantien hervorruft, desto stärker wird, je mehr der soziale Abstand zwischen den Vertragspartnern abnimmt und je förmlicher die herangezogenen Garantien sind – eine Qualität, die sich danach bemißt, wie weit entfernt und wie eingeweiht die Autoritäten sind, die sie in ihrer Authentizität zu beglaubigen und durchzusetzen haben (nämlich zunächst die Worte der Zeugen, desto überzeugender, je weiter entfernt und je einflußreicher die Zeugen sind, dann das schlichte Papier eines in der Abfassung schriftlicher Abkommen unbewanderten Gebildeten, dann der Vertrag vor einem *taleb,* der eine religiöse, aber keine juristische Sicherheit darstellt (es heißt, daß er nicht »niedergelegt« werden könne), der weniger gewichtig ist, wenn er von einem *taleb* des Dorfes statt von einem berühmten *taleb,* der sich schon einen Namen gemacht hat, aufgesetzt wird, schließlich das Schreiben des Kadi und endlich das bei einem Notar angefertigte Schriftstück): Man kann einfach nicht, es sei denn, man wollte jemanden beleidigen, ein Geschäft auf der Basis von Treu und Glauben und unter Menschen guten Glaubens, und gar noch zwischen Verwandten, von einem Notar, einem Kadi oder selbst einem Zeugen beglaubigen lassen wollen. So kann sich auch der Anteil der Entschädigung, den beim Unfall eines Tieres die Partner jeweils bereit sind zu übernehmen, je nach Einschätzung der Haftbarkeit, die von ihrer jeweiligen Beziehung abhängt, von Grund auf ändern, wobei der sich schuldig ist, die Haftbarkeit auf das Mindestmaß zu beschränken, der sein Tier einem nahen Verwandten anvertraut. Durch einen rechtmäßigen und in gebührender Form vor dem Kadi oder vor Zeugen abgeschlossenen Vertrag gaben die Kabylen ihre Ochsen den Nomaden des Südens für ein, zwei oder drei Arbeitssaisons (von Herbst zu Herbst) gegen 22 doppelte Dekaliter Gerste pro Ochse und Jahr, sowie Schadensverteilung bei Verlust und Gewinnbeteiligung bei Verkauf, in Unterhalt. Die aus freier Hand abgeschlossenen Geschäfte zwischen Verwandten und Verschwägerten stellen gegenüber den Transaktionen auf dem Markt so etwas dar wie der rituelle gegenüber dem totalen Krieg. In traditioneller Weise werden »die Nahrungsmittel oder Tiere des Fellachen« von den »Nahrungsmitteln oder Tieren des Marktes« abgehoben: Die alten Informanten sind schier unerschöpflich, wenn es darum geht, die Listen und Schurkereien in Erinnerung zu rufen, die auf den »großen Märkten« (die Kabylen erwähnten am häufigsten die von Bordj bou Arreridj, Akbou, Sidi Aïch, Bouira und Maison Carrée, und für die Lasttiere im wesentlichen Kroubs, Souk Aras), d. h. bei Tauschakten mit Unbekannten gang und gäbe sind. In diesen Geschichten wimmelt es von Maultieren, die, kaum bei ihrem neuen Herrn angekommen, auch schon wieder Reißaus nehmen, von Ochsen, die mit einer Pflanze eingerieben werden, die sie anschwellen läßt – als solche taucht sie auch in den Fruchtbarkeitsriten auf –, von Verkäufern, die untereinander Absprachen treffen und niedrige Preise veranschlagen, um zum Kauf zu nötigen. Die Inkarnation des ökonomischen Krieges stellt der gerissene Händler dar, der Roßtäuscher, ein Mensch ohne Glauben noch Gesetz. Von ihm wie von jedem gänzlich Fremden hütet man sich, Tiere zu kaufen: Wie ein Informant ausführte, schreibt bei eindeutigen Gütern, z. B. Land, die Wahl der zu kaufenden Sache die Wahl des Käufers vor; bei unsicheren Gütern, wie Last- und im besonderen Maultieren, hat die Wahl des Verkäufers das letzte Wort, wobei man sich bemüht, an die Stelle einer gänzlich unpersönlichen und anonymen Beziehung wenigstens eine mehr persönliche (»von seiten ...«) treten zu lassen. Es sind alle möglichen Übergänge aufweisbar: von der von vollständigem Mißtrauen durchsetzten Transaktion zwischen dem Bauern und dem Roßtäuscher, bei der jener außerstande ist, Garantien abzuverlangen und zu erhalten, da dieser nicht in der Lage ist, für die Qualität seines Erzeugnisses zu bürgen und Garanten zu beschaffen, bis hin zum Ehrenaustausch, der von Bedingungen absehen und sich auf Treu und Glauben der »Vertragspartner« gründen kann. Bei den meisten Geschäften indessen lösen sich im Netz der Mittler und Garanten, die danach trachten, die rein ökonomische Beziehung von Angebot und Nachfrage in eine genealogisch gestiftete und abgesicherte Beziehung zu verwandeln, solche Begriffe wie Verkäufer und Käufer tendenziell auf. Auch die Heirat stellt hier keine Ausnahme dar, da sie, abgesehen von der Heirat mit der Parallelkusine, fast ausschließlich zwischen Familien vollzogen wird, die eh schon durch ein wahres Geflecht vorhergehender Tauschbeziehungen verbunden waren, dieser wahrhaftigen Bürgschaft jeder besonderen Übereinkunft. Es ist bezeichnend, daß beide Familien in einer ersten Phase der sehr komplizierten Verhandlungen, die zum Beschluß der Heirat führen, Verwandte oder Verbündete, die großes Ansehen genießen, als »Garanten« auftreten lassen, wobei das derart zur Schau gestellte *symbolische Kapital* ebenso eine Waffe während der Verhandlungen wie eine Sicherheit nach vollbrachter Einigung darstellt.

Auf nämliche Weise lenken die indignierten Reden, die das häretische Betragen jener Bauern hervorruft, die nicht mehr im bäuerlichen Brauchtum verankert sind, die Aufmerksamkeit auf jene

Mechanismen, die den Bauern dazu brachten, ein gleichsam verzaubertes Verhältnis zu seinem Boden zu unterhalten, und die ihm verboten, seine *Mühsal* (Pein) als *Arbeit* zu durchschauen: »Das ist Frevel, sie haben den Boden entwürdigt; sie haben die Furcht (*elhiba*) abgeschafft. Nichts erschreckt sie mehr, sie führen alles verkehrt herum aus. Ich bin sicher, daß sie während *lakhrif* (die Zeit der Feigen, Übergang zwischen Sommer und Herbst) ihre Arbeit einstellen werden, so sie sehr in Eile sind oder damit rechnen, *laḥlal* (die für die Feldbestellung statthafte Periode, Anfang Herbst) sich für andere Beschäftigungen vorzubehalten, oder während *rbi'* (Frühling), wenn sie während *laḥlal* zu faul waren. Ihnen ist alles gleichgültig.« Auf eine andere Weise aktualisiert die gesamte Praxis des Bauern die objektive Intention, die der Ritus offenbart. Dem Boden, der niemals als eine primäre Materie behandelt wird, die es auszubeuten gilt, wird mit Respekt, gepaart mit Furcht (*elhiba*), begegnet: Er wird, so heißt es, »Rechenschaft fordern« und nach einer schlechten Behandlung durch den übereilt oder ungeschickt vorgehenden Bauern Entschädigungen einklagen. Der vollendete Bauer »präsentiert« sich der Erde in der Haltung, die einem Mann und gegenüber einem Mann angemessen ist, d. h. von Angesicht zu Angesicht und in der Einstellung zuversichtlicher Vertrautheit, die sich ebenso gegenüber einem angesehenen Verwandten schickt. Niemals wird er während der Feldarbeit die Aufgabe, das Ochsengespann zu führen, einem anderen übertragen, und auch erst, nachdem er mit dem Pflug darüber gegangen ist, wird er es allein den »Klienten« *(ichikran)* überlassen, den Boden aufzuhacken: »Die Alten haben gesagt, daß man der Herr der Erde sein müsse, um die Feldarbeit so zu verrichten, wie es sich gehört. Die Jungen waren von ihr ausgeschlossen: Es wäre gegenüber der Erde eine Beleidigung gewesen, ihr Männer zu ›präsentieren‹ (*qabel*), die man anderen Männern zu präsentieren nicht wagen würde.« »Jener, der den Männern gegenübertritt (empfängt), soll auch der Erde gegenübertreten«, sagt ein Sprichwort. Streng genommen arbeitet der Bauer nicht, er müht sich ab – dies ein Gegensatz, den Hesiod als *ponos* und *ergon* formulierte. »Gib der Erde, sie wird dir wiedergeben«, heißt es in einem anderen Sprichwort. Es wird nun einsehbar, daß die Natur, indem sie der Logik des Gabentausches gehorcht, nur denen ihre Wohltaten gewährt, die ihr zum Tribut ihre Mühsal entrichten. Und das Betragen jener Häretiker, die den Jüngeren die Sorge überlassen, »die Erde zu öffnen und darin den Reichtum des nächsten Jahres einzugraben«, bringt die Alten schließlich auch dazu, das Prinzip der Beziehung zwischen dem Mann und der Erde, das unausgesprochen bleiben konnte, solange alles selbstverständlich ablief, in Worte zu fassen: »Die Erde gibt nichts mehr, weil man ihr nichts mehr gibt. Offen macht man sich lustig über sie, und so ist es nur recht und billig, daß sie es uns ebenso mit Lügen heimzahlt.« Der Mann, der auf sich hält, muß stets mit etwas beschäftigt sein. Findet er nichts zu tun, dann »mag er wenigstens seine Kelle schleifen«. Gleich einem ökonomischen Imperativ, ist Aktivität Pflicht des kollektiven Lebens. Wert erhält die Aktivität in sich selbst, unabhängig von ihrer strikt ökonomischen Funktion, insofern sie der Funktion dessen konform erscheint, der sie ausfüllt.[6] Erst die Anwendung von Kategorien, die der Erfahrung des Bauern selbst fremd sind (jene, die die Herrschaft der Ökonomie und die Verallgemeinerung der monetären Tauschbeziehungen aufgezwungen haben), läßt den Unterschied zwischen dem technischen und dem symbolischen oder rituellen Aspekt der landwirtschaftlichen Tätigkeit in aller Klarheit hervortreten. Die archaische Ökonomie, die die Trennung zwischen produktiver und unproduktiver oder rentabler und unrentabler Arbeit ignoriert, kennt allein den Gegensatz zwischen dem Faulen, der es an sozialer Pflichterfüllung fehlen läßt, und dem Arbeitenden, der, ohne Ansehung des Produkts seiner Anstrengung, seiner sozial bestimmten und ihm zukommenden Funktion nachkommt. Alles wirkt daran mit, die Beziehung zwischen der Arbeit und ihrem Produkt zu verbergen. Auf diese Weise wird der Marxsche Gegensatz zwischen der eigentlichen *Arbeitszeit* – d. h. der den Feldarbeiten und der Ernte vorbehaltenen Periode – und der *Produktionszeit* – nämlich jenen etwa neun Monaten, die sich zwischen Aussaat und Ernte schieben und in deren Zeitraum die wirklich produktive Arbeit fast gänzlich brachliegt – durch jene scheinhafte Kontinuität verschleiert, die die landwirtschaftliche Tätigkeit durch die vielen kleinen Beschäftigungen erwirbt, deren Bestimmung es ist, der Natur bei der Arbeit beizustehen – allesamt technische und rituelle Akte in einem, deren technische Wirksamkeit oder ökonomischer Ertrag einzuschätzen keinem in den Sinn käme und die doch sozusagen das l'art pour l'art des Bauern ausmachen: Einfriedung der Felder, Beschneiden der Bäume, Schutz der frischen Sprößlinge gegen Tiere oder vor »Besuch« *(asafqadh)* und Überwachung der Felder, nicht zu sprechen von den Praktiken, die wie die Austreibung oder die Übertragung des Bösen (*assifedh*) und die Akte zur Eröffnung des Frühlings gemeinhin den Riten zugerechnet werden. So käme auch keinem in den Sinn, nach der Rentabilität all der Tätigkeiten zu fragen – die ganz gewiß als unproduktiv bewertet würden, wendete man fremde Kategorien auf sie an –, die das Familienoberhaupt in seiner Eigenschaft als Repräsentant und Verantwortlicher der Gruppe ausübt, etwa die Organisation der Arbeit, das Palavern bei den Männerversammlungen, die Diskussionen auf dem Markt, das Vorlesen in der Moschee. »Würde der Bauer rechnen, würde er nicht säen«, sagt ein Sprichwort. Vielleicht heißt es aber auch begreifen, daß die Beziehung zwischen der Arbeit und ihrem Produkt nicht wirklich ignoriert, vielmehr *gesellschaftlich verdrängt* wird; daß die Produktivität der Arbeit so schwach ist, daß der Bauer es schlicht und einfach vermeiden muß, seine Zeit zu bemessen, will er seiner Arbeit noch einen Sinn bewahren; oder, was dem nur scheinbar widerspricht, daß er in einer Welt, worin der Mangel an Zeit so gering und so groß der Mangel an Gütern ist, nichts besser und nichts anderes machen kann, als seine Zeit ohne weiteres Rechnen zu verausgaben, als die Zeit, jene einzige Sache, die es in Überfluß gibt, zu vergeuden.[7]

Kurz, die Wahrheit der Produktion scheint nicht minder als die der Zirkulation verdrängt zu sein, wie sich auch die *Mühsal* gegenüber der *Arbeit* nicht anders ausnimmt als der Gabentausch gegenüber dem Handel, diesem Gewerbe, für das, wie Emile Benveniste berichtet, die indo-europäischen Sprachen keine Bezeichnung hatten: Die Aufdeckung der Arbeit setzt die Herausbildung einer gemeinsamen Grundlage der Produktion voraus, d. h. die Entzauberung einer natürlichen Welt und ihre Reduktion auf die allein geltende ökonomische Dimension. Damit kann die Tätigkeit, die aufhört, ein zu leistender Tribut an eine notwendige Ordnung zu sein, sich auf ein ausschließlich ökonomisches Ziel hin ausrichten, das seinen eindrucksvollen Niederschlag im Geld, nunmehr Maß aller Dinge, findet. Damit ist Schluß mit der ursprünglichen Undifferenziertheit, die noch die individuellen wie kollektiven Spiele des Glaubens, des guten Glaubens wie des schlechten, der Unredlichkeit, erlaubt hatte: Nunmehr gemessen am unzweideutigen Maß des monetären Profits, finden sich die sakralsten Aktivitäten qua Negation als *symbolische* wieder, d. h., einem Sinn gemäß, der dem Begriff zuweilen auch eignet, als Tätigkeiten ohne konkrete und materielle Wirksamkeit, die *zweckfrei*, also ohne Interesse, aber auch nutzlos sind.

Zweifellos sind die, welche Kategorien und Methoden des ökonomischen Rechnungswesens auf die archaischen Wirtschaftsformen anwenden, ohne dabei in Betracht zu ziehen, welchem Wandel des ontologischen Status sie damit ihren Gegenstand zwangsläufig unterwerfen, nicht die einzigen, von denen dieser Wirtschaftstyp behandelt wird »wie etwa von den Kirchenvätern vorchristliche Religionen«: Der Ausspruch von Marx läßt sich auch gegen die Marxisten wenden, die im Rahmen scholastischer Diskussionen über die Typologie von Produktionsweisen die Forschung auf die Gesellschaftsformationen zu beschränken trachten, die sie als »vorkapitalistische« bezeichnen. Als gemeinsame Wurzel dieses Ethnozentrismus hat nichts weiter als der unbewußte Einfluß einer *eingeschränkten Definition des ökonomischen Interesses* zu gelten, die in ihrer entfaltetsten Form das historische Produkt des Kapitalismus ist: In der Tat geht die Konstitution relativ autonomer Praxisbereiche mit jenem Prozeß einher, an dessen Schlußpunkt die Herausbildung der (häufig »geistig« oder »kulturell« bezeichneten) symbolischen Interessen steht – in Abhebung von den eigentlich ökonomischen Interessen, so wie diese auf der Grundlage ökonomischer Transaktionen vermittels der ursprünglichen Tautologie »Geschäft ist Geschäft« definiert werden. Das im strengen Sinne »kulturelle« oder »ästhetische« Interesse als gleichsam interesseloses bildet das paradoxe Produkt einer ideologischen Arbeit, zu der die Schriftsteller und Künstler, die primären Interessenten, einen nicht unbeträchtlichen Teil beigetragen haben und an deren Ende die symbolischen Interessen ihre Autonomie dadurch erringen, daß sie sich den materiellen Interessen entgegensetzen, mit anderen Worten: sich als Interessen symbolisch aufheben. Weil der Ökonomismus kein anderes Interesse kennt als dasjenige, welches der Kapitalismus, gewissermaßen in Form einer Realabstraktion, erzeugt hat, indem er zwischen den Menschen ein Netz von Beziehungen herstellte, die, wie Marx formuliert, auf »gefühllose(r) bare(r) Zahlung« beruhen, kann er das eigentlich symbolische Interesse, das zuweilen (an)erkannt werden muß – wenn es nämlich allzu offensichtlich, wie in bestimmten Formen des Nationalismus oder Regionalismus, mit dem »Interesse« in seiner eingeschränkten Bedeutung kollidiert –, in seine Analyse und mehr noch in seine Berechnungen nur eingehen lassen, um es sogleich zu einer Irrationalität des Gefühls oder der Leidenschaft zu degradieren. In einer Welt, die durch die nahezu vollständige Konvertibilität des – im eingeschränkten Sinne – ökonomischen Kapitals in symbolisches Kapital ausgezeichnet ist, nimmt in der Tat das *ökonomische Kalkül*, das die Strategien der Handlungssubjekte leitet, unterschiedslos sowohl alle Gewinne wie alle Verluste auf sich, die kraft der eingeschränkten Definition der Ökonomie unbewußt in das *Undenkbare* und *Unnennbare*, d. h. in die ökonomische Irrationalität zurückgeworfen werden. Kurz, entgegen den naiv idyllischen Vorstellungen über die »vorkapitalistischen« Gesellschaften (oder über die »kulturelle« Sphäre in kapitalistischen Gesellschaften) richten sich die praktischen Handlungen auch dann noch am ökonomischen Kalkül aus, wenn sie, da sie sich der Logik des Interessenkalküls (im eingeschränkten Sinne) entziehen und sich an nichtmateriellen und schwer zu quantifizierenden Einsätzen orientieren, den Anschein von Interesselosigkeit vermitteln.

Dies bedeutet, daß die Theorie der eigentlich ökonomischen Handlungen nur einen besonderen Fall innerhalb einer allgemeinen Theorie der Ökonomie von Handlungen darstellt. Den ethnozentristischen Naivitäten des Ökonomismus läßt sich, ohne in die volkstümelnde Begeisterung über die edle Einfalt der Ursprünge zu verfallen, nur entgehen, wenn bis zum bitteren Ende vollzogen wird, was jener nur halbherzig tut: das ökonomische Kalkül unterschiedslos auf *alle*, sowohl materielle wie symbolische Güter auszudehnen, die rar scheinen und wert, innerhalb einer bestimmten gesellschaftlichen Formation untersucht zu werden – handele es sich um »schöne Worte« oder ein Lächeln, um einen Händedruck oder ein Achselzucken, um Komplimente oder Aufmerksamkeiten, Herausforderungen oder Beleidigungen, um die Ehre oder um Ehrenämter, um Vollmachten oder Vergnügungen, um »Klatsch« oder wissenschaftliche Informationen, um Distinktion oder um Auszeichnungen usw. vermochte doch das ökonomische Kalkül des objektiv von der unbarmherzigen Logik des »nackte(n) Interesse(s)« – wie Marx sagt – beherrschten Terrains sich nur zu bemächtigen, als es das vom »eiskalten Wasser egoistischer Berechnung« wundersamerweise ausgesparte Eiland des Sakralen verließ, dieses Asyl für alles, was, durch Überfluß oder Mangel, keinen Preis besitzt. Doch wäre die These von der Berechenbarkeit des symbolischen Austauschs selbst bedroht, auf Umwegen wieder zu einer archaischen Vorstellung der Ökonomie zu geraten, wollte man vergessen, daß sie, Resultat der Anwendung eines Unterscheidungsprinzips, das dem Bereich, dem es sich appliziert, fremd ist – nämlich die Trennung von ökonomischem und symbolischem Kapital –, die Undifferenziertheit beider, des ökonomischen und des symbolischen Kapitals, nur in Form ihrer vollständigen Konvertibilität erfassen kann. Wie die Herausbildung der Kunst als Kunst, die mit der Entfaltung eines relativ autonomen künstlerischen Feldes einhergeht, gewisse primitive oder volkstümliche Praktiken als ästhetische nur zu denken erlaubt, indem sie allen ethnozentristischen Irrtümern ausgesetzt werden, zu denen verurteilt ist, wer vergißt, daß sie sich als solche nicht denken können, so erliegt auch jede partielle oder totale Objektivierung der archaischen Ökonomie, die keine Theorie des Reifikationseffekts der Theorie und der gesellschaftlichen Bedingungen möglicher objektiver Erkenntnis sowie, damit verbunden, keine Theorie des Verhältnisses dieser Ökonomie zu ihrer objektiven Wahrheit als Verhältnis der Anerkennung und Verkennung einschließt, letztlich der subtilsten und musterhaftesten Form des Ethnozentrismus.

Seiner vollständigen Definition nach umfaßt das Patrimonium der Familie oder der Linie (Sippe) nicht nur den Boden und die Produktionsmittel, sondern auch die Verwandtschaft und die Klientel, die *nasba*, ein Netz von Bündnissen oder, weitergehend, von Beziehungen, das intakt gehalten und regelmäßig gepflegt werden muß, ein aus Verpflichtungen und Ehrenschulden bestehendes Erbe, ein im Laufe aufeinanderfolgender Generationen akkumuliertes Kapital an Rechten und Pflichten, eine zusätzliche Kraft, die mobilisiert werden kann, wenn außergewöhnliche Umstände die alltägliche Routine aufbrechen: Wie groß auch immer die Macht der archaischen Ökonomie sein mag, die Routine der normalen Ordnung vermittels ritueller Stereotypisierung zu regeln und die Krise kraft ihrer symbolischen Hervorbringung zu unterbinden oder sie, kaum ausgebrochen, kraft ihrer Ritualisierung abzubauen, so weiß sie doch um den Gegensatz zwischen gewöhnlichen und außergewöhnlichen Gelegenheiten, den regulären, durch die Hausgemeinschaft zu befriedigenden Bedürfnissen und den sowohl materiellen wie symbolischen Sonderbedürfnissen an Gütern und/oder Diensten, die durch Ausnahmezustände wie ökonomische Krisen oder politische Konflikte oder schlicht durch dringend anstehende landwirtschaftliche Arbeiten hervorgerufen werden und die allemal die freiwillige Unterstützung seitens einer entfernteren Gruppe erheischen. Ist dem so, dann in der Tat deshalb, weil, im Gegensatz zu dem, was Max Weber in seiner Unterscheidung von traditionalem und charismatischem Typus nahelegt, der archaischen Ökonomie Diskontinuität nicht nur auf der politischen Ebene innewohnt – mit ihren Konflikten, die, ausgehend von einem beliebigen Vorfall und durch das Spiel der »Bünde« sich bis zu einem Stammeskrieg ausweiten können –, sondern ebenso, wenn auch in anderer Weise, im ökonomischen Bereich, hier mit dem Gegensatz zwischen der in traditionellen Getreidekulturen ausnehmend kurzen *Arbeitszeit* und der *Produktionszeit*, Grundlage eines der fundamentalsten Widersprüche innerhalb dieser Gesellschaftsformationen und, daraus folgend, der Strategien, die ihn zu lösen suchen.

Eine Variante dieses Widerspruchs äußert sich in folgender sprichwörtlicher Redewendung: »Ist das Jahr schlecht, sind immer zu viele Mägen da; ist es gut, fehlt es an Armen.« Eine Untersuchung des Kalenders der landwirtschaftlichen Arbeiten, des Fruchtwechsels sowie der durchschnittlichen Anwesenheit des Bewirtschaftungspersonals macht das Vorkommen starker und schwacher Zeiten während des Landwirtschaftsjahres in Kabylien deutlich. Während der beiden großen Arbeitsperioden, des Einbringens der Ernte im Juni/Juli und der Feldbestellung im November/Dezember befindet sich das gesamte männliche Personal in Einsatz; mit den Feldarbeiten sind die beiden Männer der Familie etwa zwanzig Tage über beschäftigt, davon acht mit Unterstützung des »Partners bei Feldarbeiten« auf dem eigenen Grund und Boden, weitere acht auf dem des Partners (wobei, wenn der Hof jeweils nur einen Ochsen besitzt, gemeinsam mit dem Tier des Partners ein Gespann gebildet wird); für drei oder vier Tage werden schließlich, im Austausch gegen entsprechende Leistungen auf dessen Äckern, die Dienste eines Nachbarn in Anspruch genommen. In der Erntezeit stoßen die Frauen und Kinder zu den Männern – allerdings werden sie nur für den Transport der Garben eingesetzt: eine Bewegung von den Feldern bis hin zum Haus. Einen Monat über arbeitet das ganze Dorf mit voller Kraft, indem Dienste ausgetauscht oder zur Verfügung gestellt werden; das sich anschließende Dreschen geschieht unter Mitwirkung eines Verwandten, der einen Ochsen besitzt (niemals mit Hilfe des »Partners bei Feldarbeiten«). Nach dem Einbringen der Ernte und dem Dreschen vermindert sich die Aktivität und einer der Männer emigriert bis zur neuerlichen Feldbestellung. Von Februar bis März ist eine merkliche Talsohle zu beobachten: während dieser Zeit gehen beide Männer in die Stadt arbeiten, von wo der Jüngere, der schon ab Januar dorthin gezogen war, erst Anfang Mai zurückkehrt. Diese Abwanderung deckt nur die toten Zeiten der Männeraktivität auf, Zeiten, in denen in früheren Jahren oder selbst noch zu Zeiten der Untersuchung (nämlich 1960, d. h. vor Entdeckung der Arbeitsrentabilität) die Männer der noch stark der Tradition verhafteten Familien *sich beschäftigten.* Solche Betätigungen wie Obstpflücken, Sauberhalten der Felder und Gartenarbeiten werden den ganzen Winter und Frühling über meistenteils von den Frauen und Kindern übernommen, und die eigentlichen Tätigkeiten der Männer, Transport des Düngers, das Aufhacken des Bodens in den Obstgärten, das Baumbeschneiden, die Feldarbeit im Frühling wie die Heuernte erfordern einen weniger intensiven (wenngleich konstanten) Arbeitsaufwand als die Feldbestellung und die Ernte, besitzen im übrigen auch nicht den dringlichen Charakter und den gleichen sozialen Wert – als Beweis kann gelten, daß hier Kinder und Frauen entsprechend ihren Fähigkeiten mit eingespannt werden.

Die Strategie, die darin besteht, das Kapital an Ehre und Prestige zu akkumulieren, das ebenso die Klientel hervorbringt, wie es deren Produkt ist, gibt die optimale Lösung für jenes Problem an die Hand, das sich der Gruppe stellen würde, wenn sie *kontinuierlich* (die Produktionszeit eingeschlossen) die gesamte menschliche wie tierische Arbeitskraft, derer sie während der Arbeitszeit bedarf, auch unterhalten müßte: Sie gestattet faktisch den großen Familien, während der Arbeitsperiode in ausreichendem Maß über Arbeitskräfte zu verfügen und zugleich während der unelastischen Produktionszeit die Konsumtion auf ein Minimum zu reduzieren – dies gilt für die Konsumtion der Menschen (die Gruppe wird in diesem Fall auf die kleinste Einheit, die Familie, beschränkt) wie für die der Tiere gleichermaßen (darin beruht die Funktion jener Leihverträge wie der *charka* des Ochsen, wodurch sich der Eigentümer von seinem Tier entlastet, indem er es gegen eine Entschädigung in Geld oder Naturalien für die »Nutzung des Kapitals« einem anderen in Obhut gibt); der Gegenwert für diese punktuellen und auf dringliche Zeiten, so die Ernte, begrenzten Leistungen ist um so weniger schwerwiegend, als er entweder in Form von Arbeit, freilich außerhalb der Periode der Vollbeschäftigung, oder in anderen Formen wie Schutz, Entleihen von Tieren usw. abgegolten wird.

Auf eine allgemeine Weise spielt sich alles so ab, als ob das Kapital niemals als Kapital wahrgenommen oder behandelt werden würde, nicht einmal bei einer solchen Transaktion wie der *charka* des Ochsen, die doch nur zwischen vollkommen Fremden, die berechtigt sind, einen Vertrag zu schließen, denkbar ist: Bei diesem Vertrag, der vorzugsweise zwischen Bewohnern benachbarter Dörfer abgeschlossen wird – und den beide Partner übrigens übereinstimmend verschleiern möchten (wobei der Entleiher mit dem Einverständnis des Verleihers seine Mittellosigkeit verbergen und glauben machen will, daß der Ochse ihm gehört, der Verleiher wiederum die ganze Transaktion auch im Dunkel belassen möchte, insofern sie verdächtig ist, nicht dem reinen Gefühl für Gerechtigkeit zu folgen) –, geht es darum, daß der Besitzer eines Ochsen diesen gegen ein bestimmtes Maß an Gerste oder Weizen einem Bauern zur Verfügung stellt, der zu arm ist, um sich einen eigenen zu kaufen; in einer anderen Version setzt sich ein armer Bauer mit einem reicheren darüber ins Einvernehmen, daß dieser ein Ochsengespann kauft und es ihm je nachdem für ein, zwei oder drei Jahre überläßt, wobei der Gewinn beim Verkauf der Ochsen beiden zu gleichen Teilen zukommt. Da, wo wir versucht sind, eine schlichte Leihgabe zu sehen, bei der der Besitzer eines Ochsen diesen zum Gegenwert von mehreren Maß Getreide (Zins) einem zweiten anvertraut, erblicken die Beteiligten selbst nur einen gerechten Handel, der jede Entnahme von Mehrwert ausschließt: Wohl gibt der Verleiher die Arbeitskraft des Ochsen her, doch bleibt die Gerechtigkeit dadurch gewahrt, daß der Entleiher den Ochsen füttert und pflegt, wozu allemal auch der Verleiher gezwungen gewesen wäre, und auch die Maß Getreide stellen nur eine Entschädigung für die im Zuge des Alterns sich einstellende Wertminderung des Ochsen dar. Wiederum den verschiedenen Formen des Zusammenschlusses in Hinblick auf Ziegen ist gemeinsam, daß hier die Wertminderung des Anfangskapitals durch das Älterwerden der Tiere von beiden Teilen getragen wird. In diesem Fall vertraut der Besitzer von Ziegen, gemeinhin eine Frau, die sich auf diese Weise für künftige Zeiten eine Rücklage schafft, ihre Ziegen für drei Jahre einem ärmeren entfernten Vetter an, von dem sie weiß, daß er sie nähren und gut versorgen wird. Die Tiere werden geschätzt und ihre Erzeugnisse (Milch, Fell, Butter) nach Vereinbarung aufgeteilt. Der Entleiher läßt nun jede Woche durch ein Kind eine Kalebasse voll Milch überbringen. Dieses kommt nicht mit leeren Händen zurück (*elfal,* der Talisman oder die Beschwörung des Unglücks, besitzt deshalb eine magische Bedeutung, weil ein *leeres* Gefäß, das Leere, zurückbringen hieße, den Wohlstand und die Fruchtbarkeit des Hauses zu gefährden): Dem Kind werden je nach Zeitpunkt Früchte, Eier, Öl oder Oliven mit auf den Heimweg gegeben. Zum Schluß, bei der Rückgabe der Tiere, werden deren Erzeugnisse aufgeteilt. Varianten: Bei einer auf 30 000 Frs. geschätzten Herde von 6 Ziegen gibt der Hüter 15 000 Frs. sowie die Hälfte der ursprünglichen Herde, d. h. drei Ziegen, zurück; oder aber der Hüter gibt die ganze Herde zurück, behält aber das ganze Fell.

Wie gesehen, bildet demnach das symbolische Kapital, das, wie Prestige oder guter Ruf, die an die Familie oder den Namen gebunden sind, sich unschwer in ökonomisches Kapital zurückverwandeln läßt, möglicherweise die *kostbarste Akkumulationsform* im Rahmen einer Gesellschaft, in der die Strenge des Klimas (die großen Arbeiten wie Feldbestellung und Ernte konzentrieren sich auf einen kurzen Zeitraum) sowie die mangelhaft entwickelten technischen Hilfsmittel (abgeerntet wird mit der Sichel) auf jeden Fall die kollektive Arbeit erheischen. Müssen wir darin die verschleierte Form eines Verkaufs der Arbeitskraft oder die heimliche Erzwingung von Fronarbeit erkennen? Zweifellos, aber unter der Voraussetzung, daß wir in der Analyse als *Einheit festhalten*, was auch im Objekt selbst eine Einheit bildet: nämlich die *doppelte Wahrheit* der essentiell *doppel- und mehrdeutigen* praktischen Handlungen – eine Falle, für alle die gestellt, die durch eine naiv dualistische Vorstellung von den Beziehungen zwischen den praktischen Handlungen und den Ideologien, zwischen der »eingeborenen« Ökonomie und der »eingeborenen« Repräsentation dieser Ökonomie, am Ende zu selbstmystifikatorischen Entmystifizierungen verführt werden[8]: Die umfassende Wahrheit dieser Aneignung von Leistungen gründet in dem Faktum, daß sie sich nur unter dem Deckmantel der *thiwizi* vollziehen kann – dieser freiwilligen Hilfe, die gleichermaßen Fronarbeit ist: freiwillige Fronarbeit und erzwungene Hilfe –, und daß sie, wenn die geometrische Metapher gestattet ist, eine zweifache Halbdrehung voraussetzt, die zum Ausgangspunkt zurückgeht, d. h. eine Verwandlung materiellen Kapitals in symbolisches, das selbst in materielles Kapital umwandelbar ist.

Die Aneignung einer, wenn auch vererbten, Klientel erheischt umfassende *Arbeit*, unerläßlich, um die Beziehungen allererst herzustellen und dann aufrechtzuerhalten, und des weiteren bedeutende, gleichermaßen materielle wie symbolische *Investitionen*: politischer Beistand bei Überfällen, bei Diebstählen, Kränkungen und Beleidigungen, zuweilen auch sehr kostspielige wirtschaftliche Unterstützung, vor allem bei Hungersnot. Es sind Investitionen an materiellen Gütern – aber auch an Zeit, insofern der Wert der symbolischen Arbeit nicht unabhängig von der Zeit, die man ihr widmet, bestimmt werden kann: das *Zeitgeschenk* oder die *Vergeudung von Zeit* bildet eine der kostbarsten Gaben.[9] Unter diesen Umständen liegt es auf der Hand, daß die Akkumulation von symbolischem Kapital sich nur auf Kosten der Akkumulation ökonomischen Kapitals vollziehen kann. Denn stieß die Konzentration materiellen Kapitals zum einen schon auf objektive und an den schwach entwickelten Stand der Produktionsmittel gebundene Hindernisse, so wurden diese verstärkt und jener Prozeß weiter gebremst, ja tendenziell unterbunden durch die Aktion sozialer Mechanismen, die, indem sie die Verschleierung und Verdrängung des ökonomischen Interesses durchsetzten, dahin tendierten, die Akkumulation symbolischen Kapitals zur einzig anerkannten und legitimen Akkumulationsform überhaupt werden zu lassen – dementsprechend waren auch die Fälle selten, wo die Versammlung ausdrücklich zur Intervention gezwungen war und jemanden ermahnen mußte, »aufzuhören, sich zu bereichern«[10]: Bekanntermaßen zwingt der kollektive Druck, mit dem selbst noch die Vermögendsten rechnen müssen, da sie ihm nicht allein ihre Autorität, sondern gegebenenfalls auch politische Macht verdanken, die letzten Endes von ihrer Befähigung abhängt, die Gruppe für oder gegen Individuen wie Gruppen zu mobilisieren, die Reichen nicht nur dazu, umfassend an den zeremoniellen Tauschbeziehungen (*tawsa*) teilzunehmen, sondern im gleichen Maße auch zu der Beköstigung von Armen, der Beherbergung von Fremden oder der Vorbereitung und Organisation von Festen so weit wie möglich beizutragen. Der Reichtum impliziert vor allem Pflichten: »Der Freigebige«, so heißt es, »ist ein Freund Gottes.« Ohne Zweifel trägt der Glaube an die immanente Gerechtigkeit, der zahlreiche Praktiken (wie den kollektiven Schwur) leitet, seinen Teil dazu bei, aus der Freigebigkeit (Generosität) ein Opfer zu machen, das zu Recht als Gegenleistung den Segen des Wohlstands verdient: »Iß, der du gewohnt bist, Speise zu geben!« »O mein Gott, gib mir, damit ich geben kann!« Indessen sind die beiden Kapitalformen im Rahmen dieser Wirtschaftsform, die auf Treu und Glauben beruht, derart ineinander verfilzt, daß ein guter Leumund die beste, wenn nicht die einzige ökonomische Sicherheit darstellt und die Zurschaustellung materieller und symbolischer Stärke in Gestalt angesehener Verbündeter schon an sich dazu angetan ist, materiellen Gewinn abzuwerfen: Verständlich, daß die großen Familien keine Gelegenheit ungenutzt lassen (einer der Gründe für ihre Vorliebe für weitentfernte Heiraten und ausgedehnte Umzüge), um solche Zurschaustellungen symbolischen Kapitals (dessen ostentativer Verzehr nur den am meisten ins Auge springenden Aspekt bildet) zu organisieren – in feierlichen Umzügen der Verwandten und Verbündeten anläßlich des Weggangs oder der Heimkehr des Pilgers, in Brauteskorten, deren Wert sich nach der Zahl der »Gewehre« und der Stärke der abgefeuerten Salven zu Ehren der Brautleute bemißt, in blendenden Geschenken, darunter Schafe bei Hochzeiten, endlich mittels Zeugen und Garanten, die allenthalben und immer mobilisiert werden können, um auf dem Markt die Redlichkeit eines Geschäfts zu beglaubigen, bei Heiratsverhandlungen die Position einer Linie zu stärken und in gebührender Form den Abschluß eines Vertrages zu vollziehen.

Begreift man, daß das symbolische Kapital – allerdings im weitesten Sinne des Wortes – einen *Kredit* darstellt, d. h. eine Art Vorschuß, den die Gruppe und nur sie allein jenen gewährt, die ihr am meisten materielle und symbolische *Sicherheiten* geben, dann wird auch einsichtig, warum die Zurschaustellung von symbolischem Kapital (die auf der ökonomischen Ebene stets sehr kostspielig ist) einen der Mechanismen bildet, die (zweifellos universell) bewirken, daß Kapital zu Kapital kommt.

Nur unter der Voraussetzung, daß man eine *totale Aufrechnung* der symbolischen Gewinne vornimmt und in eins damit die Undifferenziertheit der symbolischen und materiellen Bestandteile des Patrimoniums im Gedächtnis behält, läßt sich die ökonomische Rationalität von Verhaltensweisen begreifen, die der Ökonomismus ansonsten als absurd abtut: Demgemäß stellt sich etwa der Entschluß, nach der Ernte ein zweites Gespann Ochsen zu kaufen unter dem Vorwand, sie zum Dreschen zu benötigen – vielmehr eine Art kundzutun, daß die Ernte reich ausfiel –, um sich dann gezwungen zu sehen, sie mangels Futter vor der Feldbestellung im Herbst wieder zu verkaufen – also gerade dann, wenn sie in technischer Hinsicht gebraucht würden –, als eine ökonomische Verirrung nur dem dar, der alle materiellen und symbolischen Gewinne außer acht läßt, die eine solche, wie auch immer fiktive und trügerische, Vermehrung des symbolischen Kapitals der Familie in einer bestimmten Periode verschaffen kann, zu Ende des Sommers nämlich, wenn die Heiratsverhandlungen eingeleitet werden. Dieser strategische Bluff ist insofern vollkommen rational, als die Heirat eine Gelegenheit zur (im weiteren Sinne) ökonomischen Zirkulation bietet, von der sich eine unvollständige Vorstellung macht, wer nur die materiellen Güter in Rechnung stellt; aber auch insofern, als die Gewinne, die die Gruppe aus einem solchen Geschäft ziehen mag, desto höher sind, je bedeutender ihr materielles und insbesondere ihr symbolisches Patrimonium ist oder, falls dieser Ausdruck gestattet ist, der »Kredit an Vertrauen«, mit dem sie rechnen kann. Dieser Kredit, der von der Fähigkeit des Ehrgefühls abhängt, die Unverletzbarkeit und Unantastbarkeit der Ehre zu gewährleisten, und der ein unteilbares Ganzes bildet, in das gleichermaßen und untrennbar Quantität und Qualität sowohl der Güter wie der Männer eingehen, die imstande sind, diesen Wert zu verleihen, stellt dasjenige dar, das die Möglichkeit eröffnet, hauptsächlich durch Heirat die angesehensten Verbündeten zu gewinnen, also jenen Reichtum an »Gewehren«, der sich nicht allein nach der Zahl der Männer, sondern auch nach deren Qualität bemißt, d. h. nach ihrem Ehrgefühl, das wiederum das Vermögen der Gruppe bestimmt, ihr Land und ihre Ehre, vor allem die der Frauen, schützen zu können – mit anderen Worten: das Kapital an materieller und symbolischer Stärke, das für die Geschäfte auf dem Markt, für die Ehrenwettkämpfe oder die Bestellung des Bodens effektiv zum Einsatz gebracht werden kann. So liegt demnach den Verhaltensweisen der Ehre ein Interesse zugrunde, für das der Ökonomismus keinen Namen besitzt, und das mithin symbolisch genannt werden muß, obgleich ihm eigen ist, sehr direkte materielle Handlungen zu determinieren; und wie zuweilen bei Berufen wie Rechtsanwalt oder Arzt, die, wie es heißt, »über jeden Verdacht erhaben sein müssen«, so hat auch in diesem Fall die Familie ein vitales Interesse daran, ihr Kapital an Ehre, d. h. ihren Kredit an Ehrenhaftigkeit, von jedem Verdacht reinzuhalten. Desgleichen erklärt sich das ausgeprägte Gespür für die geringfügigsten Anfechtungen, für die leiseste Anspielung (*thasalqubth*) aus der Tatsache, daß das symbolische Kapital nicht so einfach wie das Land oder das Vieh sich messen und zählen läßt und daß die Gruppe, die in letzter Instanz allein den Kredit gewähren kann, immerzu verleitet ist, ihn zurückzuziehen, folglich die Verdächtigungen auf die Größten zu richten, gleichsam als ob, bei der Ehre wie beim Land, die Bereicherung des einen sich nur zum Nachteil der anderen vollziehen könne.[11]

Nur ein inkonsequenter, weil partieller Materialismus, der folglich außerstande ist, die Strukturen der archaischen Ökonomie und vor allem die ungeheure Komplexität von ökonomischen Praktiken zu denken, die ein auf struktureller Ambiguität beruhendes System auszeichnen, kann ignorieren, daß solche Strategien, deren Einsatz die Erhaltung oder die Steigerung der Gruppenehre ausmacht und unter denen Blutrache und Heirat erstrangig einzuordnen sind, nicht minder vitalen Interessen folgen als die Erbfolge- oder Fruchtbarkeitsstrategien. Der partielle Materialismus des Ökonomismus muß um so zwangsläufiger in die ihm gestellte Falle tappen, als, so z. B. bei der Heirat, die Zirkulation der unmittelbar wahrnehmbaren Güter wie des Wittums, dieses sichtbaren Einsatzes bei Heiratsverhandlungen, die sowohl aktuelle wie potentielle totale Zirkulation der unentwirrbar materiellen und symbolischen Güter verschleiert, unter denen jene nur den in den Augen des kapitalistischen *homo oeconomicus* sichtbarsten Aspekt darstellen. Die an ihrem relativen wie absoluten Wert gemessen stets sehr geringe Höhe des Wittums würde schwerlich die zähen Verhandlungen rechtfertigen, deren Gegenstand sie doch ist, würde es nicht an sich einen äußerst bedeutsamen symbolischen Wert dadurch gewinnen, daß es unzweideutig den Wert der Produkte einer Familie auf dem Heiratsmarkt dokumentiert wie zugleich die Fähigkeit der Verantwortlichen dieser Familie, durch ihre Qualitäten als Händler den günstigsten Preis für ihre Produkte auszuhandeln. Den sichtbarsten Beweis für die Nichtzurückführbarkeit der Einsätze der Heiratsstrategien auf das Wittum allein hat die Geschichte wiederum selbst geliefert, indem sie die materiellen von den symbolischen Aspekten der Übereinkommen schied: Einmal auf seinen bloßen monetären Wert reduziert, hat das Wittum in den Augen der Handelnden selbst an symbolischer Bedeutung verloren, und die Ehrenverhandlungen finden sich zu einem nunmehr als schmachvoll geltenden niederen Feilschen degradiert.

Wie die Tatsache erweist, daß, etwa im Fall von Beleidigung, sogar die Möglichkeit, sich dem Spiel zu verweigern (indem keine Erwiderung erfolgt oder »die andere Backe hingehalten wird«), als undenkbar und unbenennbar ausgeschlossen ist, so ist auch das Interesse, das ein Individuum dazu verleitet, sein symbolisches Kapital zu verteidigen, nicht zu trennen von der stillschweigenden, mittels der Primärerziehung eingeprägten und durch alle späteren Erfahrungen verstärkten Zustimmung zu der objektiv in die Regelmäßigkeiten des Systems eingeschriebenen Axiomatik, die einen bestimmten Typ symbolischen Kapitals als würdig, gesucht und erhalten zu werden, bestehen läßt: Die objektive Übereinstimmung zwischen den Dispositionen der Individuen (hier ihre Neigung und Fähigkeit, das Spiel der Ehre zu spielen) und den objektiven Regelmäßigkeiten, deren Produkt diese sind, hat zur Wirkung, daß die Zugehörigkeit zu diesem (im weitesten Sinne) ökonomischen Kosmos die bedingungslose Anerkennung der Einsätze impliziert, die dieser kraft seiner Existenz als *selbstverständliche* vorgibt, impliziert mit anderen Worten die Verkennung des Willkürcharakters des Wertes, den er ihnen verleiht und der gerade geeignet ist, Investitionen und Überinvestitionen (verstanden auch im psychoanalytischen Sinne als Besetzungen und Überbesetzungen) herbeizuführen, die die wohlverankerte Illusion, wonach der Wert der symbolischen Güter der Natur der Dinge und das Interesse für diese Güter der Natur der Menschen eingeschrieben sei, durch den derart hervorgerufenen Effekt der Konkurrenz und des Mangels zu verstärken wissen.

Soll die offensive Rückkehr eines reduzierten und reduktionistischen Materialismus vermieden werden, bedarf es einer eingehenden Analyse der Mechanismen, die etwa einem Stück Land bisweilen einen Wert verleihen, der nicht immer auch seinen eigentlich technischen und (im eingeschränkten Sinne) ökonomischen Qualitäten entspricht. Wenn das Land, das am nächsten gelegen, am besten unterhalten und gepflegt ist (mit Einfriedungen versehen, mit Häusern bestückt, regelmäßig bestellt und stetig genutzt) und das (dank Privatwegen, *thikhuradjiyin*) für die Frauen am leichtesten zu erreichen ist, gleichsam schon per se und unmittelbar von einem *beliebigen Kaufinteressenten* mit einem über dem Realwert liegenden Wert belegt wird, so Qualitäten wegen, die ihm nur kraft der Beziehung, in der es zu einer bestimmten Familie steht, zufallen und die des weiteren von einem besonderen Typus von (im weiteren Sinne) ökonomischen Dispositionen bedingt sind: Gleiches ist auch von dem zu sagen, was der Integrationsgrad von Grund und Boden innerhalb des Familienerbgutes genannt werden kann, der von seiner Geschichte (meistens durch seinen mehr oder minder vornehmen und althergebrachten Namen angezeigt) sowie seiner mehr oder weniger zentralen Stellung innerhalb der ansonsten noch traditionell von der Gruppe besessenen Ländereien abhängt. Stimmen nahezu immer ökonomischer und symbolischer Wert überein, insofern die nächstgelegenen und zugänglichsten Ländereien infolge intensiverer und abwechslungsreicherer Bewirtschaftungsweisen auch die bestgenutzten, also »produktivsten« sind, so kann es doch auch vorkommen, daß einem Stück Land unter dem Einfluß der sozial anerkannten Definition des symbolischen Patrimoniums ein gegenüber dem ökonomischen Wert disproportionaler symbolischer Wert zugeschrieben wird: So geschieht es auch, daß man zunächst das dem Erbgut am schwächsten integrierte und mit dem Namen des jetzigen Eigentümers am wenigsten verbundene Land abtritt, also jenes, das erworben, und zwar in jüngster Zeit erworben, statt geerbt wurde, und davon wiederum jenes zunächst, das Fremden abgekauft statt von Verwandten erworben wurde. Freilich, so einfach ist die Sache auch nicht, wird der symbolische Wert des Landes doch durch die historische Beziehung bestimmt, die Eigentümer und Käufer zu ihm unterhalten, d. h. die sie vermittels seiner und seinetwegen aufweisen. Demgemäß ist das Land am kostbarsten, wenn es, versehen mit allen Qualitäten, die eine starke Integration im Patrimonium auszeichnen, im Besitz von Fremden ist: unter solchen Umständen wird der Rückkauf (analog zur Rache für eine Beleidigung) zu einer Ehrensache, und damit kann auch der Preis für das Land ins Unermeßliche steigen. Die Verkäufer können zynisch mit der Beziehung zwischen dem Land und dem Käufer spielen – freilich auch nur in Grenzen, da ansonsten ihr Ruf darunter leiden könnte; am häufigsten geschieht es jedoch, daß sie ihre Ehre darein setzen, das Land zu verteidigen – vor allem dann, wenn die Erwerbung neueren Datums ist und derart ihren Wert als eine an die andere Gruppe gerichtete Herausforderung noch bewahrt hat –, und daß die anderen verbissen und zäh versuchen werden, das Land zurückzukaufen und für den gegen die *ḥurma* ihres Landes gerichteten Anschlag Rache zu nehmen. Es kann im weiteren vorkommen, daß eine dritte Gruppe den gebotenen Preis noch überbietet und damit eine Herausforderung nicht gegen den Verkäufer, der dabei ja allemal auf seine Kosten kommt, sondern gegen die »legitimen« Eigentümer richtet. Kurz, man muß nur der Homologie der Beziehungen sich bewußt sein, die die Gruppe einerseits mit ihrem Land und andrerseits mit ihren Frauen unterhält, um zu begreifen, daß die Sorge um den Schutz des symbolischen Kapitals, des grundlegenden Bestandteils des Patrimoniums, geradezu dazu zwingt, für Land der Vorfahren, das der Gruppe zu entgleiten droht oder schon in fremden Händen ist, oder umgekehrt für althergebrachtes Land einer rivalisierenden Gruppe einen über dem »Handelswert« liegenden Preis zu zahlen, da überdies im letzteren Fall der Kauf den Charakter einer Herausforderung annimmt. Demgegenüber sind bei Geschäften zwischen Verwandten solche Überbietungen soweit wie möglich geächtet, da die Ehre einem ja verbietet, aus der Not desjenigen, der zum Verkauf gezwungen ist, Gewinn zu schlagen.

Demzufolge zwingen uns die Entsprechungen zwischen der Zirkulation gekaufter und zurückgekaufter Ländereien, »geliehener« und »zurückgegebener« »Kehlen« (Mord aus Rache), gewährter und erhaltener Frauen, allgemeiner gesprochen zwischen den verschiedenen Kapitalarten und den entsprechenden Zirkulationsweisen zur Aufgabe der Dichotomie von Ökonomischem und Nicht-Ökonomischem, weil sie es verhindert, die Wissenschaft von den ökonomischen Praktiken als einen besonderen Fall einer *allgemeinen Wissenschaft der Ökonomie praktischer Handlungen* zu fassen, die doch allererst in der Lage ist, alle Handlungen, und selbst noch jene, die sich als interesselose oder zweckfreie, also von der Ökonomie befreite verstehen, als ökonomische, auf die Maximierung materiellen oder symbolischen Gewinns ausgerichtete Handlungen zu begreifen.[12] Das von der Gruppe akkumulierte Kapital, diese Energie der sozialen Physik – nämlich hier das an die Mobilisierungskapazität, also an die Zahl und Kampfkraft gebundene Kapital an physischer Stärke, das ökonomische Kapital (Landbesitz, Vieh) sowie das stets zum Besitz der anderen Kapitalarten zusätzlich gegebene symbolische Kapital, das freilich nach eigener Nutzungsweise vermindert oder vermehrt werden kann –, vermag in *verschiedenen Arten* zu existieren, die, wenngleich strengen Äquivalenzgesetzen unterworfen, folglich wechselseitig konvertibel sind, dennoch je spezifische Effekte hervorrufen. Als eine transformierte und darin *verschleierte* Form »ökonomischen« und physischen Kapitals bringt, hier wie anderswo auch, das symbolische Kapital seinen ihm eigenen Effekt in dem Maße und nur in dem Maße hervor, wie es verschleiert, daß jene »materiellen« Arten des Kapitals auch ihm – und in letzter Instanz auch seinen Effekten – zugrunde liegen.

Die Herrschaftsformen

In den Gesellschaften, die keinen »self-regulating market« (Karl Polanyi), kein Unterrichtssystem und keinen juristischen oder staatlichen Apparat aufweisen, können sich die Herrschaftsbeziehungen, da sie nicht den objektiven Strukturen selbst eingeschrieben sind, nur kraft ständig erneuerter und fortwährend angewandter Strategien auf Dauer durchsetzen. Solange solche relativ autonomen objektiven Beziehungsfelder der Konkurrenz um das Monopol einer bestimmten Kapitalform sich noch nicht konstituiert haben, fehlen die Bedingungen für die *mittelbare und dauerhafte Aneignung* der Arbeit, der Dienste und Ehrenbezeugungen anderer Individuen. Die vorkapitalistischen Gesellschaften, in denen die Autonomie der gesellschaftlichen Reproduktionsmechanismen gegenüber den biologischen nur sehr schwach ausgebildet ist, heben sich unter diesem Aspekt von Gesellschaften ab, in denen die Herrschaft sich nicht direkt und persönlich kundtun muß, da sie im Besitz der Mittel (ökonomisches oder kulturelles Kapital) schon impliziert ist, vermittels derer die Mechanismen der Produktion (Ökonomie) und die der Produktion der Produzenten (Unterrichtssystem) angeeignet werden, und überdies jene Mechanismen dahin tendieren, durch ihre eigene Funktionsweise und unabhängig von jedweder absichtlichen Intervention von Individuen ihre Reproduktion zu gewährleisten. Sehr schematisch vorgehend könnte man sagen, daß in dem einen Fall sich die Herrschaftsbeziehungen innerhalb und durch die Interaktion der Handlungssubjekte bilden, auflösen und wiederherstellen, wohingegen sie in dem anderen Fall durch objektive und institutionalisierte Mechanismen vermittelt werden, die, nach Art jener, die den Wert der schulischen, monetären und Standestitel hervorbringen und absichern, den undurchdringlichen und beständigen Charakter von Dingen aufweisen und die sich gleichermaßen den Zugriffen des individuellen Bewußtseins wie der individuellen Macht entziehen. Demzufolge bildet die Grundlage aller wesentlichen Unterschiede zwischen den Herrschaftsformen nichts anderes als der Objektivierungsgrad des akkumulierten gesellschaftlichen Kapitals: Es ist diese Objektivierung, die die Kumulierbarkeit und Beständigkeit der ebenso materiellen wie symbolischen Erwerbungen sichert, die damit fortdauern können, ohne daß die Individuen sie dafür in einem bewußten Handeln fortwährend neu und integral hervorbringen müßten. Da die Gewinne dieser Institutionen einer differentiellen Aneignung unterliegen, garantiert diese Objektivierung aber auch die Reproduktion der Distributionsstruktur des Kapitals, die in ihren verschiedenen Arten die Bedingung der Aneignung bildet, und Hand in Hand damit zugleich die Reproduktion der Struktur der Herrschafts- und Abhängigkeitsverhältnisse.

Es ist paradoxerweise die Existenz von relativ autonomen, strengen Mechanismen gehorchenden Feldern, mit der Fähigkeit, ihre Notwendigkeit auch bei den Handlungssubjekten durchzusetzen, die es den Inhabern der Mittel zur Beherrschung dieser Mechanismen und zur Aneignung der kraft ihres Funktionierens erzeugten materiellen und/oder symbolischen Gewinne ermöglicht, einen *sparsamen Gebrauch* von den Strategien zu machen, die *absichtlich* (was keineswegs deutlich erkennbar bedeutet) und direkt (d. h. ohne Vermittlung durch Mechanismen) auf die Herrschaft über Personen abzielen, die in diesem Fall die Voraussetzung zur Aneignung der materiellen und symbolischen Gewinne ihrer Arbeit darstellt. Eine Einsparung ist deshalb angebracht, weil die Strategien, die die dauerhaften Abhängigkeitsbeziehungen aufzurichten und aufrechtzuerhalten bestimmt sind, zumeist ebenso im Hinblick auf materielle Güter (der Potlatch oder wohltätige Unterstützungen) wie auf Dienste oder schlicht aufgewendete *Zeit* sehr kostspielig sind: So geschieht es, daß einem anderen Paradoxon zufolge das Mittel den Zweck auffrißt und die Aktionen, die erforderlich sind, um die Macht auf Dauer zu stellen, gerade zu ihrer Brüchigkeit beitragen.[13]

Ökonomische Macht ist nicht im Reichtum begründet, sondern im Verhältnis zwischen Reichtum und einem ökonomischen Beziehungsfeld, dessen Herausbildung nicht von der Entwicklung zu trennen ist, die zu einem *Corpus* von mit partikularen Interessen ausgestatteten spezialisierten *Handlungssubjekten* führt – erst im Rahmen eines solchen Verhältnisses erfährt der Reichtum seine Transformation in Kapital und kann dann als Instrument der Aneignung des für die Funktionsweise des Feldes unerläßlichen Apparates wie der von ihm erzeugten Gewinne fungieren. In diesem Sinne hat Moses Finley sehr richtig darauf hingewiesen, daß der antiken Ökonomie nicht die Ressourcen fehlten, wohl aber die Mittel, »to overcome the limits of individual resources«.

»There were no proper credit instruments – no negotiable paper, no book clearance, no credit payments (...). There was money-lending in plenty, but it was concentrated on small usurious loans to peasants or consumers, and in large borrowings to enable men to meet the political or other conventional expenditures of the upper classes (...). Similarly in the field of business organization: there were no long-term partnerships or corporations, no brokers or agents, no guilds – again with the occasional and unimportant exceptions. In short, both the organizational and the operational devices were lacking for the mobilization of private capital resources.«[14]

Diese Analyse gilt um so mehr für das alte Kabylien, das nicht einmal über die rudimentärsten Instrumente eines ökonomischen Apparates verfügte. Faktisch war aller Grund und Boden von der Zirkulation ausgeschlossen – selbst dann, wenn er, gleichsam als Bürgschaft dienend, zuweilen in die Hände einer anderen Gruppe überging. Die Dorf- oder Stammesmärkte blieben abgeschieden und waren unter keinen Umständen einem einheitlichen Mechanismus zu integrieren. Bekanntlich bestand eine praktische Unverträglichkeit – gekennzeichnet durch die räumliche Trennung des Wohnsitzes, des Dorfes, von der Stätte des Handels, dem Markt – zwischen der »frevelhaften Arglist«, die bei den Geschäften des Marktes die Regel ist, und dem auf Treu und Glauben beruhenden Handeln, das sich bei Tauschbeziehungen zwischen Verwandten und Vertrauten schickt.[15] Die vom Standpunkt des *bu nija*[16], des Hüters der traditionellen Werte aus gesehen radikale Opposition wird indessen schwächer, sobald man einmal den kleinen lokalen Markt, der, Polanyi zufolge, noch »in sozialen Beziehungen eingebettet« bleibt, mit dem Markt vergleicht, wenn er zur dominanten Form der Abwicklung von Geschäften geworden ist.[17] Im ersten Fall sind die Ehrenstrategien keineswegs vom Markt verbannt: Mag man aus dieser oder jener gegenüber einem Fremden erfolgreichen List auch Ruhm ernten, so wird man nicht weniger Stolz empfinden, wenn man, der Ehre wegen, einen höheren Preis gezahlt hat, nur um zu zeigen, »daß man es konnte«, oder auch, wenn es einem gelungen war, ein Geschäft zu tätigen, ohne einen Heller in bar zu zahlen, sei es, indem man eine stattliche Anzahl von Bürgen auftreten ließ, sei es auch kraft des *Kredits* und des Kapitals an *Vertrauen*, die die Reputation durch Ehre wie durch Geld verschafft. Man sagt: »Er ist imstande, mit dem gesamten Markt heimzukehren, obwohl er doch mit leeren Taschen davonzog.« Diese Männer, deren Ansehen allen wohlbekannt ist, sind dazu prädisponiert, die Rolle von Garanten zu spielen – entweder beim Verkäufer, der vor ihnen die Qualität des Tieres garantiert, oder beim Käufer, der, wenn er nicht bar bezahlt, dafür bürgt, pünktlich seine Schulden zu begleichen.[18] Das Vertrauen, das sie genießen, und die Beziehungen, die sie einsetzen können, gestatten es ihnen, »mit keinem anderen Geld als nur ihrem Gesicht, ihrem Namen und ihrer Ehre auf den Markt zu gehen«, also mit den einzigen Dingen, die innerhalb dieser Welt das Geld ersetzen können, und selbst noch zu »wetten, auch wenn sie keines haben«, was nicht jedem x-beliebigen gegeben ist (»es ist gut zu wetten, freilich unter der Voraussetzung, daß man dabei gut wegkommt«). Berücksichtigt werden immer auch – und nicht weniger als Reichtum und Zahlungsfähigkeit – die *strikt an die Person gebundenen* Eigenschaften, die, wie es heißt, »weder verliehen noch entliehen werden können«. Tatsächlich ist das gegenseitige Kennen auf dem Markt noch so umfänglich, daß der dem Betrug, der Übervorteilung und vor allem dem Bluff überlassene Spielraum ziemlich begrenzt bleibt. Sollte sich zufällig doch einmal einer, »der nicht für den Markt ausgebildet ist«, dem »Risiko« aussetzen, wird er schleunigst auf seinen Platz verwiesen. »Der

Markt wird richten«, sagt man: darunter dürfen nicht die Gesetze des Marktes selbst verstanden werden, die das waghalsigste Unternehmen sanktionieren würden, sondern das kollektive Urteil, das sich auf dem Markt bildet und kundtut. Man ist »Mann des Marktes« (*argaz naṣuq*), oder man ist es eben nicht, so lautet das umfassende Urteil über den *vollkommenen Mann*, das, wie derartige Urteile in jeder Gesellschaft, die in den mythischen Taxinomien niedergelegten höchsten Werte zur Geltung bringt. Wer die Grenzen seiner »Natur« als »Mann seines Hauses« (*argaz ukhamis*) zu überschreiten trachtet, erhält zur Antwort: »Da du nur ein Mann des häuslichen Herdes bist, bleibe auch ein solcher« (*thakwath*, die in der Mauer des Hauses eingelassene kleine Nische, die dazu dient, die typisch weiblichen Kleinstgegenstände zu verbergen, die am Tag nicht gesehen werden dürfen, wie Löffel, Lappen, Webinstrumente usw.).

Ohne Zweifel stellt die Zweiteilung von Dorf und Markt eine Möglichkeit dar, dem Universum der Reziprozitätsbeziehungen die auf Berechnung beruhenden Dispositionen fernzuhalten, die die unpersönlichen Tauschbeziehungen des Marktes in jenen einzuführen drohen. In der Tat repräsentiert der *suq*, mag es sich dabei um den winzigen Stammesmarkt oder auch um große regionale Märkte handeln, einen intermediären Transaktionsmodus zwischen zwei niemals vollkommen realisierten Extremen: den Tauschbeziehungen der vertrauten Welt einerseits, die auf *Vertrauen*, auf *Treu und Glauben* aufbauen, was dadurch gerechtfertigt wird, daß man über eine gleichsam totale Information hinsichtlich der getauschten Produkte sowie der Strategien des Verkäufers verfügt und überdies die Beziehungen zwischen den Tauschpartnern schon vorgängig existieren und vermittels des Austausches nur ihre Fortsetzung erfahren (und dies müssen); den rationalen Strategien des self-regulating market andererseits, die durch die Standardisierung der Produkte und die quasi-mechanische Notwendigkeit der Prozesse ermöglicht werden. Der *suq* bietet beides nicht: nicht mehr die umfassende Information und noch nicht die Bedingungen der rationalen Information. Deshalb weisen alle Strategien der Bauern die Tendenz auf, die mit der Unvorhersehbarkeit Hand in Hand gehende Unsicherheit so einzudämmen, daß die sowohl vergangenheitslosen wie zukunftslosen unpersönlichen Beziehungen des kommerziellen Tauschverkehrs durch den Rückgriff auf Garanten, Zeugen, Mittler, die zwischen den Vertragspartnern ein funktionales

Äquivalent für das überkommene Beziehungsnetz herzustellen und zu stärken gestatten, in dauerhafte Reziprozitätsbeziehungen transformiert werden.

Wie der ökonomische Reichtum nur in Verbindung mit einem ökonomischen Apparat als Kapital fungieren kann, so wird auch die kulturelle Kompetenz in all ihren Formen als kulturelles Kapital nur im Rahmen jener objektiven Beziehungen gebildet, die sich zwischen dem ökonomischen Produktionssystem und dem System der Produktion von Produzenten (das selbst in der Beziehung zwischen Schulsystem und Familie geschaffen wird) herstellen. Jene Gesellschaften, denen zum einen die Schrift fehlt, die es erlaubt, die aus der Vergangenheit vererbten kulturellen Ressourcen in objektivierter Form zu bewahren und zu akkumulieren, und denen zum anderen ein Unterrichtssystem fehlt, das die Individuen mit den für die symbolische Wiederaneignung dieser Ressourcen unerläßlichen Fähigkeiten und Einstellungen ausstattet, vermögen demgemäß ihre kulturellen Ressourcen nur in Form ihrer *Einverleibung* zu bewahren[19]: Daraus folgt, daß sie den Fortbestand der kulturellen Ressourcen, die im selben Augenblick zum Verschwinden verurteilt sind, wie die Individuen, die sie mit sich tragen, verschwinden, nur um den Preis einer Einprägungsarbeit gewährleisten können, die, wie es das Beispiel der Barden bezeugt, ebenso lange währen kann wie die Zeit ihrer Anwendung. Es liegen zuhauf Beschreibungen der Transformationen vor, die ein solches Kommunikationsmittel wie die Schrift möglich gemacht hat[20]: Die Schrift erlaubt, indem sie die kulturellen Ressourcen von der Einzelperson entbindet, die anthropologischen Grenzen – vor allem die des individuellen Bewußtseins – zu überschreiten, und befreit derart von Zwängen, die solchen mnemotechnischen Mitteln wie der Poesie, der Aufbewahrungstechnik schlechthin bei schriftlosen Gesellschaften, notwendig innewohnten[21]; sie erlaubt weiterhin die Akkumulation der bis dahin in einverleibtem Zustand erhaltenen Kultur und damit einhergehend die ursprüngliche Akkumulation des kulturellen Kapitals als vollständige oder partielle Monopolisierung symbolischer Ressourcen der Gesellschaft – wie Religion, Philosophie, Kunst und Wissenschaft – vermittels der Monopolisierung der Instrumente zur Aneignung dieser Ressourcen (Schrift, Lesen und andere Arten der Entschlüsselung), die von nun an nicht mehr in einzelnen Gedächtnissen, sondern in Texten aufbewahrt werden.

Allerdings sind die durch die Schrift eingetretenen Objektivierungseffekte nichts gegenüber den vom Unterrichtssystem ermöglichten. Um in keine tiefergehende Analyse zu treten, sei im Folgenden nur thesenhaft daran erinnert, daß die schulischen Titel im Hinblick auf das kulturelle Kapital das sind, was das Geld in Hinblick auf das ökonomische Kapital ist.[22] Indem das Unterrichtssystem allen Inhabern der gleichen Titel den gleichen Wert zuschreibt, sie folglich wechselseitig austauschbar macht, räumt es so weit wie möglich die der Zirkulation des kulturellen Kapitals entgegenstehenden Hindernisse aus dem Weg, die daraus erwachsen, daß jenes Kapital stets nur einem Einzelsubjekt einverleibt ist (ohne damit freilich schon die an die charismatische Ideologie von der unersetzbaren Einzelpersönlichkeit gebundenen Gewinne zu schmälern); das Unterrichtssystem gestattet des weiteren, alle Inhaber von Titeln (aber auch, negativ, alle die, denen solche fehlen) auf eine gleiche Einheit, ein Maß zu beziehen und derart einen *einheitlichen Markt* für alle kulturellen Kapazitäten einzurichten sowie die Austauschbarkeit des um den Preis einer jeweils bestimmten Verausgabung an Zeit und Arbeitskraft erworbenen kulturellen Kapitals in Geldwährung zu gewährleisten. Der schulische Titel besitzt, wie das Geld, einen formalen und konventionellen Wert, der, juristisch abgesichert, folglich – im Gegensatz zum schulisch nicht beglaubigten kulturellen Kapital – allen lokalen Beschränkungen und temporären Fluktuationen enthoben ist: auf diese Weise braucht das kulturelle Kapital, das jene Titel sozusagen ein für allemal verbürgt, nicht ständig wieder unter Beweis gestellt zu werden. Die Objektivierung, die der Titel und, allgemeiner, jede Form von »Beglaubigungsschreiben« im Sinne niedergelegter Qualifikationsnachweise, die jemanden zu Kredit oder Autorität ermächtigen, vollbringt, ist nicht zu trennen von jener anderen Objektivierung, die das Recht gewährleistet, indem es *dauerhafte Positionen* definiert, die von biologischen Einzelwesen, die sie freilich erfordern, unabhängig sind und die von in biologischer Hinsicht unterschiedlichen, unter dem Gesichtspunkt der Titel aber, die sie zu tragen haben, austauschbaren Subjekten eingenommen werden können. Unter solchen Bedingungen bilden und vollziehen sich die Macht- und Abhängigkeitsverhältnisse nicht mehr unmittelbar zwischen Einzelpersonen, sondern, im Raum der Objektivität selbst, zwischen Institutionen, d. h. zwischen sozial garantierten Titeln und sozial definierten Stellungen, sowie, vermittels dieser, zwischen sozialen Mechanismen, die den gesellschaftlichen Wert der Titel und Stellungen erzeugen und absichern, und der Verteilung dieser sozialen Attribute auf die biologischen Einzelwesen.

Das Recht macht nichts anderes, als den Stand des Kräfteverhältnisses zwischen den Klassen und Gruppen, den die Funktionsweise dieser Mechanismen praktisch schafft und absichert, *aufzuzeichnen*, mit anderen Worten: den Zustand kraft einer Formel, die verewigt und verallgemeinert, zu sanktionieren. So zeichnet es auf und legitimiert zugleich mit der Trennung von Funktion und Person, Macht und deren Inhaber die Beziehung, die in einem jeweiligen Zeitpunkt sich zwischen Titeln und Positionen herstellt (abhängig von der *bargaining power* der Käufer und Verkäufer qualifizierter, d. h. schulisch gewährleisteter Arbeitskraft) und in einer bestimmten Verteilung der den Inhabern (oder Nichtinhabern) von Titeln zugewiesenen materiellen und symbolischen Gewinne sich materialisiert. Auf diese Weise fügt es seine eigene, d. h. eigentlich symbolische Stärke der Gesamtaktion der Mechanismen hinzu, die die fortwährende Wiederbestätigung der Kräfteverhältnisse durch den erklärten Einsatz der Kraft einzusparen gestatten.

Wie zu sehen ist, kommt die Legitimation der herrschenden Ordnung nicht allein den Mechanismen zu, die, wie das Recht, traditionellerweise dem ideologischen System zugerechnet werden. Auch solche Apparaturen wie das Produktionssystem oder das System der Produktion von Produzenten erfüllen darüber hinaus, d. h. gerade kraft der Logik ihres Funktionsablaufs, ideologische Funktionen: In der Tat bleiben die Mechanismen, durch die auch sie zur Reproduktion der gesellschaftlichen Ordnung und zum Fortbestand der Herrschaftsverhältnisse beitragen, weitgehend im Dunkeln. Dabei sind es nicht so sehr die vom Unterrichtssystem produzierten oder eingeprägten Ideologien, über die es dazu beiträgt (wie freilich jene glauben machen möchten, die vom »ideologischen Apparat« sprechen), der herrschenden Klasse eine, in Max Webers Worten, »Theodizee ihres eigenen Privilegs« an die Hand zu geben; dies geschieht vielmehr über die praktische Rechtfertigung der herrschenden Ordnung, die das Unterrichtssystem leistet, indem es unter dem Deckmantel der von ihm abgesicherten und einsehbaren Beziehungen zwischen den Titeln und den Positionen, wiewohl unter dem Schein formaler Gleichheit, die von ihm *heimlich registrierte* Beziehung zwischen den erhaltenen Titeln und dem vererbten kulturellen Kapital verbirgt; es geschieht, mit anderen Worten, über die Legitimation, die es der Weitergabe dieser Form von Erbe verschafft. Die ideologischen Wirkungen sind am durchschlagendsten, die zu ihrer Wirkung nicht der Worte bedürfen, sondern des Schweigens auf der Grundlage eines objektiven wechselseitigen Einverständnisses. Dies bedeutet, es sei am Rande vermerkt, daß eine jede Analyse von Ideologien im eingeschränkten Sinne eines Legitimationsdiskurses, also eine Analyse, die die entsprechenden institutionellen Mechanismen nicht miteinschließt, sich allemal der Gefahr aussetzt, einen weiteren, zusätzlichen Beitrag zur Wirksamkeit dieser Ideologien zu leisten – wie es der Fall ist bei allen immanenten (semiologischen) Analysen von politischen, schulischen, religiösen oder künstlerischen Ideologien, die vergessen, daß die politische Funktion dieser Ideologien sich manchmal auf einen Effekt der Verschiebung und Ablenkung, der Verschleierung und Legitimation beschränken kann, den sie produzieren, indem sie, durch Versagen und Auslassung und in ihrem Schweigen aus unwillentlichem Einverständnis, die Effekte der objektiven Mechanismen reproduzieren.[23]

Die Analyse der doppelten Wirksamkeit der objektiven Mechanismen, die nicht nur an der Errichtung dauerhafter Herrschaftsverhältnisse Anteil haben, sondern auch an deren Verschleierung, muß wenigstens im Ansatz vollzogen werden, um die radikale Differenz zu verstehen, die die Herrschaftsformen und die politischen Strategien der Bestandserhaltung von Gesellschaftsformationen trennt, deren akkumulierte soziale Energie ungleichmäßig in den Mechanismen objektiviert ist. Auf der einen Seite Sozialbeziehungen, die, da sie nicht in sich selbst ihr Reproduktionsprinzip vorfinden, nur um den Preis einer wirklichen kontinuierlichen Schöpfung weiterbestehen; auf der anderen Seite eine soziale Welt, die, da sie in sich selbst das Prinzip ihres Fortbestandes enthält, die Individuen von dieser unaufhörlichen und endlichen Schöpfungs- oder Restaurationsarbeit entbindet. Dieser Gegensatz hat in der Geschichte oder vielmehr in der Vorgeschichte des gesellschaftlichen Denkens schon seinen Ausdruck gefunden. »Um das gesellschaftliche Sein als Natur zu begründen«, wie Durkheim schreibt[24], mußte mit der Neigung gebrochen werden, die gesellschaftliche Welt so zu begreifen, als begründe sie sich auf der Willkür individueller Willensakte oder, wie Hobbes meinte, auf der Willkür eines souveränen Willens: »Für Hobbes«, so formuliert Durkheim weiter, »ist es ein Willensakt, der die gesellschaftliche Ordnung entstehen läßt, und ist ein stets erneuerter Willensakt deren Stütze.«[25] Überdies scheint alles darauf hinzuweisen, daß der Bruch mit dieser artifiziellen Sicht sozialer Welt – eine Bedingung für wissenschaftliches Begreifen – nicht eher vollzogen werden konnte, bevor nicht in der Realität selbst sich solche objektiven Mechanismen herausgebildet hatten wie der self-regulating market, der, wie Polanyi bemerkt, hervorragend dafür gemacht war, den Glauben an den Determinismus aufzuzwingen. Freilich errichtete die gesellschaftliche Realität der Wissenschaft eine letzte Falle: Die Existenz von Mechanismen, die die Reproduktion der politischen Ordnung jenseits eines bewußten Eingriffs gewährleisten, verführt dazu, als politische nur jene Praktiken anzuerkennen, die, auf den Erwerb oder die Bewahrung von Macht orientiert, von der legitimen Konkurrenz um die Macht die Kontrolle über die Reproduktionsmechanismen stillschweigend unter den Tisch fallen lassen. Indem die Sozialwissenschaft sich derart als wesentliches Objekt die Sphäre der legitimen Politik – wie heutzutage das, was man »politische Wissenschaft« nennt – vorgeben ließ, hat sie lange Zeit das präkonstruierte Objekt, das ihr die Realität aufzwang, als das ihr scheinbar eigene auch aufgegriffen.

Je mehr die Reproduktion der Herrschaftsverhältnisse objektiven Mechanismen überlassen wird, die den Herrschenden dienen, ohne daß diese sich ihrer zu bedienen brauchen, desto indirekter und, wenn man so sagen darf, unpersönlicher werden die auf die Reproduktion ausgerichteten Strategien: Indem der Inhaber ökonomischen oder kulturellen Kapitals für sein Geld die günstigste Anlage und für seinen Sohn die vorteilhafteste, die beste, Ausbildungsstätte wählt – und nicht, indem er gegenüber seiner Aufwartefrau (oder einem anderen, innerhalb der Sozialstruktur eine untergeordnete Stellung einnehmenden Individuum) höflich oder freundlich ist und großzügig Geschenke macht –, sichert er den Fortbestand der Herrschaftsbeziehung, die ihn objektiv mit seiner Aufwartefrau und selbst noch deren Nachkommen verbindet. Dagegen ist es, solange sich das System der Mechanismen noch nicht herausgebildet hat, die objektiv, kraft ihres Ablaufs (*apo tou automaton*, wie die Griechen es hießen) die Reproduktion der herrschenden Ordnung leisten, unzulänglich, wenn die Herrschenden das *System*, das sie beherrschen, um Herrschaft auszuüben, *von alleine laufen lassen*; vielmehr ist es unabdingbar, daß sie Tag für Tag, handgreiflich und in eigener Person arbeiten, um die stets gefährdeten Voraussetzungen ihrer Herrschaft zu produzieren und zu reproduzieren. Sie sind, da sie sich nicht damit zufrieden geben können, sich die Gewinne einer gesellschaftlichen Maschinerie anzueignen, die das Vermögen zu ihrem Fortbestehen noch nicht in sich selbst vorfindet, zu den *elementarsten Formen der Herrschaft* verurteilt, d. h. zur handgreiflichen Herrschaft einer Person über eine andere, deren Grenzfall die Appropriation, d. h. die Sklaverei, darstellt. Die Herrschenden können sich die Arbeit, die Dienste, Güter, Ehrbezeugungen und den Respekt der anderen nur aneignen, wenn sie sie persönlich »gewinnen«, sie an sich »binden«, kurz, wenn sie ein persönliches Band von Person zu Person knüpfen.

So kann sich eine dem Anschein nach dem einfachen Verhältnis von Kapital und Arbeit so verwandte soziale Beziehung wie die zwischen dem Herrn und seinem *khammes* (eine Art »Fünftpächter«, der nur einen kleinen Teil des Ernteertrages, gemeinhin den fünften Teil – es gibt allerdings lokale Ausnahmen – erhält) nur durch unmittelbare, d. h. direkt gegen die Person, die an einen gebunden werden soll, gewendete Ausübung materieller oder symbolischer Gewalt auf Dauer herstellen. Der Herr kann seinen *khammes* durch eine Schuld halten, die diesen zwingt, so lange seinen Vertrag zu erneuern, wie er keinen neuen Herrn findet, der sich bereit erklärt, die Schuldsumme dem alten Herrn zu begleichen – was nie eintritt. Der Herr kann auch auf brutalere Methoden zurückgreifen und die gesamte Ernte einziehen, um damit seine Vorschüsse abzudecken. Nun ist allerdings jede besondere Beziehung das Ergebnis komplexer Strategien, deren Wirksamkeit nicht ausschließlich von der materiellen oder symbolischen Stärke der sich gegenüberstehenden Parteien, sondern auch (wie wir es an einer am Anfang dieser Arbeit wiedergegebenen Anekdote sehen konnten) von ihrer Geschicklichkeit abhängt, die Gruppe zu Mitleid oder Entrüstung zu bewegen. Die Herrschaftsbeziehungen gelten nicht nur der materiellen Vorteile wegen, die sie verschaffen, und so würden denn jene Herren, die, kaum reicher als ihre *khammes*, Interesse zeigten, ihr Land selbst zu bestellen, und es gar tun sollten, sogleich das Prestige verlieren, das der Besitz einer »Klientel« mit sich bringt. Wer als »Herr« behandelt werden will, muß die Tugenden öffentlich zur Schau stellen, die seiner Stellung entsprechen, angefangen bei der Großzügigkeit und der Würde in den Beziehungen zu seiner Klientel. Der den Herrn mit seinem *khammes* einende Pakt stellt ein Übereinkommen von Mann zu Mann dar, das aller anderen Garantien als der von der Ehre geforderten »Treue« entbehrt. Keine abstrakte Disziplin, kein strikter Vertrag, keine präzisen Sanktionen – erwartet aber wird von den »Großen«, daß sie sich ihres Ranges würdig erweisen und materiell wie symbolisch denen Schutz antragen, die ihrer Herrschaft unterstehen.

Hier erneut ist alles eine Sache der Strategie: Die »verzauberten« Beziehungen des Ehrenpaktes sind allein deshalb so häufig, weil im Rahmen einer solchen Ökonomie Strategien der symbolischen Gewalt oft sehr viel ökonomischer sind, als es die (im eingeschränkten Sinne) rein ökonomische Gewalt wäre. Tatsächlich kann, gesetzt es fehlt ein wirklicher Arbeitsmarkt und Geld (das folglich in seinem Preis sehr hoch ist), der Herr sein Interesse nicht vorteilhafter verfolgen, als wenn er Tag für Tag und um den Preis unaufhörlicher Zuwendungen und Aufmerksamkeiten die sowohl ethischen, affektiven wie ökonomischen Bande knüpft, die ihn dauerhaft mit seinem *khammes* vereinigen: Häufig ist er es, der den *khammes* (oder dessen Sohn) verheiratet und ihn, mit seiner Familie, in seinem Haus aufnimmt; oft erfahren die gemeinsam in der Gütergemeinschaft (Herden, Felder, usw.) groß gewordenen Kinder erst spät ihre wirklichen Daseinsbedingungen. Nicht selten kommt es vor, daß einer der Söhne des *khammes* zur gleichen Zeit wie einer der Söhne des Herrn sich als Lohnarbeiter in der Stadt verdingt und dann wie dieser seine Ersparnisse dem Herrn nach Hause schickt. Kurz, der Herr kann nur in dem Maße erwarten, daß sich der *khammes* dauerhaft seinen Interessen beugt, wie er ihn vollständig in seine Interessen einbezieht, d. h. bis zu dem Punkt, wo es ihm, mittels symbolischer Verneinung, gelingt, die Dissymmetrie ihrer Beziehung zu kaschieren. Dem *khammes* vertraut man all seine Güter, sein Haus, seine Ehre an (wie es die Formulierung anzeigt: »ich zähle auf dich, Partner, ich gehe auf Partnersuche«, die der Patron ausspricht, wenn er nach Frankreich oder in die Stadt aufbricht, um dort zu arbeiten). Er ist es, der »das Land als Eigentümer behandelt«, da nichts im Verhalten seines Herrn ihm den Eindruck vermittelt, daß er sich keine Rechte auf den Boden, den er bearbeitet, zuschreiben dürfe, und nicht selten hört man einen *khammes*, der seinen Herrn verlassen hat, noch nach Jahren sich auf den Schweiß berufen, den er für ihn vergossen habe. Und so wie er sich niemals gänzlich frei fühlt von

Verpflichtungen gegenüber seinem einstigen Herrn, kann er diesem auch, nach dem von ihm so genannten »Umschlag«, die »Gemeinheit« vorwerfen, die er beging, indem er den aufgab, den er einst »adoptiert« hatte.

Demzufolge gibt es in diesem System nur zwei Arten – recht besehen gar nur eine –, *jemanden* dauerhaft *festzuhalten*: das Geschenk oder die Schuld, die offen ökonomischen Schuldverpflichtungen oder die vom Austausch hervorgebrachten und unterhaltenen »moralischen« und »affektiven« Verpflichtungen, kurzum die (physische oder ökonomische) offene Gewalt oder die *zensierte und euphemisierte*, d. h. die verkannte und anerkannte symbolische Gewalt. Zwischen beiden Gewaltformen, die in ein und derselben Gesellschaftsformation und manchmal in derselben Beziehung bestehen können, gilt es, eine intelligible Relation zu konstatieren – und keinen Widerspruch[26]: dies, weil sich hier die Herrschaft ausschließlich in ihrer *elementaren Form*, d. h. handgreiflich, von Person zu Person, aber nicht offen vollziehen kann, sich vielmehr hinter dem Schleier »verzauberter« Beziehungen verbergen muß, deren offizielles Modell in den Verwandtschaftsbeziehungen vorgegeben wird: kurz, weil sie sich verkennen lassen muß, um anerkannt zu werden.[27] Bildet die vorkapitalistische Ökonomie den Ort symbolischer Gewalt schlechthin, so deshalb, weil in diesem System die Herrschaftsbeziehungen allein um den Preis von Strategien errichtet, aufrechterhalten und wiederhergestellt werden können, die, explizit an der Errichtung persönlicher Abhängigkeitsverhältnisse orientiert, sich bei Strafe, ihre Wahrheit offen aufdecken zu müssen, verstellen, ihre Form ändern, kurz, sich *euphemisieren* müssen, um damit einer Zensur Genüge zu tun, der die offene Manifestation von Gewalt, vor allem in deren brutaler ökonomischer Form, durch eine Logik unterliegt, die jener Ökonomie eignet, worin Interessen zu ihrer Befriedigung nur gelangen, wenn sie sich in und durch Strategien verschleiern lassen, die auf ihre Befriedigung abzielen.[28] Die Tatsache, daß die Gewalt hier zugleich präsenter und verborgener ist, sollte nicht als Widerspruch aufgefaßt werden[29]: Da diese Ökonomie nicht über die unerbittliche und kaschierte Gewalt objektiver Mechanismen verfügt, die es den Herrschenden gestattet, sich oftmals mit rein negativen Reproduktionsstrategien zu begnügen, greift sie *simultan* auf Herrschaftsformen zurück, die, in den Augen zeitgenössischer Beobachter, entweder brutaler, primitiver, barbarischer oder aber milder, humaner, mehr die Person respektierend aussehen können.[30] Die Paarung von physisch oder ökonomisch offener Gewalt und raffiniertester symbolischer Gewalt findet sich in allen diese Ökonomie auszeichnenden Institutionen wieder – und selbst noch im Kern einer jeden sozialen Beziehung: sie ist in der Schuld ebenso vorhanden wie im Geschenk, die beide, trotz scheinbarer Gegensätzlichkeit, mit der Macht versehen sind, sowohl Abhängigkeit, ja Knechtschaft, wie auch, je nach den Strategien, denen sie dienen, Solidarität zu stiften. Diese wesentliche Ambiguität von Institutionen, die die modernen Taxonomen als ökonomische einzustufen verleitet sind, beweist, daß die gegensätzlichen Strategien, die, wie am Modell der Beziehung zwischen dem Herrn und seinem *khammes* zu ersehen, unter gleichem Namen nebeneinander bestehen können, *substituierbare* Mittel zur Erfüllung ein und derselben Funktion darstellen, wobei die »Entscheidung« für die offene oder die sanfte und unsichtbare Gewalt vom jeweiligen Stand der Kräfteverhältnisse zwischen den Parteien und von der Integration und der ethischen Integrität der schlichtenden Gruppe abhängt. Solange eine solche offene Gewalt wie die des Wucherers oder des gnadenlosen Herrn sich an der kollektiven Mißbilligung stößt[31] und damit die Gefahr entweder einer gewaltsamen Antwort oder einer Flucht des Opfers heraufbeschwört – beides Fälle, die das *Fehlen jeden Rückhalts* dokumentieren –, drängt sich zwangsläufig als ökonomischster, weil der Ökonomie des Systems angemessenster Herrschaftsmodus die Vernichtung der Beziehung auf, die man auszubeuten gedachte – und damit Hand in Hand der Einsatz der symbolischen, der sanften, unsichtbaren, verkannten und gleichermaßen frei gewählten wie aufgezwungenen Gewalt des Glaubens, des Vertrauens, der Verpflichtung, der persönlichen Treue, der Gastfreundschaft, der Geschenke, der Schuld, der Anerkennung, des Mitleids, kurzum all der Tugenden, die die Moral der Ehre honoriert.

Sanft und verschleiert ist die Ausbeutung des Menschen durch den Menschen immer dann, wenn die direkte und brutale Ausbeutung unmöglich ist. Es wäre nun ebenso falsch, diese ihrer Natur nach doppelte Ökonomie mit ihrer offiziellen Wahrheit (Großzügigkeit, gegenseitige Hilfe usw.), d. h. mit der Form, die die Ausbeutung eben annehmen muß, um sich zu realisieren, gleichsetzen zu wollen, wie sie auf ihre objektive Wahrheit zu reduzieren und in gegenseitiger Hilfe nur Fronarbeit, im *khammes* nur eine Art Sklave usw.

zu erblicken. Geschenke, Großzügigkeit, ostentative Verteilungen (deren Grenzfall der Potlatch bildet) sind Verfahren der sozialen Alchimie, die sich überall dort beobachten lassen, wo die direkte Aktion offener physischer oder ökonomischer Gewalt gesellschaftlicher Unterdrückung anheimfällt, und es sind Verfahren, die die Umwandlung ökonomischen Kapitals in symbolisches zu gewährleisten suchen. Mit diesem Umwandlungsprozeß geht einher die Verschwendung von Geld, Energie, Zeit und Erfindungsgabe, und sie ist es, die die Wirkung der sozialen Alchimie begründet, die interessegebundene Beziehung in eine interesselose, zweckfreie Beziehung und die offenkundige Herrschaft in verkannte und anerkannte, d. h. in *legitime Autorität* umzuwandeln. Was Wirkung zeitigt, sind schlicht Zeit, Arbeit, Sorge, Aufmerksamkeit, die Kenntnis von Gebräuchen – dies gilt es zu verausgaben, um derart ein persönliches Geschenk zu schaffen, das auf sein Geldäquivalent nicht zu reduzieren ist, eine Gabe, die ihren Wert durch die Art und Weise, wie sie gegeben wird, erwirbt. Es ist die scheinbar »zweckfreie« Verausgabung nicht allein von Gütern oder von Geld, sondern auch jener Dinge, die noch persönlicher, also kostbarer sind, weil sie, wie die Kabylen erklären, »sich weder verleihen noch entleihen« lassen – wie die Zeit, die man sich nehmen muß, um jene Dinge zu machen, »die man nicht vergißt« –, weil sie so gemacht sind, wie es sein muß, wenn es denn sein muß: »Aufmerksamkeiten«, »Gesten«, »Freundlichkeiten«.[32] Die sanfte Gewalt erheischt von dem, der sie vollzieht, daß er sie, wie es so heißt, *mit seiner eigenen Person zahlt.* Autorität, Charisma oder, für die Kabylen, *sarr* wird immer als Eigenschaft der Person begriffen; die *fides* ist, wie Benveniste in Erinnerung bringt, nicht das »Vertrauen«, sondern »die einem Wesen eigene Qualität, die das Vertrauen auf ihn hinlenkt und in Form einer beschützenden Autorität gegenüber dem, der sich ihm anvertraut, zum Ausdruck kommt«.[33] Die Illusion der persönlichen Treue, die das Prinzip der für die Repräsentation des Objektes verantwortlichen Gefühle in das Objekt selbst verlegt, ist nicht nur illusorisch. Tatsächlich ist die »Gunst«, von der Dankbarkeit anerkannt, die, wie Hobbes vermerkt, Anerkennung einer »antecedant grace«. Die sanfte Gewalt ist sehr viel kostspieliger für den, der sie vollzieht – und nicht nur in ökonomischer Hinsicht.

Die »Bürde(n)« etwa des *ṭamen*, »Verantwortlicher« oder »Garant«, der seine Gruppe (*thakharrubth* oder *adrum*) bei den Zusammenkünften der Männerversammlung und bei allen feierlichen Anlässen repräsentierte (z. B. empfing er den Teil seiner Gruppe während der *thimechreṭ*), wurden selten zum Gegenstand des Streites oder des Neides, und es kam auch öfter vor, daß die einflußreichsten und bedeutendsten Persönlichkeiten der Gruppe sich weigerten, diese Aufgabe zu übernehmen, oder doch bald schon wieder darum baten, durch jemand anders ersetzt zu werden: Tatsächlich nahmen die dem *ṭamen* auferlegten Repräsentations- und Mittleraufgaben ebensoviel Zeit wie Mühe in Anspruch. Wen die Gruppe mit dem Namen »Weiser« oder »Großer« belegt, auf dem ruht, trotz Fehlens eines jeden offiziellen Mandats, die Autorität der Gruppe kraft einer Art schweigender Übertragung, und er ist es *sich schuldig* (wie es heißt, um darin die Verpflichtung gegenüber sich selbst auszudrücken, was eine hohe Meinung von sich selbst impliziert), die Gruppe unaufhörlich an die Werte zu erinnern, die sie anerkennt, und zwar gleichermaßen durch sein exemplarisches Auftreten wie seine ausdrücklichen Interventionen: Es sind jene »Weisen«, die, wenn sie zwei Frauen ihrer Gruppe sich streiten sehen, sie trennen, ja sogar schlagen müssen (sofern es sich um Witwen handelt oder die Männer, die für sie verantwortlich sind, keine Autorität besitzen), oder die ihnen eine Buße auferlegen müssen; sie sind es, die bei Konflikten zwischen Angehörigen ihrer Gruppe es sich schuldig sind, die einen wie die anderen an die gemeinsame Vernunft zu erinnern, was nie ohne Schwierigkeiten vonstatten geht und zuweilen sogar Gefahr für sie selbst heraufbeschwört; sie sind es, die in solchen Situationen, die ihrer Natur nach einen Konflikt zwischen den Clans hervorrufen können (z. B. bei Verbrechen), sich mit dem Marabut zusammensetzen und die Gegner zu versöhnen trachten; sie sind es, die es sich schuldig sind, die Interessen der Armen und der Klienten zu schützen, ihnen bei Gelegenheit traditioneller Kollekten (für *thimechreṭ* z. B.) Geschenke zu machen, ihnen bei Festen Nahrungsmittel zu schicken, Witwen ihre Hilfe anzutragen, für die Heirat von Waisen zu sorgen usw. Kurz, da die Übertragung der Autorität, die diese im Grunde erst stiftet, diffus bleibt und weder offiziell bestätigt noch institutionell abgesichert ist, kann diese sich auf Dauer nur durch Handlungen halten, die sie kraft ihrer Konformität mit den von der Gruppe anerkannten Werten wieder bekräftigen.[34] Dies bedeutet, daß in einem solchen System die »Großen« noch weniger als die anderen sich Freiheiten gegenüber den offiziellen Normen leisten können, daß sie, anders gesagt, das Mehr an Geltung und Wert, über das sie verfügen, mit einem Mehr an Konformität gegenüber den Werten der Gruppe, die einem jeden symbolischen Wert zugrunde liegt, bezahlen müssen. Solange die institutionalisierten Mechanismen faktisch noch nicht bestehen, die es erlauben, das Gesamt an Kapital, das die Existenz der Gruppe begründet, in den Händen eines Einzelnen (sei er Parteichef oder Gewerkschaftsdelegierter, mit exekutiven Vollmachten ausgestatteter Verwaltungsangesteller einer Gesellschaft oder Mitglied einer Akademie, usw.) zu konzentrieren und ihm die Macht zu übertragen, auf der Grundlage dieses von einer Gesamtheit von »Aktionären« kollektiv besessenen Kapitals eine Macht auszuüben, die in keinem strikten Verhältnis zu seinem eigenen Beitrag steht, so lange partizipiert noch jedes Individuum am im Namen der Familie oder der Linie symbolisierten kollektiven Kapital – allerdings stets gemäß seinem eigenen Beitrag, d. h. präzise dem Ausmaß entsprechend, in dem seine Handlungen, seine Worte und seine Persönlichkeit der Gruppe auch Ehre machen.[35] Dieses System ist so organisiert, daß die Herrschenden hier tatsächlich Interesse an der Tugend haben: Politische Macht können sie nur akkumulieren, wenn sie mit ihrer ganzen Person zahlen, und nicht nur, indem sie ihr Geld und ihre Güter verteilen; sie müssen die »Tugenden« der Macht besitzen, da ihre Macht nur in der »Tugend« ihre Stütze hat.

Die Großzügigkeit demonstrierenden Verhaltensweisen, worunter der Potlatch (eines dieser *curiosa* für den Anthropologen) nur einen etwas absurden Grenzfall abgibt, scheinen einen Moment lang das universelle Gesetz des Interesses, dieses »Gibst du mir, geb' ich dir« oder »Nichts ist umsonst«, außer Kraft zu setzen und Beziehungen zu stiften, die ihren Zweck in sich selbst haben: Sprechen um zu sprechen – und nicht, um etwas zu sagen –, geben um zu geben, usw. In Wirklichkeit freilich bilden diese Negationen des Interesses niemals etwas anderes als *praktische Verneinungen* im Sinne Freuds – Diskurse, die das, was sie sagen, in einer Form sagen, die zu zeigen versucht, daß sie dieses nicht sagen: ähnlich befriedigen jene Verhaltensweisen das Interesse in einer (desinteressierten) Form, die zu zeigen versucht, daß sie dieses gar nicht befriedigen. (Ein Wort an die Adresse der Moralisten gerichtet, die in so zahlreichen Anthropologenköpfen schlummern: Der Reiz, den die verzauberten gesellschaftlichen Beziehungen beim Beobachter hervorrufen, mag seine absolute, d. h. ethische Rechtfertigung darin finden, daß hier dem materiellen Interesse das gleiche Schicksal zuteil wird wie dem Begehren und daß diesbezüglich die Gesellschaft weder mehr noch Besseres verlangen und erhalten kann als die Verneinung, die »Aufhebung des Verdrängten«, die deshalb noch keine, wie Freud sagt, »Annahme des Verdrängten« ist.) Ein jeder weiß, daß »die Art zu geben mehr wert ist als das, was man gibt«: was die Gabe, das Geschenk vom einfachen »Gibst du mir, geb' ich dir« unterscheidet, ist die notwendige Arbeit, *um Formen zu erstellen*, um aus der Art und Weise des Handelns und der dem Handeln äußerlichen Formen die praktische Verneinung des Inhalts der Handlung zu machen und den interessengebundenen Austausch oder das einfache Kräfteverhältnis derart symbolisch in eine, wie es heißt, der Form wegen und in gehöriger Form, d. h. aus reinem und interesselosem Respekt für die von der Gruppe anerkannten Sitten und Konventionen vollendete Beziehung zu verwandeln. (Ein Wort auch an die Adresse der Ästheten: Da die zum Formen-erstellen und In-Form-setzen aufgewendete Zeit und Arbeit in archaischen Gesellschaften umfänglicher ist, insofern die Zensur gegenüber dem unmittelbaren Ausdruck strenger verfährt, bieten jene Gesellschaften den Amateuren der schönen Form den Reiz einer an die Ordnung des l'art pour l'art gemahnenden Lebenskunst, die auf der Weigerung beruht, solche Evidenzen wie »Geschäft ist Geschäft« oder »time is money«, auf denen nun wiederum die so wenig künstlerische Lebenskunst der *harried leisure class*[36] in den sogenannten fortgeschrittenen Gesellschaften gründet, anzuerkennen.)

Man hat, um zu geben. Man ist »reich, um den Armen zu geben«, heißt es bei den Kabylen.[37] Welch phantastische Form der Verneinung: weil man ja auch hat, wenn man gibt (eine nicht erwiderte Gabe erzeugt eine dauerhafte Bindung, eine Verpflichtung, die den Freiheitsspielraum des Schuldners einschränkt und ihn auf eine friedliche, kooperative und vorsichtige Haltung festlegt); weil, wenn alle juristischen Sicherheiten und externen Gewaltanwendungen fehlen, eine der wenigen Arten, »jemanden« auf Dauer »festzuhalten«, darin besteht, eine asymmetrische Beziehung wie die Schuld *dauern zu lassen*; weil der einzige anerkannte, legitime Besitz der ist, den man sich sichert, indem man sich besitzlos macht, d. h. die Verpflichtung, die Anerkennung, das Ansehen oder die persönliche Treue. »Status was indeed reckoned in terms of wealth, *but only when* the tokens were used for the benefit and protection of the kin group.«[38] Ökonomisches Kapital kann nur in Form symbolischen Kapitals akkumuliert werden, was die Voraussetzung dafür schafft, daß es bei den Umwandlungsverfahren auch vernichtet werden kann. Das symbolische Kapital, gewöhnlich Prestige oder Autorität, stellt nur die umgewandelte, d. h. unkenntlich gemachte und damit offiziell anerkennbare Form der anderen Kapitalarten dar. Reichtum bleibt die Grundlage von Macht, kann jedoch nur unter symbolischen Formen des Kapitals seine Wirkung zeitigen. Der Chef gibt, wie Malinowski erläutert, sehr richtig einen »tribal banker« ab, der Nahrungsmittel nur anhäuft, um sie zu verausgaben und auf diese Weise ein Kapital an Verpflichtung und Schuld zu akkumulieren, die ihm in Gestalt von Ehrenbezeugungen, von Respekt und Treue, gegebenenfalls in Form von Arbeit und Dienstleistungen, den virtuellen Grundlagen einer neuen Akkumulation materieller Güter, abgegolten werden.[39] Die Prozesse zirkulärer Zirkulation wie das Einstreichen eines Tributs mit nachfolgender hierarchischer und eine neuerliche Hierarchie erzeugender Neuverteilung wären vollkommen sinnlos, bewirkten sie nicht eine Umgestaltung der sozialen Beziehungen zwischen den in ihn eingespannten Individuen oder Gruppen. Überall dort, wo sich solche *Konsekrationszyklen* beobachten lassen, haben sie die fundamentale Operation der sozialen Alchimie zu leisten und willkürliche in legitime Beziehungen, faktische Unterschiede in offiziell anerkannte Unterscheidungen zu transformieren. Ihre Basis finden die dauerhaften Beziehungen legitimer Herrschaft und anerkannter Abhängigkeit in jener zirkulären Zirkulation, worin die Legitimation der Macht, dieser symbolische Mehrwert, erzeugt wird. Zieht man, wie Lévi-Strauss, nur den besonderen Fall von Tauschbeziehungen materieller und/oder symbolischer Güter in Betracht, in denen Reziprozitätsbeziehungen legitimiert werden sollen, dann setzt man sich der Gefahr aus zu vergessen, daß alle Strukturen des untrennbar materiellen wie symbolischen Austauschs (Zirkulation/Kommunikation) von dem Augenblick an wie ideologische Maschinen funktionieren, wo der faktische Zustand, den zu legitimieren ihre Logik dadurch versucht, daß sie, mittels symbolischer Verneinung, eine kontingente soziale Beziehung in eine anerkannte Beziehung umwandelt, ein asymmetrisches Kräfteverhältnis wiedergibt.

Der unaufhörlichen Rückverwandlung ökonomischen in symbolisches Kapital – um den Preis der Vergeudung sozialer Energie, die allerdings für den Fortbestand der Herrschaft unabdingbar ist – ist Erfolg ausschließlich mit der Beteiligung der ganzen Gruppe beschieden: Die der sozialen Alchimie zugrunde liegende Verneinungsarbeit stellt, wie die Magie, ein kollektives Unternehmen dar. Die Gesellschaft bezahlt sich, wie Mauss sagte, gleichsam selbst mit dem Falschgeld ihres Traums. Die kollektive Verkennung, als kollektive Verneinung Basis der ökonomischen Wahrheit des Austauschs der Ehrenmoral, ist möglich nur, weil in dieser Art Lüge, die sich die Gruppe selbst vorgibt, es zu keiner Zeit einen Täuschenden noch einen Getäuschten gibt: Der Bauer, der seinen *khammes* wie einen Partner behandelt, weil es so Sitte ist und die Ehre es fordert, täuscht ebenso sich selbst, weil er seine Interessen nur in der ihnen von der Ehrenmoral zugebilligten euphemisierten Form verfolgen kann, wie er auch seinen *khammes* täuscht; der wiederum verlangt, das Einverständnis der ganzen Gruppe vorausgesetzt, nichts weiter als einen Platz in dieser interessegebundenen Fiktion, der ihm eine ehrenhafte Repräsentation seines Daseins sichert. Das heißt, daß die Mechanismen, die die Reproduktion der konformen Habitusformen gewährleisten, hier den integrierenden Bestandteil eines Produktionsapparates bilden, der ohne sie außerstande wäre zu funktionieren. Dauerhaft aneinander fest halten sich die gesellschaftlichen Subjekte, also nicht nur Eltern und Kinder, sondern auch Gläubiger und Schuldner, der Herr und sein *khammes*, nur kraft der Dispositionen, die ihnen die Gruppe einprägt und die sie fortgesetzt stärkt und die alle Praktiken aus dem Bereich des Denkbaren verbannt, die von der entzauberten Ökonomie des »nackten Interesses« wie selbstverständlich und als selbstverständliche hervorgebracht werden.[40]

Die von der kollektiven Euphemisierungsarbeit, der elementaren Form der Objektivierungsarbeit, geschaffene offizielle Wahrheit, die zur juristischen Definition der angemessenen Handlungen führen wird, gestattet der Gruppe nicht nur, ihr »spiritualistisches Ehrgefühl« zu retten; sie zeitigt darüber hinaus eine reale Wirkung, insofern sie – selbst wenn sie auch, ähnlich einer Regel, die nur Ausnahmen kennt, durch alle Handlungen Lügen gestraft wird – weiterhin die Wahrheit der Handlungen und Praktiken wiedergibt, die angemessen, schicklich zu sein beanspruchen. So liegt auf jedem, in Form der Ehrenmoral, das Gewicht aller anderen, und die Entzauberung, die zur fortschreitenden Enthüllung der verdrängten Bedeutungen und Funktionen führt, kann allein aus dem

Zusammenbruch der gesellschaftlichen Bedingungen dieser *wechselseitigen Zensur* resultieren, die ein jeder mit Ungeduld erträgt und die er doch selbst allen anderen auferlegt.[41]

Ist es richtig, daß die symbolische Gewalt, wie zu erweisen versucht wurde, die sanfte und verhüllte Form einer jeden Gewalt darstellt, sofern diese sich nicht ungeschminkt zeigen darf, dann wird verständlich, daß die symbolischen Formen der Herrschaft auch in dem Maße zunehmend dahinschwanden, wie sich die objektiven Mechanismen herausbildeten, die, indem sie die Euphemisierungsarbeit überflüssig machten, die »entzauberten« Dispositionen zu erzeugen suchten, die ihre Entwicklung vorschrieb.[42] Dann wird des weiteren verständlich, daß die Bewußtwerdung, die zumindest tendenziell einige der ideologischen und praktischen Effekte der Mechanismen, die die Reproduktion der Herrschaftsverhältnisse gewährleisten, neutralisiert, eine neuerliche Hinwendung zu Formen symbolischer Gewalt nach sich zieht, Formen, die, gleichermaßen auf der Verschleierung von Reproduktionsmechanismen beruhend, durch die Umwandlung von ökonomischem in symbolisches Kapital kraft der verschiedenen modernen Formen der legitimatorischen, sowohl öffentlichen (Sozialversicherung usw.) wie privaten Redistributionen entstehen (Finanzierung »zweckfreier« Stiftungen, Schenkungen an Krankenhäuser, an schulische und kulturelle Institutionen, oder schlicht und einfach die Bildung einer Sammlung wertvoller Bilder usw.).[43] Auf diese Weise findet die Verneinung von Ökonomie und ökonomischem Interesse, die sich im Rahmen vorkapitalistischer Gesellschaften zunächst in dem Bereich vollzog, aus dem jenes Interesse verbannt werden mußte, um die Ökonomie als solche allererst zu konstituieren, eine Stätte der Zuflucht im Raum der Kunst und der »Bildung«, Orten reiner Konsumtion, selbstverständlich von in Geld, aber auch von in Geld nicht umtauschbarer Zeit. Eiland des Sakralen, das sich auf systematische und ostentative Weise von der profanen und alltäglichen Welt der Produktion absetzt, Asyl der Zweckfreiheit und der Abwesenheit von Interesse in einem dem Geld und dem Interesse ausgelieferten Universum, könnte die Welt der Kunst, wie in früheren Zeiten die Theologie, ihre raison d'être darin finden, eine imaginäre Anthropologie vorzugeben, die aus der Verneinung (im Freudschen Sinne) all der Negationen gewonnen ist, die die Ökonomie real vollzieht.

ANHANG

Ökonomische Praxis und Zeitdispositionen

Nichts ist der vorkapitalistischen Ökonomie in der Tat fremder als die Vorstellung der Zukunft als eines Feldes von Möglichkeiten, das dem Kalkül zur Erkundung und Beherrschung vorgegeben ist. Freilich sollte daraus nicht, wie so oft, der Schluß gezogen werden, daß der Fellache außerstande sei, eine vor ihm liegende Zukunft in den Blick zu bekommen: Neben dem Argwohn gegenüber jedem Versuch, sich der Zukunft zu bemächtigen, besteht auch immer die notwendige Voraussicht, um eine gute Ernte, zuweilen auf mehrere Jahre hinaus, einzuteilen. Tatsächlich setzt die Rücklage, die darin besteht, einen Teil der direkten Güter (d. h. solcher, die jederzeit und unmittelbar Befriedigung verschaffen können, also Konsumgüter, mit denen sich der Fellache umgibt und die seine greifbaren Sicherheiten ausmachen) im Hinblick auf deren späteren Verzehr dem Vorhandenen zu entnehmen, das Erfassen eines in der unmittelbar wahrgenommenen Gegenwart virtuell enthaltenen »Zukünftigen« voraus. Demgegenüber gewinnt eine Akkumulation von indirekten Gütern, die mit der Produktion direkter Güter konkurrieren kann, ohne selbst Quelle von Befriedigung zu sein, Sinn nur durch den Bezug auf eine vom Kalkül entworfene Zukunft. »Vorhersehen«, sagte Cavaillès, »bedeutet nicht vorher sehen«. Die Vor-aussicht (als »vorher sehen«) unterscheidet sich von der Vorhersage darin, daß die Zukunft, die sie erfaßt, der jeweiligen Situation selbst unmittelbar eingeschrieben ist, d. h. der Situation, wie sie vermittels der technisch-rituellen Wahrnehmungs- und Anschauungsschemata wahrgenommen wird, die wiederum durch die vermittels der gleichen Denkschemata erfaßten materiellen Existenzbedingungen eingeprägt werden: Die ökonomische Entscheidung wird dabei nicht durch die Berücksichtigung eines explizit als Zukünftiges gesetzten Ziels – ähnlich dem innerhalb eines Planentwurfs vom Kalkül aufgestellten – bestimmt; das ökonomische Handeln orientiert sich vielmehr an einem in der Erfahrung direkt faßbaren oder durch die eine Tradition ausmachenden akkumulierten Erfahrungen begründeten »Zukünftigen«. So geschieht es im allgemeinen, daß der Fellache seine Ausgaben jeweils an das in der vorhergehenden Saison erworbene und keineswegs an das zu erwartende Einkommen bindet. Überdies wird er bei Ernteüberschüssen das zusätzliche Getreide, Korn oder Gerste, wie direkte Güter zu behandeln trachten und sie lieber im Blick auf ihren Verzehr speichern als sie säen und damit die Hoffnung auf eine künftige Ernte ansteigen lassen, was soviel heißt, wie daß er für die Zukunft der Konsumtion sehr wohl die Zukunft der Produktion opfert. Weit entfernt, von der prospektiven Zielsetzung eines in die Zukunft Projizierten diktiert zu werden, gehorchen die Verhaltensweisen der Voraussicht und Vorsorge vielmehr der Sorge um ihre Entsprechung mit den überlieferten Modellen: so verlangt das Ehrgefühl, daß man, auch wenn man keine Granatapfelbäume besitzt, Kerne von Granatäpfeln zurücklegt, die dann bei Gelegenheit des ersten Einsatzes der Ochsen bei der Feldbestellung in den Couscous kommen, der den *khammes* oder den Nachbarn vorgesetzt wird; so verlangt es weiter, daß für die Feste gesalzenes Fleisch beiseite gelegt wird. Die Hausfrau setzte ihren Stolz darein, einen Sondervorrat, *thiji* geheißen, anzulegen, der aus dem Besten bestand, was erzeugt und geerntet worden war, den besten Früchten (Feigen, Rosinen, Granatäpfel usw.), dem aus den besten Oliven hergestellten Öl, der besten Butter usw.[1] Hier wie anderswo bilden die ethischen Normen ebenso rituelle Imperative, und die Homologie, die die Fruchtbarkeit des Hauses an die Fruchtbarkeit des Bodens bindet, macht die Rücklage, die die Fülle des Hauses (die *'mmara ukham*) gewährleistet, gleichermaßen zu einem Versöhnungsritus wie zu einem ökonomischen Akt.[2] Desgleichen gehorchen noch zahllose andere Verhaltensweisen, die auf den ersten Blick als eine Art von Investition erscheinen können, einer keineswegs dem ökonomisch-rationalen Kalkül entsprechenden Logik: Tatsächlich waren bis vor kurzem noch die Landkäufe, die in dem Maße zunahmen, wie – im Zuge der Verallgemeinerung des Geldverkehrs und der damit einhergehenden Krise des bäuerlichen Ethos – die ökonomischen Grundlagen der alten Gesellschaft zusammenbrachen, häufig von der Sorge getragen, das Land der Familie nicht in die Hände einer fremden Familie fallen zu lassen. Ähnlich steht das Ehrgefühl auch am Ursprung der so häufig zu beobachtenden Initiativen zur Erneuerung der landwirtschaftlichen und häuslichen Geräte: Es kommt nicht selten vor, daß der Prestigekampf zwischen den beiden die Mehrzahl der Dörfer teilenden »Parteien« oder zwischen zwei großen Familien diese dazu verleitet hat, sich die gleichen Gerätschaften, etwa Ölpresse, motorgetriebene Mühlen, Lastwagen usw., anzuschaffen, ohne sich dabei im geringsten um Rentabilitätsgesichtspunkte zu kümmern.

Innerhalb einer auf Landwirtschaft beruhenden Ökonomie, in der der Produktionszyklus gleichsam auf einen Blick erfaßbar ist, da sich die Produkte allgemein im Zeitraum eines Jahres erneuern, trennt der Bauer seine Arbeit ebensowenig vom »zukünftigen« Produkt, mit der sie schwanger geht, wie er die Arbeitszeit von der Produktionszeit unterscheidet, also von der Periode, in der seine Tätigkeit nahezu zum Erliegen kommt. Demgegenüber setzt die kapitalistische Wirtschaftsweise, da ihr Produktionszyklus im allgemeinen sehr viel umfänglicher ist, die Konstruktion einer mittelbaren und abstrakten Zukunft voraus, worin das rationale Kalkül an die Stelle einer Gesamtansicht des Prozesses zu treten hat. Damit allerdings ein solches Kalkül überhaupt möglich ist, muß sich die Spanne zwischen Arbeitszeit und Produktionszeit sowie die damit einhergehende Abhängigkeit von den organischen Prozessen verringern; es muß, mit anderen Worten, die organische Einheit, die das Gegenwärtige der Arbeit an ihr »Zukünftiges« gebunden hatte, gebrochen werden – und darin, insofern jene Einheit nichts anderes ist, die der unteilbaren und unauflösbaren *Reproduktionszyklen* oder die des *Produkts* selbst, wie es der Vergleich der ganze Produkte herstellenden Handwerkstechnik mit der auf Spezialisierung und Zerstückelung der Aufgaben gründenden industriellen Technik klar erweist. Daraus wird verständlich, warum solche Maßnahmen, die darauf abzielten, den traditionellen Umfang der Agrarzyklen zu verändern, und die einem abverlangten, das unmittelbar greifbare Interesse einem rein abstrakten zu opfern (z. B. jene, worin den Landwirten der kostenlose Bau von Gehwegen angeboten wurde, an deren Rand sie Bäume pflanzen sollten), bei den algerischen Bauern zunächst zwangsläufig auf Widerstände stoßen mußten, die in der Folgezeit (und dann auch nur teilweise) allein durch die sichtbaren Erfolge der auf den Ländereien der europäischen Siedler vorgenommenen Arbeiten und im Bestreben, an diesen Vorteilen teilzuhaben, abgebaut werden konnten. Wenn, um allgemein zu sprechen, diese Vorhaben häufig nur Unverständnis oder Skepsis hervorrufen, so deshalb, weil sie, indem sie sich auf ein abstraktes Kalkül stützen und die Aufgabe des Verhaftetseins mit dem Vertrauten voraussetzen, von der Irrealität des Imaginären affiziert sind: so als ob die rationale Planung gegenüber der herkömmlichen Vor-aussicht (Vor-Sorge) das wäre, was eine rationale Demonstration gegenüber einer »Monstration« mittels Ausschneiden und Falten ist. Auf Zustimmung kann ein Projekt nur hoffen, wenn es konkrete und handgreifliche, einsehbare Resultate unterbreitet oder die Bürgschaft durch einen anerkannten und angesehenen »Garanten« vorweisen kann (wozu der Lehrer in den kabylischen Dörfern zählt).

Haben die algerischen Bauern desgleichen ein lebhaftes Mißtrauen gegenüber dem Geld an den Tag gelegt, so weil der Geldverkehr in bezug auf die Zeitstruktur, die er vorschreibt, gegenüber dem Tauschhandel das ist, was die kapitalistische Akkumulation gegenüber der Vorratsspeicherung darstellt.

Früher vollzog sich der Naturaltausch gemäß den von der Tradition festgelegten Äquivalenten: »Im Tell tauschte der Nomade ein Maß Datteln gegen drei Maß Gerste, oder ein Halbmaß Korn gegen drei Maß Datteln« (A. Bernard und N. Lacroix, *L'evolution du nomadisme en Algérie*, Algier 1906, S. 207). 1939 war die Tauschäquivalenz nach Augustin Berque folgendermaßen festgelegt: Ein Zentner Getreide = ein Schaf = zwanzig Liter Öl = zwei Zentner Trauben oder Aprikosen = ein Zentner Feigen = dreihundert Kilo Kohle = ein und ein Drittel Zentner Gerste. Bis zum Zweiten Weltkrieg wurden in nahezu allen kabylischen Dörfern die *khammes* oder die Arbeitspartner in Naturalien ausgezahlt; auf gleicher Basis fanden auch die Leihgeschäfte statt. Die Arbeit des Schmiedes wurde mit Getreide entlohnt; bis in die jüngste Zeit hinein wurden Töpferwaren gegen ihren Inhalt an Feigen oder Samenkörnern getauscht. In Teilen hat sich, allerdings in neuer Interpretation gemäß der Logik des Geldverkehrs, der Naturalientausch durchgehalten: so ist Korn im Frühling zweimal so teuer wie während der Erntezeit, und der Entleiher hat zweimal so viel Samenkörner zurückzuerstatten, wie er erhalten hat. Noch vor etwa 50 Jahren wurde überall auf den Marktplätzen unmittelbarer Gütertausch praktiziert, kaum Geschäfte auf kommerzieller Basis, die Kreditgewährung oder den Gebrauch von Geld erforderlich machen. Einmal im Umlauf, spielte das Geld vor allem eine Rolle als Maßeinheit für den Austausch: auf diese Weise hat die numerische Kodierung der Erzeugnisse noch lange ihre Tauschäquivalenz, so wie sie sich zu jener Zeit eingependelt hatte, in der die Geschäfte noch per Tausch abgewickelt wurden, reproduziert.

Während das getauschte Objekt seinen möglichen Gebrauch, der ebenso wie Gewicht, Farbe oder Geruch ihm eingeschrieben ist, der unmittelbaren Anschauung preisgibt, geht vom Geld, dem indirekten Gut schlechthin, keine direkte Befriedigung aus – so verzeichnet es wenigstens die Fabel vom Fellachen, der mitten in der Wüste, und neben sich den prall mit Goldstücken gefüllten Schafspelz, den er gerade gefunden hatte, umkam –, und auch die künftige Verwendung, auf die es hinweist, liegt noch in weiter Ferne, ist unbestimmt und imaginär. Mit dem Papiergeld hat man nicht mehr die Dinge, sondern die Zeichen ihrer Zeichen in der Hand: »Ein Produkt«, so heißt es, »ist mehr wert als seine Entsprechung (in Geld)«; »erwirb lieber Produkte als Geld«. Als ein Mittel, das irgendwo, von irgendwem, zu irgendeinem Handel benutzt wird, ermöglicht das Geld, »das zu nichts taugt, um für alles zu taugen«, in erster Linie die Voraussage einer unbestimmten Verwendung und die Quantifizierung der unendlichen Verwendungszwecke, deren Virtualität in ihm beschlossen liegt; es erlaubt also eine richtige Buchhaltung der Erwartungen.[3] Weil zweitens die verschiedenen Verwendungszwecke einer gegebenen Summe sich in dem Augenblick, da man sie zu realisieren trachtet, gegenseitig ausschließen, setzt die rationale Nutzung einer begrenzten Geldmenge ein Kalkül voraus, das zum einen die künftigen Verwendungszwecke zu definieren sucht, die im Rahmen der verfügbaren Geldmittel möglich sind, und unter diesen wiederum solche, die miteinander vereinbar sind, und das zum anderen darangeht, die im Hinblick auf eine hierarchisierte Struktur von Zwecken »vernünftige« Entscheidung zu bestimmen. Ganz im Gegensatz dazu bieten die auf der Basis der traditionellen Äquivalenzen getauschten Waren ihren möglichen Gebrauch sowie ihren Wert offen dar, der im Unterschied zum Geld von jeder äußeren Bedingung unabhängig ist. So ist es auch leichter, »vernünftig« mit Vorräten an Konsumgütern zu wirtschaften, als eine bestimmte Geldsumme über einen ganzen Monat hinweg zu verteilen oder eine rationale Rangfolge von Bedürfnissen und Ausgaben zu erstellen: offensichtlich ist die Neigung, alles zu konsumieren, weitaus geringer als der Hang, das erworbene Geld auf einen Schlag umzusetzen. Die Kabylen speichern ihr Korn oder ihre Gerste in großen Tonkrugen, die in unterschiedlichen Höhen mit Löchern versehen sind, so daß die gute Hausfrau, die für die Überwachung der Vorräte verantwortlich ist, immer weiß, wann es an der Zeit ist, den Konsum zu drosseln: nämlich dann, wenn der Kornvorrat bis unterhalb der Hauptöffnung (*thimith*, der Nabel genannt) absinkt. Wie zu ersehen, vollzieht sich das Kalkül hier gleichsam von alleine, wobei der Krug eine Art Sanduhr darstellt, an der zu jedem Zeitpunkt abzulesen ist, was schon verbraucht wurde und was noch übrigbleibt. Kurz gesagt, die Verwendung des Geldes macht eine Umstellung erforderlich analog jener, die, in einem anderen Rahmen, die analytische Geometrie vollzieht: An die Stelle deutlicher, durch die Anschauung vermittelter Evidenz tritt die aus der Handhabung von Symbolen hervorgehende »blinde Evidenz«. Von da an wird nicht mehr über Objekte geurteilt, die auf gleichsam fühl- und greifbare Weise ihren Gebrauch und die Befriedigung, die sie versprechen, geltend machen, sondern über Zeichen, die an sich keine Quelle von Genuß sind. Zwischen das ökonomische Subjekt und die Waren oder Dienste, die es erwartet, schiebt sich der Schleier des Geldes. In dessen Folge müssen ökonomisch handelnde Subjekte, die noch einer anderen ökonomischen Logik gemäß sozialisiert wurden, auf ihre Kosten die rationale Verwendung des Geldes als eines universellen Mittlers ökonomischer Beziehungen erlernen: In der Tat ist die Verlockung groß, den gerade erhaltenen Lohn in reale Güter, in Nahrung und Kleidung umzusetzen, und noch vor 50 Jahren kam es nicht selten vor, daß die Landarbeiter ihren Lohn für einen ganzen Arbeitsmonat in wenigen Tagen ausgegeben hatten; selbst in jüngerer Zeit wurden ähnliche Verhaltensweisen bei den Nomaden des Südens verzeichnet, als man begann, den Hirten, die bisher in Naturalien entgolten worden waren, ihren Lohn in Geld auszuzahlen ...

Bekanntlich hat auch das Unvermögen der bäuerlichen Bevölkerung, mit Geld umzugehen, und ihre mangelhafte Kenntnis im Umgang mit juristischen Regeln maßgeblich zum Prozeß der Enteignung von Grund und Boden beigetragen und ihn beschleunigt. So merkte Violette an, nachdem er die Politik verurteilt hatte, die dazu führte, daß die Algerier ihrer Trifte beraubt wurden: »Man geht mit den Expropriationen wahrlich zu weit ... Auf jeden Fall muß, wenn Expropriation stattfindet, der Verlust gerecht entschädigt und muß vor allem die Verpflichtung für die Verwaltung, die Enteigneten und speziell die Einheimischen unterzubringen, getreulich befolgt werden ... Eine Entschädigung in Geld ist für den Fellachen sinnlos, denn er wird es sogleich wieder ausgeben, er wird das kärgliche Einkommen nicht sparen und es so anlegen können, daß es ihm Sicherheit gibt« (M. Violette, *L'Algérie vivra-t-elle? Notes d'un ancien gouverneur général,* Paris 1931, S. 83–91). Einen rechtsgültigen und in der Folge der Aufhebung der Unteilbarkeit, die durch die Gesetze vom 26. Juli 1873 und vom 23. April 1897 begünstigt wurde, auch leicht übertragbaren Eigentumstitel in Händen, unterlagen bald schon zahlreiche Kleineigentümer, getrieben vom Elend, den Verlockungen des Geldes und veräußerten ihren Landbesitz; dann, da nur ansatzweise mit dem Umgang mit Geld vertraut, waren sie schnell bereit, ihr kleines Kapital zu verschleudern, und am Ende gezwungen, sich als Landarbeiter zu verdingen oder in die Stadt zu fliehen.

Von allen durch die Kolonisierung eingeführten ökonomischen Institutionen und Techniken ist ohne allen Zweifel der Logik der vorkapitalistischen Wirtschaftsform am fremdesten der Kredit, der den Bezug auf eine kraft eines geschriebenen Vertrages definierte und von einem umfassenden Sanktionssystem garantierte abstrakte Zukunft voraussetzt, die zudem, mit dem Begriff des Interesses, den berechenbaren Wert der Zeit zur Geltung bringt.

Sicherlich war der Wucher, dessen Zinsen vor 1830 durchschnittlich 50 bis 60%, 1867 25-30% erreichten (vgl. A. Hanoteau, *Poésies populaires de la Kabylie,* Paris 1867, S. 193, Anmerkung 1) ein normaler Bestandteil innerhalb einer ökonomischen Struktur, die, obwohl sie der Geldzirkulation so wenig Platz wie möglich einräumte, um so weniger gegen Krisen gefeit war, als die prekäre Verfassung der zur Verfügung stehenden Mittel es nicht zuließ, den Zufällen des Klimas erfolgreich zu trotzen. Freilich hatte dieser Dringlichkeitskredit, der von der Not diktiert und ausschließlich für den Konsum bestimmt war, nichts mit dem Investitionskredit gemein: Auf den Wucherer greift man zurück, wenn alle Ressourcen der gegenseitigen Familienhilfe erschöpft sind: jener, der seinen Bruder oder Vetter trotz Mittel, ihnen zu helfen, dem Wucherer ans Messer lieferte, wäre allemal seine Ehre los. Das Verbot, auf Zinsbasis Verleihgeschäfte zu tätigen, stellt nur die andere Seite des Solidaritätsgebotes dar, und so verfügten die Gemeinschaftsregeln, die bisweilen in den Gewohnheitsrechten kodifiziert waren, daß man den Körperbehinderten, den Witwen und Waisen sowie den Armen beizustehen und den Opfern von Notlagen unter die Arme zu greifen habe (mußte z. B. ein verletztes Tier geschlachtet werden, kam die Gemeinschaft für den Schaden auf und man verteilte das Fleisch unter die Familien).

Während der Kredit sich dadurch Sicherheit zu verschaffen sucht, daß er sich der Kreditfähigkeit seines Schuldners versichert, kennen die gütlichen Vereinbarungen (die einzigen, die die Ehrenmoral anerkennt) keine andere Garantie als den guten Glauben, die Redlichkeit, so daß die Sicherheiten für die Zukunft nicht durch den Reichtum, sondern durch den gegeben sind, der über ihn verfügt. Der Bittsteller begibt sich zu einem Verwandten oder Freund und sagt: »Ich weiß, daß du diese Summe besitzt und sie nicht benötigst; du kannst sie als noch in deinem Hause liegend betrachten.« Ein präziser Rückgabetermin wird nicht fixiert (»bis zum Sommer« oder »bis zur Ernte«). Da nur zwischen Personen, die sich kennen, Vereinbarungen getroffen werden können, also zwischen

Verwandten, Freunden oder Verschwägerten, wird die Zukunft der Verbindung in der Gegenwart selbst gewährleistet, und zwar nicht nur durch das gegenseitige Kennen und die Erfahrung, daß jener andere bekanntermaßen seine Vereinbarungen getreulich einhält, sondern auch und vor allem durch die objektive Beziehung, die die Partner verbindet und die auch nach ihrem Geschäft noch Bestand haben wird, womit sie mit sehr viel größerer Gewißheit die Zukunft des Austausches garantiert, als es alle expliziten und formalen Kodifizierungen je tun könnten, mit denen sich der Kredit wappnen muß, da er den absolut unpersönlichen Charakter der Beziehungen zwischen den Geschäftsträgern voraussetzt. Zur gegenseitigen Familienhilfe, die immer Individuen vereinigt, die durch fiktive oder reale Blutsbande verbunden sind, steht nichts in stärkerem Gegensatz als die Kooperation, die Individuen mobilisiert, die im Hinblick auf künftige und durch die Berechnung eines spezifischen Unternehmens definierte Zwecke ausgesucht werden: im einen Fall existiert die Gruppe schon vor der gemeinsamen Erfüllung eines gemeinsamen Werkes – wie auch nach ihr; im anderen Fall hört die Gruppe, die ihre Daseinsberechtigung außerhalb ihrer selbst, in dem vom Vertrag definierten künftigen Ziel und Zweck findet, im selben Augenblick auf zu existieren, wie der Vertrag, der sie stiftet, erlischt.[4]

Die »Vorerinnerung« (ein Ausdruck Husserls), d. h. das Im-Blick-haben von Potentialitäten, die der unmittelbar wahrgenommenen Gegenwart eingeschrieben sind, steht im Gegensatz zum Projekt, das verstanden werden soll als eine imaginäre Projektion von Möglichkeiten, die explizit als zukünftige gesetzt werden, d. h. als solche, die entweder eintreten oder nicht eintreten können, um den Preis der Ausklammerung des Verwurzeltseins im je Gegebenen: Was das Futurum, Ort abstrakter Möglichkeiten eines austauschbaren Subjekts, von der praktischen Zukunft, dem Möglichen der *objektiven Möglichkeit*, unterscheidet, ist nicht, wie man häufig wähnt, die mehr oder weniger große Distanz zur Gegenwart. Denn diese vermag ja die in der objektiven Zeit mehr oder minder entfernten Potentialitäten, die innerhalb der unmittelbaren Einheit einer Praxis mit ihr verbunden sind, zu ap-präsentieren (d. h. als gleichsam gegenwärtige praktisch zu antizipieren).

Die Geschichte erzählt von jenem alten Kabylen, der, als er zum ersten Mal den Gipfel des Hügels erklommen hatte, der den Horizont seines Dorfes begrenzte, ausrief: »O Gott! Wie groß ist deine Welt!« Jenseits des

Horizontes der Gegenwart beginnt eine imaginäre Welt, die dem Feld der Erfahrung nicht eingegliedert werden kann und in der aus diesem Grunde eine ganz andere Logik herrscht. Was, ins Feld der Erfahrung versetzt, absurd oder unmöglich erscheinen mag, kann an anderen, im Raum oder Zeit entfernten Orten eintreten: Solches gilt für die Wunder der Heiligen, von Sidi Yahia, der einen geschlachteten Ochsen dazu brachte, daß er sich erhob, von Sidi Kali, der sich in einen Löwen verwandelte, von Sidi Mouhoub, der einen Brunnen in zwei Hälften teilte, um damit einen Streit zwischen verfeindeten Clans zu schlichten, von Sidi Moussa, der aus einem Pfeiler Öl sprudeln lassen konnte. Die Kriterien wechseln, je nachdem, ob es sich um einen Vorfall handelte, der innerhalb des Horizontes des Vertrauten geschah, oder um ein Ereignis im Lande der Legenden, das gleich hinter den Grenzen der alltäglichen Welt beginnt. Im ersten Fall gibt es keine andere Sicherheit als die perzeptive Erfahrung oder, so diese fehlt, die Autorität einer bekannten und vertrauenswürdigen Person; wohingegen im zweiten Fall, da es sich um ein Universum handelt, in dem alles seinem Wesen nach möglich ist, die kritischen Ansprüche sehr viel geringer sind und man allen von der alltäglichen Meinung kolportierten Bestätigungen stattgibt.

Das Bewußtsein des Volkes lebt und praktiziert diese Unterscheidung, ohne sie je – es sei denn in Form einer auf sich selbst bezogenen Ironie – explizit zu machen. »Wohin gehst du?« wird eines Tages Djeha, eine imaginäre Gestalt, in der die Kabylen sich nicht ungern wiedererkennen, gefragt. »Ich gehe auf den Markt.« »Wie, und du sagtest nicht ›Wenn es Gott gefällt‹?« Djeha geht seines Weges, wird aber, im Wald angekommen, von Banditen ausgeplündert und verprügelt. »Wohin gehst du, Djeha?« wird er erneut gefragt. »Ich gehe zurück zu meinem Haus ... wenn es Gott gefällt.« Diese Redewendung markiert den Übergang in eine andere Welt, die von einer gänzlich anderen Logik beherrscht wird, in eine Welt der Zukunft und des Möglichen, deren zentrale Eigentümlichkeit es ist, nicht eintreten zu brauchen.

Vielleicht gilt es hier eine der Wurzeln der Verbote, die sich auf jegliche Form des Zählens, Aufzählens beziehen, auszumachen: Es ist untersagt, die einer Versammlung beiwohnenden Männer zu zählen; es ist untersagt, die für die Aussaat reservierten Samenkörner zu wiegen; gezählt werden nicht die Bruteier, sondern die ausgeschlüpften Küken. Die Bruteier zu zählen oder die Samenkörner für die Aussaat zu wiegen hieße, über die Zukunft Mutmaßungen anzustellen und dadurch sie aufs Spiel zu setzen, sie »abzuschließen« oder »abzuschneiden«. Nur mit äußerster Vorsicht geht der Bauer daran, seine Ernte zu messen, »um nur nicht die Großzügigkeit Gottes zu bemessen«. In bestimmten Regionen ist es verboten, auf dem Dreschplatz ein Zahlwort auszusprechen. An anderen Orten greift man auf euphemistische Zahlen zurück. Wie bekannt, sind solche administrativen Maßnahmen wie die Bevölkerungszählung, die zum Aufbau eines zivilen Staates bestimmt waren, anfänglich auf heftige Widerstände gestoßen. In einem Gedicht von Qaddoûr ben Klîfa, das J. Desparmet wiedergibt (in »Les reactions nationalitaires en Algérie«, *Bulletin der la Société de géographie d'Alger*, 1933; vgl. ebenso »La turcophilie en Algérie«, l. c. 1916, S. 20): »Alle Güter sind auf der Waage gewogen worden. Wieviel Hektar sind abgesteckt, nach Metern gekennzeichnet worden! Jedes Jahr werden wir im Zahlenregister verzeichnet. Auf diese Weise haben sie alle Lebenden, Männer und Frauen, eingetragen!« Die gleiche Ablehnung des berechnenden Präzisionsgeistes kommt in den Beinamen zum Ausdruck, mit denen in diesen Gedichten die Franzosen belegt werden: »das fleißige Volk«; »das Volk der Philosophen (Gelehrten)«; »das Volk mit der Unterschrift und dem Stempel« (J. Desparmet, »L'oeuvre de la France jugée par les indigènes«, l. c. 1910).

Azka d aqa, »morgen, das ist das Grab«: Die Zukunft ist ein Nichts (néant), und der Versuch, es zu ergreifen, müßig, ist ein Nichts (rien), das uns nicht zusteht.[5] Von dem, der sich allzusehr Sorgen um die Zukunft macht und damit vergißt, daß sie sich jedem Zugriff entzieht, heißt es, daß er »sich zum Verbündeten von Gott machen will«, und um ihn zu mehr Mäßigung zu gemahnen, ruft man ihm zu: »Was dir fremd ist, geht dich nichts an«; oder auch: »sieh' im Geld außerhalb der Börse kein Kapital.«[6]

Die Fabel von Djeha ist dazu angetan, uns gegen den Ethnozentrismus zu wappnen, der so viele Ethnologen dazu verleitet, einen Wesensunterschied zu etablieren zwischen dem System der Einstellungen gegenüber der Zeit, das die vorkapitalistische Wirtschaftsweise erheischt, und jenem anderen, das die Geldwirtschaft erforderlich macht: Die von der vorkapitalistischen Wirtschaftsweise begünstigte Zeiterfahrung stellt eine der Modalitäten dar, in denen noch jede Erfahrung der Zeitlichkeit in Erscheinung treten kann, eingeschlossen die der »rationalsten« ökonomischen Handlungssubjekte jener Gesellschaften, die die Ethnologen hervorbringen; ihre Besonderheit verdankt sich allein dem Faktum, daß sie, weit entfernt, sich als eine Möglichkeit unter anderen geltend zu machen, vielmehr als *die einzig mögliche* aufgezwungen wird durch eine Wirtschaftsform, die unfähig ist, die Bedingungen der Möglichkeit der Position des Möglichen zu gewährleisten, und, was auf dasselbe hinausläuft, durch einen Ethos, der nichts anderes darstellt als die Verinnerlichung eines Systems der Möglichkeiten und Unmöglichkeiten, die objektiv den von Unsicherheit und Zufall dominierten materiellen Existenzbedingungen eingeschrieben sind: Alles verläuft so, als ob man, indem man ausdrücklich alle Dispositionen entmutigt, derer die kapitalistische Wirtschaftsform bedarf und die sie fördert – Unternehmergeist, Sorge um Produktivität und Nutzen, berechnender Geist usw. –, und indem man im Namen der Idee, daß »die Zukunft der Wurf Gottes ist«, den Geist der Vorhersage als einen diabolischen Ehrgeiz denunziert, sich hier wie anderswo auch damit begnügte, »aus der Not eine Tugend zu machen«, und die Hoffnungen und Erwartungen an die objektiven Möglichkeiten anpaßte.

Anmerkungen

Erster Teil

ERSTES KAPITEL

1 Dieser Text erschien unter dem Titel »The Sentiment of Honour in Kabyle Society« in *Honour and Shame*, Hrsg. J. Peristiany, Chicago und London 1966.

2 Zum kabylischen Vokabular der Ehre vgl. S. 47. *Bahdel* heißt: in Schande werfen, entehren, jemanden völlig beherrschen, ihn vollständig schlagen, ihn lächerlich machen, kurz, in seinem Sieg über die vernünftigen Grenzen hinausgehen. *Bahdel* ist mehr oder weniger tadelnswert, je nach dem Gegner und je nachdem, was ihm vorgeworfen wird. Wenn man von *amahbul* spricht, sagt man nicht: »Ich habe Angst, daß er mich lächerlich macht« *(bahdel)* (Verb), sondern: »Ich will mich (meinen Geist, mich selbst) nicht mit ihm lächerlich machen«. *Chemmeth* hat ungefähr die gleiche Bedeutung und die gleiche Verwendung *(ichemmeth iman-is*, er entehrt sich).

3 »Wer seinen Bruder bloßstellt«, sagt das Sprichwort, »der stellt sich selber bloß.« »Er beleidigt sich selbst (d. h. seinen Bruder oder seine Familie), der Esel ist mehr wert als er« *(Its'ayar imanis, daghyul akhiris)*.

4 Der Schnurrbart, als deskriptiver Ausdruck verwandt, um das Alter eines Mannes anzugeben (»sein Bart sprießt, sein Schnurrbart sprießt«), ist ein Symbol der Männlichkeit und eine grundlegende Komponente des *nif*, ebenso wie der Bart, besonders in früheren Zeiten. Um eine schwere Kränkung auszudrücken, sagte man: »Er hat mir den Bart (oder den Schnurrbart) abrasiert.«

5 Von einem Mann, der wenig auf seine Ehre bedacht ist, sagt man: »Er ist ein Neger.« Die Schwarzen haben keine Ehre und brauchen auch keine zu haben. Sie waren von allen öffentlichen Geschäften ausgeschlossen, und wenn sie auch an gewissen kollektiven Arbeiten teilnehmen konnten, so durften sie in der Versammlung doch nie das Wort ergreifen; an manchen Orten durften sie noch nicht einmal an der Versammlung teilnehmen. Man hätte sich ja mit Schande bedeckt – in den Augen der anderen Stämme –, wenn man die Ansichten eines »Negers« angehört hätte. Von der Dorfgemeinschaft abgesondert oder als Klienten der großen Familien, übten sie als »gemein« bezeichnete Berufe wie Fleischer, Fellhändler oder Wandermusikant aus (*Ait Hichem*).

6 Der *nif* ist seinem Wortsinn nach »die Nase« und bedeutet dann »das Ehrgefühl«, »die Selbstachtung«; in der gleichen Bedeutung sagt man auch *thinzarin* (oder in manchen Gegenden *anzaren)*, Plural von *thinzerth*, das Nasenloch, die Nase (vgl. auch Anmerkung 10).

7 Man sieht hier die gesellschaftliche Funktion der Marabut. Sie sorgen für einen Ausgang, eine »Tür« (*thabburth*), wie die Kabylen sagen, und erlauben es, den Kampf zu beenden, ohne daß sich die eine oder andere Partei mit Schande und Unehre bedeckt. Durch eine Art Unredlichkeit, die zweifellos für die Aufrechterhaltung ihrer Existenz nötig ist, liefert die Gesellschaft zugleich die Imperative der Ehre und die krummen Wege, auf denen man sie umgehen kann, ohne sie, zumindest dem Schein nach, zu übertreten.

8 Ein Greis aus dem Dorf Ain Aghbel, in der Gegend von Collo, gab uns gelegentlich (im Sommer 1959) eine völlig damit übereinstimmende Beschreibung.

9 »Souvenirs d'un vieux Kabyle« – »Lorsqu'on se battait en Kabylie«. *Bulletin de l'Enseignement des Indigènes de l'Académie d'Alger*, Jan.-Dez. 1934, S. 12–13.

10 Die alten Zauberinnen hatten verschiedene Methoden, um die Eier zu verzaubern, damit sie »jungfräulich« blieben. Um den Zauber zu brechen, stach man eine Nadel in das Ei (vgl. Slimane Rahmani, »Le tir à la cible et le *nif* en Kabylie«, *Revue Africaine*, Bd. XCIII, 1. und 2. Trimester 1949, S. 126-132). In der Logik des rituellen Systems gehören das Gewehr, der Gewehrschuß (auch die Nadel) zur männlichen Sexualität. Alles deutet darauf hin, daß – wie in zahlreichen anderen Gesellschaften (vgl. z. B. G. Bateson, *Naven*, Stanford U. P. 1936, S. 163) – die Nase (*nif*), Symbol der Virilität, auch ein Phallussymbol ist.

11 G. Marcy, »Les vestiges de la parenté maternelle en droit coutumier berbère et le régime des successions touarègues«, *Revue Africaine*, Nr. 85, 1941, S. 187-211. Eins der Paradoxa der Kommunikation liegt darin, daß man sie auch dann noch braucht, wenn man die Verweigerung jeglicher Kommunikation mitteilen will, und jede Zivilisation verfügt über eine Symbolik der Nicht-Kommunikation. Bei den Kabylen besteht diese im wesentlichen in der Tatsache, jemandem den Rükken zu kehren – im Gegensatz dazu, jemandem Auge in Auge gegenüberzutreten (*qabel*), wie es der Haltung eines Ehrenmannes entspricht – oder sich zu weigern, mit dem anderen zu sprechen (»Sie sprechen nicht miteinander: sie sind wie Hund und Katze«). Um eine symbolische Aggression oder eine Provokation auszudrücken, sagt man: »Ich pisse auf dich« (*a k bachegh*); »ich pisse dir auf den Weg«. Von dem, der sich nicht um die Ehre seiner Familie kümmert, sagt man: »Er macht sich auf den Hemdzipfel.« Mit noch stärkerer Bedeutung sagt man auch *edfi*, beschmutzen (im eigentlichen Sinne: Kuhmist auf die Knospen der Pflanzen streichen, um sie vor den Tieren zu schützen). Unter Frauen wird die Herausforderung oder Beschimpfung dadurch ausgedrückt, daß man »seinen Rock hochhebt« (*chemmer*).

12 In Djemâa-Saharidj bewahrt man die Erinnerung an eine *thamgarț*

(Blutrache) in dem Stamm der Ath Khellili (Ath Zellal), die von ca. 1931 bis 1945 dauerte. »Und zwar begann die Sache so: Zwei Brüder hatten zwei Brüder einer anderen Familie getötet Um vorzutäuschen, daß sie angegriffen worden seien, hatte einer der beiden Brüder den anderen verletzt. Einer wurde zu acht Jahren Gefängnis, der andere zu etwas weniger verurteilt. Als der zweite aus dem Gefängnis kam (er war der einflußreichste der Familie), drehte er sich bei jedem Schritt um, spähte unaufhörlich nach allen Seiten, war immer auf der Hut. Er wurde von einem gedungenen Mörder niedergeschossen. Ein dritter Bruder, der Soldat war, zerschmetterte einem Mitglied der anderen Familie mit einem Stein den Kopf. Beide Familien drohten sich gegenseitig auszurotten. Schon waren acht Opfer zu verzeichnen (vier davon wurden erwähnt). Die Marabut wurden beauftragt, alles zu versuchen, um den Konflikt zu schlichten. Sie hatten alles erschöpft, was sie an Beschwichtigungen hervorzubringen hatten, und der dritte Bruder, der Soldat, bestand darauf, den Kampf fortzusetzen. Man bat einen Würdenträger aus einem Nachbarstamm, der Kaid gewesen war und allgemein geachtet wurde, um seine Vermittlung. Dieser suchte den Trotzigen auf und redete ihm ins Gewissen: ›Dein Kopf steckt schon im *delu* (Trichter, durch den das Korn auf den Mühlstein fällt); bei der nächsten Gelegenheit wird dein Kopf auf den Mühlstein rutschen.‹ Da hat der junge Mann so etwas wie eine Krise erlebt; er war bereit, mit seinem Kopf zu bezahlen. Er mußte feierlich erklären, daß er damit einverstanden war, der gegenseitigen Vernichtung ein Ende zu setzen. Die *fatiha* wurde gebetet. In Gegenwart des ganzen Dorfes wurde ein Ochse geopfert. Der junge Soldat überreichte den Marabut Geld. Und gemeinsam aßen alle den Couscous.« (Bericht eines der Protagonisten.) Wie man sieht, wird das Eingreifen der Gruppe notwendig, wenn die Untergruppen sich zu vernichten drohen. Da die Logik von Herausforderung und Erwiderung der Herausforderung die unendliche Weiterführung des Konflikts nach sich ziehen würde, ist es wichtig, auf alle Fälle einen ehrenvollen Ausweg zu finden, der keine der beiden Parteien entehrt und der, ohne die Forderungen der Ehre in Frage zu stellen, sie der Umstände halber außer Kraft zu setzen erlaubt. Die Aufgabe, beide Parteien zu versöhnen, fiel immer der größeren, die antagonistischen Gruppen einschließenden Gruppe oder aber »neutralen« Gruppen zu, d. h. Fremden oder Marabutfamilien. Solange also die Auseinandersetzung im Rahmen der großen Familie bleibt, bestimmen die Weisen die jeweilige Verhaltensweise und schlichten den Konflikt. Manchmal erlegen sie dem, der ihrem Rat trotzt, eine Geldstrafe auf. Wenn der Konflikt zwischen zwei großen Familien entsteht, versuchen die anderen Familien desselben *adhrum* (vgl. im zweiten Teil Anmerkung 83, S. 451 f.), ihn zu schlichten. Kurz, die Logik der Versöhnung ist identisch mit der Logik des

Konflikts zwischen verschiedenen Teilgruppen der Sippe, deren erstes Prinzip in dem Sprichwort enthalten ist: »Ich hasse meinen Bruder, aber ich hasse den, der ihn haßt.« Wenn eins der beiden Lager aus einer Marabutfamilie stammte, kamen fremde Marabut, um Frieden zu stiften. Die Kriege zwischen den beiden »Parteien« unterlagen der gleichen Logik wie die Rache. Das erklärt sich aus der Tatsache, daß diese ja niemals nur Sache eines Individuums ist, sondern daß der, der die Rache ausübt, immer von der Untergruppe, der er angehört, beauftragt ist. Der Konflikt konnte sich manchmal über mehrere Jahrzehnte hinziehen. »Meine Großmutter erzählte mir«, so berichtet ein Informant aus Djemâa-Saharidj, etwa 60 Jahre alt, »daß die *ṣuff ufella* (die obere Partei) zweiundzwanzig Jahre außerhalb ihres Dorfes, im Tal von Hamrawa, verbracht hat. In der Tat kam es vor, daß die besiegte *ṣuff* (Partei) mit Frauen und Kindern das Weite suchen mußte. Im allgemeinen war die Opposition zwischen den ›Parteien‹ so starr und streng, daß Heiraten zwischen ihnen unmöglich waren. Manchmal jedoch, um den Frieden zwischen zwei Familien oder zwei ›Parteien‹ zu besiegeln, bekräftigte man das Ende des Kampfes durch eine Heirat zwischen zwei einflußreichen Familien. In diesem Falle war das nicht entehrend. Um nach einem Konflikt den Frieden zu besiegeln, versammelten sich beide ›Parteien‹. Die Oberhäupter der beiden Lager brachten ein wenig Pulver mit; man schüttete es in Schilfrohre, die man austauschte. Dann war *aman*, Frieden.«

13 vgl. das erste der berichteten Beispiele. »Eine Familie ist verloren«, sagt man, »wenn sie nicht mindestens einen Strolch zu den Ihren zählt.« Da der Ehrenmann sich unmöglich dazu herablassen kann, einem unwürdigen Menschen seine Beschimpfungen zurückzugeben, da er andererseits aber auch nicht vor seinen Beleidigungen sicher ist, vor allem in der Stadt, braucht er schon einen »Strolch«, damit die Sache »unter Strolchen« abgemacht wird.

14 vgl. das zweite Beispiel.

15 Auch wenn alle in diesem Aufsatz unternommenen Analysen den abendländischen Leser immer wieder auf seine eigene kulturelle Tradition verweisen, dürfen die Unterschiede doch nicht bagatellisiert werden. Darum haben wir uns zur Regel gemacht, es nach Möglichkeit zu vermeiden – außer in Fällen, wo es sich, wie hier, geradezu anbietet –, irgendwelche Vergleiche zu suggerieren, um den Leser nicht zu ethnozentrischen, auf oberflächlichen Analogien beruhenden Identifizierungen zu verleiten.

16 Der Vetter eines allzu nachsichtigen Ehemanns (*radhi*, der Zustimmende, oder *multa'lem*, der, der weiß) sagte eines Tages zu einem anderen: »Was willst du machen, wenn du einen Bruder ohne *nif* hast, du kannst ihm doch keinen *nif* aus Ton ankleben!« Und er fuhr fort: »Wenn mein Vetter ein Krüppel wäre, würde ich ihn selbstverständ-

lich rächen; wenn er kein Geld hätte, würde ich zahlen, um seine Ehre zu rächen. Aber er scheffelt das Geld und pfeift auf seine Ehre. Ich werde doch nicht nach Cayenne (franz. Strafkolonie) gehen oder mich für ihn ruinieren!« (*El Kalaa*). Die Furcht vor der französischen Justiz, die Schwächung des familiären Solidaritätsgefühls und die Berührung mit einem anderen Wertsystem haben dazu beigetragen, daß die Kabylen oft auf ihren traditionellen Ehrenkodex verzichten. In der traditionellen Gesellschaft war die Ehre ungeteilt wie der Grund und Boden. Parallel zu der Tendenz, die Ungeteiltheit des Familienbesitzes zu brechen, wie sie sich seit etwa zwanzig Jahren in immer stärkerem Maße durchsetzt, hat sich auch das Gefühl entwickelt, das die Verteidigung der Ehre als eine rein persönliche Angelegenheit ansieht.

17 Von einem, der säumt, seine Pflicht zu erfüllen, sagt man in Béarn: »Irgendwann wird er es schon tun müssen, der Schande wegen, wenn nicht der Ehre wegen«; anders gesagt: die Furcht vor Schande wird ihn schon dazu treiben, wenn sein Sinn für Ehre es nicht vermag.

18 Wollte man Phänomene wie die Dialektik von Herausforderung und Erwiderung der Herausforderung und, allgemeiner, den Austausch von Geschenken, Worten oder Frauen auf ihre Kommunikationsfunktion reduzieren – und sei es nur durch die Übertragung von Konzepten und Schemata, die aus der Linguistik oder der Kommunikationstheorie stammen –, so würde man damit die strukturelle Ambivalenz ignorieren, die sie dazu geeignet macht, eine politische Herrschaftsfunktion zu erfüllen, und zwar, indem sie und dadurch daß sie ihre Kommunikationsfunktion erfüllen.

19 Da die *ḥurma* unter einem gewissen Aspekt mit dem *ḥaram*, dem objektiven Sakralen, gleichgesetzt werden kann, kann sie aus Versehen verletzt werden. So wurde z. B. gezeigt, daß der Diebstahl in einem bewohnten Haus besonders schwerwiegend ist und Rache verlangt, weil er eine Verletzung der *ḥurma* darstellt; Diebstahl und Betrug auf dem Markt stellen lediglich eine Herausforderung und eine Verletzung des Selbstgefühls für den dar, an dem sie begangen werden. Auch das Dorf hat seine *ḥurma*, die verletzt werden kann, wenn z. B. ein Fremder im Dorf Aufsehen und Anstoß erregt.

20 Oder auch: »*Essar* ist wie das Samenkorn der weißen Rübe.« Dieses Samenkorn ist winzig klein, rund und äußerst labil. *Essar* bezeichnet auch die Grazie einer Frau oder eines jungen Mädchens.

21 Folgendermaßen schildert ein alter Kabyle aus den Aith'idel das Porträt des Ehrenmannes, und zwar so, wie er es von seinem Vater gehört hat (da seine Schilderung in allen Zügen mit dem Porträt übereinstimmt, das mir ein Mann aus dem Stamm der Issers gegeben hat, kann man darauf schließen, daß es sich um eine mythische, exemplarische Persönlichkeit handelt, deren Abenteuer jeweils in den für die

Individuen vertrauten Kontext versetzt werden): »Es war einmal ein Mann, der Belcacem oder Aissa hieß und der trotz seiner Armut wegen seiner Weisheit und Tugend geachtet wurde. Seine Ausstrahlungskraft reichte über mehrere Stämme. Jedesmal, wenn ein Streit oder ein Kampf ausbrach, diente er als Vermittler und schlichtete den Konflikt. Die Ben Ali Cherif, eine große Familie der gleichen Gegend, waren eifersüchtig auf seinen Einfluß und sein Ansehen, und das um so mehr, als er sich weigerte, sich vor ihnen zu beugen. Eines Tages unternahmen die Leute des Stammes den Versuch, die beiden Familien zu versöhnen. Sie luden den Ältesten aus der Familie der Ben Ali Cherif ein, mit Belcacem (oder Aissa) zusammenzutreffen. Als dieser eintrat, sagte der Greis, der schon Platz genommen hatte, ironisch zu ihm: »Was für schöne *arkasen* (Plural von *arkas,* derber Schuh des Landmanns) du hast!« Belcacem antwortete: »Der Brauch will, daß die Männer den anderen Männern gerade ins Gesicht sehen, nicht auf die Füße. Auf das Gesicht, die Ehre des Mannes, kommt es an.« Auf die Frage von Fremden, wie er seinen Einfluß über die Gegend erworben habe, antwortete Belcacem: »Zuerst habe ich die Achtung meiner Frau erworben, dann die meiner Kinder, dann die meiner Brüder, meiner Verwandten, dann die meines Viertels, meines Dorfes; alles weitere kam von allein.«

22 Aus dieser Logik heraus versteht man die Mißbilligung, die den Junggesellen allgemein trifft. So entspricht der Gleichheit in der Ehre eine Art Gleichheit an Verwundbarkeit der Ehre, die z. B. in der Formel zum Ausdruck kommt, mit der man den Anmaßenden zur Ordnung ruft: »Deine Mutter ist auch nicht mehr wert als meine.« (Diese ironische Formel darf jedoch nicht mit der Beleidigung verwechselt werden: »Meine Mutter ist mehr wert als deine«, d. h. ich übertreffe dich in allem, denn ich übertreffe dich sogar in diesem Punkt, wo doch sonst eine Frau wie die andere ist.)

23 Diese Zweiteilung, die in der Tat als eine der fundamentalen Kategorien des kabylischen Denkens und insbesondere des mythisch-rituellen Systems erscheint, liefert die Postulate (unreine Natur der Frau z. B.), die dem Wertsystem zur Entwicklung seiner eigenen Logik zugrunde liegen. Wir müssen uns an dieser Stelle damit begnügen, nur diejenigen Bedeutungen zu nennen, deren Kenntnis unentbehrlich ist, um das Wertsystem, dem sie zugrunde liegen, zu verstehen.

24 In einigen Gegenden Großkabyliens zwang die *thajma'th* (Versammlung) früher die Männer des Stammes bei Strafe dazu, ein Gewehr zu kaufen, um in der Lage zu sein, ihre Ehre und die Ehre der Gruppe zu verteidigen. Wer sich trotz der Strafe nicht fügte, wurde geächtet, von allen verachtet und »wie eine Frau« betrachtet.

25 Die Verbindung zwischen *nif* und Virilität ist besonders deutlich in den rituellen Spielen wie z. B. dem Scheibenschießen, das bei der

Geburt eines *Knaben,* Beschneidungen und Hochzeiten veranstaltet wird (vgl. Anmerkung 10).

26 Die Schwelle als der Punkt, auf dem sich zwei antagonistische Welten begegnen, ist der Ort zahlreicher Riten und wird völlig von Tabus umgeben. In gewissen Gegenden Kabyliens dürfen nur die Verwandten die Schwelle überschreiten. Auf jeden Fall würde man es nie tun, ohne dazu aufgefordert zu sein. Der Besucher kündigt sich an, indem er ruft (wie in Südfrankreich) oder hustet oder mit den Füßen scharrt. In einigen Gegenden (*El Kseur, Sidi Aich*) ist es Brauch, daß der entfernte Verwandte oder der über die Frauen Verwandte (z. B. der Bruder der Frau) eine symbolische Gabe, »der Blick« (*thizri*) genannt, überreicht, wenn er zum ersten Mal in das Haus eingeführt wird. Auch das Dorf ist ein sakraler Raum: man betritt es nur zu Fuß.

27 Es wird erzählt, daß die Frauen früher allein auf den Markt gingen; aber durch ihre Schwatzhaftigkeit zog sich der Markt bis zum Markttag der nächsten Woche hin. Da rückten die Männer eines Tages mit Stöcken an und setzten den Palavern ihrer Frauen ein Ende ... Man sieht, daß der »Mythos« die heutige Raum- und Arbeitsteilung »erklärt«, indem er die »schlechte Natur« der Frauen geltend macht. Wenn man ausdrücken will, daß die Welt »auf dem Kopf steht«, sagt man: »Die Frauen gehen auf den Markt.«

28 Der Tradition nach gilt das Gebot des Schleiers und strenger Zurückgezogenheit (*laḥdjubia*) nur in einigen Fällen, nämlich im Falle des Scheichs der Dorfmoschee (das Dorf sorgt neben anderen Dienstleistungen für seinen Holzvorrat und den Unterhalt der *thanayamts,* die den Wassertransport für ihn übernimmt), für einige Marabutfamilien, die nicht auf einem *azib* (d. h. in einem kleinen, nur wenige Häuser zählenden Dorf) wohnen, und für einige bedeutende Familien, in denen das Oberhaupt eine der Frauen des Hauses (meist die jüngste seiner Frauen) auszeichnet und sie zur *thanaḥdjabth* macht.

29 Jede Linie bildet, sogar auf dem niedrigsten Niveau, eine virtuelle gesellschaftliche Einheit. Im Konfliktfall definiert sich die politische Organisation der Gruppe neu nach der jeweiligen Stellung, die die betroffenen Individuen in der Genealogie einnehmen. Die gleiche Logik kann also sowohl sehr weite Gruppen versammeln, d. h. alle Nachkommen eines Ahnen der vierten oder fünften Generation oder sogar eines mythischen Ahnen, des Ahnherrn eines Stammes z. B., wie andererseits auch sehr enge Gruppen, die weitere Familie z. B. oder sogar die Familie im engeren Sinn. Die *thakharrubth* oder der *adhrum* können als Gesamtheit aller Personen definiert werden, die sich untereinander Blutrache schulden, unter denen es aber keine Blutrache gibt, oder die im Konfliktfall in demselben Lager sind.

30 Alles hat den Anschein, als ob die Frau die Ehre der Agnaten nicht wirklich vermehren, sondern nur durch ihr gutes Betragen und ihre

Achtbarkeit intakt halten oder aber durch ihr schlechtes Betragen ruinieren könne (*ekkes el'ardh*, den Ruf wegnehmen). Was die Ehre der Gruppe vermehren kann, ist lediglich das Bündnis – durch Heirat – mit den männlichen Verwandten der Frau.

31 Das Tabu der Nacktheit ist absolut, sogar für die sexuellen Beziehungen. Andererseits wurde gezeigt, daß die Entehrung wie eine Entblößung dargestellt wird (»Er hat mich entkleidet, er hat mir meine Kleider ausgezogen, er hat mich entblößt«).

32 vgl. E. Laoust, *Etude sur le dialecte berbère du Chenoua comparé avec celui des Beni Menacer et des Beni Salah*, Paris 1912, S. 15.

33 »Die Würde des Mädchens«, sagt ein arabisches Sprichwort, »existiert nur dann, wenn sie mit ihrem Vater zusammen ist.«

34 vgl. A. Picard, *Textes berbères dans le parler des Irjen* (Kabylien, Algerien, Typo-litho 1961), der diese Etymologie übernimmt.

35 Die kollektive oder individuelle Geschichte macht die ständige Bewegung spürbar, durch die die »praktizierten« Prinzipien der Praxis zu anerkannten und verbreiteten Normen werden und umgekehrt. Das gesellschaftliche Gleichgewicht fordert zwar ein Mindestmaß an Konformität zwischen impliziten Modellen und expliziten Normen; dadurch jedoch, daß eine Distanz, eine Diskrepanz besteht, und zwar durch die bloße Tatsache des Explizitmachens oder der Suche nach »Rationalisierungen«, wird die Kultur aus der Unbeweglichkeit einer allzu vollkommenen Kohärenz gerissen, die durch völlige Selbstidentität zustande käme. Vielleicht ist es diese Diskrepanz, die bewirkt, daß auch die »statischsten« Gesellschaften eine Geschichte haben. Die Kultur wird niemals anders als in ihren Umrissen erfaßt, wie alle Gegenstände der Welt, und die Individuen können sie nur in partiellen, aufeinanderfolgenden Bildern sehen.

36 Diese Analysen finden ihre Bestätigung in der Tatsache, daß man, je mehr sich der Geldverkehr und, korrelativ dazu, ein gewisser kalkulierender Geist durchsetzt, jenes »Feilschen-Ehrenwettstreit« um das Wittum als eine Schande, als lächerlich empfindet, da man den Austausch, der ja von materiellen Interessen bestimmt wird, nun auch als solchen konstituiert, wobei man die strukturelle Ambiguität des traditionellen Austauschs zerstört.

ZWEITES KAPITEL

1 Erschienen in: *Echanges et Communications*, Festschrift für Claude Lévi-Strauss, Paris 1969. Originaltitel: »La maison ou le monde renversé« (vgl. zum Titel: Hegel, *Phänomenologie des Geistes*, Kap. A III, und die entsprechende französische Übersetzung von J. Hyppolite).

2 Der Ort, der für den Schlaf und den Geschlechtsverkehr bestimmt ist,

scheint nicht streng festgelegt zu sein (allerdings immer innerhalb des »dunklen Teils« des Hauses); die ganze Familie kann auf dem Hängeboden schlafen, vor allem im Winter, oder aber nur die alleinstehenden Frauen (Witwen, Geschiedene usw.) und die Kinder, das Lager kann sich an der »Wand der Dunkelheit« befinden oder auch auf dem oberen Teil der Trennmauer für den Mann, während die Frau auf dem unteren Teil der Trennmauer, an der Türseite, schläft und erst im Dunkeln ihren Gatten aufsucht.

3 Alle Beschreibungen des Berberhauses, selbst die, die mit größter Genauigkeit und Planmäßigkeit vorgehen (wie die von R. Maunier, »Le culte domestique en Kabylie« und »Les rites de la construction en Kabylie«, in: *Mélanges de sociologie nord-africaine,* Paris 1930, S. 120-177) oder die, die den größten Reichtum an Aufzeichnungen über die innere Gliederung des Raumes aufweisen (wie die von E. Laoust, *Mots et choses berbères,* Paris 1920, S. 50–53, und *Etudes sur le dialecte berbère du Chenoua,* Paris 1912, S. 12–15, oder die von H. Genevoix, *L'habitation kabyle,* Fort-National, berberischer Dokumentenkatalog Nr. 46, 1955) weisen in ihrer peinlichen Sorgfalt systematische Lücken auf, insbesondere für alles, was die Orts- und Richtungsbestimmungen der Dinge und Betätigungen im Raum angeht, da sie die Gegenstände und Handlungen niemals als Teile eines symbolischen Systems erfassen. Allein das Postulat, daß jedes der beobachteten Phänomene seinen Sinn und seine Notwendigkeit aus seiner Beziehung mit allen anderen Phänomenen erhält, konnte eine Beobachtung und eine Fragestellung ermöglichen, die durch ihre systematische Zielsetzung diejenigen Fakten zutage fördern, die dem nicht theoretisch gewappneten Beobachter entgehen und die ein Beobachter nicht spontan geben kann, weil sie ihm ganz selbstverständlich erscheinen. Dieses Postulat wird in seiner Gültigkeit durch die Ergebnisse eben der Forschung bestätigt, die es begründet: Die besondere Stellung, die das Haus innerhalb des Systems der magischen Vorstellungen und rituellen Praktiken einnimmt, rechtfertigt das abstrahierende Vorgehen, durch das wir das Haus zuerst jenem weitläufigeren System entrissen haben, um es als System zu behandeln.

4 Von dieser Ausnahme abgesehen, werden die Wände verschieden bezeichnet, je nachdem, ob sie von außen oder von innen betrachtet werden. Die Außenwände werden von den Männern mit der Kelle verputzt, während das Innere von den Frauen mit der Hand geweißt und ausgeschmückt wird. Dieser Gegensatz zwischen den beiden Ausgangspunkten außen und innen ist, wie wir sehen werden, von grundlegender Bedeutung.

5 Von einem Vater, der viele Töchter hat, sagt man: »Ihn erwarten noch böse Tage«; man sagt auch: »Das junge Mädchen ist die Dämmerung« oder »Das junge Mädchen ist die ›Wand der Dunkelheit‹«.

6 Diese Lage des Hauses im geographischen und im gesellschaftlichen Raum sowie seine innere Gliederung sind einer der »Orte«, wo die symbolische oder gesellschaftliche und die technische Notwendigkeit sich ineinanderfügen. Man könnte sagen, daß gerade in einem Fall wie diesem, wo die Prinzipien einer symbolischen Strukturierung der Welt sich nicht völlig frei anwenden lassen, sondern gewissermaßen äußeren Zwängen Rechnung tragen müssen (den technischen Zwängen z. B., denen zufolge das Haus lotrecht zur Höhenschichtlinie und nach Osten ausgerichtet gebaut werden muß, oder, in anderen Fällen, den Zwängen der gesellschaftlichen Struktur, der zufolge jedes neue Haus in einem besonderen, durch die genealogischen Zusammenhänge bestimmten Viertel gebaut werden muß), das symbolische System seine spezifische Fähigkeit voll entfaltet, die Größen und Fakten, die ihm von anderen Systemen vorgegeben werden, in der ihm eigenen Logik neu zu interpretieren. Ohne eine äußerst komplexe Diskussion weiterverfolgen zu wollen, möchten wir hier nur andeuten, daß die Abhängigkeit des mythisch-rituellen Systems gegenüber den anderen Systemen nicht in jeder Gesellschaft die gleiche Stärke und die gleiche Form besitzt.

7 Der Gegensatz zwischen dem »offiziellen« (d. h. wo man Besuch empfängt) und dem privaten, intimen Teil (den man auch im Nomadenzelt findet, wo eine Zeltplane den für die Frauen bestimmten Teil von dem dem Gast offenstehenden abtrennt) kommt z. B. in Riten wie diesem zum Ausdruck, die die Zukunft voraussagen: Wenn eine Katze – ein glückbringendes Tier – mit einer Feder oder einem weißen Wollfädchen auf dem Rücken ins Haus kommt und auf die Feuerstelle zugeht, kündigt sie die Ankunft von Gästen an, denen man eine Fleischmahlzeit vorsetzen wird; geht sie auf den Stall zu, so heißt das, daß man, wenn gerade Frühling ist, eine Kuh, wenn man gerade bei der Feldbestellung ist, einen Ochsen kaufen wird.

8 Die Entsprechung zwischen Schlaf und Tod wird ausdrücklich formuliert, indem eine Regel vorschreibt, sich zum Schlaf erst auf die rechte Seite, dann auf die linke Seite zu legen, weil der Tote im Grab auf der rechten Seite liegt. Die Totengesänge stellen das Grab, »das Haus unter der Erde«, wie ein umgekehrtes Haus dar (weiß: dunkel; hoch: niedrig; mit Malereien geschmückt: grob in die Erde gehauen) und benutzen dabei gern homonyme Wörter, die sich auf formal ähnliche Dinge beziehen: »Ich habe Leute gefunden, die ein Grab gruben,/ mit der Hacke bearbeiteten sie die Wände,/ sie bauten Bänke (*thiddukanin)* in die Wände ein / mit einem Mörtel schlechter als Schlamm«, sagt ein bei der Totenwache gesungenes Lied (vgl. H. Genevoix, op. cit., S. 27). *Thaddukant* (Plur. *thiddukanin)* bezeichnet zugleich die Bank an der Trennmauer, die der gegenübersteht, die die Giebelwand entlangläuft (*addukan)*, und die Bank aus Erde, auf der der Kopf des

Mannes im Grabe ruht (die kleine Mulde, in die man den Kopf der Frau legt, heißt dagegen *thakwath*, wie die in die Wände des Hauses eingelassenen Nischen, in denen man kleine Gegenstände aufbewahrt).

9 Um den magischen Ritus zu vollziehen, der, wie ein Keuschheitsschutz, die Frau für den Geschlechtsverkehr unfähig machen soll, läßt man bei den Arabern die Frau durch die lose gehaltenen Kettfäden des Webstuhls schlüpfen, von außen nach innen, d. h. von der Mitte des Zimmers zur Wand hin, an der die Weberinnen arbeiten; in umgekehrter Richtung ausgeführt, zerstört die Prozedur den magischen Keuschheitsschutz wieder. (Vgl. W. Marçais und A. Guiga, *Textes arabes de Takrouna*, Paris 1925, S. 395.)

10 E. Laoust leitet von der Wurzel *zett* (weben) das Wort *tazettat* ab, das bei den marokkanischen Berbern den Schutz bezeichnet, den man jeder in fremdem Land reisenden Person gewährt, und auch die Entlohnung, die der Beschützer für seinen Schutz erhält (E. Laoust, *op. cit.*, S. 120).

11 vgl. weiter oben.

12 Bei seinem ersten Eintritt in den Stall wird das neue Ochsengespann von der Hausfrau empfangen und geführt.

13 Der Bau eines Hauses, der immer dann stattfindet, wenn ein Sohn heiratet, und der die Geburt einer neuen Familie symbolisiert, ist wie die Heirat im Mai verboten. Das Tragen der Balken (die, wie später gezeigt wird, mit dem Hausherrn gleichgesetzt werden) heißt *tha'richth*, wie der Hängeboden und wie die Bahre, auf der man den Toten trägt oder das verletzte Tier, um es weit vom Hause entfernt zu töten, und ist Anlaß zu einer gesellschaftlichen Zeremonie, die in ihrer Bedeutung der des Begräbnisses völlig gleicht. Durch ihren unbedingt zwingenden Charakter, durch ihre feierliche Form und durch die Anzahl von Mitgliedern der Gruppe, die sie beansprucht, kann diese kollektive Arbeit (*thiwizi*) nur mit dem Begräbnis gleichwertig verglichen werden: Die Männer begeben sich an den Ort, wo die Stämme gefällt werden, nachdem vom Turm der Moschee herab der Ruf dazu ertönt ist, ganz wie bei dem Begräbnis. Von der Beteiligung am Balkentragen als einem religiösen Akt, den man immer ohne Gegenleistung ausführt, erwartet man sich ebensoviel *ḥassana* (Verdienst) wie von der Beteiligung an den mit dem Begräbnis verbundenen kollektiven Handlungen (das Grab graben, Steinplatten hauen oder herbeischaffen, den Sarg tragen helfen oder am Begräbnis teilnehmen).

14 M. Dewulder, »Peintures murales et pratiques dans la tribu des Ouadhias«, *Revue africaine*, 1914, S. 14-15.

15 Am Tage des *tharurith wazal* (8. April des julianischen Kalenders), dem entscheidenden Wendepunkt im Agrarjahr zwischen Trocken- und Regenzeit, macht sich der Hirt sehr früh am Morgen auf, um Wasser zu schöpfen, und besprengt damit den Hauptbalken; bei der Kornernte

wird die letzte Garbe (oder eine doppelte Ähre) nach besonderem Ritus zugeschnitten und für das ganze Jahr am Hauptbalken aufgehängt.

16 Von der Jungvermählten, die sich gut im neuen Haus einlebt, sagt man *tha'mmar,* d. h., neben anderen Bedeutungen (s. Anm. 30), »sie ist voll«, »sie füllt an«.

17 Bei den Berbern des Aurès-Gebirges wird die Ehe immer am Montag, Donnerstag oder Sonnabend, d. h. an den Glückstagen, vollzogen. Am Vorabend sind die jungen Mädchen von der Seite des Bräutigams damit beschäftigt, sechs Hammelbälge (*hiji*), rot, grün, gelb und lila (die Braut darstellend) und einen siebenten, weißen (den Bräutigam), alle mit Korn gefüllt, am Hauptpfeiler aufzuschichten. Am Fuße der *hiji* streut eine Alte Salz aus, um die bösen Geister zu vertreiben, piekt eine Nadel in den Boden, die die Männlichkeit des Bräutigams steigern soll, und legt eine nach Osten ausgerichtete Matte auf den Boden, die eine Woche lang das Lager der Jungvermählten sein wird. Die Frauen aus der Verwandtschaft des Bräutigams besprengen *hiji* mit duftenden Essenzen, während seine Mutter, wie das auch bei der Feldbestellung üblich ist, einen Dattelregen für die Kinder ausstreut, die sich darum raufen. Am nächsten Tag wird die Braut von einem nahen Angehörigen des Bräutigams an die *hiji* getragen, an deren Fuß die Mutter erneut Mehl, Datteln, Weizenkörner, Zucker und Honig ausstreut.

18 In manchen Gegenden wird die Pflugschar in die Gabelung des Hauptpfeilers gehängt, und zwar mit der Spitze zur Tür.

19 So ist bekannt, daß der Gast der Hausfrau eine Geldsumme übergibt, »der Blick« genannt, und zwar nicht nur, wenn er zum ersten Mal in einem Haus eingeladen ist, sondern auch, wenn er am dritten Tag der Hochzeitsfeier der Familie der Braut einen Besuch abstattet.

20 Um anzudeuten, daß die Männer nicht viel von dem wissen, was im Hause vor sich geht, sagen die Frauen: »O du armer, unglücklicher Mann, den ganzen Tag auf dem Feld wie das Maultier auf der Weide.«

21 Die Dualität im Lebensrhythmus, die mit der Trennung des Jahres in Trockenheit und Regenzeit verbunden ist, äußert sich u. a. im häuslichen Bereich; so wandelt sich der Gegensatz zwischen unterem und oberem Teil des Hauses im Sommer ab in einen Gegensatz zwischen dem Haus im engen Sinne, in das sich Frauen und Kinder zum Schlaf zurückziehen und in dem man die Vorräte aufbewahrt, und dem Hof, in dem man die Feuerstelle und die Handmühle aufbaut, wo man die Mahlzeiten einnimmt und sich bei Festen und Feiern aufhält.

22 Unter Männern müssen Beziehungen draußen angeknüpft werden: »Die Freunde sind die Freunde von draußen, nicht die des *kanun.*«

23 »Das Huhn«, sagt man, »legt seine Eier nicht auf dem Markt.«

24 Der Gegensatz zwischen dem Haus und der *thajma'th* tritt deutlich

in dem unterschiedlichen Grundriß der beiden Gebäude zutage: die Öffnung des Hauses stellt die Haupttür an der Vorderseite dar, das Versammlungshaus dagegen hat die Form eines langen überdachten Ganges, dessen beide Giebelwände völlig offen sind und den man so von einem Ende zum andern durchschreiten kann.

25 Diese Struktur ist in anderen Bereichen des mythisch-rituellen Systems wiederzufinden; so zerfällt ein Tagesablauf (24 Stunden) in Tag und Nacht, aber der Tag zerfällt wiederum in einen »Tages-Tages«-Teil (den Morgen) und einen »Tages-Nacht«-Teil (den Abend); ebenso zerfällt der Jahresablauf in Trockenzeit und Regenzeit, wobei die Trockenzeit in einen »Trocken-Trocken«-Teil und einen »Trocken-Regen«-Teil zerfällt. Zu untersuchen wäre ebenfalls die Beziehung zwischen dieser Struktur und der, die der politisch-gesellschaftlichen Ordnung zugrunde liegt und die in dem Sprichwort zum Ausdruck kommt: »Mein Bruder ist mein Feind, der Feind meines Bruders ist mein Feind.«

26 »Die weißen Tage« bezeichnen die glücklichen Tage. Funktion der Hochzeitsriten ist es u. a., die Frau »weiß zu machen« (durch Bespritzen mit Milch usw.).

27 Daher die doppeldeutige Stellung des Schmiedes und der von ihm hergestellten Geräte: Meister des – männlichen – Feuers, ist er andererseits der Mann, der wie die Frau den ganzen Tag drinnen zubringt.

28 Die Feuerstelle als Stätte einer gewissen Anzahl von Riten und als Gegenstand von Verboten wird durch diese zum Gegensatz des dunklen Teils des Hauses. Es ist z. B. verboten, nachts die Asche zu berühren, ins Feuer zu spucken, Wasser tropfen zu lassen oder Tränen zu vergießen (siehe Maunier). Ebenso bedient man sich bei den Riten, die einen Wetterumschlag herbeiführen sollen und auf dem Prinzip der Verkehrung beruhen, des Gegensatzes zwischen trockenem und feuchtem Teil des Hauses; so legt man z. B. einen Kamm zum Zusammendrücken der Wolle (d. i. ein vom Feuer hergestellter und mit dem Weben verbundener Gegenstand) und ein glühendes Holzscheit die Nacht über auf die Schwelle, um den Übergang vom Feuchten zum Trockenen zu bewirken; im umgekehrten Fall, wenn es sich um den Übergang vom Trockenen zum Feuchten handelt, legt man den oben erwähnten Kamm und einen Krempelkamm die Nacht über auf die Schwelle und benetzt sie mit Wasser.

29 Auch das Dorf hat seine *ḥurma,* die jeder Besucher achten muß. So wie man die Schuhe auszieht, wenn man ein Haus, eine Moschee, eine Tenne betritt, so muß man vom Pferd absitzen, wenn man in ein Dorf kommt.

30 *ʿammar,* das ist, wenn es sich um eine Frau handelt, sparsam und tüchtig im Haushalt sein, es heißt auch, eine Familie gründen und

»voll sein«. Im Gegensatz zu *'ammar* steht der, den man *ikhla* nennt, der verschwenderische, aber auch unfruchtbare, einsame Mann, oder *enger*, ledig und unfruchtbar, d. h. in gewissem Sinne wild, wie der Schakal unfähig, einen Haushalt zu gründen.

31 Hier wird wiederum deutlich, daß das moralische Wertsystem seine grundlegenden Prinzipien aus dem mythisch-rituellen System zieht.

32 Umgekehrt aber bedeutet das Hereinbringen der neuen Steine für die Feuerstelle an bestimmten Einweihungstagen Fülle, Hereintragen des Guten in das Haus; so werden die Vorzeichen, die an diesen Tagen auftreten können, als Zeichen von Gedeihen und Fruchtbarkeit ausgelegt: Findet man einen weißen Wurm unter einem der Steine, kündet das eine Geburt für das gleiche Jahr an; ein grüner Grashalm bedeutet eine gute Ernte; Ameisen eine vergrößerte Herde; ein Käfer neue Vieherwerbungen.

33 Um jemanden zu trösten, sagt man: »Er hinterläßt euch ja die *baraka*« (göttliche Gunst, die dem Menschen Glück bringt), wenn es sich um einen Erwachsenen handelt, oder: »Die *baraka* ist ja nicht aus dem Haus gegangen« bei einem Kind. Der Tote wird dicht an der Tür, mit dem Kopf zur Tür, aufgebahrt; man wärmt das Wasser auf der Stallseite und wäscht den Toten am Stalleingang; die Asche und die verkohlten Scheite dieses Feuers werden außerhalb des Hauses verstreut; das Brett, das zur Totenwäsche gedient hat, bleibt drei Tage lang vor der Tür; nach dem Begräbnis schlägt man vom Freitag bis zum darauf folgenden Sonnabend drei Nägel in die Tür.

34 Die Kuh muß auf der Schwelle niedergelegte dicke Bohnen und ein Messer überschreiten; die Feuerstelle und die Schwelle werden mit Milch benetzt.

35 Manchmal legt man in das Milchgefäß einen Stein, den der junge Hirt beim ersten Schrei des Kuckucks im Jahr aufgehoben und auf seinen Kopf gelegt hat. Es kommt auch vor, daß man beim Melken die Milch durch den Ring der Hacke fließen läßt oder daß man eine Fingerspitze Erde ins Milchgefäß wirft.

36 Manchmal wird sie auch mit Wasser besprengt, oder man gibt ihr Milch und Wasser zu trinken.

37 An der Tür hängen verschiedene Gegenstände, die alle die doppelte Funktion der Schwelle deutlich machen, die wie eine bedingt durchlässige Sperre den Durchgang kontrolliert, das Leere und Böse aufhält, aber das Volle und Gute einläßt und alles, was sie nach außen hin überquert, zur Fruchtbarkeit und zum Gedeihen hin lenkt.

38 Bei der Geburt wird das kleine Mädchen in ein weiches Seidentuch gehüllt, der kleine Junge dagegen wird in trockene und rauhe Bänder gewickelt, die sonst dazu dienen, die Garben zusammenzubinden.

39 vgl. Anmerkung 27.

40 Natürlich ist die umgekehrte Ausrichtung (d. h. die, die sich ergibt,

wenn man den Grundriß des Hauses »gegen das Licht« betrachtet) möglich, wenn auch selten. Man sagt ausdrücklich, daß alles, was von Westen kommt, Unglück bringt, und eine nach Westen ausgerichtete Tür kann gar nichts anderes als Dunkelheit und Unfruchtbarkeit einlassen. Wenn die genaue Umkehrung des »idealen« Grundrisses selten vorkommt, so aber hauptsächlich deswegen, weil die Nebengebäude, wenn sie sich rechtwinklig um den Hof gruppieren, oft einfache Wohnräume ohne Küche und Stall sind und weil der Hof meist auf der dem Hauptgebäude gegenüberliegenden Seite von der Rückseite des Nachbarhauses geschlossen wird, das seinerseits nach Osten ausgerichtet ist.

41 Es ist bekannt, daß die beiden *ṣuff-s*, politische und kriegerische Ligen, die in Aktion traten, sowie ein Zwischenfall eintrat (und die mit den auf Verwandtschaftszusammengehörigkeit beruhenden gesellschaftlichen Einheiten sehr veränderliche Beziehungen unterhielten, die von Deckungsgleichheit bis zu völliger Diskrepanz reichen konnten), obere (*ufella*) und untere (*buadda*) *ṣuff*, oder rechte (*ayafus*) und linke (*azelmadh*) *ṣuff*, oder östliche (*acherqi*) und westliche (*aghurbi*) *ṣuff* genannt werden; letztere, eine weniger gebräuchliche Bezeichnung, hat sich erhalten, um bei den rituellen Spielen die beiden Lager zu kennzeichnen (von denen die traditionellen Kämpfe zwischen den *ṣuff-s* übrigens ihre innere Gesetzmäßigkeit bezogen), und lebt heute im Wortschatz der Kinderspiele weiter.

42 Man weiß, daß der Hausherr seinen Gast am Webstuhl empfängt (*qabel*), d. h. im edlen Teil des Hauses.

43 Die vier Himmelsrichtungen und die vier Jahreszeiten müssen also der oben eingeführten Reihe von Gegensätzen und Homologien hinzugefügt werden (ihre Zugehörigkeit zu dem mythisch-rituellen System und ihre Stimmigkeit innerhalb dieses Systems ließe sich leicht nachweisen): ... Kultur : Natur : : Osten : Westen : : Süden : Norden : : Frühling : Herbst : : Sommer : Winter.

44 Die Tatsache, daß die Regeln für diese räumliche Verkehrung auf Körperbewegungen zurückzuführen sind, soll an anderer Stelle auf ihre theoretischen Implikationen hin untersucht werden.

45 In manchen Gegenden läßt man die junge Braut und einen (bei derselben Feier) beschnittenen Knaben sich auf der Schwelle begegnen.

46 Hieraus wird verständlich, daß die Schwelle direkt oder indirekt mit den Riten in Verbindung gesetzt wird, die darauf abzielen, den Lauf der Dinge diametral zu verändern, und zwar durch eine Verkehrung der Grundgegensätze: Riten z. B., durch die man Regen oder schönes Wetter herbeiführen will, oder Riten an einer Zeitschwelle (so z. B. in der Nacht vor *En-nayer*, dem ersten Tag des Sonnenjahres, in der man Amulette an der Türschwelle vergräbt).

47 Die Entsprechung zwischen den vier Seiten des Hauses und den vier Himmelsrichtungen tritt in gewissen Versöhnungsriten des Aurès-Ge-

birges deutlich zutage; am Tage der Erneuerung des Feuers, d. h. am Neujahrstag, backt die Chaouïa-Frau das dort übliche Fettgebäck, teilt den ersten garen Kuchen in vier Teile und wirft diese in die vier Richtungen des Hauses. Ebenso macht sie es auch mit dem rituellen Gericht des ersten Frühlingstages (vgl. M. Gaudry, *La femme chaouia de l'Aurès*, Paris 1928, S. 58-59).

48 Wir werden an anderer Stelle darzulegen versuchen, daß sich dieselbe Struktur in der Zeitordnung wiederfinden läßt. Aber um zu zeigen, daß es sich hierbei zweifellos um eine sehr allgemeine Form des magischen Denkens handelt, soll hier nur ein anderes, dem oben Gesagten sehr ähnliches Beispiel angeführt werden: Die Araber des Maghreb, so berichtet Ben Cheneb, hielten es für ein gutes Zeichen, wenn der rechte Vorderfuß und der linke Hinterfuß eines Pferdes weiß sind; der Herr eines solchen Pferdes kann gar nicht anders als glücklich sein, steigt er doch »zum Weiß hin« auf und ebenso »zum Weiß hin« ab (bekanntlich steigen die arabischen Reiter auf der rechten Seite auf und auf der linken Seite ab). (Vgl. Ben Cheneb, *Proverbes arabes d'Alger et du Maghreb*, Bd. 3, Paris 1905–1907, S. 312)

49 Der Spiegel spielt eine große Rolle in den Verkehrungsriten, insbesondere in denen, die schönes Wetter herbeiführen sollen.

50 Deshalb auch sind selbst die aufmerksamsten Beobachter bisher einfach an ihr vorbeigegangen.

51 Auch im Innenraum sind die beiden entgegengesetzten Teile einer dem anderen übergeordnet; so, neben den schon zitierten Anhaltspunkten dafür, das Sprichwort: »Besser ein Haus voller Männer als ein Haus voller Güter (*el mal*)«, d. h. voll Vieh.

DRITTES KAPITEL

1 Wenn es uns sinnvoll erscheint, hier die einzelnen Etappen der Forschung, die zu der vorliegenden Arbeit geführt haben, noch einmal aufzuzeichnen, so deshalb, weil die Geschichte der aufeinanderfolgenden Irrtümer Bestandteil einer wissenschaftlichen Kenntnis ist, die im wesentlichen nur durch eine Reflexion über diese Irrtümer zustande gekommen ist. Die vorliegende Abhandlung ist das Ergebnis einer Forschungsarbeit, die sich, von anderen Arbeiten unterbrochen, über zehn Jahre, von 1960 bis 1970, erstreckt hat. Im Rahmen einer zuerst in verschiedenen Dörfern Kabyliens, dann in der Gegend von Collo, schließlich im Tal des Chelif und im Ouarsenis geführten Untersuchung der ökonomischen und sozialen Strukturen wurden Genealogien erfaßt, die sich von dem bei den Ethnologen als traditionell geltenden Modell nur insofern unterschieden, als sie versuchten, die relative ökonomische Stellung der durch Heirat verbundenen Gruppen grosso modo zu be-

stimmen. Durch die statistische Analyse dieser Genealogien, die zwischen 1962 und 1964 durchgeführt wurde, konnten einige unbestreitbare und sofort ins Auge fallende Beziehungen aufgestellt werden, wie die häufiger auftretende Endogamie in Marabutfamilien oder die Asymmetrie der matrimonialen Tauschbeziehungen zwischen Gruppen, die sich durch ökonomische Ungleichheit unterscheiden. Sobald jedoch Häufigkeitsquoten der Heirat mit der parallelen Kusine berechnet werden sollten, spürte man unweigerlich, wie künstlich und abstrakt die zu diesem Zweck vorgenommenen Einteilungen und Gruppierungen eigentlich waren (nebenbei sei bemerkt, daß die an Jean Cuisenier gerichtete Kritik eine retrospektive Selbstkritik darstellt). Daher kam es, daß wir, obwohl unsere Forschungsarbeit sich durch eine genaue Untersuchung der Erklärungen, die die Informanten beim Zusammenstellen der Genealogien oder in Gesprächen spontan lieferten, immer mehr einer Theorie der Heirat mit der parallelen Kusine zuwandte, welche die diesem Heiratstypus bewußt oder unbewußt zufallenden ökonomischen und politischen Funktionen berücksichtigen wollte, auf unser Unternehmen schließlich verzichteten, da es uns nur Erfahrungen ausschließlich negativer Art einbrachte. Nachdem wir also die Untersuchung der Genealogien zugunsten einer Analyse des Rituals und besonders der Übergangsriten aufgegeben hatten, wurde uns sehr schnell klar, daß die *Variationen*, die im Ablauf der Übergangsriten auftreten und die zuerst als einfache »Varianten« behandelt wurden, im Fall der Heirat mit strukturellen und funktionalen Unterschieden zwischen den einzelnen Verbindungen zusammenfielen, wobei das Ritual, das sich im Falle von Heiraten zwischen großen Familien verschiedener Stämme in all seinem Reichtum entfaltet, auf seine einfachste Form reduziert wird, wenn es sich um die Heirat mit der parallelen Kusine handelt; so erschien jede Heirat (und damit jede Form des Ritus) als Moment einer Strategie, die ihr Prinzip in einem bestimmten Typ objektiver Bedingungen hat und nicht in einer explizit aufgestellten und befolgten Norm oder in einem unbewußten »Modell«. Man konnte den matrimonialen Tauschbeziehungen also nur dann gerecht werden, wenn man – abgesehen von der rein genealogischen Beziehung zwischen den Ehegatten – die objektive Beziehung zwischen der jeweiligen Stellung der durch die Heirat vereinigten Gruppen in der Sozialstruktur, die Geschichte der zwischen beiden Gruppen vollzogenen Transaktionen und deren Stand zum Zeitpunkt der Heiratsverhandlungen, die Geschichte dieser Verhandlungen, ihre zeitliche Bedeutung im Leben der Ehegatten (Kindheit oder Jugendalter), ihre Dauer, die Individuen, die für sie verantwortlich sind, die Tauschhandlungen, zu denen sie Anlaß geben, und ganz besonders die Höhe des Wittums genau bestimmte. Das heißt, daß die Untersuchung der matrimonialen Tauschbeziehungen mit der ökonomischen und sozialen Geschichte der Familien zusammenfällt, von der das genealogische Schema nur das »Skelett« wiedergeben kann. Darum wurde der Versuch unternommen, die soziale Geschichte einer Familie zu schreiben, ohne dieses Unternehmen jedoch bis zu Ende durchführen zu können, das, selbst wenn man sich strikt an die nur für die Heiraten wichtigen Informationen hält, wirklich unerschöpflich ist: Diese Arbeit, durch die man konkret ermessen kann, was der »normale« Genealoge alles beiseite läßt, hat darüber hinaus die meisten konkreten Beispiele für die hier vorliegenden theoretischen Analysen geliefert. Selbstverständlich sind in diese Arbeit die Ergebnisse anderer Forschungsarbeiten eingegangen, die auf anderen Gebieten und an scheinbar völlig verschiedenen Gegenständen durchgeführt wurden, wie die Arbeiten über die Ehelosigkeit der Bauern in Béarn und über die Strategien der Eltern in Erziehungsfragen. Für die Analyse des Gruppenbegriffs schließlich waren uns die Deutung von Luc Boltanski und die mit ihm geführten Diskussionen anläßlich einer Untersuchung über die Politik wertvoll.

2 Vgl. C. Lévi-Strauss, »Le problème des relations de parenté«, *Systèmes de parenté,* Beitrag zu den interdisziplinären Gesprächen über islamische Gesellschaften, Paris 1959, S. 13–14.

3 »Die Anthropologie wird sich immer deutlicher der Schwierigkeit bewußt, von halbabstrakten, oft auf einzelne Regionalkulturen bezogenen Theorien auf eine Universaltheorie überzugehen, die jene einschließt. Man hat die relativ genaue Beziehung zwischen der Theorie der Unifiliationsgruppen und den afrikanischen Gesellschaften, oder jedenfalls einigen von ihnen, bemerkt; ebenso ist die Theorie der exogamen Heirat (théorie de l'alliance de mariage) zweifellos unabdingbar für die Gesellschaften Südostasiens. Im Gegensatz dazu jedoch findet sie keine Verwendung bei den arabischen Gesellschaften, in denen die Heirat mit der patrilinearen parallelen Kusine üblich ist. Und beide Theorien erweisen sich als untauglich angesichts der sogenannten kognatischen oder indifferenzierten Systeme, von denen man, um Lévi-Strauss selbst paraphrastisch zu zitieren, sagen kann, daß sich die Verwandtschaft nicht von der Beziehung zum Boden trennen läßt, und die also darauf hinweisen, daß man infolgedessen beide Beziehungen zusammennehmen muß, um ein wirkliches ›System‹ daraus abzusondern. Letzten Endes stehen wir noch, wie man sagt, auf einer recht niedrigen Abstraktionsstufe, und die interessantesten Theorien, über die wir verfügen, lassen sich jeweils nur auf einen Gesellschaftstypus oder auf ein besonderes System anwenden.« (L. Dumont, *Introduction à deux théories d'anthropologie sociale,* Paris 1971, S. 119)

4 R. Needham, »The Formal Analysis of Prescriptive Patrilateral Cross-Cousin Marriage«, *Southwestern Journal of Anthropology,* Bd. 14, 1958, S. 199–219.

5 Über die deduktive Beziehung, die die Verwandtschaftsbenennungen oder Benennungssysteme mit den Verwandtschaftshaltungen verbindet, vgl. A. R. Radcliffe-Brown, *Structure and Function in Primitive Society*, London 1952, S. 62; *African Systems of Kinship and Marriage*, 1960, Einleitung S. 25; Cl. Lévi-Strauss, *Strukturale Anthropologie*, Frankfurt 1967, S. 52. Über den Begriff *»jural«* und seinen Gebrauch bei Radcliffe-Brown vgl. L. Dumont, *op. cit.* S. 41: Die »juralen« Beziehungen sind die, »welche Gegenstand genauer, formaler Vorschriften sind, im Bezug auf Personen oder Dinge«.

6 F. Barth, »Principles of Social Organization in Southern Kurdistan«, *Universitets Ethnografiske Museum Bulletin*, Nr. 7, Oslo 1953.

7 R. F. Murphy and L. Kasdan, »The Structure of Parallel Cousin Marriage«, *American Anthropologist*, Bd. 61, Febr. 1959, S. 17–29.

8 H. Granqvist, »Marriage Conditions in a Palestinian Village«, *Commentationes Humanarum, Societas Scientiarum Fennica*, Bd. 3, 1931; H. Rosenfield, »An Analysis of Marriage Statistics for a Moslem and Christian Arab Village«, *International Archives of Etnography*, 48, 1957, S. 32–62.

9 Murphy bemerkt, daß man trotz sehr wenigen statistischen Materials seit langer Zeit wußte, daß die Heirat mit der parallelen Kusine keine »konstante Praxis« darstellt und daß »sie nur für die ersten Heiraten gilt«, obwohl sie »die *bevorzugte* und *normative* Heiratsform« ist.

10 J. Cuisenier, »Endogamie et exogamie dans le mariage arabe«, *L'Homme*, II, 2, Mai-August 1962, S. 80-105.

11 »Es ist seit langem bekannt, und die von K. Kundstadter und seinem Team unternommenen Simulationen auf dem Computer haben es hinlänglich bewiesen, daß die Gesellschaften, die die Heirat zwischen gewissen Verwandten befürworten, nur in einer geringen Anzahl von Fällen tatsächlich der Norm zu entsprechen vermögen. Die Fruchtbarkeits- und Reproduktionsquoten, das demographische Gleichgewicht der Geschlechter, die Alterspyramide weisen niemals die schöne Harmonie und die Regelmäßigkeit auf, die notwendig wären, um in dem vorgeschriebenen Grad jedem Individuum einen geeigneten Ehepartner zum Zeitpunkt der Heirat zu garantieren, selbst wenn die Verwandtschaftsnomenklatur so extensiv ist, daß sie ähnliche, aber in ihrer Entfernung unterschiedliche Verwandtschaftsgrade – was so weit gehen kann, daß die Idee einer gemeinsamen Abstammung rein theoretisch wird – gleichstellt.« Cl. Lévi-Strauss, *Les structures élémentaires de la parenté*, Vorwort zur zweiten Auflage, Paris 1968, S. XVII.

12 Jean Cuisenier, der hierin Claude Lévi-Strauss folgt, wenn dieser bemerkt, daß »man vom strukturellen Standpunkt aus die Heirat mit der Tochter des Bruders des Vaters und die Heirat mit der Tochter des Sohns des Vaters als gleichwertig betrachten kann« (Cl. Lévi-Strauss, »Le problème des relations de parenté«, *loc. cit.* S. 55),

schreibt: ». . . es kann im Gegenteil passieren, daß Ego die Enkeltochter seines Onkels väterlicherseits oder die Tochter des Großonkels väterlicherseits heiratet. Vom strukturellen Standpunkt aus können diese Ehen der Heirat mit der Tochter des Onkels väterlicherseits bzw. der Heirat mit der Enkelin des Großonkels väterlicherseits angeglichen werden« (vgl. J. Cuisenier, *loc. cit.* S. 84). Wenn der Ethnologe den Nominalismus des Genealogismus, der die Kohärenz des Benennungssystems für die praktische Logik der Dispositionen und Praktiken hält, mit dem Formalismus einer auf abstrakten Einteilungen gegründeten Statistik kombiniert, wird er geradewegs dazu gebracht, genealogische Manipulationen vorzunehmen, die in der Praxis dem Verfahren entsprechen, durch das die Individuen die Diskrepanz zwischen ihrer matrimonialen Praxis und der idealen Vorstellung davon oder dem offiziellen Bild, das sie davon geben wollen, verhüllen; so können sie, wenn es sein muß, unter die Bezeichnung »parallele Kusine« nicht nur die Tochter des väterlichen Onkels, sondern darüber hinaus die patrilinearen Kusinen zweiten oder sogar dritten Grades, wie z. B. die Tochter des Sohns des Bruders des Vaters oder die Tochter des Bruders des Vaters des Vaters usw., subsumieren (vgl. auch die Manipulationen des Verwandtschaftsvokabulars, wenn sie z. B. den Begriff »*'amm*« als Höflichkeitsformel verwenden, die an jeden älteren patrilinearen Verwandten gerichtet werden kann).

13 Zu dem Unterschied zwischen mimetischen Modellen und analogischen Modellen, siehe P. Bourdieu, J. C. Passeron und J. C. Chamboredon, *Le métier de sociologue,* Paris 1968, S. 82–83.

14 Die Berechnung von »Endogamiequoten« auf jeder genealogischen Stufe, jener irreellen Schnittmenge abstrakter »Kategorien«, führt dazu, durch eine Abstraktion zweiten Grades Individuen als identisch zu behandeln, die, obwohl sie sich auf der gleichen Stufe des Stammbaums befinden, sehr verschieden alt sein können und deren Heiraten aus eben diesem Grund je nach dem unterschiedlichen Stand des Heiratsmarktes in verschiedenen Konjunkturen geschlossen werden konnten, oder aber sie führt dazu, genealogisch getrennte, aber chronologisch gleichzeitige Heiraten als unterschiedlich zu betrachten: so kann ein Mann z. B. zur gleichen Zeit wie einer seiner Onkel heiraten.

15 E. L. Peters, »Some Structural Aspects of the Feud among the Camel-herding Bedouin of Cyrenaica«, *Africa,* Bd. XXXVII, Nr. 3, Juli 1967, S. 261–282. Murphy sagt das gleiche, ohne aber die Konsequenzen daraus zu ziehen, wenn er bemerkt, daß die Genealogien und die Manipulation der Genealogien hauptsächlich die Funktion haben, den vertikalen Zusammenhang gesellschaftlicher Einheiten zu verstärken, die die Heirat mit der parallelen Kusine zu teilen und in sich selbst abzuschließen strebt.

16 Da die Macht der Erinnerung dem Wert entspricht, den die Gruppe

jedem Individuum beim Zusammenstellen der Genealogien zuerkennt, verzeichnen die Genealogien die Männer (und deren Heiraten) vollständiger, vor allem, wenn sie eine zahlreiche männliche Nachkommenschaft haben, als die Frauen (eine Ausnahme bilden die Frauen, die innerhalb ihrer Linie geheiratet haben); ebenso verzeichnen sie nahe Heiraten besser als entfernte, eine einzige Heirat eher als alle Heiraten eines Mannes, der mehrmals verheiratet war (Polygamie, mehrfache Wiederheirat nach Scheidung oder Tod der Frau). Und allem Anschein nach können ganze Linien von den Informanten verschwiegen werden, wenn ihr letzter Vertreter ohne Nachkommen oder, was auf das gleiche hinausläuft, ohne männliche Nachkommen gestorben ist. Auf allen genealogischen Stufen, vor allem aber, je weiter man in der Genealogie zurückgeht, sind die Heiraten der Frauen immer sehr viel weniger zahlreich als die der Männer, und dieser Unterschied läßt sich auch weder dadurch erklären, daß es dem Mann theoretisch freisteht, mehrere Frauen zu haben und seine Frau ohne Gefahr für seinen Ruf zu verstoßen – während das materielle und symbolische Interesse der Frau, ihre »Erfüllung« (*thachbaḇth*, die Schönheit) in einer beständigen und dauerhaften Heirat liegt, die sowohl ihre Verwandten als die Familie ihres Mannes zufriedenstellt –, noch dadurch, daß der Witwer verpflichtet ist, wieder zu heiraten, während selbst eine junge Witwe vom Heiratsmarkt ausgeschlossen ist, weil sie als Mutter das Kind ihres Mannes großziehen muß (dies gilt natürlich nur für die Mutter eines Knaben; »eine Frau kann nicht für eine andere Frau Witwe bleiben«, sagt man von der Witwe, die nur Töchter hat und der man rät, wieder zu heiraten; eine Mutter von Knaben dagegen wird für ihre aufopfernde Haltung gelobt, um so mehr, wenn sie jung ist und als Fremde unter den Schwestern ihres verstorbenen Mannes und den Frauen seiner Brüder im allgemeinen einen schweren Stand hat). An dieser Stelle soll weder das gesamte von uns zusammengestellte Material (mehr als 30 Genealogien von Bergbewohner-Familien aus dem Collo-Massiv, Groß- und Kleinkabylien, dem Ouarsenis sowie einiger in den Höfen des Chéliftals niedergelassener Landarbeiter usw.) noch die gesamte Aufbereitung dieses Materials angeführt werden (Anzahl der von den Männern und den Frauen geschlossenen Heiraten auf den verschiedenen genealogischen Stufen; Aufgliederung dieser Heiraten in die verschiedenen Heiratstypen: Heiraten mit der parallelen Kusine stricto sensu und mit jeder anderen patrilinearen Kusine, endogame Heiraten innerhalb der erweiterten Verwandtschaft, Heiraten mit einer matrilinearen Kreuzkusine – wobei diese zugleich patrilineare Kusine zweiten Grades sein kann oder nicht – usw.; Berechnung der Endogamiequoten, ausgehend von der engsten Endogamie – Heiraten mit der Tochter des Bruders des Vaters – bis hin zur Endogamie im weitesten Sinne – Heiraten innerhalb der Gruppe, deren Mitglieder sich als untereinander verwandt betrachten, auch wenn keine genealogische Verbindung und keine Namensgemeinschaft zwischen ihnen besteht –; Prozentsatz der Polygamie für die Männer; Prozentsatz der Wiederheiraten nach Scheidung oder Tod des Ehepartners für Männer und Frauen usw.); als Beispiel seien hier nur zwei Genealogien aufgeführt, die eine aus dem Collo-Massiv, die andere aus Kleinkabylien: Zählt man die Heiraten auf allen genealogischen Stufen aus, so kann man feststellen, daß der zahlenmäßige Unterschied zwischen den Männerheiraten und den Frauenheiraten desto größer wird, je weiter man in der Genealogie zurückgeht. Erst

genealogische Stufe	MÄNNER						FRAUEN					
	I. Genealogie			II. Genealogie			I. Genealogie			II. Genealogie		
	(1)	(2)	(3)	(1)	(2)	(3)	(1)	(2)	(3)	(1)	(2)	(3)
I	1	0	0	1	0	0	0	0	0	0	0	0
II	3	0	0	2	0	0	0	0	0	0	0	0
III	9	5	7	2	1	1	2	0	0	0	0	0
IV	15	13	18	6	5	6	3	1	2	2	0	0
V	19	17	21	17	15	18	8	7	9	6	5	7
VI	17	17	19	29	29	42	15	14	14	24	20	23
VII	21	19	23	49	49	59	15	13	14	47	46	55
VIII	17	14	20	15	15	16	13	13	13	17	17	17
IX							1	1	1	1	1	1
Insgesamt	102	85	108	121	114	142	57	49	53	97	89	103

I. Genealogie: Familie aus dem Collo-Massiv
II. Genealogie: Familie aus Kleinkabylien
(1) Zahl der von den Genealogien verzeichneten Männer bzw. Frauen.
(2) Zahl der Männer bzw. Frauen, deren Heirat (oder zumindest eine von ihnen, wenn sie mehrmals verheiratet waren) in der Genealogie vermerkt ist.
(3) Zahl der Heiraten, die die Genealogie für die Männer bzw. die Frauen vermerkt hat.
Diese Zahl ist größer als die unter (2) vermerkte Anzahl der verheirateten Personen, da viele von ihnen mehrmals geheiratet haben: mehrere aufeinanderfolgende Wiederheiraten für Männer und Frauen nach Scheidung oder Tod des Gatten, dazu kommen für Männer polygame Heiraten.

von der sechsten Generation an werden die Frauen in ungefähr gleichem Verhältnis wie die Männer genannt; noch in der fünften Generation stellt die Anzahl der in der Genealogie erwähnten Frauen nur ein Drittel von der Anzahl der Männer dar. Auf allen Stufen des Stammbaums bleibt die Anzahl der Frauen hinter der der Männer zurück, wenn der Abstand sich auch verkleinert, je näher man der jüngsten Generation kommt (in der Genealogie aus Collo kommen 57 Frauen auf 102 Männer, in der aus Kleinkabylien 97 Frauen auf 121 Männer). Der Prozentsatz vergessener Heiraten (bis zur fünften Generation) beläuft sich auf 25 für die Männer (12 von 47 bzw. 7 von 28) und auf 33 für die Frauen (5 von 13 bzw. 3 von 8).

17 Selbstverständlich hat *die theoretische Erkenntnis der Praxis als Praxis* nichts mit *der praktischen Erkenntnis* zu tun, vor allem nicht in der Form, wie sie von den Spontaneitäts- und populistischen Ideologien begriffen wird, wenn diese ihr die magischen Tugenden eines initiierenden Erlebnisses zuschreiben, oder auch von den Ideologien der teilnehmenden Beobachtung und sogar von einigen Formen mystischer Begeisterung für das »Forschungsfeld«. Die Theorie der Praxis als Praxis ist das einzige Mittel, um der Alternative zwischen Materialismus und Idealismus zu entgehen, indem sie dem positivistischen Materialismus entgegenhält, daß ihre Gegenstände *konstruiert* sind, dem intellektualistischen Idealismus dagegen, daß das Prinzip dieser Konstruktion die praktische, auf praktische Funktionen ausgerichtete Tätigkeit ist.

18 Verständlicherweise vermeidet man es, dem Neugeborenen den Namen eines noch lebenden Verwandten zu geben: Das hieße, ihn »wiederauferstehen« zu lassen, bevor er überhaupt tot ist, bedeutete also eine beleidigende Herausforderung und, schlimmer noch, einen Fluch (daß bei der Namensgebung magische Komponenten mitspielen, sieht man u. a. daran, daß man einen Namen, auf dem der Fluch der Unfruchtbarkeit lastet, leicht abändert, um diese Bedrohung aufzuheben). Das ist auch dann der Fall, wenn der Bruch der Ungeteiltheit in aller Form durch die Teilung des Patrimoniums vollzogen wurde oder wenn die Familie dadurch aufgesplittert wurde, daß einige ihrer Mitglieder in die Stadt oder nach Frankreich emigrierten. Die gleiche Logik erklärt auch, warum ein Vater seinem Sohn seinen Namen nicht geben kann; wenn ein Sohn den Namen seines Vaters trägt, so ist er kurz nach dessen Tod geboren: »Der Vater hat ihn im Schoß der Mutter zurückgelassen.« Aber hier wie anderswo fehlt es nicht an Ausflüchten und geschickten Kunstgriffen. Manchmal ändert man den ursprünglichen Namen des Kindes, um ihm den durch den Tod seines Vaters oder Großvaters freigewordenen Namen zu geben (der ursprüngliche Name wird von der Mutter und den Frauen weiterhin benutzt, bleibt aber dem privaten Gebrauch vorbehalten). Manchmal wird der gleiche Vor-

name in leicht veränderter Form mehreren Kindern gegeben, indem man etwas hinzufügt oder wegläßt (z. B. Mohand Ourabah anstatt Rabah oder umgekehrt; Akli anstatt Mohand Akli oder umgekehrt), indem man ihn etwas abändert (Beza anstatt Mohand Ameziane, Hamimi oder Dahmane anstatt Ahmed, Ouali oder Alilou anstatt Ali oder arabisierte Formen wie Seghir oder Mohand Seghir für Meziane oder Mohand Ameziane). Ebenso ist es sehr beliebt, selbst wenn man einem Kind nicht gern den Namen seines älteren Bruders gibt, gewisse einander sehr ähnliche oder von dem gleichen Namen abgeleitete Namensverbindungen auszuwählen, vor allem natürlich, wenn einer dieser Namen der eines Vorfahren ist.

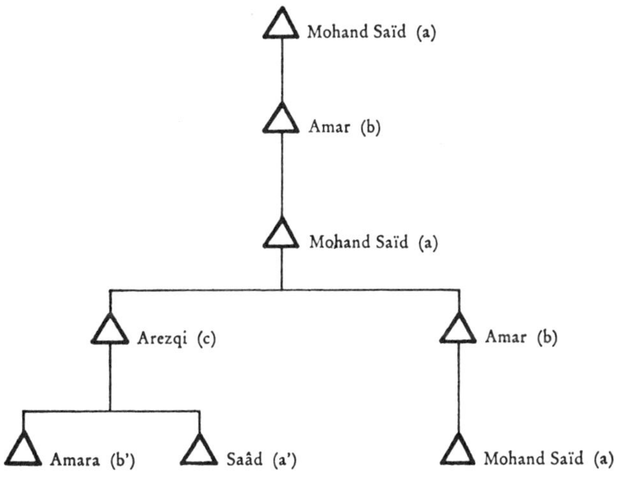

Mohand Saïd (III_a) hat den Namen seines Großvaters I_a bekommen; er hat seinem ersten Sohn einen neuen Namen, Arezqi, und seinem zweiten Sohn den Namen seines Vaters Amar (IV_b) gegeben. Arezqi wollte seinem ältesten Sohn den Namen seines Großvaters (Amar) geben; da sein Bruder aber noch lebt, konnte er ihn nicht so nennen, denn es hätte Verwechslungen geben können, vor allem jedoch wäre die Sache seinem Bruder gegenüber unhöflich, ja feindselig erschienen, denn magisch-rituelle Interpretationen sind bei der Namensgebung immer im Spiel. Es bleibt ihm also nichts anderes übrig, als eine Variante von Amar (IV_b) auszuwählen: *Amara* (V_b). Ebenso greift er für seinen zweiten Sohn auf eine Variante von Mohand Saïd zurück: Saâd (V_a), da dieser durch den Tod des Vaters (III_a) freigewordene

Name von Amar (IV_b) für dessen Sohn (V_a) zuerst wieder aufgenommen worden ist.

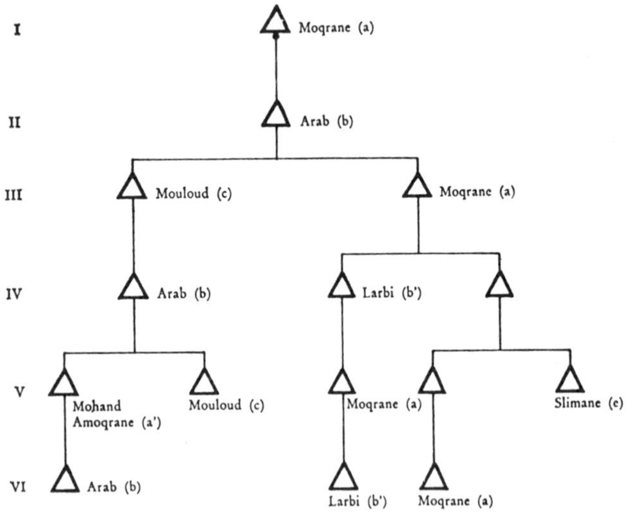

Die Nachkommen von Mouloud (III_c) haben den Namen des Vorfahren Arab II_b behalten, um ihn IV_b und VI_b zu geben; sie haben sich für den Namen des ersten Vorfahren I_a eine Variante *Mohand Amoqrane* (V_a) ausgewählt; die Nachkommen von Moqrane (III_a) haben eine symmetrische und komplementäre Wahl getroffen, indem sie den Namen Moqrane wörtlich wieder aufnahmen (I_a – III_a – V_a und VI_a) und dazu den Vornahmen Larbi, Variante von Arab (IV_b und VI_b) aussuchten.

Da das Feld der von der momentanen Vergabe ausgeschlossenen Vornamen desto größer ist, je stärker der Familienzusammenhalt ist, kann man in der Vergabe der Vornamen eine Art »Stimmungsmesser« für die »Gefühle« innerhalb der Sippe sehen. In ein und derselben Genealogie kann man oft den gleichen Namen oder ganze aus den gleichen Namen zusammengesetzte Reihen in parallelen Linien verfolgen: Je weiter der gemeinsame Ursprung zurückliegt (oder je mehr die Einheit zwischen den Untergruppen geschwächt ist), desto legitimer erscheint es, die gleichen Namen zu benutzen, so daß die Erinnerung an dieselben Personen in immer selbständiger werdenden Linien weiterlebt.

Die Nachkommenschaft von Abdallah (II_b), Sohn von Ahmed (I_a),

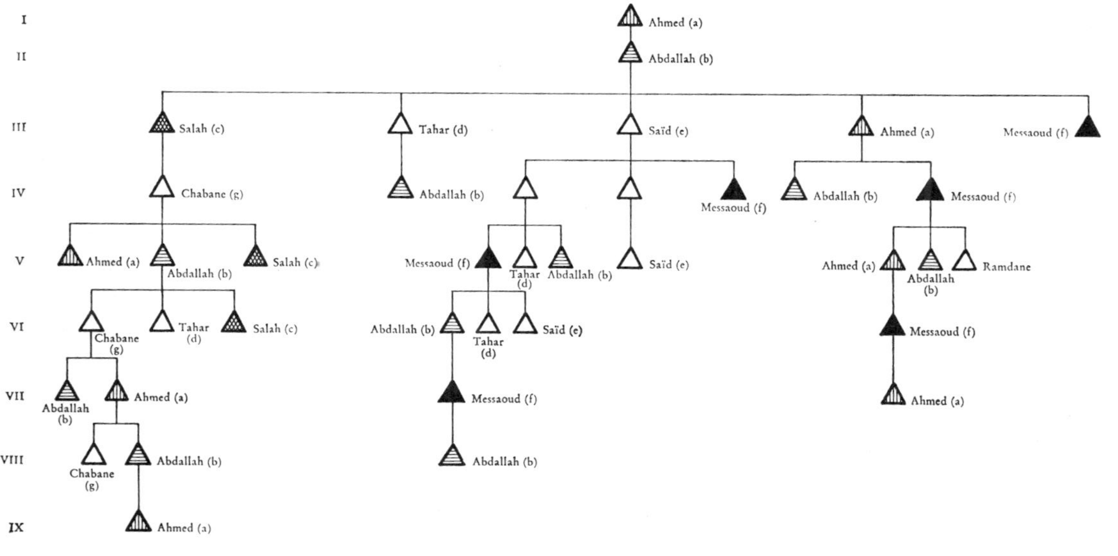
I
II
III
IV
V
VI
VII
VIII
IX
Ahmed (a)
Abdallah (b)
Salah (c)
Tahar (d)
Saïd (e)
Ahmed (a)
Messaoud (f)
Chabane (g)
Abdallah (b)
Messaoud (f)
Abdallah (b)
Messaoud (f)
Ahmed (a)
Abdallah (b)
Salah (c)
Messaoud (f)
Tahar (d)
Abdallah (b)
Saïd (e)
Ahmed (a)
Abdallah (b)
Ramdane
Chabane (g)
Tahar (d)
Salah (c)
Abdallah (b)
Tahar (d)
Saïd (e)
Messaoud (f)
Abdallah (b)
Ahmed (a)
Messaoud (f)
Ahmed (a)
Chabane (g)
Abdallah (b)
Abdallah (b)
Ahmed (a)

hat sich in drei Zweige unterteilt, der erste von Salah (III_c), der zweite von Saïd (III_e) und der dritte von Ahmed (III_a) ausgehend. Jeder dieser Zweige nimmt natürlich den Namen seines Ahnherrn auf, so daß man für Salah die Reihe: III_c — V_c —VI_c — usw., für Saïd die Reihe: III_e – V_e – VI_e – usw. und für Ahmed die Reihe: III_a – V_a – VII_a – usw. findet.

Abgesehen von diesen Namen, die gewissermaßen das jeder Linie eigene »Kapital« bilden, nehmen alle drei Zweige eine gewisse Anzahl von Namen auf, die zu ihrem gemeinsamen Erbgut zu gehören scheinen, d. h. zuerst einmal die Namen der beiden großen Vorfahren Ahmed und Abdallah, aber auch die Namen von Männern, deren Erinnerung nicht von männlichen Nachkommen fortgesetzt werden konnte. Parallel zu der schon in der dritten Generation von Ahmed (III_a) begonnenen Reihe findet man in der Nachkommenschaft von Salah (III_c) eine zweite Reihe des Vornamens Ahmed (V_a – VII_a – IX_a). Auch den Namen Abdallah, ursprünglich von den Nachkommen Ahmeds (III_a) und Tahars (III_d) wieder aufgenommen, die aber beide in IV_b ausgestorben sind, findet man in allen drei Zweigen wieder: dreimal auf der Stufe V, einmal in VI_b und in VII_b und zweimal in VIII_b. Da weder der eine noch der andere Abdallah der Stufe IV einen Sohn hinterlassen hat, kann der Name also nicht in direkter Linie fortgesetzt werden, ebenso wenig wie Tahar (III_d), für den die Gefahr des Aussterbens noch größer ist als für den Namen des gemeinsamen Ahnen Abdallah (II_b) er kann nicht von direkten Nachkommen fortgesetzt werden, die natürlich weit eher als kollaterale Verwandte dafür sorgen, das symbolische Kapital dieses Namens zu erhalten und zu pflegen. In der einen oder anderen Familie muß es also schon eine große Anzahl männlicher Nachkommen geben, damit der Name Tahar wieder vergeben wird (so bei den Nachkommen von III_c in VI_d und bei den Nachkommen von III_e in V_d und VI_d). Auch der Name Messaoud (III_f) ist mangels eigener Nachkommen auf zwei verschiedene Zweige verstreut: den Zweig Saïd (III_e) bei IV_f — V_f und VII_f, den Zweig Ahmed (III_a) bei IV_f und VI_f.

Verfolgt man die Vergabe der Vornamen durch die verschiedenen Linien und genealogischen Stufen hindurch, so kann man dadurch sehr gut feststellen, in welchem Maße die Gruppe ihren Zusammenhalt zu wahren und die Gefahr einer Krise, die durch die oft sehr schwierig zu lösenden Probleme der Erbfolge oft heraufbeschworen wird, abzuwehren imstande ist; denn nur eine ans Wunderbare grenzende Reihe von Zufällen könnte ja die Reihenfolge der Todesfälle und der dadurch freiwerdenden Namen auf die Reihenfolge der Geburten und der damit benötigten Namen abstimmen und beide noch so koordinieren, daß die genealogischen Vorrangsrechte respektiert werden. Das Höchstmaß an onomastischer »Sparsamkeit« wird von einer stark endogamen Marabutfamilie aus der Ouarsenis erreicht, die nur 14 männliche und 10 weibliche Vornamen aufweist, um 124 Männer und 84 Frauen beim Namen zu nennen; dadurch wird die Ungeteiltheit ihres symbolischen Patrimoniums deutlich hervorgehoben. Um Verwechslungen auszuschließen, die selbst nahen Verwandten trotz verschiedener Identifizierungstechniken (Filiation, Bezug auf ein Haus, auf eine Untergruppe innerhalb der Verwandtschaft, Spitznamen usw.) unterlaufen, bedient man sich einer ganzen Reihe von »Kunstgriffen«, von denen einige den engsten Verwandten vorbehalten sind (Verkleinerungs- und Koseformen oder andere Abänderungen des Namens: Hand für M'hand oder Aqa für Abdelkader, Hinzufügung des mütterlichen Namens zu dem des Vaters, wobei die Mutter der hohen Endogamiequote halber meist Glied derselben Sippe ist), während die anderen für Fremde bestimmt sind und hauptsächlich in einer vollständigen Aufzählung der genealogischen Beziehung bestehen (z. B. Djelloul M'hand Mohamed Abdelkader Ahmed Amar Ouali).

19 Um die Frage, die in der genealogischen Untersuchung wie in jeder Fragestellung implizit enthalten ist, völlig explizit zu machen, müßte man zuerst eine Sozialgeschichte des Werkzeugs, das die Genealogie ist, und der Genealogen schreiben und sich dabei besonders mit den Funktionen befassen, die in der Tradition, deren Produkt die Ethnologen sind, das Bedürfnis dieses Instruments produziert und reproduziert haben, also mit den Erbschafts- und Nachfolgeproblemen. Diese soziale Genealogie der Genealogie müßte dann in Form einer Sozialgeschichte des Verhältnisses zwischen den Arten »wissenschaftlichen« Gebrauchs und gesellschaftlichen Gebrauchs dieses Instruments weitergeführt werden. Das Wichtigste aber wäre, die Fragestellung, die die Bedingung für die Produktion des genealogischen Diagramms ist, einer epistemologischen Fragestellung zu unterziehen, die das Ziel hätte, die vollständige Bedeutung jener ontologischen Transmutation zu erfassen, die von der gelehrten Fragestellung allein durch die Tatsache vollzogen wird, daß sie nur ein quasi theoretisches Verhältnis zur Verwandtschaft gelten läßt, also implizit mit dem praktischen, direkt auf Funktionen ausgerichteten Verhältnis bricht. Ist man sich über die Produktionsbedingungen des genealogischen Schemas als eines Produkts besonderer Art nicht im klaren (das gleiche könnte auch für ein Corpus der politischen Meinungen gelten), so läuft man Gefahr, die Tatsache zu vergessen, daß dieses genealogische Schema in der Praxis nicht so existiert, wie es auf dem Papier steht, d. h. in der expliziten Form des vollständigen und systematischen Diskurses oder Schemas, das gleichsam in sich seinen Selbstzweck findet. Diese epistemologische Analyse gewinnt ihre volle Bedeutung in dem Moment, wo man bemerkt, daß sie sich auf alle Konstruktionen anwenden läßt, die wie die Landkarte, der Plan oder der Kalender jeder in seinem Bereich

die gleichen epistemologischen Folgen nach sich ziehen wie die Genealogie: So wie die Genealogie an die Stelle des räumlich und zeitlich diskontinuierlichen Gefüges von vereinzelten Verwandtschaftsgruppen, die je nach den momentanen Bedürfnissen gegliedert und eingestuft werden und nur sporadisch zur vollen Existenz gelangen, ein räumliches Netz eindeutiger, homogener, ein für allemal feststehender Beziehungen setzt, so ersetzt ja auch die Landkarte durch den homogenen und kontinuierlichen Raum der Geometrie den diskontinuierlichen, lückenhaften Raum der tatsächlich in der Praxis begangenen Wege, und schließlich setzt auch der Kalender einen linearen, homogenen und kontinuierlichen Zeitablauf an die Stelle der praktischen, erlebten Zeit, die aus vereinzelten, in ihrer Dauer unmeßbaren Momenten besteht und einen sehr unterschiedlichen Rhythmus haben kann, je nachdem, ob die Zeit drängt oder stockt, je nachdem, was man aus ihr *macht,* d. h. je nach den *Funktionen,* die ihr objektiv von der in dieser Zeit vollzogenen Handlung zugeteilt werden. Man könnte dann sehen, daß durch eine scheinbar so harmlose Frage wie »Und danach?«, mit der man einen Informanten dazu auffordert, einen »Zeitraum« im Verhältnis zu einem anderen zeitlich festzulegen (und die ja nichts anderes tut als explizit auszudrücken, was das genealogische oder chronologische Schema implizit machen), ein Verhältnis zur Temporalität eingeführt wird, das sich der dem gewöhnlichen Gebrauch der Zeittermini eigenen praktischen Zeitbeziehung radikal entgegensetzt: Denn diese Zeittermini bezeichnen ja die Höhepunkte des Agrarjahres und stellen gleichsam *Anhaltspunkte* in ihm dar, und nicht jene *Trennungspunkte,* die man unbewußt aus ihnen macht, sobald man sie in die kontinuierliche Reihe eines Kalenders einschließt und damit alle möglichen unlösbaren Fragen aufwirft. So ist *liali* eigentlich nicht eine Zeitspanne von vierzig Tagen, sondern ein »Stück Zeit«, eine Zeitdauer, in der nichts geschieht, eine in sich geschlossene Einheit, die sich an andere Einheiten reihen läßt, ohne daß man sie als Segment einer kontinuierlichen Linie begreifen würde. Man sagt einfach: »Wir sind jetzt in *liali.*« Ebenso bedeutet *Awdjev* den feierlichen Beginn der Feldarbeit, manchmal auch den letzten Tag, immer aber die Feldarbeit selbst. In der Tat stimmen diese gelehrten Konstruktionen, wie es die Karte, die Genealogie oder der Kalender sind, alle darin überein, daß sie die *praktischen Funktionen* ausklammern; das kann man z. B. daran sehen, daß jede gesellschaftliche Einheit in Wirklichkeit vielmehr *durch den Gegensatz* zu anderen Einheiten des gleichen Niveaus funktioniert als im Verhältnis zu den Einheiten höheren Niveaus; ebenso funktioniert jeder zeitliche Terminus im Gegensatz zu einem anderen, der aber nicht in die serielle Logik des »vorher« und »nachher« eingeschlossen ist: für *el liali,* die »Nächte« des tiefsten Winters, wäre das *es-smain,* die heißesten Tage des Hochsommers (man findet hier eine besondere Anwendung des Gegensatzes zwischen trocken und feucht). Man braucht nur die Funktionen wieder einzuführen, um festzustellen, daß die zeitliche Terminologie ebenso viele praktische Gebrauchsformen hat, wie es Tätigkeiten gibt, daß man also außer dem Agrarkalender einen Kalender des Schäfers, des Schmieds, des Gebildeten und natürlich auch einen weiblichen oder sogar einen kindlichen Kalender aufstellen könnte, wobei aber gesagt werden muß, daß der Kalender des Bauern, der sich zu den anderen »Kalendern« ebenso verhält wie die männliche, offizielle Lesart der Verwandtschaft zur weiblichen, seine fundamentalen Anhaltspunkte allen anderen aufdrängt.

20 L. Dumont, *op. cit.* S. 122-123.

21 Obwohl man damit immer noch innerhalb der genealogischen Sprache bleibt, könnte man sagen, daß sich der Gegensatz zwischen den Beziehungen der offiziellen Verwandtschaft und denen der usuellen Verwandtschaft in dem Gegensatz zwischen *thaymats* (von *ayma,* Bruder), d. i. alle diejenigen, die dieselben Eltern haben, und *thadjadith* (von *djedd,* Großvater), d. i. alle Vorfahren derjenigen, die sich auf denselben, realen oder mythischen, Ahnherrn berufen, wiederfinden läßt: »*thaymats*«, sagt man, »ist von heute, *thadjadith* ist von gestern.« Auf *thaymats,* d. h. auf die aktuelle und aktive Solidarität, die auf tatsächlich gefühlten und aktuell anerkannten, da ständig erneuerten Verwandtschaftsbeziehungen beruht, beruft man sich, wenn es darum geht, einer anderen Gruppe entgegenzutreten, z. B. wenn der Clan angegriffen wird; daraus ergibt sich, daß die von *thaymats* gebildete Gruppe nur einen Abschnitt (dessen Ausmaß von vielen verschiedenen Faktoren abhängt, die einerseits auf die Struktur der Gruppe zurückgehen, andererseits auch auf die Umstände, die die Gruppe mobilisieren können) der auf *thadjadith* beruhenden Einheit darstellt, wobei *thadjadith,* der gemeinsame Ursprung, zur ideologischen Rechtfertigung einer *offiziellen Einheit* herangezogen wird.

22 Es kann hier keine wirkliche logische Analyse der ethnologischen Sprache und ihres Verfahrens durchgeführt werden, obwohl das in diesem Falle die wohl radikalste Form der epistemologischen Kritik wäre; wir begnügen uns damit, einen Text zu zitieren, auf den wir bei der Vorbereitung dieser Arbeit gestoßen sind und der, wenn er sicherlich auch nicht mehr als andere mit den typischen Zügen des legalistischen Formalismus gespickt ist, so unverhohlen die offizielle Regel zu dem der Praxis zugrunde liegenden Prinzip erhebt, daß er dann nicht anders kann, als die – ganz am Ende doch eingeführten – Interessen zum Prinzip der Ausnahmen zu machen. »*In den Augen der Tiyâha* ist die Heirat mit der parallelen Kusine zugleich ein *Recht* und eine *Pflicht*, und sie ist *Recht* eben deshalb, weil sie *Pflicht* ist. In der Tat fällt es dem *ibn'amm* zu, seine Kusine zu verteidigen, ihr zu Hilfe zu

kommen, als ob sie seine Schwester wäre, im Fall einer Witwenschaft oder einer Scheidung für ihren Unterhalt zu sorgen und sich um ihre Kinder zu kümmern. Sie ist mein *'ar,* sagte mir ein Informant, und dieses Wort bedeutet wörtlich ›Schande‹, ›Schandfleck‹, ist aber in Wirklichkeit ein zweischneidiges Schwert, denn dieses *'ar* kann in den Augen der Nomaden zugleich Gegenstand der Unehre oder der Ehre sein, je nachdem, wie die Kusine sich beträgt. Entspricht ihr Betragen nicht der üblichen Sitte, so ist es Aufgabe des Sohns des Bruders des Vaters, sie zu beraten und sogar Zwang anzuwenden, um sie besser zu überzeugen. Wenn sie trotzdem in ihrem Betragen verharrt und ihre Verfehlungen die Ehre der Familie verletzen, so *obliegt* es ihm oft, die Unehre blutig zu rächen. Wenn sie mit einem Fremden verheiratet ist, *muß* er ihr helfen, wenn sie unterdrückt wird. So hat er um seiner eigenen Gemütsruhe willen nichts Besseres zu tun, als sie zur Frau zu nehmen. Die *bint'amm* ihrerseits erweist sich weniger anspruchsvoll mit ihrem Vetter als mit einem Fremden und begnügt sich, wenn es sein muß, mit dem Allernotwendigsten. Indem er alles das zusammenfaßte, rief ein sechzigjähriger Nomade aus: ›Wäre es möglich, daß ein Mann eine Fremde heiratet, wenn er eine Kusine aus seinem Fleisch und Blut hat, die sein Geheimnis wahrt und seine Ehre schützt?‹ Heißt das, daß die Verhaltensweise des Mannes immer von so edlen Gefühlen bestimmt wird? Das Verhalten des *ibn'amm* scheint zu beweisen, daß er die Sache eher von der Seite betrachtet, die für seine Interessen am vorteilhaftesten ist.« (J. Chelhod, »Le mariage avec la cousine parallèle dans le système arabe«, *L'homme*, Juli–Dez. 1965, Nr. 3 und 4. S. 113–173.)

23 In den rituellen Spielen und Kämpfen (in denen Gruppen miteinander streiten, die sich auf rein onomastischer und mythischer Basis gebildet haben, wie z. B. die »Ligen« oder *ṣfuf,* Pl. von *ṣuff)* findet eine Ritualisierung der Gewalt statt, die wohl am besten die Dialektik von Strategie und Ritual augenfällig macht: Obwohl die Kämpfe fast immer eine Verletzung der ökonomischen oder symbolischen Interessen zum Anlaß hatten – Viehdiebstahl oder Beleidigung von Mitgliedern der Gruppe, den Hirten z. B. –, fanden sie doch immer ihre Grenzen in dem ritualisierten Modell, das in noch strengerer Weise auf die jahreszeitlich bedingten Spiele mit ebenfalls ritueller Funktion angewendet wurde, z. B. auf die *kura* oder *qochra* (Ain Aghbel) genannten Ballspiele, die am Tag des Frühlingsanfangs gespielt wurden (die Spieler teilten sich in zwei Lager – Osten und Westen –, und es galt, mit Holzschlägern einen Ball, die *kura,* in das gegnerische Feld zu schießen). In der gleichen Logik, d. h. als symbolische Manipulation der Gewalt, die darauf abzielt, die durch den Kontakt zwischen fremden Gruppen – deren Feindschaft eine alte Tradition sein kann – entstehenden Spannungen zu lösen, kann man auch alle besonders stren-

gen Riten verstehen, zu denen eine Heirat zwischen entfernten Gruppen Anlaß gibt: Vorschrift und Ritual werden immer nötiger, je weniger man in der Praxis auf das automatische Zusammenspiel der einzelnen Handlungsformen, das nur durch die Homogenität von Habitus und Interessen garantiert wird, rechnen kann (dadurch läßt sich erklären, daß im allgemeinen die Ritualisierung der Interaktionen mit zunehmendem Abstand zwischen den Individuen oder Gruppen, also mit zunehmender Größe der Gruppen, ebenfalls ein größeres Ausmaß annimmt).

24 Daraus geht hervor, daß man immer dann, wenn die Beziehung zu einem Individuum genealogisch zweideutig ist, auch den entferntesten Verwandten näher an sich heranziehen bzw. sich ihm nähern kann, indem man die Betonung auf das einende Element legt, nämlich die Beziehung über die Männer (genau das ist die Funktion von *'am* als Höflichkeitsanrede); dagegen kann man auch den nächsten Verwandten in gebührendem Abstand halten, indem man das trennende Element in den Vordergrund rückt, nämlich die zweitrangige Beziehung über die Frauen. Es geht bei diesen Manipulationen – die nur ein naiver Geist als fiktiv betrachten könnte mit der Begründung, daß sie ja niemanden täuschen – in allen Fällen um nichts anderes als die Definition der praktischen Grenzen der Gruppe, die man also, wie wir gesehen haben, ja nach Bedarf erweitern oder verengen kann, um den Betreffenden in sie einzugliedern oder von ihr auszuschließen. Der verschiedenartige Gebrauch der Bezeichnung *khal* (im engen Sinn: Bruder der Mutter) illustriert diese Geschicklichkeitsleistungen besonders gut: Gebraucht ein Marabut diese Bezeichnung gegenüber einem Bauern ohne Adel oder religiöses Amt, so drückt er damit den Wunsch aus, sich von ihm zu distinguieren, und betont – im Rahmen der Höflichkeit –, daß keinerlei legitime Verwandtschaftsbeziehung zwischen ihnen besteht; zwischen zwei Bauern dagegen bedeutet die gleiche Anrede die Absicht, ein Mindestmaß an familiären Beziehungen herzustellen, indem man sich auf eine entfernte und hypothetische Verschwägerungsbeziehung beruft.

25 So bieten die anscheinend am stärksten ritualisierten Akte der Heiratsverhandlungen und die Zeremonien, die die Hochzeit selbst begleiten und die durch ihre mehr oder weniger große Feierlichkeit auch die Funktion haben, die gesellschaftliche Bedeutung der Heirat zu verkünden (im großen und ganzen ist die Zeremonie desto förmlicher, je höher der gesellschaftliche Rang der durch die Heirat vereinigten Familien ist und je entfernter sie im genealogischen Raum voneinander stehen), in Wirklichkeit jedesmal die Gelegenheit, Strategien zu entwickeln, die den objektiven Sinn einer ja niemals ganz eindeutigen Beziehung manipulieren sollen, indem man z. B. das Unvermeidbare wählt und, aus der Not eine Tugend machend, sich strikt an Anstand

und Schicklichkeit hält, oder aber, indem man die objektive Bedeutung der Heirat hinter dem Ritual der Hochzeit versteckt.

26 J. Chelhod berichtet, daß »in der Trivialsprache von Alep die Prostituierten als ›Töchter der mütterlichen Tante‹ bezeichnet werden«, und zitiert außerdem ein syrisches Sprichwort, in dem die gleiche Mißbilligung der Heirat mit der Tochter der Schwester der Mutter zum Ausdruck kommt: »Wegen seines unreinen Charakters hat er die Tochter seiner mütterlichen Tante geheiratet« (J. Chelhod, *loc. cit.*).

27 Eine indirekte Bestätigung der Bedeutung, die der Heirat mit der parallelen Kusine zugeschrieben wird, kann man darin sehen, daß die Persönlichkeit, die eine der »Eröffnungsheirat« gleiche Funktion hat – im Krieg wie bei der Feldarbeit Glück zu bringen –, *keinerlei politische Rolle* spielt und daß ihre Aufgabe rein *ehrenamtlich* oder, wenn man so will, *symbolisch* ist, d. h. gering, aber geachtet. Diese mit *baraka* begabte Person wird *amezwar* (der Erste), *aneflus* (der Vertrauensmann), *aqdhim* (der Vorfahr), *amghar* (der Alte), *amas'ud* (der, der Glück hat) oder, genauer, *amezwar, aneflus, amghar nat-yuga* (der Erste, der Vertrauensmann, der Alte mit dem Ochsengespann oder Pflug) genannt; der Name, der am bezeichnendsten ist, weil er ausdrücklich die durch tausend andere Zeichen angedeutete Homologie zwischen Feldbestellung und Heirat ausspricht, ist unbestreitbar *boula'ras* (der Mann der Hochzeit), und in diesem Sinne ist auch die Bezeichnung *mefthaḥ n ss'ad* (der Schlüssel zum Glück, der, der *öffnet*) zu lesen. Emile Laoust erinnert daran, daß, noch allgemeiner gesehen, »die Berber keinen kollektiven Akt, keine Expedition ohne die Gegenwart eines *aneflus* unternehmen, d. h. einer Person mit *baraka* ... Wenn z. B. eine Karawane zusammengestellt wird, scharen sich die Kaufleute und Reisenden um einen *aneflus n-umuddu,* der zugleich ihr Führer und ihr Glücksbringer ist. Er gibt das Zeichen zum Aufbruch und zur Rast; er ist der erste, der seine Tiere belädt oder ablädt. Mit ihm ist man sicher, das Land ohne Gefahr zu durchqueren und wohlbehalten ans Ziel zu gelangen. In unruhigen Zeiten zieht der Stamm hinter seinem *aneflus elbarud* in den Kampf. Man glaubt, daß er eine *baraka* besitzt, die ihn für die Hiebe der Feinde unverwundbar macht und die Kämpfenden schützt. Er trägt *la'lam,* die Standarte, und gibt die ersten Gewehrschüsse ab, seine Gegenwart im Gemenge ist ein Pfand für den Sieg. *Aneflus elhadert* dagegen gibt mit seinem Tamburin das Zeichen zum Gesang bei großen Zusammenkünften (*tinubga,* die Einladungen) befreundeter Stämme, bei denen Barden ihre Heldenlieder vortragen« (vgl. E. Laoust, *Mots et choses berbères, Notes de linguistique et d'ethnographie,* Paris 1920). Zur Eröffnung der Feldarbeit beginnt man mit dem edelsten Stück Land, das für die edelste Saat (Weizen oder dicke Bohnen) bestimmt ist und das als das beste für intensive Bebauung nach den Regeln der Dreifelderwirtschaft ohne

Brache ausersehen ist, das jedes Jahr gedüngt wird, nahe dem Dorf, manchmal sogar hinter dem Haus liegt, zum ältesten Teil des Patrimoniums gehört usw. Ist der »Glücksbringer« behindert, muß er wenigstens gegenwärtig sein; auf jeden Fall wird die erste Furche niemals von einem jungen Mann, einem Knecht oder sonst jemand gezogen, der nicht Herr über den Boden ist, auf dem die Feldarbeit beginnt.

28 Körperliche und geistige Mängel und Gebrechen stellen ein äußerst schwieriges Problem dar für eine Gesellschaft, die in ihrem Rigorismus der Frau ohne Mann und selbst dem Mann ohne Frau nicht die geringste soziale Stellung einräumt (sogar der Witwer muß sich beeilen, eine neue Heirat zu schließen). Und dies um so mehr, als diese Mängel in mythisch-rituellen Kategorien wahrgenommen und interpretiert werden: Man kann sich vorstellen, welche Aufopferung es in einem solchen Kontext bedeutet, eine linkshändige, einäugige, hinkende oder bucklige (wobei der Buckel das negative Pendant zur Schwangerschaft darstellt) oder auch nur kränkelnde, schwächliche Frau zu heiraten – alle diese Eigenschaften sagen Unfruchtbarkeit oder Bosheit voraus. Es kommt vor, daß ein Mann seine Frau verstößt, weil sie den Ruf hat, Unglück zu bringen.

29 »Man gibt Weizen aus und bringt Gerste zurück.« »Man gibt Weizen schlechten Zähnen.« »Forme deine Nachkommen aus deinem Ton, kommt dir auch kein Fleischtopf, so kommt dir doch ein Couscous-Topf.« Unter den von uns zusammengetragenen Lobreden auf die Heirat mit der parallelen Kusine sind einige besonders typisch: »Sie wird keine großen Ansprüche für sich selbst stellen, und du wirst keine großen Ausgaben für die Heirat haben.« »Mit der Tochter seines Bruders kann er machen, was er will, und von ihr kommt nichts Böses. Dann verstärkt sich die Einigkeit mit seinem Bruder, wie ihr Vater es ihnen in seiner Ermahnung zur Brüderlichkeit (*thaymats*) geboten hatte: ›Hört nicht auf eure Frauen!‹« »Die Fremde wird dich verachten; sie wird ein Schimpf für deine Vorfahren sein, die sie als weniger edel als die ihren betrachten wird. Mit der Tochter deines *'amm* dagegen sind ihr Großvater und der deine eins, und niemals wird sie dir sagen: ›Verflucht sei der Vater deines Vaters!‹ Die Tochter deines *'amm* wird dich nicht verlassen. Wenn du keinen Tee hast, wird sie dich nicht darum bitten, und sollte sie auch Hungers sterben bei dir, so würde sie auch das ertragen und sich nie über dich beklagen.«

30 A. Hanoteau, *Poésies populaires de la Kabylie du Djurdjura*, Paris 1867, S. 475.

31 Dieses »Haus« verdankt seinen Wohlstand einer besonders günstigen Erbschaft, wobei die Geschichte daran erinnert, daß die Verteilung des materiellen Patrimoniums unter die Erben eher von dem Kräfteverhältnis zwischen den Legatoren oder Prätendenten bestimmt wird als

von der genauen Anwendung einer juristischen Norm. Zweimal hatte Belaid (V1) den Bruch der Ungeteiltheit innerhalb seiner Familie durchgesetzt: das erste Mal um 1875, als er sich weigerte, die Autorität seines Onkels Hadj Belqacem (IV2) anzuerkennen, und seinen Vater Ahmed (IV1) zwang, sich von seinem jüngeren Bruder zu trennen, das zweite Mal einige Jahre später, als er sich mit seinen eigenen Brüdern (Mouloud, Tahar und Achour) überwarf; dadurch gelang es ihm, gewisse Privilegien schlicht und einfach zu usurpieren: Anstatt seinen Vater mit einem Viertel des gemeinsamen Patrimoniums aus der Ungeteiltheit ausscheiden zu lassen, wie es ihm von Rechts wegen zustand, forderte er ein Drittel des Erbguts für ihn (bei einer gerechten Teilung hätten natürlich sein Vater Ahmed wie dessen Bruder Hadj Belqacem je ein Viertel bekommen); seinen Brüdern gegenüber gab Belaid vor, daß der Anteil, den er bei der ersten Teilung erhalten hatte, nur der »Preis« gewesen sei, um ihn auszuschließen und den Frieden zu erkaufen, und trotz des Drucks, den seine Brüder mehrfach auf ihn ausübten und durch den sie ihm mit Müh und Not einige magere Parzellen Land entrissen, eignete er sich einen Anteil am Erbe an, der weit über dem lag, was ihm bei gerechter Teilung zugestanden hätte. Dadurch also, daß diese Linie von Anfang an über ein weit größeres Patrimonium verfügte als die anderen verwandten Familien, hat sie sich im Laufe der Generationen unaufhörlich vergrößert und durch Anschaffungen bereichert, die nur durch die Arbeit zahlreicher Männer ermöglicht werden konnten: Jedes Jahr zur Zeit der Aussaat pflügten sie mehr als vierzig Tage lang, meist mit zwei Pflügen und zwei Ochsengespannen. Diese Familie ist eine der letzten im Dorf, die noch alle traditionellen Symbole bäuerlichen Reichtums und bäuerlicher Größe aufweisen kann: Sie hält darauf, ihr Ochsenpaar und ihr Maultier zu haben, eine Schafherde, die, so klein sie auch sein mag, die letzte in der ganzen Gegend ist, und vor allem eine Kuh, die ausschließlich für die Milchproduktion gehalten wird; die Familie hält auch die beiden letzten Wassermühlen der Gegend in Gang (eine Wintermühle, die von einem Wildbach angetrieben wird, und eine Sommermühle, die an eine das ganze Jahr über sprudelnde Quelle angeschlossen ist). Ihr außergewöhnliches Prestige verdankt die Familie jedoch hauptsächlich der Tatsache, daß sie es verstanden hat, neben diesem traditionellen Reichtum, den sie als letzte aufrechterhält – sicherlich des symbolischen Profits wegen, aber auch wegen des nicht unbeachtlichen ökonomischen Gewinns, den sie aus ihm ziehen kann –, eine ganze Reihe von nicht minder angesehenen Produktionsmitteln der modernen Technik anzuschaffen (einen Traktor, einen Lastwagen, ein Taxi, eine maschinell betriebene Mühle und eine moderne Olivenpresse, die sie mit anderen Teilhabern unterhält), und sie besitzt auch ein Geschäft und ein modernes Wohnhaus.

32 Das leidenschaftliche Interesse der Juristen für die Traditionen, in denen die matrilineare Verwandtschaft *weiterlebt,* hat sie dazu geführt, sich für den *awrith* zu interessieren, den sie – mit ihren eigenen Worten – als einen »Adoptionsvertrag für einen männlichen Volljährigen« betrachten (vgl. für Algerien: G. H. Bousquet, »Note sur le mariage mechrouth dans la région de Gouraya«, *Revue algérienne,* Januar–Februar 1934, S. 9–11 und L. Lefèvre, *Recherches sur la condition de la femme kabyle,* Algier 1939; für Marokko: G. Marcy, »Le mariage en droit coutumier zemmoûr«, *Revue algérienne, tunisienne et marocaine de législation et de jurisprudence,* Juli 1930; »Les vestiges de la parenté maternelle en droit coutumier berbère«, *Revue africaine* Nr. 85, 1941, S. 187–211; Capitaine Bendaoud, »L'adoption des adultes par contrat mixte de mariage et de travail chez les Beni Mguild«, *Revue marocaine de législation, doctrine, jurisprudence chérifiennes* Nr. 2, 1935, S. 34–40; Capitaine Turbet, »L'adoption des adultes chez les Ighezrane«, ibid. S. 40 und Nr. 3, 1935, S. 41).

33 Es ist bezeichnend, daß das Volksmärchen *(conte),* das ja nichts anderes ist als eine in Parabelform gegebene Paraphrase eines Sprichworts oder einer Spruchweisheit, die ihm als »Moral von der Geschichte« dienen, und das wir als halb ritualisierten Diskurs mit didaktischer Funktion definieren können, ausschließlich die markanten und markierenden Heiraten festhält: zunächst natürlich die verschiedenen Typen der Heirat mit der parallelen Kusine (egal, ob sie bezwecken, ein politisches Erbe zu bewahren oder, falls es sich um die einzige Tochter handelt, das Aussterben einer Linie zu verhindern). Weiterhin die am stärksten empfundenen Mesalliancen, wie die Heirat des Waldkauzes mit der Tochter des Adlers, die als reinstes Beispiel der Heirat von unten nach oben (zunächst im gesellschaftlichen Sinn gesehen, aber auch im mythischen Sinne, wo sich oben und unten gegenüberstehen wie Tag, Licht, Glück, Reinheit, Ehre einerseits und Nacht, Dunkelheit, Unglück, Unreinheit und Unehre andererseits) zwischen einem Mann niedrigen gesellschaftlichen Ranges, einem *awrith,* und einer Frau aus höherstehender Familie angesehen wird; in einer solchen Heirat findet sich die traditionelle Hilfsbeziehung dadurch, daß die jeweilige Stellung der Ehepartner in der sozialen und in der sexuellen Hierarchie nicht übereinstimmt, auf den Kopf gestellt. Derjenige, der gibt – in diesem Fall der höhere – muß demjenigen helfen, der genommen hat – hier dem niedrigeren –: Der Adler muß seinen Schwiegersohn, den Waldkauz, auf den Rücken nehmen, um ihm eine schmähliche Niederlage im Wettkampf mit den jungen Adlern zu ersparen; diese Situation aber ist ein Skandal, der von dem Sprichwort angeprangert wird: »Man gibt ihm seine Tochter und muß noch Weizen dazu geben.«

34 Aus der Statistik aller Heiraten, die in einer großen Familie des Dorfes

Aghbala (2000 Einwohner) in Kleinkabylien erfaßt wurden, geht hervor, daß von 218 männlichen Heiraten (und zwar für jede Person die erste Heirat) 34 % mit Familien außerhalb der Stammesgrenzen geschlossen wurden; nur 8 % dieser Heiraten, die nämlich, die mit den zugleich räumlich und gesellschaftlich entferntesten Gruppen geschlossen wurden, besitzen alle Merkmale der Prestigeheirat: Sie sind von einer einzigen Familie geschlossen worden, die sich durch ihre originelle Heiratspraxis von den anderen Linien abheben will; die anderen entfernten Heiraten dagegen erneuern nur schon existierende Beziehungen (Beziehungen »über die Frauen« oder die »mütterlichen Onkel«, die durch verschiedene Begebenheiten wie Heiraten, Abreise oder Rückkehr, Todesfälle und manchmal auch große Feldarbeiten ständig in Gang gehalten werden). Zwei Drittel der Heiraten wurden im Kreis des Stammes (der neun Dörfer umfaßt) geschlossen: Wenn man von den sehr selten vorkommenden (4 %) Verbindungen mit dem feindlichen Clan absieht, die immer, besonders für die älteren Generationen, eine politische Bedeutung haben wegen des traditionellen Antagonismus, der die beiden Gruppen entzweit, kann man alle anderen Verbindungen in die Kategorie der gewöhnlichen Heiraten einordnen.

35 Ein besonders typisches Beispiel: »Sobald sie ihren ersten Sohn bekommen hatte, ging Fatima daran, ihm seine zukünftige Frau zu suchen, sie versuchte verschiedene Möglichkeiten, hielt das Auge bei allen Gelegenheiten offen, bei den Nachbarinnen, in ihrer eigenen Familie, im Dorf, bei den Freunden, auf Hochzeiten und Pilgerfahrten, am Brunnen, im Ausland und sogar bei Trauerfällen, bei denen sie anwesend sein mußte; so hat sie alle ihre Kinder problemlos und fast ohne es zu merken verheiratet.« (Yamina Ait Amar Ou Said, *Le mariage en Kabylie,* Fichier de documentation berbère, 1960, S. 10).

36 Wenn man von der mythischen Idealisierung (Blut, Reinheit, Innen usw.) und von der ethischen Verherrlichung (Ehre, Tugend usw.) absieht, die die rein agnatische Heirat umgeben, wird letzten Endes von den gewöhnlichen Heiraten das gleiche gesagt wie von der Heirat mit der parallelen Kusine. So teilt man z. B. der Heirat mit der Tochter der Schwester des Vaters in demselben Maß wie der Heirat mit der parallelen Kusine die Funktion zu, die Eintracht zwischen den Frauen und den Respekt der jungen Gattin vor den Eltern ihres Mannes (ihrem *khal* und ihrer *khalt)* zu garantieren, und das mit dem geringsten Kostenaufwand, da es ja innerhalb des familiären Kreises gar nicht zu jener Spannung kommen kann, die sonst bei jeder Heirat zwischen fremden Gruppen von der implizit vorhandenen Rivalität zwischen den beiden Gruppen ausgelöst wird, sowie es um die Stellung und die Existenzbedingungen der jungen Ehefrau geht.

37 Die außer-gewöhnlichen Heiraten entgehen dem Zwang und den Anforderungen von Anstand und Schicklichkeit, die auf den gewöhnlichen

Heiraten lasten (u. a. dadurch, daß sie keine »Folge« haben): Abgesehen von den Fällen, wo die besiegte Gruppe (Clan oder Stamm) der Siegergruppe eine Frau gab und beide Gruppen einen Frauentausch vornahmen, um damit anzuzeigen, daß es weder Sieger noch Besiegte gab, kam es auch vor, daß die Siegergruppe der anderen eine Frau ohne jegliche Gegenleistung gab, aber die Heirat fand dann nicht zwischen den mächtigsten Familien statt, sondern zwischen Familien in disproportionierten Stellungen: so gab eine kleine Familie der Siegergruppe einer großen Familie der Besiegten eine Frau; eben durch die Ungleichheit der Verbindung wollte die Siegergruppe zu verstehen geben, daß noch der kleinste unter den Ihren größer sei als der größte unter den Gegnern.

38 Innerhalb jener spezifischen und privilegierten Unterkategorie des Marktes (des *akham*), die durch die Autorität des Alten und die Solidarität der Agnaten zu einer Art »Freizone« wird, aus der von vornherein jegliche Konkurrenz, jegliche Preisüberbietung ausgeschlossen ist, sind die Heiraten natürlich, was den materiellen wie auch den symbolischen Aufwand angeht, unvergleichlich weniger kostspielig als die außergewöhnlichen Heiraten. Meistens drängt sich die Verbindung als selbstverständlich geradezu auf, und wenn das nicht der Fall ist, reicht das diskrete Eingreifen der Frauen der Familie aus, um die Heirat zu realisieren. Der Hochzeitsaufwand ist auf das strikt Notwendige reduziert. An erster Stelle sind die Ausgaben *(thaqufats)*, die der Empfang des Hochzeitszuges in der Familie der Braut mit sich bringt, sehr niedrig (im großen und ganzen handelt es sich um zwanzig Liter Weizengrieß, einen halben Liter Butter, Kaffee und Zucker, zehn Kilo Fleisch, das man auf dem Markt kauft, wenn nicht das Opfertier dazu verwendet wird); die *imensi*-Feier, bei der das Wittum übergeben wird, versammelt (zumindest für die innerhalb der praktischen Verwandtschaft geschlossenen Heiraten) nur die bedeutendsten Vertreter der beiden Familien (d. h. rund zwanzig Männer); der Brautstaat (*ladjaz*, für den die Familie des Bräutigams aufkommt) umfaßt nur drei Kleider, zwei Kopftücher und einige andere, oft nur für die Hochzeit ausgeborgte Sachen (ein Paar Schuhe, ein *haik*, Schleier); das Wittum, dessen Höhe im voraus festgelegt ist und davon abhängt, was die Eltern der Braut auf dem Markt kaufen müssen, um ihre Tochter auszusteuern (eine Matratze, ein Kopfkissen, eine Truhe, dazu kommen noch die Decken, die von der Familie selbst gewebt und von der Mutter an die Tochter weitergegeben werden), wird ohne große Feierlichkeit und auch ohne Bluff oder Verschleierungsmanöver übergeben (zur Zeit zwischen 15 000 und 20 000 alten Francs). Die Ausgaben für die Hochzeit kann man dadurch auf ein Minimum einschränken, daß man sie auf den Tag des Aid (religiöses Fest, bei dem zur Erinnerung an Isaaks Opferung ein Schaf geschlachtet wird) legt: Das zu diesem

Fest geopferte Schaf reicht für das Hochzeitsmahl aus, und zahlreiche eingeladene Gäste entschuldigen sich, weil sie des Aid wegen zu Hause bleiben. Diese gewöhnlichen Heiraten, die die alte Bauernmoral mit Lobreden bedeckt (im Gegensatz zu denen, die wie die »Heirat der Witwentöchter« – *thudjal* – die jeder Familie von der Gesellschaft gesteckten Grenzen überschreiten), sind in jeder Hinsicht völlig verschieden von den außergewöhnlichen Heiraten. Um den Ehrgeiz hegen zu können, eine Gattin in der Ferne zu suchen, muß man schon seit langer Zeit daran gewöhnt sein, außerhalb des Gewöhnlichen stehende Beziehungen zu pflegen, und Fähigkeiten, besonders rhetorische, besitzen, die bei solchen Gelegenheiten absolut notwendig sind; man muß über ein bedeutendes Kapital an entfernten Bekannten – also besonders kostspielige Beziehungen – verfügen, die die einzige Quelle für sichere Informationen sind und die für die Verwirklichung des Plans notwendigen Vermittler darstellen können. Kurz, um dieses Kapital zum gegebenen Zeitpunkt einsetzen zu können, muß man viel und seit langer Zeit darein investiert haben. So werden, um nur einen Fall zu zitieren, z. B. die Oberhäupter der Marabut-Familie, die man um ihre Vermittlung gebeten hat, auf vielfache Art für diesen Dienst entschädigt: Der Taleb des Dorfes, und erst recht natürlich der über ihm stehende religiöse Würdenträger, wenn er am Zug der *iqafafen* teilnimmt, wird vom »Hochzeitszeremonienmeister« von Kopf bis Fuß neu eingekleidet; die Geschenke, die man ihm traditionsgemäß überreicht, in Form von Geld bei religiösen Festen, in Form von Lebensmitteln nach der Ernte, sind gewissermaßen proportionell von der Bedeutung der geleisteten Dienste abhängig; das Aid-Schaf, das man ihm in dem Jahr der Hochzeit überreicht, ist nur eine Entschädigung für die »Schande« (*iḥachem udhmis*, er hat sein Gesicht mit Schande bedeckt), die er auf sich genommen hat, indem er mit einem Laien (der, so mächtig er sein mag, doch nicht das koranische Wissen »in seinem Herzen trägt«) verhandelt und die Heirat durch seinen Glauben und sein Wissen geweiht hat. Nachdem das Abkommen getroffen ist (und vorausgesetzt, daß danach keine *thajʿalts* an irgendeinen nahen Verwandten des Mädchens gezahlt wurde), wird die Zeremonie des »Verlöbnisses« (*asarus*, die Überreichung des Pfandes, *thimristh*), die die Funktion eines Aneignungsritus trägt (*aʿayam*, die Bezeichnung, oder *aʿallam*, die Kennzeichnung, die der Kennzeichnung der ersten gepflügten Landparzelle gleicht, oder besser noch *amlak*, Aneignung wie die des Bodens), allein schon gefeiert wie eine Hochzeit. Man kommt mit Geschenken beladen, und nicht nur für die Braut (die das ihr bestimmte »Pfand« erhält, meist einen wertvollen Schmuck, aber auch Geld von allen Männern, die sie an diesem Tag sehen – *tizri* –), sondern auch für alle anderen Frauen des Hauses; man bringt auch Lebensmittel mit (Grieß, Honig, Butter usw.), auch mehrere Stück Vieh, die entweder geschlachtet und von den Gästen verzehrt werden oder zu dem der Braut gehörenden Kapital hinzugefügt werden. Man kommt in Scharen, und die Männer verkünden durch Gewehrschüsse ihre Kraft, wie am Tage der Hochzeit. Alle Feste, die man zwischen *asarus* und der Hochzeit feiert, werden zu Gelegenheiten, der *thislith* ihren »Teil« (*el ḥaq*) zu bringen. Große, weit voneinander entfernt wohnende Familien können sich natürlich nicht damit begnügen, einige Couscousgerichte auszutauschen; man legt Geschenke bei, die der gesellschaftlichen Höhe der Personen entsprechen, die sie vereinigen sollen. Zwar ist das junge Mädchen versprochen, »gegeben« worden (*athnafka*, »sie ist gegeben worden«), »angeeignet« (*malkants*, »sie haben sie sich angeeignet«) und »ins Gedächtnis gerufen« (*thatswafkar*, »man erinnert sich an sie«) durch die zahlreichen »Teile«, die man ihr reserviert hat, aber damit hat man sie noch nicht definitiv erworben; man legt seine Ehre darein, ihrer Familie soviel Zeit zuzugestehen, wie sie selber warten und die anderen warten lassen will. Die Hochzeitsfeier selbst stellt natürlich den Höhepunkt des symbolischen Wettkampfs zwischen den beiden Gruppen und auch den Moment der höchsten Ausgaben dar. In die Familie der Braut werden *thaqufats* geschickt: zwei Zentner Grieß und mindestens ein halber Zentner Mehl, Fleisch (lebendes Vieh) in Hülle und Fülle – obwohl man weiß, daß bestimmt nicht alles aufgegessen wird –, Honig (zwanzig Liter), Butter (zehn Liter). Man spricht von einer Heirat, wo in die Familie der Braut ein Kalb, fünf lebende Schafe und ein Hammelrumpf (*ameslukh*) gebracht worden sind. Man muß allerdings dazu sagen, daß die Abordnung der *iqafafen* aus vierzig gewehrtragenden Männern bestand, zu denen noch alle Verwandten und Notabeln gerechnet werden müssen, die ihres Alters wegen kein Gewehr tragen, also noch rund fünfzig Männer. Zu dem Brautstaat, der in diesem Fall bis zu dreißig Stück umfassen kann, kommen noch ebenso viele, für die anderen Frauen der Familie bestimmte Dinge. Und wenn man oft den Spruch hört, unter Großen gebe es kein *chrut* (Bedingungen, die der Vater für seine Tochter fordert, bevor er in die Heirat einwilligt), so deshalb, weil die Stellung der Familien allein schon eine Garantie dafür ist, daß die anderswo ausdrücklich formulierten »Bedingungen« hier sowieso überboten werden. Obwohl die Höhe des Wittums immer einer strengen sozialen Kontrolle unterliegt, können die außerordentlichen Heiraten die von der Gruppe stillschweigend festgesetzten Grenzen ignorieren. Als Beweis dafür einige Formeln, die heute wie Herausforderungen ausgesprochen werden: »Für wen hältst du dich denn? Für die von den vierzehn vielleicht? (*am arbaʿtach*)«, Anspielung auf die *14 réaux* (*réal*, alte spanische Währung), mit denen das Wittum für die »teuerste« Frau bezahlt worden war, für die nämlich, die es verstanden hat, Hausherrin der reichsten, an Männern zahlreichsten Familie zu werden. Denjenigen Frauen, die um 1900–1910 geheiratet haben, gesteht der gleiche Ausdruck ein Wittum von *40 duros* (*duro*, ebenfalls alte spanische Währung) zu: diese Summe entsprach nach den volkstümlichen Vergleichen – »Wir haben sie für den Gegenwert von zwei Ochsenpaaren bekommen«, *elḥaq nasnath natsazwijin* – dem Preis von zwei Ochsengespannen; kurz vor dem Zweiten Weltkrieg erreichte die übliche Höhe des Wittums ungefähr 2000 Francs. Eine Prestigeheirat, die 1936 mit sehr viel Pomp gefeiert wurde und bei der praktisch alle Männer des Stammes anwesend waren (mit einer *tbal*-Truppe, die drei Tage und zwei Nächte lang gespielt hat), hat den für sie Verantwortlichen außer allem, was er an Geld flüssig hatte, sein bestes Stück Land gekostet (vier Tagewerke). Um seine Gäste zu bewirten, hat er zwei Ochsen, ein Kalb und sechs Hammel schlachten müssen. In Wirklichkeit aber sind die materiellen Kosten sicherlich gering im Vergleich zu den symbolischen Kosten des *imensi*. Bei diesem Ritual, das die feierliche Übergabe des Wittums darstellt, kommt es zu einer totalen Konfrontation zwischen beiden Gruppen, bei der der ökonomische Einsatz nur ein Indiz und ein Vorwand ist. Ein hohes Wittum fordern, um seine Tochter zu geben, oder ein hohes Wittum zahlen, um seinen Sohn zu verheiraten, heißt in beiden Fällen, sein Ansehen geltend machen und, eben dadurch, an Ansehen gewinnen: Beide Parteien wollen beweisen, was sie »wert« sind, die einen, indem sie zeigen, auf welchen Preis die Ehrenmänner, die dafür kompetent sind, die Heirat mit ihrer Tochter einschätzen, die anderen, indem sie mit Glanz der Öffentlichkeit zeigen, auf welchen Preis sie sich selbst einschätzen durch den Preis, den sie zu zahlen bereit sind, um ihnen ebenbürtige Partner zu bekommen. Durch eine umgekehrte Form des Feilschens, das sich hinter dem Aspekt ganz gewöhnlichen Handelns versteckt, einigen sich die beiden Gruppen stillschweigend darauf, die Höhe des Wittums immer wieder zu überbieten, denn haben sie nicht beide das gleiche Interesse daran, diesen unbestreitbaren Index für den symbolischen Wert ihrer Produkte auf dem Markt des matrimonialen Tausches in die Höhe zu schrauben?

39 »Die entfernte Heirat ist die Verbannung« (*azwaj labʿadh d'anfi*); »Heirat nach außerhalb, Heirat ins Exil« (*azwaj ibarra*, *azwaj elghurba*), pflegen die Mütter zu sagen, deren Tochter in eine fremde Gruppe verheiratet wurde, wo sie keinerlei Bekannte (*thamusni*), geschweige denn selbst entfernte Verwandte (*arriḥa*, einen Geruch – von Heimaterde) vorfindet; die Braut, die eine solche »Exilheirat« geschlossen hat, singt ebenfalls: »Ihr Berge, öffnet eure Tore der Verbannten, daß sie ihr Heimatland sehe! Die fremde Erde ist die Schwester des Todes. Für den Mann wie für die Frau.«

40 Sicherlich sind die Fälle, in denen der Reproduktionsmechanismus versagt, nämlich bei einer *Mesalliance* oder bei *Unfruchtbarkeit*, die das

Aussterben der Linie nach sich zieht, oder auch bei *Bruch der Ungeteiltheit*, in erster Linie für Veränderungen innerhalb der ökonomischen und sozialen Hierarchie verantwortlich.

41 Wenn man schon um jeden Preis in *thiwizi* (*Hilfe*) eine »Fronarbeit« sehen will (um z. B. die Realität besser in den Rahmen einer realistischen und verdinglichten Definition der Produktionsweisen einzufügen), so muß man wenigstens die Tatsache berücksichtigen, daß diese »Fronarbeit« sich in die Hülle der *gegenseitigen Hilfeleistung* kleidet. *De facto* kommt *thiwizi* vor allem den Reichsten sowie dem *taleb* zugute (dessen Land gemeinsam gepflügt und bestellt wird); die Armen brauchen keine Hilfe bei der Ernte ...; aber *thiwizi* kann im Fall eines Hausbaus auch einem Armen zugute kommen (beim Steine- und Balkentragen). »Eine geachtete Person bittet für einen bestimmten Tag um *thiwizi*. Morgens gibt man allen Beteiligten im Hause zu essen, bevor sie zur Arbeit aufbrechen. Ebenso gibt man ihnen noch Essen für den Arbeitsplatz mit. Manchmal ruft man das ganze Dorf für eine große Olivenernte zu Hilfe, was ziemlich teuer wird [...]. Der Mann, der sich unbeliebt gemacht hat, ist von *thiwizi* ausgeschlossen: Niemand darf ihm helfen, nicht einmal dabei, sein Maultier zu beladen. Die gegenseitige Hilfe (*thiwizi*) ist unentbehrlich. Der beiseite geschobene Mann kann nichts machen« (Beni Aidel). Diese »Quarantäne«, die über einen Mann verhängt werden kann, ist eine gefürchtete Sanktion, und nicht nur symbolischer Art: Aufgrund des niedrigen Entwicklungsstandes der Technik wären zahlreiche Arbeiten ohne Hilfe der Gruppe unmöglich (z. B. der Bau eines Hauses mit dem Transport der Steine oder der Transport der Räder für eine Mühle, der rund vierzig Männer mobilisierte, die sich mehrere Tage lang unaufhörlich abwechselten); darüber hinaus bildet in dieser auf Unsicherheitsfaktoren beruhenden Wirtschaft ein Kapital an (den anderen) geleisteten Diensten und vergebenen Geschenken die beste und einzige Garantie gegen die »tausend Zufälligkeiten«, von denen, wie Marx bemerkt, die Erhaltung oder der Verlust der Arbeitsbedingungen abhängt, von dem Unfall, der ein Tier tötet, bis zu plötzlichen Unwettern, die die Ernte vernichten.

42 Die unzähligen *chikayat*, von denen manche sogar vor Gericht kommen, sind keineswegs von einem »Schikane«gefühl inspiriert, sondern von der Absicht, den Gegner herauszufordern oder eine Herausforderung anzunehmen; das gleiche gilt auch für die (sehr selten vorkommenden) Prozesse, die angestrengt wurden, um im Namen des Vorkaufsrechts einen Landverkauf rückgängig zu machen.

43 Und tatsächlich bezeugen die Rechtskodizes, die alle ohne Ausnahme Strafen gegen denjenigen vorsehen, der sich zum Mörder des Mannes macht, den er beerben soll, daß offene Konflikte dieser Art häufig waren: »Wenn jemand einen Verwandten tötet, dessen Erbe er ist, auf

ungerechtfertigte Weise und um ihn zu beerben, so soll die djemaa (Versammlung) alle Güter des Mörders nehmen.« (Qanun des Iouadhien-Stammes, zitiert in A. Hanoteau und E. Letourneux, *La Kabylie et les coutumes kabyles,* Paris 1873, Bd. III, S. 432; vgl. auch S. 356, 358, 368 usw.)

44 Leihen und Borgen unter Frauen wird als das Symbol des ehrlosen Handels betrachtet; in der Tat kommt dieser der ökonomischen Realität wesentlich näher als der Handel unter Männern. Man sagt von dem Mann, der allzu leichtfertig Dinge, besonders Geld, borgt (im Gegensatz zu dem Ehrenmann, der ja nicht sein Kapital an »Kredit« vergeuden will): »Für ihn ist das Borgen (*arrṭal*) wie für die Frauen.« Dieser Mann hat die Ehrenbeziehung zwischen dem, der leiht, und dem, der borgt, entweiht und entzaubert; er ist so oft vor Scham erbleicht, wenn er etwas borgte, daß er »ein gelbes Gesicht« hat. Der Gegensatz zwischen den beiden »Wirtschaftsformen« ist derart ausgeprägt, daß z. B. der Ausdruck *err arrṭal* – der auch »Rache üben« bedeuten kann – in der Sprache der Männer *»ein Geschenk zurückgeben«*, *»Tausch«* bedeutet, während er in der Sprache der Frauen »das Geborgte zurückgeben« bezeichnet. Für die Frauen ist das Ausleihen und -borgen in der Tat ein viel häufigeres und natürlicheres Verfahren: Sie leihen und borgen alles mögliche und bei jeder Gelegenheit; daraus folgt, daß die ökonomische Realität, wie sie in dem Spruch »gibst du mir, so geb ich dir« enthalten ist, sehr viel deutlicher in den weiblichen Tauschaktionen zutage kommt, bei denen das Ausgeliehene genau berechnet und die fälligen Rückgabetermine (»bis zur Niederkunft meiner Tochter«) genau vermerkt werden.

45 Die Schwächung der Kohäsionskräfte, Korrelat des »Börsensturzes« der symbolischen Werte, und die Verstärkung der Spaltungskräfte, die mit dem Auftreten von geldlichen Einnahmequellen und der daraus folgenden Krise der bäuerlichen Wirtschaft verbunden ist, führen dazu, daß die Autorität der Alten, das bäuerliche Leben und seine strenge und genügsame Lebensweise abgelehnt werden und daß man den Profit seiner Arbeit jetzt mit dem Argument, man könne mit gutem Recht über ihn verfügen, eher für Gebrauchsgüter ausgibt als für symbolische Güter, die der Familie ein größeres Ansehen oder eine stärkere Ausstrahlungskraft garantieren könnten. Dies ist das Thema der folgenden Aussagen: »Ich weiß, daß das (der Bruch) eines Tages passieren muß. Das ist ganz unvermeidlich. Heutzutage leben nicht einmal mehr zwei Brüder zusammen (*zaddi*), wie sollen wir das also schaffen, wo wir noch nicht einmal aus demselben Schoß stammen! Ich schwöre, daß ich sogar nicht mehr weiß, welches verwandtschaftliche Band mich an *dadda* Braham bindet. Eines Tages muß das ja passieren, und im Grunde wünscht es auch jeder, jeder denkt, daß er sich für die anderen zuviel Mühe gibt. ›Wenn ich meine Frau und meine Kinder nicht

hätte, würde ich mir nicht soviel Mühe geben‹, oder wäre ich schon auf dem ›göttlichen Thron‹ (im siebenten Himmel). Wenn man sowas denkt, dann ist es aus. Das ist der Wurm in der Frucht. Gott erbarme sich über dieses Haus! Denn mit solchen Überlegungen stimmen die Männner in das Lied der Frauen ein, sie leisten ihnen Beistand, und dann ist es aus. Alle Frauen wünschen das ja, sie sind Feinde des *zaddi,* weil sie vom Teufel besessen sind; und sie versuchen, die Männer anzustecken. Und in einer solchen Verfassung gelingt es ihnen natürlich schließlich doch. Was uns noch rettet und die Ungeteiltheit aufrechterhält, ist, daß wir uns haben anpassen können; jeder von uns hat eine ›Spezialität‹, daher gibt es keine Übergriffe, die Autorität ist nicht zu starr, jeder ist Herr in seinem Bereich und trägt dafür die Verantwortung. Erfolge werden von allen gelobt, Mißerfolge werden von dem geschluckt, der dafür verantwortlich war. Kein Kampf um die Autorität, weder bei den Männern noch bei den Frauen. Bei uns gehen alle Männer auf den Markt, wann sie Lust dazu haben, und keine unserer Frauen trägt den ›Schlüssel zur Vorratskammer an ihrem Gürtel‹. Schließlich sind wir das letzte in Ungeteiltheit lebende Haus *(izdin)* der Ait Amara. Wie könnte man das Risiko der Zersplitterung auch nur annehmen, wo man weiß, daß die Ait Ali noch vereint sind, Ait Ahmed auch und auch Akham Youcef. Man braucht ja nur zu sehen, wie es den Ait Hamana geht und den Ait Chikh: ihre Felder reichen bis vor die Türen ihrer Häuser (*thamurth arthimira,* Land bis zu den Bärten), aber trotzdem ist es aus mit ihnen; sie sind kein großes Haus (*akham amoqrane*) mehr, das sind keine ›Häuser‹ mehr.« Und die Beschreibung vom Zusammenbruch der alten Werte legt besser als alle Analysen die Fundamente zutage, auf denen diese Werte beruhen: »Wenn man mit Propangas kochen will, muß man vier in der Familie sein. Wenn man für zwanzig Personen Essen macht, kann man sich solch eine Bequemlichkeit natürlich nicht leisten ... oder aber man braucht eine Gasflasche pro Mahlzeit. Wenn man zu zwanzig leben will, muß man auch bereit sein, Holz holen zu gehen, es zu fällen, Stümpfe auszugraben ... man muß auch den *kanun* mit seinem Ruß und Rauch akzeptieren. Ist man auf Bequemlichkeiten aus, so muß man auf *zaddi* verzichten. In allem das gleiche: Kleidung, Seife, Arbeit usw. Habe ich Lust auf ein gebratenes Hammelkotelett, so muß ich allein sein, ich muß es wie in der Stadt in Papier eingewickelt kaufen und es heimlich braten. Sogar das Haus, in dem ich wohne, muß klein sein, gerade für mich. So kann niemand sehen, was ich mache oder was ich esse. Wenn man mit allen zusammen ist, muß man die gemeinsame Küche akzeptieren, in reichen Jahren bedeutet das alle vier oder fünf Monate einen großen Kochkessel, in dem zehn Kilo Fleisch kochen können. Man muß eben wählen. Nimm z. B. Abderrahman, er ist noch ein Kind, sein Vater starb wohl vor fünfzehn Jahren. Weil seine Mutter in die Stadt zu ihrer Schwester ziehen will (das Leben ist besser dort), weil auch er in der Stadt auf Baustellen arbeiten will und sein Geld für sich behalten, hat er sich geweigert, mit seinem ältesten Bruder zusammenzuleben, der sein Vater sein könnte. Und tatsächlich hat er seinen Anteil am Erbe verlangt und hat ihn bekommen. Niemand war da, um es ihm zu verweigern, niemand, um die Sache anormal zu finden. Vorher hätte es niemand gewagt, den Bruch der Ungeteiltheit zu verlangen. Man hörte noch auf die Alten. Den, der das gewollt hätte, hätte man geschlagen, verjagt, verflucht: ›Er ist schuld am Zusammenbruch‹ (*lakhla ukham,* die Leere, das Brachland im Haus). ›Er sucht Grund zur Teilung‹ *(itsabib ibbatu)*, aber man verweigert ihm ›seinen Teil‹. Heutzutage gibt es viele Rechte. Früher: ›Iß dein Stück Fladen und sei still‹; früher bedeutete das noch was, Familienoberhaupt zu sein, auf den Markt zu gehen, in der *thadjama'th* zu sitzen. Heutzutage, das weiß jeder, sind die Häuser der Witwen blühender als die der (Ehren-)Männer. Das Kind von gestern will heute befehlen!«

46 Ohne dazu Stellung zu nehmen, in welchem Sinnzusammenhang das Folgende mit dem hier Gesagten steht, kann man immerhin erwähnen, daß die »Krankheiten akuter Eifersucht« (*aṭan an-tsismin thissamamin,* die Krankheit der sauren Eifersucht) von den Verwandten, besonders aber von den Müttern mit äußerster Aufmerksamkeit verfolgt und mit einem regelrechten Arsenal an heilenden oder vorbeugenden Riten kuriert werden. Ebenso spricht man, um einen unversöhnlichen Haß auszudrücken, von der Verfassung des kleinen Jungen, der, plötzlich der Zuneigung seiner Mutter durch die Geburt eines Jüngeren beraubt, mager und bleich wird wie ein Sterbender (*am'uṭ*) oder ein »Verstopfter« (*bubran).*

47 A. Hanoteau und E. Letourneux, *op. cit.*, III, S. 423.

48 J. Chelhod erwähnt zu Recht, daß alle Beobachtungen darin übereinstimmen, daß die Tendenz zur endogamen Heirat, die in Nomadenstämmen, die sich in fortwährendem Kriegszustand befinden, stärker ausgeprägt ist als in seßhaft gewordenen Stämmen, im Fall einer Kriegsdrohung oder eines Konflikts wieder auftaucht oder sich verstärkt (J. Chelhod, *loc. cit.*).

49 Dieses Axiom hat die Funktion, den müßigen Debatten zwischen Funktionalisten und Anti-Funktionalisten zu entgehen (die Herrschenden sind Funktionalisten, weil die Funktion – im Sinne der funktionalistischen Schule – nichts anderes ist als das Interesse der Herrschenden, d. h. das Interesse, das die Herrschenden daran haben, ein ihren Interessen entsprechendes System zu perpetuieren): Diejenigen, die die Heiratsstrategien durch ihre Folgen erklären – Spaltung und Fusion bei Murphy und Kasdan sind und bleiben Folgen, auch wenn man sie mit dem Terminus »Funktion« bezeichnet – sind nicht weni-

ger weit von der Realität der Praxis entfernt als diejenigen, die sich auf die Wirksamkeit von Norm und Regel berufen. Die Behauptung aufstellen, daß die Heirat mit der parallelen Kusine eine Spaltungs- und/oder Fusionsfunktion hat, ohne sich zu fragen, *für wen* und *wofür* und in welchem Grad (den man bestimmen müßte) und unter welchen Bedingungen, das heißt, auf eine Erklärung durch den *Endzweck* zurückgreifen — und zwar auf schamhaft-versteckte Weise —, anstatt sich zu fragen, wie die für eine Gesellschaftsformation charakteristischen ökonomischen und sozialen Bedingungen das Streben nach Befriedigung einer bestimmten Art von Interessen durchsetzen, das seinerseits zur Produktion einer bestimmten Art kollektiver Folgen führt.

50 Da die Heiraten ja das Produkt wohlüberlegter Strategien sind und man von ihnen mehr und anderes erwartet als die bloße biologische Reproduktion, nämlich externe oder interne Bündnisse, die die häuslichen und politischen Kräfteverhältnisse reproduzieren sollen; da man insbesondere auf die Wahl der »mütterlichen Onkel« — eine Art von kurz- und langfristiger Kapitalanlage — die größte Sorgfalt verwendet, können die Heiraten auch nicht leichtfertig gelöst werden (die ältesten und prestigevollsten Beziehungen sind dabei natürlich am besten vor einem unbedachten Bruch geschützt), und wenn die Verstoßung unvermeidlich wird, greift man zu allen möglichen Mitteln, um das Bündniskapital nicht zu verschleudern. Es kommt sogar vor, daß man die Familie der Frau »anfleht«, diese doch wieder herauszugeben, und dabei die Schuld an der Trennung auf die Jugend, Unbesonnenheit, verbale Grobheit oder Verantwortungslosigkeit eines Gatten schiebt, der wohl zu jung ist, um den Preis der Bündnisse zu schätzen zu wissen; man beruft sich darauf, daß die Verstoßungsformel nicht dreimal, sondern nur ein einziges Mal und aus Versehen, ohne Zeugen ausgesprochen wurde. Die Scheidung wird zur *thutchḥa* (die Frau hat sich mit ihrem Mann gezankt und ist zu ihren Eltern zurückgekehrt); man geht sogar so weit, eine neue Hochzeitsfeier (mit *imensi* und Aussteuer) vorzuschlagen. Auch wenn die Verstoßung sich als definitiv erweist, gibt es verschiedene Arten, sich voneinander zu »trennen«: Je bedeutender, je förmlicher die Hochzeit war, je mehr man in sie »investiert« hatte, desto größer ist auch das Interesse daran, die Beziehungen mit der anderen Familie aufrechtzuerhalten (aus Gründen verwandtschaftlicher oder nachbarschaftlicher Solidarität wie auch aus Berechnung für den eigenen Vorteil), und desto unauffälliger erfolgt die Trennung; man verlangt das Wittum nicht sofort zurück, weist es aber auch nicht zurück (die *baṭṭal,* d. h. »kostenlose« Verstoßung ist ein schwerer Affront), man wartet sogar, daß die Frau wieder verheiratet ist; man vermeidet jede allzu genaue Abrechnung, wie man es auch vermeidet, Zeugen, vor allem Fremde, bei der Regelung der Scheidung hinzuzuziehen.

51 Die Heirat mit der parallelen Kusine ist Männersache, sie dient den Interessen der Männer, d. h. den höheren Interessen der Linie, und wird ohne Wissen der Frauen, oft *gegen ihren Willen* zustande gebracht, wenn sich z. B. die Frauen der beiden Brüder schlecht verstehen und weder die eine die Tochter der anderen bei sich aufnehmen will, noch die andere ihre Tochter unter die Autorität ihrer Schwägerin stellen will (was beide natürlich nicht daran hindert, aus der Not eine Tugend zu machen und sich als ehrenhafte Frauen zu erweisen, die dem Vorhaben der Männer in keiner Weise widersprechen würden). Das versteht sich derart von selbst, daß das rituelle Gebot des Vaters an seine Söhne: »Hört nicht auf eure Frau, bleibt untereinander vereint!« ganz natürlich als: »Verheiratet eure Kinder untereinander!« verstanden wird. »Er hatte noch nicht einmal seine ersten Schritte getan, als sein Vater ihn schon verheiratete. Eines Abends, nach dem Essen, ging Arab zu seinem älteren Bruder (*dadda*). Sie sprachen von diesem und jenem. Die Frau seines Bruders hielt ihr Töchterchen auf dem Schoß; da streckte das kleine Mädchen die Arme nach ihrem Onkel aus, der sie in seine Arme nahm und sagte: ›Möge Gott sie Idir zur Frau geben. Nicht wahr, *dadda,* du wärst doch nicht dagegen?‹ Sein Bruder antwortete ihm: ›Was willst du, Blinder? – Das Licht! Wenn du mich von der Sorge befreist, die sie mir schafft, möge dich Gott von all deinen Sorgen erlösen. Ich gebe sie dir mit ihrem Korn und Stroh, ganz umsonst.« (Yamina Ait Amar Ou Said, *loc. cit.*)

52 Es kommt vor, daß *thamgarth* sich unter dem Mantel der geheimen Verhandlungen in eine einzig und allein von Männern gestiftete Heirat einzumischen versteht und dann *thislith* das Versprechen ablegen läßt, ihr, der Alten, die volle Autorität im Hause zu lassen, mit der Drohung, sonst die Heirat zu verhindern. Oft verdächtigen die Söhne ihre Mutter, und nicht ohne Grund, ihnen ein Mädchen zur Frau auszuwählen, das sich von ihr leicht gefügig machen läßt.

53 Die Heiraten der (vor allem an symbolischem Kapital) Armen verhalten sich *mutatis mutandis* zu denen der Reichen wie die von Frauen gestifteten Heiraten zu den Männerheiraten. Man weiß, daß die Armen sich in Sachen der Ehre nicht allzu wählerisch zeigen dürfen: »Dem Armen bleibt nichts anderes, als sich eifersüchtig zu zeigen.« Damit ist auch gesagt, daß sie, genau wie die Frauen, die symbolischen und politischen Funktionen der Heirat weniger berücksichtigen als ihre *praktischen* Funktionen; z. B. schenken sie den persönlichen Eigenschaften der Braut und des Bräutigams mehr Beachtung.

54 Ein ganzes Gefüge von Mechanismen sorgt dafür, Heiraten zwischen Gruppen, die an ökonomischem und symbolischem Kapital allzu ungleich sind, auszuschließen: so z. B. die Höhe des Wittums und die Kosten der Hochzeit, die desto höher sind, je prestigevoller die Heirat ist (die häufig auftretenden Fälle, wo die Familie eines der Partner

eine Sorte Kapital – z. B. Männer –, die andere dagegen eine andere Sorte – z. B. Boden – besitzt, sind keine Ausnahme, ganz im Gegenteil). »Man bindet sich«, sagt man, »mit seinesgleichen« *(tsnassaben (naseb) medden widh mʿadhaleṇ).*

55 Der Wert, den die Tochter auf dem Heiratsmarkt hat, ist gewissermaßen eine direkte Projektion des sozialen Wertes, den beide Linien, deren Produkt sie ist, besitzen. Das wird besonders deutlich, wenn ein Vater Kinder aus verschiedenen Ehen hat; während der Wert der Söhne von dem Wert der Mutter unabhängig ist, hängt der Wert der Töchter sehr stark davon ab, ob die Mutter aus einer gesellschaftlich hochstehenden Linie stammt und eine wichtige Stellung in der Familie einnimmt oder nicht.

56 Im Gegensatz zu dem ökonomischen Kapital, das relativ stabil ist, ist das symbolische Kapital wesentlich labiler: Der Tod eines angesehenen Familienoberhauptes, ganz zu schweigen von dem Bruch der Ungeteiltheit, reicht in manchen Fällen aus, um es beträchtlich in Mitleidenschaft zu ziehen. Korrelativ dazu sind die ganze Vorstellung, die die Familie von sich selbst geben will, und die Ziele, die sie sich in ihren Heiraten setzt – Bündnisheirat oder Integrationsheirat –, von den Fluktuationen des symbolischen Vermögens der Gruppe abhängig. So ist z. B. eine große Familie innerhalb von zwei Generationen von Männerheiraten, d. h. Verbindungen innerhalb der engsten Verwandtschaft oder aber außergewöhnlichen Verbindungen (von Männern außerhalb der Familiensphäre zu Bündniszwecken geschlossen) auf gewöhnliche Heiraten herabgesunken, die meist von den Frauen, in ihrem eigenen Bekanntenkreis, zustande gebracht wurden – und das, obwohl die wirtschaftliche Lage der Familie sich ständig verbesserte. Dieser Wechsel in der matrimonialen Politik der Familie fiel mit dem Tod der beiden ältesten Brüder zusammen (Hocine II^2 und Laïd II^3) sowie mit einer längeren Abwesenheit der ältesten Männer der Familie (die sich in Frankreich aufhielten); dazu kam, daß die Autorität der *thamgarth* in zunehmendem Maße geschwächt wurde, als diese erblindete, so daß die tatsächliche Macht zunächst an Boudjemâa (III^6) und zeitweise an Athman (IV^5) fiel. Da aber die Nachfolge der *thamgarth* (der, die Ordnung und Ruhe walten läßt: *taʿa n thamgarth, da-susmi,* der Alten gehorchen ist Ruhe) nicht geregelt worden war, spiegelt die Struktur der Beziehungen zwischen den Frauen die Struktur der Beziehungen zwischen den Männern wider und läßt die Stellung der Hausherrin vakant; unter diesen Bedingungen werden die Heiraten eher mit der jeweiligen Linie der verschiedenen Frauen der Familie geschlossen.

57 Einer der zwingenden Umstände, der am meisten die Heiratsstrategien belastet, ist die Dringlichkeit der Heirat, die das Spiel beträchtlich einschränkt. Ein Grund, zur Heirat zu drängen, ist z. B. das hohe

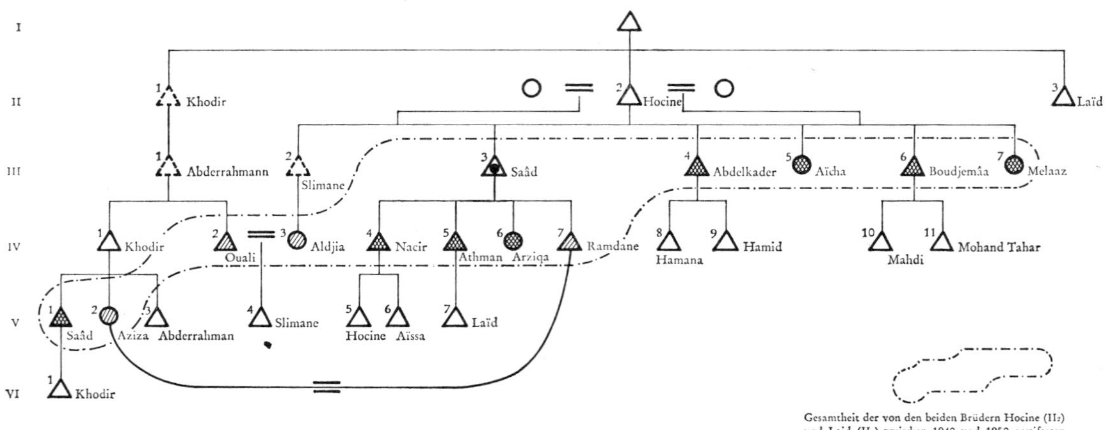

Männer, die vor dem Abschluß der in Betracht kommenden Heiraten gestorben sind.

Männer, die gewöhnliche Heiraten eingegangen sind.

Männer und Frauen, die innerhalb der in Ungeteiltheit lebenden Familie geheiratet haben.

Männer und Frauen des »Hauses«, die außergewöhnliche Heiraten eingegangen sind.

Aus Gründen der Hauspolitik in der Familie seiner Mutter verheirateter Mann.

Gesamtheit der von den beiden Brüdern Hocine (II_2) und Laid (II_3) zwischen 1940 und 1950 gestifteten Heiraten (die anderen Heiraten wurden von ihren Nachfolgern nach ihrem Tode geschlossen, d. h. nach 1960).

Alter der Eltern, die die Hochzeit ihres Sohnes noch erleben wollen und sich eine Schwiegertochter (*thislith*) wünschen, die sich um sie kümmert; ein anderer Grund, die Heirat voranzutreiben, ist die Furcht, das Mädchen, auf das man »ein Auge geworfen hat«, könnte einem anderen gegeben werden (um das zu vermeiden, können die Eltern »einen Schuh überreichen«, womit sie das Mädchen noch im Kindesalter binden, manchmal lassen sie auch die *fatiḥa* beten). Auch der einzige Sohn wird früh verheiratet, damit er die Linie so schnell wie möglich fortsetzt. Der symbolische Profit, den die Wiederverheiratung (und zwar noch vor dem früheren Ehepartner) nach der Scheidung verschafft, treibt die getrennten Ehegatten oft dazu, eine überstürzte Heirat zu schließen (die so geschlossenen Heiraten haben nur geringe Aussicht auf Dauerhaftigkeit, was die Tatsache erklärt, daß manche Männer oder Frauen zu wiederholten Heiraten »vorbestimmt« zu sein scheinen).

58 Das ist nur ein Aspekt der unterschiedlichen Situation, in der sich die Frau und der Mann dem Problem der Heirat gegenüber befinden: »Der Mann«, sagt man, »bleibt immer ein Mann, egal, in welchem Zustand er sich befindet (die Frau dagegen kann sich disqualifizieren und sich in Schande werfen, *'ar*); ihm gebührt die Wahl.« Da er also die Strategie wählen kann, d. h. die Initiative hat, kann er warten; er ist sicher, eine Frau zu finden, selbst wenn er ein längeres Zögern damit bezahlen muß, daß er nur eine schon einmal verheiratet gewesene Frau oder eine Frau niedrigeren Standes oder eine mit irgendeinem Gebrechen behaftete Frau findet. Von dem Mädchen dagegen will die Tradition, daß es umworben und verheiratet *wird*, ein Vater würde sich also lächerlich machen, wenn er offiziell einen Mann für seine Tochter suchte. Dazu kommt, daß zwar »der Mann auf die Frau warten kann (d. h. bis sie alt genug ist), die Frau aber nicht auf den Mann«: Wer eine Frau zu verheiraten hat, kann zwar eine Zeitlang den konjunkturellen Vorteil verlängern, den er genießt, solange man sich um seine »Ware« bewirbt, aber nur in dem Maße, wie ein Hinauszögern die »Ware« nicht als »unabsetzbar« oder einfach als zu alt verdächtig macht und im Wert herabsetzen kann.

59 Die Situation der Witwe hängt sehr davon ab, ob sie kinderlos ist, ob sie ihre Kinder in der Familie ihres verstorbenen Mannes »gelassen« hat oder ob sie ihre Kinder bei sich behalten hat (in diesem Fall ist sie weniger frei, also nicht leicht zu verheiraten). Wir haben hier ein interessantes Beispiel für verschiedene mögliche Strategien: So kann die Witwe mit einem Mitglied der Familie ihres verstorbenen Mannes verheiratet werden (das ist die *offizielle* Strategie, die sich besonders dann empfiehlt, wenn sie Söhne hat), sie kann von der Familie ihres Vaters verheiratet werden (dieses Verfahren ist häufiger, wenn sie kinderlos ist) oder aber von der Familie ihres Mannes. Es ist schwer,

das Feld der Variablen genau zu bestimmen (einige von ihnen sind sicher lokale Traditionen), die die »Wahl« des einen oder anderen jener Strategien bestimmen.

60 Die »spontane Psychologie« beschreibt sehr treffend den »Schwesternsohn« (*aqchich bu thaqchichin*): Von den Frauen der Familie gehätschelt und verwöhnt, fast immer länger unter ihrem Schutz stehend als andere Jungen gleichen Alters, identifiziert er sich schließlich mit dem gesellschaftlichen Schicksal, das für ihn vorgesehen ist, und wird ein weiches und kränkelndes Kind, das »von seinen zahlreichen, allzu langhaarigen Schwestern aufgefressen« wird; und aus den gleichen Gründen, die dazu führen, dieses kostbare und seltene Produkt auf vielfältige Art zu schonen, es vor der geringsten Gefahr zu schützen, ihm die Feldarbeit zu ersparen, eine längere Ausbildung zu geben und ihn gegenüber seinen Kameraden durch eine feinere Sprache, sauberere Kleidung, besseres Essen hervorzuheben, wird er ebenfalls sehr frühzeitig verheiratet.

61 Ein Mädchen hat einen um so höheren Preis, je mehr Brüder sie hat: Diese wachen über ihre Ehre (besonders über ihre Jungfräulichkeit) und stellen potentielle Verbündete für ihren zukünftigen Mann dar. Der Volksmund erzählt von dem vielbeneideten Mädchen mit den sieben Brüdern, das sieben Mal beschützt wird wie die »Feige zwischen ihren Blättern«: »Ein Mädchen, das das Glück hatte, sieben Brüder zu besitzen, konnte stolz sein, und *es fehlte ihr nicht an Bewerbern.* Sie war *sicher, gesucht und geschätzt zu werden.* Als sie verheiratet war, wurde sie von ihrem Mann, den Eltern ihres Mannes, der ganzen Familie und sogar von den Nachbarn und Nachbarinnen *geachtet:* Hatte sie nicht sieben Männer auf ihrer Seite, war sie nicht die Schwester von sieben Brüdern, sieben Beschützern? Bei dem geringsten Streit sorgten sie für Ordnung, und wenn ihre Schwester *im Unrecht* wäre oder gar *verstoßen* werden sollte, würden sie sie *in ihr Haus zurücknehmen und sie umhegen. Keine Schande konnte ihnen anhaften.* Niemand würde sich in die *Höhle des Löwen* wagen.«

62 Dabei ist zu bemerken, daß besonders geschickte Strategien aus einem bestimmten Kapital das Beste »herausholen« können, und sei es durch Bluff (schwieriger, wenn man innerhalb der vertrauten Alltagsbeziehung bleibt), oder auch nur, indem sie die Vieldeutigkeit des symbolischen Patrimoniums oder Diskrepanzen zwischen den verschiedenen Komponenten des Patrimoniums geschickt auszunutzen verstehen. Die strategische Kompetenz, die es erlaubt, das Beste aus einem Patrimonium zu machen und es durch geschickte Investitionen, wie z. B. vorteilhafte Heiraten, zur Geltung zu bringen, kann zwar als Teil des symbolischen Kapitals, das selbst wiederum relativ autonom im Verhältnis zu dem eigentlich ökonomischen Kapital ist, betrachtet werden, ist aber in Wirklichkeit relativ unabhängig davon: So können

arme Familien, die nichts als ihre Tugend anzubieten haben, aus der Heirat ihrer Tochter immerhin den Nutzen ziehen, sich prestigevolle Verbündete oder wenigstens nützliche Beschützer zu verschaffen, indem sie »gutgestellten Käufern« ihre Ehre verkaufen.

63 Insofern als die matrimonialen Strategien zur Klasse der Reproduktionsstrategien gehören, unterscheiden sie sich in ihrer Logik in keiner Weise von den zur Bewahrung oder Vermehrung des symbolischen Kapitals angewandten Strategien, die auf der Dialektik der Ehre beruhen und die ebensogut für die Wiedererlangung eines Stücks Land wie für die Vergeltung von Beleidigung, Vergewaltigung und Gewalt (Mord) eingesetzt werden: In allen Fällen kann man die gleiche dialektische Beziehung zwischen Gefährdung (durch den Boden, die Frau, das Haus – kurz, die *ḥurma*) und Beschützung (durch die Männer, die Gewehre, das Ehrgefühl – kurz, den *nif*) feststellen, die das symbolische Kapital (Prestige, Ehre, kurz, die *ḥurma*) bewahrt oder vermehrt.

Zweiter Teil

ERSTES KAPITEL

1 A. Comte, *Rede über den Geist des Positivismus,* Hamburg 1956, S. 181.

2 Hegten wir nicht die Befürchtung, naiv populistische Lesarten zu provozieren, würden wir gewiß eine systematischere Analyse der Situation des Fremden vorlegen, wie es die des Ethnologen ist, der vom wirklichen Spiel sozialer Aktivitäten durch die Tatsache ausgeschlossen ist, daß er im beobachteten System seinen Platz nicht hat (es sei denn qua Entscheidung und dann gleichsam des Spieles wegen) und hier auch nichts zu suchen hat. Wir möchten dazu nur an jene Analyse von Sartre erinnern, die, wenn auch ein wenig zu hastig an die Grenzen vorstoßend und der metaphorischen Ausdrucksweise wegen ein wenig wie kindischer Radikalismus anmutend, einen der meistverborgenen Aspekte der Situation des »Forschers«, d. h. in seiner überlieferten Bedeutung des *Kundschafters* und *Spähers,* ans Licht bringt: »der Soziologe ist nicht situiert ...; er kann sich, wenn er es versucht, der Gruppe integrieren; aber diese Integration ist vorübergehend, er weiß, daß er sich herauslösen und seine Beobachtungen zur Objektivität erheben wird; kurz, er ähnelt den Polizeidetektiven – wie sie uns das Kino oft als Modellfälle bietet –, die das Vertrauen einer Bande zu gewinnen suchen, um sie so besser überführen zu können« (J. P. Sartre, *Marxismus und Existentialismus,* Reinbek bei Hamburg 1964, S. 58). Im Lichte dieses Textes wird deutlich, daß es z. B. nicht gleichgültig sein kann, ob die herrschende oder die beherrschte Klasse zum Gegenstand der Analyse erhoben wird (gesetzt, daß eine Untersuchung sich durch solche präkonstruierten Objekte überhaupt definieren läßt).

3 Ch. Bally, *Le langage et la vie,* Genf 1965, S. 58, 72 und 102. Es ist kein Zufall, wenn die Geschichte der Kunst (und in geringerem Maße die der Literatur), geboren aus der Tradition des Liebhabers, mit der sie auch nur wenig gebrochen hat und von der sie die kontemplative Begeisterung für das Werk geerbt hat, sich wesentlich dem Problem der *Entschlüsselung* widmet – darin der Linguistik Saussures verwandt, die sich auf gleiche Weise nur marginal für Produktion, Reproduktion und Zirkulation der Werke interessiert; es ist Panofsky, der, als Ausnahme und gleichsam nur durch Zufall, sich vom Standort, von der Perspektive des Interpreten (bei Gelegenheit des Abbé Sugar und der Entwicklung der gotischen Architektur) losreißt und, statt an den *modus operandi* an das *opus operatum* sich haltend, aus der Theorie der auf das Konzept einer objektiven Intention des Werkes reduzierten künstlerischen Produktion einen simplen Aspekt einer

Theorie der Entschlüsselung und des unmittelbaren Verstehens als unwissentlicher Entschlüsselung macht.

4 Man denke, in sehr unterschiedlichen Bereichen, an das Kleinbürgertum, diesen Großkonsumenten von Büchern über Höflichkeit und Takt, aber auch an die Akademismen mit ihren Stilabhandlungen.

5 R. Jakobson, *Essais de linguistique générale*, Paris 1964, S. 46.

6 G. H. Mead, *Geist, Identität und Gesellschaft*, Frankfurt 1968, S. 81 f.

7 Die weiter unten vorgestellten Analysen des Gabentausches können als eine paradigmatische Illustration der Theorie des Verhältnisses zwischen den drei Modi theoretischer Erkenntnis gelesen werden – nämlich der phänomenologischen Erkenntnisweise mit der Analyse von Mauss, der objektivistischen mit der Analyse von Lévi-Strauss und der praxeologischen Erkenntnisweise.

8 Vgl. P. Bourdieu, J. C. Chamboredon und J. C. Passeron, *Le Métier de Sociologue*, Paris und den Haag 1973, 2. Aufl., Erster Teil S. 27-49.

9 Vgl. Alfred Schütz, *Gesammelte Aufsätze*, Bd. 1, Den Haag 1971, S. 68. Schütz will zeigen, daß der von ihm selbst konstatierte Widerspruch zwischen dem von ihm so genannten »Postulat der subjektiven Interpretation« und der Methode der »höchstentwickelten sozialwissenschaftlichen Disziplinen« wie der Volkswirtschaft nur ein scheinbarer ist (vgl. S. 39 ff.).

10 H. Garfinkel, *Studies in Ethnomethodology*, Englewood Cliffs, N.Y. 1967; P. Attewell, »Ethnomethodology since Garfinkel«, *Theory and Society*, Bd. 1, Nr. 2, Sommer 1974, S. 179-210.

11 Es ist daher, wie wir zu zeigen versuchen werden, die objektivistische Konstruktion der Struktur der statistischen Wahrscheinlichkeiten, die objektiv an eine jeweilige ökonomische und soziale Bedingung gebunden sind (die einer Wirtschaft mit einfacher Reproduktion oder die des Subproletariats), die es ermöglicht, die Form der Zeiterfahrung, die die phänomenologische Analyse zutage bringt, umfassend darzulegen.

12 E. Husserl, *Ideen zu einer reinen Phänomenologie und phänomenologischen Philosophie, Erstes Buch, Husserliana Bd. III*, Den Haag 1950, S. 87 ff.

13 Die Sozialwissenschaft kann Dispositionen wie die natürliche Einstellung oder Operationen wie die Epoché, die die Phänomenologie als reine Verfahren des Bewußtseins beschreibt, nicht von ihren objektiven Bedingungen abschneiden: Die Kritik der Doxa ist nicht zu trennen von einer *Krise* objektiver Strukturen; sie setzt des weiteren das Vorhandensein einer kritischen Sprache voraus, die die damit einhergehende Erfahrung zu benennen erlaubt.

14 »Das Kunstwollen kann ... nichts anderes sein als das, was (nicht für uns, sondern objektiv) als endgültiger letzter Sinn im künstlerischen Phänomen ›liegt‹.« E. Panofsky, »Der Begriff des Kunstwollens«, in: *Aufsätze zu Grundfragen der Kunstwissenschaft*, Berlin 1964, S. 39.

15 E. Husserl, *Formale und transzendentale Logik*; *Husserliana Bd. XVII*, Den Haag 1974, S. 40.

16 F. de Saussure, *Grundfragen der allgemeinen Sprachwissenschaft*, Berlin 1967, S. 21f.

17 S. Moscovici und M. Plon, »Les situations-colloques: oberservations théoriques et expérimentales«, *Bulletin de psychologie*, Januar 1966, S. 701-722.

18 E. D. Chapple und C. S. Coon, *Principles of Anthropology*, London 1964, S. 283.

19 L. J. Prieto, *Principes de noologie*, Paris 1964, und J. C. Pariente, »Vers un nouvel esprit linguistique«, *Critique*, April 1966, S. 334-358.

20 J. Van Velsen, *The Politics of Kinship, A Study in Social Manipulation among the Lakeside Tonga*, Manchester 1964, Neuaufl. 1971.

21 Vgl. M. Gluckman, »Ethnographic Data in British Social Anthropology«, *Sociological Review*, IX (I), März 1961, S. 5-17.

22 E. Leach, »On Certain Unconsidered Aspects of Double Descent Systems«, *Man*, LXII, 1962, S. 133.

23 J. Van Velsen, loc, cit. S. XXVI.

24 Trotz dieses uns trennenden Punktes stimmen die Analysen Van Velsens im wesentlichen mit meiner eigenen Analyse der strategischen Anwendungen der Verwandtschaftsbeziehungen überein (die ausgearbeitet wurde, bevor ich Velsens *The Politics of Kinship* kennenlernte); vgl. z. B. auf den Seiten 73-74 die Selektion der »praktischen« Verwandten innerhalb der *nominal kinsmen*; auf S. 182 die *matrilineal descent* als privilegierte Rationalisierung von Handlungen, die durch andere Faktoren determiniert werden, oder die Funktion der Idealisierung der »cross-cousin marriage as a mean of counteracting the fissiparous tendencies in the mariage and thus the village«.

25 »Der psychische Teil ist ebenfalls nicht vollständig daran beteiligt: die ausübende Seite bleibt außer Spiel, denn die Ausübung geschieht niemals durch die Masse; sie ist immer individuell und das Individuum beherrscht sie; wir werden sie das *Sprechen* (parole) nennen« (Ferdinand de Saussure, loc. cit. S. 16). Die expliziteste Formulierung der Theorie des Sprechens als Ausübung findet sich zweifellos bei Hjelmslev, der sehr gut die verschiedenen Dimensionen des Saussureschen Gegensatzes von Sprache und Sprechen, nämlich »erstarrte« gesellschaftliche Institution und nicht-erstarrte individuelle Ausübung, kenntlich gemacht hat (L. Hjelmslev, *Essais linguistiques*, Kopenhagen 1959, besonders S. 79).

26 »Von Modellen zu sagen, daß sie auf Individuen einwirken würden, ist nicht minder absurd, als eine Gleichung zweiten Grades für fähig zu halten, einen Mord zu begehen« (Radcliffe-Brown, *Structure and Function in Primitive Society*, London 1952, S. 190). »Prüfen wir, worin die konkreten, beobachtbaren Tatsachen bestehen, mit denen es

der Sozialanthropologe zu tun hat. Beginnen wir, z. B. die Eingeborenen einer bestimmten Region in Australien zu studieren, dann treffen wir auf eine Anzahl menschlicher Individuen in einer bestimmten Umgebung. Wir können ihre Verhaltensweisen, einschließlich natürlich ihrer sprachlichen Äußerungen, sowie die materiellen Produkte ihrer vergangenen Handlungen beobachten. Wir beobachten dabei keine ›Kultur‹, insofern dieses Wort keine konkrete Wirklichkeit, sondern eine Abstraktion und überdies, in seinem geläufigsten Gebrauch, eine äußerst vage Abstraktion bezeichnet. Die direkte Beobachtung vielmehr enthüllt uns, daß diese menschlichen Wesen durch ein kompliziertes Netz von sozialen Beziehungen miteinander verbunden sind. Ich nenne ›Sozialstruktur‹ dieses Netz wirklich existierender Beziehungen« (A. R. Radcliffe-Brown, »On Social Structure«, *Journal of the Royal Anthropological Institute of Great Britain and Ireland,* Bd. 70, 1940, S. 1-12). Es ist gewiß nicht übertrieben, den Ursprung der extremen Verwirrung in den Diskussionen über den Kulturbegriff in der Tatsache zu lokalisieren, daß die Mehrzahl der Autoren Konzepte mit dem unterschiedlichsten epistemologischen Status, wie Kultur und Gesellschaft und Individuum und Verhalten usw., auf ein und dieselbe Ebene stellen – um sie dann immerhin voneinander abzugrenzen. Der imaginäre Dialog, den C. Kluckhohn und W. H. Kelly darstellen (vgl. Kluckhohn und Kelly, »The Concept of Culture«, *The Science of Man in the World Crisis*, R. Linton (Hrsg.), New York 1945, S. 78-105), vermittelt einen vielleicht allzu summarischen, dafür aber lebhafteren Eindruck von dieser Debatte als das Werk von A. L. Kroeber und C. Kluckhohn, *Culture, A Critical Review of Concepts and Definitions* (Papers of the Peabody Museum of American Archaeology and Ethnology, Bd. XLVII, Nr. 1, Harvard University Press 1952). Leach ist es nicht entgangen, daß Malinowski und Radcliffe-Brown, trotz ihres offensichtlichen Gegensatzes, zumindest darin übereinstimmen, jede »Gesellschaft« oder »Kultur« (entsprechend ihrem jeweiligen Vokabular) aufzufassen als »eine aus einer bestimmten Anzahl empirischer und diskreter ›Dinge‹ unterschiedlichster Arten, wie Gruppen von Individuen, ›Institutionen‹, Gebräuchen, gefügte Totalität« oder auch »als ein empirisches, aus einer begrenzten Anzahl unmittelbar identifizierbarer Teile gemachtes Ganzes«, wobei der Vergleich zwischen Gesellschaften darin beruht, nachzuprüfen, ob »Teile des gleichen Typs« in allen anderen Fällen auszumachen sind (E. R. Leach, *Rethinking Anthropology,* London 1961, S. 6).

27 Ausgenommen die wenigen Autoren, die dem Begriff der Handlungsweise (conduite) eine rigoros durch das Verfahren, das ihn in Abhebung von der »Kultur« konstituiert, definierte Bedeutung verleihen (z. B. H. D. Lasswell, der festlegt: »wenn ein Akt der Kultur konform ist, handelt es sich um eine Handlungsweise (conduite), andernfalls um

ein Verhalten (comportement)«, H. D. Lasswell, »Collective Autism as a Consequence of Culture Contact« *Zeitschrift für Sozialforschung*, Bd. 4, 1935, S. 232-247), schlagen in der Tat, ohne daraus freilich irgendwelche Schlüsse zu ziehen, die meisten, die den Gegensatz in Anschlag bringen, epistemologisch unvereinbare Definitionen von Kultur oder Handlungsweise (conduite) vor, so wenn sie einem konstruierten Objekt ein präkonstruiertes Gegebenes gegenüberstellen und den Platz des zweiten konstruierten Objekts, den der Praxis als Ausübung/Ausführung, offen lassen: Harris etwa, und er ist nicht das schlimmste Beispiel, stellt den »kulturellen Mustern« die »kulturell gebildeten Verhaltensweisen« als dasjenige gegenüber, »was der Anthropologe konstruiert«, und »das, was die Mitglieder der Gesellschaft beobachten oder den anderen aufzwingen« (M. Harris, »Review of Selected Writings of Edward Sapir, *Language, Culture and Personality*«, *Language*, 1951, Bd. 27, Nr. 3, S. 288-333).

28 E. Durkheim, *Regeln der soziologischen Methode*, Neuwied und Berlin 1965, S. 110.

29 Cl. Lévi-Strauss, *Les structures élémentaires de la parenté*, Paris 1967, S. XX-XXI (von mir hervorgehoben).

30 Loc. cit. S. XX, vgl. auch S. XXII.

31 Cl. Lévi-Strauss, *Strukturale Anthropologie*, Frankfurt 1967, S. 46.

32 Cl. Lévi-Strauss, *Les structures élémentaires de la parenté*, loc. cit. S. XIX.

33 loc. cit.

34 Es handelt sich hier um eine unberechtigte Übertragung des gleichen Typs wie die, welche Merleau-Ponty zufolge dem intellektualistischen und dem empiristischen Irrtum in der Psychologie zugrunde liegt (vgl. M. Merleau-Ponty, *La structure du comportement*, Paris 1949, insbesondere S. 124 und 135).

35 Ludwig Wittgenstein, *Philosophische Untersuchungen*, Schriften 1, Frankfurt 1969, S. 332.

36 P. Ziff, *Semantic Analysis*, New York 1960, S. 38.

37 W. V. Quine, »Methodological Reflections on current Linguistic Theory«, in Herman and Davidson (eds.), *Semantics of Natural Language*, Dordrecht 1972, S. 442-454.

38 L. Wittgenstein, *Das blaue Buch*, Schriften 5, Frankfurt 1970, S. 45 f.

39 Die Bezeichnung »Disposition« scheint in besonderem Maß geeignet, das auszudrücken, was der (als System von Dispositionen definierte) Begriff des Habitus umfaßt: Sie bringt zunächst das *Resultat einer organisierenden Aktion* zum Ausdruck und führt damit einen solchen Worten wie »Struktur« verwandten Sinn ein; sie benennt im weiteren eine *Seinsweise*, einen *habituellen Zustand* (besonders des Körpers) und vor allem eine *Prädisposition*, eine *Tendenz*, einen *Hang* oder eine *Neigung*.

40 »Diese veränderliche, subjektive Wahrscheinlichkeit, die manchmal den Zweifel ausschließt und eine Gewißheit sui generis hervorruft, andere Male wieder aber nur wie ein schwankendes Trugbild in Erscheinung tritt, ist es, die wir die *Philosophische Wahrscheinlichkeit* deswegen nennen, weil sie von der Ausübung jener höheren Fähigkeiten herrührt, mittels derer wir uns von der Ordnung und dem Grund der Dinge Rechenschaft ablegen. Ein konfuses Gespür für diese Wahrscheinlichkeiten lebt in allen vernünftigen Menschen; es bestimmt nun oder rechtfertigt doch zumindest die unauslöschbaren Glaubensüberzeugungen, die man *gesunder Menschenverstand* nennt« (Cournot, *Essai sur les fondements de la connaissance et sur les caractères de la critique philosophique*, Paris 1922 (1. Aufl. 1851), S. 70).

41 »Here we confront the distressing fact that sample episode chain under analysis is a fragment of a larger segment of behavior which in the complete record contains some 480 seperate episodes. Moreover, it took only twenty minutes for these 480 behavior stream events to occur. If my wife's rate of behavior is roughly representative of that of other actors, we must be prepared to deal with an inventory of episodes produced at the rate of some 20 000 per sexteen-hour day, per actor (...). In a population consisting of several hundred actor-types, the number of different episodes in the total repertory must amount to many millions during the course of an annual cycle« (M. Harris, *The Nature of Cultural Things*, New York 1964, S. 74 f.).

42 Dies bedeutet, daß die an den Namen von Arrow gebundene Hypothese des *learning by doing* (vgl. K. J. Arrow, »The Economic Implications of Learning by Doing«, *The Review of Economic Studies,* Bd. XXIX (3), Nr. 80, Juni 1962, S. 175 ff.) nur einen besonderen Fall (dessen Besonderheit noch zu präzisieren wäre) eines allgemeineren Gesetzes darstellt: Jedes hergestellte Produkt – einschließlich der symbolischen Produkte, wie Kunstwerke, Spiele, Mythen usw. – übt kraft seiner Funktionsweise einen Lerneffekt aus, der dazu beiträgt, den Erwerb von Dispositionen zu erleichtern, die für seine adäquate Verwendung notwendig sind.

43 E. Durkheim, *L'évolution pédagogique en France,* Paris 1938, S. 16.

44 J. P. Sartre, *Das Sein und das Nichts,* Hamburg 1962, S. 554.

45 J. P. Sartre, »Réponse à Lefort«, *Les Temps Modernes,* April 1953, Nr. 89, S. 1571-1629.

46 J. P. Sartre, *Das Sein und das Nichts,* loc. cit. S. 729.

47 loc. cit. S. 566.

48 E. Durkheim, *Regeln der soziologischen Methode,* loc. cit. S. 117.

49 J. P. Sartre, *Kritik der dialektischen Vernunft,* Reinbek bei Hamburg 1967, S. 79.

50 loc. cit. S. 338.

51 E. Durkheim, loc. cit. S. 118.

52 J. P. Sartre, loc. cit. S. 40.

53 loc. cit. S. 173 und 235/36.

54 loc. cit. S. 253f.

55 loc. cit. S. 101.

56 loc. cit. S. 106.

57 Vgl. P. Bourdieu, »Champ du pouvoir, champ intellectuel et habitus de classe«, *Scolies*, I, 1971, S. 7-26, besonders S. 12ff.

58 Vgl. A. Touraine, *Soziologie als Handlungswissenschaft,* Darmstadt und Neuwied 1974, und »La raison d'étre d'une sociologie de l'action«, *Revue francaise de sociologie,* VII, Okt./Dez. 1966, S. 518-527.

59 G. W. Leibniz, »Zweite Erläuterung des Systems des Verkehrs der Substanzen (Das neue System)«, *Kleine Schriften zur Metaphysik,* Frankfurt 1965, S. 239.

60 loc. cit.

61 Eines der Verdienste von Subjektivismus und Moralismus beruht darin, in den Analysen, worin sie die den objektiven Zwängen der Welt unterworfenen Handlungen als uneigentliche verdammen (ganz gleich, ob es sich um die Heideggerschen Analysen der alltäglichen Existenz des »Man« oder um die Analysen Sartres über den Geist der Ernsthaftigkeit handelt) – und indem sie sich gleichsam selbst ad absurdum führen –, die Unmöglichkeit einer »eigentlichen« Existenz demonstriert zu haben, die in einem Entwurf der Freiheit alle vorgegebenen Bedeutungen und objektiven Bestimmungen gewissermaßen wieder auf sich nehmen soll: Die *rein ethische* Suche nach der »Eigentlichkeit« ist das Privileg dessen, der, da er über die notwendige freie Zeit verfügt, in der Lage ist, eine Ökonomie der Ökonomie des Denkens, die vom »uneigentlichen« Verhalten ermächtigt wird, zu erstellen.

62 Es dürfte ausgemacht sein, daß das Denken in Gegensatzpaaren, bildete es nicht eine rudimentäre, folglich ökonomische und praktische Form des Denkens überhaupt, schwerlich in der normalen, aber auch in der wissenschaftlichen Sprache so häufig wäre, die weiterhin, so in der Anthropologie, durch so viele falsche Dichotomien sich auszeichnet, wie Individuum und Gesellschaft, Persönlichkeit und Kultur, Gemeinschaft und Gesellschaft, »folk« und »urban« usw. – allesamt Dichotomien, die den traditionsreichsten Dichotomien der Philosophie, wie Materie und Geist, Seele und Körper, Theorie und Praxis usw., in nichts nachstehen (vgl. R. Bendix und B. Berger, »Images of Society and Problems of Concept Formation in Sociology«, in L. Gross (ed.), *Symposion on Sociological Theory*, New York 1959, S. 92-118).

63 R. Ruyer, *Paradoxes de la conscience et limites de l'automatisme,* Paris 1966, S. 136.

64 Wäre diese Sprache auf eine andere Weise nicht auch gefährlich, würden wir allzugern gegen alle Formen subjektivistischen Voluntarismus

ins Feld führen, daß die Einheit einer Klasse grundlegend auf dem »Unbewußten der Klasse« beruht: Keineswegs ist die Bewußtwerdung ein Ursprungsakt, der in einem Aufblitzen der Freiheit die Klasse konstituiert; auch ihr eignet – wie allen Aktionen symbolischer Verdopplung – Wirksamkeit nur in dem Maße, wie sie alles das auf die Ebene des Bewußtseins hebt, was auf unbewußte Weise im Klassenhabitus implizit übernommen wurde.

65 Der Illusion freier Schöpfung können zweifellos einige Rechtfertigungen gefunden werden in dem für jede bedingte Stimulierung charakteristischen Zirkel, der darauf hinausläuft, daß der Habitus nur insoweit den Typ von Antwort, der objektiv seiner Logik eingeschrieben ist, hervorbringen kann, als er den jeweils vorgegebenen Umständen (Konjunktur) die Wirksamkeit eines Auslösers zuschreibt, indem er diese gemäß seinen Prinzipien konstituiert, d. h. indem er sie als *Frage* in bezug auf eine bestimmte Art, die Realität zu befragen, existieren läßt.

66 Der Habitus stellt das Vereinigungsprinzip der Handlungen und Praxisformen dar, die den verschiedenen Bereichen entspringen – Bereichen, die die objektivistische Analyse als gesonderte »Subsysteme« bezeichnen würde, wie die Heiratsstrategien, die Fruchtbarkeitsstrategien oder die ökonomischen Entscheidungen; dieses Prinzip bildet, wenn man so will, den Punkt, an dem die »Gliederung« jener Felder sich praktisch vollzieht, die der Objektivismus (von Parsons bis hin zu den strukturalistischen Marx-Lesern) Seite an Seite stellt, ohne freilich über die notwendigen Mittel zu verfügen, um das reale Prinzip der strukturellen Homologien oder Transformationsbeziehungen aufdekken zu können, die sich objektiv zwischen diesen Feldern ergeben (das hier Ausgeführte darf nicht so verstanden werden, als ob damit geleugnet würde, daß die Strukturen Objektivitäten darstellen, die auf ihre Manifestation im Habitus, den sie hervorbringen und der sie zu reproduzieren trachtet, nicht zurückzuführen sind).

67 »Zweitens aber macht sich die Geschichte so, daß das Endresultat stets aus den Konflikten vieler Einzelwillen hervorgeht, wovon jeder wieder durch eine Menge besonderer Lebensbedingungen zu dem gemacht wird, was er ist; es sind also unzählige einander durchkreuzende Kräfte, eine unendliche Gruppe von Kräfteparallelogrammen, daraus eine Resultante – das geschichtliche Ereignis – hervorgeht, die selbst wieder als das Produkt einer, als Ganzes, *bewußtlos* und willenlos wirkenden Macht angesehen werden kann. Denn was jeder einzelne will, wird von jedem anderen verhindert, und was herauskommt, ist etwas, was keiner gewollt hat. So verläuft die bisherige Geschichte nach Art eines Naturprozesses und ist auch wesentlich denselben Bewegungsgesetzen unterworfen.« – »Die Menschen machen ihre Geschichte selbst, aber bis jetzt nicht mit Gesamtwillen nach einem Gesamtplan,

selbst nicht in einer bestimmt abgegrenzten gegebenen Gesellschaft. Ihre Bestrebungen durchkreuzen sich, und in allen solchen Gesellschaften herrscht ebendeswegen die *Notwendigkeit*, deren Ergänzung und Erscheinungsform die *Zufälligkeit* ist.« Fr. Engels, Briefe an Bloch vom 21./22. Sept. 1890 und an H. Starkenburg vom 25. Januar 1894 (in Marx/Engels, *Ausgewählte Briefe*, Berlin (Ost) 1953).

68 Wenn die schriftlosen Gesellschaften einen besonderen Hang zu den strukturalen Spielen zu haben scheinen, die die Ethnologen derart faszinieren, so manchmal einfach, wie mich Marcel Maget aufklärte, mnemotechnischer Zwecke wegen: Die bemerkenswerte Homologie *zwischen der Struktur* der Verteilung der Familien über das Dorf *und der Struktur* der Verteilung der Gräber auf dem Friedhof, wie sie in Kabylien zu beobachten ist (Ait Hichem, Tizi Hibel), trägt offensichtlich dazu bei, (den strukturellen Prinzipien, die zu den ausdrücklich überlieferten Bezugspunkten hinzutreten) die Festlegung der anonymen Gräber zu erleichtern.

69 Man könnte – um all das anzudeuten, was diesen Typ von Erwerbung von einer einfachen Dressur durch Versuch und Irrtum trennt – von einem praktischen Verstehen sprechen, hieße das nicht, eine fatale Bresche für das falsche Diltheysche Gerede zu schlagen, dessen Unsinn allemal ausreicht, um die extremsten Formen des objektivistischen Strukturalismus zu entschuldigen.

70 Die Beschreibung des Spiels findet sich weiter oben.

71 B. Berelson und G. A. Steiner, *Human Behavior*, New York 1964, S. 193.

72 Leeper, zitiert bei Berelson und Steiner, loc. cit.

73 A. B. Lord, *The Singer of the Tales*, Cambridge 1960, S. 30. Vgl. auch W. Radloff, »Die Sprachen der nördlichen Türkstämme«, V, *Der Dialekt der Kara-Kirgizen* (1885), zitiert bei M. P. Nilson, *The Micenaean Origin of Greek Mythology*, New York 1963 (1. Aufl. 1932), S. 19: Der Sänger, der in der Lage ist, über jedes Sujet ein Gedicht zu improvisieren, verfügt über ein umfangreiches poetisches Fertigmaterial, und seine Kunst besteht darin, diese Teilstücke entsprechend dem Gang der Ereignisse zu koordinieren und sie mittels neugemachter Verse zusammenzufügen.

74 loc. cit. S. 32.

75 loc. cit. S. 24.

76 Tatsächlich sind hier wie anderswo auch die verschiedenen Typen pädagogischer Aktion, die je nach dem Grad ihrer expliziten und bewußten Organisation im Hinblick auf die Einprägung zu unterscheiden wären, komplementär und in praktischer Hinsicht nicht voneinander zu trennen. Nichts wäre falscher, als sich eine Art natürliche Erziehung in einer Gesellschaft vorzustellen, die um so mehr darauf aus ist, an die Stelle der direkten Erfahrung der Welt gesellschaftlich auf-

bereitete Erfahrungen treten zu lassen, als sie sich jede Erziehung (und im besonderen die der Mädchen und Frauen) nur als eine Dressur oder besser als eine *Berichtigung*, ein *Geradebiegen* einer gebogenen und schiefen Natur vorstellen kann: »Richte das Holz gerade, wenn es grün ist; einmal trocken, kann es niemand mehr beschneiden«; »wie man von einem krummen Baum sagt, wenn du ihn nicht geraderichten kannst, hacke ihn ab«; »der Baum, den du nicht gleich am Anfang beschneidest, wird dich am Ende verraten«; »erziehe das Mädchen oder aber ertrage es«.

77 Die Knaben sind darüber hinaus für die Rolle von Mittlern zwischen der männlichen und der weiblichen Welt strukturell veranlagt: sie können den Frauen die besprochenen Angelegenheiten aus den Männerversammlungen zutragen, und nicht selten geht ihr Stolz auch dahin, irgendein weibliches Geheimnis auszukundschaften, um es dann den Männern zu hinterbringen.

78 Wenngleich die elementaren Strukturierungsprinzipien der Raumerfahrung vielleicht nur einer phänomenologischen Analyse zugänglich sein mögen, reicht doch das durch Beobachtungen und Gespräche Erfaßte aus, um zu erkennen, daß die Beziehungen zwischen der Raumerfahrung und den kinästhetischen und coenästhetischen Erfahrungen in Kabylien jenen gleichen, die sich auch in der europäischen Tradition – möglicherweise noch universeller – beobachten lassen: »Größe« z. B. wird ausgedrückt, indem man den Arm weit ausstreckt, »Kleinheit« durch die geschlossene Faust; »wenig« wird so angezeigt, daß man den Daumen auf den kleinen Finger legt, »nichts« durch das Tippen des Fingernagels auf einen Zahn; das »Flache« entspricht der inneren Handfläche; das »Schwere« wird mit einem Aufstieg identifiziert; das »Einfache/Leichte« ist wie fließendes Wasser. Schwieriger ist es, die Beziehung zu rekonstruieren, die einigen zufolge durch Vermittlung kinästhetischer Sensationen, die durch den Zuschnitt der Mundhöhle hervorgerufen werden, zwischen der phonetischen Symbolik und räumlichen Vorstellungen wie nah und fern, Ich und Du, hier und dort, klein und groß usw. entstehen sollen.

79 S. Freud, »Studien über Hysterie«, *Gesammelte Werke,* Bd. I, S. 196 ff.

80 E. H. Erikson, »Childhood and Tradition in Two American Indian Tribes«, *The Psychoanalytic Study of the Child,* 1945, Bd. 1.

81 M. Klein, *Essais de psychanalyse,* Paris 1967, S. 133, Anm. 1 (»Geographie des mütterlichen Leibes«) und 290, Anm. 1.

82 Vgl. E. H. Erikson, »Observations on the Yurok: Childhood and World Image«, *University of California Publications in American Archaeology and Ethnology,* Bd. 35, 1943, S. 257–302.

83 »Geordnet und auf Anordnung hin schreien die Verwandten und stampfen mit den Füßen auf, wenn die *rituelle Stunde,* den Fami-

lienkummer kundzutun, schlägt, und auf das Signal hin, das der Chorleiter gibt. Alle ›setzen dann ihre Glieder in Bewegung‹, erheben ihre Stimme, ›um die Pein zu mildern und die Angst zu mindern‹. Gemäß einem Rhythmus und in einer bestimmten Häufigkeit, die ihre Nähe zum Verstorbenen wiedergeben, springen sie in die Höhe und stoßen dabei Schreie aus: die Männer den rechten Arm entblößt und frei hüpfend; die Frauen beide Arme bedeckt und sich so bewegend, daß die Fußspitzen immer am Boden bleiben; der Sohn wie ein Neugeborenes pausenlos wimmernd, während die weiter entfernten Verwandten, die, in drei Modulationen, den Laut höher werden und dann ersterben lassen, nur ermächtigt sind, einen klagenden Ton anzustimmen« (M. Granet, *La civilisation chinoise*, Paris 1929, S. 392; Hervorhebungen von mir). Vgl. auch »Le langage de la douleur d'après le rituel funéraire de la Chine classique«, *Journal de psychologie*, Februar 1922, S. 97-118.

84 A. Matheron, *Individu et société chez Spinoza*, Paris 1969, S. 349.

85 Alfred Schütz, *Gesammelte Aufsätze*, Bd. 1, loc. cit. S. 168.

ZWEITES KAPITEL

1 Die im Brauchtum einer jeweiligen Gruppe niedergelegten Aussagen stellen nur einen winzigen Teil aller möglichen Rechtsprechungsakte dar (von denen auch dann noch eine schwache Vorstellung vermittelt wird, wenn man diesen Aussagen einfach nur die hinzufügt, die nach den gleichen Prinzipien hervorgebracht und in den überlieferten Sittenkodices der verschiedenen Gruppen (Dörfer oder Stämme) niedergelegt sind). Der Vergleich von Sittenkodices verschiedener Gruppen läßt Abweichungen hinsichtlich der Gewichtigkeit der für ein und dasselbe Vergehen verhängten Strafe erkennen; Abweichungen, die verständlich sind, wo es sich um Anwendungen eines gleichen impliziten Prinzips handelt, die sich aber schwerlich beobachten ließen, ginge es um Applikationen derselben expliziten Norm, ausdrücklich dazu geschaffen, als Grundlage für einheitliche und beständige, d. h. voraussehbare und berechenbare Rechtsprechungsakte zu dienen.

2 A. Hanoteau und A. Letorneux, *La Kabylie et les coutumes kabyles*, Paris 1873, Bd. III, S. 338.

3 E. Sapir, »L'influence des modèles inconscients sur le comportement social«, *Anthropologie*, Paris 1967, S. 41.

4 E. Durkheim, *Erziehung und Soziologie*, Düsseldorf 1972, S. 59f.

5 M. Merleau-Ponty, loc. cit. S. 131–135.

6 Hegel, *Vorlesungen über die Philosophie der Geschichte, Einleitung*, Werke in zwanzig Bänden, Bd. 12, Frankfurt 1970, S. 11.

7 Martin Heidegger, *Sein und Zeit*, Tübingen 1949, S. 69.

8 Über das Modell der Linie als eines von den Eingeborenen benutzten ideologischen Rahmens, »um sich ein vom gemeinen Menschenverstand diktiertes Verständnis ihrer sozialen Beziehungen zu vermitteln«, mag der sehr schöne Artikel von E. L. Peters herangezogen werden, »Some Structural Aspects of the Feud among the Camel-Herding Bedouin of Cyrenaica«, *Africa*, Bd. XXXVII, Nr. 3, Juli 1967, S. 261 ff.

9 Nach Dewulder (loc. cit.) vermochten die Frauen der Ouadhias die Bedeutung einiger der Symbole, die sie auf ihren Wandmalereien verwendeten, selbst anzugeben.

10 F. Boas, *Anthropology and Modern Life*, New York 1962, S. 164 ff.

11 W. Pareto, *Manuel d'économie politique*, Genf 1966, S. 45.

12 Daher weisen A. Hanoteau (Brigadegeneral) und A. Letourneux (Rat am Appellationshof), die ihre Untersuchung der kabylischen Sittenkodices entsprechend dem Aufbau des bürgerlichen Gesetzbuches präsentieren, der Dorfversammlung auch die Rolle einer Richterinstanz zu (vgl. Hanoteau und Letourneux, loc. cit. Bd. III, S. 2), wohingegen der Doyen M. Morand (vgl. Morand, *Etude de droit muselman algérien*, 1910; »Le statut de la femme kabyle et la réforme des coutumes berbères«, *Revue des études islamiques*, 1927, Heft 1, S. 47-94) das *quanun* als ein Ganzes reglementierender Dispositionen betrachtet, die auf Übereinkünften und kontraktuellen Abkommen gründen. In Wirklichkeit freilich fungiert die Versammlung keineswegs als Tribunal, das, auf ein vorliegendes Gesetzbuch sich berufend, Urteile fällt, sondern als ein Schiedsgericht oder ein Familienrat, der sich bemüht, die Standpunkte der Gegner zu versöhnen und sie einen Vergleich eingehen zu lassen: das bedeutet, daß die Funktionsweise des Systems die *Abgestimmtheit der Habitusformen* voraussetzt, da nur im Einvernehmen mit der »verurteilten« Partei der Schiedsspruch in Kraft treten kann (wird die Zustimmung verweigert, kann der Kläger nur mehr zur Gewalt greifen) – und er besitzt desto mehr Chancen, akzeptiert zu werden, je mehr er dem »Sinn für Gerechtigkeit« entspricht und auch gemäß den vom »Ehrgefühl« anerkannten Formen auferlegt wird.

13 Zu lesen ist hier der als »Rechtsordnung, Konvention und Sitte« betitelte Paragraph, worin Max Weber Unterschiede und Übergänge zwischen Sitte, Konvention und Recht untersucht (vgl. M. Weber, *Wirtschaft und Gesellschaft*, 1. Halbband, Köln-Berlin 1964, S. 240 bis 250, insbesondere S. 246-249).

14 So geschieht es, daß die beiden klassischen Arbeiten über die Heirat zwischen Parallelkusine und -vetter, die von F. Barth und die von F. Murphy und L. Kasdan, diametral entgegengesetzte Thesen vertreten: Verstärkt dieser Heiratstyp für den ersten die Integration

der Linie gegenüber den anderen Linien, so weist er für die zweiten die Tendenz auf, die Linien zu isolieren und auf sich selbst zurückzuwerfen (vgl. F. Barth, »Principles of Social Organisation in Southern Kurdistan«, *Universitets Etnografiske Museum Bulletin,* Nr. 7, Oslo, sowie F. Murphy und L. Kasdan, »The Structure of Parallel Cousin Marriage«, *The American Anthropologist,* Bd. 61, Nr. 1, Februar 1959, S. 17-29). Dabei ist es nun allerdings unzulänglich, wie Lévi-Strauss anzumerken, daß beide Interpretationen – deren eine die Tendenz zur Fusion, deren andere die Tendenz zur Spaltung akzentuiert –, »so konträr sie dem Anschein nach sein mögen, doch exakt auf dasselbe hinauslaufen« (Cl. Lévi-Strauss, Diskussionsbeitrag während der interdisziplinären Gespräche über muselmanische Gesellschaft, *Systèmes de Parenté,* Paris, Ecole pratique des hautes études, 1959, S. 19). Beiden Arbeiten ist vielmehr gemeinsam, von einer undifferenzierten Definition der Funktion auszugehen, die auf ihren Beitrag *für die Gruppe* reduziert wird. Murphy und Kasdan z. B. schreiben: »Die Mehrzahl der Versuche, die Heirat zwischen Parallelkusine und -vetter zu erklären, stellen Explikationen mittels Ursachen und Motivationen dar, wonach die Institutionen durch den Rekurs auf die bewußten Ziele/Zwecke der individuellen Protagonisten verstanden werden müssen. Wir haben nicht versucht, den Ursprung des Brauchs zu erklären; vielmehr haben wir, indem wir ihn als eine faktische Gegebenheit nahmen, uns bemüht, seine Funktion, d. h. seine Rolle innerhalb der Sozialstruktur der Beduinen zu analysieren, wobei sichtbar geworden ist, daß die Heirat zwischen Parallelkusine und -vetter zu einer extremen Spaltung der agnatischen Linien in der arabischen Gesellschaft beiträgt und, kraft der Endogamie, die patrilinearen Segmente abkapselt« (F. Murphy und L. Kasdan, loc. cit. S. 27).

15 Als eine Korrektur dessen, was in dieser Analyse, die darauf abzielt, das Modell des legalistischen Formalismus zu widerlegen und darin mitunter nur dessen Gegenposition einnimmt, an etwaigen Vereinfachungen zu finden sein dürfte, möchten wir auf die weiter oben dargelegte Analyse der matrimonialen Strategien verweisen.

16 Ohne Zweifel hat die schon rituelle Anprangerung des legalistischen Formalismus, eine beruhigende Halbwahrheit, auf die einige der hier vorgetragenen Analysen zu reduzieren man möglicherweise auch versucht sein wird, das Ihre getan, um jeden wirklichen Versuch zu entmutigen, nach den Beziehungen zwischen Regel und Praxis zu fragen und, noch genauer, den Strategien des Spiels oder Doppelspiels mit der Regel des Spiels nachzugehen, die allerdings die praktische Wirksamkeit der Regel begründen, eine Wirksamkeit, die freilich anderer Natur ist als die, die ihr der legalistic approach, wie Malinowski formulierte, naiverweise zuschrieb (B. Malinowski, *Coral*

Gardens and their Magic, Bd. 1, London 1966 (1. Aufl. 1935), S. 379).

17 Cl. Lévi-Strauss, »Einleitung in das Werk von Marcel Mauss«, in M. Mauss, *Soziologie und Anthropologie*, München 1974, S. 30.

18 loc. cit. S. 29.

19 Sprichwörtliche Redensarten, die die Großzügigkeit, die höchste Tugend des ehrenhaften Mannes, preisen, gehen Hand in Hand mit Sprichwörtern, die die Verlockung des berechnenden Geistes offenlegen: »Das Geschenk ist ein Unglück«, lautet eines, und ein anderes: »Das Geschenk ist ein Huhn und die Belohnung ein Kamel«; schließlich sagt man, dabei mit den Wörtern *lahna*, das zugleich Geschenk und Frieden, und *lahdia*, das Geschenk bedeutet, spielend: »O ihr, die ihr uns den Frieden (das Geschenk) bringt, laßt uns in Frieden«, oder auch: »Laßt uns in Frieden mit eurem Geschenk (*lahdia*)«, oder endlich: »Das beste Geschenk ist der Friede«.

20 Ganz gewiß ist die Sprache der *Form*, verstanden als *Struktur eines Werdens* im Sinne der Musiktheorie (d. h. Suiten- oder Sonatenform), angemessener als die der logischen Struktur, um die logisch, aber auch chronologisch gegliederten Sequenzen eines musikalischen Werkes, eines Tanzes oder auch jeder zeitlich strukturierten Praxis zum Ausdruck zu bringen. Es ist bezeichnend, daß R. Jakobson und Lévi-Strauss in ihrer Analyse des Gedichts von Baudelaire »Les chats« (*L'homme*, Bd. II, Nr. 1, Januar-April 1962, S. 5-21; dt. Übers. in *Alternative* 62/63, Dez. 1968, S. 156 ff.) den Übergang von der Struktur zur Form und zum Erlebnis der Form, d. h. zum poetischen und musikalischen Vergnügen, nur dadurch bewerkstelligen können, daß sie eine »Funktion der Verstörung« (frustrated expectation) geltend machen, von der die objektivistische Analyse in dem Maße nicht Rechenschaft ablegen kann, wie sie die wesentlich polythetische Struktur des poetischen Diskurses, die sich nur *praktisch* in der Zeit gibt, gleichsam in einem einzigen Zeitpunkt in Form eines Gefüges von Themen zusammendrängt, die durch logische Transformationsbeziehungen verbunden sind (z. B. der Übergang von der metaphorischen Form – der Gelehrte, der Geliebte, die Katze – zur metonymischen Form: die Katze). Faktisch können die musikalischen (oder poetischen) Formen als Zeitstrukturen nur verstehbar werden, insoweit sie *expressive Funktionen* unterschiedlichsten Typs erfüllen – dies gilt ebenso für die auf der neuerlichen Exposition des Themas begründete und streng symmetrisch aufgebaute »wiederkehrende Form« wie das Rondo wie auch für die komplexeren Formen, die, wie Suite und Sonate, den »Relationen« einen größeren Platz einräumen.

21 Im Folgenden das Paradoxon über das Mögliche des Diodoros Kronos (aus der Schule der Megariker), wie es im Kommentar des Am-

monius zu Aristoteles' *De interpretatione* zu lesen ist (p. 131, 1. 25 ff.): »Gehst du ernten, so ist es nicht wahr, daß du vielleicht ernten, aber vielleicht auch nicht ernten gehst – du gehst auf jeden Fall ernten; und wenn du nicht ernten gehst, so ist es auf die gleiche Weise nicht wahr, daß du vielleicht ernten oder vielleicht nicht ernten gehst – du gehst auf alle Fälle nicht ernten. Daraus folgt ganz gewiß und notwendig, daß du entweder ernten gehst oder aber nicht ernten gehst. Das ›vielleicht‹ ist auf diese Weise beseitigt, wenn es weder im Gegensatz zwischen ernten und nicht ernten, da einer dieser Fälle notwendig eintritt, noch gemäß der Folge aus der einen oder der anderen Behauptung einen Platz findet. Dieses ›vielleicht‹ war genau das Element, das das Mögliche einführte. Also ist damit das Mögliche verschwunden.« In *De fato*, VI, 12, schreibt Cicero: »Diodor hat erklärt, daß nur möglich sei, was wahr ist oder es wird; und alles was eintreten wird, bezeichnet er als notwendig, und alles, was nicht eintreten wird, bezeichnet er als unmöglich.« IX, 17: »... nichts tritt ein, was nicht notwendig war; und alles, was möglich ist, oder es schon ist oder es sein wird.«

22 »Ärgern Sie sich nicht über dieses Angebot meinerseits ... Ich bin ja doch so durchdrungen von dem Bewußtsein, daß ich vor Ihnen eine Null bin – das heißt, in Ihren Augen –, daß Sie sogar Geld von mir annehmen können. Sie können sich durch ein Geschenk von mir nicht beleidigt fühlen« (Dostojewski, *»Der Spieler«*, Ffm. 1970, S. 33).

23 Vgl. N. Chomsky, »General Properties of Language«, in *Brain Mechanism Underlying Speech and Language*, I. L. Darley (ed.), New York 1967, S. 73-88.

DRITTES KAPITEL

1 Das antigenetische Vorurteil, das zur unbewußten oder freimütig bekannten Weigerung verleitet, in der individuellen oder kollektiven Geschichte die Genesis der objektiven und der verinnerlichten Strukturen auszumachen, verbündet sich mit dem antifunktionalistischen Vorurteil, das auf die Ablehnung hinausläuft, auch die praktischen Funktionen, die symbolische Systeme zu erfüllen haben, in Betracht zu ziehen – und beide Vorurteile verstärken den Hang der strukturalistischen Anthropologie, historischen Systemen mehr Kohärenz zuzubilligen, als diese wirklich aufweisen und, um zu funktionieren, effektiv auch benötigen, bleiben sie doch, einer Bestimmung Lowies von Kultur überhaupt folgend, »things of shreds and patches« selbst dann, wenn diese Teilstücke fortwährend sowohl unbewußten wie intentionalen Restrukturierungen und Umarbeitungen mit dem Ziel, sie in das System zu integrieren, unterworfen sind.

2 Die von Panofsky vorgeschlagene Geschichte der Perspektive (E. Panofsky, »Die Perspektive als ›Symbolische Form‹«, *Vorträge der Bibliothek Warburg*, 1924/25, Berlin/Leipzig, S. 258-330) stellt einen exemplarischen Beitrag zur Sozialgeschichte der konventionellen Erkenntnis- und Ausdrucksweisen dar; natürlich muß man, um mit der idealistischen Tradition der »Symbolischen Formen« radikal zu brechen, die historischen Perzeptions- und Repräsentationsweisen systematisch auf die gesellschaftlichen Bedingungen ihrer Produktion und Reproduktion (kraft ausdrücklicher oder diffuser Erziehung), d. h. auf die Struktur der Gruppen, die jene produzieren und reproduzieren, sowie auf die Stellung dieser Gruppen innerhalb der Sozialstruktur beziehen.

3 Die Demonstration weist an dieser Stelle, wie an so manch anderer auch, nicht die durchschlagende Wirkung auf, die sie hätte haben können, hätte ich zum Zeitpunkt, da ich die Fakten sammelte, alles das schon gewußt, das mir die Analyse erst im Nachhinein zu entdecken erlaubte. Z. B. hätte ich dann die abweichenden Informationen, die mit den von den Informanten in der Sozialstruktur eingenommenen Positionen korrespondieren, sowie die unterschiedlichen Formen, die in jedem einzelnen Fall die Kombination der berberischen und islamischen Beiträge annehmen kann, statt als ein Hindernis als Objekt der Untersuchung begriffen und damit auch systematischer und methodischer registriert.

4 Es ist an dieser Stelle unmöglich, in ein tiefergehendes Studium der *Überschneidungen* zwischen Berber-Erbe und islamischen Zusätzen zu treten – Überschneidungen, die gerade beim Agrarkalender sehr viel klarer hervortreten als in jedem anderen Bereich, so in der Vermischung von berberischer und muselmanischer Festtradition (erster Tag des *ennayer* und *achura* usw.), die durch die doppelte Referenz auf den Berberkalender und den Hedschra-Kalender begünstigt wird, oder auch in der Neuinterpretation der traditionellen Riten (Regenriten usw.) im Rahmen der Logik und Sprache des muselmanischen Gebetes.

5 Die weiter unten vorgelegten Analysen stützen sich auf eine nahezu erschöpfende Durchsicht und Auswertung der in den Schriften von professionellen oder Amateurethnographen zusammengetragenen Ritenbestände sowie auf Informationen, die im Zuge einer direkten Enquête in einigen Gebieten Kabyliens gesammelt wurden mit dem Ziel, die schriftlichen Quellen zu vervollständigen und gegebenenfalls zu korrigieren (die wir denn auch nur zitieren werden, wenn sie durch die direkte Untersuchung nicht verifiziert wurden). Da ich von Anfang an die rein rituelle Veröffentlichung einer erschöpfenden Bibliographie ausgeschlossen hatte, mußte ich freilich auch, um den »Lorbeerkranzeffekt« zu unterbinden, darauf verzichten, eine theoretisch fundierte

Auswahlbibliographie der Arbeiten zu veröffentlichen, die mir effektiv nützlich waren und benutzbar schienen, und zwar Arbeiten ebenso aus dem Bereich der Ethnographie Nordafrikas wie aus dem weiteren Umkreis der vergleichenden Ritenwissenschaft (im besonderen der Riten des Mittelmeerraumes und des zeitgenössischen wie antiken Mittleren Ostens).

6 Das Beispiel eines solchen halb-gelehrten Kalenders, dessen Entsprechung wir so manches Mal aus dem Munde der Gebildeten zu hören bekamen, zu denen uns die ihrer bäuerlichen Tradition entfremdeten Bauern aus den großen Kolonisationsgebieten schickten (z. B. 1960 Matmatas und Hamman Righa), findet sich in A. Joly, »Un calendrier agricole marocain«, *Archives marocaines*, Bd. III, 1905, S. 301 ff.

7 Es versteht sich von selbst, daß, zumindest bei den Männern, die traditionellen Kalender der Konkurrenz des Gregorianischen Kalenders immer heftiger ausgesetzt sind: Die Kenntnis des Agrarkalenders nimmt in dem Maße ab, wie die Voraussetzungen für seinen Gebrauch seltener werden (mit der Entwurzelung aus der bäuerlichen Tradition, die direkt oder indirekt aus der Abwanderung in die Städte oder nach Frankreich resultierte), während die Gelegenheiten zur Benutzung des anderen Bezugssystems wachsen. (Man höre etwa: »Als ich nach Frankreich zog, war gerade ›Heuernte‹ und ich habe bis zum ›Weggang‹ des Monats August, das sind fast vier Monate, keine Arbeit gefunden.«) Zweifellos vollzieht sich die Wirkung neuer Existenzbedingungen in der Hauptsache vermittels des Zusammenbruchs der kollektiven Rhythmen, die bis dato um die landwirtschaftliche Tätigkeit, die der Agrarkalender sowohl zum Ausdruck wie zur Übereinstimmung brachte, organisiert waren: Wie der Vergleich zwischen dem Kabylien von Collo, das zum Zeitpunkt der Untersuchung (1960) auf der Basis von *zeribat* (Clans) mit beträchtlicher Integration aufgebaut war, mit den großen Kolonisationsgebieten in diesem Punkt deutlich macht, bewahrt das kollektive Gedächtnis desto stärker seine Erinnerungen an die kulturelle Tradition (und insbesondere an die Kalender), je integrierter es ist (vgl. dazu P. Bourdieu und A. Sayad, loc. cit.). Das Auseinanderfallen der kollektiven Rhythmen geht Hand in Hand mit der Desintegration der Gruppe und dem Schwund des sozialen Gedächtnisses: Bei den Bauern der großen Kolonisationsgebiete (Matmatas) und mehr noch bei den Landarbeitern dieser Gebiete findet sich der Kalender auf seine einfachste Form reduziert, gleichsam als ob das kollektive Gedächtnis davon nur die *starken Zeiten* – Feldarbeit, Ernte (auch die Regenriten) – zurückbehielte, wohingegen, ähnlich den nicht ausgesprochenen Silben im Rahmen der Sprachentwicklung, die schwachen Zeiten im Verschwinden begriffen sind.

8 Ein solches Homogenisierungs- und Vereinheitlichungsunternehmen führten die großen Priesterorganisationen der Antike durch, da sie

über die notwendige Autorität verfügten, um einen wirklichen *religiösen Code* durchzusetzen – einschließlich seiner zu *festgelegten Zeiten* vollzogenen und von den klimatischen Schwankungen und der Verschiedenartigkeit der ökonomischen und sozialen Bedingungen abstrahierenden Riten.

9 Der willkürliche Darstellungsmodus, der hier übernommen wurde, um die den Repräsentationen und Praxisformen immanente Logik zu restituieren – und der durch den Polythetie-Effekt des synoptischen Schemas Gefahr läuft, eine »strukturalistische Lektüre« zu ermutigen –, zielt darauf ab, ein *doppeltes Lesen* zu begünstigen, dem die verschiedenen, künstlich konstruierten »Serien« unterzogen werden können: Verdeutlicht es einmal die Punkte der Rückkehr oder, wenn man dies vorzieht, die *Schwellen* (Frühling, Herbst), so gestattet es außerdem, die ausgeprägten Momente des Landwirtschaftsjahres als angeordnete Punkte einer linearen und (ziel)gerichteten Sequenz (vom Herbst zum Sommer, d. h. vom Westen zum Osten, vom Abend zum Morgen usw.) oder als Punkte eines Kreislaufs zu fassen (die man sich veranschaulichen kann, indem man die Figur auf der xy-Achse umschlägt): es ist vorstellbar, daß dieses Schema zwei nacheinander vollzogene Halbdrehungen wiedergibt (etwa zwei Halbdrehungen des Körpers), die, da sie sich gegenseitig ausgleichen, entweder zu einer horizontalen Übersetzung führen – wenn sie um verschiedene Achsen (die senkrecht verlaufend auf der Schemazeichnung) ausgeführt werden –, oder, sofern sie sich (ohne Verlagerung der Achse) »auf der Stelle« vollziehen, ihren Endpunkt auch als Anfangspunkt haben: In dieser strukturell stillstehenden Bewegung schlägt sich sehr deutlich jene Weltsicht und jene Vorstellung der Dauer nieder, die im Gefühl der periodischen Unveränderlichkeit ebensowohl die Anerkennung zeitlicher Veränderungen wie das Gefühl eines ewigen Kreislaufes einschließt.

10 Die mehr oder minder bewußte Suche nach einem »reinen« und, wenn man so sagen darf, »ursprünglichen Modell« hat mich häufig dazu verleitet, die islamischen Entlehnungen und die am offenkundigsten islamisierten Überlieferungen mehr oder minder bewußt aus meiner Sammlung zu verbannen.

11 Andere Informanten erklären sogar, daß man den ersten Tag des Winters nicht kennen könne.

12 Diese Benennungen erinnern an die Legende von den entliehenen Tagen, darin erzählt wird, wie der Winter (oder der Januar, oder der Februar, usw.) eine alte Frau (oder eine Ziege, oder einen Neger), die ihn herausgefordert hatte, züchtigen konnte, indem er sich von der folgenden Periode einige Tage auslieh.

13 Uns der Tatsache bewußt bleibend, daß eine Kollektion von Merkmalen zu vereinigen, die in einer bestimmten Region in Form einer

Folge bestehen, schon eine vollkommen künstliche synkretistische Operation bedeutet, haben wir auf das Schema die folgenden drei Hauptserien aufgetragen: *imirghane, amerdil, thamgarth, aḥgan* oder *thiftirine, nisan — thimgarine, ḥayan, nisan — el mwalaḥ, el qwaraḥ, el swalaḥ, el fwataḥ ḥusum, nataḥ, nisan —*, die, grob vereinfacht, dem Kabylien von Djurdjura, Kleinkabylien sowie den islamisiertesten Regionen oder den gebildeten Informanten jeweils entsprechen würden.

14 Ein Informant erwähnt z. B. *la 'dilal,* eine Periode schrecklicher Kälte, deren Daten unbekannt sind, und die übrigens auch in einem Lied angesprochen wird, das die Frauen bei der Arbeit an der Tretmühle singen: »Wenn für mich *la 'didal* wie die Nächte von *ḥayan* sind, dann sagt dem Hirten, daß er sich ins Dorf flüchte«. Gemäß Informanten aus Djurdjura kommt es während des Monats *Jamber* in einer Nacht, die unbekannt ist, vor, daß sich Wasser in Blut verwandelt.

15 Diese halb-gelehrte Serie lautet zuweilen *ma, qa, sa, fin* und kommt mittels eines mnemotechnischen Verfahrens zustande, das die Marabuts anwenden und das darin besteht, jede der Benennungen durch ihren Anfangsbuchstaben zu bezeichnen; die Folge der Einteilungen des Sommeranfangs (*izegzawen, iwragen, imellalen, iquranen),* die manchmal auch durch den ersten Konsonanten der Wurzel ihrer berberischen Namen bezeichnet werden, nämlich *za, ra, ma, qin,* dürften ihrer mnemotechnischen Vorteile wegen so oft von den Informanten genannt werden.

16 Andere Verbote zu *ḥayan* und *ḥusum*: Feldarbeiten, Heiraten, Geschlechtsverkehr; des Nachts arbeiten, die Töpferware formen und trocknen lassen, Wolle bearbeiten, weben. In *Ain Aghbel* ist es während *el ḥusum* strengstens untersagt, den Boden zu bestellen, es ist *el faragh* (das Leere); es bringt Unheil, »einen Bau anzufangen, eine Heirat zu feiern, oder ein Fest zu veranstalten, ein Tier zu kaufen«. Allgemein kann gesagt werden, daß man sich jeder Tätigkeit enthält, die Zukünftiges einleitet.

17 *Thafsuth,* der Frühling, gehört zur Familie von *efsu,* auflösen, aufknoten, die Wolle strecken und, im Passiv, aufblühen, Knospen treiben, reifen.

18 Heiraten werden entweder, wie die Vermählung von Erde und Himmel, im Herbst gefeiert, oder im Frühling, Mitte Mai, zu dem Zeitpunkt, da sich, der Überlieferung der Gebildeten zufolge, alle lebenden Wesen *auf* der Erde vermählen. Den sterilen Frauen wird empfohlen, während *nataḥ* gepflückte Kräuter, Brei, zu essen.

19 *Azal* bedeutet, im Gegensatz zur Nacht und zum Morgen, den lichten Tag, das volle Tageslicht, und genauer: den der Rast gewidmeten Zeitraum größter Hitze während der Sommertage. Die »Rückkehr von *azal*« ist im wesentlichen durch einen Wandel im Rhythmus der täglichen Aktivität markiert. Wir werden ihn später näher untersuchen.

20 Wie im Mai die Befruchtungsakte, so wird am ersten Sommertag der Schlaf gemieden: Bei Strafe von Krankheit, Mutlosigkeit oder Verlust des Ehrgefühls (dessen Sitz die Leber ist, Ort des *ruḥ*, die männliche Seele) hütet man sich, des Tags über zu schlafen. Wahrscheinlich aus demselben Grunde wird die an diesem Tag vom Feld genommene Erde in den magischen Riten benutzt, die die Schwächung oder die Vernichtung des Ehrgefühls (*nif*) bei den Männern oder der Unabhängigkeit bei den Tieren, die diese gegen die Zähmung aufbegehren läßt, herbeizuführen trachten.

21 Dem Rauch werden bisweilen fruchtbringende Kräfte zugeschrieben, die sich zur Zeit von *Aïn Sla* hauptsächlich auf die Feigenbäume auswirken (deren Zyklus von dem des Getreides relativ unabhängig verläuft und der, weil er keine Eingriffe »gegen die Natur« beinhaltet, von wenigen Riten begleitet ist). Dem Rauch, dieser Synthese des Trockenen mit dem Feuchten, die sich ergibt, wenn man Feuchtes (grüne Pflanzen, grünes Gezweig und grüne Gräser, die an feuchten Plätzen wie denen der Pappeln oder des Oleander zusammengetragen werden) anzündet, wird die Macht zugesprochen, die Feigenbäume zu »befruchten«, wobei hier eine Identifizierung des Räucherns mit der Beschleunigung der Feigenreife im Spiel ist.

22 Zahlreiche Sprichwörter verbinden explizit beide Perioden: z B. sagt man oft, daß, wenn während *esmaïm* sehr häufig der Schirokko bläst, es im *elyali* Schnee und Kälte geben wird.

23 Das Wort *lakhrif* gehört zur Familie des Verbs *kherref*, frische Feigen pflücken und essen, und auch Späße machen, drollige, oft obszöne Geschichten nach Art der umherziehenden Sänger erzählen, manchmal auch dummes Zeug daherreden (*itskherrif*, er faselt; *akherraf*, der Witzbold, der Spaßmacher).

24 Ein solcher Effekt läßt sich in allen Gesellschaftsformationen beobachten, wo Praktiken und Kenntnisse ungleicher Legitimität zur gleichen Zeit bestehen: Daher wählen die Angehörigen der Volksschichten, über ihre kulturellen Praktiken und Präferenzen befragt, auch diejenigen aus, die ihnen mit der herrschenden Definition von legitimer Praxis am konformsten erscheinen.

25 Die Analyse des Effekts, den die Aufzeichnung und Protokollierung bewirkt, führt zum Prinzip der Effekte, die im Gefolge der Erfindung von Techniken zur *Aufbewahrung des Wortes* (Schrift) eingetreten sind (vgl. W. C. Greene, »The spoken and the written Word«, *Harvard Studies in Classical Philology*, IX, 1951, S. 24-59; J. Goode and I. Watt, »The Consequences of Literacy«, *Comparative Studies in Society and History*, V. 1962-63, S. 304-311). Die Polythetie, die Widersprüche zu vermeiden gestattet, hat selbst zur Vorbedingung das Fehlen jeder Aufzeichnung der Vergangenheit, d. h. das Fehlen von Gelehrtheit, das, indem es das individuelle wie kollektive Gedächtnis von

jeder fixen Spur freihält, die fortwährenden Berichtigungen ermöglicht, die unabdingbar sind, um nicht allseitiger Inkohärenz anheimzufallen. Die Synchronisierung von Vergangenheit und Gegenwart (z. B. aufeinanderfolgende Versionen eines Mythos oder Rituals), deren Möglichkeit die Schrift bereitstellt, erlaubt nun die synoptische Wahrnehmung und zugleich das Erfassen der Widersprüche, von dem aus die gebildete Reflexion ihren Anfang nimmt. Der Ehrgeiz des Gebildeten, alle gesammelten Produkte eines Systems generativer Prinzipien zu kumulieren (z. B. durch die Bildung erschöpfender Sammlungen von Texten ein und desselben Autors oder durch enzyklopädische Studien über einen Autor), der allemal noch die Mehrzahl der Arbeiten leitet, die sich philosophischen, literarischen und künstlerischen Werken widmen, steht in Gegensatz zu jener Absicht, die axiomatisch genannt werden mag und die darin besteht, sich eine theoretische oder praktische Meisterschaft der generativen Formeln eines Werkes anzueignen, d. h. die generativen Prinzipien praktisch funktionieren zu lassen oder aber sie wissenschaftlich zu objektivieren. Zumeist häufen die Arbeiten über die Geschichte der Philosophie die gefälligen Momente der jeweiligen Projekte – gemäß sauberer exklusiver Logik –, ohne indessen deren Beschränktheiten und Zwänge aufzuweisen: Der Schleier enzyklopädischer Bildung gestattet es, der Frage nach der theoretischen Beherrschung der generativen Prinzipien – Voraussetzung einer wirklichen *Wissenschaft* des Denkens z. B. von Platon oder Descartes – ebenso aus dem Wege zu gehen wie der nach deren praktischer Beherrschung – Voraussetzung der Hervorbringung eines diesen Prinzipien gemäßen Diskurses, d. h. der Erfindung platonischer und kartesianischer Ideen, die von Platon und Descartes nicht gedacht wurden –, ohne deshalb freilich die mit solchen ehrgeizigen Unternehmen verbundenen Vorteile auszuschließen, da ja die Identifikation mit dem Autor, die bei solchen Vorhaben gang und gäbe ist, die inspirierten Interpreten gleichermaßen ermächtigt, sich den Anschein schöpferischen Denkens (kraft Zeugung) zuzubilligen und sich von der undankbaren Aufgabe eingehender Studien und Kommentare zu dispensieren.

26 E. Husserl, *Ideen zu einer reinen Phänomenologie und phänomenologischen Philosophie,* Erstes Buch, *Husserliana* Bd. III, Den Haag 1950, S. 409.

27 In einer Art Kommentar des zweiten Grundsatzes von Saussure (»Das Bezeichnende, als etwas Hörbares, verläuft ausschließlich in der Zeit und hat Eigenschaften, die von der Zeit bestimmt sind«, F. de Saussure, loc. cit. S. 82) stellt Cornot die Eigenschaften der gesprochenen oder geschriebenen Rede, eine »wesentlich lineare Folge«, die aufgrund ihrer Konstruktionsweise uns abverlangt, durch eine lineare Folge von Zeichen nacheinander Verhältnisse zum Ausdruck zu bringen, die

der Geist simultan und in einer anderen Ordnung wahrnimmt oder doch wahrnehmen sollte«, den »synoptischen Tafeln, systematischen Tabellen, historischen Atlanten« gegenüber, »einer Art Tafeln, die zweifach angegangen werden können, deren Spur folgend wir einen mehr oder minder großen Nutzen aus dem Flächenhaften ziehen, um Bezüge und systematische Verbindungen bildlich darzustellen, die innerhalb der in sich verschlungenen Rede schwer zu entwirren sind« (Cournot, loc. cit. S. 364). Jacques Bertin hat diesen Gegensatz systematisch formuliert und zur Grundlage seiner graphischen Semiologie gemacht (vgl. J. Bertin, *Sémiologie graphique*, Paris/den Haag 1967).

28 Ebenso vergeblich wäre es, bei dem Versuch, mit aller Macht eine systematische Verbindung zwischen allen Serien, die man (künstlich) bilden kann, herzustellen, sich auf die partiellen Analogien zwischen dem menschlichen Lebenszyklus und dem Kreislauf des Landwirtschaftsjahres oder zwischen der einen und der anderen dieser »Serien« und der Serie der Tagesmomente zu stützen.

29 Die Logik des Ritus oder des Mythos gehört zur Klasse der natürlichen Logiken, die die Philosophie der Sprache, die Logik und die Linguistik gerade zu erforschen beginnen – mit sehr unterschiedlichen Voraussetzungen und Methoden. George Lakoff, einer der Begründer der »generative semantics«, z. B. schlägt den Begriff der »fuzzy logic« vor, um damit den Alltagsverstand der Alltagssprache mit ihren »fuzzy concepts« und ihren »hedges« zu kennzeichnen, wie »sort of«, »pretty«, »rather«, »loosely speaking« usw., die die Wahrheitswerte auf eine Weise modifizieren, die innerhalb der Grenzen der klassischen Logik nicht mehr adäquat beschrieben werden kann.

30 Die Logik der Praxis verdankt zahlreiche ihrer Eigenschaften dem Faktum, daß das, was in der Logik »Universum des Diskurses« genannt wird, hier in einem praktischen Zustand verbleibt. Man müßte fortgesetzt die Bedingungen angeben, unter denen ein wirkliches Universum des Diskurses allererst in Erscheinung treten kann; nennen wir sie: Die für die sukzessiven Verfahren der methodischen Aufzeichnung notwendige materielle und intellektuelle Ausrüstung (zu der in einem nicht geringen Maße die Schrift gehört), die zur Umsetzung der Verfahren und zur Analyse der Produkte unabdingbare freie Zeit, das für solche unterschiedlichen Tätigkeiten notwendige »Interesse«, das, selbst wo es sich als solches nicht wahrnimmt, nicht zu trennen ist von der vernünftigen Erwartung auf materiellen und/oder symbolischen Gewinn, d. h. vom Bestehen eines Marktes für den Diskurs und den Diskurs über den Diskurs usw.

31 Nebenbei ist zu erkennen, daß sich die Gesichtspunkte, die in bezug auf das Haus eingenommen werden, gemäß der Logik, die sie auf es anwenden (männlich/weiblich), selbst noch einmal voneinander ab-

setzen: Zweifellos ist es diese Verdoppelung, die in der Entsprechung zwischen sozialen und logischen Unterteilungen gründet, sowie die daraus resultierende Verstärkung, die wesentlich dazu beiträgt, die Individuen in einer geschlossenen und endlichen Welt und in der doxischen Erfahrung dieser Welt zu belassen.

32 J. Nicod, *La géométrie dans le monde sensible*, Paris 1962.

33 Vgl. zu analogen Beobachtungen M. Granet, *La civilisation chinoise*, loc. cit., besonders S. 332. Eine weitere Modulationstechnik bildet die Verbindung durch Assonanz, die zu Annäherungen ohne mythisch-rituelle Signifikanz *(Aman d laman,* Wasser ist Vertrauen) oder aber zu symbolisch überdeterminierten führen kann (*aska d asqa,* morgen ist das Grab). Bei dieser Gelegenheit wird sichtbar, wie die praktische Logik des Ritus, ähnlich der Poesie, mit dem Dualismus von Laut und Bedeutung spielt (wie in anderen Fällen mit der Vielheit der Bedeutungen ein und desselben Lautes): Die Konkurrenz zwischen der Relation gemäß Assonanz und jener gemäß der Bedeutung konstituiert eine Alternative, eine Art Kreuzung zweier gleichberechtigter Straßen, die je nach Augenblick und Kontext widerspruchsfrei in Anspruch genommen werden können.

34 Am Rande sei erwähnt, daß die Berbersprache das Weibliche durch einen Diminutiv ausdrückt.

35 Dieser »analogische Sinn« kann sich auch im Untersuchungsverhältnis selbst äußern, so wenn der Informant allem Anschein nach verbindungslose, aber durch dasselbe unbewußte Schema abgestützte Themen verknüpft: Z. B. trägt das Schema der Aufblähung/des Aufgehens, das der Mehrzahl der Fruchtbarkeitsriten zugrunde liegt, die Assoziation zwischen den Krapfen, die zu bestimmten Anlässen gebacken werden, und dem Seifenkraut, das die Roßtäuscher verwenden, um Ochsen, die verkauft werden sollen, anschwellen zu lassen. Alles deutet darauf hin, daß dieser »analogische Sinn« ähnlich dem arbeitet, was die Linguisten manchmal als Sinn/Gespür für die Sprachwurzel bezeichnen, d. h. wie ein unbewußtes Prinzip, das Verbindungen herstellt, was wiederum die gelehrte Auffassung nur begreifen kann, indem sie sich ein *constructum* vorgibt, das bar jeder Existenz *im Bewußtsein* der sprechenden Subjekte ist. Allgemeiner wäre hier an das zu erinnern, was die Linguisten aus der Schule Chomskys als »Grammatikalität« und »Akzeptabilität« bezeichnen und worin sie anerkennen, daß dieser Begriff sich durch einfache, etwa semantische oder statistische Kriterien nicht definieren läßt, sondern allein durch die *Intuition.*

36 Nicht anders gehen auch gewisse Informanten vor, wenn sie, indem sie der schlichten Wiedergabe halb-gelehrter Serien ausweichen, den Kalender durch aufeinanderfolgende Dichotomien rekonstruieren.

37 Diese Schemata können nur im Rahmen der objektiven Kohärenz der

rituellen Handlungen, die sie hervorbringen, begriffen werden – wenngleich man sie zuweilen auch, und dann nahezu handgreiflich, in der Rede erfassen kann, wenn etwa ein Informant ohne ersichtlichen Grund zwei rituelle Praktiken, die nichts weiter gemein haben als ein Schema, miteinander »assoziiert« (z. B. das der Aufblähung/des Anschwellens in jenem Fall, wo ein Informant die Mahlzeit vom ersten Frühlingstag – mit *adhris* als Zutat – und die Hochzeitsspeise – mit *ufthyen* – »zusammenbrachte«, indem er sie nacheinander erwähnte).

38 Tatsächlich muß, wie Sartre in der eindrucksvollen Analyse des »Abenteuers der Geraden« aufweist, die geometrische Demonstration, um überhaupt bestehen zu können, die sinnliche Einheit als Gestalt zerstören und sie »in das implizite Wissen« verdrängen. Noch weitergehend: »der Mathematiker (interessiert) sich nicht für Handlungen, sondern für ihre Spuren« (J. P. Sartre, *Kritik der dialektischen Vernunft*, loc. cit. S. 64 ff.).

39 Daß Arbeiter, die eine Holzwalze und eine Eisenstange verwenden, um damit einen Stein zu heben, die Regel der Zusammensetzung paralleler und gleichsinniger Kräfte anwenden, daß sie die Stellung des Drehpunktes je nach Zweck und je nach Gewicht oder Volumen der Last zu verändern wissen, gewissermaßen *als würden sie sehr wohl* die Regel *kennen*, die sie doch in Worte nicht zu fassen vermögen, und wonach man einen Widerstand mit einer um so kleineren Kraftaufwendung ausgleichen kann, je extremer das Verhältnis der beiden Kraftarme ist, oder allgemeiner, daß man an Kraft gewinnt, was man an Nähe zum Gegenstand verliert – dies alles sollte keineswegs dazu verführen, die Mysterien eines Physiker-Unbewußten oder die Geheimnisse einer Naturphilosophie, die beide eine wundersame Harmonie zwischen der Struktur des menschlichen Geistes und der Struktur der physischen Welt postulieren, geltend zu machen. Es wäre im übrigen ausnehmend interessant, einmal nachzuforschen, weshalb der Tatbestand, daß der Umgang mit der Sprache den Erwerb abstrakter Strukturen und Regeln des Vollzugs solcher Operationen voraussetzt (wie Chomsky zufolge etwa die Nicht-Iterabilität der Inversion), solche Verwunderung auslöst.

40 Jean Nicod, loc cit.

41 Zitiert von Bachelard, *La poétique de l'espace*, Paris 1961, S. 201.

42 loc. cit.

43 »Die modernen Soziologen und Psychologen lösen derartige Probleme, indem sie sich auf die unbewußte Aktivität des Geistes berufen; in der Epoche freilich, in der Durkheim schrieb, waren die moderne Psychologie und die Linguistik noch nicht auf ihre grundlegenden Erkenntnisse gestoßen. Dies erklärt, warum Durkheim sich mit dem herumschlug, was er als eine unauflösbare Antinomie ansah ...: der blinde

Charakter der Geschichte und der Finalismus des Bewußtseins. Zwischen beiden befindet sich offensichtlich die unbewußte Finalität des Geistes ... Auf diesen vermittelnden oder tieferliegenden Ebenen – darunter jene des unbewußten Denkens – kommt die scheinbare Opposition zwischen Individuum und Gesellschaft zum Verschwinden und wird es möglich, von einer Perspektive zur anderen überzugehen« (Cl. Lévi-Strauss, »La sociologie française«, in *La sociologie au XXe siècle,* Paris 1947, Bd. II, S. 527).

44 Vgl. Le Ny, *Apprentissage et activités psychologiques,* Paris 1967, S. 137.

45 Deshalb vermögen wir auch ein gewisses Unbehagen nicht zu unterdrücken, wenn wir von dem schreiben, das in Worten wiedergeben, was wir selbst doch erst am Ende eines dem der Einheimischen analogen Lernprozesses praktisch beherrscht haben: Der Begriff der Wiedergeburt (Resurrektion) ist es, den man sich vorgeben muß, sofern man über die praktische Beherrschung solcher Schemata wie »öffnen« und »aufblähen/anschwellen« und über die objektive Intention von »Wiedergeburt«, der sie sich unterordnen, nicht verfügt, aber die von diesen Schemata aus praktisch erzeugten Riten »verstehen« will – womit man sich indessen auch einem falschen Verstehen sowohl des »Verstehens« der Praktiken, das ein solcher Begriff ermöglicht, wie des praktischen »Verstehens«, das von einem solchen Begriff nichts weiß, aussetzt.

46 Die Sprichwörter sind die vollkommensten, denen es gelingt, in sich die Notwendigkeit einer linguistischen Beziehung (die von einfacher Assonanz bis zu einer gemeinsamen Wurzel reichen kann) mit der Notwendigkeit einer mythischen Beziehung zu vereinigen (die Wortspiele, und im besonderen die edelsten unter ihnen, die der Philosophie, sind nicht anders begründet).

47 Die Mehrzahl dieser Bedeutungen werden durch Euphemismen wiedergegeben: z. B. für auslöschen/vernichten sagt man *ferraḥ,* erfreuen.

48 »Nach hinten werfen« bedeutet auf einer mehr oberflächlichen Ebene auch vernachlässigen oder, noch einfacher, nicht gegenübertreten.

49 Man hätte wenig Mühe, selbst in der Alltagssprache Elemente der Beschreibung dieser approximativen Logik zu finden, die »auf Nasenlänge«, »in groben Linien«, »im großen«, »insgesamt« arbeitet und verfährt, die »gehen und klappen läßt« und »alle Hebel in Bewegung setzt«. Ich entlehne G. Th. Guilbaud im folgenden diese erste Aufzählung von Ausdrücken des Ungefähren: gib es für *zwei Minuten*; ich bin *gleich* zurück; *vier* Schritte von hier; das steht *unmittelbar bevor*; *praktisch nicht*; *sozusagen* 100%; *weniger als nichts;* in *hundert Jahren*; *tausend* Arten, es zu machen; der Durchschnitt liegt *irgendwo* zwischen ...; in der *Mehrzahl* der Fälle; eine *ganz kleine* Minderheit; es war *fast niemand* mehr da; »*am Ende der Welt* hausen«; um *Haaresbreite; etwa* so groß wie; *nicht ganz* aber trotzdem; die *meiste* Zeit; *nicht so sehr*, usw.

50 Das wirft Platon den Mythologen und Dichtern vor: sie seien unfähig, eine Praxis anders wiederzugeben als »in Stimme und Gestalt«, *dia mimeseos,* »sich einem anderen ähnlich machen« (Platon, *Der Staat,* 392d).

51 28 B8, 60 Diels-Kranz (*diakosmos*).

52 Aristoteles, *Metaphysik* A, 5, 986a - 22sq.

53 Es ist bezeichnend, daß Empedokles, der von allen Vorsokratikern der *Wahrheit* des Ritus am nächsten, folglich am fernsten ist, zur Benennung dieser beiden Prinzipien der rituellen Handlung derart offensichtlich gesellschaftliche Termini wie *Philia* und *Neikos* verwendet.

54 Zur Identifizierung des Gegensatzes zwischen *Synkrisis* und *Diakrisis* zum einen und *Genesis* und *Phthora* andererseits, vgl. J. Bollack, *Empédocle,* I, Paris 1965, S. 19, Anm. 1 und S. 25, Anm. 3.

55 Die Dominanz, die dem männlichen Prinzip eingeräumt wird, und die es ihm erlaubt, jeder Vereinigung seine spezifische Wirkung aufzuprägen, bewirkt, daß der Gegensatz zwischen dem durch die Vereinigung gemilderten männlich-Weiblichen und dem männlich-Männlichen nie freimütig anerkannt und geäußert wird, trotz der Mißbilligung, die auf gewissen exzessiven Formen männlicher Tugenden, wie dem »Ehrgefühl (*nif*) des Teufels«, lastet. Zu dieser Klasse kann gleichwohl *amengur* gerechnet werden, der Mann ohne männliche Nachkommen, der Fuchs (*azegway*), der überall Zwietracht sät, der keinen Bart trägt, den man nicht als Gefährten mit sich auf dem Markt wünscht und der, nach dem endgültigen Urteil, wenn alle Welt die Beleidigungen verzeiht, es an Nachsicht fehlen läßt, usw.

56 Der Doppelcharakter der Frau findet sich innerhalb der Logik der Verwandtschaftsbeziehungen wieder in Form des Gegensatzes zwischen der patrilinearen und der matrilinearen Parallelkusine.

57 Der Weg (*abridh*), die »Begleitung« (*elwans*), stehen dem Leeren/der Leere (*lakhla*), der »Einsamkeit, Menschenleere« (*elwaḥch*) entgegen. *Thajma'th* ist das, was im Vollen leer sein kann; der Weg (sowie die Kreuzung) ist das Volle im Leeren.

58 Um Butter im Übermaß zu bekommen, begibt man sich unbemerkt an die Kreuzung, die von Herden frequentiert wird, nimmt dort einen kleinen Stein und einige Stöcke, legt den Stein in die Milchschüssel und brennt die Stöcke an, damit der Rauch in die Schüssel dringt (Westermarck).

59 Die Meßverfahren, die die Beschränkung, die Endlichkeit und den Abbruch aufzwingen, sind bekanntermaßen alle von Euphemismen und magischen Vorsichtsmaßregeln umgeben: Der Herr des Feldes vermeidet es, eigenhändig das Abmessen der Ernte vorzunehmen, und vertraut es einem *khammes* oder einem Nachbarn an (die es auch während seiner Abwesenheit tun); um bestimmte Zahlen zu meiden,

werden rituelle Ausdrücke benutzt; man spricht rituelle Formeln aus (auch stets beim Messen oder Wiegen) wie: »Möge Gott uns nicht seine Geschenke messen!« Da die Lobeshymnen an die Schönheit, an die Gesundheit (eines Kindes z. B.) oder an den Reichtum implizite Zählverfahren, also Operationen des Abbrechens und des Einschnitts darstellen, müssen auch sie vermieden und durch Euphemismen ersetzt oder durch rituelle Formeln neutralisiert werden. Die Operationen des Abbrechens (auslöschen/vernichten, schließen, weggehen, beenden, Schluß machen, brechen, umkehren) werden durch Euphemismen bezeichnet: z. B. verwendet man, um zu sagen, daß die Vorräte, die Ernte, die Milch alle sind, einen überdeutlichen Ausdruck: »Es gibt im Überfluß«.

60 Bekanntlich tragen auch die Schnitter eine Lederschürze, die der des Schmieds ähnelt (*thabanda*).

61 Die Beschneidung (*khatna* oder *ṭhara* – häufig ersetzt durch Euphemismen, die durch *dher*, sauber, rein sein, gebildet werden) stellt einen reinigenden Einschnitt dar, der, wie Durkheim annahm, die notwendige Unverletzbarkeit verleihen soll, um den fruchtbaren Kräften, die dem Geschlecht der Frauen innewohnen, entgegentreten zu können (vgl. den Gebrauch der Kaurimuschel, des Symbols der Vulva, als magischen Schutz; die dem Menstruationsblut zugeschriebene destruktive Macht und die während der wichtigen Anlässe vorgeschriebene sexuelle Enthaltsamkeit) – und im besonderen auch jenen Kräften entgegentreten zu können, die der Geschlechtsakt, wenn er die Gegensätze vereint, entfesselt (vgl. Durkheim, *Les Formes élémentaires de la vie réligieuse*, Paris, S. 450).

62 Die Wahrsagepraktiken treten am häufigsten in Erscheinung während des ersten Tags von *ennayer* (in der Mitte von *lyali*, im Übergang von den »schwarzen« zu den »weißen« Nächten gelegen) und bei Gelegenheit der Erneuerungsriten, die den Beginn des neuen Jahres markieren (Ersetzung der drei Steine des Herdes, Weißen des Hauses), und die um das Haus – und den *kanun* – zentriert sind: Z. B. ruft man schon bei Tagesanbruch die Schafe und Ziegen – und nimmt es als schlechtes Vorzeichen, wenn eine Ziege als erste erscheint (und umgekehrt; vgl. auch die Tage der Ziege oder der Alten); die Herdsteine werden mit nassem Ton eingeschmiert – ist er am Morgen noch feucht, dann glaubt man, daß das Jahr feucht wird, und umgekehrt. Dies alles versteht sich nicht nur wegen der Inauguralrolle des ersten Tags von *ennayer*, sondern auch, weil man sich in dieser Zeit in einer Periode der Erwartung und der Ungewißheit befindet, in der nichts anderes getan werden kann als der Versuch, die Zukunft vorwegzunehmen. Daher müssen die Vorhersageriten, die das Familienleben und vor allem die Ernte des laufenden Jahres betreffen, mit jenen zusammengebracht werden, deren Objekt die schwangere Frau ist.

63 Mit der Nacht homolog, ist der Winter die Zeit des Schlafs des Ochsen im *Stall* (Nacht und Norden des Hauses); der Geschlechtsbeziehungen (die Perlhühner, deren Eier Fruchtbarkeitssymbole sind, paaren sich während *lyali*).

64 »Chchetwa telsemlaqab netsat d yiwen wergaz«, *Fichier d'archives berbères*, Nr. 9, Januar 1947. »Dein Vieh werde ich töten, sagt der Winter. Sobald ich mich erhebe, gehen die Messer ans Werk.«

65 Die Wiederkehr schlechten Wetters wird zuweilen ausdrücklich der unheilvollen Tat von »Alten« dieses oder jenes Dorfes des Stammes oder eines benachbarten Stammes, d. h. Hexen zugeschrieben, von der eine jede ihren Tag in der Woche hat.

66 In der Erzählung, die den Titel trägt, »Die Heirat des Schakals«, begeht der Schakal eine widernatürliche Heirat außerhalb seiner Art, nämlich mit einer Kamelstute; schließlich feiert er noch nicht einmal Hochzeit; der Himmel ist darüber erbost und schickt Hagel und Sturm.

67 Die Heiraten im Mai sind zum Abbruch und zu allen möglichen Kalamitäten verdammt. »Der verfluchte Besen des Mai« ist das genaue Gegenstück zum gesegneten Besen vom »ersten Frühlingstag«: jener trägt den Ruin, die Leere und Sterilität in das Haus oder den Stall, wo er benutzt wird.

68 Diese verschiedenen Geräte – vor allem die Sichel – kommen in den prophylaktischen Riten gegen die unheilvollen Mächte des Feuchten, wie die *djnun*, zur Anwendung.

69 Salz wird in starkem Maße mit dem Trockenen und der Sterilität assoziiert (Bezeichnungen wie »verzehrend sein« weisen auch den Sinn von gewürzt, stark (männlich) sein auf, im Gegensatz zu fade (schmeckend), reizlos, unintelligent sein (die Kleinkinder werden eingesalzen, um zu vermeiden, daß sie »farblos«, werden, uncharmant, schwachsinnig)). Von dem, der leichthin handelt, heißt es: »Er glaubt Salz zu säen« – er wähnt, daß seine Taten folgenlos bleiben. Das Öl weist dieselben Konnotationen auf: »Die Sonne ist heißglühend/verzehrend wie das Öl«.

70 Das Schema der Rückwendung, der Umkehr kommt in allen Riten zum Einsatz, die einen radikalen Wechsel und im besonderen einen plötzlichen Übergang vom Trockenen zum Feuchten, hier wiederum noch stärker einen vom Feuchten zum Trockenen, zu erwirken suchen: Die Schwelle, die an sich schon Umkehr anzeigt, bildet eine bevorzugte Stätte für solche Riten. Jenes Schema gestattet des weiteren, jede Umkehrung des »Pro und Contra«, jede Inversion zu denken: so heißt es von einem, der dreist lügt: »Er hat mir den Osten für den Westen vorgemacht.«

71 Auch der entsprechende Zeitabschnitt im Lebenszyklus, d. h. die Kindheit, ist durch eine Serie ritueller Verfahren gekennzeichnet mit dem Ziel, den Knaben von seiner Mutter und von der Welt der Frauen zu

trennen und ihn zugleich in seinem Vater und in seinen männlichen Verwandten wiederauferstehen zu lassen: Es sind alle die Zeremonien, die den erstmaligen Eintritt in die Welt der Männer – das erste Auftreten auf dem Markt oder das erste Haareschneiden – markieren und die ihren krönenden Abschluß in der Beschneidung erfahren.

72 *Azegzaw* bezeichnet das Blaue, Grüne und Graue; es kann eine Frucht (grün), Fleisch (roh), das – in Blüte stehende – Korn, einen Regenhimmel (grau, wie der zum Opfer bestimmte Ochse im Herbst) qualifizieren. *Azegzaw* bringt Glück: etwas Grünes anbieten, vor allem am Morgen, gibt Glück. Der Frühling ist der Moment von *asafruri,* d. h. die Zeit der Hülsenfrüchte, insbesondere der Saubohnen, von denen ein Teil zurückgelegt wird, um ihn grün zu essen; der Zeitpunkt der wilden Kräuter, die die Frauen auf den bestellten Feldern beim Jäten sammeln und die roh gegessen werden (*waghzaz,* das grüne und rohe Kraut, z. B. der Löwenzahn, *thizagzawth,* die eßbaren Kräuter); ist die Zeit der Milch, die das mit grünem Futter im Stall oder in der Nähe des Hauses gefütterte Vieh reichlich produziert und die mannigfaltig verarbeitet zu sich genommen wird (Molke, Dickmilch, Butter, Käse usw.).

73 Das Jäten, die einzige landwirtschaftliche Tätigkeit, worin die Frau das Monopol besitzt, steht ebenso im Gegensatz zur Feldbestellung wie zur Ernte, beides Verrichtungen, die einer Frau nur in Fällen höherer Gewalt und um den Preis einer Unmenge ritueller Vorkehrungen anvertraut werden dürfen: sie muß einen Dolch im Gürtel tragen, die *arkasen* anziehen usw. (vgl. weiter unten den Mythos von der Gerste).

74 Karl Marx, *Das Kapital II,* 13. Kap. »Die Produktionszeit«.

75 Die Beschneidung, auch das Beschneiden der Bäume, die Skarifizierungen und Tätowierungen partizipieren eher an der Logik der Reinigung, in der die durch Feuer hergestellten Geräte eine wohltätige Funktion erfüllen, denn an der Logik der Mordtat.

76 Daher können der Neger und der Schmied, beide bekanntlich das genaue Gegenteil von Glücksbringern (*elfal*), eine wohltätige Funktion zumindest als »Unglücks-Entferner« erfüllen. Eine nicht weniger zwieschlächtige Position als der Schmied nimmt die Familie ein, die mit der Eröffnung der Feldarbeiten betraut ist: ihre Rolle als magischer »Blitzableiter« sichert ihr keineswegs schon einen höheren Platz innerhalb der Hierarchien von Prestige und Ehre.

77 J. G. Frazer, *The Golden Bough,* Teil V, Bd. I (The Spirits of the Corn and the Wild), Kap. VII, S. 214 ff.

78 Hier offenbart sich eine Mehrdeutigkeit, die wir im folgenden zu ergründen suchen.

79 Die wundersamen Tugenden, die das Fleisch des Opfertieres enthält, werden durch ein Gemeinschaftsessen angeeignet. Es gibt Fälle, wo der »Schwanz« des Tieres einer besonderen Behandlung unterzogen wird

(man hängt ihn in der Moschee auf), als ob, ähnlich wie bei der letzten Garbe, die bisweilen »der Schwanz des Feldes« heißt, in ihm die Lebenskraft konzentriert wäre.

80 Die mehr oder minder häufigen Kämpfe während der Zeit der Feigen hat die Beobachter – ermutigt unter anderem auch durch die Äußerungen der Einheimischen (so heißt es von einer exaltierten Person, daß sie »zu viele Feigen gegessen« habe) – dazu geführt, sich zu fragen, ob die Feigen vielleicht Kräfte in sich bergen, die die während dieser Zeitspanne auftretende Erregung erklären könnten: »Vor allem eine Jahreszeit gibt es, in der die Gehirne tatsächlich sehr viel mehr erregt zu sein scheinen als zu jeder anderen Zeit: die der Feigen (...). Wird von der Zeit der Feigen gesprochen, die sie *kherif*, der Herbst, nennen, dann scheint es zu dieser Zeit geradezu zu passen, erregt zu sein, wie es üblich ist, in der Karnevalszeit fröhlich zu sein« (C. Devaux, *Les Kebaïlles de Djerdjera,* 1859, S. 85 f.).

81 Die einen Kreis bildenden Männer sind Angehörige des Clans und des Unterclans, weiterhin die männlichen Verwandten mütterlicherseits und deren Gäste (die *Verbündeten,* denen man in der Woche vor der Zeremonie den jungen Knaben, eskortiert von einer Gewehre tragenden Männerdelegation des Unterclans, präsentiert hatte – dies ein Ritus, *aghrum* genannt, der Fladen, die trockene, also männliche Nahrung schlechthin, der auch vor der Heirat praktiziert wird). Die rein männliche Symbolik der zweiten Geburt untersteht der gleichen Logik wie die Heirat mit der Parallelkusine, der männlichsten der Frauen.

82 Der Verstoß gegen das Verbot von *laḥlal* ist ein *ḥaram* – (ein frevlerischer) Akt, der ein *ḥaram*-Produkt erzeugen wird; vgl. die Legende von *yum chendul* – 18. September –, wo ein weiser Feldbesteller trotz starken Regenfalls an diesem Tage sich weigerte, vor *laḥlal* das Feld zu bestellen. Auch in dem, was *el ḥaq* genannt wird (z. B. *el ḥaq lakhrif*, die Ächtung der Feigenernte), fehlt nicht die magische Dimension, da die Versammlung, die sie ausspricht, die Zuwiderhandelnden mit einem Fluch belegt; allerdings zeigt sich der Charakter des Verbots als einer gesellschaftlichen Übereinkunft darin, daß die Übertretung mit einer Buße geahndet wird (die ebenfalls *el ḥaq* heißt). Obgleich man bei der Heirat von *laḥlal* nur spricht, um die Geldsumme anzuzeigen, die (über das Wittum und die Geschenke hinaus) der Verlobte vor dem Vollzug der Heirat der Verlobten gibt, bringt sich die statthaftmachende Funktion der Heiratszeremonien durch zahlreiche Hinweise in Erinnerung (z. B. *imensi laḥlal*). So wurde, wie gesehen, die Heiratssaison häufig durch eine Heirat zwischen Parallelkusine und -vetter eingeleitet, deren Konformität mit den Prinzipien der mythischen Weltsicht sie zu dieser Inauguralrolle förmlich prädisponierte.

83 Oder »der Schlüssel zum Glück«.

84 Bekanntlich wird die ursprüngliche Vereinigung an der Stätte der Zeugung selbst in Form der Vereinigung von *asalas,* dem Hauptbalken, mit *thigejdith,* dem Mittelpfeiler, Symbol der Vermählung von Himmel und Erde, zurückgerufen.

85 Die Zeremonie der Feldbestellung – wie die der Heirat –, Zusammenführung dessen, was getrennt und geteilt ist, *Synkrisis,* steht unter dem Zeichen der Zahl zwei: Alles, was paarweise geht – angefangen mit dem Ochsengespann (*thayuga* oder *thazwijth*, auf dem Arabischen *zwidja* fußend), dem Symbol schlechthin –, ist geeignet, die Paarung zu fördern (der die Feldarbeiten eröffnet, wird zuweilen, wie gesehen, »der Alte des Ochsengespanns« geheißen – *amghar nat-yuga*). Davon systematisch ausgeschlossen ist dagegen der Einzelne und Einsame, der Junggeselle z. B., Symbol des Einschnitts, des Bruchs und der Trennung.

86 Die Saat, die immer Samenkörner der abgeschnittenen letzten Garbe enthält (manchmal Samenkörner der schon gedroschenen letzten Garbe, oder von der letzten abgeernteten Parzelle oder vom Dreschplatz der letzten Garbe entnommener Staub, oder auch vom Mausoleum eines Heiligen entwendeter Staub, oder Salz, usw.), wird in Schalen oder Behältern im feuchten Teil des Hauses und manchmal sogar unter dem Lager des Herrn des Feldes gespeichert und unter Zuhilfenahme von Riten und Verboten präpariert, die seine Eigenschaften bewahren sollen.

87 Die Schlange, jenes andere Symbol der Wiedergeburt, ist häufig auf den Krügen abgebildet, in dem die für den Verzehr oder für die Aussaat vorgesehenen Samenkörner gelagert werden. Wie wir in der Erzählung von *Heb-Heb-er-hemman* erkennen konnten, stellt die Schlange ein Symbol der männlichen Fruchtbarkeit dar: Westermarck zufolge verschlingt eine Frau, die einen Jungen gebären will, die Herzen von Schlangen (deren männlichen Teil).

88 Die Verbote, die die Feldbestellung (oder das Weben, deren weibliches Pendant) und die Heirat umgeben, beziehen sich ausschließlich auf Akte des *Schneidens* (sich rasieren, sich die Haare oder die Nägel schneiden), des *Ab-Schließens* (sich die Haare knoten), des *Reinigens* (kehren, das Haus weißen), sowie auf Kontakte mit trockenen Dingen oder mit dem *Trockenen* in Verbindung stehenden Dingen (die Augen mit koheul schminken, die Hände mit Henna einreiben oder, auf der Ebene der Nahrung, Gewürze benutzen).

89 Der bauchige Teil der Lampe, der den Bauch der Frau wiedergibt, wird »der Granatapfel« genannt.

90 Ein typisches Beispiel der Mehrdeutigkeiten, die die Wirkung der praktischen Logik ausmachen, ist im *Verknüpfen/Binden* gegeben: Es ist gleichsam zweifach untersagt, insofern es ebenso zum männlichen

Öffnen wie zum weiblichen *Anschwellen/Aufblähen* in Gegensatz steht. Zum Zeitpunkt der Niederkunft sind alle Formen des *Verbindens* (Arme oder Beine überkreuzen; Schleifen, Gürtel oder Ringe tragen, usw.) und des *Schließens* (Türen, Truhen, Behälter usw.) verboten, dagegen alle dem entgegenstehende Handlungen empfohlen. Die Riten, die den Mann wie die Frau außerstande setzen sollen, Geschlechtsverkehr zu treiben, operieren alle mit dem Schema des Schließens (oder seinem Äquivalent, dem des Schneidens/Abbrechens), wobei sie überdies noch mit der Übereinstimmung (die sehr gut die Zustandsverben in ihrer Mehrdeutigkeit zum Ausdruck bringen) zwischen *öffnen* und *sich öffnen* spielen. Es ist nur allzu verständlich, daß der Ritus, der stets danach trachtet, das Glück ganz auf seine Seite zu ziehen, gleichsam zwei Fliegen mit einer Klappe schlägt und die Handlungen empfiehlt, denen eigen ist, das *Öffnen*, das in seiner aktiven Form männlich und in seiner passiven Form weiblich ist, zu begünstigen (oder zumindest nicht zu hintertreiben).

91 Ich sage »praktisch behandelt ... wie«, da ich vermeiden möchte, die Repräsentation, die erstellt werden muß, um die Handlungen, die objektiv durch das Schema der »Wiedergeburt« angeleitet werden, wissenschaftlich verstehen und dieses Verstehen kommunizieren zu können, in das Bewußtsein der Handlungssubjekte selbst zu verlagern (und dann etwa zu formulieren: »gelebt als« oder »erfaßt als«).

92 In aller Deutlichkeit dokumentiert sich der Sinn dieses Ritus in jenem von Laoust berichteten Seilspiel, wo die Frauen und Männer, jeweils an einem Ende des Seils ziehend, einander gegenüberstehen und wo die Frauen, wenn das Seil dann überraschend durchgeschnitten wird, auf den Hintern fallen und dem Himmel ihr Geschlecht zeigen (um den befruchtenden Samen bittend).

93 Die Schlange, Symbol der Macht, die dem männlichen Prinzip eignet, sich und andere(s) wieder zu neuem Leben zu erwecken, ist ohne Zweifel das Trockene, das Trockenes schleudert: In der oben berichteten mythischen Erzählung richtet sich die beleidigte Schlange auf, schwillt an und speit eine vergiftete Feuerflamme.

94 Alles drängt zu der Annahme, daß der *fast bedeutungsleere Begriff* »*baraka*« (dem in den Schriften vor allem der angelsächsischen Anthropologen, von Westermarck bis in unsere Tage, ein unverhältnismäßig großer Platz eingeräumt wird) seinen hohen Nutzeffekt der Tatsache verdankt, daß er unterschiedslos sowohl das männliche Prinzip der Befruchtung wie das weibliche Prinzip der Fruchtbarkeit zu bezeichnen erlaubt. Das heißt des weiteren, daß er innerhalb der sozialen Praxis wohl höchst nützlich ist, aber im Rahmen der Ökonomie des symbolischen Systems keine bedeutende Rolle spielt.

95 Die Vertrautheit mit einer solchen Denkweise, die innerhalb der wissenschaftlichen Praxis selbst gewonnen wird, gestattet nun, eine (wenn

auch noch abstrakte) Vorstellung von jenem subjektiven Gefühl der Notwendigkeit zu haben, das sie denen vermittelt, die sie gefangenhält: Es kann ausgeschlossen werden, daß diese laxe Logik überdeterminierter und verschwommener Relationen, deren Schwäche gerade vor dem Widerspruch oder dem Irrtum schützt, in sich selbst auf das Hindernis oder den Widerstand stößt, die in der Lage wären, in ihr eine reflektive Rückwendung oder eine Problematisierung in Gang zu setzen. Geschichte kann sie folglich nur von außen ereilen, über Widersprüche, die durch die (von der Schrift begünstigte) Synchronisation und die von dieser zum Ausdruck gebrachte und möglich gemachte systematische Intention erzeugt werden.

96 Diese Funktion wird manchmal explizit formuliert. Z. B. sagt man, wenn Getreide gesät wird, ein zartes/weiches Nahrungsmittel müsse man »zart essen«.

97 Der Gegensatz zwischen dem Topf (*achukth*) und der Fladenschüssel (*bufraḥ*) resümiert die Serie der Gegensätze zwischen den beiden Jahreszeiten und den entsprechenden Küchen: Die Küche des Ḥauses, Gekochtes (Brei), Abendessen, gewürzlos; die Küche im Freien, draußen, Gebratenes, Morgenspeise, gewürzt. Von einigen wenigen Ausnahmen abgesehen (wenn ein Tier geschlachtet wurde oder man Kranke hat, z. B.) wird das allzu rare und allzu kostbare Fleisch nicht auf Holzkohle zubereitet. Im Sommer werden auf dem *kanun* Pfefferschoten und Tomaten gekocht. Wird das Fleisch im Herbst immer gesiedet, so darf es im Frühling gebraten werden.

98 Die Nahrung des Winters ist, global gesehen, weiblicher, die des Sommers männlicher. Es versteht sich von selbst, daß in jeder Jahreszeit die weibliche Nahrung nur die feuchte »Ausführung« der entsprechenden männlichen Nahrung darstellt: Grundlage der Männernahrung bildet der Fladen (*aghrum*) und der Couscous; dem Gast, dem man Ehre erweisen möchte, dies Männliche schlechthin, wird wenigstens ein Couscous, etwa aus Gerste, serviert, und wenn möglich mit Fleisch; niemals Suppe, und sei sie auch aus Weizen gemacht, oder gekochter Grieß. Die Frauennahrung, die flüssiger, weniger nahrhaft und geringer gewürzt ist, besteht aus Brei, Brühe, aus Soßen (*asqi,* das auch Eisenhärten und Vergiften bedeutet); ihr Couscous ist aus Gerste oder sogar Kleie und Mehl zubereitet (*abulbul).* Der Knabe ißt von dem Augenblick an mit den Männern, wo er laufen und auf die Felder gehen kann. Hat er das Alter erreicht, wo er Ziegen hüten darf, ist ihm auch zu vespern erlaubt (eine Handvoll Feigen, ein viertel Liter Milch). In der Tat ist nichts einfacher als das: Die Grießklöße, die, da in Wasser gekocht, als weiblich erscheinen könnten, bilden zugleich das männlichste der weiblichen Nahrungsmittel und werden also, da sie zusammen mit Fleisch gegessen werden können, auch von Männern verzehrt; umgekehrt kann *berkukes,* eine männliche Nahrung, auch von Frauen

gegessen werden, da er, im Gegensatz zum Couscous, der nur einfach mit Brühe übergossen wird, gekocht wird.

99 Andere direkte Hinweise auf die Homologie: Das Weben geschieht von unten nach oben, d. h. von Westen nach Osten. Der Einschlag heißt *thadrafth*, die Kette *l'alam*; *'alam* bedeutet die Kettenfäden in zwei Pelze trennen und das Feld durch den ersten Streifen/Furche, der/die es in Parzellen aufteilt, markieren, wobei die einen gerade und nach Osten, die anderen ungerade und nach Westen ausgerichtet sind.

100 Einen Faden so verknoten, daß er nicht mehr aufzubinden ist, bedeutet, ihm »die Seele verknoten«.

101 Aus demselben Grunde bringt man nie ein angefangenes Gewebe ins Haus (es sei denn man opfert ein Hühnchen). Dieser Glaube wird auch angeführt, um zur Erntezeit ein Tieropfer zu rechtfertigen.

102 Diese verschiedenen Tätigkeiten bilden nur einen Teil der weiblichen Aktivitäten, die an allen mehr oder weniger abstrakten Serien, die man konstruieren kann, partizipieren: Damit erinnern sie daran, daß die praktische Einheit nicht die Serie (der landwirtschaftlichen Arbeiten oder der Übergangsriten z. B.) darstellt, sondern eine Praxis, die in allen Bereichen ähnlich strukturierte Verhaltensweisen hervorbringt.

103 Während des Winters wird die Herde nur einmal am Tage auf die Weide geführt – am Morgen, nach dem Frühstück (*leftar*), beim *doḥa*, der Mitte zwischen dem Sonnenaufgang und der Tagesmitte – und dann am ausgehenden Nachmittag, beim *'asar*, dem dritten Gebet, wieder heimgeführt.

104 Die Jahreseinteilungen, und besonders »die Rückkehr von *azal*«, die die Trennung von trockener und feuchter Periode markiert, sind von klimatischen Bedingungen (relativ) unabhängig: Daher wird der den Wintertag auszeichnende Rhythmus sowohl in den kältesten Zeiten wie noch in den wärmsten und schon »frühlingshaften« Perioden der feuchten Jahreszeit aufrechterhalten. Noch deutlicher manifestiert sich die Autonomie der Logik des Rituals gegenüber den objektiven Bedingungen in der Kleidung, die, als ein *soziales Statussymbol*, nicht den Veränderungen der Jahreszeit unterworfen sein darf: Warum auch im Sommer seinen Burnus abnehmen, wenn ein Mann ohne ihn entehrt ist? Warum auch seine Wintersandalen nicht zum Mähen oder für eine Reise in die Berge anziehen, wenn man weiß, daß diese Sandalen den authentischen Bauern oder den guten Wanderer auszeichnen? Warum sollte die Hausfrau auf ihr traditionelles Deckenpaar verzichten, das, vorne zugehakt getragen, ihre Autorität und ihren Einfluß auf die Schwiegertöchter und ihre Herrschaft über die Hausführung symbolisiert – wie auch der Gürtel, an dem die Schlüssel für die Vorratsräume hängen?

105 Um eine Verspätung am Morgen anzuzeigen, sagt man: »Alle Schäfer

sind gegangen.« Oder eine fortgeschrittene Stunde des Nachmittags: »Alle Schäfer haben *azal* schon zurückgebracht.« Faktisch ist die Heimkehr ins Dorf zur Zeit von *azal* nicht mit absoluter Notwendigkeit geboten: einige Schäfer verbringen diese Stunde im Schatten auf der Weide.

106 Z. B. riskiert der, der am ersten Frühlingstag nicht frühzeitig aufsteht, während des Jahres zu sterben; wer sich am ersten Sommertag früh erhebt, wird das ganze Jahr über früh aufstehen.

107 Zu diesem Begriff siehe T. Vogel, *Théorie des systèmes évolutifs*, Paris 1965, S. 8-10.

108 Diese schon gegenwärtige Zukunft ist die der Gemütsbewegung, die das Zukünftige gegenwärtig ausspricht (»Ich bin tot«, »ich bin erledigt« usw.), da sie die Zukunft in der Gegenwart abliest – in Form von Potentialitäten, die der unmittelbar wahrgenommenen Gegenwart objektiv eingeschrieben sind (und nicht, wie Sartre möchte, in Form des Möglichen, das explizit in einem Entwurf, d. h. in einem Akt der Freiheit, gesetzt wird – womit die Gemütsbewegung zwangsläufig zu einem unredlichen Verhalten gestempelt wird).

109 Man weiß, daß man in Gegenwart von jüngeren Kindern, kürzlich beschnittenen Knaben oder jüngst Verheirateten – alles Kategorien, deren Zukunft, d. h. Wachstum, Männlichkeit und Fruchtbarkeit noch ungewiß ist – seine Zunge hüten muß; auf die gleiche Weise können zahlreiche Tabus und Verbote des Frühlings als praktische Euphemismen verstanden werden, die darauf abzielen, jegliche Gefährdung der Fruchtbarkeit der arbeitenden Natur zu unterbinden.

110 Für das *tarurit wazal* (die Rückkehr von *azal*) genannte Fest unterscheidet man den kleinen *azal*, die Stunde, in der die Frauen und Kinder von den Feldern heimkehren (gegen 10 Uhr), und den großen *azal* gegen 11 Uhr, wenn die Männer zurückkehren.

111 So geschieht es, daß bei dem Ritus, der die Heirat eines jungen Mädchens begünstigen soll, die Zauberin die Lampe (*mesbah*), Symbol für den gesuchten Mann, zur Stunde von *azal* anzündet.

112 Man könnte derart fortfahren und prophylaktische Riten wie »die Trennung des Monats« und die Trennung von *ennayer* oder das erste Haareschneiden und die Austreibung von *maras* zusammenbringen, oder auch all die Heilpraktiken, deren Objekt das Kind ist (*asfel*), angefangen mit dem während *asifedh* vollzogenen Opfer von Spatzen, usw.

113 Auf dem Friedhof eines jeden Dorfes findet sich ein Grab, das mit Tonscherben übersät ist und dessen euphemistischer Name bisweilen »das letzte Grab« lautet (selbst wenn es sehr alt sein sollte). Es ist das Grab des Fremden, auf das man das Übel überträgt, von dem die Säuglinge oder die Kinder befallen sind: Dorthin begeben sich die Frauen mit einem vollen Wasserkrug und einem Ei, das sie verspei-

sen, und nachdem sie den geopferten Gegenstand oder das Opfer (ebenfalls *asfel* genannt), worauf das Übel »fixiert« wurde, verbrannt oder vergraben haben, lassen sie die Eierschalen und den Krug liegen. Um den Säugling im Mutterleib einzuschläfern, nimmt man einen Dreifuß (*elkanun wuzal*, der *kanun* aus Eisen), dreht ihn sieben Mal in die eine und weitere sieben Mal in die andere Richtung um die Hüfte der schwangeren Frau und vergräbt ihn dann im Grab des Fremden, dieses einen, der wirklich tot ist.

114 Granet gibt sehr schöne Beispiele für solche phantastischen Konstruktionen, die mit aller Macht unfehlbar sein wollen und die sich der Anstrengung verdanken, jene Widersprüche zu lösen, die dem verzweifelten Unterfangen entspringen, den objektiv systematischen Hervorbringungen der analogischen Vernunft auch noch eine intentional systematische Form zu verleihen: Dazu zählt etwa die Theorie der fünf Elemente, eine gelehrte Hervorbringung des mythischen Systems (3.–2. Jahrhundert v. Chr.), die die Aufeinanderfolge der fünf Elemente mittels Gewinnung beschreibt und dabei die vier Himmelsrichtungen (zu denen das Zentrum hinzugerechnet wird), die Jahreszeiten, die Materien (Wasser, Feuer, Holz, Metall) und die Noten zusammenbringt (vgl. M. Granet, loc. cit. S. 304 ff.).

115 Z. B. kann die Geburt, entsprechend ihrer Geltung als Eröffnung und Beginn, je nach Gelegenheit und Bedarf der rituellen Praxis entweder mit der Geburt des Jahres – die wiederum entsprechend dem Anlaß auf verschiedene Zeiten fallen kann – oder mit der Geburt des Frühlings innerhalb der Ordnung des Jahres, mit der Morgendämmerung, wenn es um den Tag geht, oder mit dem Erscheinen des Neumondes, wenn es sich um den Monat handelt, und schließlich mit dem Aufgehen des Samenkorns verknüpft werden, wenn es um dessen Zyklus geht; alle diese Beziehungen schließen allein den Tod aus, zu dem sie in Gegensatz stehen, und werden seis mit der Ernte, wie beim Lebenszyklus des Feldes, seis mit der Befruchtung als Wiedergeburt, d. h. mit der Geburt des Jahres, wie beim Samenkornzyklus, identifiziert.

116 Die Anthropologie, unfähig, in der mythisch-rituellen Logik einen speziellen Fall der praktischen Logik zu erkennen, über die die archaischen Gesellschaften keineswegs als einzige verfügen und die als solche analysiert werden müßte, außerhalb des normativen Rahmens der logischen Logik, *die gemacht ist, um jene zu zerstören und nicht zu beschreiben,* ist in einer unüberschreitbaren Antinomie von Andersheit und Identität, »primitiver Mentalität« und »wildem Denken« gefangen, deren Modell freilich schon Kant in seinem *Anhang zur transzendentalen Dialektik* vorgegeben hat: Je nach Interesse, das sie vorwärtstreibt, gehorcht die »Vernunft« entweder dem »Prinzip der Spezifikation«, das sie dazu führt, die Unterschiede zu suchen und

hervorzuheben, oder dem der »Kontinuität« oder schließlich dem der »Homogenität«, das sie dazu bringt, die Ähnlichkeiten festzuhalten; und kraft einer Illusion, die ihr eigentümlich ist, situiert sie das Prinzip ihrer Urteile nicht in sich selbst, sondern in der *Natur* ihrer Gegenstände.

117 Eine immanente Analyse der Struktur eines Systems symbolischer Relationen ist dann erst fundiert, wenn sie sich einer soziologischen Strukturanalyse des Systems der gesellschaftlichen Beziehungen der symbolischen Produktion, Zirkulation und Konsumtion unterordnet, d. h. der Analyse des Systems, in dem jene Beziehungen erzeugt und die gesellschaftlichen Funktionen bestimmt werden, die sie in einem jeweiligen Zeitpunkt objektiv erfüllen: Die tradierten Riten und Mythen erhalten ihrer Tendenz nach vollkommen differente Funktionen je nachdem, ob sie zum Objekt rationalisierender oder routinisierender »Lektüren« bei den Gebildeten, zum Stoff von Neuinterpretationen oder besser, von »inspirierten Reaktivierungen« bei den Magiern und deren Initiationslehren, oder endlich zum Objekt rhetorischer Übungen bei den ersten professionellen Professoren, den Sophisten nämlich, werden. Daraus folgt, daß jeder methodisch korrekte Versuch zur Rekonstruktion des primären Sinns einer mythischen oder rituellen Tradition die Analyse der Deformationen umfassen muß, denen sie von Beginn an durch die aufeinanderfolgenden Interpretationen ausgesetzt war: »die alten wie die jüngeren literarischen Zeugnisse vermitteln uns nur eine mythologische Legende ähnlich so vielen anderen, worin die menschlichen Leidenschaften und die Launen der Götter den Platz der antiken rituellen Voreingenommenheiten besetzt halten. Die allzu schwer zu ›humanisierenden‹, zu ›rationalisierenden‹, auch zu ›stilisierenden‹ Einzelheiten sind schlicht und einfach verschwunden: weder Appolonios, Ovid, Valerius Flaccus noch Staseas sprechen noch von der *Dysosmie*, deren Erinnerung sich nur dank der Scholastiker und anderer Gelehrter bis in unsere Tage erhalten hat. Kurz, wir spüren, daß für all diese Dichter das Interesse für die Legende woanders ansetzt denn in ihrer Entsprechung mit den obskuren Riten eines jahreszeitlichen Festes« (G. Dumézil, *Le crime de Lemniennes, Rites et légendes du monde Egéen*, Paris 1924, S. 63-71).

118 Wie Bateson zeigt (loc. cit.), kann die mythologische Bildung zu einem Hilfsmittel und in gewissen Fällen auch zum Einsatz extrem komplexer Strategien werden (was neben anderem erklärt, warum man sich die ungeheure Anstrengung der Memorisierung auferlegt, die notwendig ist, um jene zu beherrschen) – und dies selbst noch in Gesellschaften, die über keinen hochentwickelten und differenzierten Religionsapparat verfügen. Daraus folgt, daß man von der Struktur des mythischen Corpus (mögen es stereotype Formeln oder Verkettungs-

gesetze von Eigennamen sein) und von den Transformationen, die ihn im Laufe der Zeit erschüttert haben, nicht durch eine strikt immanente Analyse angemessen Rechenschaft ablegen kann, insofern diese von den Funktionen absieht, die jener im Rahmen von Konkurrenz- oder Konfliktverhältnissen für die ökonomische oder symbolische Macht leistet.

119 Der *regressive* Gebrauch, den Heidegger und die gnostische Tradition, der er in die akademische Philosophie Einlaß verschafft hat, von den »archaischen« Verfahren der Sprache macht – kraft eines Hangs zum *Ursprünglichen,* der eine Rekonversion der konservativen Absicht in die Logik des philosophischen Feldes darstellt –, hat selbstredend nichts mit der Praxis der Vorsokratiker gemein, die alle Reserven der mit mythischen Anklängen überreichen Sprache mobilisierten, um im Rahmen ihres Diskurses die objektive Systematik der mythischen Praxis wiederzugeben oder die aus diesem Unterfangen hervorgehenden logischen Widersprüche zu lösen. Überdies wäre zwischen dem Hegelschen Gebrauch, der die Alltagssprache wie eine empirische Stütze der Reflexion und/oder wie ein Dokument der Gestalten des vergangenen Denkens behandelt (vgl. A. Koyré, »Note sur la langue et la terminologie hegeliennes«, *Etudes d'histoire de la pensée philosophique,* Paris 1961, S. 175-204), und dem Heideggerschen Gebrauch zu unterscheiden, der aus ihr vielmehr eine Terminologie im Sinne Hegels macht, d. h. eine künstliche Sprache, in der die Wortspiele darin verborgene Relationen zu *kennzeichnen* haben.

120 R. Carnap, »Überwindung der Metaphysik durch logische Analyse der Sprache«, *Erkenntnis,* 2, 1931 (neu veröffentlicht in W. D. Hund (Hrsg.), *Strukturalismus, Ideologie und Dogmengeschichte,* Darmstadt und Neuwied 1973, S. 89 ff., besonders S. 111 ff.).

121 Diese Andeutungen finden ihre Fortführung in einer Studie, die der soziologischen Kritik des Heideggerschen Denkens gewidmet ist (»L'ontologie politique de Martin Heidegger«, *Actes de la recherches en sciences sociales,* Nr. 5/6, Nov. 1965, S. 109 ff.).

VIERTES KAPITEL

1 Daraus ergibt sich, daß der Zusammenbruch der zeitlichen Rhythmen und der räumlichen Orientierungsrahmen einen der fundamentalen Faktoren der Desorganisation der Gruppe ausmacht: So haben die Bevölkerungsumgruppierungen, die während des Befreiungskrieges durch die französische Armee vorgenommen wurden, einen tiefgehenden (und oft dauerhaften) Wandel der Bedingungen der Frau zur Folge gehabt, die nun, da ihrer Autonomie beraubt, die ihr die mögliche Verfügbarkeit über eine separate Zeit und einen separaten Raum

sicherte, dazu verurteilt ist, entweder zurückgezogen zu leben oder einen Schleier zu tragen, der, bis dato der Berberbevölkerung unbekannt, seit der Umgruppierung im Vormarsch ist (vgl. P. Bourdieu und A. Sayad, loc. cit.).

2 Verständlich, daß der Tanz und der Gesang, besondere und besonders spektakuläre Fälle der Synchronisierung des Homogenen und der Orchestrierung des Heterogenen, dazu ausersehen sind, allenthalben die Integration der Gruppe zu symbolisieren und im Akt der Symbolisierung zu verstärken.

3 Selbstverständlich ist die logische Integration niemals total – wenn auch ausreichend, die nahezu vollständige Vorhersehbarkeit der Verhaltensweisen aller Gruppenmitglieder zu garantieren (sofern es sich nicht um die *imahbal* handelt, die sich die Freiheit nehmen, mit den kollektiven Rhythmen zu brechen). Im Fall der Riten und der Arbeiten ist die Synchronisierung desto mehr mit der räumlichen Zusammenführung verbunden, je mehr deren Einsatz für die gesamte Gruppe von Wichtigkeit ist. Man schreitet derart von den großen feierlichen Riten (*awdjeb*), die von allen zur gleichen Zeit vollzogen werden, fort zu den Riten, die zur gleichen Zeit, aber von jeder einzelnen Familie gesondert ausgeführt werden (die Opferung des Schafes des Aïd), dann weiter zu jenen, die zu beliebigen Zeiten vollzogen werden (Ritus zur Heilung von Gerstenkörner), bis endlich zu den Riten, die nur heimlich und zu zweifelhaften Zeiten praktiziert werden dürfen.

4 Zu einer Zeit, in der das gesellschaftliche Leben beinahe auf den Nullpunkt sinkt, vermeidet man es, sich außerhalb seiner Gruppe aufzuhalten. Der geladene Gast, und selbst der intimste, findet nur noch schwer Zugang zum Familienleben, und um so schwerer, als man ihm Ehre erweisen will: so ist sein Platz draußen, in der Versammlung, in der Moschee, unter den Männern. Der Reisende während der feuchten Periode fürchtet nichts so sehr, wie von seinem Haus abgeschnitten zu werden. Aus den gleichen Gründen werden auch die Märkte weniger besucht. Man kommt vom Markt zurück und bedauert, dort nur Leute des Dorfes gesehen zu haben.

5 Die »Alte« setzt ihre Ehre darein, das Abendessen so reichlich wie möglich ausfallen zu lassen (oder auch darein, daß so wenig wie möglich verzehrt wird), so daß auch noch am folgenden Tag davon gegessen werden kann. Tatsächlich wärmt man für das Morgenfrühstück den Couscous des vorhergehenden Abends auf, dem viel Öl und, wenn es hoch kommt, eine frisch zubereitete Soße aus trockenen Saubohnen beigefügt wird. So müssen nur die Fladen zubereitet werden, die die Männer, jeweils ein Viertel für jeden, für die Vesper mitnehmen.

6 Die feuchte Jahreszeit bildet die Zeit der *mündlichen* Belehrungen, in der die Gruppe ihr Gedächtnis stählt. In der trockenen Jahreszeit wird das Gedächtnis durch die Teilnahme an den Akten und Zeremonien, in

der die Einheit der Gruppe geschmiedet wird, in Bewegung gehalten und bereichert: Es ist der Sommer, wo die Kinder ihre künftigen Aufgaben als Bauern und ihre Verpflichtungen als Ehrenmänner praktisch lernen.

7 Es wird der Tag kommen, wo sie das Gemeinschaftshaus durchqueren muß – eine schreckliche Prüfung, gerade auch für die junge Braut, die im Dorf fremd ist, und die, eingeführt durch die Schwiegermutter, schreiten muß, ohne ihre Augen vom Boden zu erheben und ohne ihre Fußringe (*akhalkhal* oder *ardif*) oder ihre Armreifen aneinanderschlagen zu lassen (die Männer hinwieder bemühen sich, den Durchgang so reibungslos wie möglich vonstatten gehen zu lassen, nicht etwa indem sie das Gemeinschaftshaus verlassen – was undenkbar ist, sind sie hier doch an dem ihnen genehmen Ort und zu der ihnen genehmen Zeit –, sondern indem sie den Weg von allem räumen, was jene hindern oder gar ihren Sturz provozieren könnte). Es ist dies und in dieser Zeit die einzige Gelegenheit, wo der männliche und der weibliche Raum sich treffen; abgesehen vom Haus und vom Hof, die fast ganz den Frauen überantwortet sind, läßt man ihnen nur noch den Weg zum Brunnen, zumindest zu bestimmten Zeiten des Tages.

8 Ein Prinzip, das bekanntermaßen ebenso dem Argwohn wie der Moral zugrunde liegt, z. B. heißt es: *leftar n-esbaḥ d-esbuh erbaḥ*, das erste Frühstück am Morgen ist das erste Treffen, das unter guten Vorzeichen steht (*erbaḥ*, Erfolg haben und gedeihen).

9 Sich früh zu erheben, um das Vieh hinauszulassen, in die Koranschule zu gehen, oder einfach um draußen zu sein, mit den Männern, zur gleichen Zeit wie sie, stellt ein Ehrverhalten dar, das den jungen Knaben schon sehr früh eingeprägt wird. Am ersten Frühlingstag ruft die Frau des Hauses, die allein sich erlauben darf, die Töchter und Schwiegertöchter zu wecken, den Kindern zu: »Aufgestanden, Kinder! Je mehr Schritte ihr vor dem Sonnaufgang tut, desto länger währt euer Leben.« Die Frauen wiederum setzen ihren Ehrgeiz darein, sich gemeinsam mit, wenn nicht gar vor den Männern zu erheben (ihre einzige Weise, sich die notwendige Ruhe zu verschaffen, um sich jenseits der Blicke und der Kontrolle der Männer vorzubereiten, die so tun, als würden sie das Betragen der Frau nicht bemerken).

10 Noch strenger ist man gegen die Jungen, die zwischen den Generationen eine Konkurrenz um die Macht anzetteln und damit die auf der Aufrechterhaltung zeitlicher Abstände gegründete Ordnung gefährden: In der Tat sind die Generationen ja nur durch die Dauer, anders gesagt, durch Nichts, getrennt, insofern es genügt zu warten, damit der Unterschied verschwindet; freilich errichtet dieses Intervall, Garant der Herrschaft der Gerontokratie, die es absichert, eine unüberwindbare Distanz, da man, es sei denn, man wollte sich dem Spiel entziehen, um es auszufüllen, nichts anderes tun kann als abzuwarten.

11 Diesen doppelten und zweizüngigen Diskurs auf seine objektive (oder mindestens objektivistische) Wahrheit zu reduzieren, hieße vergessen, daß er seine im strengen Sinne symbolischen Effekte nur in dem Maße hervorbringen kann, wie er zu keiner Zeit diese Wahrheit handgreiflich darbietet; die verzauberte Relation, die die wissenschaftliche Objektivierung zerstören muß, um sich zu konstituieren, ist Teil der umfassenden Wahrheit der Praxis. Der Wissenschaft ist aufgegeben, die objektivistische Wahrheit der Praxisformen und das gleichermaßen objektive Verkennen dieser Wahrheit in einer höheren Bestimmung von Objektivität zu integrieren.

12 Mag es ihr Recht auf das Erbe sein, das sich allen Arten strategischer Anwendung anbietet – von der Drohung auf Enterbung bis zur simplen Verzögerung der effektiven Übertragung der Herrschaftsgewalten –, oder mag es ihr Monopol über die matrimonialen Verhandlungen sein: die Alten verfügen allseits und immer über die Mittel, mit den gesellschaftlich anerkannten Beschränkungen der Jugend ihr Spiel zu treiben. Eine Analyse der Strategien, mit denen die Oberhäupter adliger Häuser ihre Erben im Zustand des »Jungseins« fixierten und sie, weitab vom väterlichen Haus, gefährliche Abenteuer bestehen ließen, findet sich in G. Duby, *Hommes et structures du Moyen Age*, Paris/Den Haag 1973, S. 213–225, besonders S. 219.

13 Die Liebe, die der Ritualisierung nicht entgeht, gehorcht gleicherweise dieser Logik, wie es die Äußerungen einer jungen kabylischen Frau bekunden: »Vorher kennt das junge Mädchen ihren Mann nicht und erwartet alles von ihm. Selbst vor der Heirat liebt sie ihn, weil es so sein muß; sie ist verpflichtet, ihn zu lieben, es gibt keine andere ›Pforte‹.«

14 Der vollständige Text der Unterhaltung findet sich in P. Bourdieu und A. Sayad, loc. cit. S. 215-220.

15 Marcel Proust, *Contre Sainte Beuve*, Paris 1965, S. 75 f.

16 Vgl. J. M. W. Whiting, *Becoming a Kwoma*, New Haven 1941, S. 215.

17 Systematisch vergessen die Phänomenologen, eine letzte »Reduktion« vorzunehmen, nämlich jene, die ihnen die gesellschaftlichen Bedingungen der Möglichkeit der »Reduktion« und der Epoché zu entdecken erlaubte.

18 Ist das Auftauchen eines Feldes der Diskussion historisch an die Entwicklung der Städte gebunden, so weil durch die Konzentration von verschiedenen ethnischen und/oder Berufsgruppen auf einen gemeinsamen Raum mit dem daraus sich ergebenden Zusammenbruch besonders der räumlichen und zeitlichen Orientierungsrahmen die Gegenüberstellung divergenter kultureller Traditionen begünstigt wird, der eignet, innerhalb der Routine der alltäglichen Ordnung und anhand der unmittelbar gewonnenen Erfahrung der Möglichkeit, dieselben Dinge auch anders zu machen oder, was nicht minder wichtig ist, etwas anderes zur gleichen Zeit zu machen, die Willkür *praktisch* offenbar

werden zu lassen; aber auch deshalb, weil jene zugleich die Entwicklung eines Corpus von Spezialisten möglich und notwendig macht, deren Auftrag es sein wird, die bisher in praktischem Zustand beherrschten stillschweigenden Voraussetzungen der traditionellen Weltsicht auf die Ebene des Diskurses zu heben, um sie derart zu systematisieren und zu rationalisieren.

19 Ein großer Teil dessen, was heutzutage unter dem Namen der Soziologie (oder der Anthropologie) firmiert, entspringt dieser Logik.

20 J. P. Sartre, *L'Idiot de la famille*, Paris 1971, Bd. I, S. 783.

FÜNFTES KAPITEL

1 Über den Glauben als von der kollektiven Unredlichkeit abgestützte und unterhaltene individuelle Unredlichkeit, vgl. P. Bourdieu, »Genèse et structure du champs réligieux«, loc. cit. S. 318.

2 Zum Beweis genügt es, jene Tradition zu erwähnen, auf deren Grundlage der medizinische Berufsstand die Beziehung der »Kollegialität« unterhält, die, da sie die gegenseitige Honorarberechnung ausschließt, jeweils dazu zwingt, dem Kollegen, dessen Geschmack und Bedürfnis man nicht kennt, ein Geschenk zu machen, dessen Wert den Preis für die Konsultation weder allzusehr unter- noch überschreiten darf. Er darf freilich dem Preis auch nicht allzu genau entsprechen, da dies ja darauf hinausliefe, die Höhe des Honorars zu veröffentlichen und damit die interessierte Fiktion der Unentgeltlichkeit bloßzustellen. Dem Beobachter ist es hier ein leichtes, in die Rolle des Störenfrieds und Spielverderbers zu schlüpfen und die Akteure lehren zu wollen, daß sie es toll *treiben* – als ob man es nicht immer toll *treiben* würde und sich im gleichen Atemzug abmühte, so zu tun, als wüßte man nicht, was man nur allzu gut weiß und doch nicht zu wissen wünscht.

3 »Du hast mich vor dem Verkauf gerettet«, sagt man in einem solchen Fall zum stillen Teilhaber, der dank eines gleichsam fiktiven Verkaufs (er schießt das Geld vor, läßt aber dem Eigentümer die Nutznießung des Gutes) verhindert, daß der Grundbesitz in fremde Hände fällt.

4 M. Mauss, *Die Gabe, Form und Funktion des Austauschs in archaischen Gesellschaften*, Frankfurt 1968, S. 133f.

5 Der sakrale Charakter der Mahlzeit bekundet sich in der Formel, die beim Eid verwendet wird: »Kraft dieser Speise und dieses Salzes« oder »Kraft der Speise und des Salzes, das wir geteilt haben«. Der vermittels der Gastfreundschaft geschlossene Pakt würde dem zum Fluch, der ihn verriete: »Ich verfluche ihn nicht, das Hammelfleisch und das Salz verfluchen ihn.« Um seinen Gast einzuladen, erneut zu den Speisen zu greifen, sagt man: »Es ist unnötig zu schwören, diese Speise wird es (für dich) tun«; »sie wird dich um Entschädigung bitten (wenn du sie läßt)«. Das gemeinsam vollzogene Essen stellt auch eine Versöhnungs-

zeremonie dar, die den Verzicht auf Rache nach sich zieht. Desgleichen kommt dem Speiseopfer für einen heiligen Beschützer oder für den Ahnen der Gruppe die Bedeutung eines Bündnisvertrages zu. Die *thiwizi* bleibt ohne das Abschlußmahl unverständlich: faktisch führt sie zumeist auch nur die Angehörigen desselben *adrum* oder derselben *thakharubth* zusammen.

6 Mißbilligung erfahren die für ihre Familie oder Gruppe nutzlosen Individuen, diese »Toten, die Gott aus Lebenden geschaffen hat«, wie ein oft zitierter und auf sie angewendeter Koranvers lautet. Nicht einmal dazu sind sie fähig, »den Regen oder schönes Wetter herbeizurufen«. Vor allem für den, der einer großen Familie angehört, heißt faul dahinleben, sich den Pflichten und Aufgaben zu entziehen, die von der Zugehörigkeit zur Gruppe nicht zu trennen sind. So beeilt man sich, den, der einige Zeit keine landwirtschaftliche Tätigkeit verrichtet hat, wie der ehemalige Emigrant oder der Genesende, bald wieder in den Arbeits- und den Tauschzyklus der Dienste einzuspannen. Da der Gruppe das Recht gebührt, von jedem verlangen zu können, daß er sich eine wie sehr auch unproduktive Tätigkeit sucht, ist sie es sich zugleich aber auch schuldig, ihm eine, und sei es nur symbolische, Beschäftigung zu gewährleisten: Der Bauer, der den Müßiggängern Gelegenheit gibt, auf seinen Äckern zu arbeiten, ist sich der Zustimmung aller gewiß – hat er doch diesen abseits stehenden Individuen die Chance eröffnet, sich der Gruppe wieder einzugliedern, indem sie ihrer Aufgabe als Mann nachkommen.

7 Da der Preis der Zeit im Maße der Steigerung der Produktivität (d. h. zugleich des Überflusses an Konsumgütern und der Kaufkraft, folglich des Konsums, der auch seine Zeit braucht) selbst ansteigt, wird Zeit etwas Seltenes, während der Mangel an Gütern abnimmt: Zuweilen ist es sogar so, daß die Vergeudung von Gütern die einzige Art und Weise bildet, Zeit zu sparen, die kostbarer wird als die Erzeugnisse, die sie selbst zu sparen erlaubt – durch Unterhalts- und Reparaturarbeit usw. (vgl. G. S. Becker, »A Theory of the Allocation of Time«, *The Economic Journal*, Nr. 299, Bd. LXXV, Sept. 1965, S. 493-517). Zweifellos liegt hier die objektive Grundlage für den häufig in den Verhaltensweisen gegenüber der Zeit beobachteten und beschriebenen Gegensatz (vgl. den Anhang).

8 Mühelos könnte gezeigt werden, wie in den Debatten über die »Demokratie« der Berber (und, allgemeiner, über die archaische Demokratie überhaupt) auf dieselbe Art und Weise der Naivität ersten Grades eine Naivität zweiten Grades entgegengehalten wird – letztere zweifellos die schädlichere, insoweit die von dieser falschen Klarheit geschaffene Befriedigung es verhindert, zu jener adäquaten Erkenntnis vorzudringen, die beide Formen der Naivität im Hegelschen Sinne aufheben würde: Die »Gentildemokratie« verdankt ihre Besonderheit

dem Umstand, daß sie die Prinzipien implizit und undiskutiert läßt (Doxa), die die »liberale« Demokratie öffentlich lehren kann und lehren muß (Orthodoxie), weil sie aufgehört haben, das Verhalten praktisch anzuleiten.

9 Dem, der »dem anderen nur die Zeit widmet, die er ihm schuldet«, werden Vorhaltungen gemacht: »Kaum angekommen, willst du schon wieder gehen.« »Du willst uns schon wieder verlassen, wo wir uns kaum gesetzt haben ... wir haben noch gar nichts gesprochen.« Daneben führt die Analogisierung der Beziehungen zwischen den Menschen und der Beziehung des Menschen zur Natur zur Verurteilung dessen, der sich in seiner Arbeit unbedacht überhastet und der, ähnlich dem Gast, der, kaum angekommen, schon wieder geht, für seinen Grund und Boden nicht die ihm schuldige Mühe und Zeit, d. h. nicht den ihm gebührenden Respekt aufzubringen weiß.

10 R. Maunier, *Mélanges de sociologie nord-africaine*, Paris 1930, S. 68.

11 Man erzählt sich, daß bei Kämpfen die Frauen (und älteren Männer) der Familie ihre Männer mit folgenden Worten anfeuerten, »tüchtig anzugreifen«: »Töte oder sterbe, aber laß keine Anspielungen auf dir sitzen« (*thasalqubth*).

12 Wenn er auch in seinem ansonsten ausnehmend enttäuschenden Werk keine wirkliche Konsequenz daraus zieht, so hat B. Russell doch sehr gut die Anschauung einer Analogie zwischen Energie und Herrschaft zur Darstellung gebracht, die das Prinzip einer möglichen Vereinheitlichung der Sozialwissenschaften abgeben könnte: »Like energy, power has many forms, such as wealth, armaments, civil authority, influence or opinion. No one of these can be regarded as subordinate to any other, and there is no one form from which the others are derivative. The attempt to treat one form of power, say wealth, in isolation, can only be partially successful, just as the study of one form of energy will be defective at certain points, unless other forms are taken into account. Wealth may result from military power or from influence over opinion, just as either of these may result of wealth.« (B. Russell, *A New Social Analysis*, London 1938, S. 12 f.) Desgleichen beschreibt er sehr gut das Programm einer Wissenschaft von den Umwandlungen der verschiedenen Formen sozialer Energie: »Power, like energy, must be regarded as continually passing from any one of its forms into any other, and it should be the business of social science to seek the laws of such transformations« (S. 13 f.).

13 Es wurde mehrfach darauf hingewiesen, daß die Logik, die die Neuverteilung von Gütern zur Bedingung des Fortbestandes der Macht erhebt, ihrer Tendenz nach die ursprüngliche Akkumulation des ökonomischen Kapitals und die Entfaltung von Klassenteilungen bremst oder verhindert (vg. z. B. E. Wolf, *Sons of the Shaking Earth*, Chicago 1959, S. 216).

14 M. I. Finley, »Technical Innovation and Economic Progress in the Ancient World«, *The Economic History Review,* Bd. XVIII, Nr. 1, August 1965, S. 29-45, besonders S. 37; vgl. auch M. I. Finley, »Land Debt, and the Man of Property in Classical Athens«, *Political Science Quarterly,* LXVIII, 1953, S. 249-268.

15 Vgl. P. Bohannan, »Some Principles of Exchange and Investment among the Tiv«, *American Anthropologist,* Bd. 57, Nr. 1, 1955, S. 60-70.

16 Es ist ziemlich paradox, daß Francisco Benet in seinem Beitrag zu dem von Karl Polanyi herausgegebenen Werk im Bemühen, den Gegensatz zwischen Markt und Dorf deutlich herauszuarbeiten, nahezu alles unter den Tisch fallen läßt, was bewirkt, daß der lokale *suq* durch die Werte der auf Treu und Glauben gegründeten Ökonomie weiterhin kontrolliert bleibt (vgl. F. Benet, »Explosive Markets: The Berber Highlands«, in K. Polanyi, C. M. Ahrensberg und H. W. Pearson (eds.), *Trade and Market in the Early Empires,* New York 1957.

17 K. Polanyi, *Primitive Archaic and Modern Economics,* G. Dalton (ed), New York 1968, und *The Great Transformation,* New York 1944.

18 Der Roßtäuscher ist nicht in der Lage, jemanden zu finden, der für ihn (und für die Ware, die er anbietet) haftet – und er kann auch vom Käufer keine Sicherheiten verlangen.

19 Der in Initiationsreligionen so häufig beobachtete Glaube, daß das Wissen durch verschiedene Formen magischen Kontakts – deren typischste der Kuß ist – übertragen werden kann, stellt den Versuch dar, die Beschränkungen dieses Bewahrungsmodus zu überwinden: »Whatever it is that the practitioner learns, he learns from another *ḍukun,* who is his *guru* (teacher); and whatever he learns, he and others call this *ilmu* (science). *Ilmu* ist generally considered to be a kind of abstract knowledge or supernormal skill, but by the more concrete-minded and ›old-fashioned‹, it is sometimes viewed as a kind of substantive magical power, in which case its transmission may be more direct than through teaching« (C. Geertz, *The Religion of Java,* London 1960, S. 88).

20 Vgl. besonders J. Goody und I. Watt, »The Consequences of Literacy«, *Comparative Studies in Society and History,* V, 1962-63, S. 304 ff., und J. Goody (ed.), *Literacy in Traditional Societies,* Cambridge 1968.

21 »The poet is the incarnate book of the oral people« (J. A. Notopoulos, »Mnemosyne in Oral Literature«, *Transactions and Proceedings of the American Philological Association,* LXIX, 1938, S. 465–493). In einem sehr schönen Artikel zeigt W. C. Greene, wie der Wandel in der Akkumulations-, Zirkulations- und Reproduktionsweise der Bildung/Kultur einen Wandel in deren Funktion sowie in der Struktur der Werke zur Folge hat (W. C. Greene, »The Spoken and the Written

Word«, *Harvard Studies in Classical Philology*, IX, 1951, S. 24-58). Desgleichen macht Eric A. Havelock deutlich, daß durch die Transformation der kulturellen Bewahrungs- und Übertragungstechniken (»the technology of preserved communication«) und vor allem durch den Übergang von der *mimesis* als praktischer Reaktivierung, die alle Ressourcen eines »pattern of organised actions« mit mnemotechnischer Funktion, wie Musik, Rhythmus, Worte, im Zuge eines affektiven Identifikationsaktes einsetzt, zum geschriebenen und damit wiederholbaren und umkehrbaren Diskurs, der, da von der jeweils spezifischen Situation abgelöst, durch seine Beständigkeit prädisponiert ist, zum Gegenstand der Analyse, Kontrolle und Reflexion zu werden, selbst noch der Inhalt der kulturellen Ressourcen einen grundlegenden Wandel erfährt (vgl. E. A. Havelock, *Preface to Plato*, Cambridge, Mass. 1963). Solange Sprache noch nicht in der Schrift objektiviert ist, kann das Sprechen nicht von dem getrennt werden, der spricht, nicht von seiner ganzen Person, und kaum aus der Distanz und bei seiner Abwesenheit auch nur über den Modus der *mimesis* manipuliert werden, was eine Analyse und Kritik ausschließt.

22 Eine Sozialgeschichte des Begriffs des *Titels*, worin der schulische oder der Adelstitel nur unter anderen firmieren, müßte die gesellschaftlichen Voraussetzungen und Wirkungen der Transformation aufzeigen, die von der persönlichen Autorität, die durch Vererbung weder übertragen noch weitergegeben werden kann (vgl. die *gratia*, Ansehen, Bedeutung), zu den Ehrentiteln (*jus honorum*) führt: so wurde z. B. in Rom – ähnlich wie bei den *insignia* – der Gebrauch von Titeln (z. B. *eques romanus*), die, als offiziell im Staat anerkannte Stellung (im Gegensatz zu einer einfachen persönlichen Eigenschaft), eine *dignitas* bezeichneten, zunehmend der minutiösen Kontrolle durch den Brauch oder das Gesetz unterworfen (vgl. Cl. Nicolet, *L'ordre équestre à l'époque républicaine. I: Définitions juridiques et structures sociales*, Paris 1966, S. 236-241).

23 Das ist z. B. bei der charismatischen (oder meritokratischen) Ideologie der Fall, die die unterschiedlichen Chancen des Zugangs zu Titeln durch die Ungleichheit natürlicher Gaben erklärt, womit sie nur den Effekt der Mechanismen, die die Relation zwischen den erhaltenen Titeln und dem geerbten kulturellen Kapital verschleiern, reproduziert.

24 E. Durkheim, *Montesquieu et Rousseau precurseurs de la sociologie*, Paris 1953, S. 197.

25 E. Durkheim, loc. cit. S. 195. Die Analogie zur cartesianischen Theorie der stetigen Schöpfung ist vollkommen. Und wenn Leibniz, jenen Gott kritisierend, der verdammt ist, die Welt so zu bewegen, »wie der Zimmermann seine Axt schwingt oder wie der Müller seine Mühle antreibt, indem er die Wasser umleitet oder sie dem Rad zuführt« (vgl. G. W. Leibniz, »De ipsa Natura«, *Opuscula philosophica selecta*, Paris

1939, S. 92), der Welt Descartes', die ohne die Mithilfe aller Instanzen unfähig wäre weiterzubestehen, eine physische Welt gegenüberstellt, die mit einer *vis propria* ausgestattet ist, dann kündigt er darin die Kritik all der Formen an, die sich weigern, der sozialen Welt eine Natur, d. h. eine immanente Notwendigkeit zuzuschreiben – eine Kritik, die sich erst sehr viel später voll entfalten wird.

26 Wenn, wie oben zu zeigen versucht wurde, die Kommunikationsakte – Gabentausch, Austausch von Herausforderungen und Worten usw. – immer virtuell einen Konflikt in sich bergen, so darum, weil sie immer auch die Möglichkeit von Herrschaft implizieren. Tatsächlich ist die symbolische Gewalt jene Form, die, den Gegensatz überschreitend, der gemeinhin zwischen Sinn- und Kräfteverhältnissen, Kommunikation und Herrschaft konstruiert wird, sich nur vermittels der Kommunikation – und hinter ihr sich verbergend – vollziehen kann.

27 Es wird ersichtlich, daß es, um von der *spezifischen* Form Rechenschaft abzulegen, die die Herrschaftsverhältnisse hier annehmen, unzureichend ist, wie M. D. Sahlins nur zu bemerken, daß die vorkapitalistische Ökonomie keine Voraussetzungen für eine indirekte und unpersönliche Herrschaft vorgibt, in der die Abhängigkeit des Arbeiters von seinem Herrn gleichsam automatisch aus den Mechanismen des Arbeitsmarktes hervorgeht (vgl. M. D. Sahlins, »Political Power and the Economy in Primitive Society«, in G. E. Dole und R. L. Carneiro, *Essays in the Science of Culture*, New York 1960, S. 390-415; »Poor Man, Rich Man, Big Man, Chief: Political Types in Melanesia and Polynesia«, *Comparative Studies in Society and History*, V, 1962-63, S. 285-303; »On the Sociology of Primitive Exchange«, in M. Banton (ed.), *The Relevance of Models for Social Anthropology*, London 1965, S. 139-236). Diese *negativen Voraussetzungen*, an die gegen alle Formen des Idealismus und der Idealisierung zu erinnern mehr als genug Grund besteht, erklären freilich ebensowenig die spezifische Logik der symbolischen Gewalt, wie das Fehlen des Blitzableiters oder des elektrischen Telegraphen – Beispiele, die Marx in der berühmten *Einleitung* zu den *Grundrissen* anführt – allein schon ausreicht, um Jupiter oder Hermes, d. h. der internen Logik der griechischen Mythologie und Kunst erklärend gerecht zu werden.

28 Der interaktionistische »Blick«, der sich, dabei die objektiven Mechanismen und ihre Wirkung ignorierend, auf die unmittelbaren Interaktionen zwischen den Individuen heftet, dürfte seinen auserwählten Gegenstandsbereich in der Art Gesellschaft, d. h. dort genau finden, wo er, der Beziehung wegen, die den Ethnologen gewöhnlich an seinen Gegenstand bindet, am wenigsten möglich ist. Um dies Spiel der Paradoxa noch etwas weiterzutreiben, könnte man anmerken, daß der Strukturalismus im strengen Sinne des Wortes, also verstanden als Wis-

senschaft von den objektiven Strukturen der sozialen Welt (und nicht allein von den Repräsentationen, die sich die Menschen von ihr erstellen), niemals unangemessener (oder fruchtloser) ist als gerade dann, wenn er sich Gesellschaften zuwendet, in denen die Herrschafts- und Abhängigkeitsverhältnisse das Resultat einer wirklichen stetigen Schöpfung sind (vorausgesetzt, man wollte nicht, wie es doch der von Lévi-Strauss vertretene Strukturalismus implizit tut, postulieren, daß in diesem Fall die Struktur in der Ideologie gründet und die Macht im Besitz der Aneignungsmittel dieser Strukturen, d. h. in einer Form kulturellen Kapitals).

29 Die von E. Benveniste geschriebene Geschichte des Vokabulars der indo-europäischen Sprache erfaßt die linguistischen Bezugspunkte jenes Prozesses der *Enthüllung und Entzauberung*, der gleichermaßen von der physischen oder symbolischen Gewalt zum Recht, vom Freikauf (des Gefangenen) zu dessen Kauf, vom Preis (für eine aufsehenerregende Tat) zum Lohn, auch von der moralischen Anerkennung zur Anerkennung der Schuld(en), vom schlichten Glauben zum (begründeten) Vertrauen oder von der moralischen Verpflichtung zur rechtskräftigen Obligation vor einem Gerichtshof führt (E. Benveniste, *Le Vocabulaire des institutions indo-européennes*, Paris 1969, besonders Bd. I, *Economie, parenté, société*, S. 123-202). Auch Moses L. Finley zeigt sehr gut, daß die Schuld, die zuweilen geschickt eingesetzt wurde, um ein Knechtschaftsverhältnis zu stiften, ebenso dazu dienen konnte, ein Solidaritätsverhältnis zwischen Gleichen zu begründen (M. L. Finley, »La servitude pour dettes«, *Revue d'histoire du droit français et étranger*, 4. Folge, XLIII, 1965, April-Juni, Nr. 2, S. 159-184).

30 Die Frage nach dem relativen Wert von Herrschaftsweisen – die zumal implizit von den rousseauistischen Evokationen ursprünglich paradiesischer Zustände oder von den Abhandlungen über »Modernisierung« gestellt wird – ist bar jeden Sinns und vermag allenfalls zu jenen ihrer Definition nach unendlichen Diskussionen über die *Vorteile und Nachteile des Vorher und des Nachher* zu führen, die Interesse ausschließlich deshalb verdienen, weil sie die *sozialen Phantasmen* des Forschers, d. h. sein unanalysiertes Verhältnis zu seiner eigenen Gesellschaft, in aller Deutlichkeit offenlegen. Wie überall, wo es um den Vergleich zwischen Systemen geht, kann man endlos lange partielle Repräsentationen des einen oder anderen Systems (z. B. Verzauberung versus Entzauberung) gegenüberstellen – und ihre affektive Färbung wie ihre ethischen Konnotationen werden jeweils nur danach variieren, von welchem System, d. h. Gesichtspunkt aus sie entwickelt wurden. Als einzig legitime Vergleichsobjekte haben die Systeme in ihrer je spezifischen Besonderheit selbst zu gelten – was jede andere Beurteilung als die in der immanenten Entwicklungslogik angelegte verbietet.

31 Aus Angst, Unehre auf sich zu laden und vom Bann der Gruppe ereilt zu werden, ziehen es viele Wucherer vor, ihren Schuldnern Aufschub (bis zur Olivenernte) zu gewähren, auch deshalb, um diese davor zu bewahren, ihren Landbesitz veräußern zu müssen, um ihren Verpflichtungen nachkommen zu können. Viele von denen, die einst nicht zögerten, der öffentlichen Meinung zu trotzen, haben im Verlauf des Unabhängigkeitskrieges diese Herausforderung teuer bezahlen müssen – zuweilen selbst mit ihrem Leben.

32 In Ökonomien, in denen Güter seltener sind als Zeit, wirkt sich die Transformation hauptsächlich auf die Vergeudung von Gütern und Geld aus. Dagegen ist die Vergeudung von Zeit (darin gründet das Ansehen kulturellen Konsums, der die Verausgabung von Zeit für die Konsumtion selbst und für den Erwerb von Zugangsmöglichkeiten zum Konsum voraussetzt) in den Gesellschaftsformationen am wirksamsten, wo Güter tendenziell rarer werden als Zeit, die nicht akkumuliert werden kann (wenngleich man sich die Zeit anderer aneignen kann).

33 E. Benveniste, loc. cit. Bd. I, S. 117ff.

34 Anders sieht die Situation für die Marabuts aus: Sie verfügen, als Mitglieder eines respektierten Corps von »Funktionären des Kults«, über einen institutionellen Auftrag und nehmen überdies einen von den anderen abgehobenen Status ein, der seine Grundlage in einer ziemlich strengen Endogamie und in einer Menge eigener Traditionen findet – z. B. der völligen Zurückgezogenheit ihrer Frauen. Freilich bleibt bestehen, daß die, von denen man sagt, daß sie »ähnlich dem Wildbach nach einem Wolkenbruch anschwellen«, aus ihrer quasi-institutionalisierten Funktion als *Vermittler* Gewinn nur schlagen können – gerade anders, als das Sprichwort sagt –, wenn sie ihre Kenntnis der Traditionen und der Personen dazu benutzen, eine symbolische Autorität auszuüben, die wiederum nur kraft einer direkten Vollmacht durch die Gruppe Bestand hat: Zumeist bilden die Marabuts nur das objektive Alibi, die »Pforte«, wie die Kabylen sagen, die es den in Konflikt stehenden Gruppen erlaubt, sich zu einigen, ohne dabei das Gesicht zu verlieren.

35 Im Gegensatz zur institutionalisierten Vollmacht, die mit der expliziten Definition der Verantwortlichkeiten einhergeht und die die Folgen individueller Verfehlungen so gering wie möglich halten will, sichert die diffuse Vollmacht, die mit dem Faktum der Zugehörigkeit in Wechselbeziehung steht, allen Mitgliedern der Gruppe unterschiedslos die Bürgschaft des kollektiv besessenen Kapitals, ohne sie freilich auch vor dem Mißkredit schützen zu können, den das Betragen des einen oder anderen unter ihnen heraufbeschwören kann. Dies erklärt auch, warum die »Großen« sich so sehr darum sorgen, die kollektive Ehre auch noch in der Ehre der ärmsten Angehörigen ihrer Gruppe zu verteidigen.

36 Vgl. S. B. Linder, *The harried leisure class,* New York und London 1970.

37 »O mein Gott, gib' mir, damit ich geben kann!« (nur der Heilige kann geben, ohne selbst zu haben). Der Reichtum ist ein von Gott gegebenes Geschenk, das es dem Beschenkten gestattet, das Elend der anderen zu lindern. »Der Freigebige ist ein Freund Allahs.« Beide Welten betreffen ihn. Wer seinen Reichtum wahren will, muß sich seiner würdig erweisen und sich freizügig zeigen, andernfalls wird er ihm entzogen.

38 P. Drucker, »The Tolowa and their Southwest Oregon Kin«, *University of California Publications in American Archaeology and Ethnology,* Bd. 6, 1937, S. 221-300, zitiert von M. D. Sahlins, »Political Power and the Economy in Primitive Society«, loc. cit.

39 Man sollte sich hüten, den Gegensatz zwischen der Symmetrie des Gabentausches und der Asymmetrie der ostentativen Neuverteilungen allzu extensiv hervorzukehren: von der einen zur anderen sind es nur wenige Schritte. In dem Maße, wie man sich von der vollständigen Reziprozität entfernt, wächst auch der Anteil der Gegen-Geschenke, gebildet aus Ehrbezeugungen, Respekt, moralischen Verpflichtungen und Schulden. Jene, die wie Polanyi und Sahlins sehr richtig die bestimmende Funktion der Neuverteilung in Hinblick auf die Herausbildung politischer Autorität und in bezug auf den Funktionszusammenhang einer tribalen Ökonomie wahrgenommen haben (der Kreislauf Akkumulation-Neuverteilung erfüllt hier ähnliche Funktionen wie der Staat und die öffentlichen Finanzen), haben es allerdings unterlassen, diesen Vorgang in seiner Eigenschaft als bevorzugte Technik der Umwandlung ökonomischen Kapitals in symbolisches zu untersuchen — dabei ist es gerade dieser Vorgang, der dauerhafte Abhängigkeitsverhältnisse zu erzeugen erlaubt, die, wiewohl ökonomisch fundiert, sich hinter dem Schleier moralischer Beziehungen als solche verbergen können.

40 Daraus folgt, daß der objektivistische Irrtum — und im besonderen die Objektivierung des Nicht-Objektivierten — dort am folgenreichsten ist, wo, wie hier, die Reproduktion der gesellschaftlichen Ordnung mehr von der unablässigen Reproduktion konformer Habitusformen als von der automatischen Reproduktion von Strukturen abhängt, die konforme Habitusformen hervorbringen oder auswählen können.

41 Die Urbanisierung, die Gruppen mit unterschiedlichen Traditionen zusammenführt und darin die gegenseitigen Kontrollen schwächt, sowie der Schwund des bäuerlichen Ethos, der durch die Verallgemeinerung des Geldverkehrs und die Einführung des Lohnsystems verursacht wird, lösen am Ende beide den Zusammenbruch der kollektiv unterhaltenen kollektiven Fiktion aus, als welche die Religion der Ehre zu gelten hat. So wird z. B. das *Vertrauen* durch den Kredit (*talq*) ersetzt,

der einst in so schlechtem Licht stand und geächtet war (wie es die Verwünschung zum Ausdruck bringt: »O du Gesicht des Kredits!«, das Gesicht dessen, der, da immerfort gedemütigt, eines Tages die Unehre nicht mehr spürt – oder wie es darin bezeugt wird, daß die ersatzlose Ablehnung, die denkbar schwerste Beleidigung, *berru natalq* heißt). »Im Zeitalter des Kredits«, erzählt ein Informant, »sind alle die unglücklich, die sich auf nichts weiter als das Vertrauen berufen können, an dem ihre Eltern doch so viel Freude hatten. Was zählt, ist das unmittelbare Haben. Jeder will ein Mann des Marktes sein. Alle Welt glaubt, auf Vertrauen ein Recht zu haben, so daß es am Ende gar kein Vertrauen mehr gibt.«

42 Der ideologische Kampf zwischen den sozialen Gruppen (Alters- wie Geschlechtsgruppen) und Klassen um die Bestimmung der Wirklichkeit läßt der symbolischen Gewalt als verkannter und anerkannter, folglich legitimer Gewalt die Bewußtwerdung der Willkür entgegentreten, die die Herrschenden eines Teils ihrer symbolischen Stärke beraubt, indem sie die Verkennung aufhebt. Dieser ideologische Kampf um die Bestimmung dessen, was Wirklichkeit ist, hat Teil auch an der wissenschaftlichen Bestimmung von Wirklichkeit: Den Reproduktionsmechanismen, die darauf abzielen, die sozialen (und anderen) Klassen sowie deren ideologische Legitimation hervorzubringen, stellt das revolutionäre Projekt das ehrgeizige Unterfangen entgegen, Macht zu gewinnen über die Prinzipien der Produktion von Klassen (die Reproduktionsmechanismen) und die offiziellen Klassifikationsprinzipien (die Taxinomien), die deren transformierte Reproduktion bilden (Ideologie) und die des weiteren zu ihrer Wirksamkeit und ihrer Reproduktion dadurch beitragen, daß sie sie legitimieren (und z. B. die Willkür ihres Fundaments unkenntlich machen und darin anerkennen lassen).

43 Da wir an dieser Stelle in keine Analyse der spezifischen Formen eintreten können, die die soziale Alchimie in einem solchen Fall annimmt, sei nur »the bank account theory« der »public relations« erwähnt, wie sie von *Manufacturers* in einer ihrer Broschüren vorgetragen wurde: »It necessitates making *regular and frequent* deposits in the Bank of Public Good-Will, so that valid checks can be drawn on this account when it is desirable« (zitiert in Dayton M. Kean, *Party and Pressure Politics*, New York 1944). Vgl. auch »N. A. M. : Influential Lobby or Kiss of Death?«, *The Journal of Politics*, Bd. 15, Nr. 2, Mai 1953, S. 262 (über die verschiedenen Aktionsweisen der National Association of *Manufacturers* gegenüber dem allgemeinen Publikum, Lehrern, Kirchenvorstehern, Frauenclubs, Bauernführern usw.) und H. A. Turner, »How Pressure Groups Operate«, *The Annals of the American Academy of Political and Social Science*, Bd. 319, Sept. 1958, S. 63-72 (über die Vorgehensweise der Organisation, um in der Gunst des

Publikums zu steigen und Einstellungen zu bedingen, die die öffentliche Meinung gleichsam automatisch dazu bringen, den von der Gruppe gewünschten Programmen wohlwollend gegenüberzustehen und sie zu begünstigen).

ANHANG

* Dieser Text bildet eine veränderte Version des Artikels »The Attitude of the Algerian Peasant toward Time«, in J. Pitt-Rivers (ed.), *Mediterrean Countrymen*, Paris/den Haag 1964, S. 55-72.

1 Die Herrschaft der Marktökonomie hat die Umkehrung der Hierarchie der Werte zur Folge, die in dieser Tradition zum Ausdruck kommt, indem sie einerseits durchsetzt, daß für den Markt nur die Erzeugnisse erster Qualität aufgespart werden, und andererseits Konsumgewohnheiten einführt, die bestens geeignet sind, ebenso die Aufgabe der Tradition der *thiji* wie das Streben nach Geldeinkommen zu rechtfertigen: warum sollte man auch noch Feigenvorräte anlegen, wenn man keine Feigen mehr ißt, seitdem (und weil) man Kaffee trinkt?

2 Vgl. die Ausführungen weiter oben.

3 »Wenn ich auch nicht weiß, wieviel Mengen Getreide ich damit werde kaufen können«, bemerkt Simiand, »so weiß ich doch, daß ich in der Zukunft welches kaufen kann; selbst wenn Getreide nicht das ist, was ich gerade brauche, so weiß ich, daß ich mit Geld mich ernähren, kleiden, irgendetwas Nützliches mit ihm anfangen kann.« Und an anderer Stelle: »Dieses Vermögen der Vorwegnahme oder des Vorstellens, ja selbst von vorweggenommener Realisierung eines künftigen Wertes bildet die wesentliche Funktion des Geldes, vor allem in den fortgeschrittenen Gesellschaften« (F. Simiand, »La monnaie, réalité sociale«, *Annales sociologiques*, Folge D, 1934, S. 81 und 80).

4 Dies heißt wider alle volkstümlichen Illusionen klar zu sagen, daß die Tradition der agnatischen Solidarität weit davon entfernt ist, die Bauern auf kooperative oder kollektivistische Organisationen vorzubereiten – für einen solchen Strukturtypus sind wohl die ihres Grund und Bodens und ihrer Tradition beraubten Landarbeiter der großen Kolonisationsgebiete sehr viel geeigneter als jene Kleinsteigentümer der von der Kolonisation in Maßen verschonten Regionen.

5 »Es gibt sieben Augenblicke während des Tages« – »Verhalte dich so, wie es der Augenblick gebietet« – »Ich weiß nicht, ob mein Glück vor oder hinter mir liegt« – »Wie der Tag ist, so weidet ihn der Hirte« (*Akken yella wass, yeks-it umeksa).*

6 Es existiert strenggenommen kein Begriff für »Zukunft«. Man greift dafür auf drei Ausdrücke zurück: (1) *aka thasawanth*, von hier

nach oben, auf diese Weise nach oben; (2) *agh rezzat,* nach vorne hin; (63) *qabel,* das nächste Jahr.